W0377834

470 ans d'histoire prédits par

1555 2025 Nostradamus

10, rue des Arts – BP 38028 – 31080 Toulouse Cedex 6
ISBN : 2-7089-4427-4
Dépôt légal : mai 2006

Jean-Charles de Fontbrune

470 ans d'histoire prédits par Nostradamus

1555 2025

NOSTRADAMUS

ÉDITIONS
Privat

À mes petits-enfants Pauline, Olivier, Lou, César et Martin,
en attendant la paix universelle...

REMERCIEMENTS

Ce travail de longue haleine sur Nostradamus a été attaqué de toutes parts, mais pas par tout le monde. Malgré des attaques systématiques de mon travail, des personnages illustres et de grande culture, d'horizons fort différents, l'apprécièrent et me félicitèrent même pour mes recherches sur l'histoire. Je citerai les historiens Alain Decaux (également académicien), André Castelot – émission au cours de laquelle André Castelot m'a appris qu'il avait interviewé mon père sur Nostradamus en 1939, alors qu'il était jeune journaliste – et Jean-François Chiappe qui m'avaient invité à leur *Tribune de l'Histoire* sur France Inter, Henri Amouroux, les académiciens Michel Droit qui m'avait invité aux « Grandes Conférences » du *Figaro* à Paris, Léopold Sédar Senghor, ancien président de la République du Sénégal, agrégé de grammaire française et académicien, le sénateur-maire de Pau André Labarrère, agrégé d'histoire, les anciens sénateurs Abel Sempé, André Vallet, les grands journalistes Jacques Chancel (*Parenthèse*), Bernard Pivot (*Apostrophe* et *Bouillon de culture*), Olivier Germain-Thomas (France Culture), Patrick Poivre d'Arvor (*À la folie pas du tout*), Michel Drucker (Europe 1 et *Champs-Élysées*), Armand Jamot (*Les dossiers de l'écran*), Philippe Bouvard (*Les grosses têtes*), Henri Chapier, Jean-François Mongibeaux (*Le Figaro Magazine*), Henri Tinck (*Le Monde*), Ghilain Allon (TV française juive), Paul Vermus, etc. À l'étranger : en Espagne José-Luís Balbin (*La clave*), en Belgique Pascal Vrebos (*Livre et vous*), Paul Germain (*Écran témoin*), au Canada Ginette Pelletier (Radio Canada), M. Beaugrand-Champagne. Il m'est impossible de les citer tous ; que ceux qui sont omis m'en excusent !

Ce livre est dédié à tous ces personnages qui ont pris la peine de se pencher sérieusement et sans *a priori*, c'est-à-dire sans lit de Procuste, sur la partie essentielle de mon livre, à savoir les recherches sur les quatrains vérifiables par la confrontation aux faits historiques.

Sommaire

Préface 11

Chapitre I L'Ancien Régime 57

Chapitre II De la Révolution à Bonaparte 121

Chapitre III L'épopée napoléonienne 179

Chapitre IV De la Restauration à la Belle Époque .. 243

Chapitre V Les deux guerres mondiales : Mussolini, Franco, Hitler, Staline 311

Chapitre VI Du procès de Nuremberg à la Troisième Guerre mondiale 393

Chapitre VII De 1999 à l'âge d'or et à la paix universelle 439

Épilogue Pour l'amour de l'histoire et de la culture générale 519

Bibliographie 527

Documents radiophoniques, télévisuels et cinématographiques 559

Préface

Que ceux qui lisent ces vers réfléchissent selon leur nature .
Que la foule profane et ignorante ne s'en approche pas :
Que tous les astrologues, les sots et les barbares s'en éloignent,
Que celui qui fait autrement soit sacré selon le rite.
Nostradamus
(le seul quatrain en latin, placé au milieu
des centuries, entre la VIe et la XIIe).

Lorsque, en 1981, *Nostradamus, historien et prophète*, mon premier livre, parut en faisant grand bruit, grande fut ma déception de voir médias et lecteurs se précipiter sur les quatrains de Nostradamus concernant leur présent d'alors et l'avenir, et occulter complètement les dix-sept années de recherches dans les domaines les plus variés pour confronter à l'histoire des centaines de quatrains concernant le passé. C'est pour cette raison que j'ai décidé de publier les résultats de l'ensemble de mes travaux depuis quarante-deux ans aujourd'hui.

Enfant, j'entendais mon père citer des quatrains à ma mère, ce qui eut le grand avantage de me familiariser avec la langue de Nostradamus et d'inscrire dans ma mémoire des quatrains à mon insu.

Ma passion pour le sujet me vient de mon père, qui commença un premier décryptage des centuries en 1934 ; né en 1935, je peux dire que j'ai entendu parler de Nostradamus *in utero* ! Dans son livre publié en 1938, le soulèvement de l'Islam contre l'Occident était déjà annoncé.

Mon père décède en 1959. J'ai effectué mon service militaire en Algérie dans le Nord-Constantinois (Djidjelli). Le 25 juin 1961, ma compagnie était en service d'ordre pour éviter tout débordement d'une manifestation pro-FLN. Quelle ne fut pas ma surprise d'entendre quelques excités fanatisés – il y en avait déjà ! – crier : « À mort les "Roumis" ! », c'est-à-dire « Romains », mot qui désigne en arabe les chrétiens. Cette dénomination était déjà en usage au siècle de Nostradamus, qui l'utilise dans ce sens, en particulier à propos des attentats du 11 septembre 2001 aux États-Unis.

Bien avant que je sois mobilisé, dans les années cinquante, j'entendais mon père répéter que l'Islam et l'Occident s'affronteraient dans une guerre longue et cruelle. Quelques années plus tard, j'assistais en terre musulmane au commencement de la réalisation de cette prophétie qui se perpétue depuis... Un peu plus d'un demi-siècle plus tard, où en est-on ? L'Occident est confronté à une guerre qui ne veut pas dire son nom, et qui, par voie de conséquence, est qualifiée de « guerre contre le terrorisme », pour rester « politiquement correct » ! Dire qu'il s'agit d'une guerre entre l'Islam et l'Occident conduit à se faire taxer d'islamophobie, accusation portée contre Nostradamus et son traducteur. Je conseille donc la lecture de deux livres récents.

Le premier s'intitule *L'Iran dans la Troisième Guerre mondiale*[1]. Voici le compte rendu qu'en fait Charles-Henri d'Andigné dans *Le Figaro Magazine* du 14 janvier 2006 : « Où va l'Iran ? Depuis l'élection de Mahmoud Ahmadinejab, le 24 juin 2005, à la tête de cette puissance du Moyen-Orient, le monde s'interroge. Sa volonté de se doter de l'arme nucléaire, au mépris des Nations unies, ne laisse pas d'inquiéter. De même que les furieuses déclarations de son président sur Israël. Pour le géopoliticien Laurent Artur du Plessis, nous sommes entrés dans un engrenage implacable : le jour où l'Iran aura la bombe atomique, ce qui ne saurait tarder, il fera peser sur l'État juif une menace insupportable, obligeant les États-Unis à bombarder les équipements nucléaires iraniens ! Ce sera le début de la Troisième Guerre mondiale, prévient l'auteur. Anticipation hasardeuse ou analyse lucide ? Ce livre permet en tout cas de mieux comprendre le jeu actuel de l'Iran dans l'échiquier mondial. » Voilà une prospective rationnelle qui rejoint la prophétie et « colle » étrangement au schéma que j'ai découvert dans Nostradamus, il y a déjà de nombreuses années. Ce n'en est que plus inquiétant.

Le deuxième ouvrage[2], au titre évocateur, *La 4e Guerre mondiale,* est analysé par Thomas La Noue dans le *Sud-Ouest* du 16 janvier 2006 sous le titre « L'héritage éclaté du prophète » (Mahomet et non Nostradamus !), avec comme sous-titre « L'irruption de l'islamisme radical sur la scène internationale et ses conséquences ». Le journaliste écrit : « ... Wolton (l'auteur) ne croit pas au choc des civilisations, l'Islam étant aujourd'hui trop diversifié et divisé. En revanche, il est convaincu que les scénarios catastrophes qui fleurissent ici ou là ne sont pas dépourvus de fondement, et que des actions contre l'Occident, du type Twin Towers ou attentats de Madrid ou de Londres, ne sont pas à écarter et sont pratiquement impossibles à prévenir. »

Une autre lecture complète le sujet. La revue *Archéologie et sciences des origines* consacre un numéro à *l'*« Arabie chrétienne[3] ». Jusqu'à l'arrivée de Mahomet (622, an I de l'Hégire), ce vaste territoire qui englobait la Palestine, le Liban, le Yémen, la Syrie était constellé d'églises, de sanctuaires dont il ne reste que quelques ruines et mosaïques. La plupart des bâtiments chrétiens étaient dédiés à saint Serge qui, ayant refusé de renier sa foi, fut torturé par les Romains et mourut en martyr. On apprend qu'avant l'arrivée du prophète de l'islam, les chrétiens furent ensuite persécutés par les Perses. Puis, en 517, un certain Yûsuf se convertit au judaïsme pour s'emparer de Najran en Arabie du Sud ; il attaqua la capitale, Zafar, où il massacra la garnison éthiopienne (chrétienne) et transforma les églises en synagogues.

Ce que me disait mon père sur la guerre qui devrait avoir lieu entre l'Islam et l'Occident m'interpelle encore davantage aujourd'hui. Mais dès mon retour d'Algérie, je voulais en savoir plus. Raison pour laquelle j'entrepris, dès 1963, une étude minutieuse des centuries, c'est-à-dire une étude philologique très poussée, afin de traduire en langage contemporain ce texte du XVIe siècle *apparemment* abstrus. On comprendra aisément que la traduction et l'interprétation des quatrains sur l'avenir ne demandaient pas un travail colossal, puisqu'il n'y avait rien à vérifier et que les causes d'erreurs étaient fort nombreuses, non seulement du fait de l'imagination, cette « maîtresse d'erreur et de fausseté » selon Pascal, mais aussi à cause des renversements de l'histoire rationnellement imprévisibles.

En 1973, Alfred Sauvy écrivait dans *Croissance zéro* : « L'histoire de l'homme ne s'est jamais déroulée de façon rationnelle. » Pour illustrer cette assertion, je prendrai trois exemples. Imaginons qu'un voyant « extralucide » annonce, en 1938, l'arrivée d'un vieux militaire au pouvoir qui remplacerait la IIIe République par un État français et qui changerait les trois mots qu'on croyait intangibles de « Liberté, Égalité, Fraternité » par « Travail, Famille, Patrie » ; le devin aurait eu quelque chance de se voir interner pour délire. Pourtant c'est ce que l'histoire a retenu !

Deuxième exemple : dans mon livre édité en 1981, on pouvait lire : « grande bataille navale pour l'Angleterre dans l'Atlantique » ; qui aurait pu imaginer une guerre aussi stupide et irrationnelle que la guerre des Malouines (Falklands, mai-juin 1982), au cours de laquelle dix navires de guerre britanniques furent coulés par des Exocets français livrés aux Argentins, et cela pour récupérer un tas de cailloux inhospitalier perdu dans l'océan ? Où est donc la soi-disant rationalité de l'homme dans un tel événement ? Le quatrain concernant ce combat naval est traduit et illustré plus loin.

Enfin, on pouvait également lire : « chute du mur de Berlin ». Quinze jours avant cet événement qui a bouleversé de fond en comble l'histoire de l'Europe, pas un seul politologue, géopoliticien, économiste, média n'avait envisagé ce coup de tonnerre dans un monde endormi ; les partages de Yalta semblaient intangibles, tant ils étaient maintenus par la guerre froide entre les deux blocs.

Fort de ces exemples, il est difficile d'appréhender certains événements annoncés dans la prophétie tant ils paraissent en contradiction avec nos analyses rationnelles. C'est pourquoi on tente de faire coïncider des quatrains avec l'analyse du moment, parce que le texte que l'on est en train d'étudier prophétise ce qui semble irréalisable.

La découverte d'événements à venir est due au respect du texte et à la rigueur de la traduction de la langue de Nostradamus en français contemporain. Les erreurs ou échecs sont à mettre sur le compte de fautes de traduction, de l'imagination ou du refus d'accepter un événement considéré comme impossible, pour être avéré par la suite. L'exemple le plus significatif de l'impossibilité de prévoir par le raisonnement logique un événement quelconque est la prise du pouvoir par un coup d'État. Ainsi, lorsque je parlais dans mon premier livre de « *Persécutions religieuses en Pologne* », la situation entre le pouvoir prosoviétique et l'Église était parvenue à un *statu quo* d'entente plus ou moins cordiale. Le coup d'État du général Jaruzelski, le 13 décembre 1981, est venu brutalement renverser le mouvement de l'histoire, avec l'assassinat du père Popielusko et l'arrestation de catholiques jusque dans les églises. Dans le quatrain concernant cet événement, Nostradamus notait que les Arabes seraient alliés aux Polonais ; or, à cette époque, les pilotes du général Kadhafi étaient formés en Pologne dans le cadre du pacte de Varsovie.

En 1981, les détracteurs du caractère prophétique des centuries ne se sont emparés que des erreurs, les montant en épingle et oubliant plus de quatre siècles de preuves illustrées par l'histoire. Si l'on envisage ce travail sous un angle statistique, sur l'ensemble touchant au passé et à l'avenir, les erreurs que j'ai faites n'excèdent pas 20 %. De par mon métier – je travaille dans l'industrie pharmaceutique, Nostradamus est mon violon d'Ingres –, j'ai mis en place dans des services hospitaliers des expérimentations de nouvelles molécules. Peut-on imaginer qu'un nouveau médicament ayant 80 % d'effets thérapeutiques et 20 % d'échecs ne soit pas commercialisé ?

Ce que cachent les cabales anti-Nostradamus est peu glorieux pour des individus qui, pour la plupart, se revendiquent humanistes. Elles sont menées par des gens de pouvoir, des rationalistes, des agnostiques, des membres de sectes ou d'Églises, des occultistes, des ésotéristes, des astrologues, parce que les prophéties sont en contradiction avec leurs convictions étriquées, leurs engagements politico-philosophiques, leurs croyances ou, plus simplement, leurs intérêts, persuadés que ce sont eux qui détiennent la vérité. Ce n'est pas un hasard si la Scientologie au Canada et les Témoins de Jéhovah se sont attaqués à mon travail.

À l'autre extrémité de la pensée, la zététique, groupe de pseudo-rationalistes, s'attaque régulièrement à mon exégèse de Nostradamus, en ne relevant que mes erreurs ainsi que celles que fit mon père, et cela avec une agressivité qui cache difficilement des engagements d'une rare intolérance. Pour en rire, il faut savoir que le mot « zététique » vient du mot grec *zêtêtês* qui signifie « inquisiteur », mot qui renvoie à une période épouvantable de l'histoire de l'Église… Mais cette appellation qu'ils se sont donnée leur convient fort bien, car au XVIe siècle ces gens-là m'auraient brûlé…

Ils sont prisonniers de leur « lit de Procuste » ! Rappelons que, dans la mythologie grecque, Procuste s'emparait des voyageurs pour les rançonner. Il les plaçait sur son lit ; si le voyageur était trop grand, il en coupait un morceau pour le mettre à la bonne dimension ; s'il était trop petit, il l'étirait !

Je fus accusé d'exploiter le « marché de la peur ». En 1981, en pleine pandémie de « nostradamite » aiguë, Georges Suffert faisait la couverture du *Point* avec le titre « Nostradamus : le marché de la peur ». Il fut également prétendu que je profitais d'une période d'angoisse. Les électeurs qui portèrent au pouvoir François Mitterrand ont dû apprécier cette contre-vérité, car il n'y avait alors aucun trouble, aucun danger particulier, tandis qu'au moment où j'écris cela, de vrais périls menacent : grippe aviaire, risque de pandémie, crise des banlieues, situation explosive au Moyen-Orient (Palestine, Irak, Iran, Syrie, Afghanistan, Soudan, Indonésie, etc.). Cette accusation me semble aujourd'hui bien dérisoire, quand on voit les médias semer la panique avec cette hypothétique *pestilence* (grippe aviaire), comme la nomme Nostradamus, alors que le virus H5N1 ne se transmet pas encore d'homme à homme.

Les conséquences de cette panique programmée étant que des gens se précipitent sur un vaccin inefficace contre ce virus, stockent le tamiflu antivirus dont on n'est même pas sûr de l'efficacité ! Qu'on me pardonne un réflexe de mon ancienne profession…

Le Figaro du 23 novembre 2005 illustre parfaitement cette panique ; sous le titre « Quand la rumeur rend malade de peur », on peut lire : « Psychose collective. L'épidémie de grippe aviaire, à défaut de gagner le pays, a révélé des peurs sociétales latentes. La vitesse de formation et de propagation des rumeurs est symptomatique, selon les psychologues, d'une société angoissée qui peine à déchiffrer les changements du monde actuel. » Parmi les prévisions sombres de certains médias, celles de *La Lettre de l'Expansion* du lundi 16 janvier 2006 sont plus qu'alarmantes : « Les conséquences d'une épidémie : le nombre de décès pour cause de grippe aviaire pourrait aller jusqu'à deux cent dix-sept mille Français. » Pauvre canicule avec ses douze mille morts…

Quant au « marché Nostradamus », il n'existait pas en 1980. Mon premier livre fut refusé par plusieurs éditeurs. Sans même en connaître le contenu, ils me dirent : « Monsieur de Fontbrune, il y a actuellement quatre livres sur Nostradamus et aucun ne se vend ; Nostradamus n'est pas vendeur ! C'est un cinquième livre de trop. » Si je n'avais pas eu comme ami de collège Michel Oliver qui suivait, depuis 1975, mois après mois, l'avancement de mes recherches, mon travail sur Nostradamus n'aurait jamais vu le jour. Lorsque, presque chaque mois, j'allais dîner avec lui au Bistrot de Paris, je lui montrais mes dernières fiches de nouveaux quatrains portant traduction et confrontation à l'histoire. Il appréciait ce travail et ne cessait de me dire : « Il faut publier cela. » Je lui répondais que Nostradamus n'intéressait que lui et moi. Il était tellement persuadé de la valeur de mon exégèse des centuries qu'en 1978 (deux ans avant la publication), il me fit inviter par son ami Jean Lanzi à l'émission *Delta*, pour me faire connaître. J'eus le grand plaisir d'y rencontrer André Fontaine, alors directeur du *Monde*, homme de grande culture, la sociologue Évelyne Sullerot et Thierry de Montbrial, directeur de l'IFRI. Mieux, il organisa un repas dans un salon privé de son restaurant en avril 1978. Participaient à ce repas Jean Lanzi, Christiane Collange, Tchou, l'éditeur, le docteur Halpern.

Vers la fin du repas, Christiane Collange me lança : « Que nous annonce Nostradamus pour un avenir proche ? – La chute du schah d'Iran », répondis-je. Tchou, qui se trouvait à ma droite, eut un sourire amusé. Quant à Christiane Collange elle m'opposa des arguments imparables : « Le schah est l'allié privilégié des États-Unis, jamais les Américains ne l'abandonneront, l'Iran a la troisième armée du monde ; monsieur de Fontbrune, si c'est ça Nostradamus, vous pouvez rentrer chez vous ! » Le 8 août de la même année, Téhéran s'embrasait ; la révolution islamique commençait et le 16 janvier 1979, le schah s'exilait en Égypte.

Toujours sous la houlette de mon ami Michel, Tchou me fixa un rendez-vous pour envisager l'édition de mon ouvrage. Quelques jours plus tard, je me rendis à Paris à ce rendez-vous ; point de Tchou ! Je fus reçu par un jeune cadre fort sympathique mais ignorant tout du sujet. L'entrevue dura quelques minutes ; je lui laissai mon manuscrit et regagnai Aix-en-Provence. Les semaines passèrent et je n'eus aucunes nouvelles. Je rendis compte de cela à Michel Oliver qui, agacé par l'inefficacité de tout ce qu'il avait organisé pour moi, avec sa faconde gasconne, vociféra : « Eh bien ! moi, je vais te faire éditer ! » C'est lui qui me prit rendez-vous avec Huguette Bident, alors directrice littéraire de Plon. Je me rendis aux Presses de la Cité, rue Garancières un soir d'avril 1980 à 18 heures. Huguette Bident me reçut et me demanda de la suivre. Nous entrâmes dans un bureau où se trouvait un personnage qui me fut présenté comme responsable des éditions du Rocher (la plus petite société du groupe qui avait à son catalogue une vingtaine de titres de publications ésotériques !). Le personnage auquel j'eus affaire était Jean-Paul Bertrand dont la fonction principale était directeur financier des Presses. Je laissai mon manuscrit. Quelques jours plus tard, après accord du PDG du Rocher Christian Bourgois, je reçus une proposition de contrat : petit à-valoir, pourcentages fort modestes, comme il se devait pour un auteur inconnu avec un sujet dont personne ne voulait. Mais les Presses n'avaient pas envie de perdre la clientèle de Michel Oliver dont les tirages étaient juteux pour elles. Le livre sortit fin octobre 1980. Le tirage confidentiel de six mille exemplaires conduisit en juillet 1981 à des retirages très modestes, de deux mille à trois mille exemplaires, de quinze jours en quinze jours. Le 10 mai 1981, contre tous les sondages, mais en accord avec Nostradamus, la « rose » arrivait au pouvoir et trois jours plus tard avait lieu l'attentat contre Jean-Paul II sur la place Saint-Pierre. Le premier média à s'emparer du livre fut Bernard Pivot qui m'invita à *Apostrophe,* enregistrée le 16 juin 1981 au théâtre de l'Empire, avenue de Wagram. Malheureusement il s'agissait d'une émission d'été qui ne fut diffusée que le 20 août.

Quelques jours plus tard, Marie-Thérèse de Brosses, responsable des documents *Paris-Match*, dînait dans un restaurant, où elle rencontra Guy Lagorce, ami de Michel Oliver, et dont mon père était le médecin de famille avant la guerre à La Bachellerie en Dordogne. Elle lui demanda s'il avait un sujet à lui proposer pour ses documents *Paris-Match*. « Tu ne connais pas Fontbrune, l'exégète de Nostradamus ? » lui dit-il. Il lui communiqua mes coordonnées. Elle me rencontra à Aix-en-Provence et publia début juillet le document qui fit tant de bruit. Lorsque sortit ce premier article sur mon travail, trente-cinq mille exemplaires étaient déjà vendus, ce qui en faisait, pour l'époque, déjà un best-seller sans le moindre appui médiatique. Si l'*Apostrophe* avait été diffusée en direct le 16 juin, c'est Bernard Pivot qui aurait eu la primeur du succès… Nostradamus, Michel Oliver et, peut-être, le « besogneux » que je suis ont fait du Rocher, ce petit caillou d'alors, une montagne !

En France, on déteste les gens qui réussissent pour quelque raison que ce soit. Toute réussite est suspecte de magouille, de piston, d'opération de marketing. L'historique et la genèse de mon livre montrent qu'il n'y a rien de tout cela. Le succès déclenche systématiquement des sentiments de jalousie, d'envie et même de haine au pays de Clochemerle.

L'accueil que j'ai reçu à l'étranger – mon premier livre a été traduit en douze langues – est bien différent et, surtout, moins systématique dans la démolition critique : Espagne, Italie, Belgique, Allemagne, Canada, etc., tous ces pays m'ont traité avec courtoisie, leurs journalistes montrant un intérêt pour le sujet, après l'avoir étudié *a minima* pour poser des questions péremptoires ; et non, comme en France, où beaucoup d'interviewers et d'animateurs ne pensent qu'à se mettre en valeur aux dépens de leurs invités. La critique négative de tout succès, de tout individu, de tout autre peuple est un sport national. Il n'est que voir comment les Français traitent leurs voisins européens : Belges, Italiens, Allemands, Anglais qui nous le rendent bien, etc.

Le succès mondial de mon livre a suscité des vocations mercantiles, autant de pseudo-auteurs que d'éditeurs. Dès 1981, on vit les rayons des librairies encombrés de dizaines de livres, soit fantaisistes, soit dénigreurs, soit plagiaires de mon travail. Et ce sont ces gens-là qui se sont permis de m'accuser de mercantilisme, mettant en balance un ouvrage qui avait demandé dix-sept années de recherches laborieuses et leurs ouvrages

« torchés » en quelques semaines ou quelques mois. Leurs introductions dans l'*intelligentsia* parisienne leur permirent d'accéder à de grandes émissions, comme le *Bouillon de culture* du 25 mai 1999, où les invités me contredirent, étant incapables de traduire et commenter de façon claire et précise quelque quatrain que ce soit !

J'ai eu le grand privilège, en tant que « profane », de faire plusieurs conférences privées et toujours gratuites – il y a un autre terme pour désigner l'invitation d'un seul non-franc-maçon – pour les trois principales obédiences de la franc-maçonnerie ainsi que pour la grande loge féminine. J'y ai découvert une autodiscipline rare, une écoute toujours bienveillante, des débats de très haut niveau et très enrichissants.

J'ai, en outre, plusieurs amis intimes de très grande qualité humaine qui font partie de loges maçonniques et qui m'ont souvent dit que le parcours solitaire de travail et de recherche que j'avais poursuivi pendant de nombreuses années faisait de moi ce que, dans cette société, certains appellent parfois un « franc-maçon sans tablier », c'est-à-dire qui n'a pas été initié, mais que son parcours a fait évoluer vers un véritable humanisme dégagé de toute doctrine. Malheureusement, comme dans toute société humaine, il y a des brebis galeuses qui ne méritent pas d'en faire partie et nuisent à son image...

Beaucoup de livres sur Nostradamus rejettent systématiquement le caractère prophétique de ses écrits.

Ces autruches qui refusent l'avertissement prophétique sont des esprits chagrins, orgueilleux, sectaires, intolérants, négatifs, destructeurs et surtout mercantiles ; ils devraient prendre comme devise personnelle la phrase du célèbre physicien Henri Poincaré : « Douter de tout ou tout croire, ce sont deux attitudes également commodes qui, l'une et l'autre, nous dispensent de réfléchir. »

Depuis quarante-deux ans que j'ai entrepris l'étude des centuries, mon travail de bénédictin m'a appris l'histoire sous un angle fort différent de celui sous lequel elle est enseignée. Nostradamus déteste les fauteurs de guerre. Son objectif est de dénoncer les folies meurtrières des hommes. Son engagement proclamé dans le catholicisme est, en réalité, le choix du christianisme, deux mots qui se confondent à la Renaissance. Il adopte cette philosophie de non-violence.

Les préceptes de l'Évangile ont été trahis par toutes les Églises dites chrétiennes. « Celui qui manie l'épée périra par l'épée », dit Jésus à Pierre qui sort son arme pour empêcher les soldats romains de l'arrêter. Cette simple phrase fondamentale permet de constater que pendant onze siècles, l'Église a fait le contraire. Au VIIIe siècle, l'Islam a juste un siècle d'existence. Pépin le Bref (715-768), premier roi carolingien, fils de Charles Martel, fut proclamé roi des Francs avec la protection de l'Église, dont il fut le serviteur zélé. Ayant déposé Childéric III (dernier roi mérovingien), il fut sacré par le pape Étienne II. Il battit les Lombards et les obligea à donner au pape l'exarchat de Ravenne et la Pentapole (Rimini, Pesaro, Fano, Sinigaglia, Ancône). Ce fut le premier noyau de ce qu'on appela par la suite les États de l'Église. Ce nouvel État est donc donné au pape par un usurpateur, puisque Pépin le Bref s'empare de la couronne des Francs en prenant la place du dernier roi mérovingien. Comment comprendre les deux premiers vers du 6e quatrain de la Ire centurie si l'on ne connaît pas cette tranche d'histoire :

L'œil de Ravenne sera destitué,
Quand à ses pieds les ailes failliront...

Nostradamus utilise le mot *œil* dans le sens de « pouvoir » (comme on dit l'« œil du maître ») : « Le pouvoir de Ravenne (pouvoir temporel du pape) sera destitué, quand les ailes de l'aigle (Napoléon III) tomberont... » L'année 1870 voit la défaite française à Sedan et la chute du pouvoir temporel du pape. En effet, le 20 septembre, le général Cadorna, aux ordres du nouveau roi d'Italie Victor-Emmanuel II, fait bombarder la Porta Pia. Malgré une héroïque résistance de ses soldats, le pape capitule et voit l'annexion de ses États.

Dès le VIIIe siècle, à partir de l'exarchat de Ravenne, les papes vont faire la guerre sans interruption pour agrandir ou conserver leurs États. À la guerre sainte de l'Islam, ils vont répondre par la guerre sainte des chrétiens, qu'on appellera les croisades. Lorsqu'on entend le président de la plus grande puissance de la planète se référer aux croisades pour justifier la guerre en Irak, il y a des raisons de se faire du souci sur la suite des événements. Mais n'allons pas plus loin, on m'accuserait de catastrophisme...

Les anticléricaux, héritiers du « petit père Combes », sont encore nombreux en France et mettent dans le même sac l'Église et l'Évangile.

Leur attitude tient au fait que le catholicisme a été religion d'État comme l'islam l'est aujourd'hui encore dans plusieurs pays musulmans dont la Turquie ! Ils ignorent que la laïcité est inscrite dans l'Évangile. La phrase de Jésus « Rends à César ce qui est à César et à Dieu ce qui est à Dieu » ne laisse aucun doute sur ce point ; ce qui signifie qu'on ne doit pas mélanger la foi ou la religion et le pouvoir, représenté ici par César, lorsque la Palestine était une colonie romaine. En revanche, ils favorisent la construction de mosquées pour une religion qui, dans le Coran, prêche la guerre sainte contre l'infidèle. Je croirai à un « islam modéré » le jour où une réforme du coran aura été faite ; consistant à retirer des sourates les versets qui font appel à des actes de violence. Il me semble indispensable également que devrait être abandonnée la charia, loi contraignante et liberticide qui fait de la femme un être inférieur et soumis. On a pu m'accuser d'islamophobie, alors que mon plus grand souhait est que mes frères musulmans soient tous aussi pacifistes que moi sous la foi commune de ce « grand architecte » auquel il est attribué tant de noms différents. Les guerres ne sont jamais faites pour les religions ; ces dernières ne sont que des armes dans les mains de tyrans assoiffés de pouvoir mégalomaniaque.

Quant aux caricatures de Mahomet, elles sont inadmissibles, d'autant plus qu'on ne peut, en aucune façon, rendre le prophète de l'Islam responsable de la violence islamique, le coran ayant été rédigé vingt ans après sa mort. Les rédacteurs ont pu mettre en ce livre ce qu'ils voulaient : *traduttore*, *traditore*, disent les Italiens.

Il faut rapprocher cette atteinte à la dignité musulmane de deux faits qui ont touché l'Église catholique et provoqué des réactions hostiles. Le premier est la sortie, en 1984, du film de Jacques Richard *Ave Maria*. Les autorités catholiques ont fait interdire l'affiche qui représentait Isabelle Pasco en croix les seins nus. Le deuxième est le film de Martin Scorcese *La Dernière Tentation du Christ* en 1988. Le 22 octobre, un groupe de fondamentalistes catholiques lance des cocktails Molotov dans le cinéma Saint-Michel à Paris pour protester contre la projection de ce film. Cette agression fait treize blessés dont quatre graves.

La violence est inadmissible que ce soit au nom du Christ ou de Mahomet.

Devant ces faits, il faut se demander si la démocratie, depuis Mai 1968, n'est pas en train de se noyer dans un laxisme autodestructeur.

« Il est interdit d'interdire », disait-on. La véritable liberté n'est pas collective, mais individuelle, et le « tout permis » est liberticide, car la liberté de l'un s'arrête où commence celle de l'autre.

En ce qui concerne les soldatesques de l'Islam, Sylvain Besson vient de publier un livre[4] inquiétant concernant le projet secret de conquête de l'Occident : livre d'enquête, de documents très précis et... peu rassurant. Cet autre auteur risque, lui, de se faire traiter d'islamophobe, alors que sa publication expose froidement des documents indiscutables : à lire. Au même moment l'excellente revue *Archéologie et sciences des origines* publie un certain nombre d'articles concernant l'« Arabie chrétienne », c'est-à-dire l'Arabie d'avant l'Islam. On y découvre que les chrétiens arabes étaient très nombreux. Ils avaient édifié de nombreuses églises byzantines dont il reste parfois de superbes mosaïques, vestiges de leur destruction par les Perses, par un juif nommé Yûsuf, puis par l'Islam.

Que reste-t-il de l'œuvre remarquable de laïcisation de la Turquie par Mustapha Kemal ? Celui-ci abolit le califat le 3 mars 1924, fonction religieuse qui faisait du sultan ottoman le chef spirituel de tous les musulmans. Il interdit le port du fez ainsi que celui du voile. En 1926, il introduit le calendrier grégorien ; en 1928, l'alphabet latin en remplacement de l'arabe ; en 1931, le système métrique. Il impose le repos du dimanche. Il instaure l'égalité des sexes, interdit la polygamie et donne, en 1934, le droit de vote aux femmes (onze ans avant la France !). La seule erreur de Mustapha Kemal dans la modernisation de son pays est qu'il prit la précaution de proclamer l'islam religion nationale, brèche dans laquelle s'engouffrent aujourd'hui les islamistes. Le Vatican a dénoncé la « christianophobie institutionnelle en Turquie ». Edmond Farhat, nonce apostolique, a affirmé que la liberté religieuse n'existe que sur le papier dans ce pays. Le commissaire européen Olli Rehn a averti le gouvernement turc que la liberté religieuse appliquée en Turquie ne répondait pas à l'un des critères fixés par l'Union. Autrement dit la prétendue laïcité à la turque est loin de la nôtre.

Le 25 mai 1999, à cause de cette date donnée par Nostradamus et qui a fait écrire tant de sornettes, je fus invité par Bernard Pivot à un *Bouillon de culture* consacré à Nostradamus. L'un des points forts de mon propos fut de mettre en garde contre le danger islamique. Voilà qui n'était pas politiquement correct, au point que Bernard Pivot m'apporta une contestation vigoureuse : « Voyons, monsieur de Fontbrune, me lança-t-il, au XVIe siècle régnait Soliman le Magnifique, un grand souverain du monde ; il y avait la peur du Turc ; ne pensez-vous pas que Nostradamus ait mis dans ses écrits les peurs de son époque, aujourd'hui démodées ? » Deux ans, trois mois et dix-sept jours plus tard, les États-Unis subissaient une attaque surprise pire que celle commise par les Japonais sur Pearl Harbour. La prophétie avait été combattue et dénigrée, elle s'était malheureusement réalisée... Il est vrai qu'à la tête de ce pays, en 1999, n'était pas encore arrivé un Premier ministre qui avait été mis en prison pour incitation à la haine religieuse !

Si pour le christianisme, qui a pris son expansion par le martyre, on peut parler de trahison de l'Évangile par les chrétiens, on ne peut en dire autant pour une religion qui s'est implantée par les conquêtes guerrières au nom de son livre saint. Nostradamus utilise le mot *barbare* pour désigner les islamiques. Il cite les *rêveries de Mahomet* et la *séduction détestable des Sarrasins*. Force est de constater que l'histoire plaide en faveur de ces assertions et qualifications.

La conclusion qu'on peut tirer de ce qui précède est que l'homme à travers l'histoire a utilisé les religions à des fins de puissance. Le proverbe hindou « L'homme n'égale le tigre que dans la férocité » me semble encore plus juste que l'adage latin *Homo homini lupus*, « L'homme est un loup pour l'homme ».

Pour démontrer le rejet constant des prophéties par tous les pouvoirs, j'ai relevé dans l'histoire quelques exemples significatifs.

En 610 avant J.-C., Jérémie le prophète annonce à Sédécias, roi de Juda, que si l'on n'y prend garde, le peuple juif sera emmené en captivité à Babylone et que Jérusalem sera détruite. Sédécias, furieux qu'on lui annonce sa chute, fait mettre Jérémie en prison. Quinze ans plus tard Nabuchodonosor II s'empare du peuple juif et le met en captivité à Babylone. Jérémie et Ézéchiel sont au nombre des prisonniers. Sédécias est jeté en prison et le roi de Babylone lui fait crever les yeux. En 587, Jérusalem est détruite.

Dans l'histoire dite profane, un autre exemple illustre ce rejet des prophéties par les puissants. Lorsque Agamemnon arrive sous les murs de Troie avec son illustre cheval bourré d'hoplites, Cassandre prévient Priam, son père, que s'il fait entrer le cheval dans les murs de Troie, la ville sera détruite. Priam fait exiler sa fille comme oiseau de mauvais augure ! Virgile a rapporté l'événement dans *L'Énéide* : « *Timeo Danaos et dona ferentes* (Je redoute les Grecs surtout quand ils apportent des présents) ».

Lorsque, en juin 1940, Hitler arrive sur les Champs-Élysées, il savoure son triomphe. Au même moment, le livre de mon père connaît un grand succès de librairie. Dans cet ouvrage publié en 1938, la guerre franco-allemande était annoncée ainsi que la défaite de l'Allemagne et la fin misérable de Hitler (*sic*). Le 13 novembre 1940, le livre est saisi par la police de Vichy à l'imprimerie de Cahors, interdit, deux mille exemplaires brûlés et les plombs de la composition fondus pour qu'il ne puisse plus être imprimé. On connaît la suite. La seule différence qu'il y a entre Torquemada le grand inquisiteur et Hitler est un peu plus de quatre siècles. L'inquisition n'a pas d'âge ; persécutions et autodafés ont traversé les siècles.

Exemple d'anathème jeté par l'Église elle-même contre Nostradamus : en 1981, Mgr Etchegaray, président de la conférence épiscopale, lançait dans *Le Provençal* l'avertissement : « Ne te livre pas au mage Nostradamus. » Il est grave de constater que ce grand prélat parlait, es qualités, sans connaître le sujet. En effet, dans sa lettre à son fils César, Nostradamus condamne sans appel la magie : « Et je te supplie, mon fils, de ne jamais employer ton entendement à de telles rêveries et vanités qui dessèchent le corps et entraînent la perdition de l'âme, et, notamment, la vanité de la plus exécrable magie réprouvée jadis par les écritures sacrées et les divins canons. » « Nul prophète n'est bien reçu en sa patrie », dit justement l'Évangile de Luc...

C'est parce que je n'ai jamais voulu dormir dans un lit de Procuste que j'ai toujours refusé d'entrer dans quelque groupe ou chapelle que ce soit, pour garder intactes ma liberté de pensée et la possibilité de remettre en question, chaque jour, tout ce à quoi on croit dur comme fer. Ainsi les idées que j'ai aujourd'hui ne sont-elles pas celles que j'avais à l'âge de vingt ans. Nostradamus m'a fait pénétrer dans un autre système de référence – l'espace-temps – me permettant de prendre un immense recul sur les événements et les hommes.

Se demander si voir l'avenir est possible est une mauvaise question et, de surcroît, sans intérêt, puisque les connaissances actuelles sur le cerveau de l'homme sont incapables d'y répondre. En revanche, étudier un texte dit « prophétique » et faire des vérifications pour savoir si des événements précis ont été imprimés avant qu'ils se produisent constitue ce que nous appelons la méthode expérimentale. Je n'ai pas fait autre chose pendant plus de quarante ans, et c'est en fonction des résultats que j'ai acquis ma conviction que Nostradamus avait pénétré une partie du bloc espace-temps. Il aurait donc vu des séquences du passé, du présent et de l'avenir comme apparaissant simultanément sur un mur d'images qu'il n'aurait eu qu'à décrire dans ses quatrains, alors que pour ses contemporains – comme pour nous – le temps était et est sectionné en trois parties : passé, présent et avenir. Cette hypothèse n'est pas en contradiction avec les théories les plus modernes de la physique relativiste.

Une des critiques les plus couramment portées par les médias est qu'on peut faire dire à Nostradamus tout et son contraire ou n'importe quoi. Le travail qui suit contredit cette idée si répandue.

La deuxième critique aussi courante est que le texte n'est que du galimatias ou du charabia. Cela tient essentiellement aux difficultés que nous allons maintenant exposer.

La complexité d'un texte écrit au XVIe siècle tient à plusieurs facteurs, en particulier au fait que la langue française est alors en cours de formation. Les auteurs francisent des mots latins ou grecs en fonction de leurs besoins d'expression. Rabelais, contemporain de Nostradamus, en est un bel exemple.

LE VOCABULAIRE DES CENTURIES

Dans sa lettre à son fils César, Nostradamus précise qu'il a voulu « raboter obscurément les quatrains astronomiques ». Les exemples qui suivent le démontrent.

Des mots courants ont changé de sens. Certains mots sont utilisés dans des sens différents identifiés grâce au contexte ou à une majuscule : ainsi, le mot *lion* peut désigner le roi des animaux, la constellation ou le Lion britannique. *Classe*, dans ses sens latins, veut dire « flotte », « armée » ou « combat ». *Peste*, selon le contexte, a le sens latin de « calamité » ou celui d'« épidémie ».

Autre piège encore plus redoutable, un mot latin raccourci pour garder dix pieds au vers décasyllabique ; par exemple, le mot *Pau* ne désigne pas la ville des Pyrénées-Atlantiques, mais le fleuve italien Pô qui se dit en latin *Padus*. Des mots que nous utilisons aujourd'hui n'ont plus le sens qu'ils avaient au XVIe siècle, ce point étant compliqué par l'utilisation du sens latin ; *infans* utilisé dans deux sens différents : « enfant », mais aussi en ancien français « privé de parole » ; *estomach* n'a pas le sens d'« estomac » mais de « sein de femme ».

Autre difficulté philologique, l'usage de la lettre *a* dans le sens de l'*alpha* privatif : *a soutenir* signifie « sans soutenir » ; *ne* utilisé pour renforcer une affirmation et non dans son sens négatif le plus courant (il n'est que trop...). Dans plusieurs mots la lettre *s* remplace l'accent circonflexe : *fenestre* pour « fenêtre », *naistre* pour « naître », *mesme* pour « même ».

Les figures de grammaire

- L'*aphérèse* consiste à enlever une lettre ou une syllabe au commencement d'un mot : *bondance* pour « abondance », *Lone* pour « Olonne ».
- La *syncope* consiste à retrancher une lettre ou une syllabe au milieu d'un mot : *donra* pour « donnera », *d'mour* pour « Dumouriez » (mot compliqué d'une apocope), *emprise* pour « entreprise ».
- L'*apocope* consiste à enlever une lettre ou une syllabe à la fin d'un mot ; exemples : *colon* pour « colonne », *le grand* pour « la grandeur ».
- Les figures nommées *prosthèse*, *épenthèse* et *paragoge*, au contraire, ajoutent une lettre ou une syllabe au début, au milieu et à la fin d'un mot : *nuict* pour « nuit », *Timbre* pour « Tibre », *veu* pour « vu », *faict* pour « fait ».

Lorsque ces figures de grammaire sont utilisées dans des noms géographiques ou des noms propres, l'identification en est rendue plus difficile ; par exemple, *Vapin* pour *Vapincum*, nom romain de la ville de Gap (Hautes-Alpes), *Verbine* pour *Verbinum*, nom romain de la ville belge de Vervins.

Les anagrammes

Les anagrammes sont également une méthode de codage : *Robin* pour « Biron », *Nicéne* pour « né à Nice », *Nersaf* pour « Farnèse », etc.

LES NOMS GÉOGRAPHIQUES CODÉS

Les noms géographiques sont souvent cités sous l'appellation qu'ils avaient dans l'histoire ancienne ou dans l'Antiquité grecque, latine ou hébraïque : *Carmanie* ou *Germanie*, province de l'Empire perse, aujourd'hui l'Afghanistan, *Perse* pour l'Iran, *Césarée* pour Saragosse (*Cesarea Augusta*), *Samarobriva* pour Amiens, *Herbipolis* pour Wurtzbourg, *Agath* (du grec *agathos*) pour Agde, *Babel*, nom hébreu de l'Irak, ou *Mésopotamie*, mot d'origine grecque, etc.

Nostradamus utilise la synecdoque, figure de rhétorique par laquelle on prend la partie pour le tout : *Hircanie,* ancienne région de la Perse au bord de la mer Caspienne, pour l'Iran ; *Tarragone* ou *Denia* pour l'Espagne ; l'île de *Pharos* pour l'Égypte ; un quartier de ville, *Houke*, pour Anvers ; un fleuve pour un pays, *Boristhène* (le Dniepr) pour la Russie. Pour situer des événements importants il indique des petits villages : *Buffalora*, première bataille remportée, en 1859, par Mac-Mahon avant Magenta et Solferino ; ou encore *Magnavacca*, petit port de l'Adriatique où débarqua Garibaldi en 1870. Une région est indiquée par le nom d'une bourgade de l'époque romaine : *Apame* pour la Calabre. Un pays ou un peuple sont parfois signalés par une ou deux villes.

LES NOMS DE PERSONNES

Certains noms propres sont indiqués en clair : *Rousseau*, *Franco* ; d'autres sont codés ou « rabotés » pour conserver dix pieds au vers : *d'mour* pour Dumouriez, identifiable grâce à l'association dans le quatrain au duc de Brunswick, tous les deux acteurs de la bataille de Valmy en 1792 ; *au Chalmé Duc* désigne le général Maison (*dux* en latin signifie « général » et *chalme* ou *chaume* « maison » en ancien français) – cet officier supérieur participa à la guerre d'indépendance de la Grèce et dans le quatrain où il est cité on trouve la ville de Chio, où se déroula, en 1824, un célèbre massacre commis par les Turcs et immortalisé par un tableau hyperréaliste d'Eugène Delacroix.

Le prénom *Philippe* est mentionné dans deux quatrains ; le contexte permet d'attribuer l'un à Louis-Philippe, l'autre à Philippe Pétain.

CLASSEMENT CHRONOLOGIQUE

Il est irréalisable. Nostradamus, dans son voyage dans l'espace-temps, voit comme simultanés des événements qui peuvent avoir plusieurs jours, mois, années ou siècles d'écart. Le quatrain pris comme exemple ci-après en fait la démonstration : l'archiduc François-Ferdinand est assassiné à Sarajevo le 28 juin 1914, le 3 août le pape Pie X meurt, le 29 août l'armée allemande avance sur la ligne Guise-Vervins. Voilà trois événements à des dates différentes réunis dans le même texte. La prophétie n'est pas un calendrier d'événements !

Le lecteur trouvera plus loin le quatrain dans lequel Nostradamus établit un rapport de cause à effet entre la conquête complète du Maghreb par la IIIe République et la chute de la IVe (guerre d'Algérie). Le problème qui se pose est donc de savoir s'il faut classer le quatrain dans l'histoire de la IIIe République ou dans celle de la IVe. J'ai arbitrairement choisi de classer le texte dans la IVe République. Il s'agit donc d'une description de l'histoire qui n'a rien à voir avec la façon dont elle est présentée dans nos manuels.

Plusieurs quatrains indiquent des durées d'événements : sept ans pour la Ire République, trois cents ans de domination des mers par l'Angleterre ; la durée de vie d'Hitler est de six cent soixante-dix mois (avril 1889-avril 1945).

Pour illustrer les difficultés ici décrites, voici un quatrain tout à fait significatif des pièges tendus par Nostradamus à ses futurs exégètes ou interprètes, pièges parfois compliqués par les typographes.

III, 11

Les armes battre au ciel longue saison,
L'arbre au milieu de la cité tombé :
Verbine (ou Vermine[5]) rongne, glaive en face, tyson,
Lors le monarque d'Hadrie succombé.

Les typographes du XVIe siècle qui imprimèrent l'œuvre de Nostradamus ne connaissaient pas le mot *Verbine* (problème qui se rencontre pour d'autres mots ; seul le contexte permet de faire le bon choix).

Certains typographes respectèrent le mot tel que l'avait écrit le prophète. D'autres choisirent, comme il est courant de le faire, le mot qui se rapprochait le plus de *Verbine*, c'est-à-dire *Vermine*. L'édition de 1568 sur laquelle j'ai travaillé mentionne *Verbine*.

Le résultat de cette double orthographie est que, ne comprenant pas ce mot-clé essentiel du quatrain, les exégètes attribuèrent ce texte soit à Henri IV, soit à Hitler. En fait, Nostradamus francise le mot latin *Verbinum* qui n'est autre que le nom romain de la ville belge de Vervins. L'une des interprétations les plus fantaisistes du mot est Berlin. Comment donc de telles erreurs de traduction ou d'interprétation n'auraient-elles pas apporté de l'eau au moulin des détracteurs de Nostradamus ? Ceux-ci s'appuient sur ce genre de bévues pour étayer leur démonstration et affirmer qu'on peut faire dire au texte tout ce que l'on veut.

Mais revenons à *Verbine*, ou Vervins, et voyons à quelle page d'histoire se rapporte ce texte. Voici d'abord la traduction que l'on peut en faire :

On fabriquera pendant longtemps des armes aériennes. Lorsque l'arbre (généalogique de la maison de Habsbourg-Lorraine) sera tombé au milieu de la cité (Sarajevo), on fera retraite à Vervins (*rogné* en ancien français : retiré, retranché), pendant qu'une comète brillera, et que le chef de l'Adriatique (le pape Pie X) aura succombé.

Nostradamus avait déjà utilisé l'expression *les armes battre au ciel* dans le quatrain 43 de la IVe centurie pour annoncer l'invention des premières fusées par les Anglais. En effet, les « *rockets* » furent inventées par l'ingénieur William Congreve et furent utilisées, pour la première fois, contre Boulogne, par la marine anglaise, en 1806. Ici, Nostradamus voit l'invention d'une nouvelle arme aérienne, l'avion, qui va faire son apparition sur les champs de bataille de la Grande Guerre. La guerre de 1914-1918 trouva son prétexte dans l'assassinat de l'héritier des Habsbourg, l'archiduc François-Ferdinand, le 28 juin à Sarajevo. Cet assassinat mettait fin au règne de cette dynastie qui venait de *tomber au milieu de la cité*. Le mot *glaive* était utilisé au XVIe siècle pour désigner les comètes – voir la comète de 1527 dessinée par Ambroise Paré et représentée par une épée. Quant au mot *face*, il constitue un de ces nombreux pièges dont le texte de Nostradamus est truffé ; ce mot vient ici du latin *fax, facis* qui signifie « flambeau », mais aussi « astre » et « traînée de feu ». Le mot *tison* peut aussi bien se rapporter à la comète qu'aux explosifs lancés du ciel. Or, en août 1914, au moment même où la guerre éclatait, les astronomes de l'observatoire de Yerkes, dans le Wisconsin aux États-Unis, observaient la comète de Delavan. Le tableau des événements est campé : le 7 août les armées allemandes prennent Liège et foncent à travers la Belgique, l'état-major français, qui ne croyait pas à l'invasion, est surpris et, le 29 août, l'armée Lanrezac stoppe l'avancée allemande sur la ligne Guise-*Vervins* et sauve de l'encerclement la Ve armée, mais n'empêche pas la *retraite* de commencer.

Dix-sept jours après la déclaration de guerre de l'Allemagne à la France (3 août 1914), le pape Pie X meurt, au moment même où les armées allemandes arrivent sur la ligne Guise-Vervins. Pourquoi donc Nostradamus appelle-t-il le pape Pie X le *monarque d'Hadrie* ? *Monarque* pour le pape qui règne sans partage sur l'Église et, d'autre part, Giuseppe Sarto était né à Riese, petite ville de Vénétie, province qui borde l'*Adriatique* ; Léon XIII l'avait nommé en 1893 patriarche de Venise.

Une fois ce quatrain mis à plat, il est quasiment impossible de trouver dans l'histoire des événements qui « collent » aussi bien avec le texte. En procédant par élimination et en avançant pas à pas, on arrive à dévider l'écheveau des quatrains et à trouver pour chacun leur propre sens. Une des caractéristiques constantes du texte est la concision que Nostradamus a obtenue en « rabotant » son écrit comme il le dit lui-même dans sa préface. Ainsi, avec peu de mots et quelques précisions de chiffres ou de lieux, il peut exprimer plusieurs pages d'histoire, cette technique tenant du prodige.

Comme pour ce quatrain, j'ai appliqué à tous la méthode de la preuve contraire, m'obligeant à chercher, au-delà de la solution trouvée qui paraît satisfaisante, une autre application de l'histoire au texte. Le résultat fut que cela me força à la plus grande rigueur et fonda ma conviction qu'une telle accumulation de détails et de réussites ne pouvait relever de je ne sais quel hasard que j'aurais alors sanctifié ; j'aurais mis un cierge, chaque jour, à saint Hasard !

Les jugements de valeur

Nostradamus utilise des termes péjoratifs qui constituent des jugements sévères sur les hommes, les événements ou les régimes. Ainsi, Napoléon est gratifié des termes de *tyran*, *boucher*, *monstre*. L'oncle et le neveu (Napoléon Ier et Napoléon III) sont gratifiés du mot *bâtard* : le premier conduit à la catastrophe de Waterloo, le second à celle de Sedan. Un exégète admirateur de Napoléon ne pourra pas admettre de tels qualificatifs et ne pourra donc pas attribuer les quatrains qui les mentionnent à son idole. Hitler et Staline sont également qualifiés du mot *tyran* : preuve que Nostradamus déteste les personnages guerriers, révolutionnaires et sanguinaires. Hitler est en outre désigné comme un *bœuf* (au sens figuré : grossier).

Quand Nostradamus prévoit la chute de la monarchie en 1792, un monarchiste ne l'acceptera pas et un républicain s'en réjouira. Quand Nostradamus annonce la mise à bas de la Ire République par Napoléon par la phrase : « La République misérable malheureuse sera dévastée par le nouveau magistrat... », un républicain sera probablement furieux de l'attribution de tels adjectifs au régime qu'il soutient. Lorsque Nostradamus dit du *vieux* (maréchal Pétain) qu'il trahira, il ne porte par une condamnation, il constate simplement que l'histoire retiendra que Pétain a été condamné pour trahison par un tribunal ; dans un quatrain le vieux maréchal est qualifié de *vieillard rêveur*.

Pour comprendre cette prophétie, il faut laisser au vestiaire toutes conceptions politiques, philosophiques ou religieuses, c'est-à-dire brûler son « lit de Procuste ».

Fort de ce qui précède, la première règle, la plus fondamentale, pour étudier les écrits de Michel de Nostredame est de respecter son texte et ses idées. Dans plusieurs livres on trouve l'utilisation des écrits de Nostradamus pour promouvoir les idées préconçues de leurs auteurs.

UNE PROFUSION DE DÉTAILS

Curieusement, Nostradamus donne d'incroyables détails historiques, ce qui fait partie de sa technique pour voiler son message, afin qu'il ne soit pas détruit « par, dit-il, l'injustice du temps présent (l'Inquisition) et aussi d'une grande partie du futur » et qu'ainsi il nous parvienne. Sans doute fort peu d'historiens ont-ils entendu parler des villages de *Buffalora* ou de *Magnavacca* évoqués plus haut. Dans un quatrain sur la bataille de Trafalgar, Nostradamus mentionne le nombre de gros navires (sept trois-ponts) de Nelson et précise : *deux échappés et cinq menés à terre* ; or, le 22 octobre 1805, lendemain de la bataille, le capitaine Cosmao quitta Cadix avec cinq navires pour en récupérer deux en perdition (voir plus loin l'explication complète de ce quatrain).

De telles précisions sont probablement explicables par le souci de Nostradamus de donner à sa prophétie la plus grande crédibilité possible.

Le lecteur trouvera dans les quatrains tous les détails de ces différentes méthodes de codage ou cryptage.

La culture humaniste

Pour saisir la substantifique moelle des écrits de Nostradamus, le traducteur se heurte à un obstacle important : la culture humaniste de son siècle. Une grande partie de cette culture a aujourd'hui disparu. Elle était basée sur la connaissance du latin et du grec, de l'histoire ancienne, de l'astronomie, etc. Par exemple, comment comprendre que les termes *Hannibal, Punique* (*Poeni*, les Carthaginois en latin) désignent le terrorisme islamique, si l'on ignore tout des trois guerres puniques entre Rome et Carthage qui prirent fin avec la destruction de cette dernière ? Comme le terrorisme islamique, les Carthaginois vouaient une haine implacable aux Romains, qui se dit en arabe *Roumis* et désigne les chrétiens !

Comment identifier le général de Gaulle caché sous le qualificatif de *second Thrasybule*, si l'on n'a pas étudié la guerre du Péloponnèse racontée par l'historien grec Thucydide en 411 avant J.-C. ? Pour démasquer ce second Thrasybule, il faut se pencher sur l'histoire du premier. Sparte est une dictature où les vieillards, les handicapés, bouches inutiles, sont éliminés. Les jeunes garçons sont embrigadés dans des mouvements paramilitaires. Les Spartiates ont interdiction d'épouser des « métèques » (étymologiquement : qui ne sont pas de la maison, c'est-à-dire non spartiates). Ici commence le parallèle avec l'Allemagne nazie. Pendant ce temps, la brillante démocratie athénienne voit ses rhéteurs palabrer sur l'Agora pendant qu'à Sparte on s'arme pour préparer l'invasion. Là continue le parallèle avec la IIIe République, insouciante des préparatifs guerriers de sa voisine. Arrive ce qui devait arriver. Sparte, qui convoite les richesses d'Athènes, l'envahit et l'occupe. Des Athéniens collaborent avec l'occupant, créent un corps de délateurs de métier, les sycophantes (la milice). D'autres Athéniens décident de résister et s'exilent à Thèbes, ville démocratique alliée d'Athènes (Londres), avec à leur tête le général Thrasybule. Celui-ci, depuis Thèbes, lance un appel à la résistance. Au fil des mois et des années, les places fortes de Phylé, Munichie sont libérées, et enfin Athènes. Thrasybule rétablit la constitution démocratique de Solon (IVe République). Le parallèle entre cette guerre qui vit s'affronter Sparte et Athènes et celle qui opposa la France et l'Allemagne est saisissant.

Cela montre que, dans son « voyage » dans le bloc espace-temps, Nostradamus a vu en même temps les deux guerres, distantes de vingt-trois siècles, passées et à venir pour ses contemporains, mais simultanées pour lui.

Est publié ici le deuxième texte en prose qui se situe dans le recueil de prophéties entre la VIIe et la VIIIe centurie, texte intitulé *Lettre à Henry, roi de France second.* Je considère qu'il constitue la vraie préface aux prophéties dont il est une vision globale ; raison pour laquelle je la place en tête de cet ouvrage. La lettre à son fils César est pour Nostradamus une suite de conseils, de recommandations, d'avertissements adressés à son ou ses traducteurs pour dérouler l'écheveau désordonné des quatrains et des sixains. Ce deuxième texte en prose revêt une importance capitale car il constitue une sorte de synoptique de ses « visions ».

Une difficulté majeure en entrave la compréhension. Comme pour les quatrains, Nostradamus indique des événements dans un discours sans ordre chronologique. S'agit-il d'une méthode pour mettre son message à l'abri de l'Inquisition ? Ou bien serait-ce une illustration de son voyage dans le bloc espace-temps ? Mes nombreuses années d'étude de ces écrits m'ont amené à la conclusion qu'il n'y avait pas une réponse univoque à ces deux questions. Il est probable que le choix délibéré d'inscrire les quatrains dans un désordre chronologique réponde à un désir de protection. En ce qui concerne la *Lettre à Henry*, la façon dont elle est rédigée plaide en faveur de la deuxième hypothèse : des séquences entières d'histoire se succèdent, alors qu'il est rare que deux ou trois quatrains sur une même tranche d'histoire se suivent dans les centuries. Dans cette lettre, certaines séquences de l'histoire sont inversées, une tranche du passé étant placée après une tranche de l'avenir.

LETTRE À HENRY, ROI DE FRANCE SECOND

« À l'invincible et très puissant, et très Chrétien Henry roi de France propice, Michel Nostradamus, son très humble et très obéissant serviteur et sujet, victoire et félicité.

« À cause de la royale attention que vous m'avez portée, ô très chrétien et roi très victorieux, mon visage étant depuis longtemps assombri, je me présente devant la déité de votre incommensurable Majesté, et, depuis, j'en suis continuellement ébloui, ne cessant plus d'honorer et de vénérer dignement ce jour où je me présentai devant elle pour la première fois, comme on le fait devant une extraordinaire Majesté si humaine. Or cherchant quelque occasion pour vous manifester mon bon sentiment et ma franchise avec détermination, moyennant cela, j'aurais fait effort pour faire plus ample connaissance de votre sérénissime Majesté. Or voyant que dans ce but il ne m'était pas possible de vous le faire savoir, malgré mon singulier désir de porter à votre connaissance les éclaircissements subits qui m'ont fait sortir de l'obscurité et des ténèbres, devant la face de votre pouvoir souverain et du premier Monarque de l'Univers ; j'en ai si longtemps douté que ne savais à qui je consacrerais les trois dernières centuries de mes prophéties, qui terminent le millier (de quatrains) ; et après avoir longuement réfléchi sur ma téméraire audace, j'ai décidé de les adresser à votre Majesté, n'étant pas pour cela ébranlé, comme le raconte le très sérieux auteur Plutarque dans la vie de Lycurgue, à la vue des offrandes et des cadeaux que l'on faisait pour les sacrifices dans les temples des Dieux immortels de cette époque, afin que l'on ne soit pas étonné que l'on n'osât point présenter au temple de l'argent ou de la monnaie. Et néanmoins voyant votre splendeur Royale, jointe à une incomparable humanité, je m'adresse à vous non comme on le fait aux rois de Perse chez lesquels on ne pouvait se rendre et, encore moins les approcher ; mais à un Prince très prudent et très sage ; j'ai donc consacré mes supputations nocturnes et prophétiques, composées grâce à un instinct naturel, à l'aide d'un transport poétique, avec les règles de la poésie, et la plupart de ces supputations accordées aux calculs de l'Astronomie qui correspondent aux ans, aux mois, aux semaines, aux régions, aux pays et à la plupart des villes et cités de toute l'Europe, y compris l'Afrique et une partie de l'Asie qui connaîtront des changements de frontières, qui s'approchent sous tous ces climats, le tout étant composé selon une fonction naturelle. Celui qui ferait mieux de s'occuper de ce qui le regarde répondra qu'autant la rythmique est facile, autant la compréhension des idées est difficile. Et pour ce faire ô Roi très humain, la plupart des quatrains sont tellement scabreux que l'on ne saurait y donner un sens, ni, encore moins, les interpréter. Toutefois espérant avoir laissé par écrit les événements qui toucheront les ans, les villes, les cités, les régions ; et même les années 1585 et 1606, à partir d'aujourd'hui, le quatorze mars 1557. Et allant bien au-delà de ces dates jusqu'à l'avènement du début du septième millénaire, par une mûre réflexion, jusqu'où mon calcul astronomique et autre connaissance m'ont permis d'aller ; époque (l'approche du VIIe millénaire, soit 2001) à laquelle les adversaires de Jésus-Christ et de son Église, commenceront à pulluler ; le tout a donc été composé et calculé en jours et heures choisis et bien agencés, et le plus justement possible. Et j'ai fait mes supputations concernant les événements des temps à venir, l'esprit libre et hors d'atteinte ; utilisant les époques passées, comprenant le présent, ainsi l'on connaîtra l'avenir par le cours du temps dans toutes régions ; et comme je le précise ici, je n'y ai rien mis de superflu, à tel point que l'on dit l'exactitude rigoureuse concernant l'avenir n'est pas entièrement déterminée. Il est bien vrai, Sire, que grâce à mon instinct naturel transmis par mes aïeux, je ne pouvais croire que je prophétiserais ; j'ai donc accordé et joins ce naturel instinct à ma longue supputation, en faisant le vide de mon âme, de mon esprit et de mon cœur, de tout souci, sollicitude et tracas pour être assuré du repos et de la tranquillité d'esprit. Le tout ayant été accordé et présagé et en partie grâce au trépied d'airain[6]. Nombreux sont ceux qui m'attribuent autant ce qui est à moi que ce qui ne l'est pas ; seul Dieu éternel, qui est le seul à connaître à fond les œuvres pies ou courageuses des humains, qui est juste et miséricordieux, en est le seul juge dont j'implore la défense contre la calomnie des méchants qui voudraient également savoir comment vos antiques ancêtres, rois de France, ont guéri les écrouelles, et ceux d'autres nations ont guéri la morsure des serpents, ou d'autres encore ont eu accès à l'art divinatoire, et bien d'autres cas qui seraient longs à exposer ici. Et ce malgré la malignité de l'esprit du mal qui se manifestera à travers le cours du temps, après ma mort, mon écrit sera alors plus connu que de mon vivant ; et même si je me trompais sur le calcul des époques, nul n'y pourrait rien. Plaise à votre plus qu'impériale Majesté de me pardonner, protestant devant Dieu et ses Saints, que j'affirme ne rien avoir écrit dans la présente lettre qui soit contraire à la vraie foi catholique, communiquant les calculs astronomiques, conformément à mes connaissances : car les espaces de temps, depuis les premiers hommes qui nous ont précédés, sont tels, et je m'en remets à la correction du jugement le plus sain, que le premier homme Adam précéda Noé d'environ mille deux cent quarante-deux ans, n'incluant pas dans mon calcul les temps calculés par les Gentils, tels que Varron les a décrits : mais en ne tenant compte exclusivement que des Saintes Écritures, et selon la faiblesse de mon esprit, à l'aide de mes calculs astronomiques. Après Noé, son époque et le déluge universel, vint Abraham mille huit ans plus tard, lequel fut un remarquable astrologue, reconnu de tous, et qui inventa l'alphabet chaldéen. Après lui, vint Moïse, environ cinq cent quinze ou seize ans, et entre l'époque de David et Moïse cinq cent soixante-dix ans se sont écoulés. Après cela, entre David et notre Sauveur et Rédempteur Jésus-Christ, né de l'unique Vierge, sont passés mille trois cent cinquante ans : on pourra objecter que cette réflexion n'est pas vraie puisqu'elle diffère de celle d'Eusèbe. Et depuis l'époque de la Rédemption de l'homme jusqu'à la séduction détestable des Sarrasins six mal qui se manifestera à travers le cours du temps, après *mon esprit sur toute chair* eu ma mort, mon écrit sera alors plus connu que de mon accès à l'art divinatoire, et bien d'autres cas qui seraient longs à exposer ici. Et ce malgré la malignité de l'esprit du vivant ; et même si je me trompais sur le calcul des époques, nul n'y pourrait rien. Plaise à votre plus qu'impériale Majesté de me pardonner, protestant devant Dieu et ses Saints, que j'affirme ne rien avoir écrit dans la présente lettre qui soit contraire à la vraie foi catholique, communiquant les calculs astronomiques, conformément à mes connaissances : car les espaces de temps, depuis les premiers hommes qui nous ont précédés, sont tels, et je m'en remets à la correction du jugement le plus sain, que le premier homme Adam précéda Noé d'environ mille deux cent quarante-deux ans, n'incluant pas dans mon calcul les temps calculés par les Gentils, tels que Varron que cette réflexion n'est pas vraie puisqu'elle diffère de celle d'Eusèbe. Et depuis l'époque de la Rédemption de l'homme jusqu'à la séduction détestable des Sarrasins six cent vingt et un ans environ se sont écoulés ; d'où l'on peut compter les temps passés, si du moins ma supputation n'est bonne et valable pour toutes les nations, parce que tout a été calculé par le cours du ciel avec l'aide d'intuitions à certains moments perdus et de l'esprit de mes lointains ancêtres : mais l'injustice de notre époque, ô Sérénissime Roi, impose d'exprimer des événements si secrets par des phrases énigmatiques, ayant une seule signification et une seule compréhension, car je n'y ai rien mis d'ambigu ni des calculs douteux ; mais j'ai plutôt tout plongé dans un profond obscurcissement par intuition naturelle me rapprochant du tangage d'un des mille et deux prophètes connus depuis la création du monde conformément à la supputation et à la Chronique phénicienne[7] de Joël[8]. *Je répandrai mon esprit sur toute chair et vos fils et vos filles prophétiseront.* Mais une telle prophétie procédait de la bouche du Saint-Esprit, qui était la souveraine puissance éternelle, si bien que certains d'entre eux (les prophètes), avec l'aide du mouvement céleste, ont prédit de grandes et merveilleuses aventures. Mais ici je ne m'attribue nullement un tel titre. Certes à Dieu ne plaise, je confesse que le tout vient de lui, et je lui en rends grâce, honneur et louange immortelle, sans avoir utilisé de méthodes divinatoires qui se développent à partir de la fatalité, mais grâce à Dieu et à ma nature, et l'ensemble accordé aux mouvements du ciel, à tel point que j'ai vu comme dans un miroir ardent, comme par une vision obscurcie, les grands événements, tristes et prodigieux, et les aventures calamiteuses qui s'approchent de la plupart des habitants. D'abord les Églises de Dieu, ensuite les forces purement matérielles entreront dans une telle décadence qu'outre mille autres calamiteuses aventures, par la course du temps on connaîtra l'avenir. »

Ici se termine l'exposé de Nostradamus concernant les généralités de sa prophétie, c'est-à-dire l'origine divine de ses visions nocturnes, la méthode de travail et de rédaction des quatrains, la façon d'utiliser les « coïncidences » entre les mouvements du ciel, par l'astronomie, et les événements de l'histoire de l'homme.

Il donne, dans cette première partie, une indication capitale quant à l'objet de sa vision et à l'étendue géographique qu'elle recouvre. Il précise en effet que sa prophétie porte en premier lieu sur toute l'Europe, puis l'Afrique, puis une partie de l'Asie. Cela est une indication capitale pour l'exégète qui, devant tenir compte du codage d'un grand nombre de noms géographiques, devra rechercher les cités, les fleuves, les chaînes de montagnes, les villages dans les parties du monde ici mentionnées. Des points de cette première partie de la *Lettre à Henry, roi de France second* sont des reprises de conseils déjà donnés dans la *Lettre à César* ; ces deux textes en prose se complètent voire se renforcent l'un l'autre. En ce qui concerne le continent américain, il l'assimile à l'Europe et les événements prédits, tel le 11 septembre, sont indiqués comme touchant la civilisation chrétienne dont les États-Unis sont le prolongement.

Pour égarer les esprits peu perspicaces, Nostradamus dit que ses quatrains sont « tellement scabreux qu'on ne saurait y donner un sens, ni encore moins les interpréter ». Plus loin, il dit que les phrases énigmatiques n'ont qu'une seule signification et une seule compréhension, et il termine cette première partie par : « on connaîtra l'avenir ». Cela vient corroborer cette phrase de la lettre à César : « Les causes seront comprises universellement sur toute la terre. » Quant aux occultistes et autres ésotéristes qui, interprétant le 1er quatrain de la Ire centurie, où il est question de trépied de bronze, veulent que Nostradamus ait utilisé des méthodes divinatoires[9], il faut croire qu'ils n'ont pas lu cette phrase capitale : « Sans y avoir mêlé de la divination qui provient de la fatalité, mais grâce à Dieu et à ma nature… » Cette phrase contredit la thèse des tenants du déterminisme qui veulent que l'histoire de l'homme soit prédéterminée, attitude inacceptable qui rendrait l'homme irresponsable de ses actes et donc de son histoire. Dieu deviendrait un personnage sadique s'amusant à un gigantesque *Kriegspiel* faisant à loisir s'entretuer les hommes. On comprend donc pourquoi Nostradamus, dans la *Lettre à César*, parle du libre arbitre de l'homme.

Voilà aussi pourquoi il met en garde les astrologues modernes pour lesquels les inclinations décrites par Ptolémée deviennent des inéluctabilités, ne laissant à l'homme que le désespoir d'une vie sur laquelle il n'aurait ni responsabilité ni contrôle.

La conclusion qui s'impose, et qui se vérifie dans l'Ancien et dans le Nouveau Testament, est que la prophétie est un avertissement à l'homme. Ce qui explique que les prophéties soient le plus souvent catastrophiques, puisque leur but est de renseigner l'homme sur les malheurs vers lesquels il s'achemine par les actes dont il est entièrement responsable. Saint Thomas d'Aquin, rapportant une vision de sainte Catherine de Sienne, écrit : « Les prophéties qui viennent de Moi (Dieu) inspirent d'abord la terreur, mais s'achèvent dans un sentiment de sécurité. »

Commence, à partir d'ici, la partie prophétique de la *Lettre à Henry, roi de France second*. Nostradamus va faire une véritable promenade dans le temps, faisant des retours en arrière, ce que les Anglais appellent des « *flash-back* ».

Il part de la fin de la descendance de la branche aînée des Bourbons :

« Car Dieu regardera la longue stérilité de la Grande dame, qui peu après concevra deux enfants principaux… »

Nostradamus désigne par l'expression *Grand dame* la reine dont la descendance ne régnera pas ; d'où le terme de *stérilité* pour désigner la fin de la branche aînée des Bourbons. Marie-Antoinette, mariée en 1770, ne met au monde son premier enfant qu'en 1778, Marie-Thérèse-Charlotte, duchesse d'Angoulême. Son deuxième enfant, Louis-Joseph, naîtra trois ans plus tard, en 1781, et mourra en 1789, et enfin Louis XVII, né le 27 mars 1785. Après le décès de Louis-Joseph, il restera donc deux enfants principaux à Marie-Antoinette, qui sera incarcérée au Temple avec eux.

« Mais (la reine) étant en péril, se trouvera dans la mêlée à cause de l'audace de l'époque de mort (la Terreur) mettant en péril (la monarchie) dans le XVIIIe siècle, et elle ne pourra dépasser le trente-sixième (roi) et qu'il restera trois hommes et une femme. »

Nostradamus situe ici la fin de la monarchie au XVIIIe siècle. Il en donnera plus loin la date précise : 1792. Les Bourbons directs vont s'éteindre à la mort de Charles X, frère de Louis XVI. D'Hugues Capet à Charles X, il y a trente-six rois : quinze Capétiens directs (Hugues Capet, Robert II, Henri Ier, Philippe Ier, Louis VI, Louis VII, Philippe II, Louis VIII, Louis IX, Philippe III, Philippe IV, Louis X, Jean Ier, Philippe V, Charles IV), sept Valois (Philippe VI, Jean II, Charles V, Charles VI, Charles VII, Louis XI, Charles VIII), un Valois-Orléans (Louis XII), cinq Valois-Angoulême (François Ier, Henri II, François II, Charles IX, Henri III), six descendants de la branche aînée des Bourbons (Henri IV, Louis XIII, Louis XIV, Louis XV, Louis XVI, Louis XVII), et enfin les deux frères de Louis XVI, Louis XVIII et Charles X. Après la disparition de Louis XVII, il restera donc trois hommes qui régneront : Louis XVIII, Charles X et Louis-Philippe Ier, et une femme : Madame Royale, fille de Marie-Antoinette.

« Puis il y aura deux (empereurs : Napoléon Ier et Napoléon III) qui n'auront pas eu le même père, outre les trois frères (Louis XVI, Louis XVIII et Charles X) qui seront fort différents, puis enfin unis et en accord, et les trois quarts de l'Europe trembleront. »

Louis XVIII fit d'abord de l'opposition, soit dans l'Assemblée des notables, soit aux états généraux ; mais à la vue des premiers excès, il se prononça pour la contre-Révolution.

« Le futur Charles X, entré à Paris en avril 1814 sut se concilier les esprits par l'aménité de ses manières, mais il se perdit bientôt dans l'opinion en signant, avec un empressement que condamna Louis XVIII même, un traité qui enlevait à la France toutes les places conquises depuis 1792 » (*Dictionnaire d'histoire* de Bouillet).

En allant jusqu'à Moscou, Napoléon Ier a bien fait trembler les trois quarts de l'Europe. Mais il est également fait allusion ici aux guerres de Napoléon III : Crimée, Italie et Allemagne.

« Pendant une période plus petite (en comparaison des treize siècles de continuité monarchique, de 496 à 1792), la monarchie chrétienne sera soutenue et augmentée, les partis (de la Révolution : jacobins, feuillants, montagnards, girondins, etc.) ayant été subitement élevés, mais aussi subitement abaissés. Les Arabes reculeront (conquête de l'Algérie commencée en 1830), après que des Royaumes aient été unis (création de royaumes par Napoléon Ier dans l'Europe, en particulier pour ses frères) et de nouvelles lois ayant été promulguées (le Code civil). Avec d'autres enfants (les frères de Napoléon Ier), le premier (Napoléon Ier) occupera des royaumes comportant un lion, rendus furieux parce que tenus par ses parents (frères) grâce à l'intrépidité de ses armées. »

Les *royaumes comportant un lion* dans leurs armes et occupés par Napoléon Ier sont : l'Espagne, l'Italie avec le lion de Venise, la Belgique, la Hollande, un grand nombre de provinces allemandes : Bade-Wurtemberg, Berlin, Rhénanie, Bavière, Hesse, Schleswig-Holstein.

« Le suivant (Napoléon III) envahira si profondément l'Italie que pour la deuxième fois (après Napoléon Ier) la fureur de la guerre atteindra Rome. »

Il chutera à cause de l'Espagne.

La candidature au trône d'Espagne du prince de Hohenzollern, cousin du roi de Prusse, est combattue par le gouvernement français. Cette prise de position va entraîner la guerre franco-prussienne, la défaite de Sedan et la chute de l'empereur.

« Il ne sera pas remplacé par l'antique monarchie (mais par la IIIe République). Et sera alors faite la troisième inondation de sang humain. »

Après la chute de l'Ancien Régime, la première inondation de sang est constituée par les guerres de Napoléon Ier la deuxième par la guerre de 1870 et la troisième par la guerre de 1914-1918.

« Et pendant un long temps la guerre ne chômera pas (allusion aux guerres du XXe siècle). Et sera instaurée la République qui fera tomber le dominateur (le tsar) à l'aide d'un nouveau parti païen (le Parti communiste soviétique). Elle enfantera deux clans, l'un qui lui sera fidèle (les membres du PC), l'autre qui restera infidèle par les encouragements de l'Église catholique. »

Nostradamus indique ici la lutte qui va naître, à partir de 1917, entre les Partis communistes et l'Église catholique, particulièrement dans les États baltes.

« Puis naîtra un autre parti (nazi) qui voudra ruiner le premier (le PC) ; puis il y aura trois régions qui créeront des ligues fort différentes, à savoir l'Italie, l'Allemagne et l'Espagne, qui enfanteront des partis différents par des coups d'État militaires. »

Notons ici que Nostradamus annonce la création de pouvoirs militaires en Italie, en Allemagne et en Espagne dans leur ordre chronologique d'installation. En effet, Mussolini a pris le pouvoir en 1922, par la « marche chantage sur Rome ». En 1933, Hindenburg appelle Hitler à la chancellerie et, en 1936, le général Franco apparaît dans l'histoire politico-militaire de l'Espagne.

« Laissant de côté les 50e et 52e parallèles... »

Le 50e parallèle traverse la Cornouaille et le 52e le Sud du pays de Galles. Entre les deux se trouve Londres, sur le 51,30. La Grande-Bretagne va effectivement, pendant la Deuxième Guerre mondiale, échapper à l'invasion.

« Et ces pays rendront hommage aux religions antiques dans les régions de l'Europe du Nord (l'Allemagne) ; à commencer par celle qui se trouve sur le quarantième parallèle, qui tremblera à cause d'une crainte inutile ; puis trembleront les plus occidentaux, les plus méridionaux et les plus orientaux. Leur puissance sera telle qu'ils réaliseront des alliances et des unions invincibles par leurs conquêtes guerrières. »

Les « sectes » nazies (Casque d'acier, SS, SA, etc.) vont reprendre la symbolique de l'Empire romain, avec étendards et parades militaires impressionnantes. C'est pourquoi Nostradamus comparera Hitler à Néron. La ville de Madrid est située sur le 40e parallèle. Or c'est bien en 1936 que va commencer la guerre d'Espagne, prélude à la guerre mondiale. Puis Hitler lancera ses divisions, à l'Ouest, contre la Belgique et la France ; au Sud, les puissances de l'Axe débarquent en Libye le 1er février 1941 et enfin, le 22 juin 1941, la Wehrmacht lance ses divisions à l'assaut de l'Union soviétique depuis la Baltique jusqu'à la mer Noire ; en outre, c'est en décembre 1941 qu'éclate la guerre entre les États-Unis et le Japon. Ici encore Nostradamus énumère les théâtres d'opérations de la Deuxième Guerre mondiale, dans l'ordre chronologique dans lequel ils se sont ouverts. Les alliances que va nouer l'Allemagne nazie constitueront ce que l'histoire retiendra sous le nom de « puissances de l'Axe ».

« Ces pouvoirs militaires seront égaux (régimes militaristes) mais très différents de croyances. »

En effet, que de différences entre Hitler, Mussolini, Franco, mais surtout leur allié nippon.

« Ensuite la République encore plus puissante que la seconde (la France de 1789, après l'Angleterre) sera reçue par deux peuples (Russie et Chine), dont l'origine se trouvera dans la première démocratie qui aura eu puissance sur le monde (l'Angleterre et sa puissance au XIXe siècle), puis aussi dans la deuxième (la France) et la troisième (l'URSS) étendant ses forces au-delà de l'Europe de l'Est (l'Asie) et jusqu'à la Hongrie qui aura été vaincue et occupée. »

Nostradamus note que l'Empire soviétique va s'étendre à l'Est et à l'Ouest après la chute des dictatures militaires de l'Europe de l'Ouest.

« Puis, grâce à sa marine, l'Asie débarquera en Sicile et dans l'Adriatique après être passée par la Grèce et l'Allemagne qui auront succombé, et les forces musulmanes après être passées en Italie, seront chassées et affligées... Puis le grand empire de l'Antéchrist commencera dans les monts Altaï et à Sevrej d'où il descendra avec des troupes innombrables, tellement que la venue du Saint-Esprit qui s'avance selon le 48e de longitude, changera de lieu, chassé par l'abomination de l'Antéchrist qui fera la guerre contre le grand roi qui aura un rôle de grand Vicaire de Jésus-Christ, au temps utile et au moment favorable ; cet événement précédera une éclipse de soleil la plus obscure et la plus ténébreuse que l'on ait vue depuis la création du monde jusqu'à la mort et passion de Jésus-Christ, et de là jusqu'ici ; puis c'est au mois d'octobre qu'aura lieu une grande translation, à tel point que l'on croira que la terre a perdu son mouvement naturel et est plongée dans des ténèbres perpétuelles. Avant il y aura eu des signes à l'équinoxe de printemps. »

Dans ce passage, Nostradamus fait un jeu de mots entre *Attila* (*Atila*), surnommé le fléau de Dieu, par anagramme, et les monts *Altaï*, pour signifier que l'Antéchrist prendra naissance, comme Attila, en Asie. Quant à la ville de Sevrej, écrit *Zerfes* par Nostradamus, il semble que ce nom ait été transcrit de manière phonétique.

Nostradamus nous dit que le Saint-Esprit sera chassé du *48e degré*. Ce degré de latitude est non seulement celui de Paris, mais celui aussi d'Oulan-Bator, capitale de Mongolie. Cependant, comme il n'est pas précisé qu'il s'agit du 48e degré de longitude ou de latitude, il faut noter que le 48e degré de longitude passe par Riyad, lieu de naissance de l'intégrisme islamique, et traverse en son milieu le Yémen, pays d'origine de Ben Laden[10]. Il est donc probable qu'il y ait là une double signification.

Comme dans le quatrain 72 de la IIe centurie, Nostradamus indique, avec beaucoup de précision, que cette invasion venue d'Asie sera annoncée avant l'éclipse totale du 11 août 1999 qui était visible dans l'hémisphère Nord, selon le 48e de longitude.

« Et cela suivra d'extrêmes changements de pouvoirs et des révolutions, avec des tremblements de terre (tsunamis), avec pullulation de la nouvelle Babylone, fille misérable dont l'abomination sera augmentée par le premier holocauste ; et elle ne se maintiendra que pendant soixante-treize ans et sept mois. »

Nostradamus établit un parallèle entre Nabuchodonosor qui persécuta le peuple juif et l'emmena en captivité en Babylonie (aujourd'hui l'Irak) et l'Allemagne nazie qui va pourchasser les Juifs dans une persécution que l'histoire retiendra sous le nom d'Holocauste. Quant à la durée de cette *nouvelle Babylone*, l'unité allemande prend naissance par la signature du traité de Francfort, le 10 mai 1871, dont l'une des conditions les plus importantes est l'annexion de l'Alsace-Lorraine. Entre le 4 et le 12 décembre 1944, l'Alsace et la Sarre sont progressivement libérées. Du 10 mai 1871 au 10 décembre 1944, il y a bien *soixante-treize ans et sept mois.*

« Ensuite (un rameau) sortira de la tige restée si longtemps stérile, et qui procédera du degré cinq, pour renouveler toute l'Église Chrétienne. Et une grande paix, l'union et la concorde seront faites entre les peuples égarés et séparés par des pouvoirs différents. Et on connaîtra une telle paix que celui qui aura soulevé et mis en mouvement la faction guerrière contre les diverses religions (le système soviétique athée et antireligieux) sera jeté dans les profondeurs d'une prison, et le pays de l'enragé (l'OURS) sera uni, après avoir joué au sage.

« Les pays, les villes, les cités, les puissances et les régions qui auront abandonné les premières voies sur lesquelles elles s'étaient engagées (le marxisme) afin de s'en délivrer, seront privés de leur liberté (Hongrie, Tchécoslovaquie, Angola, Afghanistan, Pologne), sombrant dans une profonde captivité, et la religion sera complètement persécutée. Ils commenceront par frapper la gauche (les PC dissidents) pour s'attaquer ensuite à la droite, ruinant la sainteté pendant longtemps avec leur écrit primitif (la Bible). Après ce grand chien, apparaîtra le plus gros mâtin (l'Antéchrist) qui détruira tout, même ce qui avait été détruit avant lui, après que les églises aient été restaurées dans leur premier état et que le clerc ait été remis dans ses fonctions, puis il répandra la débauche et la luxure et commettra mille forfaits.

« Cela se produira peu de temps après une autre désolation (la Seconde Guerre mondiale), qui atteindra un point culminant au moment où se dresseront des puissances militaires (les puissances de l'Axe) qui se perdront dans deux guerres (les deux premières guerres mondiales) et elles ne conserveront que leurs drapeaux (allusion à la partition de l'Allemagne).

« Ces puissances militaires attireront leurs peuples dans une courbe vers la droite (les régimes fascistes) qui ne voudront pas accepter de tendre la main tranchante (allusion au salut fasciste) et toucheront la terre entière (guerre mondiale) et cela jusqu'à la naissance d'un rejeton de la branche restée longtemps stérile (les Bourbons).

« Il délivrera les peuples du monde de cette servitude généreuse et volontaire (les pays qui ont opté pour des régimes marxistes) en étant lui-même protégé de la guerre qui aura dépouillé Dieu (la religion) de ses honneurs et de ses dignités, afin de libérer la ville qui a été construite et installée dans une autre toute petite Mésopotamie (Lyon, entre Saône et Rhône).

« Le chef du gouvernement (Pflimlin en 1958) sera expulsé du pouvoir et balayé comme plume au vent, ignorant la conspiration des conjurés, qui auront à leur tête le second Thrasybule (le général de Gaulle) qui depuis longtemps aura manigancé tout ceci. »

Pour les parallèles entre le premier Thrasybule, général athénien durant la guerre du Péloponnèse (31 avant J.-C.), et le second Thrasybule, le général de Gaulle, le lecteur trouvera la concordance étonnante entre les deux personnages au chapitre V.

« Alors les immondicités et les abominations seront honteusement mises en avant (débauche de la société de consommation qui va naître après la Seconde Guerre mondiale) et manifestées par les ténèbres qui obscurciront l'esprit, et cela viendra vers la fin du changement de son pouvoir (allusion à Mai 1968 qui va être suivi par le départ du général de Gaulle en 1969) ; et les chefs de l'Église se mettront en arrière de l'amour de Dieu (contestation dans l'Église)[11] et plusieurs d'entre eux abandonneront la vraie foi, et des trois courants politiques (gauche, centre et droite) celui du milieu (le centre) sera mis en décadence. Le premier (la gauche) gagnera toute l'Europe (RFA, France, Grèce, Portugal, Espagne, etc.) et la plupart de l'Afrique par destruction du troisième (la droite), avec l'aide de gens pauvres en esprit qui, grâce à des gens insensés, établiront la corruption et la débauche. Le peuple se soulèvera pour résister et chasser ceux qui auront promulgué de nouvelles lois ; aussi il semblera que les pays affaiblis par les Orientaux (l'URSS ; les pays en question sont la Pologne, la Roumanie, la Tchécoslovaquie, la Hongrie, la RDA, la Bulgarie) soient victimes de Satan libéré par le créateur des prisons infernales, pour faire naître le grand Gog et Magog qui feront tant d'abominables destructions aux églises que les rouges (communistes) et les blancs (musulmans) en perdront leur jugement, leur pouvoir et leur force. Et leur puissance leur sera enlevée. Alors il sera fait aux églises plus de persécutions qu'il n'en fut jamais faites[12]. Et sur ces entrefaites commencera une si grande pestilence que les deux tiers de l'humanité périront[13]. À tel point qu'on ne connaîtra plus les propriétaires des champs et des maisons et que l'herbe poussera dans les rues des villes plus haute que les genoux. Et le clergé subira une désolation totale, et les fauteurs de guerre se serviront des événements du Caire pour aller de Malte jusqu'à la côte Varoise et la grande fermeture du Bosphore sera ouverte.

« Il y aura alors un débarquement sur les plages pour délivrer l'Espagne de l'occupation musulmane. Et toutes ces attaques seront bien réelles et l'endroit où s'établit Abraham (Sichem) sera attaqué par les vénérateurs de l'Occident. Et la cité de Achem (Beyrouth) sera entourée et attaquée en grande force par des armées. Mais leur marine sera affaiblie par les Occidentaux, et ce pays connaîtra une grande désolation ; ses plus grandes villes seront dépeuplées et ceux qui y entreront serviront la vengeance de la colère de Dieu.

« Et le Saint-Sépulcre[14] (Jérusalem) restera longtemps vénéré, le soir sous la contemplation universelle du ciel, du soleil et de la lune ; puis les Lieux Saints seront échangés (annexion par Israël) et hébergeront un troupeau petit (par le nombre, les Israéliens) et grand (par son importance pour l'Occident) et ils seront adaptés aux idées profanes (chrétiennes et musulmanes par rapport aux Juifs). Ô quelle calamiteuse affliction connaîtront alors les femmes enceintes et le principal chef oriental (la Chine) sera soulevé par les pays du Nord (Corée du Nord, Mongolie ?) qui aura vaincu l'Occident, mis à mort et emprisonné ses enfants, et plusieurs femmes ; et c'est alors que sera accomplie la prophétie du royal prophète : plaise au ciel que les plaintes des prisonniers soient entendues et que ses fils soient délivrés du massacre.

« Quelle grande oppression sera alors faite aux chefs d'État et de gouvernement même ceux du Japon (maritime et oriental), et leurs langages seront mêlés dans une grande société (l'ONU), les langues latines et arabes, par la communication Carthaginoise (l'islamisme, la Libye), et tous les chefs d'État d'Asie seront chassés, persécutés ou exterminés, non par le moyen des forces de la Russie, mais au siècle dont on s'approche (le XXIe, fin de la prophétie), à cause de trois pays qui auront fait une alliance secrète et qui déploreront la mort et qui se tendront des pièges, et ce triumvirat[15], se renouvellera durant soixante-dix ans, et la renommée de ce parti s'étendra sur toute la planète, et malgré lui, le sacrifice de la Sainte et immaculée hostie sera poursuivi (Pologne, Lituanie, etc.), et deux chefs d'URSS seront vainqueurs des Orientaux (Japon), et il sera fait chez eux un si grand bruit et tumulte guerrier que tout l'Orient (la Chine) tremblera de frayeur à cause de leurs frères (les Japonais) non frères d'URSS. C'est pour cela, Sire, que dans ce discours, j'inclus ces prédictions presque avec confusion, et pour savoir quand cela se produira pour compter le temps qui suivra, cela n'est pas nécessaire de le connaître, ou alors peu conforme au ciel. Ces prédictions faites avec l'aide de l'astronomie, d'autres méthodes et même l'Écriture Sainte, ne peuvent pas ne pas se réaliser. Et j'aurais pu, si je l'avais voulu, mettre dans chaque quatrain un calcul de temps ; mais ça n'aurait pas plu à tout le monde, et encore moins mes interprétations, à moins que votre Majesté m'ait octroyé assez de protection pour ce faire, et ne pas donner prétextes aux calomniateurs de m'agresser. »

Ici, Nostradamus, reprenant ce qu'il a déjà signalé dans sa *Lettre à César*, répète que son message prophétique déplaira à beaucoup de gens. Les attaques dont mon premier livre a été l'objet en 1981 en sont une belle illustration !

« Toutefois j'ai réalisé un comptage des années depuis la création du monde jusqu'à la naissance de Noé, soit mille cinq cent six ans ; et depuis la naissance de Noé jusqu'à ce que l'Arche soit terminée, c'est-à-dire à l'époque du déluge, six cents ans ont passé, faudrait-il encore savoir si les années étaient solaires ou lunaires, ou tenaient compte du mélange de dix (jours du calendrier grégorien) ; l'Écriture Sainte indique qu'elles étaient solaires. Et à la fin de ces six cents ans, Noé entra dans l'Arche, fut sauvé du déluge. Ce fut alors le déluge universel qui dura un an et deux mois. Depuis la fin du déluge jusqu'à la nativité d'Abraham, il passa deux cent quatre-vingt-quinze ans. Depuis la naissance d'Abraham jusqu'à la naissance d'Isaac cent ans s'écoulèrent. Depuis Isaac jusqu'à Jacob, soixante ans passèrent. De son entrée en Égypte jusqu'à sa sortie passèrent cent trente ans. Et depuis l'entrée de Jacob en Égypte jusqu'à sa sortie quatre cent trente ans s'écoulèrent. Et depuis la sortie d'Égypte jusqu'à la construction du temple de Salomon, à la quatrième année de son règne, passèrent quatre cent quatre-vingts ans. Enfin, depuis la construction du Temple jusqu'à Jésus-Christ, selon la supputation des hiérographes quatre cent quatre-vingt-dix ans passèrent. Et c'est ainsi que par cette supputation recueillie à partir de l'Écriture Sainte, j'ai trouvé quatre mille cent soixante-treize ans et huit mois peu ou prou, Or depuis Jésus-Christ jusqu'à l'époque de la pullulation des partis (le XXe siècle) je n'ajouterai rien, car j'ai supputé et calculé mes prophéties présentes selon la règle de l'enchaînement astronomique, et selon mon instinct naturel et lorsque, quelque temps après, Saturne fera sa révolution du 7 avril au 25 août, Jupiter du 14 juin au 7 octobre, Mars du 17 avril au 22 mai, Mercure du 3 au 24 février et du 25 septembre au 16 octobre, Saturne en Capricorme, Jupiter en Verseau, Mars en Scorpion, Vénus en Poissons, Mercure pendant un mois en Capricorne, Verseau et Poissons, la Lune en Verseau, la tête du Dragon dans la Balance : la Queue étant à son signe opposé suivant une conjonction Jupiter-Mercure, avec un quatrain donnant un aspect de Mars à Mercure, et la tête du Dragon sera avec une conjonction Soleil-Jupiter ; l'année sera pacifique et sans éclipse, et puis plus du tout, car elle marquera le commencement d'une persécution contre l'Église Chrétienne plus grande encore que celle qui a été faite en Afrique ; et cela correspondra à la fin de (la monarchie) qui durera jusqu'en l'an 1792 (21 septembre 1792 : abolition de la monarchie et proclamation de la République), que l'on croira être une rénovation de siècles ; après quoi le peuple romain commencera à se redresser et à chasser quelques obscures ténèbres pour retrouver son éclat primitif (l'unité italienne et le Risorgimento), non sans grandes divisions et continuels changements (de gouvernements).

« Venise en grande force élèvera si haut les ailes du pouvoir qu'elle ne sera guère éloignée de la puissance de la Rome Antique. Et en ce temps-là une grande flotte turque sera associée aux Italiens (dans le partage de la Grèce), avec l'aide de la puissance russe ce qui empêchera les deux Grèce (la royaliste et la vénizéliste) d'avoir les mêmes objectifs. Le pays où sont édifiés les antiques arcs de triomphe (l'Italie) sera associé à l'Angleterre.

« Il y aura alors un grand désordre dans l'Adriatique (la question balkanique qui déclenchera la Première Guerre mondiale par l'attentat de Sarajevo en Bosnie). Il y aura alors une grande discorde dans l'Adriatique (Épire du Nord, Italie, Albanie, Bosnie) où ce qui était uni sera réduit à presque une seule maison (incendie de Smyrne par les Turcs), et la toute-puissance de l'Allemagne sera comprise dans ce conflit autour du 45e degré (l'Empire austro-hongrois qui s'effondrera dans la Première Guerre mondiale), ainsi que les 41e, 42e et 37e parallèles. »

La Grèce et la Turquie : le Dodécanèse resta à l'Italie et l'Épire du Nord à l'Albanie. L'impérialisme italien, pour intimider la Grèce vaincue, n'hésita pas à bombarder Corfou.

Les guerres balkaniques d'abord, la guerre mondiale ensuite, qui doublèrent en dix ans le territoire et la population de la Grèce (2 187 208 habitants en 1889, 5 016 889 en 1920 et 6 204 674 avec les réfugiés d'Asie Mineure et des Balkans en 1928), eurent une très grande répercussion sur l'économie grecque et précipitèrent l'évolution sociale et politique du pays.

Nostradamus, après avoir situé le point de départ du premier conflit mondial, va décrire ce second Antéchrist que fut Hitler, après Néron, qu'il nomme ainsi autant pour sa persécution des juifs que des chrétiens. Hitler, qui a servi comme caporal dans l'armée allemande, va, dès 1919, adhérer au Parti ouvrier allemand.

« Et dans ce même temps et dans cette région (la Mésopotamie d'Europe), la puissance infernale (le nazisme) s'attaquera à l'Église de Jésus-Christ donnant tout pouvoir aux adversaires de la loi chrétienne ; cela étant mené par un second Antéchrist (Hitler) qui persécutera cette Église et le Pape, avec l'aide de la puissance de gouvernements qui chuteront et qui seront séduits par les discours (d'Hitler), à cause de leur ignorance, et qui feront pire que ne ferait un fou armé d'un glaive (persécution des Juifs et allusion à la Nuit des longs couteaux). Le pouvoir de cet Antéchrist ne durera que jusqu'à la fin de celui qui sera né près de l'âge (XXIe siècle, objet principal de la prophétie – Hitler est né en 1889), et jusqu'à (la libération) de Lyon, allié à l'élu de Modène (Mussolini ; la région de Modène, avec Ferrare et Bologne, sera le point de départ du fascisme), qui le soutiendra, (son pouvoir ayant commencé) par Ferrare, il se maintiendra au pouvoir depuis la Ligurie jusqu'à l'Adriatique, peu après (le débarquement) de Sicile. »

En 1921, trois villes vont être, avant la marche sur Rome, des centres importants du fascisme. Le 3 avril, une manifestation d'une ampleur extraordinaire a lieu à Bologne : la fête du Parti fasciste. Quelques jours plus tard, le 15 mai 1921, ont lieu les élections législatives. Elles sont pour les fascistes une retentissante victoire : trente-cinq élus dont Benito Mussolini qui a recueilli à Bologne 172 491 voix. L'un des principaux chefs fascistes est Italo Balbo de Ferrare. Un an plus tard, le 12 mai 1922, Italo Balbo lance ses troupes (quarante mille hommes) à la conquête de Ferrare, puis Rovigo et Bologne. Les forces fascistes sont alors engagées en Ligurie.

Début septembre 1944, Lyon est libéré. On pourrait se demander pourquoi Nostradamus choisit Lyon comme point de repère temporel pour marquer la concomitance entre la libération de cette ville et le repli de l'armée allemande en Italie sur la ligne gothique entre Rimini et La Spezia, c'est-à-dire entre la Ligurie et l'Adriatique. Il y a deux raisons : la première pour l'indication de temps, la libération de Lyon et l'installation sur la ligne gothique ont lieu en même temps ; la deuxième à cause de l'importance de Lyon dans la Résistance en France. Robert Aron écrit : « Le 28 août, des deux côtés, la tenaille se resserre. Paris libéré depuis l'avant-veille est traversé par des divisions alliées, dont les unes foncent vers le nord-est de la France et la Belgique, tandis que les autres se dirigent vers Dijon... Le premier objectif sera la jonction des armées alliées de Provence et de Normandie. Pour y parvenir il faut marcher sur Lyon. Depuis juin 1940, Lyon, qui marque avec Dijon les limites de la souricière, où peut être prise la Wehrmacht, joue en France un rôle essentiel. Capitale de la Résistance, elle deviendra par voie de conséquence capitale de la répression, de la terreur et parfois de la discorde... »

Quant à la persécution contre l'Église catholique et le pape menée par Hitler et le nazisme, Hans Kuhner écrit : « Le concordat signé avec l'Allemagne, en 1933, ne représentait pour le régime terroriste nazi qu'un chiffon de papier et fut violé dès le premier jour ; peu de temps après commencèrent les persécutions sanglantes des catholiques qui durèrent jusqu'à la fin de la Deuxième Guerre mondiale. » Lorsque Hitler vint à Rome en 1938, le pape refusa de voir l'assassin de milliers d'innocents. Il fit fermer le Vatican et quitta ostensiblement Rome.

Arrivé à ce point de sa *Lettre à Henry, roi de France second*, Nostradamus va s'étendre sur le troisième conflit mondial et sur les guerres de l'Antéchrist (1999) menées par les régimes marxistes de l'Empire soviétique et de l'Empire asiatique, alliés aux pays musulmans du *midy*.

« Puis Rome disparaîtra. (Le chef communiste français) sera accompagné d'un grand nombre de gens venus du lointain Empire Soviétique qui imposera la grande loi (communiste), et c'est alors que pendant quelque temps le sang des innocents sera répandu par des gens nuisibles qui auront été élevés (à des postes de commandement) ; alors à cause de grandes révolutions, les choses qui conservent la mémoire (les livres) subiront de grandes pertes, ainsi que la littérature et cela sera du côté des Russes par la volonté divine et cela aura lieu une fois que Satan aura été enchaîné ! C'est alors que sera faite une paix universelle entre les hommes et que l'Église de Jésus-Christ sera délivrée de toute tribulation, après que les habitants de Gaza auront voulu mêler du fiel au miel par leur infâme séduction, et cela sera proche du septième millénaire (l'an 2001), de telle sorte que le sanctuaire de Jésus-Christ (Jérusalem) ne sera plus foulé aux pieds par les infidèles qui viendront de la Russie[16], le monde approchant d'une grande conflagration, bien que mes supputations dans mes prophéties ne couvrent pas tout le cours du temps qui va beaucoup plus loin. »

Nostradamus insiste une fois encore sur le fait que sa prophétie a une limite temporelle, au moment où il vient de parler du VIIe millénaire.

« Dans la lettre qu'il y a quelques années, j'ai dédiée à mon fils César, j'ai assez ouvertement déclaré un certain nombre de points autres que des présages (*exposé de la méthode, de l'esprit, des mises en garde et de l'origine de la prophétie*).

« Mais ici, ô Sire, j'ai inclus plusieurs grands et merveilleux événements que nos successeurs verront. Et c'est pendant ce calcul astrologique accordé à l'écriture sainte, que la persécution des gens d'Église prendra son origine dans la puissance de la Russie unie avec les Orientaux (Chine ?). Et cette persécution durera un peu moins de onze ans, et c'est alors que s'effondrera le principal chef de la Russie. Ces onze années révolues, surgira son allié méridional (les pays musulmans du Sud, Iran, Syrie, Irak, Afghanistan, Palestiniens, etc.) qui persécutera avec encore plus de violence, pendant trois ans, les gens d'Église, par le moyen d'une séduction apostatique d'un personnage qui tiendra sa toute-puissance de l'Église militante (intégristes musulmans), et le saint peuple de Dieu, observateur de sa Loi et tous ordres religieux seront grandement persécutés et affligés, tellement que le sang des vrais ecclésiastiques nagera partout, et un des horribles rois temporels (l'Iran) recevra de ses partisans de telles louanges qu'il en profitera pour répandre plus de sang humain d'innocents hommes d'Église que nul ne saurait avoir autant de vin ! Et ce chef-là commettra d'incroyables forfaits contre l'Église, au point que le sang humain coulera dans les rues et dans les églises, comme l'eau par fortes pluies ; et les fleuves qui nous sont proches rougiront de sang, et, en outre, la mer rougira par une grande guerre navale si bien que les rapports qui en seront faits d'un chef d'État à l'autre pourront dire : les guerres navales ont rougi la surface de la mer. Puis, dans cette même année et durant les suivantes, cela entraînera la plus horrible pestilence qui s'ajoutera à la famine précédente et l'on connaîtra de si grandes tribulations qu'il n'en était jamais arrivé de telles depuis la fondation de l'Église du Christ, et cela par toutes les régions d'Italie. Cela laissera des traces dans toutes les régions d'Espagne. C'est alors que le troisième chef de la Russie entendant la plainte du peuple et sa principale revendication, dressera une très grande armée et franchira les détroits (Bosphore, détroit d'Ormuz, golfe d'Aden) qui avaient été convoités par ses aïeux et bisaïeux pour le remettre en son état, puis le grand Capétien sera remis en son état primitif ; mais à la fin, son règne sera désolé et tout sera abandonné, pour en arriver à la destruction du Saint des Saints (Rome) par le paganisme. L'Ancien et le Nouveau Testament seront interdits et brûlés, après quoi l'Antéchrist sera le prince infernal ; et pour la dernière fois, tous les pays chrétiens trembleront, et aussi à cause des infidèles (les musulmans) pendant vingt-cinq ans, il y aura des guerres et des batailles encore plus ruineuses, et les villes, les villages, les châteaux et autres édifices seront brûlés, désolés ou détruits avec une grande effusion de sang de jeunes filles, de femmes mariées, de veuves violées, les nourrissons jetés contre les murs des villes qui seront ainsi heurtés et brisés ; et tant de malheurs seront provoqués par Satan, prince des Enfers, que presque toute la planète sera désorganisée et désolée. Après ce temps que les hommes auront trouvé long, la face de la terre sera renouvelée par l'avènement de l'âge d'or.

« Dieu le Créateur ordonnera, entendant l'affliction de son peuple, que Satan soit enchaîné et jeté dans l'abîme de l'Enfer, dans la profonde fosse : commencera alors entre Dieu et les hommes une paix universelle, et Satan demeurera lié pendant environ mille ans, ce qui apportera une plus grande force à la puissance de l'Église ; et puis il sera de nouveau délié.

« Tous ces schémas sont en accord avec les Écritures Saintes et les choses visibles dans le ciel (l'astronomie), à savoir Saturne, Jupiter et Mars et autres planètes en conjonction, comme on pourra le voir plus en détail dans certains quatrains. J'aurais pu faire des calculs plus approfondis et adaptés les uns aux autres, mais considérant, ô Sérénissime Roy, que la censure puisse apporter quelques difficultés, j'ai donc retiré ma plume du papier durant le calme de mes nuits. En effet, ô très puissant roi de toutes choses, bien des événements à venir sont exprimés clairement avec bon sens et concision, mais je n'ai ni voulu, ni pu tout assembler dans cette lettre qui s'adresse à vous ; car pour comprendre certains événements terrifiants, il faudra qu'un peu de destinée soit accomplie ; et pour grandes que soient votre dignité et votre humanité sur toute la terre, ainsi que votre piété envers Dieu, montrez-vous digne d'être le seul à porter le nom de roi très puissant et très chrétien que l'autorité de toute la religion vous octroiera.

« Mais ce que je souhaite le plus vivement, ô Roi très clément, avec votre inégalable et sage humanité, c'est que vous considériez mon désir de courage et l'entière application que j'ai d'obéir à votre sérénissime Majesté, depuis que ma vision m'a fait voir votre splendeur solaire (allusion aux origines bourboniennes) et cela n'est pas requis par l'importance de mon travail.

« A fait Michel Nostradamus, de Salon Province de la Pierre, ce 27 juin 1558. »

NOTES

1. Laurent Artur du Plessis, Éditions Jean-Cyrille Godefroy.
2. Thierry Wolton, *La 4e Guerre mondiale*.
3. Dossiers no 309, décembre 2005-janvier 2006.

4. Sylvain Besson, *La Conquête de l'Occident. Le projet secret des islamistes*, Le Seuil, 2005.
5. Selon l'année d'édition.
6. Du haut d'un trépied comme la Sibylle. Les Sibylles étaient des prêtresses d'Apollon, auxquelles on attribuait le don de prophétie. La plus vénérée fut l'Érythrée, que vise l'auteur du *dies irae* : « *Teste David cum Sibylla* (David a annoncé la fin du monde et la Sibylle aussi). »
7. Les Carthaginois sont souvent nommés *Poeni* par les écrivains latins à cause de leur origine phénicienne. Les Phéniciens étaient des Sémites.
8. Un des petits prophètes dont parle la Bible. La prédiction du jugement dernier dans la vallée de Josaphat termine la prophétie. Intégré au canon des juifs, le livre de Joël a toujours été regardé par l'Église comme inspiré.
9. Astrologie, magie, géomancie, nécromancie, chiromancie et autres « mancies ».
10. En juillet 1999, Ben Laden déclarait : « Le vœu de participer à la guerre sainte coule dans les veines des musulmans comme de l'électricité. La vraie vie est dans l'au-delà. Et je veux œuvrer dans ce monde pour l'au-delà. »
11. Le concile Vatican II a déclenché le schisme de Mgr Lefebvre.
12. Indonésie, Timor-Oriental, moines de Tibérine en Algérie, coptes en Égypte, assassinats de chrétiens au Liban, etc.
13. Grippe aviaire ou pandémie due à l'un des cinquante nouveaux virus responsables des maladies dites « émergentes ».
14. « Les évangélistes racontent que Joseph d'Arimathie déposa le corps de Jésus dans un tombeau neuf, creusé dans la pierre et situé dans un jardin proche du lieu du crucifiement. Or, en l'an 70, les environs de Jérusalem furent bouleversés par les travaux de l'armée romaine… Au IVe siècle, sainte Hélène, mère de l'empereur Constantin, fit creuser le sol et le sépulcre apparut. Eusèbe rapporte que sainte Hélène éleva sur le calvaire, un vaste ensemble de constructions… Le Saint-Sépulcre devint un lieu de pèlerinage pour les chrétiens. » Du IVe siècle à 1999 : *un long temps* !
15. L'URSS était gouvernée par la « troïka », qui signifie *triumvirat*.
16. La communauté des Juifs russes immigrés en Israël est une des plus importantes.

CHAPITRE I

L'Ancien Régime

1555 est l'année de publication des quatre premières centuries des prophéties de Nostradamus, chez Macé Bonhomme, typographe à Lyon.

RÉVOLTE DU DUC D'ALBE CONTRE LE PAPE PAUL IV GUERRE ENTRE LE DUC D'ALBE ET LE DUC DE GUISE (1557)

VII, 29

Le grand Duc d'Albe se viendra rebeller,
A ses grands pères fera le tradiment ;
Le grand de Guise le viendra debeller,
Captif mené et dressé monument.

Latin *rebello* : je recommence la guerre, je me soulève, je me révolte. Latin *trado* : je trahis. Latin *debello* : je termine la guerre par une victoire. Latin *monumentum* : tout ce qui rappelle un souvenir.

Le grand duc d'Albe se révoltera et trahira les Pères (de l'Église), il terminera la guerre par une victoire contre le duc de Guise, les prisonniers ayant été amenés, et l'on se souviendra de lui.

« Paul IV avait surpris des lettres du ministre d'Espagne à sa cour, qui rendait compte au *duc d'Albe* des levées de troupes de certains barons romains et de leurs dispositions *à la révolte* (*rebeller*), pour peu qu'ils fussent soutenus par lui. Sur cette connaissance, non seulement il dépouille les uns et excommunie les autres, mais il fait même arrêter l'un des envoyés de l'Espagne. En vain le duc le redemande, en vain il offre des voies d'accommodement, le pape est sourd à toutes ces propositions.

Le duc fait alors entrer ses troupes sur les terres de l'Église et prend possession des différentes villes dont il s'empare au nom du Saint-Siège et du pape futur... Le pape avait déjà un pressant besoin de l'appui de la France. La décision du conseil de France lui rendit bientôt toute sa hauteur, et il en donna un éclatant témoignage en faisant déclarer Philippe, roi d'Espagne, *rebelle* envers son suzerain et, comme tel, déchu de son royaume de Naples. Philippe, de son côté, usait de tous les mauvais procédés qui pouvaient appeler la guerre avec la France. *L'échange des prisonniers* (*captif mené*), qui avait été le motif de la trêve, éprouvait chaque jour des retardements... Brusquement, le *duc de Guise*, à la tête d'une armée, passe les monts et s'avance jusqu'au Milanais pour se diriger immédiatement sur Naples. Le duc d'Albe, vice-roi, n'ayant pas de troupes suffisantes devant une si puissante armée, fut d'abord embarrassé... Le duc de Guise, mal secondé, ne fit aucun progrès ; l'armée de terre se ruinait en marches et en contre-marches pour attirer le duc d'Albe à une bataille ; mais celui-ci avait compris que c'était vaincre que de rester sur la défensive contre un ennemi qui tentait une invasion. Il ne put être forcé à intervertir le plan qu'il s'était formé, et tous les *honneurs* (*dressé monument*) de la campagne lui restèrent. »

MORT D'HENRI II (10 juillet 1559)

I, 35

Le Lyon jeune le vieux surmontera,
En champ bellique par singulier duelle,
Dans cage d'or les yeux lui crèvera,
Deux classes une, puis mourir mort cruelle.

Champ bellique : lice, palissade fermant l'espace destiné aux tournois. *Classe*, du latin *classis* : armée, flotte, combat ; *classe depugnare* : livrer un combat.

Le jeune lion l'emportera sur le vieux par un tournoi dans la lice. Il lui crèvera l'œil dans le heaume doré, dans l'un des deux combats, puis il mourra de mort cruelle.

« Le troisième combat va commencer. Le roi monte un cheval qui appartient à Emmanuel-Philibert. Il est enchanté de la joyeuse ardeur témoignée par sa monture et le fait dire à son futur beau-frère, qui lui répond en lui demandant, au nom de la reine, de "ne plus travailler", l'heure étant déjà "tardive et le temps extrêmement chaud". Midi vient en effet de sonner, mais Henri répond qu'il est *tenant* et qu'à ce titre, selon l'usage, il doit courir trois courses. Déjà son adversaire est en selle. C'est le commandant de la garde écossaise : Gabriel de Lorges, comte de Montgomery. "Trompettes et clairons sonnent et fanfares à tue-tête et étourdissements d'oreilles." Les deux hommes ont pris du champ, puis foncent. Le choc est terrible, les deux lances se brisent, mais les combattants ne mordent pas la poussière. Le roi pourrait s'arrêter, mais veut rompre une nouvelle lance (*deux classes une*). "Sire, supplie Vieilleville, je jure le Dieu vivant qu'il y a plus de trois nuits que ne fais que songer qu'il doit vous arriver quelque malheur aujourd'hui, et que ce dernier juin vous est fatal. Vous en ferez comme il vous plaira." Montgomery insiste lui aussi pour arrêter le combat, mais le roi décide de poursuivre. Le tenant et l'assaillant se précipitent l'un vers l'autre. À nouveau, le choc est terrible, les deux lances se brisent, cavaliers et montures ont du mal à retrouver leur aplomb. Arrivés au bout du couloir, les deux combattants font demi-tour. Henri II prend une nouvelle lance, mais Montgomery oublie de jeter le tronçon qu'il tient à la main. Contrairement à l'usage, et l'on ne sait pourquoi, les trompettes se sont tues. Les cavaliers drapés de fer repartent au grand galop, et l'on n'entend qu'un grand grincement d'acier et le martèlement des sabots sur le sable répandu sur la chaussée. Les spectateurs retiennent leur respiration, tous voient que le commandant de la garde écossaise a omis de jeter son arme brisée, il la tient toujours devant lui. Les deux hommes se heurtent une nouvelle fois, le morceau de lance de Montgomery glisse sur la cuirasse, soulève *la visière du casque* et pénètre dans la tête du roi… On transporte le roi aux Tournelles. La blessure est atroce. La lance est entrée par l'œil droit et sortie par l'oreille… Tandis que le roi *agonisait* (*mort cruelle*), Diane demeurait cloîtrée chez elle… Le 10 juillet au matin le roi expire. »

Ce quatrain est l'un des plus célèbres. Le concernant, je me dois d'apporter des précisions qui montrent combien la compréhension des centuries fait appel à de nombreuses connaissances qui entraînent des recherches dans les domaines les plus divers.

Le 25 mai 1999, Bernard Pivot avait pris Nostradamus comme thème de son *Bouillon de culture*. L'année 1999 se trouvait imprimée dès 1558 dans un quatrain dont on trouvera l'explication plus loin. D'autres invités présentaient des livres préparés pour cette occasion, afin de profiter de la date et, surtout, du « marché Nostradamus ». Parmi ceux-ci Roger Prévost, normalien agrégé de lettres modernes, qui, en utilisant deux cent quatre-vingt-dix quatrains sur mille cent quarante-deux, tenta de démontrer que Nostradamus avait prédit le passé. Outre le fait que cette théorie est osée quand on sait que 90 % des formes verbales sont au futur, prédire le passé est à la portée de tout un chacun ! On ne comprend alors pas pourquoi Nostradamus a acquis tant de célébrité et de notoriété depuis 1555.

Nous allons décortiquer mot par mot ce fameux quatrain :

– *Le lion jeune* : Roger Prévost écrit, « S'il est vrai que le comte de Montgomery n'est âgé que de vingt-neuf ans, Henri II en ayant quarante, on voit mal s'appliquer à un simple capitaine de la garde écossaise le titre qui convient au roi des animaux. » Notre exégète semble ignorer que Montgomery portait sur son bouclier le lion passant d'Écosse. *Jeune* et *vieux* signalent simplement que l'un est plus jeune que l'autre.
– *Le vieux* (lion) : connu comme le roi des animaux, désigne donc Henri II contre lequel va jouter Montgomery.
– *Champ bellique* : traduit par Roger Prévost par « champ de bataille », alors qu'en ancien français cela signifie « bataille entre militaires » ; ce sont bien deux militaires qui s'affrontent, le roi étant le chef des armées sous l'Ancien Régime.
– *Cage d'or* : M. Prévost signale à juste titre qu'on ne trouve nulle part la couleur du heaume du roi. Ce détail n'a pas plus d'importance que le sexe des anges !
– *Les yeux lui crèvera* : M. Prévost fait remarquer qu'« Henri II ne fut blessé qu'à un œil, et ne fut pas rendu aveugle, comme le suggère cette expression ». Cette erreur est l'une des plus significatives des connaissances auxquelles il faut faire appel pour affiner la compréhension du texte. Nostradamus est avant tout médecin. Lorsqu'il rédige ce quatrain en 1555, il a déjà vingt-cinq ans de pratique médicale. Il a vu des blessures à l'arme blanche, qui font les mêmes dégâts que la lance de Montgomery dans l'œil droit du roi et provoquent

les mêmes symptômes. On sait aujourd'hui qu'une lance qui pénètre par l'œil et sort par l'oreille sectionne, au passage, le chiasma optique qui commande la vision des deux yeux, ce qui, en conséquence, rend aveugle.

– *Deux classes* : Roger Prévost écrit, « C'est-à-dire deux escadres (latin *classis*), dont on se demande ce qu'elles viendraient faire dans ce cadre urbain. » (Le tournoi eut lieu dans Paris, quai de la Tournelle.) Il est surprenant de voir un normalien agrégé de lettres faire une telle erreur de philologie. D'abord, notons que le mot « escadre » ne se trouve à *classis* dans aucun dictionnaire latin (Gaffiot, Quicherat, Le Bègue, etc.). Ensuite le mot « escadre » vient de l'italien *squadra* et signifiait à l'époque de Nostradamus « bataillon, escouade », et non « flotte ». Enfin ce latiniste autoproclamé à *Bouillon de culture* ignore que *classe depugnare* signifie « livrer un combat ». L'expression tronquée par Roger Prévost est en réalité *deux classes une* ; cette construction latine peut donc se traduire par « *dans l'un des deux combats* ». C'est bien au deuxième combat qu'Henri II va recevoir la blessure mortelle.

– Quant à la *mort cruelle*, le roi agonisa onze jours.

LE ROI DE NAVARRE, ANTOINE DE BOURBON, SE LIVRE AU TRIUMVIRAT (1561) MORT D'ANTOINE DE BOURBON AU SIÈGE DE ROUEN (1562)

IV, 88

Le grand Antoine du nom de faict sordide,
De Phtyriase à son dernier rongé
Un qui de plomb voudra estre cupide,
Passant le port d'esleu sera plongé.

Antoine de Bourbon, roi de Navarre, duc de Vendôme, né en 1518, devint en 1548 roi de Navarre par son mariage avec Jeanne d'Albret ; à la tête de l'armée catholique, il eut à *combattre son propre frère*, Condé, qui était à la tête des protestants ; né au sein de la Réforme, il s'attira la haine des protestants en abandonnant leur culte ; il fut peu *regretté des catholiques* eux-mêmes. *Phtyriase* : maladie pédiculaire, vermine. *Plomb* (*Sardaigne*) : les richesses minérales sont abondantes ; les mines exploitées déjà par les Romains donnent du *plomb*, de l'argent, du zinc et du fer. Rouen : *port* sur la Seine à cent vingt kilomètres de la mer ; il y descendit, avec les flatteuses espérances que le roi d'Espagne lui avait données de posséder la Sardaigne et l'idée agréable de la vie qu'il comptait mener dans cette île.

Le grand Antoine du nom (Bourbon) (se livrera) à un acte sordide, à son dernier (jour) il sera rongé par la vermine, parce qu'il aura été un de ceux qui auront été cupides de plomb en passant dans le port, il sera plongé (dans la tombe) par ceux qui l'auront choisi.

« Pour attacher le roi de Navarre au triumvirat, le roi d'Espagne, en dédommagement de la partie de Navarre qu'il retenait, promit le royaume de *Sardaigne*. On publia de cette île, de sa fertilité, de ses *ports*, de ses villes, les descriptions les plus pompeuses. On fit entendre aussi au faible *Antoine* que c'était le seul moyen de tirer de l'Espagne un équivalent des terres que cette monarchie lui retenait, que, s'attachant aux réformés, il se fermait pour jamais le chemin de la fortune. Ces considérations déterminèrent le roi de Navarre : il se lia ouvertement avec les Guise, se déclara sans réserve en faveur des catholiques… Il rompit aussi avec les calvinistes… »

« Le siège de *Rouen* est fameux par la mort du roi de Navarre. Il y reçut une blessure, dont les chirurgiens n'eurent pas d'abord mauvaise opinion, mais en peu de jours, son mal le conduisit au tombeau. »

CONJURATION D'AMBOISE (mars 1560)

IV, 62

Un coronel machine ambition,
Se saisira de la plus grande armée :
Contre son prince feinte invention,
Et descouvert sera sous la ramée.

Latin *coronalis* : relatif à la couronne. Latin *machina*, au figuré : ruse, artifice, intrigue. Latin *ambitio* : brigue, menées. Moyen français *raim* : branchage.

Des menées par intrigue pour s'emparer de la couronne conduiront à la saisie des principales forces militaires du pays. Contre son roi sera imaginée une ruse qui sera découverte sous la ramée.

« Les protestants *complotèrent* d'enlever le roi au château d'Amboise pour le soustraire à l'influence des Guise. Un gentilhomme inconnu, La Renaudie, fut le chef nominal du complot, dont le chef secret était le prince de Condé. Mais la conjuration d'Amboise fut découverte ; *surpris dans les forêts voisines* (*sous la ramée*) les conjurés furent noyés, décapités, pendus jusqu'aux merlons du château.

« Le premier mouvement de fureur passé, on songea à donner une couleur de justice aux exécutions précédentes, en condamnant juridiquement quelques chefs des conjurés. Un des *plus considérables* fut Castelnau. Il s'était livré lui-même sur la foi de Jacques de Savoie, duc de Nemours. Celui-ci l'ayant investi, avec des forces très supérieures, dans le château de Noizai, *dépôt des armes* des conjurés, entra en pourparlers avec lui… Nemours fit le serment de le ramener en sûreté. Castelnau le suivit, mais il ne fut pas plus tôt à Amboise, qu'on le mit dans les fers. »

LE TUMULTE ET LA GUERRE DES GUISE (1560). LA GUERRE DE CONDÉ (1562)

XII, 52

Guerres, débats, à Blois guerre et tumulte,
Divers aguets, adveux inopinables :
Entrer dedans Chasteau Trompette, insulte,
Chasteau du Ha, qui en seront coupables.

Les états de *Blois* de 1576 furent un triomphe pour la Ligue ; les députés revendiquèrent les droits de la nation à l'administration de la chose publique, et ils votèrent la continuation de la *lutte* contre les protestants ; les seconds états de *Blois*, en 1588, furent également un triomphe pour les ligueurs, qui arrivèrent *plus violents* encore qu'en 1576. *Aguets* : guet, embuscade. Latin *inopinabilis* : inconcevable, incroyable. *Chasteau Trompette* : forteresse célèbre qui s'élevait à Bordeaux au bord de la Garonne, démolie en 1785. Latin *insulto* : j'attaque, je brave. *Ha* : château-prison de Bordeaux.

Il y aura des guerres et des débats (états généraux) à Blois ainsi que du tumulte, diverses embuscades et d'incroyables aveux. On attaquera le château Trompette pour y entrer, mais ceux qui en seront coupables seront emprisonnés au château du Ha.

« Pour avoir l'absolution de Calvin, il fallait rallier les princes du sang. Ils se gardaient de prendre parti, se contentant d'encourager en sous-main les opposants qui faisaient ainsi figure de *conspirateurs*. Condé, qui avait le moins à perdre, était le plus hardi. Bourbon ne bougeait pas. On trouva enfin un gentilhomme perdu de fortune, La Renaudie, pour prendre la tête d'un étrange *complot* qui voulait mettre les Guise en accusation pour crimes de concussion et de lèse-majesté ! Condé accepta de prendre la tête du complot. Quand La Renaudie envoya dans les provinces des messagers incitant les gens fidèles au roi à se rassembler pour faire échec à la néfaste politique des Guise, des milliers d'hommes se mirent en route. En février 1560, un *immense tumulte* s'ébauchait à l'embouchure de la Loire. La cour, qui était à *Blois*, crut prudent de se réfugier aussitôt dans le château d'Amboise.

« Condé, cependant, enrôlait, il avait le champ libre ; Bourbon était l'otage de Catherine. Dans les régions, les huguenots mobilisaient, la prise d'armes était générale. Cependant, à Paris, Condé hésite. Il est pris de court par Guise qui se précipite au château de Fontainebleau, ramène de force le roi et la reine à Paris. Condé peut croire et faire dire qu'ils sont prisonniers. Mais Catherine multiplie les déclarations favorables aux Guise, dénonce les comploteurs huguenots. Les Guise doivent la laisser faire : elle prend la tête de leur parti… De Meaux, Condé a gagné Orléans qu'il a "libérée" avec une poignée de cavaliers. Toute la vallée de la Loire tombe entre ses mains. Les villes se donnent à lui, dans l'enthousiasme des *assemblées* (*débats*) réformées, très nombreuses à Tours, Blois et Angers. C'est la revanche du *tumulte* manqué. Dès le début d'avril, la prise d'armes gagne la province comme une traînée de poudre… Duras avait échoué, en 1562, quand il avait tenté d'*enlever*, sur ordre de Condé, le *château Trompette*. Montluc l'avait écarté de la ville. Après son intervention, les magistrats ou "jurats" avaient promis d "épargner ni leurs biens ni leur sang pour le service du roi et de la bonne religion ancienne, catholique et romaine". La persécution avait éliminé physiquement les calvinistes les plus en vue. Les autres se tenaient cois ou revenaient au catholicisme... »

MORT DE NOSTRADAMUS (2 juillet 1566)

Présage 141

De retour d'Ambassade, don de Roy mis au lieu,
Plus n'en fera sera allé à Dieu :
Parans plus proches, amis, frères du sang,
Trouvé tout mort près du lict et du banc.

Rentré d'une visite et le don que lui fit le roi mis en lieu sûr, il ne pourra plus agir, étant mort. Ses parents proches, ses amis, ses consanguins l'auront trouvé mort près de son lit et du banc.

Ce célèbre quatrain où Nostradamus prédit sa mort se retrouve chez tous les exégètes.

En 1564 Nostradamus rendit visite à Charles IX, qui lui offrit trois cents écus d'or. Sa famille et ses amis le trouvèrent mort près de son lit et au pied du banc où il avait l'habitude de s'asseoir. Son œuvre était terminée.

Ce quatrain est le dernier de l'œuvre de Nostradamus, puisqu'il est suivi des cinquante-huit sixains qui terminent son ouvrage de prophéties. Il est à noter que dans la *Lettre à César* qui ouvre la prophétie, Nostradamus parlait déjà à son fils de la *corporelle extinction de ton progéniteur.*

SIÈGE DE MALTE PAR LES TURCS (1565) PARTICIPATION DES MALTAIS À LA BATAILLE DE LÉPANTE RÉUNION DE LA FLOTTE CHRÉTIENNE À MESSINE (24 août 1571)

IX, 61

La pille faite à la coste marine,
Incita nova et parens amenez

Plusieurs de Malte par le fait de Messine,
Estoit serrez seront mel guerdonnez.

Latin *incitus* : impétueux. Latin *novus* : nouveau. Latin *mel* : miel, douceur. Moyen français *guerdonner* : récompenser.

Le pillage fait sur les côtes maritimes, de nouvelles incursions et l'enlèvement de parents conduiront plusieurs hommes de Malte à participer à l'action de Messine ; ceux qui étaient assiégés seront récompensés de douceur.

« En 1565, il ne pouvait plus y avoir de doute à Constantinople, le vieux Soliman II préparait des armements gigantesques. L'objectif restait mystérieux. Mais *Malte* semblait le plus probable... Or, à l'aube du 18 mai, c'étaient cent trente-huit galères turques que les vigies signalaient à l'horizon. Commandées par Piali Pacha, elles transportaient un corps de débarquement de plus de trente-huit mille hommes avec cinquante canons sous les ordres de Mustafa Pacha... Enfin, le 26 août, l'expédition de secours quitte Syracuse. Les Turcs, sans tenter davantage le sort, commencèrent leur rembarquement. Le 12 septembre, les derniers bâtiments musulmans avaient quitté les eaux de Malte. Le grand siège (*serrez*) était terminé. Il avait semblé que du sort de Malte dépendait celui de tout l'Occident... La victoire de Malte marque le début du déclin maritime de la Turquie. On n'en eut pas le sentiment tout de suite, et l'on craignit encore pendant les années suivantes un retour offensif du musulman. Mais six ans après le siège de Malte, la grande victoire remportée à Lépante, dans le golfe de Corinthe, le 7 octobre 1571, par la Sainte-Ligue (à laquelle collaborèrent quatre galères de l'*ordre de Malte*), vint montrer d'une manière éclatante que le Turc avait perdu la domination de la Méditerranée : deux cent trente bateaux de guerre turcs pris ou détruits, trente mille tués ou blessés, trois mille prisonniers, quinze mille esclaves chrétiens libérés (*parens amenez*). On décida alors la construction d'une ville neuve entourée de fortifications gigantesques. Tous les souverains catholiques envoyèrent des dons. Le roi de France souscrivit la plus grosse somme, cent quarante mille livres (*mel guerdonnez*). »

« La bataille de Lépante : toute la noblesse italienne et espagnole accourt pour se ranger sous la bannière de don Juan d'Autriche. Le rendez-vous a été fixé à *Messine*. De Gênes, ce sont vingt-cinq galères qui lèvent l'ancre, commandées par les plus illustres patriciens… Arrivé à *Messine* le 24 août avec quatre-vingt-dix galères espagnoles, don Juan en repart le 16 septembre. Il écrit au roi qu'il a pris la décision de partir à la recherche de la flotte turque… »

PRISE DE CHYPRE PAR LES TURCS (1571) SAC DE L'ÎLE

XII, 36

Assault farouche en Cypre se prépare,
La larme à l'œil, de ta ruine proche
Bysance classe, Morisque si grand tare ;
Deux différents le grand vast par la roche.

Avoir *la larme à l'œil* : être sur le point de pleurer.

Un assaut farouche se prépare contre Chypre, qui s'apprête à pleurer car sa ruine est proche, par la flotte turque ; l'Islam fera de très grands dégâts, et deux (armées) différentes dévasteront ces lieux rocheux.

« La puissance turque ascendante alarme la République de Venise qui, pour conserver ses possessions, veut garder la plus stricte neutralité. Mais elle ne le pourra pas. En 1566, les Turcs occupent l'île de Chio. En 1567, ils s'emparent de Naxos. Le sultan Selim II devient de plus en plus arrogant envers les Vénitiens, *il ne cache plus son intention d'occuper Chypre*. En 1570, il envoie à Venise un ambassadeur qui demande la cession de l'île pour des raisons de sécurité et de voisinage géographique. Mais le Sénat de la République rejette avec mépris cette demande, et fait savoir à l'ambassadeur que Venise tient à garder Chypre à tout prix. À partir de ce moment commence le *conflit armé*. Le sultan, offensé par la réponse négative des Vénitiens, donne l'ordre à Lala Mustafa, chef de son armée, de *préparer une expédition contre Chypre*, et quelques mois plus tard, le 1er juillet 1570, *la flotte turque* débarque dans le port de Larnaca qu'elle occupe sans résistance. Mais les Vénitiens ont réservé leurs forces pour la défense de Nicosie, la capitale, et de Famagouste, le principal port. »

« Les Turcs, malgré leurs assauts successifs, ne réussissent pas à abattre les Vénitiens, et proposent alors à leurs adversaires la reddition volontaire de la ville, que les défenseurs rejettent sans discussion. Alors, les assiégeants, renforcés par l'armée de Piali Pacha qui vient de débarquer, reprennent leurs assauts. Dès les premiers jours de septembre, la position des Vénitiens devient de plus en plus désespérée et, le 9 septembre, Nicosie capitule. Le drapeau portant le croissant est hissé sur les remparts. Pendant trois jours, tout est pillé, le massacre des chrétiens est général, la cathédrale Sainte-Sophie est convertie en mosquée. »

« En avril 1571, Mustafa, dont l'armée a été renforcée par des troupes arrivées de Syrie et d'Asie Mineure (*deux différents*), commence le siège du dernier bastion vénitien à Chypre. Dans la ville assiégée, Marc-Antoine Bragadino, son vaillant commandant, luttera jusqu'au bout avec ses sept mille hommes. »

« Vers le commencement du mois d'août, ils décident de proposer à Mustafa la reddition de Famagouste à des conditions honorables, que Mustafa accepte. »

« Mais lorsque Bragadino arrive à son quartier général, Mustafa ne tient point sa parole : il arrête Bragadino, l'enchaîne et le force à assister au supplice de ses gentilshommes, avant d'être écorché vif. »

BATAILLE DE LÉPANTE (7 octobre 1571)

III, 64

Le chef de Perse remplira grands Olchades,
Classe trirème contre gent mahométique :
De Parthe et Mede, et piller les Cyclades,
Repos longtemps au grand port Ionique.

Chef : *schah*, du persan roi, souverain. *Olchades*, du grec *Olchas* : vaisseau de transport ; par extension, navire quelconque. *Trirème* ou *trière* : vaisseau de guerre à trois rangs de rames superposées, adopté par toutes les marines grecques ; la trière resta le type ordinaire du vaisseau de guerre ; les Romains lui donnèrent le nom de *trirème*. *Parthie*, *Médée*, *Perse* : provinces de l'Empire perse qui s'étendait à l'ouest jusqu'à la Turquie.

Cyclades : îles de la mer Égée. *Ionie* : contrée de l'Asie Mineure, comprenant d'une manière générale le littoral de la mer Égée entre les golfes de Smyrne au nord et de Mendelie au sud.

Le schah de Perse remplira de grands navires, quand une flotte romaine ira contre les musulmans à cause de celui qui sera comme un Parthe et un Mède, et du pillage des Cyclades ; ce qui assurera la tranquillité pour longtemps en Ionie.

« C'est dans les eaux du golfe de Lépante qu'eut lieu, en 1571, une grande bataille navale, où les flottes combinées de Venise, de l'Espagne, et du pape, commandées par don Juan d'Autriche, battirent celle des Turcs, qui y perdirent, dit-on, deux cents galères et trente mille hommes, et furent, par cette défaite, *arrêtés dans leurs envahissements.* »

« Selim II, dit l'ivrogne, sultan ottoman, 1566-1574, succéda à son père Soliman II, enleva l'île de Chypre aux Vénitiens, perdit la même année la bataille de Lépante, et mourut de *débauche.* Il ouvrit la série des sultans efféminés et sans gloire. »

« L'orgueil, la cruauté, la fourberie des Parthes, étaient proverbiales (sic). Le roi et les grands avaient adopté de bonne heure les habitudes fastueuses, les vices et la corruption des monarques orientaux. »

« La *faiblesse* des princes mèdes encouragea les insurrections. »

DON JUAN D'AUTRICHE À LÉPANTE (1571) COMBAT LES REBELLES AUX PAYS-BAS (1578)

VI, 75

Le grand Pilot sera par Roy mandé,
Laisser la classe pour plus haut lieu attaindre
Sept ans après sera contrebandé,
Barbare armée viendra Venise craindre.

Le grand chef de la flotte sera nommé par le roi. Il laissera la flotte pour atteindre un lieu plus au nord. Sept ans plus tard il se battra contre des bandes (rebelles). L'armée musulmane aura à craindre Venise.

« La sainte Ligue, constituée sur l'initiative du pape Pie V avec *Venise* et l'Espagne, réussit du moins à venger le désastre de Chypre, prise par les Turcs le 1er août 1571. Don Juan d'Autriche et Sébastien Venier réussirent pleinement à barrer la route de l'ouest aux navires turcs, en écrasant la flotte turque à Lépante le 7 octobre 1571. »

« Philippe II, fils et successeur de Charles Quint en Espagne, chargea don Juan d'Autriche, fils naturel de Charles Quint (*sera par Roy mandé*), en 1570, de comprimer un soulèvement des Maures de Grenade. Choisi en 1571 par les princes chrétiens pour commander *la flotte* (*le grand Pilot*) qu'ils envoyaient contre les Turcs, il gagna la célèbre bataille de Lépante, où les Turcs perdirent trente mille hommes et près de deux cents bâtiments. En 1573, il s'empara de Tunis, mais il reperdit cette place l'année suivante. En 1576, il fut envoyé par Philippe II dans les Pays-Bas insurgés (*plus haut lieu*) et défit les rebelles (*contrebandé*) dans la plaine de Gembloux (janvier 1578 – 1571-1578 : *sept ans*). Il mourut peu de mois après près de Namur, emporté par une fièvre maligne. »

MASSACRE DE LA SAINT-BARTHÉLEMY
(24 août 1572)

Sixain 52

La grand Cité qui n'a pain qu'à demy
Encore un coup la Sainct Barthelemy
Engravera au profond de son âme
Nismes, Rochelle, Genève et Montpellier
Castres, Lyon ; Mars entrant au Bélier,
S'entrebatront le tout pour une dame.

Mars : dieu de la guerre ; symbole des combats, des luttes et des massacres. *Bélier* : clochette, parce que le bélier, chef du troupeau, porte à son cou le grelot qui sert au *ralliement*.

Paris, qui souffre de pénurie, au second coup (de cloche), gravera dans ses annales la Saint-Barthélemy. Nîmes, La Rochelle, Genève, Montpellier, Castres et Lyon seront le théâtre de combats à cause d'une dame, la guerre (de Religion) commençant (au son de) la cloche.

« La guerre civile ne profite jamais qu'à l'étranger. Charles IX et sa mère, dénués d'argent, avaient déjà mendié les secours du roi d'Espagne et du duc de Savoie. »

« La réconciliation paraissait se faire entre les deux partis. Les gentilshommes protestants revinrent en grand nombre à la cour. Charles IX avait appelé à son conseil l'amiral de Coligny… Cette faveur de Coligny devait être fatale aux protestants. *Catherine de Médicis*, dont l'influence diminuait, crut que le pouvoir allait lui échapper. Elle venait de signer un édit analogue à l'édit d'Amboise qui accordait aux protestants *quatre places de sûreté* où ils purent mettre garnison (1570). Elle s'entendit avec le duc Henri de Guise pour se débarrasser de Coligny par un meurtre… Catherine projeta alors, de concert avec Guise, un massacre général des chefs protestants. »

« La cloche de Saint-Germain-l'Auxerrois devait donner le signal à 3 heures, dans la nuit du 24 août. On n'attendit pas jusque-là. *À 2 heures* (*encore un coup*) la cloche s'ébranla et, un peu plus tard, le tocsin de toutes les églises y répondit. »

« L'exemple de Paris fut imité dans *un grand nombre de villes*. Le nombre total des victimes fut d'environ huit mille. »

L'ASSASSINAT DE COLIGNY (24 août 1572), LE DÉFENSEUR DE SAINT-QUENTIN (1557)

IV, 8

La grand Cité d'assaut prompt et repentin,
Surprins de nuict, gardes interrompus ;
Les excubies et veilles Sainct Quintin,
Trucidez gardes et les portails rompus.

Repentin, du latin *repentinus* : subit, soudain, imprévu. Latin *interrumpere* : intercepter. Latin *excubiae* : gardes, factions. Latin *trucidare* : massacrer, égorger.

Paris, par un assaut rapide et imprévu, sera surpris la nuit, les gardes ayant été interceptés. Les gardes et vigiles de Saint-Quentin ayant été massacrés et les portes de la ville enfoncées.

« Deux choses recommandent à jamais son nom (amiral Coligny) : sa première action de guerre : *la défense de Saint-Quentin* [...] »

« La Saint-Barthélemy : la municipalité de Paris était prête. Le prévôt des marchands, mandé au Louvre, reçut l'ordre du roi de *fermer les portes*... La cloche de Saint-Germain-l'Auxerrois devait donner le signal à 3 heures, *dans la nuit* du 24 août, fête de la Saint-Barthélemy... Un Allemand, Besme, entra le premier dans la chambre. Coligny était debout... Besme lui plongea son épée dans la poitrine. »

« Philibert-Emmanuel, duc de Savoie, se porta tout à coup sur *Saint-Quentin* où sept mille Anglais le rejoignirent. L'amiral de Coligny s'y jeta avec sept cents hommes... Philibert-Emmanuel l'attaqua et le défit complètement... Il y avait plus de *dix mille morts* ou blessés (10 août 1557).

« Coligny s'enferma dans Saint-Quentin, assiégé par les Espagnols, et sa valeureuse défense donna le temps au pays de s'armer derrière lui. »

ASSASSINAT DE L'AMIRAL COLIGNY (24 août 1572)

III, 30

Celui qu'en luitte et fer au fait bellique,
Aura porté plus grand que lui le pris :
De nuict dans lict six lui feront la picque,
Nud sans harnois subit sera surpris.

Harnois : armure de fer que portait l'homme d'armes du XVe au XVIIe siècle ; on en portait encore sous le règne de Charles IX et même sous celui d'Henri III, comme le firent les huguenots à la bataille de Coutras.

Celui qui aura lutté par les armes dans la guerre et aura soutenu un plus grand que lui sera pris : la nuit, six le transperceront dans son lit, et il sera surpris subitement nu, sans vêtements.

« Gaspard de Châtillon, sire de Coligny, amiral de France, après s'être distingué dans *plusieurs campagnes*, fut nommé en 1552 par Henri II colonel-général et amiral ; il contribua au gain de la *bataille* de Renty et défendit Saint-Quentin contre les Espagnols. Après le traité de paix conclu à Saint-Germain en 1570, il reparut à la cour et fut accablé de caresses comme tous ceux de son parti. Mais le massacre de la Saint-Barthélemy se préparait et l'amiral en fut une des premières victimes. »

« Le vindicatif Guise avait à peine attendu le signal pour se rendre chez l'amiral. Trois colonels des troupes françaises, accompagnés de Petrucci, siennois, et de Besme, allemand, montent précipitamment l'escalier... Besme lui plonge son épée dans le corps ; *mille coups* suivent le premier et l'amiral tombe nageant dans son sang. Aux cris, aux hurlements, au vacarme épouvantable qui se fit entendre de tous côtés, sitôt que la cloche du palais sonna, les calvinistes sortent de leur maison *à demi nus*, encore endormis et sans armes. »

GUERRE DES POLITIQUES ENTRE HENRI III ET LE DUC D'ALENÇON (1574-1575)

VI, 11

Des sept rameaux à trois seront réduicts,
Les plus aisnez seront surprins par morts,
Fraticider les deux seront séduicts,
Les conjurez en dormant seront morts.

Dormant, au figuré : être inactif, désœuvré.

Lorsque des sept rejetons il n'en restera que trois, les aînés étant morts, deux (des trois) se livreront un combat fratricide, les conjurés mourront, réduits à l'inaction.

La mort des quatre premiers enfants d'Henri II : François II, mort en 1560 ; Élisabeth, morte en 1568 ; Claude, morte en 1573 ; Charles IX, mort en 1574.

Il reste donc en 1574 trois enfants d'Henri II : Henri III ; Marguerite, la reine Margot ; le duc d'Alençon.

« Entre les catholiques exaltés et les protestants fanatiques, il s'était formé un nouveau parti, celui des politiques... Le frère du roi, le duc d'Alençon, en avait pris la conduite... Le nouveau roi s'irrita des menées de son *frère* et il *songea à se défaire de lui.* »

« *Au moment décisif* le duc d'Alençon dévoila tout. »

« La Mole, favori du duc d'Alençon, le comte piémontais Coconasso, autre affidé du duc, furent *condamnés à mort* et exécutés. »

CINQUIÈME GUERRE DE RELIGION (1574-1576)

III, 98

Deux Royals frères si fort guerroyeront,
Qu'entre eux sera la guerre si mortelle,
Qu'un chacun places fortes occuperont,
De règne et vie sera leur grand querelle.

Deux frères de sang royal se feront une telle guerre qu'ils en mourront tous les deux. Ils occuperont chacun des places fortes et se querelleront pour le pouvoir et pour la vie.

« La couronne passa au dernier fils d'Henri II, Henri, duc d'Anjou... Le royaume, avec un tel roi, tomba bientôt dans la plus complète anarchie. Les huguenots recommencèrent *la guerre* dès 1574 ; ils avaient cette fois pour alliés un groupe de seigneurs catholiques, partisans de la paix religieuse, qui se rangeaient autour du dernier *frère* d'Henri II, le duc d'Alençon ; on les appelait les “politiques” ou les “malcontents”. Avec trente mille hommes, les protestants et les malcontents marchèrent sur Paris et forcèrent Henri III à signer l'édit de Beaulieu (1576). »

« Le duc d'Anjou, mis à la tête de l'armée de la Loire, se reposa après la prise de La Charité et d'Issoire, et Henri III profita de ces médiocres succès pour faire avec les huguenots la paix de Bergerac qui accordait aux protestants huit *places de sûreté* (*places fortes*). »

ORIGINE DE LA LIGUE
ASSASSINAT DU DUC DE GUISE (23 décembre 1588)

III, 51

Paris conjure un grand meurtre commettre
Blois le fera sortir en plein effect

Ceux d'Orléans voudront leur chef remettre,
Angiers, Troyes, Langres, leur feront grand forfait.

Conjure : comploter, projeter par complot. *Ceux d'Orléans* : « Henri Ier de Lorraine, duc de Guise, le Balafré, fils aîné de François de Guise, né en 1550, fut témoin du meurtre de son père dans les murs d'*Orléans*, et voua dès ce moment une haine implacable aux protestants... C'est lui qui commença le massacre de la Saint-Barthélemy en ordonnant le meurtre de l'amiral (1572). »

À Paris, on projette par complot de commettre un grand meurtre qui prendra un plein effet à Blois ; ceux qui tiendront Orléans (les protestants) voudront remettre sur le trône leur chef, (les ligueurs d') Angers, Troyes et Langres leur feront un grand forfait.

« La Ligue fut une association catholique formée en France par le duc Henri de Guise dès 1568. Elle avait comme but avoué la défense de la religion catholique contre les huguenots. Bien qu'il y ait eu dès le commencement de la lutte des unions locales de défense contre le mouvement de réformation (en 1563 à Toulouse, en 1565 à *Angers*, en 1567 à Dijon, en 1568 à *Troyes* et à Bourges), on peut voir en elle l'origine de la confédération dont le maréchal d'Humières prit l'initiative en Picardie au lendemain de l'édit de Beaulieu (1567)... Henri III, dès l'origine, s'était proclamé chef de la Ligue ; mais ce fut le duc Henri de Guise, dit le Balafré, qui en prit presque aussitôt la direction réelle, et la fit servir à ses desseins de détrôner le roi à son profit, surtout après la mort de l'héritier présomptif, le duc d'Anjou, qui livrait *la promesse de cette royale succession au roi de Navarre* (le futur Henri IV)... La journée des Barricades faillit décider d'un changement de dynastie. Le coup fut manqué par suite d'un défaut de détermination du duc de Guise ; mais le roi, chassé de sa capitale, ne sut trouver que dans *l'assassinat*, aux états généraux de Blois, du redoutable factieux et de son frère (1588) un remède à la désaffection qui allait croissant. »

HENRI III ET L'ASSASSINAT D'HENRI DE GUISE (23 décembre 1588)

III, 55

En l'an qu'un œil en France régnera,
La Cour sera en un bien fascheux trouble,

Le Grand de Bloys son amy tuera,
Le regne mis en mal et doubte double.

Œil, au figuré : pouvoir (l'*œil* du maître).

L'année où le pouvoir en France sera partagé en deux, la cour sera dans un trouble bien fâcheux ; le roi tuera son ami à Blois, le pouvoir sera mis à mal à cause d'un double doute.

« Le chef de la Ligue désigné d'avance, Henri de Guise, portait ses *vues* plus loin. La Ligue devait être pour lui le marchepied du trône... Mais, la conduite du roi gâtait les meilleurs actes, d'impitoyables pamphlets dévoilaient les turpitudes de cette *cour licencieuse et féroce* où le meurtre alternait avec les plaisirs... Les états généraux réunis dans la ville de Blois le 6 décembre 1576 montrèrent à Henri III l'étendue du danger... Chose singulière, ces temps déplorables virent s'accomplir d'importantes réformes législatives. L'ordonnance de *Blois* (1579) renferme de libérales dispositions pour le droit civil. »

« La mort du duc d'Anjou, frère et héritier de Henri III, avait rallumé toutes les passions religieuses et politiques. Jusque-là on n'avait pas songé, si ce n'est vaguement, qu'un Bourbon, un hérétique relaps, pût devenir l'héritier des Valois ; maintenant le danger existait, car Henri III, le dernier survivant des fils d'Henri II, *n'avait point de postérité*. »

« Tuer le duc de Guise, ce n'était pas tuer la Ligue. À la nouvelle de sa mort, il y eut à Paris un moment de stupeur, puis la fureur éclata. La Sorbonne décréta que le peuple français était délié du serment de fidélité prêté à Henri III. Il était difficile d'ébranler *la fidélité monarchique du Parlement, on l'épura*. »

« Henri III ne s'était point sauvé par le guet-apens de *Blois*, mais il avait sauvé la fortune du roi de Navarre, dans les bras duquel il fut réduit à se jeter. Avant la dernière tragédie, le Béarnais avait été en de cruels *embarras* (*fascheux trouble*). »

ASSASSINATS D'HENRI III (2 août 1589)
ET DES GUISE (23 et 24 décembre 1588)

IV, 60

Les sept enfants en hostage laissez
Le tiers viendra son enfant trucider,

Deux par son fils seront d'estoc percez,
Gennes, Florence viendra enconder.

Sept enfants : du mariage avec Catherine de Médicis sont nés dix enfants, dont deux mort-nés et un garçon mort prématurément ; les autres sont : François II (né en 1544, futur époux de Marie Stuart), Élisabeth (née en 1545, épouse de Philippe II), Claude (née en 1547, duchesse de Lorraine), Charles IX (né en 1549), Alexandre (né en 1551, futur Henri III), Marguerite, la reine Margot (née en 1553, épouse de Henri IV), Hercule-François (né en 1555, duc d'Alençon). *Le tiers* : le *tiers ordre* regroupe les séculiers, même mariés, qui s'attachaient à certains ordres religieux (franciscains, augustins, *dominicains*) ; on les appelait aussi *tiercelins* et *tiertiaires*. *Estoc* : épée longue et droite. *Enconder*, du latin *inconditus* : non créé, non mis en réserve.

Les sept enfants laissés en otages (par Henri II), celui du tiers (ordre) viendra tuer son enfant (Henri III). Deux (personnages) seront percés de coups d'épée par son fils (d'Henri II), les villes près de Gênes et Florence ne seront plus mises en réserve.

« Lorsque Marie Stuart apparaît aux fêtes du sacre de son époux François II avec les bijoux arrachés à Diane, c'est le signe que, pour longtemps, le véritable souverain est Catherine de Médicis. »

« La veille au matin, un jeune frère du couvent des *dominicains*, Jacques Clément, sortit de Paris et se dirigea vers Saint-Cloud... Conduit au roi, l'assassin tira un couteau de sa manche et le lui plongea dans le bas-ventre. »

« Les premiers actes d'Henri III montrèrent ce qu'il fallait attendre de lui. À Turin il paya avec une prodigue magnificence l'hospitalité du duc de Savoie, en lui rendant *Pignerol et Savigliano* (près de *Gênes*) et *Pérouse* (près de *Florence*). »

« Henri leur distribua les poignards... Un des quarante-cinq le saisit par le bras et lui enfonça son *poignard* (*estoc*) dans le sein... Tous les poignards se levèrent aussitôt... "Ah ! s'écria le cardinal en entendant le bruit, on tue mon frère." Le maréchal d'Aumont le fit emmener, le lendemain on le tua à coups de hallebarde. »

HENRI IV, ROI (1589)
ABSOLUTION DU PAPE CLÉMENT VIII (1595)

X, 18

Le grand Lorrain fera place à Vendosme,
Le haut mis bas et le bas mis en haut,
Le fils d'Hamon sera esleu dans Rome,
Et les deux grands seront mis en défaut.

Vendosme : Charles de Bourbon, grand-père de Henri IV ; celui-ci donna le titre de duc de *Vendôme* à l'un des fils qu'il avait eus de Gabrielle d'Estrées. *Amon* : roi de Juda, fils de Manassé, imita les impiétés de son père et fut *assassiné* par ses propres serviteurs.

Charles de Lorraine cédera la place à (Henri IV) duc de Vendôme. Celui qui était haut fera sa soumission, celui qui était soumis sera roi. Le fils du huguenot sera élu à Rome et les deux grands (de sang royal) ne régneront pas.

« Charles de *Lorraine*, duc de Guise, fut arrêté après le meurtre de son père, quoiqu'il n'eût que dix-sept ans, et détenu à Tours. Il parvint à s'échapper en 1591 et prit d'abord les armes contre Henri IV, mais il fit bientôt après sa *soumission*, et reçut le gouvernement de la Provence. »

« Clément VIII dépêche en Espagne un cardinal pour amener Philippe à souffrir sans obstacle la réconciliation du roi (Henri IV)… Le Saint-Père déclara que la matière était assez importante pour qu'on la discutât plus mûrement qu'une autre, et qu'il ne croyait pas pouvoir mieux y parvenir qu'en écoutant chaque cardinal en secret. Par là le pape se rendait maître des *suffrages*… Pendant ces délibérations, on faisait dans *Rome* des prières publiques par ordre du pape… On lut la requête du roi et les conditions de l'absolution, que du Perron et d'Ossat, au nom du prince, promirent d'observer. Ils abjurèrent ensuite, selon la formule prescrite, les erreurs contraires à la foi catholique. »

« Mayenne (cousin d'Henri IV) attendait l'absolution du pape pour faire sa soumission… Son neveu, le duc de Guise, fit mieux encore : il reconquit la Provence et Marseille sur le duc de Savoie, les troupes de Philippe II et des traîtres. »

SIÈGE DE PARIS PAR HENRI IV (1589-1594)
SON SACRE À CHARTRES (27 février 1594)
SON ENTRÉE DANS PARIS (22 mars 1594)

IX, 86

Du bourg Lareyne parviendront droit à Chartres
Et feront près du pont Anthoni pause :
Sept pour la paix cauteleux comme martres,
Feront entrée d'armée à Paris clause.

Bourg-la-Reine et *Anthony* se trouvent sur l'axe Montrouge-Étampes. *Cauteler* : tramer, machiner. *Martres*, forme populaire issue de *martyrem* ; resté dans Montmartre, mont des martyrs. Latin *clausum*, participe passé de *claudo* : je ferme.

Depuis Bourg-la-Reine (Henri IV et les siens) parviendront droit à Chartres et feront une pause près d'Anthony (à Étampes), et, grâce à sept (personnes) prêtes à devenir martyrs, et qui comploteront pour ramener la paix, ils entreront dans Paris qui avait été fermée.

Ce quatrain illustre remarquablement le manque de rigueur et de précision des exégètes qui l'ont attribué, à tort, à l'entrée de la 2e division blindée du général Leclerc dans Paris : d'une part, la 2e DB allait de Chartres vers Paris et non le contraire ; d'autre part, en août 1944, Paris était ville ouverte et non fermée.

« Le 1er novembre 1589, Henri IV est à *Montrouge*, Issy et Vaugirard. Il risque d'emporter la rive gauche… La porte de Saint-Germain résiste. Le roi n'insiste pas. Puis il abandonne de nouveau le siège, marchant cette fois sur le sud. La prise d'Étampes lui permettait de compléter l'encerclement de la capitale. Le roi lui-même avait occupé (*pause*) la Beauce : les Parisiens n'auraient plus de blé… »

« En 1593, Henri IV, de la butte Montmartre, peut regarder Paris ; les privilégiés du royaume, impatients de retrouver leur aise, lui ont déjà livré la ville… »

« Orléans, Bourges se rallient. Les villes de Picardie sont mûres. Pour précipiter les adhésions, Henri IV sait qu'il doit frapper les imaginations, apparaître comme le roi véritable, dans les ornements du sacre. Reims est aux Guise : c'est à *Chartres*, où sa famille possède une chapelle, qu'il se fera sacrer... Le 27 février 1594, l'antique cérémonial commence... Les conditions inhabituelles du sacre ne lui ont aucunement nui : désormais le roi de Navarre est véritablement roi de France. Les Espagnols ne peuvent plus rien contre lui. Et Paris doit se rendre. Le 22 mars 1594, moins d'un mois après le sacre, le roi y *fait son entrée.* Un *complot* lui a livré la ville. Les conjurés (*sept*) : *Charles de Cossé, comte de Brissac*, gouverneur ; *Jean L'Huillier*, prévôt des marchands ; *Martin Langlois*, avocat au Parlement, et le premier président *Le Maistre. La duchesse de Nemours*, mère du Nemours de Lyon et de *Mayenne*, a été informée. "Il paraît clair, dit Cazaux, que *Mayenne* a consenti à la reddition de la capitale." Dans la nuit du 21 au 22, Brissac et L'Huillier vont eux-mêmes à la porte Neuve pour la faire débloquer par les soldats : elle était bouchée (*clause*) par de hauts talus. La porte Saint-Denis est également dégagée. Un détachement de mille hommes, conduit par *Saint-Luc*, entre aussitôt. »

LE POUVOIR D'HENRI IV CONTESTÉ
SA LÉGITIMATION PAR HENRI III (1er août 1589)
CAMBRAI PRISE PAR HENRI III, PERDUE PAR HENRI IV
(1581 et 1595)

X, 45

L'ombre du règne de Navarre non vray,
Fera la vie de fort illégitime,
La veu promis incertain de Cambrai,
Roy Orléans donra mur légitime.

Ombre, du latin *umbra* : ombre, *simulacre*, apparence. Henri III fut duc d'*Orléans* (1560) puis duc d'Anjou (1566), avant de succéder à son frère Charles IX, décédé le 31 mai 1574. *Mur*, au figuré : défense, appui, soutien.

L'apparence du règne (d'Henri) de Navarre ne sera pas réelle et rendra l'activité de ce brave illégitime. Ce qui avait été promis à Cambrai sera vu incertain, (Henri III) duc d'Orléans le légitimera par son soutien.

« On crut d'abord que la blessure d'Henri III ne serait point mortelle ; mais bientôt une fièvre violente saisit le malade et annonça une fin prochaine. Henri de *Navarre* se rendit auprès de lui. "Mon frère, dit le roi, vous voyez comme vos ennemis et les miens me traitent : soyez certain que vous ne serez jamais roi si vous ne vous faites catholique." Puis, se tournant vers ceux qui l'entouraient : "Je vous prie, leur dit-il, comme mes amis, et vous ordonne comme votre roi de reconnaître après ma mort mon frère que voilà ; prêtez-lui serment en ma présence (*donra mur légitime*)." Tous jurèrent. »

« "Vous êtes le roi des *braves* (*fort*)", avait dit à Henri un des seigneurs catholiques. Malgré cette loyale parole, beaucoup de catholiques s'éloignèrent ; pour retenir les autres, Henri s'engagea solennellement, dans une assemblée des principaux seigneurs, à maintenir dans son royaume la religion catholique... À Paris, on était d'accord sur la religion, mais non sur les personnes. »

« Cateau-Cambrésis : il y fut signé en 1559 un traité entre Henri II, roi de France, et Philippe II, roi d'Espagne ; la France recouvrait Saint-Quentin et Ham ; la possession de Calais et celle des trois évêchés (Metz, Toul et Verdun) lui étaient assurées. En 1581, les Français prirent le *Cambrésis* ; les Espagnols le leur enlevèrent en 1595 (*incertain*). Repris en 1677, il fut définitivement assuré à la France, en 1678, par le traité de Nimègue. »

CONVERSION D'HENRI IV (23 juillet 1593)
BATAILLE D'IVRY (14 mars 1590)
OCCUPATION DU COMTÉ DE SAVOIE (1596)
TENTATIVE D'ASSASSINAT D'HENRI IV PAR CHÂTEL (1595)

VI, 62

Trop tard tous deux les fleurs seront perdues
Contre la loi serpent ne voudra faire,
Des ligueurs forces par gallots confondus
Savone, Albingue, par monech grand martyre.

Les trois *fleurs* de lis sont le symbole de la monarchie française. *Serpent* : les protestants étaient accusés par les catholiques de faire œuvre diabolique. *Gallots* : autre orthographe de « galops ». Latin *confundere* : mettre en désordre, bouleverser. *Albingue* : les États savoyards comprenaient alors la Bresse et le Bugey, le bassin du Léman, le comté de Nice et *les divers territoires piémontais* dont Turin était la capitale ; au XVIe siècle, la maison de Savoie souffrit à la fois de la Réforme qui lui ôta ses possessions suisses et plus encore *des visées françaises sur l'Italie* ; elle perdit la Bresse et le Bugey, cédés à Henri IV en 1601, et vit son territoire occupé à maintes reprises par les armées françaises qui utilisaient le *Piémont* comme glacis défensif. *Monech*, du latin *monachus* : moine, religieux, ermite.

Étant trop tard, ils perdront tous les deux la monarchie, le protestant ne voudra pas agir contre la loi (catholique), les forces des ligueurs seront mises en désordre par des assauts de cavalerie, le duc de Savoie, après que le moine (ligueur) sera martyrisé.

Henri III et Henri IV, les deux derniers rois portant le prénom Henri, seront assassinés.

« Quoiqu'il en coûtât beaucoup au fils de Jeanne d'Albret de rompre avec les huguenots qui l'avaient apporté sur leurs épaules deçà la rivière de Loire, il suivit l'avis des plus sages et, le 23 juillet 1593, après un débat de quelques heures avec les docteurs catholiques réunis à Nantes, il se déclara convaincu… "*Je jure, dit-il, devant la face du Dieu tout-puissant, de vivre et de mourir en la religion catholique ; de la protéger et défendre envers et contre tous, renonçant à toutes les hérésies contraires à icelle.*" »

« Le roi (Henri IV) assiégeait Dreux. Mayenne pour sauver la ville, livra bataille dans la plaine de Saint-André près d'Ivry (14 mars 1590). Les ligueurs avaient quinze mille à seize mille hommes dont *quatre mille à cheval*, de sorte que leur front se montrait comme une épaisse forêt de lances ; les royalistes avaient huit mille fantassins et *trois mille cavaliers… Tous les escadrons* s'élancèrent à la fois. Le roi chargea les lanciers français et wallons… Au bout de deux heures, toute l'armée de la Ligue *était en fuite*. »

« L'Espagne ne fut peut-être pas étrangère à une tentative d'assassinat contre le roi. Jean Châtel lui porta un coup de couteau à la gorge. Henri, en se baissant pour embrasser un seigneur, évita le coup et ne fut frappé qu'à la lèvre. Châtel avait étudié chez *les Jésuites*, et *ces pères* s'étaient montrés dans la Ligue les plus ardents fauteurs des prétentions espagnoles. *Un d'eux fut exécuté après Châtel.* Les Jésuites, accusés de l'avoir excité à ce crime, furent chassés du royaume. Le fameux Jean Boucher écrivit une apologie pour Jean Châtel et les ligueurs inscrivirent ce meurtrier dans leur *martyrologue.* »

« Mayenne sauva peut-être devant Amiens l'armée royale. Son neveu, le duc de Guise, fit mieux encore : il reconquit la Provence et Marseille sur le duc de Savoie, ramenant ainsi ses frontières vers Albingue et Savone. »

PERSÉCUTIONS DES ASTRONOMES AUX XVIe ET XVIIe SIÈCLES : COPERNIC, GIORDANO BRUNO, GALILÉE

IV, 18

Des plus lettrez dessus les faits celestes,
Seront par princes ignorans reprouvez :
Punis d'Édit, chassez, comme scelestes,
Et mis à mort la où seront trouvez.

Reprouvez, du latin *reprobo* : je réprouve, je condamne. Latin *scelestus* : scélérat, criminel.

Certains des plus instruits en astronomie seront condamnés par des chefs ignorants (de la science du ciel), punis par des édits, pourchassés comme des criminels et mis à mort là où on les trouvera.

VIII, 71

Croistra le nombre si grand des Astronomes
Chassez, bannis et livres censurez :
L'an mil six cens et sept par sacre glomes,
Que nul aux sacres ne seront assurés.

Glomes, du latin *globus* : globe, boule, sphère.

Le nombre des astronomes augmentera beaucoup si bien qu'ils seront pourchassés, bannis et leurs livres censurés, en 1607, par des bulles, de telle sorte qu'ils ne seront pas en assurance vis-à-vis du Saint (-Office).

« Pour l'astronomie, Galilée restera célèbre en vertu des deux raisons suivantes : d'une part, comme héraut et *martyr* de la lutte de l'esprit scientifique contre les forces de l'obscurantisme qui, à cette époque, étaient très vives dans une partie au moins de l'*Église* catholique ; d'autre part, pour avoir introduit en 1610, l'usage de la lunette pour l'observation astronomique... »

« Si Galilée se borne à assurer ainsi, avec beaucoup de précautions, les ressemblances entre la Terre et la Lune et les relations réciproques des échanges lumineux qui les rapprochent l'une de l'autre dans une même situation d'ensemble, lointaine, par rapport au Soleil, c'est que la pièce maîtresse des conceptions reçues, à savoir l'association paradoxale pour la Terre du privilège d'être le centre du Monde et de la propriété d'être le royaume de la corruption et de la mort, constituait, sur la voie d'une solution raisonnable, un obstacle majeur. L'affirmation de l'homogénéité des astres, y compris la Terre, avait eu sa part dans la *condamnation* au bûcher de Giordano Bruno en 1604. »

« À la fin de 1615, Galilée se rendit à Rome pour essayer de conjurer une décision fâcheuse, il y parla ouvertement en faveur des arguments convergents que permettaient ses observations, mais malgré son talent, il n'obtint pas la conviction ferme d'un nombre suffisant de personnes. Le 3 mars 1616, l'œuvre de Copernic fut *mise à l'Index... Condamné par le Saint-Office* le 22 juin 1633, Galilée ne connaîtra plus jusqu'à sa mort que des résidences surveillées. »

« Dès le Bas-Empire les actes importants de l'administration civile furent authentiqués au moyen d'un sceau attaché au parchemin. Ce sceau était rond et se nommait *bulla* (*glome*) ; de là, par extension, on prit l'habitude de nommer bulles les actes ainsi scellés. »

DE LA PAIX DE CATEAU-CAMBRÉSIS (1559)
À LA PAIX DE VERVINS (1598)
EXÉCUTIONS SOUS LE PONTIFICAT DE CLÉMENT VIII

IX, 29

Lors que celuy qu'à nul ne donne lieu,
Abandonner viendra lieu prins non prins

Feu Nef par saignes, Regiment à Charlieu,
Seront Guines, Calais, Oye reprins.

Saignes, de *saignier* : ensanglanter. Latin *regimentum* : action de régir. *Guines* : ville du Charolais à quarante-cinq kilomètres au sud de Charolles. *Charlieu* : chef-lieu de canton du Pas-de-Calais. Pays d'*Oye* : petit pays de l'ancienne France (Basse-Picardie) qui faisait partie du pays *reconquis* ; aujourd'hui compris dans le département du Pas-de-Calais.

Lorsque celui-ci (Philippe II d'Espagne), auquel on ne voudra céder aucun territoire, viendra abandonner un territoire pris et repris, l'Église fera couler le sang par le feu ; le Charolais sera occupé et Guines, Calais et Oye seront repris (aux Espagnols).

« La paix de Cateau-Cambrésis : Henri II s'obligea à restituer *Calais, Guines* et le comté d'*Oye*... Henri II, pour les places dont Philippe II s'était emparé en Picardie, rendait le Luxembourg et le *Charolais.* »

« Henri IV termina la guerre religieuse par l'édit de Nantes (13 avril 1598)... C'était la rupture définitive avec le Moyen Âge. Dix-neuf jours après, les députés du roi signaient à Vervins (2 mai 1598) la paix avec l'Espagne. Philippe II, vaincu par l'Angleterre, par les Provinces-Unies de Hollande et par celui qu'il appelait le Prince de Béarn, voyait, après tant d'efforts, son ambition partout (*nul lieu*) déçue, sa monarchie, comme lui-même, épuisée. Il voulut du moins finir en paix. Le traité de Vervins établit entre les deux États les frontières tracées quarante ans auparavant par le traité de Cateau-Cambrésis. *L'Espagne et la France semblaient revenir l'une et l'autre au même point* (*prins non prins*). »

« Le traité de Vervins : l'Espagne rendait Calais, Ardres, La Capelle, Doullens et Le Catelet, c'est-à-dire tout le Vermandois et une partie de la Picardie. La France cédait Cambrai et le *Charolais*. »

« Deux tragédies, qui ont continué à occuper la postérité, eurent lieu sous le pontificat de Clément VIII : l'exécution du célèbre hérésiarque Giordano Bruno et celle de la parricide Béatrix Cenci. Dans les deux cas, le pape a été entraîné à prendre parti. »

« Giordano Bruno : il fut arrêté à Venise par l'Inquisition, conduit à Rome et *brûlé vif* (*feu Nef*) comme hérésiarque et violateur de ses vœux en 1600. »

« Francesco Cenci avait quatre fils et une fille, Béatrix Cenci ; il les maltraitait cruellement ou les faisait servir à ses plaisirs brutaux. Révoltée de tant d'horreurs, sa fille, Béatrix, de concert avec deux de ses frères et Lucrèce, leur mère, fit assassiner Francesco Cenci. Accusés de parricide, ils périrent tous quatre sur l'échafaud par la sentence de Clément VIII. »

TRAHISON DE BIRON AVEC L'ESPAGNE (1599). SON EXÉCUTION (1602)

Sixain 6

Quand de Robin la traistreuse entreprise,
Mettra Seigneurs et en peine un grand Prince,
Sceu par La Fin, Chef on lui trenchera :
La plume au vent, amye dans Espagne,
Poste attrapé estant dans la campagne,
Et l'escrivain dans l'eau se jettera.

Robin, anagramme de Biron. *Peine* : tourment, difficulté, embarras. Mettre *la plume au vent* : flotter au gré du vent. *Se jeter dans l'eau* : pour éviter un mal, tomber dans un pire.

Quand l'entreprise de trahison de Biron mettra dans l'embarras des seigneurs et un grand prince, il sera découvert par La Fin et on lui tranchera la tête à cause de son égarement et de son amitié avec l'Espagne ; des lettres ayant été saisies dans la campagne et celui qui les a écrites, pour éviter un mal, tombera dans un pire.

« Charles de Gontaut, duc de Biron, célèbre par l'amitié d'Henri IV et par sa trahison… Henri lui avait sauvé la vie au combat de Fontaine-Française (1595). Malgré tant de bienfaits, Biron, *égaré* par l'orgueil, l'ambition et la cupidité, *conspira* contre son roi, traita avec *l'Espagne* et la Savoie et s'engagea à prendre les armes contre son pays. Le *complot* fut révélé par *La Fin*, qui en avait été l'instigateur. Biron voulut *tout nier* (*se jeter dans l'eau*), mais il fut convaincu par ses écrits. Henri IV essaya à plusieurs reprises, mais inutilement, d'obtenir l'aveu de son nouveau crime et de son repentir, afin de lui pardonner. Il eut la *tête tranchée* en 1602 (*chef on lui trenchera*). »

« On ignore le degré de complicité du comte d'Auvergne et du duc de Bouillon avec le maréchal. Si on en croit Siri, ces deux seigneurs ne furent pas les seuls engagés dans cette affaire. »

HENRI IV : L'ÉDIT DE NANTES, LA BRETAGNE (1589, 1598, 1610)

X, 26

Le successeur vengera son beau-frère,
Occuper règne sous ombre de vengeance
Occis ostacle son sang mort vitupère,
Longtemps Bretagne tiendra avec la France.

Sous, pour « sans » (probablement une faute de typographie ; *cf.* l'expression « sans l'ombre de »). Latin *vitupère* : « *Cur omen mihi vituperat ?* (Pourquoi est-il pour moi d'un fâcheux présage ?) » (Plaute) ; noter la construction latine du 3e vers.

Le successeur vengera son beau-frère et tiendra le pouvoir sans la moindre idée de vengeance. Celui qui faisait obstacle (au pouvoir) ayant été tué, mauvais présage pour son sang, la Bretagne sera unie à la France pour longtemps.

Henri IV, beau-frère d'Henri III, succède à celui-ci qui représentait un *obstacle* à la réconciliation entre catholiques et protestants.

« *L'assassinat d'Henri III* par Jacques Clément était l'aboutissement d'un projet conçu par Mayenne. Henri de Navarre se rendit auprès de lui. "Mon frère, dit le roi, vous voyez comme vos ennemis et les miens me traitent, soyez certain que vous ne serez jamais roi si vous ne vous faites catholique." »

« La victoire d'Ivry gagnée, le Béarnais se rappela qu'il était roi : "*Quartier aux Français !*" cria-t-il. »

« Mercœur, prince lorrain, qui s'était fait de la *Bretagne une sorte de souveraineté*, marchandait depuis quatre ans sa soumission. Voyant l'armée royale venir sur lui, il jugea prudent de faire la paix avant qu'elle fût dans sa province. Il offrit la main de sa fille *avec son héritage* à César de Vendôme, fils du roi et de Gabrielle d'Estrées. Mercœur se démit en faveur de son gendre *de son gouvernement.* C'était le dernier des grands chefs ligueurs. La guerre civile était finie.

« Peu après Henri termina *la guerre religieuse* par l'édit de Nantes le 13 avril 1598. »

« Henri embrassa Mayenne et le fit promener à grands pas par les jardins. Mayenne, très gros et pesant, suait et soufflait. Henri s'arrêta enfin, et lui tendant la main : "Voilà le seul mal que vous recevrez jamais de moi." Ce fut en effet la seule vengeance (*sous ombre de vengeance*) qu'il fera du chef de la Ligue. »

SIÈGE DE LA ROCHELLE (1625-1628) LE PRINCE DE ROHAN AU BLAVET, À ROYAN ET À LA ROCHELLE

VI, 60

Le Prince hors de son terroir Celtique,
Sera trahy, déceu par interprete :
Roüan, Rochelle par ceux de l'Armorique,
Au port de blave deceus par moyne et prestre.

Decevoir : tromper. Latin *interpres pacis* : négociateur de la paix. *Roüan* : noter le *ü* à la place du *y*.

Le prince (de Rohan) quittera la France après avoir été trahi et trompé par un négociateur (Walter Montague). Royan et La Rochelle seront attaquées par des troupes de Bretagne (du duc de Vendôme). Après l'expédition du Blavet, ils seront trompés par un ecclésiastique.

« À *La Rochelle*, la politique de force inquiétait la population. En face des murailles de la ville, le roi avait construit le fort Louis.

« Le duc de Guise avait basé la flotte royale à l'île de Ré : ainsi, les corsaires rochelais étaient sous surveillance et les navires de commerce n'étaient plus en sécurité. En pleine paix, les Rochelais subissaient la menace. Ils appelèrent Rohan et Soubise. Pour dégager la ville, Soubise imagina une expédition d'une hardiesse rare : avec quelques vaisseaux de faible armement, bourrés de soldats poitevins levés en secret, il attaque et prend par surprise l'île de Ré, en janvier 1625. À l'embouchure du *Blavet* (*au port de blave*), il prend sept grands navires de la flotte royale. Il échappe aux troupes du duc de Vendôme, gouverneur de *Bretagne* (*ceux de l'Armorique*), et s'empare de l'île d'Oléron. Richelieu enrage de ne pouvoir mobiliser et armer contre lui : ses forces sont engagées en Italie contre les Espagnols. Soubise lance ses vaisseaux contre *Royan*, remonte la Gironde, menace Bordeaux… »

« Dans l'île de Ré, la résistance des Royaux accroche les forces anglaises de débarquement. Les Rochelais se sont enfin déclarés pour la guerre, après deux mois d'hésitations. Aussitôt Richelieu fait bloquer tous les accès par terre… La flotte est confiée à un homme d'Église (*moyne et prestre*) : Sourdis, évêque de Maillezais, extraordinaire animateur, plein de ressources… Grâce à ses efforts, un convoi de trente-cinq voiles parvint à aborder dans l'île, le 16 octobre… D'octobre 1627 à janvier 1628, une armée de maçons limousins travailla à la digue… Buckingham, qui préparait une expédition, est assassiné au début de septembre. La flotte anglaise prend néanmoins la mer, commandée par Lindsey. Le 18 septembre, il est avec Soubise et cinq mille soldats devant Saint-Martin-de-Ré. Canonné, mitraillé par les défenses du Havre, il ne s'aventure pas au débarquement. Il envoie un ambassadeur (*interprete*), Walter Montague, pour proposer la médiation anglaise et met à la voile. La Rochelle capitule contre promesse de vie et de liberté religieuse pour ses habitants. La plupart des survivants durent s'exiler, les murailles furent rasées. »

« Henri, duc de Rohan, *prince de Léon*, né en 1579 dans la religion réformée, après la mort de Henri IV, se posa comme chef des calvinistes en France, et soutint trois guerres contre le gouvernement de Louis XIII (1620-1622, 1625-1626, 1627-1629) ; la dernière lui fut fatale : La Rochelle, qu'il défendait, fut prise par Richelieu, et *il dut quitter la France* (*hors de son terroir Celtique*). »

RÉVOLTE DE GASTON D'ORLÉANS ET DU DUC DE MONTMORENCY CONTRE RICHELIEU (1632) LE SIÈGE DE BEAUCAIRE ET SA DÉFENSE PAR MONSIEUR, FRÈRE DU ROI

Sixain, 43

Le petit coing, Provinces mutinées,
Par forts Chasteaux se verront dominées,

Encore un coup par la gent militaire,
Dans bref seront fortement assiegez,
Mais ils seront d'un très grand soulagez,
Qui aura fait entrée dans Beaucaire.

Coing, pour « coin », portion peu étendue d'un lieu quelconque.

Une petite portion de la Provence sera l'objet de révolte, mais sera dominée par de puissants châteaux, encore un coup de force de l'armée. Ils seront peu de temps assiégés, mais seront soulagés d'un très grand personnage qui aura fait son entrée à Beaucaire.

« Le duc Gaston d'Orléans s'arrêta dans le duché de Montpensier, où il comptait trouver beaucoup de gentilshommes disposés à marcher sous ses étendards ; et personne ne se présenta. Ce séjour donna moyen aux troupes royales, qui l'avaient toujours côtoyé, de le serrer de plus près ; il appréhenda d'être investi, et, malgré les remontrances du duc de Montmorency, Gaston se jeta dans le Languedoc. Il y était attendu par deux armées qui, sous les ordres des maréchaux de La Force et de Schomberg, pénétrèrent dans la *province* sitôt que la cour fut sûre de la défection du gouverneur. »

« La ressource des états de la province, qu'il comptait faire déclarer en sa faveur, lui manqua, parce que les membres suspects au gouvernement furent arrêtés ou surveillés de si près qu'ils ne purent l'aider. Les Espagnols, malgré leurs promesses, ne lui envoyèrent ni hommes ni argent. Enfin, au premier essai qu'il voulut faire des troupes de Monsieur (frère du roi : *un très grand*), en attaquant le *château de Beaucaire*, il vit bien, par la nécessité où il fut de lever le siège, qu'il ne devait compter ni sur la bravoure des soldats ni sur l'habileté des capitaines. *Les armées du roi*, au contraire, prospéraient de tous côtés : à mesure qu'elles avançaient, chaque personne qu'on trouvait les armes à la main payait de sa tête *sa rébellion*, présage effrayant pour Montmorency. Sa position était des plus critiques. Quoique très aimé de son gouvernement, il ne pouvait compter sur aucune ville, parce qu'elles étaient toutes *tenues en bride* (*dominées*) par les troupes du roi, qui remplissaient *la province*. »

SIÈGE DE LA ROCHELLE (1627)
EXÉCUTION DU DUC DE MONTMORENCY (1632)
OCCUPATION DE LA LORRAINE (1634)
GUERRE CONTRE LA MAISON D'AUTRICHE (1636)

IX, 18

Le Lys Dauffois portera dans Nansi,
Jusques en Flandre Electeur de l'Empire.
Neufve obturée au grand Montmorency,
Hors lieux prouvez délivre a clere peine.

Lys Dauffois : *dauphins* de France ; Louis XII monta sur le trône sans avoir été dauphin ; il eut deux fils morts en bas âge qui portèrent le titre, puis le titre fut donné au fils de François Ier, à Henri II et à François II ; Henri IV ne fut pas dauphin ; sous son règne Louis XIII le fut. *Porter* : introduire, porter la guerre dans un pays. *Électeurs de l'Empire (germanique)* : princes ou évêques appelés à concourir à l'élection de l'empereur d'Allemagne. Latin *obturo* : je bouche, je ferme. *Grand Montmorency* : Henri II, duc de *Montmorency*, né à Chantilly en 1595, mort à Toulouse en septembre 1632. *Lieux*, au pluriel : endroit précis où un fait s'est passé. *Prouver* : convaincre de culpabilité. *Délivrer* : livrer, remettre une chose entre les mains d'une personne. *Clere*, du latin *clarus* : célèbre (*clara exempla* : exemples célèbres).

Le dauphin (devenu) roi portera (la guerre) en Lorraine et jusqu'en Flandre et en Allemagne. Le grand (amiral) de Montmorency s'étant porté devant la nouvelle fermeture (la digue de La Rochelle), ailleurs (Castelnaudary) il sera convaincu de culpabilité et livré à une peine exemplaire.

« Le duc de *Lorraine* paya les frais de la guerre. Louis XIII fuit Bar-le-Duc et *occupa militairement* le duché (1634), qui resta aux mains de la France jusqu'à la fin de ce siècle. »

« Les nombreux traités signés par Richelieu annoncent l'*extension que la guerre* va prendre. Richelieu la porta sur toutes nos frontières aux *Pays-Bas* (*Flandre*) pour les partager avec la Hollande ; sur le Rhin pour couvrir la Champagne et la *Lorraine* (*Nansi*) ; en *Allemagne* pour tendre la main aux Suédois et briser l'omnipotence de l'Autriche… »

« Henri de Montmorency, nommé amiral par Louis XIII en 1612, conquit en 1625 les îles de Ré et d'Oléron. Quand *La Rochelle* fut attaquée par Richelieu, il lui vendit moyennant un million la charge d'amiral. Mécontent de la cour qui lui refusait le titre de connétable, il se révolta, avec Gaston d'Orléans, frère du roi, mais fut vaincu par Schomberg à Castelnaudary, *pris*, jugé et *décapité* à Toulouse.

« Ce *terrible exemple* (*clere peine*) valut à Richelieu dix années de paix. »

« Du côté de la terre, Richelieu enveloppa la ville d'un retranchement de douze kilomètres. Du côté de la mer pour *fermer* le port et empêcher l'entrée de tout secours anglais il fit construire en six mois une digue de pierre (*neufve obturée*), longue de mille cinq cents mètres et large de huit mètres au sommet. »

LES TROUPES DE LOUIS XIII ASSIÈGENT BARCELONE (1640) OCCUPATION DU DUCHÉ DE MONTFERRAT PAR LES TROUPES DE LOUIS XIII (1640) LE TITRE DE « ROI DE FRANCE ET DE NAVARRE »

VIII, 26

De Catones trouvez en Barcelonne,
Mys descouvers lieu terrouers et ruyne :
Le grand qui tient ne tient voudra Pamplonne,
Par l'abbage de Montferrat bruyne.

Latin *cato*, *catonis* : caton ; on appelait, au XVIe siècle, par manière de moquerie, *catons* ceux que l'on voyait graves et sévères en paroles, et en fait désordonnés et vicieux. *Terrouers*, du latin *terreo* : j'effraye, j'épouvante. *Pamplonne* : Pampelune, capitale de la Navarre ; Henri III de Bourbon, fils d'Antoine, roi de Navarre, étant monté sur le trône de France en 1589, sous le nom d'Henri IV, ses successeurs ajoutèrent le titre de roi de Navarre à celui de roi de France. *Montferrat* : ancien duché d'Italie, borné au nord et à l'ouest par le Piémont, au sud par la République de Gênes, à l'est par le Milanais, qui avait pour capitale *Casal*.

Des hommes licencieux qui se trouveront à Barcelone seront découverts, et l'endroit sera pris de frayeur et ruiné. Le roi n'occupera pas la Navarre mais voudra le titre de « roi de Navarre » et occupera le duché de Montferrat à l'automne.

« Le marquis de Léganez avait mis le siège devant *Casal* (*cf. Montferrat*), qui tenait toujours garnison française, et dont la possession eût avantageusement couvert le Milanais de ce côté. Le comte d'Harcourt, quoique plus faible de moitié, marcha au secours de la place. Le marquis, au lieu d'aller à sa rencontre, perdit l'avantage du nombre, en se laissant attaquer dans ses lignes. Elles furent forcées en trois endroits. Le vicomte de Turenne s'y distingua particulièrement. Les Espagnols perdirent une grande partie de leur artillerie, le quart de leurs troupes et furent contraints de lever le siège... »

« L'immensité des fonds nécessaires à une guerre si dispendieuse faisait naître des révoltes en Espagne comme en France. Le dessein conçu par le duc d'Olivarès de faire contribuer la Catalogne à la défense commune parut aux Catalans une violation de leurs privilèges. Leur mécontentement s'accrut des corvées auxquelles on les soumit pour le service de l'armée castillane envoyée à la défense du Roussillon, et surtout des excès auxquels se livra cette milice indisciplinée. Quelques soldats du nombre de ceux qui s'étaient *abandonnés à la licence* (*Catones*), *reconnus* (*descouvers*) *à Barcelone*, un jour qu'une multitude de paysans se trouvaient dans cette ville, réveillèrent l'indignation et devinrent l'objet de la fureur générale. Le tumulte s'accrut de la résistance que les paysans éprouvèrent de la part du gouverneur, et le meurtre de celui-ci acheva *la révolution* (*ruyne*) dans cette ville qui sollicita le secours des Français... Des secours plus considérables envoyés en Catalogne, fruit de la résolution que prirent les Catalans de renoncer à leur premier projet de république et de se donner à Louis XIII, ranimèrent leur courage. De concert avec les Français, ils défirent les Espagnols sous le canon du Mont-Joui, citadelle de *Barcelone*. »

GUERRE DE TRENTE ANS (1618-1648)
LA FLOTTE FRANÇAISE COULÉE PRÈS DE LA CORSE (1646)
FRONDE DES PRINCES (1648-1653)

III, 87

Classe Gauloise n'approche de Corseigne,
Moins de Sardaigne tu t'en repentiras

Trestous mourrez frustrez de l'aide grogne,
Sang nagera, captif ne me croiras.

Grogne : mécontentement qu'on témoigne en grognant.

Flotte française n'approche pas de la Corse, ni de la Sardaigne, tu t'en repentiras : vous mourrez tous, privés d'aide à cause de la Fronde, la mer sera ensanglantée, et le prisonnier ne me croira pas.

« En 1646, l'Italie est le principal théâtre de la Guerre. Mazarin et de Lionne pensent à donner pour roi aux Napolitains le prince Thomas de Savoie-Carignan. Le pape Innocent X s'affirme ouvertement hostile à ce projet. *Une flotte française* (*classe Gauloise*) réunie à Toulon et placée sous le commandement du duc de Brezé, grand amiral de France, cingle vers les côtes de Toscane et débarque des troupes françaises et piémontaises qui assiègent Orbitello (en face de la *Corse* et de la *Sardaigne*). Le siège traîne. Le prince Thomas montrait peu d'ardeur et le duc de Brezé se faisait *tuer* dans un combat naval qu'il livrait heureusement contre les Espagnols. Sa mort mit le désordre dans notre flotte et dans notre armée. L'effet produit par la malheureuse issue de cette entreprise est considérable à Paris. Le prince de Condé en profite pour demander l'amirauté en faveur du duc d'Enghien, qui avait épousé la sœur du duc de Brezé. Mazarin refuse ; aussitôt les Condé se rapprochent de Gaston d'Orléans. »

« Condé s'entoure de tous *les mécontents* (*grogne*) et se prépare à la guerre : c'est la Fronde des princes. Mazarin se décide à faire arrêter Condé (*captif*), son frère Conti et son beau-frère le duc de Longueville (18 janvier 1650)… Maître de Paris, Condé gouverne par la terreur, il fait massacrer les partisans de Mazarin. »

LE SIÈCLE DE LOUIS XIV

X, 89

De brique en marbre seront les murs réduicts,
Sept et cinquante années pacifiques,
Joye aux humains, renoué l'aqueduict,
Santé, grands fruits, joye et temps melifique.

Melifique : le miel est toujours symbole de douceur chez Nostradamus, comme dans la Bible.

Les murs de brique seront reconstruits en marbre, cinquante-sept années connaîtront la paix, joie aux hommes, l'aqueduc rénové, santé, grands fruits, époque de joie et de douceur.

« Le château de Versailles est un résumé d'architecture... Il a existé au moins trois Versailles. Le "château de Cartes" que fit construire Louis XIII à partir de 1631 est le premier... Il forme aujourd'hui l'essentiel de la *cour de marbre*. Quand Louis XIV décide de l'adopter en 1661, il se borne à *l'enjoliver...* Vers les jardins c'est le corps central du jardin actuel... étage et attique se décrochaient brusquement : trou d'ombre profond, laissant au-dessus du rez-de-chaussée une terrasse dallée de *marbre* avec un jet d'eau... »

« Le 24 novembre 1658, devant l'indécision de l'Espagne quant au mariage de l'infante avec Louis XIV, Mazarin simule à Lyon un projet de négociations matrimoniales avec la princesse Marguerite de Savoie. Aussitôt Philippe IV, craignant de voir la paix lui échapper, envoie un messager secret à Lyon, offrant *le mariage et la paix*, offre immédiatement acceptée par le roi... Le 7 novembre 1659 la France et l'Espagne signent le traité des Pyrénées. »

De 1659 à 1715, mort de Louis XIV, il y a *cinquante-sept ans.*

« "Si Louis XIV n'a pas fondé l'État, il l'a laissé singulièrement plus fort..." Pendant *cinquante ans*, le Parlement n'avait ni repoussé les édits ni combattu les ministres ou le pouvoir. Il n'y avait plus qu'une autorité en France. Les contemporains surent parfaitement reconnaître que la force de la *nation française*, ce qui lui avait permis de *résister aux assauts de l'Europe*, venait de là... Versailles symbolise une civilisation qui a été *pendant de longues années* la civilisation européenne, *notre avance* sur les autres pays étant considérable et notre prestige politique aidant à répandre notre langue et nos arts. »

Nostradamus note que la France, malgré des guerres extérieures, n'a pas vu de troupes étrangères sur son territoire pendant *cinquante-sept ans.*

EXÉCUTION DE CHARLES Ier D'ANGLETERRE (1649) OCCUPATION DE LA BELGIQUE PAR LA FRANCE (1658-1714) DIFFICULTÉS DE L'ANGLETERRE

IX, 49

Gand et Bruceles marcheront contre Anvers,
Senat de Londres mettront à mort leur Roy :
Le sel et vin luy seront à l'envers,
Pour eux avoir le règne en désarroy.

Senat, du latin *senatus* : réunion, assemblée délibérante.

(Les Français), après Gand et Bruxelles, marcheront contre Anvers. Le Parlement anglais mettra à mort son roi. Il connaîtra des revers économiques pour avoir pris le pouvoir en désarroi.

« En août 1658, Turenne s'empare de Gravelines qui reste à la France. Puis il prend Audenarde et Ypres. Il menace *Gand et Bruxelles*. La Flandre est presque entièrement conquise. Cependant les Anglais songent à se saisir de Calais et Philippe IV d'Espagne espère que la discorde éclatera entre le protecteur (Cromwell) et Mazarin. Mais Cromwell meurt et l'Angleterre connaît une nouvelle période de *troubles* (*désarroy*). »

« En février 1677, Louis XIV entend frapper un grand coup, afin de pouvoir négocier sur des positions de force. À la tête d'une armée de cent vingt mille hommes, il se dirige vers la Lorraine, ce qui trompe son adversaire, puis se rabat vers la Flandre et, arrivé devant *Gand*, il investit la ville qui capitule après cinq jours de siège (9-12 mars). La forteresse se rend trois jours plus tard. C'est *Anvers* qui est maintenant menacé… »

« Le 22 mars 1701, l'Angleterre et la Hollande remettent à l'ambassadeur de France à La Haye la liste de leurs conditions. Ils exigent l'évacuation de la *Belgique* par les Français, la promesse qu'aucune possession espagnole ne sera cédée à la France, l'occupation de dix villes "de barrière" par les Hollandais et celle d'Ostende et de Nieuport par les Anglais. À ce mémoire, Louis XIV répond en proposant simplement de confirmer la paix de Ryswick – ce qui ne l'empêche pas de fortifier *Anvers* et les principales villes belges occupées par la France. »

« Commencée en 1642, la révolution aboutit le 30 janvier 1649 à l'exécution de Charles Ier et au vote d'un acte interdisant de proclamer son successeur, une semaine plus tard à l'abolition de la Chambre haute et de la royauté (*règne en désarroy*)... À la mort du protecteur (Cromwell), son fils Richard lui succède, mais il est incapable de maintenir un équilibre entre une armée politisée et un Parlement dont les membres veulent le respect de la légalité. Un nouveau Parlement, réuni en janvier 1659, doit être dissous en avril, et Richard, découragé, démissionne. En proie à *l'anarchie*, l'Angleterre connaît alors en quelques mois les destins les plus contradictoires. »

RÉVOLUTION DE 1688
CONSPIRATION CONTRE JACQUES II
DÉBARQUEMENT DE GUILLAUME D'ORANGE
(7 novembre 1688)
BILL OF RIGHTS (13 février 1689)
GUILLAUME ET MARIE, SOUVERAINS D'ANGLETERRE (1689)

IV, 89

Trente de Londres secret conjureront,
Contre leur Roy, sur le pont l'entreprise :
Luy fatalites la mort desgouteront,
Un Roy esleu blonde, natif, de Frize.

Pont, du grec *pontos* : la mer. *Frise* : une des provinces du royaume de Hollande.

Trente personnages de Londres conjureront contre leur roi ; l'entreprise se fera par mer ; les fatalités de la mort (de son père) le dégoûteront puis un roi natif de Hollande sera choisi avec une blonde (Marie).

« En 1685, lorsqu'il monte sur le trône, Jacques II a conscience des dangers qui le menacent et sait que sa foi lui vaudra des inimitiés aussi nombreuses que ses vues politiques... L'émotion atteint son comble le 20 juin 1688 lorsque naît un prince héritier catholique, Jacques-Édouard. Cet événement enlève tout espoir de voir bientôt succéder à un roi, qui a alors cinquante-cinq ans, un souverain protestant. Dix jours après la naissance, Arthur Herbert, ancien vice-amiral d'Angleterre, apporte à Guillaume d'Orange (*natif de Frize*) un appel à l'aide signé de plusieurs grands seigneurs (*trente de Londres*) connus et influents. Le gendre de Jacques II, l'époux de Marie, depuis plusieurs mois *en pourparlers avec les adversaires du souverain anglais*, est ainsi invité à conduire la seconde révolution anglaise... La révolution de 1688 frappe par sa brièveté. Le 7 novembre 1688, Guillaume débarque à Torbay, dans le Devon (*sur le pont l'entreprise*). Le 25 décembre, Jacques II, dont on a favorisé la fuite, débarque sur le sol français. Le 23 février 1689, la question du trône est réglée... Jacques II est maladroit et ne sait pas faire rapidement les indispensables concessions, alors que la question du trône n'était théoriquement pas posée par un Guillaume dont la popularité personnelle restait incertaine. *Le souvenir de l'exécution de son père* a pesé sur l'attitude du roi et l'a trop déterminé à abandonner la partie (*luy fatalites la mort desgouteront*)... Le 13 février 1689, la Convention adopte une loi pour la déclaration des droits et libertés du sujet et pour le *règlement de la succession à la couronne* (*Roy esleu*), plus connue sous le nom de *Bill of Rights*... La loi attribue conjointement à Guillaume et Marie la couronne d'Angleterre, de France et d'Irlande et des territoires qui en dépendent, règle leur succession et exclut tout futur prince catholique. Le 23 février, les deux nouveaux souverains sont proclamés dès lors qu'ils ont adhéré au *Bill of Rights*. »

VILLARS ET LA GUERRE DE LA LIGUE D'AUGSBOURG (1686-1697)
VILLARS ET LA RÉVOLTE DES CAMISARDS (1702-1705)
LIBÉRATION DE LA PROVENCE OCCUPÉE PAR LE DUC DE SAVOIE (1707)

Présage 2

La mer Tyrrhene, l'Occean par la garde,
Du grand Neptune et ses tridens soldats

Provence seure par la main du grand Tende,
Plus Mars Narbon l'héroiq de Vilars.

Neptune : dieu de la mer chez les Romains ; pris par Nostradamus comme symbole de la puissance maritime anglaise. *Tende* : titre d'un comté qui appartint aux Lascaris de Vintimille, et qui passa ensuite par mariage dans la maison de Savoie.

La mer Tyrrhénienne et l'océan seront gardés par l'Angleterre et ses marins, la Provence sera délivrée du duc de Savoie, et l'héroïque duc de Villars mettra fin à la guerre en Languedoc.

« Le plus grand désastre eut lieu sur l'océan. Le roi n'avait pas encore désespéré de replacer Jacques sur son trône ; un débarquement de vingt mille hommes devait être protégé par une flotte de soixante-cinq voiles, lorsque toutes les réunions des escadres seraient effectuées. Une partie était *dans la Méditerranée* ; les vents et les tempêtes l'empêchèrent de joindre à temps... Le succès qu'obtint *Villars* étendit ses plans... On le priva de divers détachements qu'on lui enlevait pour les porter dans *la Provence*, envahie en ce moment par le duc de Savoie (*grand Tende*)... L'invasion de la *Provence* ne répondit pas aux mesures de prudence avec lesquelles elle avait été concertée. *Une flotte anglaise* (*grand Neptune*) secondait l'armée de terre, et s'était chargée du transport de la grosse artillerie qu'il eût été difficile d'opérer par la voie des montagnes. L'ennemi, qui ne pouvait être arrêté par des places fortes, pénétra sans obstacle au cœur de la Provence et s'approcha de Toulon vers la fin juillet (1707)... Les alliés (Anglais et duc de Savoie) furent plus heureux à Naples (*mer Tyrrhene*) qu'ils enlevèrent à Philippe II d'Espagne. Cette dernière expédition fut *le salut de la Provence*, qui peut-être eût succombé à la réunion des forces qui furent employées séparément... L'électeur de Bavière, qui ne pouvait agir en second sous le prince son neveu, fut envoyé sur le Rhin contre le prince Eugène auquel ce n'était pas trop d'opposer *Villars* ; et celui-ci fut destiné pour le Dauphiné et la Provence, que menaçait encore le *duc de Savoie*... »

« La révolte des camisards fut l'un des contrecoups de la révocation de l'édit de Nantes... Pendant deux ans, Louis XIV dut envoyer contre les rebelles des armées qui s'élevèrent jusqu'à vingt mille hommes sous le commandement de maréchaux de France, d'abord le comte Victor-Maurice de Broglie, puis le maréchal de Montrevel, ensuite *Villars* ; Villars se montra homme de guerre (*Mars*) et diplomate. Aidé de Nicolas Lamoignon de Basville, intendant du *Languedoc*, Villars négocia avec Cavalier, qu'il décida à abandonner la cause de l'insurrection ; privés de leur chef principal, les insurgés ne tardèrent pas à être vaincus. »

LA RÉGENCE (1715-1723)

III, 15

Cœur, vigueur, gloire, le règne changera,
De tous points, contre ayant son adversaire :
Lors France enfance par mort subjuguera,
Le Grand Régent sera lors plus contraire.

Malgré le courage, la force, la gloire, le pouvoir changera ayant son adversaire opposé dans tous les domaines : l'enfance (du roi) mettra alors la France sous un joug mortel, le Grand Régent lui sera encore plus nuisible.

« Le trône de France revenait à Louis XV qui était fils du duc de Bourgogne et par conséquent arrière-petit-fils de Louis XIV, mais ce prince n'était encore âgé que de cinq ans. Louis XIV avait prévu par son testament la composition du Conseil de Régence qui devrait gouverner en attendant la majorité de Louis XV. Mais le neveu de Louis XIV, Philippe, duc d'Orléans, intervint ; il fit casser le testament de Louis XIV par le Parlement, qui lui déféra la régence sans conditions. On ne désigne généralement ce personnage que sous le nom de *Régent* ; de même, la période pendant laquelle il a gouverné est la seule de notre histoire à laquelle on donne couramment le nom de Régence sans autre désignation. »

« Le duc d'Orléans était d'une intelligence supérieure, et connu par sa bravoure, mais la légèreté de son esprit, son amour du plaisir et sa faiblesse de caractère furent la cause de *grands malheurs* pour la France. »

LA PESTE DE MARSEILLE (1720)

II 53

La grande peste de cité maritime,
Ne cessera que mort ne soit vengée ;

Du juste sang par pris damné sans crime,
De la grand dame par feinte n'outragée.

Crime, du latin *crimen* : accusation.

La grande peste de Marseille ne cessera que lorsque la mort sera vengée, le sang du juste pris par le damné sans être accusé, de peur que la monarchie ne soit outragée par cette duperie.

« Le *deuil* qui avait couvert la France à l'occasion de la *mort* du grand dauphin se renouvela au commencement de 1712, et d'une manière bien plus lugubre, par celle du duc de Bourgogne, qui avait pris le titre de dauphin, celle de l'aimable princesse de Savoie son épouse, et celle enfin du duc de Bretagne, l'aîné des deux enfants qu'ils laissèrent après eux, et qui tous trois succombèrent, en moins d'un mois. *Une telle accumulation de pertes* dans la famille royale *ne fut pas crue naturelle* ; et l'irréflexion publique en accusa avec indignation le duc d'Orléans qui, malheureusement, par le mépris affecté de toutes les bienséances et l'ostentation la plus effrontée du vice, prêtait à tous les soupçons de la haine et de la douleur. »

« En 1720, Marseille (*cité maritime*) se vit livrée à un terrible fléau par la négligence des officiers de santé préposés à son lazareth. À la fin de mai, leur imprudence donna lieu à la contamination prématurée de l'équipage d'un vaisseau venant de Syrie et infecté de la *peste...* »

« À la fin de septembre, un vent du nord commença à dissiper les miasmes putrides qui planaient sur la ville, et qui avaient réduit presque à moitié une population de cent mille âmes. Les grands ravages cessèrent à cette époque mais les derniers symptômes ne disparurent qu'un an après la première invasion. »

LA RÉPUBLIQUE DES LETTRES (1720)
LES PHILOSOPHES DU XVIIIe SIÈCLE

IV, 28

Lors que Venus du Sol sera couvert :
Soubs l'esplendeur sera forme occulte
Mercure au feu les aura descouvert,
Par bruit bellique sera mis à l'insulte.

Venin, en latin *venus* : désir sexuel personnifié en *Vénus*, déesse de l'amour. *Mercure* : fils de Jupiter, messager des dieux et lui-même dieu de l'éloquence. *Insulte*, du latin *insulto* : j'attaque, je brave.

Lorsque la parole venimeuse sera sous le couvert de la monarchie, sous sa splendeur se cachera la véritable idée, le feu de l'éloquence la mettra au grand jour, (la monarchie) sera attaquée par un bruit belliqueux.

« En principe les hommes de lettres sont *sous la surveillance* de l'autorité, gardienne de la religion, des bonnes mœurs et de l'ordre social. En réalité, ils font, disent et publient ce qu'ils veulent… Dans son ensemble, la littérature du XVIIIe siècle, celle qui compte et celle qui agit, est antichrétienne. C'est une littérature militante, ambitieuse et *agressive*. Les écrivains deviennent des philosophes. Les lettres cessent d'être un noble divertissement où l'esprit s'égaie en liberté pour revendiquer contre l'Église, contre l'autorité, et *contre la tradition*, un rôle de maître à penser…

« Pendant trente ans, Voltaire, plus audacieux, plus *fort*, plus *impertinent* va exercer sur les pensées du siècle une dictature sans autre exemple dans l'histoire… »

« *La République des lettres* est en 1720 une allégorie ; un demi-siècle plus tard, c'est une réalité. »

SIÈGE DE VIENNE PAR LES OTTOMANS (1683)
KARA MUSTAPHA ET KÔPRÛLÛ PACHA

X, 61

Betta, Vienne, Emorre, Sacarbance,
Voudront livrer aux Barbares Pannone :
Par picque & feu, énorme violance,
Les conjurez descouverts par matrone.

Betta, pour le grec *bessa* : vallée. *Emorre* est un mot fabriqué par anagramme : (et la) Mor(é)e, le Péloponnèse. *Sacarbance* est une anagramme compliquée d'une syncope : Cara (de) B(i)sance, qui désigne ici Kara Mustapha. *Livrer* est un piège ; il s'agit, en effet, de *délivrer*, que Nostradamus a raboté par aphérèse. La *Pannonie* est l'ancien nom de la Hongrie. Autre piège, *matrone* est une francisation du mot grec *matrôs*, oncle. Ce quatrain représente un condensé remarquable de ce que Nostradamus est capable de faire avec quelques mots.

Dans la vallée, à Vienne et en Morée, à cause de Kara (Mustapha) de Byzance, on voudra délivrer la Hongrie des musulmans. Par les armes et le feu, on fera une énorme violence, après les conjurés seront découverts par l'oncle.

Pour illustrer ce quatrain, voici des extraits de l'*Histoire de l'Empire ottoman* de Stanford Shaw : « Si *Kara* Mustapha avait accepté de signer avec la Russie une paix qui ne lui était pas favorable, c'était en grande partie en raison de nouvelles difficultés en *Hongrie* (*Pannone*) qui le poussèrent vers une guerre contre les Habsbourg. L'avancée des Autrichiens en *Hongrie*, le territoire qui symbolisait la pénétration des Autrichiens en Europe, assombrit le moral des Ottomans et démantela leur organisation. La marche ottomane sur *Vienne* débuta à la fin du mois de juin 1683, mais les Ottomans durent se retirer en septembre. Ils s'étaient emparés d'un butin *énorme* en se livrant à une série de razzias dans le reste de l'Autriche. Quand des soldats en provenance de la région du Danube atteignirent les faubourgs d'Istanbul, ils furent rejoints par la masse des notables (*conjurez*) et de l'uléma qui avaient été rassemblés dans la mosquée de Sainte-Sophie par Kôprûlû Pacha. Il fut facile de promulguer un *fetva* qui déposait le sultan Mahomet IV sous prétexte qu'il ne remplissait plus ses devoirs. Kôprûlû Pacha était l'*oncle* du futur grand vizir Kôprûlû Mohamed. »

D'autres détails sont donnés par Théophile Lavallée dans son *Histoire de l'Empire ottoman* (1855) : « *Kara* Mustapha parlait de renouveler les conquêtes de Soliman : il rassemblait, disait-on, sept cent mille hommes, cent mille chevaux, mille deux cents canons. Tout cela se réduisit à cent cinquante mille *barbares*. L'armée de Sobieski arriva à Klosterneubourg, par Kœnigstetten, Saint-André, la *vallée* de Hagen et de Kirling, où elle opéra sa jonction avec les Autrichiens et les Saxons. Venise donna du fil à retordre aux Ottomans, car elle attaquait la Bosnie, la Dalmatie, la Grèce, la *Morée*. »

GUERRE ENTRE L'EMPIRE OTTOMAN ET LA RUSSIE (1682-1699) TRAITÉ DE KARLOWITZ (1699) EXPANSION MILITAIRE DE L'ISLAM EN EUROPE AUX XVe, XVIe ET XVIIe SIÈCLES

I, 49

Beaucoup avant telles menées,
Ceux d'Orient par la vertu lunaire :

L'an mil sept cens feront grands emmenées,
Subiugant presque le coing Aquilonaire.

Ancien français *menées* : attaques. *Lunaire* : en référence au croissant, symbole de l'Islam. *Aquilonaire* : l'*Aquilon* désigne chez Nostradamus l'Empire du Nord, la Russie, qui occupe la plus grande part de l'hémisphère Nord.

Bien avant de telles attaques, les musulmans d'Asie (l'Empire ottoman) feront de grandes expéditions aux alentours de l'an 1700, et subjugueront presque un coin de la Russie.

Nostradamus désigne toujours la Russie par le terme d'*Aquilon* (le vent du Nord) parce qu'elle occupe toute la partie de l'hémisphère Nord d'Europe et d'Asie.

« Après l'échec de l'Empire ottoman devant Vienne (*telles menées*) en 1683, la Russie commence une guerre de reconquête. Le traité de Karlowitz en 1699, ainsi que les traités suivants du Prut en 1711, de Passarowitz en 1718, de Belgrade en 1739, de Kuçuk Kaynarça en 1774 et de Jassy font perdre à l'Empire ottoman la côte nord de la mer Noire, de la Bessarabie au Caucase, et la Crimée (*le coing Aquilonaire*). »

Ici encore on voit que Nostradamus donne une date charnière au milieu d'une importante séquence d'histoire.

1453 : prise de Constantinople.

1571 : bataille de Lépante.

« En 1683, le grand vizir de Mahomet IV, Kara Mustapha, assiège Vienne avec deux cent mille hommes. La ville résiste et est sauvée par l'arrivée d'une armée de soixante-cinq mille Polonais et Allemands aux ordres du roi de Pologne Jean III Sobieski et du duc Charles V de Lorraine. Vienne et l'Europe sont sauvées du joug islamique ! Les Habsbourg peuvent alors mener dans les régions danubiennes une contre-offensive qui voit les Turcs écrasés à la longue bataille de Mohacs en 1687. Belgrade est prise en 1688. Enfin, en 1699, est signée la paix de Karlowitz. La Turquie cédait à l'Autriche toute la Hongrie turque (moins Temesvar et Belgrade) et ses prétentions à la suzeraineté de la Transylvanie. Kaminiec, la Podolie et l'Ukraine en deçà du Dniepr revenaient à la Pologne. Venise récupérait la Morée (le Péloponnèse), l'île d'Égine et plusieurs villes dalmates ; la Russie, pour sa part, obtenait Azov (le coing Aquilonaire). »

SOULÈVEMENT DES MAHOMÉTANS À GRENADE (1567) LEUR EXPULSION D'ESPAGNE (1609-1610)

III, 20

Par les contrées du grand fleuve Bétique,
Loin d'Ibère au royaume de Grenade :
Croix repoussées par gens Mahométiques,
Un de Cordube trahira la fin contrade.

Fleuve Bétique : le Guadalquivir (de l'arabe *Oued al-Kébir* : *le grand fleuve*), le *Bœtis* des anciens, baigne Adujar, Cordoue ; ce fleuve coule au nord de la cordillère Bétique. *Iberus* : aujourd'hui l'Èbre, fleuve d'Espagne. *Grenade* fut fondée par les Maures au VIIIe siècle ; elle fit d'abord partie du royaume de Cordoue, *Corduba*, ville d'Espagne sur la rive droite du Guadalquivir. Moyen français *trahir* : livrer par perfidie. *Contrade*, du provençal *countrado* : contrée, région.

À travers les régions qui bordent le Guadalquivir, loin depuis l'Èbre jusqu'au royaume de Grenade, les mahométans repousseront (la conversion à) la Croix. À la fin, ils seront livrés par perfidie et expulsés de Cordoue et du pays.

Dans l'*Histoire des Espagnols* de Jacques Pinglé, on trouve une remarquable illustration de cette page d'histoire : « Déjà maîtres de toute la Méditerranée orientale, les bâtiments turcs se livrent à la piraterie entre la France et l'Italie. *Les Maures de Grenade*, soutenus par Constantinople qui leur envoie des subsides et des armes, se soulèvent en 1567 et ne sont écrasés qu'au prix d'une guerre sanglante, alternée de guérillas et de batailles rangées, dont Philippe II a confié le commandement à son demi-frère Juan d'Autriche. Pour éviter le retour des insurrections et réduire la perméabilité des côtes aux agressions turques, Philippe II décrète le transfert des Morisques grenadins à l'intérieur du pays. Répartis entre *l'Estramadoure* (*Cordube*), la Manche, la Vieille-Castille, la Galice, ils reviennent en travailleurs dans les provinces que leurs ancêtres occupèrent en conquérants sept siècles auparavant. »

« À partir d'Oran, leur position extrême à l'est, les corsaires enturbannés pourchassent les navires espagnols isolés, pillent les villages côtiers. Les complicités locales ne leur manquent pas, particulièrement nombreuses en Espagne, *entre Algésiras et l'embouchure de l'Èbre* (*d'Ibère au royaume de Grenade*). »

« Une décision politique intérieure, la plus importante du règne, vient encore aggraver le marasme. C'est *l'expulsion des Morisques… Les efforts considérables déployés* depuis Philippe II *pour leur conversion ont échoué* (*Croix repoussées par gens Mahométiques*). En 1609 et 1610, des édits royaux leur prescrivent d'*abandonner le territoire* (*trahira à la fin contrade*). »

GUERRE DE TRENTE ANS (1618-1648)
GASTON D'ORLÉANS EN LORRAINE (1630)

V, 89

Dedans Hongrie par Bohesme, Navarre,
Et par Bannieres fainctes séditions :
Par fleurs de lys pays portant la barre,
Contre Orleans fera esmotions.

À bannière levée : en hostilité ouverte. *Barre* : le Barrois était un ancien pays de la France en Lorraine ; ses armes comportent une barre.

Jusqu'en Hongrie à cause de la Bohême, et aussi en Navarre, il y aura de trompeuses séditions dont s'occupera (le roi de France) et de Navarre qui se soulèvera en Lorraine contre Gaston d'Orléans.

« C'est la révolte de *Bohême* qui fut à l'origine de la guerre de Trente Ans. Elle débuta à l'improviste, le 23 mai 1618, par la fameuse défenestration de Prague… »

« Une intervention française servit la cause impériale beaucoup plus que les ministres de Louis XIII n'en avaient eu l'intention. Au début de l'hiver, Ferdinand avait envoyé à Paris un ambassadeur, le prince de Fürstenberg, pour demander au roi très chrétien de l'aider à vaincre les hérétiques. Il insistait sur le péril qui menacerait l'Église, si les protestants l'emportaient en *Bohême*. Le pieux Louis XIII en fut touché. Il avait à combattre, lui aussi, des sujets rebelles, les calvinistes du Béarn, depuis qu'il avait entrepris de rétablir dans leur pays le culte catholique. Il était naturel qu'un rapprochement se fît dans son esprit entre *la résistance des Béarnais* à l'édit royal et *la révolte des Bohêmiens* (*séditions*)... »

« Les deux principales armées se rencontrèrent près de Prague. L'armée du roi de Bohême comprenait très peu de Tchèques, mais des Allemands de toutes régions, des Autrichiens, des *Hongrois*, même des Anglais. »

« En 1629, à l'occasion d'un différend concernant l'évêché de Metz, l'empereur avait mis garnison dans deux villes qui en dépendaient, Vic et Moyenvic, tandis qu'en 1630 le roi de France avait affirmé sa souveraineté en étendant aux Trois Évêchés les pouvoirs d'un intendant de justice. Il était d'autant plus facile, pour Richelieu, de trouver un prétexte d'intervention en Lorraine, que le duc Charles IV avait pris une attitude nettement hostile à Louis XIII. Quand, après la journée des Dupes et la fuite de Marie de Médicis à Bruxelles, Gaston d'Orléans, à son tour, avait quitté le royaume, c'est auprès du duc de Lorraine, à Nancy, qu'il s'était retiré, et le bruit n'avait pas tardé à courir que *le duc favorisait les fiançailles de Monsieur avec Marguerite de Lorraine*, sa sœur. Le roi de France ne pouvait guère permettre que des troupes impériales fussent installées définitivement à Vic et Moyenvic, non loin de Metz. En décembre 1631, une armée française vint mettre le siège devant Moyenvic et prit la ville. Charles IV dut alors accepter une convention qui devint le traité de Vic, signé le 6 janvier 1632. Il cédait au roi de France la place forte de Marsal, au nord-est de Nancy ; il accordait aux troupes françaises le libre passage à travers son duché, et il s'engageait à s'abstenir désormais de toutes *intelligences*, ligues, *associations* et *pratique* qu'il aurait ou pourrait avoir avec quelque prince ou État que ce pût être au préjudice du roi, de ses États et pays de son obéissance ou protection (*fainctes séditions*). »

MARIAGE SECRET DE GASTON D'ORLÉANS AVEC MARGUERITE DE LORRAINE (1632)

VII, 9

Dame à l'absence de son grand capitaine,
Sera priée d'amour du Viceroy :
Faincte promesse et malheureuse estreine,
Entre les mains du grand Prince Barroys.

La dame (Marie de Médicis), par l'absence de son grand capitaine (Gaston d'Orléans, lieutenant du royaume), sera invitée à partager l'amour manigancé par le vice-roi (Charles, duc de Lorraine) et connaître un sort malheureux à cause d'une promesse secrète ; cela ayant été manié par le grand prince lorrain (Charles IV).

Cf. le texte historique illustrant le quatrain précédent.

« Mais pour prendre sur le Rhin les précautions nécessaires, il fallait d'abord ouvrir aux troupes françaises la route de Champagne en Alsace à travers la Lorraine. La situation de la Lorraine, entre le royaume de France et l'Empire, était alors rendue très confuse, le terme de Lorraine n'étant qu'une expression géographique. À l'ouest, le pays de Bar-le-Duc, que l'on appelait le *Barrois* mouvant, était de la mouvance du roi de France, c'est-à-dire que le duc y était *vassal du roi* (*Viceroy*)… »

WALLENSTEIN ET LA GUERRE DE TRENTE ANS (1618-1634) SA TRAHISON, SON EXÉCUTION ET CELLE DE SES COMPLICES (1634)

IX, 90

Un capitaine de la grand Germanie,
Se viendra rendre par simulé secours :
Au Roy des Roys ayde de Pannonie,
Que sa révolte fera de sang grand cours.

Un chef d'armée de la grande Allemagne apportera faussement son concours à l'empereur-roi aidé de la Hongrie. Et sa révolte fera couler beaucoup de sang.

« Albert de Wallenstein entra au service de Ferdinand pendant la guerre du duc de Styrie contre Venise. En 1618, au début de la guerre de Bohême, à trente-cinq ans, il avait levé et commandait un régiment en Moravie (*un capitaine*). *Il prit le parti du roi*, lorsque la Moravie se déclara pour les rebelles. »

« Maximilien croit que Wallenstein est d'accord avec le roi d'Espagne pour donner à la maison de Habsbourg *la Monarchie universelle* (*Roy des Roys*). »

« Les *dissentiments* devenaient plus vifs encore entre Wallenstein et l'archiduc Ferdinand. »

« Richelieu redoublait d'activité diplomatique en Allemagne en se saisissant de toutes les occasions que la fortune pouvait lui offrir.

« L'une de ces occasions, ce fut la *trahison* (*simulé secours*) de Wallenstein. Les premières avances de Wallenstein aux ennemis de l'empereur parvinrent en France de très bonne heure. »

« Wallenstein convoque les principaux officiers de son armée, le 11 janvier 1634, à Pilsen, pour y tenir un conseil de guerre. L'empereur eut connaissance de la convocation et ne douta pas des desseins de Wallenstein : ce qui se préparait ne pouvait être qu'une tentative du *général en chef* (*capitaine*) pour former contre l'empereur une *conjuration* d'officiers et entraîner l'armée entière à suivre sa fortune. Le drame s'accomplit dans la soirée du 24 février. Il comprend deux actes distincts. Le premier est un banquet, auquel ont été conviés les complices les plus intimes de Wallenstein, Trcka, Kinsky et deux officiers supérieurs, Ilow et Niemann. Le banquet à peine terminé, les officiers qui se sont chargés de l'exécution introduisent dans la salle des dragons qui massacrent d'abord Kinsky et Ilow ; Trcka se défend et parvient à sortir de la salle : il est abattu dans la cour à coups de mousquets. Il en est de même de Niemann. La *tuerie* est achevée. Le second acte est plus sombre encore. Wallenstein, malade, est resté dans son lit. Il ne sait rien de ce qui s'est passé. Après une courte délibération les officiers décident de le tuer aussi, bien qu'il soit hors d'état de se défendre. Ainsi fut fait. »

CHARLES Ier D'ANGLETERRE CHASSÉ DU POUVOIR (1647) CROMWELL PROTECTEUR (1653)

X, 22

Pour ne vouloir consentir au divorce,
Qui puis après sera connu indigne :
Le Roy des Isles sera chassé par force,
Mis à son lieu qui de Roy n'aura signe.

À cause de son refus de divorcer, le roi des îles (Britanniques) sera déclaré indigne (de gouverner) et chassé du pouvoir par la force (exécution), un personnage qui n'aura pas le titre de roi sera mis à sa place.

« Charles Ier, dont la vie familiale est fort digne, manque de clairvoyance et passe pour être influencé par sa femme – ce prince avait épousé Henriette-Marie de France, fille de Henri IV et sœur de Louis XIII – et par ses favoris du moment. On s'explique ainsi l'opposition croissante à l'absolutisme royal. »

« Les presbytériens se soulevèrent et rédigèrent le fameux *Covenant*, acte par lequel ils s'engageaient à défendre leur religion jusqu'à la mort (1638). Charles, ne pouvant les réduire, se vit forcé de convoquer un nouveau Parlement (1640). Mais cette assemblée s'érigea *en juge de sa conduite* (*connu indigne*), condamna à mort Strafford, son principal ministre, et assembla contre lui une armée à la tête de laquelle elle mit Essex et Cromwell. Les troupes royales furent battues en plusieurs rencontres (*par force*). Charles Ier, qui s'était réfugié en Écosse, fut livré aux révoltés par les Écossais (1647). Traduit devant le Parlement, il fut condamné à mort comme tyran, et exécuté en 1649. »

« Olivier Cromwell fit condamner à mort le malheureux Charles Ier et proclamer la République. Quatre ans après il fut reconnu chef de l'État sous le nom de protecteur (*de Roy n'aura signe*). Depuis ce moment Cromwell régna en souverain absolu. »

GUILLAUME III CONTRE LA FRANCE (1672-1702)
GUERRE DE LA LIGUE D'AUGSBOURG (1688-1697)

IV, 99

L'aisné vaillant de la fille du Roy,
Repoussera si profond les Celtiques,
Qu'il mettra foudres, combien en tel arroy,
Peu et loing, puis profondes Hesperiques.

Fille du Roy : Guillaume III, né en 1650 à La Haye, était fils de Guillaume II de Nassau, prince d'Orange, et de Henriette-Marie Stuart, *fille de Charles Ier*, roi d'Angleterre. Moyen français *arroy* : ordre de bataille. *Hespérie* : nom donné d'abord par les Grecs à l'Italie, ensuite appliqué par eux à l'Hispanie, quand leurs connaissances en géographie s'étendirent plus à l'ouest.

Le courageux fils aîné (Guillaume III) de la fille du roi (Charles Ier) repoussera si loin les Français, en se mettant en ordre de bataille, par ses puissantes actions, peu nombreuses mais lointaines, puis profondément jusqu'en Espagne.

« Guillaume fut élu stathouder de Hollande en 1672, sous le nom de prince d'Orange, et commanda les troupes de la République, alors en guerre avec Louis XIV. Quoique souvent vaincu dans cette guerre, il fit partout face à l'ennemi, donna les preuves les plus éclatantes de *courage*, de prudence et d'habilité, et conclut avec la France, à Nimègue, une paix honorable qui assurait l'indépendance des Provinces-Unies (1678). »

« Les traités de Ryswick qui mettent fin à la guerre dite de la ligue d'Augsbourg sont signés les 20 septembre et 30 octobre 1697. Louis XIV reconnaît Guillaume III comme roi d'Angleterre, rend à *l'Espagne* la Catalogne et, dans les Pays-Bas, les places de Mons, Courtrai et Charleroy ; il rend au duc de Lorraine ses États occupés depuis le début du règne ; il rend à l'empereur Philippsbourg, Brisach, Fribourg, Trèves, il rend à la Suède la principauté des Deux-Ponts. Cette guerre de onze ans a fatigué le pays et mis le désordre dans les finances ; si elle laisse intacte le prestige de Louis XIV, elle augmente dangereusement la puissance britannique. La chambre des Communes a pu, en effet, remercier Guillaume III de l'honneur qu'il avait redonné à l'Angleterre de tenir la balance de l'Europe. »

« Le 16 septembre 1701, le roi Jacques II d'Angleterre est mort à Saint-Germain. Louis XIV reconnaît aussitôt pour son successeur le fils de Jacques, sous le nom de Jacques III. La conséquence immédiate est de fournir un prétexte à Guillaume III pour déclarer la guerre. En réalité, depuis le 7 septembre, Guillaume III a signé avec la Hollande et l'Empire *la grande alliance contre la France*. En 1703, la guerre va devenir générale. »

« Le 19 mars 1702, Guillaume d'Orange, roi d'Angleterre, *l'implacable ennemi de Louis XIV*, meurt des suites d'une chute de cheval. La grande alliance entre l'Angleterre, la Hollande et l'Empire n'est pas touchée par la perte de Guillaume III. Elle se trouva, dit Saint-Simon, si bien cimentée que l'esprit de Guillaume continua de l'animer. »

DUC D'ANJOU, ROI D'ESPAGNE (1700)
GUERRE DE SUCCESSION D'ESPAGNE (1704-1713)

V, 49

Nul de l'Espagne, mais de l'antique France,
Ne sera esleu pour le tremblant nacelle :
A l'ennemy sera faicte fiance,
Qui dans son regne sera peste cruelle.

Moyen français *navicelle* : petit bateau ; au figuré, barque métaphorique sur laquelle on est censé traverser les vicissitudes de la vie, comparée à une mer ; belle image pour désigner l'Espagne, entourée de mer depuis Irún jusqu'à Barcelone, en passant par Gibraltar.

Un roi de l'antique France, et non d'Espagne, sera choisi pour un pouvoir chancelant. On fera confiance à l'ennemi (la France) de la veille. Et sous son règne, il y aura une cruelle calamité.

« Charles II et l'agonie de l'Espagne : comme s'il voulait symboliser par sa personne une Espagne moribonde, Charles II *était* maladif, triste,

C'est cette Espagne *diminuée* qui doit faire face à une France parvenue au faîte de sa puissance. Fatigué, écœuré, le roi Charles II lègue sa couronne au prétendant qui, étant le plus fort, possède plus de chances de garder uni le gigantesque héritage. Il désigne Philippe d'Anjou, petit-fils de Louis XIV (roi de France). »

« Guerre de Succession d'Espagne : la guerre devait durer treize ans. Ce fut la plus longue et la plus terrible du règne de Louis XIV. Elle eut pour théâtre à la fois l'Espagne, l'Italie, l'Allemagne, les Pays-Bas, l'Est et le Sud de la France. La paix d'Utrecht fut signée en 1713. Philippe V gardait l'Espagne et ses colonies ; il renonçait solennellement à tous ses droits à la couronne de France. La guerre de Succession d'Espagne avait été stérile et ruineuse (*peste cruelle*), non seulement la France n'avait aucun profit de cette entreprise, mais elle avait perdu sa prépondérance en Europe, elle était épuisée de sang et d'argent. »

LE ROI DE PERSE PRIS PAR LES OTTOMANS (1727)

III, 27

Le tiers climat sous Aries comprins,
L'an mil sept cent vingt & sept en octobre,
Le roi de Perse par ceux d'Egypte prins,
Conflit, mort perte : à la croix grand opprobre.

Moyen français *tiers* : troisième. *Climat* : territoire, pays. *Comprendre* : envahir, s'emparer de. *Arie* ou *Aria* : ancienne province de l'Empire perse. En 1517, l'*Égypte* devient une province de l'Empire ottoman.

Le troisième souverain de Perse (Achmet III) verra son pays envahi. En 1727, le roi de Perse sera pris par les Ottomans. Ce conflit entraînera mort et pertes, et infamie pour les chrétiens.

« Les Turcs étendaient et consolidaient leurs *conquêtes* en Perse ; ce malheureux pays était désolé à la fois par *l'invasion* étrangère et par la guerre civile. Echref fit étrangler son cousin Mir Mahmoud et s'empara du pouvoir. Son rival, Schah-Thamas, offrit à la Porte la souveraineté des provinces qu'elle avait occupées. Les Turcs traitèrent avec lui ; mais

Echref, vainqueur, demanda la paix, accéda aux conditions proposées par son compétiteur et fut reconnu comme légitime souverain de l'Iran. Il fut bientôt renversé par Nadir, lieutenant de Thamas, et celui-ci étant rentré dans Ispahan, Nadir envahit les frontières ottomanes. Ibrahim Pacha voulait la paix, il tenta de négocier, et ne partit qu'à regret pour repousser les Persans. Ses tergiversations irritèrent les Turcs. Les janissaires, soulevés par un certain Patrona Khalil, demandèrent qu'on leur livrât, dans les vingt-quatre heures, le grand vizir, le mufti et le kapoudan-pacha. Le sultan ne put soustraire son favori à la fureur des soldats et du peuple, Ibrahim fut mis à mort ; mais cet odieux sacrifice ne sauva point *Achmet III.* Les révoltés crièrent : "Vive Mahmoud !" et le sultan Achmet, sans essayer une résistance inutile, reconnut lui-même pour padischah son neveu Mahmoud Ier (1730). »

« C'est en 1722 que l'armée russe lança une offensive contre les Perses ; elle avança le long de la Caspienne, mais fut arrêtée devant Chamakhi. Pendant ce temps, les Arméniens et les Géorgiens attaquaient les Turcs.

« Mais Pierre le Grand avait de grands soucis en Europe ; ses adversaires étaient, d'autre part, plus forts militairement qu'il ne l'avait cru. Il signa un traité avec la Perse et renonça à la libération de l'Arménie. »

« Les *melik* – mot arabe qui signifie "roi, souverain" ; à l'époque des califes, il désignait un prince vassal du califat abasside – du Karabagh avaient profité de ces circonstances pour reconquérir une indépendance qui fut complète de 1722 à 1730. Puis les Turcs les attaquèrent en force. Alors la résistance s'organisa sous la conduite d'un grand héros national arménien, David Beg. »

« Avec ses cinq mille hommes, David Beg mena une lutte héroïque. Il battit plusieurs fois les Turcs, mais finalement succomba sous le nombre, le Karabagh fut occupé. Une guerre entre la Perse et la Turquie sauva cette vaillante province. L'ayant reconquise, les Perses, après quelques années, lui rendirent son ancien statut d'autonomie. »

« Les Arméniens étaient toujours soumis à l'oppression de leurs voisins asiatiques, mais un grand espoir leur fut rendu à la fin du XVe siècle, lorsque les Russes apparurent aux crêtes du Caucase. Ainsi, le contact avec les chrétiens d'Europe, qui avait été complètement perdu depuis la prise de Constantinople, se trouvait rétabli. Ainsi, pensaient les Arméniens, paraissait une aube nouvelle après la longue nuit de l'isolement et de la souffrance. Ils se trompaient. »

SUCCESSION DES FARNÈSE EN ITALIE (1732-1733) DON CARLOS, FILS DE PHILIPPE V

VIII, 67

Par car. Nersaf, à ruine grande discorde,
Ne l'un ne l'autre n'aura election :
Nersaf du peuple aura amour et concorde,
Ferrare Collonne grande protection.

Par et *car* : Parme et Carlos, par apocope. *Nersaf*, anagramme de Farnès(e) ; la plupart des exégètes ont fait de ce mot l'anagramme de France.

Il y aura une grande discorde ruineuse entre le duc de Parme, d'une part, et don Carlos et Élisabeth Farnèse, d'autre part. Ni l'un (le duc de Parme) ni l'autre (Élisabeth Farnèse) ne seront élus. Don Carlos (héritier des Farnèse) aura amour et concorde et sera protégé dans les États de l'Église.

« La succession d'Espagne en Italie était à peine définitivement réglée, que celle du duché de Parme et Plaisance excita les convoitises et les intrigues. François Farnèse, *duc de Parme*, n'avait pour héritier qu'un frère, Antoine, âgé de quarante-cinq ans, monstrueusement obèse, qui ne promettait ni longue vie ni prospérité, et une fille Élisabeth, mariée au roi d'Espagne Philippe V. Le duché devait revenir à Élisabeth, cela ne faisait nul doute, et l'empereur d'Allemagne était prêt à reconnaître les droits de *don Carlos*, un de ses fils. La vieille rivalité de la maison de Habsbourg et de la maison de Bourbon renaissait en Italie sous une forme nouvelle.

« L'empereur donna ordre au gouverneur de Milan d'entrer dans le duché de Parme et Plaisance pour assurer ses droits de suzerain. Le roi d'Espagne de son côté envoya six mille hommes de troupes, avec son fils don Carlos, dans la Toscane. Au commencement de l'année 1733, au nord, Villars et Charles-Emmanuel Ier, roi de Sardaigne, envahirent le Milanais et s'en emparèrent promptement. Au midi, don Carlos, après avoir chassé le duc de Modène de ses domaines, se jeta, à travers les États de l'Église, sur le royaume de Naples. Le vice-roi impérial, Jules de Visconti, laissé sans secours, ne put résister. *La marche de don Carlos ne fut qu'un triomphe.* Les Napolitains, heureux d'avoir au moins un roi à eux, coururent avec enthousiasme au-devant de don Carlos, lui ouvrirent leurs villes les unes après les autres et le proclamèrent solennellement roi des Deux-Siciles, le 10 mai. Capoue et Gaète, où le vice-roi voulait se défendre, capitulèrent elles-mêmes assez promptement. De Naples, l'année suivante, don Carlos, à la tête d'une flotte considérable, fit voile vers Palerme, et y fut couronné avec *la même facilité et la même allégresse.* »

ATTENTAT DE DAMIENS (5 janvier 1757)
NAISSANCE DU FUTUR CHARLES X (1757)

IV, 93

Un serpent veu proche du lit Royal,
Sera par dame nuict chiens n'aboyeront :
Lors naistre en France un prince tant Royal,
Du ciel venu tous les princes verront.

Serpent, au figuré : personne perfide et méchante. *Dame*, raccourci de Damiens. *Chien*, au figuré : personne méchante (les comploteurs).

On verra un personnage méchant près de la chambre du roi ; (le roi) sera (frappé) de nuit pendant que les comploteurs se tairont. C'est à ce moment (1757) que naîtra un prince royal (le futur Charles X), que les princes verront comme un envoyé du ciel.

« En janvier 1757, Louis XV est à Versailles. Il vient de décider de s'installer à Trianon, plus intime que le château. Ce 5 janvier, il fait nuit noire à 17 h 30. Le carrosse du roi se dirige vers Trianon. Dans cette obscurité à peine atténuée par les candélabres des laquais, un homme surgit et frappe le roi d'un coup de couteau ; il se nomme Robert-François Damiens. Si l'histoire n'a jamais vraiment éclairci le mystère de cet attentat, il y a suffisamment d'indices et de preuves pour conclure à un *complot* (*chiens*). »

« Lorsque, en 1824, le comte d'Artois devient roi de France sous le nom de Charles X, il se fait sacrer à Reims en grande pompe alors que son frère Louis XVIII n'a pas été sacré. Tous les grands du royaume voient en ce nouveau monarque un envoyé du ciel qui va ressusciter la monarchie de droit divin. C'est cet état d'esprit qui conduira à la chute de Charles X, par la révolution de juillet 1830. »

CHAPITRE II

De la Révolution à Bonaparte

LA FRANCE À LA VEILLE DE LA RÉVOLUTION (1789)
EXÉCUTION DE LOUIS XVI ET MARIE-ANTOINETTE (1793)

X, 43

Le trop bon temps, trop de bonté royale
Faicts et déffaicts prompt, subit, négligence,
Léger croira faux d'espouse loyale.
Luy mis à mort par sa bénévolence.

Bénévolence, du latin *benevolentia* : bonne volonté, bon vouloir.

L'époque étant trop bonne, et le roi trop bon également, seront anéantis promptement et subitement par négligence. On croira à tort à la légèreté de l'épouse du roi qui sera mis à mort à cause de sa bonne volonté.

« La France à la fin du XVIIIe siècle est l'État européen le plus étendu (cinq cent mille kilomètres carrés) et *l'un des plus riches* et des plus évolués. Un malaise général pèse cependant sur le pays » (*le trop bon temps*).

« La misère peut susciter des émeutes. Elle ne cause point de révolutions. Celles-ci ont des causes plus profondes et, en 1789, les Français n'étaient pas malheureux. Les documents les plus sûrs nous prouvent, au contraire, que la richesse s'était *considérablement accrue* depuis un demi-siècle et que l'état matériel de toutes les classes de la société, sauf celui de la noblesse rurale, s'était sensiblement amélioré. »

« Aussi, depuis des siècles, les rois ont-ils pris l'habitude d'emprunter ; mais une partie des recettes fiscales est engloutie par les intérêts à verser. » (*négligence*).

« La reine Marie-Antoinette s'est rendue impopulaire par sa *futilité.* » (*léger croira faux d'espouse loyale*).

« Louis XVI, *plein de bonne volonté* (*par sa bénévolence*), a même appelé des ministres capables de faire des réformes : Turgot puis Necker. »

LA RÉVOLUTION ET NAPOLÉON
LE SERMENT DU JEU DE PAUME (20 juin 1789)
L'ASSEMBLÉE NATIONALE (17 juin 1789)
LA FAMILLE ROYALE EMPRISONNÉE (10 août 1792)

I, 65

Enfans sans mains jamais veu si grand foudre,
L'enfant Royal au jeu d'œsteuf blessé,
Au puy brises fulgures allant mouldre,
Trois sous les chaînes par le milieu troussés.

Au mot *foudre* au masculin, on trouve dans le *Dictionnaire Larousse* l'exemple suivant : « Napoléon était un foudre de guerre » ; Nostradamus utilise pour Napoléon un qualificatif que l'histoire retiendra quatre siècles plus tard. Moyen français *esteuf* : petite balle pour jouer à la paume. *Blesser* : atteindre. C'est sur les *puys* que se tenaient certaines assemblées. Latin *fulgur* : foudre. *Trousser* : enlever.

On n'aura jamais vu un enfant, sans puissance paternelle, devenir un si grand foudre de guerre, lorsque l'enfant royal (Louis XVII) aura été atteint par le serment du Jeu de paume, (le roi) pour avoir voulu supprimer l'Assemblée déclenchera les foudres (du peuple) en allant (jouer) au boulanger ; trois ans plus tard il sera enlevé du milieu (le pouvoir) et emprisonné.

« Napoléon avait dix ans. Il ne suffisait pas d'être bon élève pour obtenir une bourse, les parents devaient prouver qu'ils n'avaient pas de ressources suffisantes. La pauvreté fut attestée par Marbœuf, qui déclara que les Buonaparte, avec trois enfants, étaient sans fortune. »

« Le 17 juin 1789, les députés prirent la dénomination d'*Assemblée nationale*. Ce changement de nom était d'une importance majeure. »

« Le 23 juin, le roi porta aux états généraux sa déclaration. Le monarque commence par casser et annuler, comme illégale et inconstitutionnelle, la délibération du 17, celle qui faisait prendre aux états généraux le nom d'Assemblée nationale. »

« Les femmes qui précédaient la voiture du roi, entrant dans Paris, montraient à la multitude les *farines* d'une main, le monarque et sa famille de l'autre : "Courage, nos amis, s'écriaient-elles, nous ne manquerons plus de pain, nous vous amenons le boulanger, la boulangère et le petit mitron (*allant mouldre*)." »

Du 17 juin 1789 au 10 août 1792, date de l'incarcération de la famille royale au Temple, se sont écoulés *trois* ans.

GUERRE ENTRE LA FRANCE L'ALLEMAGNE ET L'ESPAGNE (1795) CHUTE DU SYSTÈME RÉPUBLICAIN

II, 39

Un an devant le conflict Italique,
Germains, Gaulois, Espagnols pour le fort,
Cherra l'escolle maison de république,
Où hors mis peu, seront suffoquez mors.

Un an avant la campagne d'Italie, les Allemands, les Français et les Espagnols auront des épreuves de force, puis l'enseignement républicain s'effondrera, hormis quelques-uns suffoqués.

« Traités de Bâle et de La Haye : les victoires françaises et les affaires de Pologne amenèrent en 1795 une première dislocation de la coalition. *Le roi de Prusse*, soucieux de ne pas laisser la Russie et l'Autriche procéder seules à un troisième partage de la Pologne, *le roi d'Espagne*, menacé *d'une invasion française*, signèrent la paix de Bâle (avril 1795). La Prusse reconnaissait l'occupation des territoires de la rive gauche du Rhin, Belgique et terres d'Empire, par les armées françaises. Le roi d'Espagne céda la partie espagnole de Saint-Domingue aux Antilles. »

« La campagne d'Italie dura un an, d'avril 1796 à avril 1797. » Entre la paix de Bâle (avril 1795) et le début de la campagne, il y a bien *un an* (*devant le conflict Italique*).

« Les conspirations : la dictature de Bonaparte avait fait des mécontents, soit parmi les généraux républicains, soit parmi les royalistes déçus dans leurs espérances. Plusieurs complots furent tramés contre l'usurpateur. En août 1803, un ancien chef des chouans, Georges Cadoudal, devait, à la tête d'une bande de gens déterminés, attaquer et tuer le Premier consul au milieu de son escorte. Le complot fut découvert en janvier 1804. Le duc d'Enghien, que Bonaparte soupçonnait d'avoir trempé dans le complot, fut conduit à Vincennes, jugé par un conseil de guerre, condamné et fusillé ; peu après Cadoudal était guillotiné. Pichegru s'était étranglé (*suffoquez*) dans sa maison. Moreau fut banni. »

« Le complot de Cadoudal hâta la transformation du Consulat en monarchie héréditaire. Le 18 mai 1804 un sénatus-consulte établit que *le gouvernement de la République* était confié à l'empereur Napoléon. »

LA LITTÉRATURE DU XVIIIe SIÈCLE PRÉPARE LA RÉVOLUTION LA RÉVOLUTION, CAUSE DES GRANDES GUERRES DES XIXe ET XXe SIÈCLES

I, 62

La grande perte, las que feront les lettres,
Avant le cicle de Latona parfait,
Feu grand déluge plus par ignares sceptres
Que de long siècle ne se verra refait.

Latona : mère d'Apollon ; allusion à la Ire République qui va enfanter Napoléon, le nouvel Apollon (*cf.* I, 76).

La littérature fera de grands ravages avant que la République ait accompli son cycle, puis des pouvoirs incompétents seront cause de grandes guerres qui se perpétueront durant de longs siècles (XIXe et XXe).

« Les philosophes et les économistes eurent une influence énorme, non pas sans doute sur le peuple, trop ignorant et généralement illettré, mais sur les classes instruites, en particulier sur la bourgeoisie. Pour répandre les idées nouvelles, comme il n'y avait pas encore de grands journaux politiques, ils se servirent du théâtre, des livres et des brochures anonymes dont le succès était d'autant plus grand que le Parlement les poursuivait ou la police les saisissait. À la même époque, la publication de l'*Encyclopédie* servait puissamment la propagande des philosophes et des économistes. La publication était achevée en 1772 : elle comprenait vingt-huit volumes. C'était une lourde mais puissante machine de guerre, destinée à *saper par la base* (*grande perte*) tout l'Ancien Régime, et à répandre, avec l'irréligion, toutes les idées maîtresses de la philosophie nouvelle. De France, les idées nouvelles se répandirent dans l'Europe entière. »

« La guerre contre l'Europe : dès 1792, la victoire avait soulevé quantité de problèmes. Allait-on négocier ou *poursuivre la guerre* ? Révolutionner les territoires conquis ou y respecter l'ancien ordre des choses ? En faire des États protégés ou les annexer ? Le pacifisme de 1789, le cosmopolitisme girondin, les plans de révolution universelle, le vieux rêve des frontières naturelles, la crainte de s'engager dans *une guerre sans fin*, tout est agité à la fois. La solution radicale ne tarde pas à l'emporter. Humanitaire dans son principe, la Révolution était devenue très vite belliqueuse... la Révolution s'enlisera dans *la guerre* continentale ; *son héritier* (de *Latona*), l'empereur Napoléon, finira par y succomber et *la France paiera les frais de la lutte.* »

ASSIGNATS ET BANQUEROUTE DE L'ÉTAT (1789-1796) POURSUITES ET EXÉCUTIONS DES HOMMES DE LETTRES LES ÉMIGRÉS

VI, 8

Ceux qui estoient en regne pour scavoir,
Au Royal change deviendront appovris
Uns exilez sans appuy, or n'avoir,
Lettrez et lettres ne seront a grand pris.

Royal change : désigne les lettres de change, nom que l'on donnait autrefois au papier-monnaie, aux *valeurs de crédit* émises par l'État, avec faculté, pour le détenteur, d'en réclamer à volonté le remboursement.

Ceux qui étaient au pouvoir à cause de leur savoir (les nobles) seront appauvris par les assignats. Certains seront exilés sans soutien et sans fortune. Les littérateurs et leurs lettres seront peu considérés.

« Les assignats : papier-monnaie dont la valeur était assignée sur les biens dits "nationaux" (*Royal change*)... Le rôle de l'assignat apparaît à l'aurore même de la Révolution de 1789... Les émissions se succédèrent sans retenue et sans limite. La dépréciation allait apparaître rapide, presque foudroyante. Un instant on put arrêter la baisse par la conversion de cinq cent cinquante-huit millions de papier en billets au porteur, par la suppression de la Caisse d'escompte et de remboursement des actions en assignats, et enfin par l'emprunt forcé d'un milliard *sur les riches*, décrété par la Convention... »

« Les lois des 29 messidor, 5 thermidor an IV et 16 pluviose an V abolirent le cours légal entre particuliers des assignats et des mandats territoriaux. L'État (*ceux qui estoient en regne*), après avoir fait lui-même banqueroute (*appovris*), organisait une sorte de faillite concordataire entre particuliers. L'expérience du papier-monnaie (*Royal change*) était terminée. Comme combinaison financière, elle avait été déplorable, causant la ruine de milliers de familles. »

« L'histoire de l'émigration française commence au lendemain du 14 juillet 1789 et ne se ferme qu'en 1825, avec la loi du milliard des émigrés. La semaine qui suit la prise de la Bastille est marquée par un premier exode de princes de sang (comte d'Artois, ducs d'Angoulême et de Berry, prince de Broglie, Vaudreuil, Lambesc-Conti : *ceux qui estoient en regne*).. Plus tard, la Convention décréta contre les émigrés le bannissement perpétuel (23 octobre 1792). »

« Mme Roland, le grand chimiste Lavoisier, Malesherbes, mille autres têtes tombèrent.

« André Chénier, révolté par les excès de la Révolution, osa les blâmer hautement dans des *lettres* qu'il fit insérer au *Journal de Paris*. Traduit pour ce fait devant le Tribunal révolutionnaire, il fut condamné à mort en 1794. »

PRISE ET DESTRUCTION DE LA BASTILLE (14 juillet 1789)
LA GUERRE (20 avril 1792)

II, 57

Avant conflit le grand mur tombera,
Le Grand à mort, mort trop subite et plainte,

Nef imparfait la plus part nagera,
Auprès du fleuve de sang la terre teinte.

Imparfait : qui n'est pas achevé. *Nager*, locutions diverses : nager dans le sang, être couvert de sang.

Avant la guerre le grand mur tombera, le roi sera exécuté, sa mort sera trop subite et plainte, avant qu'il ait achevé son règne. La plupart (des gardes) nageront dans le sang ; près de la Seine le sol sera taché de sang.

De nombreux « nostradamisants » ont attribué, à tort, ce quatrain à la chute du mur de Berlin. Cette attribution est impossible pour deux raisons précises : d'une part, Berlin n'est pas traversé par un fleuve mais par la rivière Spree qui se jette dans la Havel, affluent de l'Elbe ; d'autre part, la chute du mur de la honte fut une grande fête populaire et non un bain de sang !

« Marat écrit dans *L'Ami du Peuple* du 14 avril 1791 : "Lorsqu'un concours inouï de circonstances eut fait *tomber les murs* (*grand mur tombera*) mal défendus de la Bastille, les Parisiens se présentèrent devant la forteresse, la curiosité seule les y amena." »

« De Launay, gouverneur de la Bastille, et toute la garnison, à l'exception du lieutenant du roi du Puget, furent *massacrés* par la foule, ainsi que les invalides Ferrand et Bécarel. »

« Depuis juin 1791, on parle de la *guerre*. À l'étranger l'esprit belliqueux progresse également. Il faut l'avènement du fils de l'empereur Léopold, le bouillant François II, pour que la *guerre* éclate. À sa sommation de rendre Avignon au pape, le roi, d'accord pour une fois avec ses ministres et la majorité de la Législative, répond par *une déclaration de guerre* (20 avril 1792). »

« L'exécution de Louis XVI soulève l'indignation des royalistes et la réprobation horrifiée des rois étrangers (*mort trop subite et plainte*) qui songent à s'unir contre la France républicaine et belliqueuse qui vient de déclarer la guerre à l'Angleterre (1er février 1793). »

1792 : FIN DE LA MONARCHIE

Lettre à Henry, roi de France second

... Et durera ceste cy jusqu'à l'an mil sept cens nonante deux que l'on cuidra estre une rénovation de siècle...

... Et durera celle-ci (la monarchie) jusqu'à l'an 1792 que l'on croira être une rénovation de siècle...

Si Nostradamus omet de préciser qu'il s'agit de la monarchie, c'est sûrement parce que, s'il l'avait exprimé clairement sous le règne d'Henri II, il aurait eu de graves ennuis !

1792 a été indiqué par Nostradamus et non 1789. La fin de l'Ancien Régime se situe en réalité au 22 septembre 1792, date à laquelle commence l'an I de la République.

Nostradamus porte un jugement qui pourrait surprendre quand il dit que l'on croira connaître une *rénovation de siècle.* En réalité, survolant le temps et l'espace, il sait que la monarchie en 1792, depuis le sacre de Clovis à Reims en 496, aura duré treize siècles, mais il sait aussi que pas une seule des cinq Républiques n'atteindra un siècle :

- Ire République, du 21 septembre 1792 au 15 décembre 1799 : sept ans et trois mois.
- IIe République, de février 1848 au 2 décembre 1851 : trois ans et sept mois.
- IIIe République, du 4 septembre 1870 au 22 juin 1940 : soixante-neuf ans et neuf mois.
- IVe République, d'octobre 1946 à septembre 1958 : onze ans et onze mois.
- Ve République, de septembre 1958 à...

D'où l'expression *rénovation de siècle.*

II, 2

La teste bleue fera la teste blanche,
Autant, de mal que France a faict leur bien,

Mort à l'Anthene, grand pendu sus la branche,
Quand pris des siens le roi dira combien.

Bleus : nom que les Vendéens donnaient aux soldats de la *République* à cause de la couleur de leur uniforme. Le *blanc*, sous l'Ancien Régime, fut presque constamment la couleur nationale et royale en France (*cf.* X, 20 : *pierre blanche*). *Anthene*, du grec *anthos* : fleur ; noter la majuscule.

Le pouvoir républicain fera au pouvoir monarchique autant de mal que ce dernier a fait (de bien) à la France. Mort à la fleur de Lis, le roi éprouvera une grande hésitation quand il pourra dire combien des siens ont été arrêtés.

« Si Napoléon ne sauva pas la République, il sauva de la Révolution tout ce qui pouvait en être sauvé : la mystique, le personnel, la politique étrangère, le cosmopolitisme, l'organisation sociale. Jusqu'alors la France ne concevait le retour à l'ordre que dans la forme d'une *restauration monarchique*. En dix ans, la Révolution avait trompé tous les calculs et déçu tous les espoirs. On en attendait un gouvernement réglé et stable, de bonnes finances, des lois sages, la paix au-dehors et la tranquillité au-dedans. On avait eu l'anarchie, la guerre, la terreur, la faillite, la famine et deux ou trois banqueroutes... Les doctrinaires de 1789 avaient voulu régénérer l'humanité et reconstruire le monde. Pour échapper aux Bourbons, les doctrinaires de 1789 en étaient réduits à se donner à un sabre. »

« Louis XVI et Marie-Antoinette avaient d'abord montré des sentiments énergiques. Ils finirent par être gagnés par la panique... Au dernier moment le roi eut *encore une hésitation...* »

« En dix jours tout est prêt : les listes de *proscriptions* imprimées, les égorgeurs choisis et embrigadés... On tue aux Carmes, à l'Abbaye, à la Farce, à la Salpêtrière, au Châtelet, à Bicêtre... En quatre jours il y eut plus de onze cents assassinats. Parmi les morts se trouvent *l'ancien ministre* Montmorin, l'archevêque d'Arles, les évêques de Saintes et de Beauvais, les *Suisses* échappés à l'affaire du 10 août. »

« La Commune insurrectionnelle impose l'internement de la famille royale à la prison du Temple et *l'arrestation de nombreux suspects.* »

LES SEPT ANS DE LA Ire RÉPUBLIQUE (21 septembre 1792-15 décembre 1799)

VI, 63

La Dame seule au règne demeurée,
L'unic éteint premier au lict d'honneur,
Sept ans sera de douleur explorée,
Plus longue vie au règne par grand heur.

La Dame seule : Marianne, la femme sans époux, symbole de la République française. Latin *regnum* : règne, pouvoir. *Unic* : le roi est unique dans l'exercice du pouvoir monarchique.

La République étant arrivée au pouvoir, le roi mort premier au rang des honneurs, sera connue dans la douleur pendant sept ans mais n'en aura plus pour longtemps à vivre par bonheur.

« La Convention se réunit le 20 septembre 1792, elle abolit la royauté. Le lendemain elle décrète que les actes officiels seront désormais datés de l'*an I* de la République. »

« Le gouvernement par le recours à la contrainte sous menace de graves peines, la peine de mort étant la plus couramment appliquée, porte le nom de Terreur. La loi sur les suspects du 17 septembre 1793 abat toutes les formes possibles d'opposition… À Paris, le Tribunal révolutionnaire expédie à l'échafaud les accusés, après un *jugement sommaire* (Marie-Antoinette, les girondins, etc.). Robespierre obtient la condamnation des hébertistes en mars, puis des dantonistes en avril 1794. »

« Après cette sorte d'apothéose, Robespierre prend une des mesures les plus impitoyables : la loi de Prairial (10 juin 1794), qui ne laisse pratiquement aucune chance à un accusé d'échapper à la guillotine. Pendant cette Grande Terreur, plus de mille exécutions eurent lieu à Paris en quarante-cinq jours. »

« Le 20 mai 1795 *une émeute de la misère* soulève les Parisiens au cri de "Du pain et la Constitution de 1793 !" Les thermidoriens font marcher la troupe contre les insurgés… Des bagarres de rues les royalistes en viennent aux massacres organisés dans les régions. La Terreur blanche fait de nombreuses victimes dans le Sud-Est... Les chouans favorisent un débarquement anglais à Quiberon, rapidement cerné et anéanti par les troupes du général Hoche... Les royalistes tentent de provoquer une insurrection à Paris, le 5 octobre 1795. Les conventionnels confient leur défense à un jeune général, Bonaparte, qui mitraille les insurgés. »

« Sur les marches de l'Église Saint-Roch... Le Directoire retrouve les mêmes adversaires, les royalistes et les jacobins. Aussi pratique-t-il la politique de bascule, frappant tantôt à droite (exécution au printemps 1796 des chefs chouans Stofflet et Charette), tantôt à gauche (écrasement de la Conspiration des égaux animée par Gracchus Babeuf). »

« De 1792 à 1799 la France connaît une période de troubles et de massacres tels qu'elle n'en avait jamais connu, même aux jours les plus sombres de l'Inquisition (*sept ans sera de douleur explorée*). »

« Les gens d'affaires, les bourgeois rassurés et contents sont favorables à Bonaparte qui apaise les esprits. Il autorise les émigrés à rentrer en France et s'en attache un grand nombre en leur donnant des places dans l'administration. Il offre aux chouans une amnistie. »

« La Constitution de l'*an VIII* (15 décembre 1799) attribue le pouvoir exécutif à trois consuls, élus pour dix ans ; mais le Premier consul, Bonaparte, a seul le pouvoir de décision ; de plus Bonaparte a l'initiative des lois. La Ire République aura donc vécu sept ans et un peu plus de deux mois (*plus longue vie au règne par grand heur*). »

LES TUILERIES (20 juin et 10 août 1792)

IX, 34

Le part soluz Mary sera mittré,
Retour conflict passera sur le thuille :
Par Cinq cens un trahyr sera tiltré,
Narbon et Saulce par contaux avons d'huille.

Le part : parti, détermination, résolution. « Sous la Révolution le veto suspensif fut déféré à Louis XVI. » Latin *solus* : seul, solitaire. *Mittré* : « Chez les auteurs grecs et latins le terme de *mitre* désigne une coiffure portée par les hommes et les femmes de l'Inde et de la *Phrygie*. » *Tuilerie* : lieu où l'on fait de la tuile ; verbe pris comme substantif (*cf.* le boire, le manger). *Titrer*, au figuré : combiner, machiner. *Contaux* : qui appartient aux comtes ou à un comte. *Huile*, sens populaire de « force ».

Ayant pris parti seul, le roi sera coiffé du bonnet phrygien, après son retour (de Varennes) le conflit arrivera jusqu'aux Tuileries, une trahison sera combinée par cinq cents personnes. Pas de force à cause du comte de Narbonne et de Sauce.

« La population parisienne, alertée par les clubs, s'insurge contre le mauvais vouloir du roi ; le 20 juin, une foule de manifestants armés envahit les *Tuileries*, cerne le roi dans une embrasure de fenêtre et réclame *le retrait du veto* ; le roi coiffe le *bonnet rouge*, mais *ne cède pas*... Le 10 août fédérés marseillais et peuple des faubourgs envahissent les Tuileries, massacrent les gardes suisses... »

« *Narbonne* en 1791, promu maréchal de camp après son retour à Paris, il prit le 6 décembre le portefeuille de la Guerre. Mais bientôt suspecté par le parti avancé et par le parti de la cour, il résigna ses fonctions le 10 mars 1792 et se rendit à l'armée du Nord. Rentré à Paris trois jours avant le 10 août, *il essaya de sauver la monarchie.* »

« Enfin, le 30 juin, les Marseillais arrivèrent. Ils étaient *cinq cents*... »

« Quand la berline se présenta, elle fut subitement entourée de gardes nationaux en armes que commandait le procureur de la commune *Sauce*... De plus en plus embarrassé, Sauce a le temps de lancer un exprès sur Paris... Vingt heures après leurs fondés de pouvoir remettaient à Louis XVI dans la chambre à coucher de Sauce le décret de prise de corps et Louis XVI s'écriait : "Il n'y a plus de roi en France." »

1792 : RÉVOLTES EN PROVINCE
LA FAMILLE ROYALE AU TEMPLE
LA BASTILLE

Sixain 9

Deux estendars du costé de l'Auvergne.
Senestre pris, pour un temps prison regne,

Et une Dame enfans voudra mener,
Au Censuart mais descouvert l'affaire,
Danger de mort murmure sur la terre,
Germain, Bastille frère et sœur prisonnier.

Lever l'*étendard* de la révolte : se révolter. Latin *senester* : gauche. *Au*, pour la préposition latine *a* ou *ab* : par. *Censuart*, anagramme de Sauce ; les lettres *n*, *r*, et *t* ont été ajoutées par épenthèse et paragoge. *Murmure* : action de se plaindre ; plainte de personnes mécontentes (les murmures du peuple). *Germain* : issu du même père et de la même mère (frères germains, sœurs germaines). *Bastille* : château flanqué de tourelles ; par extension, prison quelconque.

Lorsqu'il y aura des révoltes du côté de l'Auvergne, la gauche ayant pris le pouvoir, les emprisonnements régneront pendant un certain temps et la reine voudra emmener ses enfants, mais l'affaire sera découverte par Sauce ; le mécontentement populaire constituera un danger de mort ; après la Bastille, le frère et la sœur de mêmes parents seront emprisonnés.

« En février 1792, il ne se passe pas de jour qui n'apporte la nouvelle de quelque insurrection alarmante... Pillages, massacres dans l'Yonne et la Nièvre où les assaillants sont cette fois les *Morvandiaux*. En mars et en avril 1792, le Cantal est la proie d'une jacquerie qui jette l'épouvante dans une vingtaine de communes : châteaux incendiés, propriétaires soumis à des réquisitions forcées, autorités inertes ou complices. »

« En fait, au milieu de l'agitation qui suivit le 10 août, les pouvoirs réguliers, Assemblée et Conseil exécutif, durent sans cesse composer avec le pouvoir insurrectionnel, *la Commune de Paris* (*senestre*). Appuyée sur les clubs et les sections populaires, celle-ci exerça une véritable dictature. Malgré l'Assemblée qui avait décrété l'internement de Louis XVI et de la famille royale au palais du Luxembourg, elle les fit enfermer dans la tour du Temple. Bientôt des milliers de suspects furent emprisonnés. »

En ce qui concerne la fuite à Varennes et le rôle de Sauce, se reporter à IX, 34.

BATAILLE DE VALMY (20 septembre 1792) LE TRIUMVIRAT (1790). ROBESPIERRE ET MIRABEAU MIRABEAU AU PANTHÉON

IX, 58

Au costé gauche à l'endroit de Vitri,
Seront guettez les trois rouges de France :
Tous assoumez rouge, noir non meurdry,
Par les Bretons remis en asseurance.

Costé gauche, sens politique : dans une assemblée délibérante, série de bancs placés à la droite ou à la gauche du président ; membres qui occupent ces bancs. *Rouge*, du latin *rubeus*, racine que l'on trouve dans Robespierre : se dit des républicains très avancés ; Robespierre signifie donc « pierre rouge », raison pour laquelle Nostradamus appelle Louis XVI *la pierre blanche* dans IX, 20. *Noirs* : nom donné aux députés de l'Assemblée constituante qui siégeaient à la droite de la salle ; le qualificatif de *noirs* fut donné aux aristocrates tant par analogie que parce que beaucoup d'entre eux portaient le costume ecclésiastique. *Meurdry*, de *meurtrir* : tuer, faire périr par un meurtre.

À cause de la gauche (on se battra) près de Vitry. Les trois rouges de France seront épiés et anéantis par le rouge, l'aristocrate (Mirabeau) ne sera pas tué et sera mis en sûreté par les jacobins.

« Le 17 septembre 1792, Kellermann remonte de *Vitry*-le-François vers le nord-est. Toutes les troupes alliées, comme toutes les troupes françaises sont face à face. Le 20 septembre, c'est la victoire de Valmy. »

« On découvre à *gauche* beaucoup d'hommes de loi comme Tronchet ou l'avocat Le Chapelier, fondateur du Club breton qui sera le futur Club des jacobins. Très vite la gauche se divise en factions et coteries. La plus fameuse : le triumvirat avec Adrien du Port, Charles de Lameth et Barnave. Ils s'opposent à La Fayette et à Mirabeau… Les frères Lameth *émigreront*. Mais l'homme important c'est Barnave. Quand Mirabeau se rapproche de la cour, Barnave s'opposera à lui violemment. En 1791 il défendra le Club des jacobins contre le Club des monarchiens. On sait comment il se rapprochera du roi après Varennes et deviendra partisan d'une monarchie constitutionnelle. Il sera arrêté, condamné, *exécuté.* »

« Suivit le décret de la loi martiale. Il était statué qu'en cas d'attroupement jugé dangereux le canon d'alarme serait tiré ; qu'un drapeau rouge serait suspendu à l'une des fenêtres de l'Hôtel de Ville, comme un signal et un ordre au peuple de se séparer... Le décret fut appuyé par Mirabeau et attaqué par Robespierre, dont la *démagogie*, déjà plus d'une fois manifestée, commença alors à se prononcer avec plus d'éclat. »

« Les discussions, les arrêtés des *jacobins* étaient prononcés avec emphase... Une séance presque entière s'occupa de la destination de l'église Sainte-Geneviève, que le culte catholique n'avait pas encore consacrée. Le décret fut prononcé pompeusement en ces termes : "Elle se nommera Panthéon." Le *comte* de Mirabeau y reçut le *premier* les honneurs funèbres. »

GUERRE CONTRE LA HOLLANDE (1792)
INCENDIE DE L'ABBAYE D'ORVAL (1793)

IX, 40

Près de Quintin dans la forest bourlis,
Dans l'Abbaye seront Flamens ranchés :
Les deux puisnais de coups my estourdis,
Suitte oppressé et gardes tous achés.

Ancien français *bourli* : tourmenté. *Puisnais* : puîné, né après ; Louis XVII et sa sœur sont les deux derniers enfants de Marie-Antoinette.

Près de Saint-Quentin, tourmentés dans la forêt, les Flamands seront embrochés dans l'abbaye. Les deux puînés (Louis XVII et sa sœur) seront maltraités et leur suite et les gardes seront massacrés.

Pour comprendre ce quatrain, il faut savoir que Nostradamus fit une retraite dans l'abbaye d'Orval. Cette abbaye, qui appartenait aux Pays-Bas (*Flamens*) à la Révolution, se trouve en France, près de Montmédy, à la frontière belge. Elle est toute proche du village belge de (Mont)*quintin*. Il eût été surprenant que Nostradamus ne vît pas le pillage et l'incendie de « son » abbaye par le général Loison le 23 juin 1793.

« L'abbaye d'Orval semblait désignée aux premiers coups des armées révolutionnaires. La réputation de richesse dont jouissait l'abbaye, à laquelle s'ajoutaient les rassemblements d'émigrés qui s'y tenaient fréquemment, étaient les principales causes de cette hypothèse... C'est le 13 juin 1793 que le général Loison arrive sur les hauteurs dominant et environnant Orval, plusieurs régiments de cavalerie, une brigade d'infanterie et une nombreuse artillerie l'accompagnent. Avec ses troupes depuis Sedan, tous les habitants des villages voisins (Montquintin) assistent au bombardement de l'abbaye et se livrent ensuite au pillage de ses richesses. L'incendie, la destruction et le pillage durent dix jours... » (Pierre Mangin, *Les Généraux meusiens de la Révolution et de l'Empire*).

Quant aux deux enfants enfermés dans la prison du Temple, quel plus mauvais coup pouvait leur être porté que l'exécution de leur père et de leur mère.

L'année 1793 vit Robespierre, la loi dite des suspects et les massacres.

PROCÈS DE LOUIS XVI (17 janvier 1793)
AFFAIRE DE L'ARMOIRE DE FER

VIII, 23

Lettres trouvées de la Royne les coffres,
Point de subscrit sans aucun nom d'autheur :
Par la police seront cachez les offres,
Qu'on ne sçaura qui sera l'amateur.

L'importance des *coffres* diminue vers le milieu du XVIe siècle, supplantés par l'usage plus fréquent des cabinets et armoires. Latin *subscriptio* : signature au bas d'un document. *Offre* : acte par lequel on propose de payer ce qu'on doit ou d'accomplir une obligation, afin de prévenir ou d'arrêter une action judiciaire.

Les lettres des armoires de la reine seront découvertes sans signature et sans nom d'auteur. La police dissimulera les actes de défense si bien qu'on ne saura pas qui aura été le bénéficiaire (des fonds).

« Une lettre de Laporte, qu'on lui dit datée de sa main à lui, Louis. Il dit ne reconnaître ni la lettre ni la date. Deux autres du même, toutes deux apostillées de la main de Louis, 3 mars et 3 avril 1791. Il déclare ne point les reconnaître… Une pièce *sans signature*, contenant un état de défenses ; avant d'interpeller Louis sur cette pièce, le président lui fait la question suivante : "Avez-vous fait construire dans une muraille du château des Tuileries *une armoire* fermée d'une porte de fer et y avez-vous renfermé des papiers ?" Louis : "Je n'en ai eu aucune connaissance, ni de la pièce *sans signature*" (extrait de l'interrogatoire de Louis XVI). »

« "J'observai que dans les scellés mêmes que la justice fait apposer sur les papiers de tout accusé, on n'a jamais fait l'inventaire des pièces que les scellés pouvaient renfermer qu'en présence de l'accusé qui en était l'objet. J'ajouterai qu'autrement rien ne serait plus facile à des malveillants ou à des ennemis que de glisser sous des scellés des pièces capables de compromettre un accusé et d'en retirer *qui le justifiassent…* Le domicile de Louis a été envahi ; *ses armoires ont été forcées…* On a pu pendant le tumulte de l'invasion égarer ou enlever des pièces ; on a pu égarer surtout celles qui auraient expliqué celles qu'on oppose… Septeuil, dans une déclaration qu'il a rendue publique, explique cette spéculation, avoue lui-même que non seulement elle ne regardait que lui, mais qu'il existait un registre particulier tenu pour les fonds de Louis, mais dont *on ne nous a pas donné communication*, et qui indique l'usage de ces fonds mêmes" (défense de Louis par le citoyen de Sèze). »

« Louis XVI, dans son interrogatoire, essaya néanmoins de nier qu'il eût connaissance et de la fameuse *armoire* et des *papiers* qu'elle renfermait. Au reste, les pièces les plus importantes auraient été enlevées dans un gros portefeuille, et confiées à la femme de chambre de *Marie-Antoinette*, Mme Campan. »

FUITE À VARENNES (20 juin 1791)
VOTE DE LA MORT DU ROI (19 janvier 1793)
LA GUERRE (1er février 1793)

IX, 20

De nuict viendra par la forêt de Reines,
Deux pars voltorte Herne la pierre blanche :

Le moine noir en gris dedans Varennes
Esleu cap cause tempeste, feu, sang, tranche.

Toutes les éditions anciennes mentionnent *Reines* ; on peut donc penser qu'il s'agit, soit d'une faute de typographie, soit d'une modification apportée par Nostradamus pour les besoins de la rime ; la forêt de *Reims* se trouve avant Varennes et fut traversée par le carrosse royal. *Voltorte*, mot fabriqué avec deux mots latins, *voluntas* (volonté, sentiments) et *tortus* (torturé) ; les premiers exégètes ont traduit par : route de traverse ou chemin détourné, et tous les exégètes qui ont suivi (Hutin, Guerin, Monterey, Colin de Larmor, etc.) ; or Properce utilise l'expression *torta via* qui veut dire : détours du labyrinthe ; les éditions postérieures à 1610 portent *vaultorte* au lieu de *voltorte*. *Herne*, abréviation de *Hernute* : nom donné à une secte chrétienne qui se distinguait par une grande pureté de mœurs. *La pierre blanche* : symbole de l'établissement (« Tu es Pierre et sur cette pierre je bâtirai mon église », dit le Christ) ; le blanc est la couleur de la monarchie (à rapprocher de II, 2 : *La teste bleue fera la teste blanche* ; s'oppose à la « *pierre rouge* » Robespierre). *Moine*, du grec *monos* : seul, unique (à rapprocher de VI, 63 : *L'unic éteint...*, mais aussi reprise de l'idée du roi-moine). *Noirs* : les aristocrates. *Cap* : subtil jeu de mots raccourcis par lequel Nostradamus donne les deux significations de *caput*, tête en latin, et l'abréviation de *Capet*.

Il arrivera de nuit par la forêt de Reims, torturé entre deux parties dans sa volonté de bigot de la monarchie, le moine noble (en livrée) grise à Varennes. La tête de Capet mise aux voix engendre la tempête, la guerre, l'effusion de sang, la guillotine.

« En France règne un roi absolu (qui gouverne seul) *de droit divin* (*hernute*)... Le roi a été trop faible pour imposer sa volonté (*voltorte*)... Louis XVI, en dépit de ses *vertus privées* (*Herne*), n'a pas les qualités d'un souverain. »

« Louis XVI était profondément pieux... *Troublé dans sa conscience* il prit alors la décision de s'échapper. »

« Le roi est *guillotiné* le 21 janvier 1793. Cette exécution soulève l'indignation des royalistes et la réprobation horrifiée des rois étrangers qui songent à s'unir contre la France républicaine et belliqueuse qui vient de déclarer la guerre à l'Angleterre (1er février 1793). »

« Par six cent quatre-vingt-trois voix, Louis *Capet* fut déclaré coupable de conspiration contre la sûreté de l'État. »

EXÉCUTION DE LOUIS XVI (21 janvier 1793)

I, 57

Par grand discord la trombe tremblera,
Accord rompu dressant la tête au Ciel :
Bouche sanglante dans le sang nagera,
Au sol la face oincte de laict et de miel.

Trombe, forme de trompe (de chasse).

Au milieu d'un grand désaccord la trompe de chasse (de l'hallali) sonnera l'accord ayant été rompu, (le bourreau) dressant la tête (du roi) au ciel, la bouche sanglante nagera dans le sang, sa face ointe du lait et du miel (du sacre) sera au sol.

« Le roi a été emprisonné après la journée du 10 août 1792 (prise des Tuileries et massacre des gardes suisses). Les montagnards réclament son jugement. Les girondins souhaitent empêcher le procès (*par grand discord*). »

« Exécution de Louis XVI : le bourreau *montre la tête* du roi au peuple (*dressant la tête au Ciel*). »

La tête du roi, qui avait été sacré (*la face oincte*) à Reims en 1774, tombe *au sol* dans le panier de la guillotine.

L'EXÉCUTION DE LOUIS XVI (21 janvier 1793) SA DESCENDANCE

IV, 49

Devant le peuple sang sera respandu,
Que du haut ciel ne viendra eslonger :

Mais d'un long temps ne sera entendu,
L'esprit d'un seul le viendra témoigner.

Eslonger : *cf.* I, 57, *dressant la tête au Ciel.*

Le sang sera répandu devant le peuple, et il ne sera pas éloigné du ciel. Pendant un long espace de temps il ne sera plus entendu, jusqu'à ce que l'esprit d'un seul vienne en témoigner.

« Le roi descendit lentement de voiture, se laissa lier les mains, gravit les degrés et du *haut* de la plate-forme prononça très haut : "Peuple ! je meurs innocent." »

« Dans son testament, écrit le 25 décembre 1792, après avoir pardonné à ses ennemis et prescrit à son fils d'oublier comme lui toute haine et tout ressentiment... il finissait, en déclarant devant Dieu et prêt *à paraître devant lui*, qu'il ne se reprochait aucun des crimes dont on l'accusait. »

« L'abbé Edgeworth calma la courte résistance du roi par quelques mots dont une légende a fait la phrase fameuse : "Fils de Saint Louis, *montez au ciel !*" »

EXÉCUTION DE LOUIS XVI (21 janvier 1793) LA TERREUR (1793-1795)

IX, 11

Le juste à tort à mort l'on viendra mettre
Publiquement et du milieu estaint.
Si grande peste en ce lieu viendra naistre
Que les jugeans fouyr seront contraints.

Estaint, du latin *extinguo* : je fais mourir, j'exécute. *Peste*, du latin *pestis* : malheur, fléau, désastre, calamité (*cf.* VI, 63 : *sept ans sera de douleur explorée – La Terreur*).

L'on aura tort de mettre le juste à mort exécuté au milieu du peuple. Ce qui entraînera en ce lieu (Paris) une si grande calamité (la Terreur) que ceux qui avaient ou non voté (la mort du roi) seront obligés de fuir.

« Louis n'est point un accusé, vous n'êtes point des *juges*... Vous n'avez point une sentence à rendre pour ou contre un homme, mais une mesure de salut public à prendre... La victoire et le peuple ont décidé que lui seul était rebelle. Louis ne peut donc être *jugé*, il est déjà condamné » (discours de Robespierre à la Convention nationale, 3 décembre 1792).

« Les montagnards prennent le pouvoir et ont à faire face au soulèvement des Vendéens dressés par les girondins contre la dictature de Paris. Ils constituent un gouvernement révolutionnaire. C'est le régime de la *Terreur*... Le 9 thermidor (27 juillet 1794), Robespierre est mis en accusation. *Il s'enfuit*, est repris et exécuté sans jugement. »

« Robespierre gisant à mes pieds, on vient me dire qu'Henriot se sauve par un escalier dérobé ; il me restait encore un pistolet armé ; je cours après lui. J'atteins un fuyard dans cet escalier : c'était Couthon que l'on sauvait » (rapport du gendarme chargé d'arrêter Robespierre, qui vient d'être mis hors la loi par la Convention).

MARIE-ANTOINETTE ET LA DUCHESSE D'ANGOULÊME AU TEMPLE (1793)

X, 17

La Royne Ergaste voyant sa fille blesme,
Par un regret dans l'estomach enclos :
Crys lamentables seront lors d'Angoulesme,
Et au germain mariage forclos.

Ergaste, du latin *ergastulus* : esclave, détenu, prisonnier. *Blesmer* : se flétrir. *Estomach* : sein de femme. *Forclos*, terme de droit : irrecevable.

La reine détenue comme une esclave voyant sa fille se flétrir regrettera dans son sein d'avoir eu des enfants devant les lamentations de la duchesse d'Angoulême mariée à son cousin germain d'un mariage forclos.

« Marie-Antoinette d'Autriche, reine de France... Emprisonnée au Temple jusqu'au 1er août 1793, elle y souffrit tous les outrages, tous les tourments, comme reine, comme épouse, *comme mère*, et sa captivité fut un véritable martyre. »

« Marie-Thérèse-Charlotte de France, duchesse d'Angoulême, née de Louis XVI et de Marie-Antoinette, entra au Temple pour partager la captivité de sa famille... Elle épousa son cousin le duc d'Angoulême, fils du comte d'Artois (futur Charles X), troisième frère de Louis XVI. »

LOUIS XVI, MADAME ÉLISABETH, LOUIS XVII ET SA SŒUR AU TEMPLE (1793) LES FAUX DAUPHINS LES CARACTÈRES BOURBONIENS

II, 20

Frères et sœurs en divers lieux captifs,
Se trouveront passer près du monarque :
Les contempler ses rameaux ententifs,
Displaisant voir menton, front, nez, les marques.

Moyen français *contempler* : examiner avec attention.

Des frères et des sœurs seront emprisonnés dans divers endroits (du Temple) ; on les verra passer près du roi. On examinera avec attention les descendants des Bourbons. On verra les marques du menton, du front et du nez d'un personnage déplaisant (Naundorff).

« Arrivées au Temple, les illustres victimes furent d'abord introduites dans la partie des bâtiments dite le Palais. *Louis XVI couchait au deuxième étage.* La reine et *Madame Royale occupaient une chambre au premier* ; *Monsieur le Dauphin*, Mme de Tourzel sa gouvernante et la Dame Bazire, femme de chambre du prince, *étaient logés dans une même chambre à côté* ; la princesse de Lamballe couchait dans une espèce d'antichambre. *Vis-à-vis de la chambre du roi, une pièce* destinée à servir de cuisine, et qui conservait les ustensiles, fut *le logement de Madame Élisabeth* et de Mlle de Tourzel (*en divers lieux*). »

Les frères et sœurs : d'une part Louis XVI et sa sœur, Madame Élisabeth ; d'autre part Louis XVII et sa sœur, Madame Royale.

« Au surplus, à dire d'expert, Naundorff n'aurait nullement eu le type bourbonien. Ainsi, Louis Journot, invité par le sénateur Delahaye à comparer les portraits de Louis XVII et ceux de Naundorff (*contempler*), y voyait sans hésiter deux types différents. Dans tous les portraits, Louis XVII a le front et le nez droits, Naundorff *le front* bombé et fuyant, le *nez* fortement busqué. Ainsi encore, le docteur Galippe constatait qu'aucun des *descendants* (*rameaux*) ne présentait le type caractéristique des Habsbourg, *le stigmate héréditaire* (*menton, front, nez, les marques*) qui, même s'il était absent chez Naundorff, eût dû se manifester chez eux. »

SURVIVANCE DES BOURBONS APRÈS TRENTE GÉNÉRATIONS

VI, 51

Peuple assemblé voir nouveau expectacle
Princes et Roys par plusieurs assistans,
Pilliers faillir, murs, mais comme miracle,
Le Roy sauvé et trente des instans.

Latin *insto* : je suis.

Le peuple se rassemblera pour un spectacle encore jamais vu (l'exécution d'un roi sur la place publique) en présence de plusieurs princes et chefs de sang royal ; les piliers et les murs (de la Bastille) seront abattus (*cf.* II, 57 : *avant conflit le grand mur tombera*), mais miraculeusement le sang royal sera sauvé après les trente suivants.

Après la démolition de la Bastille, l'exécution de Louis XVI se fit donc devant le peuple. Mais n'oublions pas que sa mort avait été votée par le prince de sang royal Philippe Égalité.

Voici les trente générations qui vont de Robert le Fort, père du roi Eudes, jusqu'à Louis XVII : Robert le Fort, duc de France ; Robert, roi (frère d'Eudes) ; Hugues, duc ; Hugues Capet, roi ; Robert II ; Henri Ier ;

Philippe Ier ; Louis VI ; Louis VII ; Philippe II ; Louis VIII ; Louis IX ; Robert de France, comte de Clermont ; Louis, duc de Bourbon ; Jacques, comte de La Marche ; Jean Ier, comte de Vendôme ; Louis, comte de Vendôme ; Charles, duc de Vendôme ; Antoine de Bourbon ; Henri IV ; Louis XIII ; Louis XIV ; Louis, dauphin ; Louis, duc de Bourgogne ; Louis XV ; Louis, dauphin ; Louis XVI ; Louis XVII ; Louis XVIII ; Charles X.

ÉVASION DE LOUIS XVII DE LA PRISON DU TEMPLE ROBESPIERRE

II, 58

Sans pied ne main dent aiguë et forte,
Par globe au fort du port et l'aisne nay,
Près du portail desloyal se transporte,
Silène luit, petit grand emmené.

Main, du latin *manus* : main, force. Latin *globus* : groupe d'hommes, tourbe, foule. *Port* : action de porter. Louis XVII, né le 27 mars 1785, porta d'abord le titre de duc de Normandie, et prit celui de dauphin à la mort de son frère aîné Louis-Joseph (4 juin 1789). *Silène* : dieu phrygien ; le bonnet phrygien coiffe la tête de Marianne, symbole de la République.

Sans assise et sans force, celui qui a la mâchoire acérée et forte, porté au pouvoir par la masse et l'aîné étant mort peu après être né, se transporte déloyalement près du portail (du Temple). La République règne, le petit (par l'âge) grand (par la naissance) est emmené.

« Le nom de Robespierre sortit de *l'urne électorale* dans les scrutins ouverts à Paris pour les élections à la Convention… Il joua dans le procès de Louis XVI le rôle le plus odieux, poussa avec acharnement au dénouement funèbre du 21 janvier 1793… Les girondins succombèrent, dans la journée du 31 mai, à laquelle il prit une grande part. Dès ce moment son pouvoir fut immense… Il entre au Comité de salut public où il impose le joug de la *force* et de la terreur, sacrifie sans pitié la vie des hommes aux froids calculs de sa politique… Arrêté dans la grande salle de l'Hôtel de Ville, le 10 thermidor, il périt sur l'échafaud. »

« Le Temple était en effet un palais il comportait une vaste et noble demeure... La disposition était assez similaire à celle de l'hôtel Soubise : une longue cour, entourée d'arcades, se terminant en hémicycle du côté du *portail*... Le cortège amenant les captifs eut un retard considérable. »

LOUIS XVII ÉVADÉ DU TEMPLE GRÂCE AUX ÉPOUX SIMON

IX, 24

Sur le palais au rocher des fenestres,
Seront ravis les deux petits royaux,
Passer aurelle Luthèce, Denis Cloistres,
Nonnain, mollods avaller verts noyaux.

La tour du Temple, édifice carré formé d'épaisses murailles et flanqué de tourelles aux quatre angles. Le *palais* du Grand Prieuré fut construit en 1767. *Rocher* : grande masse de pierre dure, escarpée. *Aurelle*, du latin *aura* : vent ; diminutif : brise. *Denis* : Saint-Denis (« Dagobert voulut être inhumé à *Saint-Denis*, mais ce n'est qu'avec les rois de la troisième race que l'abbaye de Saint-Denis eut le privilège des sépultures royales »). *Nonnain* : petite nonne, nonne en général, religieux. *Mollods*, mot formé de *mol* : mal, mauvais et *lods* : misérable.

Dans le palais aux fenêtres escarpées, les deux enfants royaux seront enlevés, ils traverseront Paris comme une brise, échappant aux cloîtres de Saint-Denis, grâce à un religieux, les misérables méchants en avaleront de verts noyaux.

« Si Paris vécut dans la stupeur cette sombre journée du 21 janvier 1793, *au troisième étage* de la tour du Temple, elle s'écoula dans l'angoisse et le désespoir. »

« Antoine Simon, gardien de Louis XVII au Temple, maître cordonnier à Paris, devint membre du district et fit partie du Club des jacobins. »

« Une autre énigme se greffe sur ce mystère : Simon a quitté le Temple le 19 janvier, très mortifié en apparence et grondant fort contre l'ingratitude de Chaumette et de la Commune. Or, dès le lendemain matin, il s'en va vers le pauvre logement où vivent dans la retraite deux vieilles dames nobles, toutes deux ci-devant *religieuses* et qui reçoivent chez elles *un prêtre* échappé comme elles aux policiers de la Terreur. On célèbre la messe dans leur mansarde, et c'est pourquoi, entendant frapper à leur porte, elles ont grand peur. Elles ouvrent cependant et se trouvent en présence d'un homme qu'elles ne connaissent pas : "Ne craignez rien, dit-il, je sais que vous recevez ici un prêtre. Je suis Simon, mais je ne vous trahirai pas..." Nombre des plus chauds et des plus sincères partisans de la République demeuraient attachés aux vieilles croyances et respectueux des traditions du passé. Songe-t-on que, jusqu'en 1792 tout au moins, l'immense majorité de ceux qui furent les conventionnels, *les jacobins*, les membres de la Commune avaient fréquenté les églises, assisté aux offices, accompli leurs devoirs *religieux* ? Le fait qu'on vient de lire, si surprenant soit-il, montre que Simon était de ceux-là... Les commissaires apprirent ainsi que, entre autres personnes, la citoyenne Simon logée, comme on l'a vu, dans une maison voisine du Temple, se procure ainsi le passage. Que vient faire l'épouse du savetier ? »

EXÉCUTION DE MARIE-ANTOINETTE (16 octobre 1793)
MADAME ROYALE AU TEMPLE (1792)

Sixain 55

Un peu devant ou après très grand Dame,
Son âme au Ciel et son corps sous la lame,
De plusieurs gens regrettée sera,
Tous ses parents seront en grand'tristesse,
Pleurs et soupirs d'une Dame en jeunesse,
Et a deux grands le deuil délaissera.

Grand Dame : superlatif pour la reine. *Son âme au Ciel* : à rapprocher de IV, 49, *que du haut ciel ne viendra éloigner. Une Dame* : Marie-Thérèse-Charlotte de France, duchesse d'Angoulême, fille de Louis XVI et de Marie-Antoinette, reçut en naissant le titre de *Madame* Royale ; après le 10 août 1792, elle entra au Temple pour partager la captivité de sa famille. *Deux grands* :

Louis, dauphin de France, fils de Louis XV et de Marie Leszzynska, a laissé trois fils (Louis XVI, *Louis XVIII* et Charles X) et deux filles (Clotilde, reine de Sardaigne, et Madame Élisabeth) ; Louis XVI mort, les *deux grands* sont donc ses frères.

Devant (le peuple) peu après (l'exécution de Louis XVI) la reine sera guillotinée et son âme ira au ciel. Elle sera regrettée par bien des gens. Ses parents en seront affligés : les pleurs et les soupirs de sa fille. Elle laissera dans le deuil ses deux (beaux-frères).

« Marie-Antoinette, emprisonnée au Temple jusqu'au 1er août 1793, y souffrit tous les outrages, tous les tourments, comme reine, *comme épouse*, comme *mère*, et sa captivité fut un véritable martyre. Traduite devant le Tribunal révolutionnaire, elle fut *condamnée à mort*... Cette infortunée princesse avait néanmoins d'assez éminentes qualités pour être *chérie de tout le monde*, dans un temps ordinaire où on aurait pu, où on aurait voulu la juger sans passion... Conduite au supplice dans une charrette, elle montra beaucoup de fermeté et, comme son époux, mourut *en pardonnant à ses ennemis*. »

PROCÈS DE MARIE-ANTOINETTE (14 octobre 1793) SON EXÉCUTION (16 octobre 1793)

I, 86

La grande Royne quand se verra vaincue,
Fera excez de masculin courage :
Sur cheval, fleuve passera toute nue,
Suite par fer, a foy fera outrage.

Nue, par exagération : mal vêtue.

Quand la grande reine (Marie-Antoinette) se verra perdue, elle fera un excès de courage masculin. Elle passera sur le fleuve (la Seine) tirée par un cheval, mal vêtue. Ensuite elle mourra par le fer (la guillotine), et on fera outrage à la foi.

« Réclamé depuis le mois d'août par les sections, les clubs, les députés des assemblées primaires et les sociétés populaires, le procès de la reine s'ouvre le 14 octobre devant le Tribunal révolutionnaire présidé par Herman, Fouquier-Tinville occupant le siège d'accusateur public. On lui pose les questions les plus insidieuses. On reprend contre elle des accusations déjà lancées au temps de la monarchie par des pamphlétaires hostiles à l'Autrichienne. Simple et digne, la reine répond qu'elle n'a fait qu'obéir à son époux. Pour relancer le débat, Hébert jette contre elle la plus *outrageante* des accusations. Cette femme accablée trouve alors des accents émouvants pour répondre à l'infamante imputation... En dépit des plaidoiries de Tanson-Ducoudray et de Chauveau-Lagarde, la reine est condamnée à mort... Le 16 octobre au matin, elle monte dans une mauvaise charrette et s'assied sur un banc tournant le dos au *cheval, vêtue d'un caraco*, coiffée d'un bonnet blanc, les mains liées derrière le dos, les yeux mi-clos, *impassible et droite* (*excez de masculin courage*), cette femme qui a été la plus adulée des reines entend la foule grondante qui l'injurie. Marie-Antoinette monte très vite les marches qui la séparent de la planche. Quelques instants plus tard son corps *supplicié* (*suite par fer*) va rejoindre les restes de Louis XVI au cimetière de la Madeleine. »

« Le 14 octobre 1793, Marie-Antoinette comparaît devant le Tribunal révolutionnaire, vêtue d'une robe noire *usée* (*nue*) et coiffée d'un bonnet de linon orné de "barbes de deuil". »

« Je viens d'être condamnée non pas à une mort honteuse, elle ne l'est que pour les criminels, mais à rejoindre votre frère : comme lui innocente, j'espère montrer la même fermeté que lui dans ses derniers moments (*masculin courage*) » (extrait du testament de Marie-Antoinette en forme de lettre à sa belle-sœur Élisabeth).

ALLIANCE DE PHILIPPE D'ORLÉANS AVEC LA RÉVOLUTION SA MORT (6 novembre 1793)

II, 98

Celui du sang resperse le visage,
De la victime proche sacrifice,

Venant en Leo augure par présage,
Mis estre à mort lors pour la fiancée.

Resperse, du latin *respergo* : j'inonde, j'arrose. Latin *Leo* : prêtre de Mithras adoré chez les Perses sous la forme d'un lion ; Mithras est représenté sous la figure d'un jeune homme coiffé du bonnet *phrygien. Augure*, du latin *auguro* : je prédis.

Celui dont le visage est inondé du sang de la victime, son proche (parent) sacrifié, l'adoption du bonnet phrygien sera pour lui un mauvais présage et il sera mis à mort à cause de son alliance.

« Louis-Philippe d'Orléans, dit Philippe Égalité... *se lia* d'abord avec Mirabeau et fut un des premiers à se *réunir* au tiers. Son entourage, sinon lui, ne fut pas étranger aux événements qui amenèrent la prise de la Bastille... Il soutint secrètement les républicains du Champ-de-Mars (juillet 1791) et devint membre du Club des jacobins... Il se *lia plus intimement* avec les cordeliers, les jacobins, la Commune de Paris... Effacé par la Montagne, il s'attacha à ses chefs qui, voyant qu'il avait dessein de s'abstenir dans le procès de Louis XVI, le forcèrent par leur menace à voter avec eux ; *il vota donc la mort du roi sans sursis*, sans appel au peuple, et *n'en devint pas moins suspect* dès les premiers indices du projet formé par Dumouriez de rétablir la Constitution de 1791 et de relever le trône pour un prince d'Orléans. Il fut arrêté le 7 avril 1793, ramené à Paris, jugé comme girondin par le Tribunal révolutionnaire, fut condamné et *exécuté*. »

EXÉCUTION DE PHILIPPE ÉGALITÉ (6 novembre 1793) SA RESPONSABILITÉ DANS LA MORT DE LOUIS XVI

III, 66

Le Grand Baillif d'Orléans mis à mort,
Sera par un de sang vindicatif :
De mort merite ne mourra ne par fort,
Des pieds et mains mal le faisoit captif.

Baillif, forme ancienne de bailli ; les baillis étaient des gouverneurs, aujourd'hui remplacés par les députés.

Le grand député d'Orléans sera mis à mort par ordre d'un personnage sanguinaire et vengeur, il ne mourra d'une mort méritée que par la force car il était pieds et poings liés par la méchanceté.

« Défenseur des droits du tiers à l'*Assemblée* des notables de 1787 et aux états généraux de 1789, protecteur du peuple… ennemi déclaré de la famille royale, ouvertement révolutionnaire. Membre de la Convention, il siégea à l'extrême gauche… Bien qu'il eût voté la mort du roi, son parent, et qu'il se fût toujours appuyé sur la Montagne, il devint suspect à ses amis de la veille… Le jour même où il parut devant le Tribunal révolutionnaire, il mourut sur l'échafaud très courageusement. »

COMMISSION DES DOUZE (mai 1793)
ARRESTATION DES DOUZE (2 juin 1793)

IV, 11

Celuy qu'aura couvert de la grand cappe,
Sera induict à quelques cas patrer,
Les Douze rouges viendront fouiller la nappe,
Soubz meurtre, meurtre se viendra perpetrer.

Couvrir de : combler en bonne ou en mauvaise part (couvrir de honte, d'infamie, de gloire). *Cas*, du latin *casus* : chute, fin, déclin, mort. *Patrer*, du latin *patro* : je fais, j'exécute, j'accomplis. *Fouiller*, au figuré : scruter, rechercher, étudier avec attention (fouiller les plaies de la société). *Nappe*, par analogie : couche plane.

Celui (Robespierre) qui aura couvert d'infamie le grand Capétien (Louis XVI) sera amené à accomplir quelques chutes : les Douze rouges viendront étudier avec attention les plans, et sous couvert de meurtre, il viendra perpétrer leurs meurtres.

« Investie de grands pouvoirs et composée de députés dont les noms offraient une garantie à tous les honnêtes gens, la *commission des Douze* pouvait déjouer toutes les tentatives dirigées contre la Convention ou contre quelques-uns de ses membres. C'était rompre tous les plans des jacobins et des montagnards. Aussi *les Douze* furent-ils désignés à la fureur des *assassins* dès le lendemain de leur entrée en fonctions, et la guerre qu'on leur fit fut une guerre à *mort*. Les renseignements qui arrivèrent en foule à cette commission lui démontrèrent évidemment qu'il se tramait un complot contre la vie des vingt-deux députés... La certitude acquise du complot contre une partie de la représentation nationale détermina à lancer un mandat d'arrêt contre Hébert... La commission jugea que cet écrivain était complice du complot qui se tramait, qu'à la bonne ou mauvaise intention ses écrits provoquaient au *meurtre* des représentants du peuple... Couthon se fait porter à la tribune et joignant l'ironie à l'arrogance : "Citoyens, dit-il, tous les membres de la Convention doivent être rassurés sur leurs libertés." Et il demanda que la Convention décrétât que les vingt-deux seraient mis en arrestation chez eux, ainsi que les membres de la commission des Douze. »

« Le coup de force du 2 juin provoqua des insurrections dans plusieurs régions. La Convention, sans se laisser effrayer par la grandeur du péril, résolut de poursuivre contre tous ses ennemis la lutte à outrance. Elle confia le pouvoir aux montagnards les plus intransigeants, Robespierre et ses amis, Couthon et Saint-Just... Jusqu'à la fin de 1794, *deux mille cinq cent quatre-vingt-seize personnes furent exécutées* à Paris. »

MASSACRES DE NANTES
(16-17 novembre, 9-10 décembre 1793)

V, 33

Des principaux de cité rebellée,
Qui tiendront fort pour liberté ravoir :
Destrencher masles infelice meslée,
Cris, hurlemens à Nantes ; piteux voir.

Détrenchier : tailler en pièces, trancher. Latin *infelix* : malheureux.

Des principaux rebelles de la ville, qui se seront battus jusqu'au bout pour conserver leur liberté, les hommes seront guillotinés, des malheureux ayant été emmêlés, les cris et les hurlements à Nantes seront pitoyables à voir.

« À *Nantes* régnait le conventionnel Carrier. C'était un procureur auvergnat, âgé de trente-sept ans... On l'a vu à Cholet, mais il s'est enfui au bruit de la bataille et depuis lors, travaillé par la peur, il n'a plus qu'une idée : *tuer*, afin de ne pas être tué, sombre obsession qui va, l'ivresse aidant, jusqu'à la folie... »

« Il y avait sur les pontons de Nantes une centaine de prêtres âgés ou infirmes que l'on n'avait pas pu déporter à la Guyane et que l'on se contentait de promener de prison en prison. Dans la nuit du 16 au 17 novembre, on les fit monter sur un vieux chaland, qui servait autrefois à la navigation de la basse Loire et que la stagnation du commerce rendait inutile. *Liés deux à deux*, ils s'exécutèrent sans méfiance, bien qu'on les ait au préalable dépouillés de leur argent et de leurs montres. Tout à coup, l'un des captifs, Hervé, curé de Machecoul, remarqua que le chaland avait été découpé en de nombreux endroits, un peu au-dessous de la ligne de flottaison et que, par ces ouvertures mal bouchées, l'eau filtrait doucement ; c'était la révélation du supplice : les prêtres tombèrent à genoux et, à tout hasard, prononcèrent *les uns sur les autres* les paroles d'absolution. Un quart d'heure plus tard, le chaland s'engloutissait avec tous ses passagers, moins quatre. De ceux-ci, trois furent repris et mis à mort. Un seul, recueilli par des pêcheurs, réussit à se cacher et le peu que l'on sait des derniers moments des victimes vient de lui... »

« Le 5 décembre : une nouvelle arrivée d'insermentés, cinquante-huit curés impotents. “Il faut f... à l'eau tous ces bougres-là”, ordonne Carrier. Dans la nuit du 9 au 10 août, ils sont noyés à la pointe d'Indret. Le proconsul annonce aussitôt à la Convention le nouveau “naufrage” et termine sa dépêche par cette cynique plaisanterie : “Quel torrent révolutionnaire que la Loire !” *D'autres noyades suivirent*, les unes de nuit, les autres de jour. *Onze au moins qui firent quatre mille huit cents victimes*. À quoi, il faut ajouter les *guillotinades*, après jugement trois commissions travaillaient sur place et le tribunal de Paris ne dédaignait pas la pâture qu'on lui expédiait de Bretagne. Un historien nous assure, il est vrai, que Carrier n'a pas fait plus de victimes que le typhus et les autres maladies qui sévissaient dans les prisons nantaises : c'est assurément une consolation. »

L'ABBÉ VAUGEOIS, PRÉSIDENT DU COMITÉ D'INSURRECTION (août 1792) PRISE DE CHALONNES-SUR-LOIRE PAR LES VENDÉENS (22 mars 1793) MASSACRES DE PRÊTRES SUR LA LOIRE (1793)

IX, 21

Au temple hault de Bloys Sacre Salonne,
Nuict pont de Loyre, Prelat, Roy pernicant :
Cuiseur victoire aux marests de la Lone,
D'ou prélature de blancs abormeant.

Temple, poétique : l'Église catholique. *Sacre*, du latin *sacro* : vouer aux dieux vengeurs, maudire. *Pernicant*, du latin *pernix* : léger. *Lone*, rabotage de « Olonne », commune de Vendée à cinq kilomètres des Sables-d'Olonne ; château de la Pierre-Levée, l'un des quartiers généraux des Vendéens en 1793. *Abormeant*, de *ormeger* : attacher.

Le haut personnage d'Église de Blois sera maudit à Chalonnes-sur-Loire, un prêtre se trouvera de nuit sur les ponts de la Loire, le roi rendu léger (déchu), les gens d'Olonne remporteront de cuisantes victoires dans les marais ; les prêtres royalistes ayant été attachés.

« Concentration des fédérés, agitation des sections, tels furent les deux éléments préparatoires de la journée du 10 août (1792). Tout fut conduit par un Comité d'insurrection que présidait le curé Vaugeois, vicaire général de *l'évêque de Blois*... C'est Robespierre qui rédigea les pétitions présentées par les fédérés pour *la déchéance du roi*. »

« Le 22 mars 1793, l'armée vendéenne s'empare de *Chalonnes*. »

« Il y avait sur les *pontons* de Nantes une centaine de prêtres âgés ou infirmes... *Dans la nuit* du 16 au 17 novembre, on les fit monter sur un vieux chaland... *Liés* deux à deux, ils s'exécutèrent sans méfiance... Tout à coup, l'un des captifs... *curé* de Machecoul, remarqua que le chaland avait été découpé en de nombreux endroits... C'était la révélation du supplice... Un quart d'heure plus tard, le chaland s'engloutissait avec tous ses passagers...

Le 5 décembre : une nouvelle arrivée d'insermentés, cinquante-huit curés impotents... Dans *la nuit* du 9 au 10 août, ils sont noyés à la pointe d'Indret. Le proconsul Carrier... termine sa dépêche par cette cynique plaisanterie : "Quel torrent révolutionnaire que la Loire !" »

« Carrier fut rappelé en février 1794. Son départ mit fin aux noyades, mais le général Turreau, successeur de Marceau en Vendée, reprit à sa manière l'œuvre terroriste. Presque tous les chefs vendéens avaient été tués. Les deux survivants, Charette et Stofflet, furent contraints de reprendre les armes, l'un dans *le Marais*, l'autre dans *le Bocage*. Ce fut une nouvelle guerre inutile, horrible. On peut donc dire qu'en ce début de 1794 la Révolution était pleinement victorieuse de ses ennemis intérieurs. »

PITT LE JEUNE CONTRE LA RÉVOLUTION (1793-1796) L'AIDE ANGLAISE AUX VENDÉENS (1795) LE RETOUR AU POUVOIR DU FILS PITT

X, 40

Le jeune nay au regne Britannique,
Qu'aura le père mourant recommandé :
Iceluy mort Lonole donra topique,
Et à son fils le regne demandé.

Pitt le Jeune : homme d'État anglais, fils de William Pitt (1708-1778). *Lonole*, anagramme de Ollone ou Olonne, commune de la Vendée ; château de la Pierre-Levée, l'un des quartiers généraux des Vendéens en 1793. *Topique* : se dit des médicaments qui agissent sur des points déterminés à l'extérieur et à l'intérieur du corps.

Pitt le Jeune, arrivé au pouvoir en Angleterre et qui aura reçu de son père mourant des recommandations, après la mort de celui-ci apportera une aide aux Vendéens (ceux d'Olonne) et on demandera au fils de reprendre le pouvoir.

« De 1793 à 1802, l'effort de guerre britannique ne cesse de croître, stimulé jusqu'en 1801 par Pitt *le Jeune*. Celui-ci a *hérité de son père* une indéniable méfiance envers la France. »

« Dans les départements de l'Ouest, le parti royaliste s'était relevé avec une audace que les intrigues de *l'Angleterre* entretenaient. Charette et Laroche-Jacquelin avaient reparu à la tête des *Vendéens* (*Lonole*). Après avoir fait espérer aux Anglais un soulèvement général dans ce pays, si l'on opérait un débarquement d'émigrés, d'armes et de munitions, le marquis de Puisaye s'était entendu avec les chouans, et ne doutait pas de porter un coup funeste à la République. *Le ministère anglais*, désolé du mauvais succès de la coalition contre nos armées, avait embrassé ce projet avec ardeur et s'était engagé à fournir *soixante mille fusils*, ainsi que *l'équipement complet* (*donra topique*) pour une armée de quarante mille hommes. »

« Pour parer aux frais de la guerre, Pitt dut soumettre l'Angleterre à un régime d'exception, sans réussir à empêcher ni les victoires de la France ni la ruine du commerce britannique. Il démissionna en 1801. Addington, son successeur, conclut la paix d'Amiens (1802). La guerre ayant été reprise, *Pitt accepta de nouveau le pouvoir* (1804). »

ROBESPIERRE, SES AMIS ET SES ENNEMIS

VIII, 19

A soustenir la Grand Cappe troublée,
Pour l'esclaircir les rouges marcheront :
De mort famille sera presque accablée,
Les rouges rouges le rouge assomeront.

A, privatif : sans.

Sans soutien, la grande famille capétienne sera perturbée. Les rouges se mettront en marche pour la décimer. La famille royale sera presque accablée par la mort. Des rouges feront abattre le rouge (Robespierre) et d'autres rouges.

Avec l'exécution de Louis XVI, de Marie-Antoinette, de la sœur de Louis XVI, Madame Élisabeth, et la mort présumée de Louis XVII dans la prison du Temple, la famille capétienne est fortement *éclaircie.*

« Quant à Robespierre, ses incontestables vertus sont éclipsées aux yeux de ses collègues par son orgueil, son fanatisme, son intransigeance ; il fait peur. Ses *adversaires* se groupent pour *s'en débarrasser.*

« Les robespierristes, que la Convention a mis hors la loi, sont arrêtés ; Robespierre a la mâchoire fracassée d'un coup de pistolet. Le soir même du 10 thermidor, *il est guillotiné avec vingt-deux de ses partisans* ; le lendemain et le surlendemain, c'est le tour de quatre-vingt-trois autres. Ainsi la Grande Terreur s'achève sur une nouvelle hécatombe. »

ROBESPIERRE, LE ROUGE SANGUINAIRE
LA CHUTE DE LA MONARCHIE (1792)

VI, 57

Celuy qu'estoit bien avant dans le regne,
Ayant chef rouge proche à la hierarchie,
Aspre et cruel et se fera tant craindre,
Succedera à sacrée monarchie.

Aspre, du latin *asper* : dur, farouche, intraitable. *Sacrée* : allusion au sacre des rois.

Celui qui faisait déjà bien avant partie du pouvoir, ayant la tête rouge, se rapprochera du sommet de la hiérarchie ; intraitable et cruel, il se fera terriblement craindre et succédera à la monarchie consacrée.

« Maximilien Robespierre, né en 1759 à Arras, était fils d'un avocat au *conseil supérieur* de l'Artois, et remplissait lui-même ces *fonctions* en 1789. Député d'Arras aux états généraux, il y arrive imbu des idées démocratiques du *Contrat social* de J.-J. Rousseau, siégea à *l'extrême gauche* (*chef rouge*), et manifesta en toute occasion sa haine *contre la monarchie.* Nommé en juin 1791 accusateur public près le tribunal criminel de la Seine, il s'affilia aux jacobins et à la Commune et fut élu en 1792 membre de la Convention.

La République française fut proclamée le 21 septembre 1792. La Convention succède à l'Assemblée législative et dura du 21 septembre 1792 au 26 octobre 1795. Elle avait été convoquée après l'insurrection du 10 août 1792 et le renversement de la royauté, pour faire une Constitution nouvelle. Dès la première séance, elle proclama la République. Il dirigea, concurremment avec Danton, le procès de Louis XVI, poussa avec violence à la condamnation à mort, paralysa les efforts faits par les girondins pour sauver le roi, fit, après l'exécution, décréter le Tribunal révolutionnaire et établit par toute la France le système de la Terreur. Siégeant presque perpétuellement au Comité de salut public, il fit sanctionner les mesures les plus sanguinaires... Il avait fait peser sur la France la plus odieuse tyrannie et n'avait pas épargné ses collègues ; ceux qui survivaient, irrités de ses hauteurs ou effrayés par ses menaces, se réunirent enfin contre lui. »

MORT DE LOUIS XVI (21 janvier1793), ROBESPIERRE AU POUVOIR (1793)

III, 34

Quand le deffaut du Soleil lors sera,
Sur le plein jour le monstre sera veu ;
Tout autrement on l'interprétera,
Cherté n'a garde, nul n'y aura pourveu.

Quand la monarchie chutera, on verra le monstre (Robespierre) en plein jour. On le considérera tout autrement. On ne saura pas se garder de la cherté parce qu'on ne l'aura pas prévue.

« Entre l'exécution du roi (21 janvier 1793) et la proscription des girondins (2 juin), il ne s'écoula pas cinq mois. Un plan d'action préparé par Robespierre, entre le 16 et le 19 mai, donna le secret du mécanisme par lequel ils furent épurés à leur tour... Le Comité de salut public, institué le 5 avril 1793, fut d'abord sous l'influence de Danton, puis, à partir du 10 juillet, sous celle de Maximilien Robespierre. On l'appelle l'Incorruptible (*tout autrement on l'interprétera*). Il fait corps avec le jacobinisme. Comme lui, il est ombrageux et sombre. Comme lui, il a le délire de persécution (*monstre*). Toujours dans la ligne du parti, il sut avec une sûreté de *fanatique* écraser les factions coupables de déviation… »

« Les victoires de 1793 et de 1794 ne provoquèrent pas un relâchement de la dictature jacobine. Au contraire, la Terreur redoubla. L'agitation partit d'un petit groupe de communistes inspirés par l'ancien curé Jacques Roux. Profitant des difficultés de la soudure entre les récoltes de 1792 et 1793, ils tiennent les sections en effervescence et les animent contre la Convention qu'ils accusent de réduire le peuple à la *famine*… À la suite de diverses manifestations, la Convention s'engage dans une politique qui met sous la direction absolue de l'État toutes les branches essentielles de l'activité économique… Alors surgit la véritable difficulté : appliquer ces lois impossibles. Dès que le maximum fut promulgué, les magasins se vidèrent en un instant, chacun se hâtant d'acheter à un prix facticement abaissé ce qu'il payait la veille deux ou trois fois *plus cher*… La *disette* s'installe dans les villes. Du jour au lendemain, il n'y a plus à Paris ni sucre, ni huile, ni chandelles. Le pain est immangeable. Le marché noir sévit. »

ROBESPIERRE, LA TERREUR ET LA FÊTE DE L'ÊTRE SUPRÊME (8 juin 1794)

VIII, 80

Des innocents le sang de veufve et vierge,
Tant de maux faicts par moyen ce grand Roge,
Saints simulachres trempez en ardent cierge,
De frayeur crainte ne vera nul que boge.

Temprer, forme ancienne de *tremper* : arranger.

Le sang des innocents, des veuves et des vierges coulera ; que de malheurs accomplis par ce grand rouge. Un culte simulé arrangé avec des cierges ardents (brûlots). Par peur panique on ne verra personne bouger.

« Les Vendéens s'engouffrèrent au Mans où ils furent surpris le 12 décembre, à la tombée de la nuit, puis après une bataille sauvage de quatorze heures, accablés et *massacrés*. On ne voit partout que des cadavres, rapporte un bleu… Parmi les cadavres *beaucoup de femmes* nues que les soldats ont dépouillées et qu'ils ont tuées après les avoir violées. Ceux qui réussirent à s'échapper, six mille environ, furent rejoints, cernés et fusillés à Savenay. »

« Robespierre fait décréter qu'*une nouvelle religion* de caractère austère et civique s'imposerait à tous. Il en préside la première grande cérémonie, la fête de l'Être suprême, le 8 juin 1794. Après cette sorte d'apothéose, il prend une des mesures les plus impitoyables, la loi de Prairial (10 juin 1794), qui ne laisse pratiquement aucune chance à un accusé d'échapper à la guillotine. Pendant cette *Grande Terreur* plus de mille exécutions eurent lieu à Paris en quarante-cinq jours. »

« Le gouvernement révolutionnaire : après le coup de force qui abat les girondins, *aucune opposition n'ose se manifester* à la Convention où les montagnards restent les maîtres. »

LES MONTAGNARDS, LA TERREUR BLANCHE (1794)

IV, 63

L'armée Celtique contre les montaignars,
Qui seront sceus et prins à la pipée :
Paysans fresz pulseront tost faugnars,
Précipitez tous au fil de l'espée.

L'armée Celtique : les chouans en Bretagne, pays celte. *Pipée* : piège (dés pipés). *Fresz*, du latin *fressus* : broyé, écrasé. *Faugnars* : fangeux.

L'armée des chouans se soulèvera contre les montagnards qui, avertis, la prendront au piège ; ils repousseront rapidement les paysans en les écrasant dans les marais ; ils les anéantiront tous.

« La Terreur blanche fait de nombreuses victimes. En Bretagne, les chouans favorisent un débarquement anglais à Quiberon, rapidement cerné et anéanti par les troupes du général Hoche. »

« Devant l'avance victorieuse de l'armée des chouans, il fallut envoyer l'armée républicaine régulière commandée par Kléber et Marceau. Repoussés devant Granville et battus au Mans, les Vendéens subirent au deuxième passage de la Loire un épouvantable désastre. Ils continuèrent la résistance dans les marais et le Bocage jusqu'en 1795. Le corps d'émigrés qui avait été débarqué par les Anglais fut vaincu à Quiberon. La Convention fit fusiller tous les prisonniers. »

NAISSANCE DE BONAPARTE (15 août 1769)

I, 60

Un Empereur naistra près d'Italie
Qui à l'empire sera vendu bien cher,
Diront avec quels gens il se ralie
Qu'on trouvera moins Prince que boucher.

Diront, latinisme pour : on dira. *Quels*, dans le sens latin de : combien.

Un Empereur naîtra près de l'Italie, qui coûtera cher à l'empire. On dira avec combien de gens il s'allie et on le jugera moins prince que boucher.

Lorsque Bonaparte naît le 15 août 1769, il n'y a que deux ans que la Corse a été achetée par Louis XV. Elle n'est donc plus italienne, mais elle n'est pas encore française ; d'où l'expression de Nostradamus *près d'Italie* – également référence à l'origine italienne de la famille Buonaparte.

« Le congrès de Vienne (septembre 1814-juin 1815) prétend effacer de la carte d'Europe les modifications apportées par la Révolution et l'Empire… La France entourée d'États-barrières ne peut plus espérer atteindre les "frontières naturelles". Il aura donc *coûté très cher* à la France en morts, en défaites et en ruines de toute sorte. »

« Napoléon a mis sur pied la Grande Armée : sept cent mille hommes *de toutes les nations.* »

La bataille d'Eylau, appelée la « *boucherie* sous la neige », sera l'une des batailles les plus meurtrières livrées par Napoléon. Notons ici que Nostradamus attribue à l'Empereur un qualificatif que l'histoire retiendra. Pour illustrer ce qualificatif donné par Nostradamus, dans le film *Chabert*, la première phrase prononcée par Gérard Depardieu au milieu d'un champ couvert de cadavres et de neige est : « Quelle boucherie ! »

« Par le traité de Paris de 1815, la France perdait toutes ses conquêtes et se retrouvait plus *petite* qu'avant le début des guerres de la Révolution (*qui à l'empire sera vendu bien cher*). »

LE NOM PRÉDESTINÉ DE NAPOLÉON

1,76

D'un nom farouche tel proféré sera,
Que des trois seurs aura fato le nom,
Puis grand peuple par langue et faicts dira,
Plus que nul autre aura bruict et renom.

Les *trois seurs* : dans la mythologie, les trois Parques étaient chargées de couper le fil de la vie des hommes ; divinités destructrices. Latin *fato*, ablatif de *fatum* : par le destin. *Dira*, du latin *dirare* : éclaircir (un arbre en le taillant) ; tous les exégètes (à commencer par Le Pelletier en 1867, l'un des premiers exégètes à avoir commencé un travail sérieux) ont transformé *dira* en *duira* pour : conduira.

Il sera porté en avant avec un nom si farouche que ce nom sera, d'une façon prédestinée, semblable à celui des trois Parques, puis par ses discours et ses actions il éclaircira beaucoup de gens, plus que quiconque il sera renommé par le bruit qu'il fera.

Napoléon vient étymologiquement de deux mots grecs : *neos*, nouveau, et *apolluon*, participe présent de *apllumi*, exterminant, pris comme substantif ; Napoléon signifie : nouvel exterminateur. L'inscription sur la colonne Vendôme à Paris respecte cette étymologie : *Neapollio imperator augustus*.

Le sens du vers suivant s'accorde donc parfaitement avec la signification étymologique du nom de l'Empereur. Citons les massacres d'Eylau, la « boucherie sous la neige », la retraite de Russie, Waterloo et cette terrible description des atrocités de la guerre d'Espagne : « Dès lors partout nos malades, nos traîneurs, nos officiers envoyés en ordonnance, surpris et saisis, avaient été, quant aux plus heureux, égorgés sur place ; plusieurs autres, jetés dans des chaudières d'eau bouillante ; d'autres encore, ou sciés entre des planches, ou brûlés à petit feu » (général Ségur, *Mémoires d'un aide de camp*).

« La guerre d'Espagne prend un caractère de fanatisme féroce, les embuscades incessantes grignotent (*dira*) l'armée française. »

L'ARMÉE SARDE SE LIVRE À BONAPARTE À CHERASCO (29 avril 1796) LES ARMÉES AUTRICHIENNES VAINCUES EN TROIS MOIS (14 janvier-18 avril 1797) LEOBEN (18 avril 1797)

III, 39

Les sept en trois mois en concorde,
Pour subjuguer les Alpes Apennines,
Mais la tempeste et Ligure couarde,
Les profligent en subites ruyne.

Apennins : longue chaîne de monts qui traverse l'Italie dans toute sa longueur, se détache des Alpes à Cassino, au nord de Gênes, trace un demi-cercle autour du golfe de Gênes et va se terminer en Sicile. *Tempeste*, au figuré : action impétueuse. *Ligurie* : contrée de l'Italie ancienne, formait la partie sud-ouest de la Gaule cisalpine ; elle s'étendit d'abord vers le nord jusqu'au Pô mais fut ensuite restreinte aux pays situés entre la mer et l'Apennin ; partie des États sardes qui se composaient de deux parties distinctes, l'île de Sardaigne et les États de terre ferme ; ceux-ci étaient situés au nord de l'Italie, partie de l'est des Alpes, entre la Suisse au nord, la France et la Ligurie à l'ouest, la Lombardie à l'est et la Méditerranée au sud. *Profligent*, du latin *profligo* : je renverse, je vaincs complètement, je ruine.

Les sept (armées) seront alliées pendant trois mois pour asservir les Apennins. Mais l'action impétueuse (des armées de Bonaparte) et la couardise de l'armée sarde les feront vaincre et ruiner subitement.

« Pendant ce temps, notre situation en Italie devenait périlleuse par les grands préparatifs que l'Autriche faisait *pour reconquérir* ce pays. »

« L'abattement régnait dans les armées coalisées. Les esprits étaient fort agités en Piémont ; les Français n'étaient plus qu'à dix lieues de Turin et les Autrichiens ne pensaient qu'à couvrir Milan. Dans cet état de choses, la cour de Sardaigne ne savait quel parti prendre... Le roi, quoique prévenu contre les Français, ne voulut pas consentir à livrer ses trois premières places à son ambitieux voisin de la Lombardie ; il aima mieux *se jeter dans les bras du vainqueur* (*Ligure couarde*), auquel il ne pouvait du reste opposer une longue résistance... L'armistice fut signé le 9 floréal an IV (29 avril 1796) à Cherasco. Les conditions de cet armistice furent que le roi de Sardaigne quitterait la coalition ; les troupes sardes seraient disséminées dans les garnisons ; les routes du Piémont resteraient ouvertes à l'armée française ; enfin les places de Ceva, Coni, Tortone ou, à défaut, Alexandrie seraient remises sur-le-champ avec tous les magasins et l'artillerie qu'elles renfermaient. »

« L'ensemble de ces ordres visait à réunir sur le plateau de Rivoli, dès les premières heures du 14 janvier (1797), plus de vingt mille hommes dont mille cinq cents cavaliers et une trentaine de canons... Hoche et Moreau s'ébranlent enfin et les Autrichiens signent, le 18 avril 1797, à Leoben, les préliminaires que Bonaparte leur a proposés deux jours plus tôt. Ils mettent fin à cette campagne, au cours de laquelle Bonaparte a battu *sept armées* et triomphé des quatre généraux que Vienne lui a successivement opposés, des vétérans de la guerre de Sept Ans au jeune archiduc Charles, le propre frère de l'empereur d'Autriche. » Du 14 janvier au 18 avril : *trois mois* et trois jours. »

« Bonaparte s'avança rapidement à travers les montagnes de la Carinthie, poussant toutes les arrière-gardes ennemies... Les soldats du Rhin se jetèrent sur les Autrichiens avec une impétuosité qui ne permit à ceux-ci de tenir nulle part, tout fut poussé à la baïonnette. »

CAMPAGNES D'ITALIE À TRAVERS LES ALPES (1796-1800)
L'ANNEXION DE LA TOSCANE PAR NAPOLÉON (1801)
EXPULSION DU GRAND-DUC DE TOSCANE FERDINAND III (1801)

V, 20

Dela les Alpes grand'armée passera,
Un peu devant naistra monstre vapin :

Prodigieux et subit tournera,
Le grand Toscan à son lieu plus propin.

Vapin, pour *Vapincuum*, par apocope : aujourd'hui Gap ; allusion aux Cent Jours : « Napoléon n'avait fait que passer à Sisteron pour aller *prendre gîte à Gap*, le 5 mars 1815. » *Propin*, du latin *propinquus* : proche, voisin, rapproché. Noter la similitude d'apocope entre *Vapincuum* et *propinquum*.

La Grande Armée franchira les Alpes. Un peu avant naîtra le monstre de Gap qui, d'une façon prodigieuse et subite, obligera le grand-duc de Toscane à s'en retourner vers un lieu voisin.

« La première campagne d'Italie : sur les *Alpes*, *l'armée des Alpes*, aux ordres de Kellermann, tient les hauteurs depuis le mont Blanc jusqu'au col de Largentière, et l'armée d'Italie que commandait Scherer s'étend du col de Tende à la Méditerranée. »

« Si l'on s'accorde à estimer que la campagne d'Italie est son *chef-d'œuvre* indiscuté, Bonaparte lui-même semble en juger ainsi puisqu'il a dit : "La guerre est un singulier art ; je vous assure que j'ai livré soixante batailles, eh bien, je n'ai rien appris que je ne susse dès la première." »

« Malgré de grandes difficultés, les plans de Bonaparte se réalisaient, puisque quarante mille hommes de l'armée de réserve avaient franchi le Saint-Bernard avec leur artillerie, que cinq mille hommes descendaient du Petit-Saint-Bernard, que quatre mille débouchaient du mont Cenis et que le corps de Moncey descendait du Saint-Gothard sur Milan (mai 1800). »

« Ferdinand III, *grand-duc de Toscane*, né et mort à Florence (1769-1824). (Nostradamus établit une corrélation entre Bonaparte et Ferdinand III, nés tous les deux la même année, 1769.) Pendant les premières guerres de la Révolution, il s'efforça, malgré les menaces de l'Angleterre, de rester dans la neutralité, ce qui lui valut de n'être pas trop maltraité par Bonaparte en 1796. Mais s'étant plus tard laissé entraîner par la seconde coalition, il fut *chassé de ses États par les Français* (1799), put, il est vrai, y rentrer quelques mois après, mais en fut de nouveau dépouillé après Marengo par le traité de Lunéville. Il se retira à Vienne (lieu voisin) pendant que Louis de Parme et Élisa Bonaparte occupaient son trône. »

L'ARMÉE DE BONAPARTE DE VÉRONE À VENISE PAR VICENCE (1797) DÉFAITE DU GÉNÉRAL LUSIGNAN PRÈS DE BELLUNE (10 mars 1797) SOUMISSION DES OLIGARQUES DE VENISE À BONAPARTE (14 mai 1797)

VIII, 11

Peuple infiny paroistre à Vicence,
Sans force feu bruler la basilique,
Près de Lunage deffait grand de Valence,
Lorsque Vinise par morte prendra pique.

L'expression *peuple infiny* est toujours utilisée par Nostradamus pour les Français dans les deux sens de : peuple éternel et peuple très nombreux ; la France de Napoléon était le pays le plus peuplé d'Europe (*cf.* I, 98). *Basilique*, du grec *basilikos* : royal. *Lunage*, francisation de *Lunegiane* : région où se trouve Bellune. *Grand de Valence* : *Lusignan*, famille d'où sont issues les maisons nobles de Lezé, d'Eu, de Pembroke, de La Rochefoucauld, de Die, *de Valence*, de Marais, etc.

Les Français apparaîtront à Vicence et, sans utiliser la force du feu, ils détruiront l'aristocratie. Le général Lusignan sera défait près de Bellune, lorsque Venise prendra la pique pour donner la mort.

« Le 20 ventôse an V (10 mars 1797), *le général en chef* de l'armée d'Italie mit toute sa ligne en mouvement. L'intrépide Masséna se jeta sur le corps du centre, le repoussa sur Feltre, *Bellune*, Cadore et s'avança jusque dans les gorges de la Ponteba qui précèdent le col de Tarwis. Dans cette marche rapide, il fit un millier de prisonniers, au nombre desquels était encore *le général Lusignan.* »

« Tout fut en mouvement et en *combustion* dans la haute Italie. Les régiments esclavons, débarqués des lagunes, s'avançaient vers les villes insurgées ; les paysans les saccageaient en attendant. Ils *égorgeaient* et *assassinaient* tout ce qu'ils pouvaient prendre de patriotes ou de Français. »

« Comme tous les corps usés, l'aristocratie de *Venise* était divisée. Aussi les principaux membres du gouvernement ne purent-ils s'entendre. Ils étaient tous effrayés des horreurs d'un siège. Les vieux *oligarques* se virent dans la dure nécessité d'offrir à Bonaparte les modifications à leur Constitution qu'il avait demandées quelque temps avant. Satisfait d'avoir jeté l'épouvante chez les Vénitiens, Bonaparte, jugeant qu'il valait mieux les amener à *se soumettre que de les vaincre*, leur accorda quelques jours pour traiter, et retourna à Milan, où *les plénipotentiaires* ne tardèrent pas à le suivre. »

« Le 25 floréal an V, le doge de Venise est déposé et les Français entrent dans la ville. »

LES QUATRE ANS DE PONTIFICAT DE PIE VI (1795-1799) RÉSISTANCE DES ÉTATS PONTIFICAUX ENLÈVEMENT DE PIE VI (1798)

VI, 26

Quatre ans le siège quelque peu bien tiendra,
Un surviendra libidineux de vie :
Ravenne et Pyse Veronne soustiendront,
Pour eslever la croix de Pape envie.

Le mot *siège* est utilisé par Nostradamus dans le sens de : siège pontifical. Latin *libidinosus* : licencieux, débauché. *Soustenir*, du latin *sustineo* : je résiste. *Eslever*, du latin *elevo* : j'enlève, j'ôte. *Envier* : souhaiter pour soi.

Il tiendra le Saint-Siège tant bien que mal pendant quatre ans. Surviendra alors un personnage licencieux. Ravenne, Pise et Vérone résisteront contre celui qui souhaite enlever au pape sa croix (son pouvoir).

« Pie VI, élu et sacré en 1795, mort en France à Valence en 1799 (*quatre ans*). Le Directoire fit *envahir le territoire pontifical*, et le pape dut signer avec Bonaparte le traité, désastreux pour lui, de Tolentino (1797). À la suite du meurtre dans les rues de Rome (1798) du général Duphot, représentant du gouvernement français, le Directoire *s'empara* de la personne du pape et proclama à Rome la République. Arrêté par le général Berthier, Pie VI fut conduit successivement à Sienne, à la chartreuse de Florence, à Turin, enfin *emmené* (avril 1799) en France, à Grenoble, puis à Valence où il mourut. »

« Le 8 janvier 1797, Bonaparte qui, de Bologne où il était allé *menacer* le pape, n'avait pas cessé un instant d'avoir l'œil sur l'Adige, apprit qu'un *engagement* avait eu lieu sur tous ses avant-postes. Sur-le-champ, il repasse le Pô avec deux mille hommes, et se rend de sa personne à *Vérone* afin de deviner les projets du maréchal Alvinzi. »

« Le traité de Tolentino fut signé le 19 février 1797. Le pape cédait les légations de Bologne et de Ferrare, ainsi que la belle province de la *Romagne* (ancienne province de l'État ecclésiastique, qui avait pour chef-lieu *Ravenne*). » *Cf.* I, 12 ; IX, 5 ; VIII, 33.

MASSACRES DE VÉRONE ET VENISE (1797) ANNEXION DE LA VÉNÉTIE, VENGEANCE FRANÇAISE CAPTURE DE NAPOLÉON PAR LE CAPITAINE MAITLAND (15 juillet 1815)

VIII, 33

Le grand naistra de Véronne et Vicence,
Qui portera un surnom bien indigne,
Qui à Venise voudra faire vengeance,
Lui-même pris homme du guet et signe.

Naître de : provenir, résulter de. Napoléon Ier constitua un duché de *Vicence* en faveur du général Caulaincourt. *Surnom bien indigne* : allusion à l'étymologie de Napoléon, « nouvel exterminateur » (*cf.* I, 76). *Guet* : surveillance de nuit dans une place de guerre. *Signe*, du latin *signum* : drapeau rouge que l'on déploie au moment de l'attaque ; le pavillon de guerre de la marine anglaise est une croix rouge sur fond blanc.

La grandeur de celui qui portera un surnom méprisable résultera (des campagnes) de Vérone et Vicence. Il voudra accomplir une vengeance à Venise et sera lui-même fait prisonnier par un homme du guet et du drapeau rouge.

« Le 23 nivôse an V (1797), le général Alvinzi attaqua Joubert et le resserra sur Rivoli. Le même jour Provera poussait deux avant-gardes, l'une sur *Vérone*, l'autre sur Legnago. Masséna, qui était à Vérone, en sortit, culbuta cette avant-garde et fit neuf cents prisonniers... *Bonaparte arrivait à Vérone* au moment où Masséna venait de repousser les Autrichiens.

« Pendant qu'on se réjouissait en France, la plus vive agitation continuait dans la haute Italie. Les villes *vénitiennes* de terre ferme y étaient toujours en hostilité avec la population des campagnes. C'est à *Vérone* surtout que semblaient se préparer de grands événements. Le 28 germinal an V, des bandes de paysans entrèrent dans *Vérone* en criant : "Mort aux jacobins !" Balland fit retirer ses troupes dans le fort, mais tous les Français trouvés dans les rues furent égorgés et jetés dans l'Adige... Mais l'instant de *la vengeance* n'était pas éloigné. Des troupes accouraient de toute part au secours de *Vérone*. Après un combat sanglant contre les troupes vénitiennes, le général Chabran entoura *Vérone*, qui se rendit sans condition. Quelques-uns des chefs de l'insurrection furent fusillés. Cet événement qu'on appela les "*pâques véronaises*", ne fut pas le seul que les Français eussent à venger. Un lougre français qui s'était réfugié sous les batteries du Lido, à *Venise*, y fut reçu à coups de canon et l'équipage fut massacré par des marins esclavons. Quand Bonaparte apprit les massacres de *Vérone* et l'assassinat du Lido, il ne voulut plus écouter les deux envoyés de Venise. Sur-le-champ il publia un long manifeste où sont récapitulés tous les griefs des Français *contre les Vénitiens* et déclara que les hostilités étaient commencées. Le lion de Saint-Marc fut abattu dans toutes les provinces. On proclama partout *l'abolition du gouvernement de Venise*... Ainsi, sans se compromettre, Bonaparte avait renversé l'absurde aristocratie qui l'avait trahi et avait placé à Venise dans la même situation que la Lombardie, le Boulonais, le Modénois et le Ferrarois. La révolution faisait tous les jours de nouveaux progrès dans toutes les parties de l'Italie. »

« Entre-temps le vaisseau anglais, le *Bellérophon*, capitaine Maitland, vint reconnaître la rade : une frégate de la même nation accourut aussi pour surveiller les mouvements des frégates et dès lors leur sortie offrit quelques difficultés...

« Un autre vaisseau de ligne, le *Northumberland*, reçut le *grand prisonnier*. »

ANNEXIONS DE VENISE
OCCUPATION DE VENISE PAR BONAPARTE (1797)
VENISE ET L'AUTRICHE (1797, 1805, 1849)

V, 29

La liberté ne sera recouvrée,
L'occupera noir, fier, vilain, inique,
Quand la matière du pont sera ouvrée,
D'Hister, Venise faschée la république.

Noir : allusion au chapeau noir de Bonaparte (*cf.* I, 74 : *le noir poil crêpe*). *Pont*, du grec *pontos* : la mer. *Hister* : ancien nom du Danube ; la plupart des exégètes, peu soucieux de précision, ont fait de ce mot *Hitler* !

La liberté (de Venise) ne sera pas recouvrée. Un personnage (Bonaparte) (au chapeau) noir, orgueilleux, l'occupera honteusement et injustement quand la matière maritime (la flotte) sera mise en œuvre. Puis la République de Venise sera fâchée par ceux du Danube (les Autrichiens).

« En 1797, Venise, bien qu'elle fût restée neutre en apparence, fut occupée par Bonaparte, qui, par le traité de Campoformio, livra tout son territoire à l'Autriche (ne gardant que les îles au sud-est), contre la cession du duché de Milan et la limite du Rhin. En 1805, la paix de Presbourg joignit Venise et son territoire au royaume d'Italie, mais le tout revint à *l'Autriche* en 1814 et, uni à la Lombardie, forma le royaume lombard vénitien. Sous la domination autrichienne, Venise n'a fait que dépérir. En 1848, elle proclama *la République*, mais elle fut réduite en 1849 après un long et glorieux siège et vit son sort s'aggraver. Elle a été réunie au royaume d'Italie en 1866. »

« Législateur, arbitre, conseiller des peuples d'Italie, Bonaparte s'occupait aussi de soins plus grands encore. Il s'était emparé de *la marine de Venise* et avait appelé dans l'Adriatique l'amiral Brueys, avec quatre mille matelots français, pour aller prendre possession des îles vénitiennes de la Grèce. Malte était aussi l'objet de la convoitise de Bonaparte. "De ces différents postes, écrivait-il au Directoire, nous dominerons la Méditerranée"... »

CHARLES-EMMANUEL II, ROI DE SARDAIGNE (1798-1802)

VIII, 88

Dans la Sardaigne un noble Roy viendra,
Qui ne tiendra que trois ans le royaume,
Plusieurs couleurs avec soy conjoindra,
Luy mesme après soin sommeil marrit scome.

Couleurs : drapeaux, États. *Marrit*, du latin *maritus* : uni. *Scome*, anagramme du mot latin *comes* : compagnon.

En Sardaigne viendra un roi de race noble qui ne gardera son royaume que trois ans. Il réunira à son royaume plusieurs autres États, après avoir pris soin de lui-même (de sa succession), il mourra uni à la Compagnie (de Jésus).

« Charles-Emmanuel II, associé aux infortunes des Bourbons auxquels il était allié, fut forcé de céder à la France *ses États continentaux* pris par Napoléon et *se retira en Sardaigne* en décembre 1798. *Trois ans* après d'infructueux efforts pour comprimer les ferments de révolution, il abdiqua en faveur *de son frère* Victor-Emmanuel et alla vivre à Rome, où il mourut sous l'habit de *jésuite.* »

PREMIÈRE CAMPAGNE D'ITALIE (1796-1797)
BONAPARTE À VILLANOVA, CRÉMONE ET MANTOUE
I, 24

A cité neuve à pensif pour condamner,
L'oisel de proye au Ciel se vient offrir :
Après victoire à captifs pardonner,
Crémone et Mantoue grands maux aura souffert.

Villanova, littéralement : *cité neuve*. *Oisel de proye* : l'aigle napoléonien. *Ciel* est utilisé avec une majuscule pour désigner l'Église catholique.

À Villanova on ne pensera plus à condamner Bonaparte qui fera des offres à l'Église. Après sa victoire, il fera preuve de clémence envers les prisonniers. Les villes de Crémone et Mantoue auront beaucoup souffert.

« Dès le lendemain matin, Bonaparte fit recommencer la poursuite sur Vicence. Arrivé à la hauteur de la chaussée qui mène de Brenta à Vérone, en passant par *Villanova*, il laissa à la cavalerie seule le soin de poursuivre l'ennemi, et songea à rentrer à Vérone par la route de *Villanova* et de Caldiero, afin de venir au secours de Vaubois. Quand les Véronais virent cette poignée d'hommes, qui étaient sortis en fugitifs par la porte de Milan, rentrer en vainqueurs par la porte de Venise, ils furent saisis de surprise. *Amis et ennemis ne purent contenir leur admiration*. Dès ce moment, il n'entra plus dans les craintes de personne qu'on pût chasser les Français de l'Italie. »

« Bonaparte avait maintenant devant lui l'Adda, qu'il n'avait pas pu tourner comme le Tessin, parce qu'il n'aurait fallu traverser le Pô qu'à Crémone. Les divisions Serrurier et Laharpe furent laissées à Pizzighettone, Lodi, *Crémone* et Cassano, pour garder l'Adda. »

« Bonaparte avait à peine signé la capitulation de Mantoue, qu'il était parti sans attendre que le maréchal Wurmser eût défilé devant lui, et s'était rendu à Bologne pour *aller faire la loi au pape*. »

« Bonaparte assembla *les prisonniers* faits dans la journée aux bords du Senio, et leur parla en italien. Ces malheureux s'imaginaient qu'on allait les égorger. Bonaparte les rassura, et leur annonça, à leur grand étonnement, qu'il *les laissait libres* à condition qu'ils iraient éclairer leurs compatriotes sur *les intentions des Français, qui ne venaient détruire ni la religion ni le Saint-Siège*, mais qui voulaient écarter seulement les mauvais conseillers dont le pape était entouré. »

CAMPAGNE D'ÉGYPTE (1798)
ADMINISTRATION DU PAYS PAR BONAPARTE

I, 8

Combien de fois prinse Cité solaire,
Seras changeant les loix barbares et vaines :

Ton mal s'approche. Plus seras tributaire,
Le Grand Hadrie recouvrira tes veines.

Cité solaire : traduction de *Heliopolis* en grec ; Kléber remporta dans cette ville proche du Caire, le 20 mars 1800, une victoire éclatante sur les Turcs.

Combien de fois sera prise la ville du Caire où les lois musulmanes sans valeur seront changées. Ton malheur s'approche. Tu payeras encore plus un tribut. À partir de l'Adriatique le grand (personnage Bonaparte) accaparera tes richesses.

« *Le Caire* fut pris par les Turcs en 1517, par les Français en 1798, par les Anglais en 1801, et rendue à la Porte (Turquie) aussitôt. »

« C'est en Italie, et en promenant sa pensée sur le Levant, qu'il (Bonaparte) conçut la première idée de l'expédition célèbre qui fut tentée l'année suivante. "C'est en Égypte, écrivait-il, qu'il faut attaquer l'Angleterre" (lettre du 16 août 1797). Pour arriver à ses fins, il avait fait venir l'amiral Brueys dans *l'Adriatique* (*Hadrie*) avec six vaisseaux, quelques frégates et quelques corvettes… »

« L'armée avait achevé de débarquer, il s'agissait maintenant de créer à Alexandrie une administration conforme aux mœurs du pays, et d'arrêter un plan d'invasion pour s'emparer de l'Égypte. »

« Bonaparte prit ses dispositions pour établir l'autorité française à Alexandrie, pour quitter ensuite le delta et s'emparer du *Caire*, capitale de toute l'Égypte. Bonaparte établit au Caire un divan, comme il avait fait à Alexandrie. Ce divan, ou conseil municipal, devait lui servir à gagner l'esprit des Égyptiens. Il fut convenu que dans toutes les provinces il en serait établi de pareils, et que ces divans particuliers enverraient des députés au divan du Caire, qui serait ainsi le grand divan national (*changeant les loix barbares*). »

« Le 21 octobre 1798, Le Caire s'insurgea. Flambée terrible qui coûta la vie à quelque deux cent cinquante Français, dont le gouverneur du Caire, le général Dupuy. *Les représailles furent terribles* autant que discrètes (*ton mal s'approche*). L'œuvre de pacification et d'*organisation* fut plus remarquable : il fallait percevoir toutes les ressources nécessaires (*tributaire*) à l'armée, et cela dans un pays misérable. »

MASSÉNA DANS GÊNES (mai 1800) DÉFAITE DE L'ARMÉE IMPÉRIALE LE PAIN D'AVOINE DES ASSIÉGÉS (1800)

VII, 39

Le conducteur de l'armée françoise,
Cuidant perdre le principal phalange :
Par sus pavé de l'avaigne et d'ardoise,
Soy parfondra par Gennes gent estrange.

Avaigne, du provençal *avenas* : pain d'avoine. (« Masséna, après s'être saisi de tous les grains, avait mis l'armée et le peuple à la ration. De nouvelles recherches furent faites, et on trouva en menus grains de toute espèce, seigle, avoine et autres, de quoi nourrir le peuple et l'armée avec de mauvais pains... ») *Ardoise* : dans l'*Histoire universelle* d'Aubigné on trouve la phrase, « Ils firent du pain de paille hachée et d'*ardoise.* » Ancien français *parfondre* : renverser complètement.

Le chef de l'armée française (Napoléon Ier), croyant sa principale armée (Masséna) perdue, quand on mangera sur le pavé des rues du pain d'avoine et d'ardoise, bouleversera dans Gênes les étrangers (Autrichiens).

« Si Napoléon avait pu déboucher en Italie, il aurait déjà saisi le général autrichien (*gent estrange*) et l'aurait arraché des murs de Gênes. D'autres prétendaient que le général Bonaparte avait considéré l'armée de Ligurie *comme un corps* sacrifié (*cuidant perdre le principal phalange*) à une grande opération. “Eh bien ! ajoutaient les Génois et nos soldats eux-mêmes, on nous a sacrifiés à la gloire de la France.” »

« Le grand caractère de Masséna s'était soutenu jusqu'à la fin. Avant de se rendre, disaient les soldats, il nous fera manger jusqu'à ses bottes ; le triste pain fait avec de l'*avoine* et des fèves avait été dévoré aussi. Les *rues* (*sus pavé*) étaient jonchées de malheureux expirant d'inanition.

« Ainsi finit le siège mémorable, pendant lequel *une armée française* venait de se signaler par de si grandes vertus et de si grands services. Elle avait fait plus de prisonniers et tué plus d'ennemis qu'elle ne comptait de soldats. Avec quinze mille hommes, elle avait pris ou mis hors de combat plus de dix-huit mille *Autrichiens*. Elle avait surtout ruiné le moral (*parfondra*) de l'armée impériale, en la contraignant à des efforts continuels et extraordinaires. Mais veut-on savoir à quel prix cette brave garnison de *Gênes* avait fait de telles choses ? Le général en second Soult était resté aux mains de l'ennemi. »

LES SEPT ANS DE GUERRE POUR LE MILANAIS (1792-1800) NAPOLÉON DANS MILAN (2 juin 1800)

VII, 15

Devant cité de l'Insubre contrée,
Sept ans sera le siège devant mis
Le très grand Roy y fera son entrée,
Cité puis libre hors de ses ennemis.

Les *Insubres* étaient un peuple de la Gaule cisalpine, qui habitait au nord du Pô, entre l'Adda, le Tessin et les Alpes, dans le pays qui correspond au *Milanais* actuel, et avait pour chef-lieu *Mediolanum* (Milan).

Milan et le Milanais seront assiégés pendant sept ans. Puis le très grand chef (Napoléon Ier) y fera son entrée. La cité sera alors libérée de ses ennemis.

« Les Républiques de Venise et de Gênes, où le patriciat était cependant identifié avec l'État, mais où étaient grandes aussi les défiances contre l'Autriche (les ennemis pour les Italiens) et le roi de Sardaigne, parurent, malgré leur neutralité, pencher vers la France. »

« Telles étaient les dispositions de la péninsule lorsque la déclaration de guerre faite en 1792 par l'empereur François à la Révolution française jeta l'Italie dans la lutte. Dès le début de la guerre, les maîtres de l'Italie purent convaincre qu'ils n'auraient pas seulement contre eux les Français. L'empereur François fit descendre des Alpes dans la vallée du Pô de nouvelles troupes pour contenir le *Milanais* et appuyer Victor-Amédée III.

« Au mois de mai 1800, Mélas s'apprêtait à passer le Var pour envahir la Provence, on ne laissait plus aucun espoir à Masséna, bloqué avec les dernières troupes françaises dans Gênes. Tout à coup, Bonaparte descendit le Grand-Saint-Bernard, passa avec son artillerie et ses bagages sous le feu du fort de Bard, et occupa une partie du Piémont. Masséna, après une longue et héroïque résistance, avait rendu la ville de Gênes aux Autrichiens, le 4 juin. Mais, depuis deux jours déjà, le *Premier consul était dans Milan* et il y proclamait de nouveau la République, au milieu d'une joie qui tenait du délire. Mélas ramena en toute hâte ses troupes vers le Pô, espérant encore avoir raison de cette audace. Mais Bonaparte reprit le commandement de l'armée, et, dans les plaines de Marengo, le 10 juin, acheva ce que le passage du Saint-Bernard avait si bien commencé : les Français rentrèrent dans Gênes ; *l'empereur François*, frappé d'épouvante, *demanda un armistice pour traiter de la paix : et la France redevint encore l'arbitre des destinées italiennes* (*cité puis libre hors de ses ennemis*). »

Chapitre III

L'épopée napoléonienne

COUP D'ÉTAT DE BONAPARTE (18 brumaire an VIII)
LES IDÉES DE ROUSSEAU VIEILLIES

I, 7

Tard arrivé, l'exécution faite,
Le vent contraire, lettres au chemin prises :
Les conjurés XIIII d'une secte,
Par le Rousseau senez les entreprises.

Moyen français *senez* : sénile, c'est-à-dire inopérant. *Entreprises* : initiatives.

Bonaparte arrivera tard, après l'exécution de Louis XVI. Après la prise de lettres, quatorze conjurés d'un parti rendront inopérantes les initiatives de (Jean-Jacques) Rousseau.

« Ses (Bonaparte) conseillers habituels, Roederer, Réal, Regnaud de Saint-Jean-d'Angély, Bruix, Talleyrand, lui amenaient tous les jours des membres du parti modéré et politique dans les Conseils. C'étaient, dans les Cinq-Cents, Boulay (de la Meurthe), Gaudin, Chazal, Cabanis, Chénier ; dans les Anciens, Cornudet, Lemercier, Fargues, Daunou. Leur avis à tous était qu'il fallait s'allier au *vrai parti, au parti réformateur*, et s'unir à Sieyès, qui avait une Constitution toute faite, et la majorité dans le Conseil des Anciens. Bonaparte était bien de leur avis, et sentait qu'il n'avait pas deux choix à faire, mais il fallait que l'on s'approchât de Sieyès, et c'était difficile. »

Les *quatorze* : Roederer, Réal, Regnaud, Bruix, Talleyrand, Boulay, Gaudin, Chazal, Cabanis, Chénier, Cornudet, Lemercier, Fargues et Daunou.

FIN DE LA Ire RÉPUBLIQUE (18 brumaire an VIII). NAPOLÉON ET LE CODE CIVIL

I, 61

La république, misérable infélice,
Sera vastée du nouveau Magistrat,
Leur grand amas de l'exil malefice,
Fera Suève ravir leur grand contract.

Latin *vastus* : désert, désolé. *Suève* : grand peuple de l'ancienne Germanie.

La République misérable malheureuse sera dévastée par un nouveau magistrat, le grand nombre des exilés qui porte malheur fera retirer aux Allemands leur traité d'alliance.

« Au lendemain du coup d'État de Brumaire, Bonaparte présente une nouvelle Constitution dans laquelle lui revient *le pouvoir prépondérant.* Le Premier consul, Bonaparte, a seul le pouvoir de décision ; de plus, Bonaparte a l'initiative des lois. »

« Il a la gloire de publier *le Code civil* (1804), commencé dès la Constituante. »

« Le grand Empire domine l'Europe au moins jusqu'en 1812. Beaucoup d'États adoptent un code de lois et une administration imités de ceux de la France. »

« La Prusse, alliée douteuse en 1812, était avec les Russes en 1813... L'Autriche elle-même prit parti contre Napoléon, et cet exemple fut suivi, malgré la victoire de Dresde, par la Bavière, le Wurtemberg et les Saxons (*Suève*) que leur vieux roi essaya en vain de retenir dans *l'alliance française.* »

« La découverte d'un nouveau complot royaliste permet à Bonaparte de faire rétablir la monarchie à son profit : il feint de croire qu'on voulait l'assassiner pour le remplacer par un prince de sang, le jeune duc d'Enghien ; il le fait enlever en *territoire allemand* et fusiller dans les fossés du château de Vincennes, en mars 1804. »

FIN DE LA RÉVOLUTION ET DE LA Ire RÉPUBLIQUE COUP D'ÉTAT DE BONAPARTE (18 brumaire an VIII)

I, 3

Quand la lictière du tourbillon versée,
Et seront faces de leurs manteaux couverts :
La republique par gens nouveaux vexée,
Lors blancs et rouges jugeront à l'envers.

Tourbillon, dans le sens de : révolution, grand trouble. *Faces de leurs manteaux couverts* : image pour désigner un complot (sous le manteau : clandestinement). Les *blancs* étaient les Vendéens, les *rouges* les révolutionnaires (*cf.* Robespierre qualifié de *grand rouge*).

Quand le lit de la Révolution sera renversé par un complot, la (Ire) République sera vexée par des nouveaux venus ; les blancs et les rouges jugeront (le nouveau régime) de façon contraire.

« Le général Bonaparte s'assure de l'appui de militaires, Moreau, Lefebvre, Bernadotte, de soutiens financiers, Perrégaux, Ouvrard, enfin de la complicité d'hommes de l'Institut, Cabanis, Laplace... Afin d'isoler le Corps législatif, la majorité des députés (on a omis les plus dangereux) sont convoqués le 18 brumaire pour une session extraordinaire. Sous prétexte de menace de complot (*seront faces de leurs manteaux couverts*), on vote le transfert des deux Chambres à Saint-Cloud et Bonaparte, nommé commandant des troupes de Paris, prête serment. »

« La Constitution de l'an VIII est promulguée le 14 décembre 1799. Les trois consuls entrent en fonctions le 25 décembre, avec ces mots : "La Révolution est fixée aux principes qui l'ont commencée... Elle est finie." »

Dès sa prise de pouvoir, Napoléon place les membres de sa famille et ses amis à tous les postes importants (*gens nouveaux*), notamment ses frères et sœurs : Lucien, président du Conseil des Cinq-Cents ; Joseph Bonaparte, roi de Naples en 1806, puis d'Espagne ; Élisa, à qui, en 1809, Napoléon donne le titre de grande duchesse de Toscane ; Pauline, duchesse de Guastalla (ville d'Émilie) en 1803 ; Louis, père de Napoléon III, roi de Hollande (1806-1810) ;

Caroline, qui épouse Joachim Murat en 1800, reine de Naples ; Jérôme, roi de Westphalie (1807-1813) ; Joachim Murat, beau-frère de Napoléon, roi de Naples (1808-1814) ; Bernadotte, maréchal de France, qui devint roi de Suède en 1818.

En raison du Concordat, les Vendéens se rallièrent au Consulat, alors que les révolutionnaires furent écartés du pouvoir.

LA GUERRE CAUSE LA CHUTE DE LA MONARCHIE (1792)
RUINE DES ÉTATS PONTIFICAUX
MALHEURS DE PIE VI
COUP D'ÉTAT DU 18 BRUMAIRE AN VIII

VI, 25

Par Mars contraire sera la Monarchie,
Du grand pescheur en trouble ruyneux :
Jeune noir rouge prendra la hiérarchie,
Les proditeurs iront jour bruyneux.

Le *grand pescheur* : allusion à l'anneau du *pêcheur* qui servait depuis le XVe siècle à sceller les brefs pontificaux ; quand Napoléon Ier obligea Pie VII, prisonnier à Savone, à lui remettre cet anneau, le pape n'y consentit qu'après l'avoir brisé ; Pie VII le remplaça par un sceau de fer représentant saint Pierre avec ses clés. *Noir* : allusion au chapeau de feutre *noir* que portait Napoléon, mais aussi qualificatif péjoratif (*cf.* V, 29 ; I, 74 ; III, 43). Latin *proditor* : révélateur, traître, qui viole les lois. *Bruyneux* : brumaire (mois du calendrier républicain, du 22 octobre au 20 novembre – le coup d'État a lieu le 18 brumaire).

La guerre sera défavorable à la monarchie. La révolution sera ruineuse pour le pape. Un jeune noir prendra la hiérarchie aux rouges et les conspirateurs prendront le pouvoir un jour de brumaire.

« Le 20 avril 1792, Dumouriez arracha au roi la déclaration d'une guerre qui a fait couler des torrents de sang pendant dix ans, et dont l'Europe était loin de prévoir les résultats. L'assemblée ne sut aucun gré au roi de sa complaisance, et, de plus en plus ombrageuse et exigeante, elle cessa la garde constitutionnelle du monarque, envoya son chef, M. de Brissac, à la cour d'Orléans, et réduisit ainsi le malheureux prince à ne pouvoir opposer la moindre défense aux coups qu'on se préparait à lui porter. »

« La Révolution française éclata dans le ciel romain comme un coup de tonnerre. Le soulèvement révolutionnaire des États pontificaux français, puis la constitution civile du clergé révélèrent à Rome l'étendue du danger. Le mouvement révolutionnaire français avait des admirateurs à Rome même... C'est en 1796 que les Romains perçurent vraiment le danger, quand l'armée française entra en Italie, sous le commandement de Bonaparte. Le pape se mit en relation avec le général, dut verser des contributions levées sur les États pontificaux, cinq cents manuscrits anciens et cent œuvres d'art (*ruyneux*)... Au traité de Tolentino (19 février 1797), le pape dut renoncer définitivement à Avignon et au Comtat venaissin et payer quarante-six millions de *scudi*... Le 20 février, le pape fut fait prisonnier et emmené. Bonaparte fit enlever comme butin de guerre d'inestimables œuvres d'art et en chargea cinq cents voitures... »

« Le 18 *brumaire* (*jour bruyneux*) fut le *jour* choisi pour la translation des Conseils, et le 19 celui de la séance définitive... Quoique le secret de la *conspiration* fût bien gardé, on s'attendait de toutes parts à un grand événement. »

BONAPARTE CONTRE LES RÉVOLUTIONNAIRES (1799) OCCUPATION DE L'ITALIE (1797)

VI, 38

Aux profligez de paix les ennemis,
Après avoir l'Italie suppérée ;
Noir sanguinaire, rouge sera commis,
Feu, sang verser, eau de sang colorée.

Profligez, du latin *profligo* : je vaincs complètement, j'anéantis, je ruine. *Suppérée*, du latin *supero* : je vaincs, je l'emporte. *Commettre* : compromettre, exposer ; allusion au passage de la Berezina.

Les ennemis de la paix (les révolutionnaires) seront vaincus (par Bonaparte) après qu'il aura vaincu l'Italie. Ce personnage noir et sanguinaire compromettra les rouges. Puis, par la guerre, il fera couler le sang qui colorera l'eau.

« Les démarches des émigrés auprès des cours étrangères pour s'immiscer dans les affaires de la France avaient soulevé la fierté nationale contre les prétentions de l'étranger et, de là, un cri de guerre immédiate, que l'organe des Brissot, des Vergnaud, des Danton et autres énergumènes, plus ou moins altérés de sang et sous le nom de cordeliers et de girondins (*ennemis de la paix*). »

« Les élections de l'an V ne prouvent pas précisément que le peuple français soit content ou ait confiance en ses maîtres. Un vingtième seulement des députés sortants qui se sont présentés a trouvé grâce aux yeux de leurs électeurs. Les citoyens envoient dans les assemblées, non point des personnalités choisies à l'intérieur même du régime, mais des républicains très modérés ou même des royalistes. Les présidents des assemblées sont deux ennemis de la Révolution (*rouge sera commis*). C'est au moment où l'on apprend le résultat de ces élections déplorables pour la tranquillité des directeurs, que le texte des préliminaires de Leoben parvient à Paris. Que faire ? Ce Bonaparte se signale par les actes d'indiscipline, par le mépris de la légalité et des prérogatives du pouvoir civil, il traite, sans y avoir été autorisé, au nom de la France. On approuve les préliminaires de Leoben. Après, les directeurs sont bien forcés de laisser Bonaparte agir à son gré et régner sur l'Italie tout à son aise. Car Bonaparte *règne sur l'Italie* (*l'Italie suppérée*). »

LE 18 BRUMAIRE
BONAPARTE ET SES DEUX FRÈRES
L'ARMÉE FRANÇAISE SUR LE VAR

VIII, 97

Aux fins du Var changer le Pompotans,
Près du rivage les trois beaux enfans naistre :
Ruyne au peuple par aage competans,
Regne au pays changer plus voir croistre.

Pompotans ou *pampotans*, mot fabriqué avec le mot grec *pas* et *potent* : tout-puissant ; ce mot désigne l'Angleterre dans trois quatrains. *Infans* : qui ne parle pas, privé de la parole.

C'est aux confins du Var qu'on verra changer la toute-puissance de l'Angleterre. La carrière de trois personnages, n'ayant pas encore la parole, prendra naissance. Après la ruine du peuple que l'époque (révolutionnaire) avait permise, le pouvoir connaîtra des changements et croîtra davantage.

« Gloire éternelle à Masséna, qui venait d'exécuter une des plus belles opérations dont l'histoire de la guerre fasse mention, et qui nous avait sauvés dans un moment plus périlleux que celui de Valmy et de Fleurus. Zurich est le plus beau fleuron de Masséna. »

« Pendant que ces événements si heureux se passaient en Suisse, la victoire nous revenait en Hollande. Brune, faiblement pressé par l'ennemi, avait eu le temps de concentrer ses forces, et après avoir battu les Anglo-Russes à Kastrikum, les avait enfermés au Zip, et *réduits à capituler...* »

« La France était sauvée, mais elle n'était que sauvée ; elle n'avait point encore recouvré son rang, et elle courait même des dangers sur le *Var.* »

« Pendant ce temps, cet homme, objet de vœux si singuliers, voguait tranquillement sur les mers, *au milieu des flottes anglaises*. Craignant, d'après les derniers événements, que le midi de la France ne fût envahi, il avait gouverné, *non vers les côtes de Provence, mais vers celles du Languedoc.* Il voulait débarquer à Collioure ou à Port-Vendres. Un coup de vent l'avait ramené vers la Corse, il avait ensuite fait voile vers Toulon. On allait arriver, lorsque tout à coup, au coucher du soleil, on vit sur le flanc gauche du vaisseau trente voiles ennemies : on les voyait au milieu des rayons du soleil couchant. On proposait de mettre un canot à la mer pour aborder furtivement à terre. Se confiant toujours dans le destin, Bonaparte dit qu'il fallait attendre. L'ennemi, en effet, disparut, et le 17 vendémiaire an VIII (8 octobre 1799), à la pointe du jour, les frégates le *Muiron* et la *Carrère*, les chebecs la *Revanche* et la *Fortune*, vinrent mouiller dans le golfe de Fréjus (*près du rivage*). »

« Ses deux frères Lucien et Joseph (*trois beaux* enfants), les députés de son parti, faisaient chaque jour de nouvelles conquêtes dans les Conseils. »

« Telle fut la révolution du 18 Brumaire, jugée diversement par les hommes, regardée par les uns comme l'attentat qui anéantit l'essai de notre liberté, par les autres comme un acte hardi, mais nécessaire, qui termina l'anarchie (*ruyne au peuple*). »

LE COUP D'ÉTAT DU 18 BRUMAIRE
LES QUATORZE ANS DE RÈGNE
(9 novembre 1799-6 avril 1814)

VII, 13

De la cité marine et tributaire,
La teste raze prendra la Satrapie :
Chassez sordide qui puis sera contraire,
Par quatorze ans tiendra la tyranie.

Teste raze : surnom de Napoléon, le « petit tondu ». Les *Satrapes* étaient dans l'Empire médo-persan les gouverneurs des provinces (préfets) chargés de l'administration et du recouvrement de l'impôt (percepteurs).

Du port qui lui paye un tribut (de guerre) le « petit tondu » prendra le pouvoir (civil). Il chassera les gens sordides (le Directoire) contre lesquels il s'élèvera, il tiendra la tyrannie pendant quatorze ans.

« Déployant une immense activité, Bonaparte organise l'Égypte en une sorte de *protectorat…* mais il est impatient de rentrer en France où l'évolution politique l'inquiète et il s'embarque secrètement à *Alexandrie* (*cité marine et tributaire*). »

« Bonaparte renverse le régime du Directoire et s'impose comme consul. Ce dernier coup d'État *met fin à la période révolutionnaire.* »

« La réorganisation du pays : Bonaparte utilise les pouvoirs immenses dont il est investi pour réorganiser la France. La centralisation administrative : il crée les préfets, représentants du gouvernement dans les départements. La réorganisation des finances : une nouvelle administration fiscale est mise en place. Il crée de nouveaux fonctionnaires : les contrôleurs et les *percepteurs* (la *Satrapie*). »

Du 9 novembre 1799 au 6 avril 1814, Napoléon aura occupé le pouvoir pendant *quatorze ans*, trois mois et vingt-sept jours.

« J'étais passé à cheval une heure auparavant, et mes yeux avaient été frappés par une inscription tracée en gros caractères noirs sur le premier pilastre du pont : "*À bas le tyran !*" Je n'eus que le temps de l'envoyer effacer. »

ANNEXION DE VÉRONE (1805)
MORT DE NAPOLÉON (1821)
CONGRÈS DE VÉRONE (1822)

I, 12

Dans peu dira faulce brute fragile,
De bas en hault eslevé promptement ;
Puis en istant desloyale et labile,
Qui de Veronne aura gouvernement.

Dira, du latin *dirare* : éclaircir. *Faulce*, du latin *falcem* : faux. *Brute*, du latin *brutus* : stupide, insensé. *Fragile*, du latin *fragilis* : faible, périssable. *Istre*, forme de *estre* : être.

Dans peu de temps la faux (de la mort) éclaircira le personnage insensé et périssable, savoir celui qui aura été rapidement élevé de bas en haut. Puis, en étant déloyal, celui qui aura le pouvoir sur Vérone sera cassé.

« En 1796, Bonaparte manœuvre autour de la place (Vérone) pour couvrir le blocus de Mantoue contre les tentatives des Autrichiens. Mais le 17 avril 1797 eut lieu dans la ville, à l'instigation des Autrichiens, un massacre général des Français. En 1805, le traité de Presbourg *donna Vérone à la France* qui en fit *le chef-lieu* du département de l'Adige. La ville retomba, en 1815, au pouvoir de l'Autriche qui y réunit en 1822 le célèbre congrès dont Chateaubriand a écrit l'histoire. »

Nostradamus note ici que c'est à Vérone que se tiendra une réunion de la Sainte-Alliance, aussitôt après la mort de Napoléon.

« La République portait partout la liberté aux peuples, elle faisait des hommes libres de tous les sujets des petits tyrans qu'elle renversait ;

l'Empire, au contraire, faisait disparaître ces hommes libres pour en faire les sujets de ces nouveaux souverains. Combien la Révolution et les hommes de la Révolution avaient *dégénéré* depuis l'attentat du 18 Brumaire… Le Sénat n'avait plus assez d'encens pour Napoléon, mais ce furent les évêques qui l'emportèrent dans le concours d'adulations. Qu'on ne s'étonne donc plus si Bonaparte se crut *le plus grand* des *mortels* et le prédestiné de Dieu. »

LE DUC DE BRUNSWICK ET LES DIVISIONS D'ORANGE SON ACCORD SECRET AVEC DUMOURIEZ (1792) AUERSTADT (1805)

XI, 46

Vie fort mort de l'Or vilaine indigne,
Sera de Saxe non nouveau électeur ;
De Brunsvic mandra d'mour signe,
Faux le rendant au peuple séducteur.

Or, pour Orange, par apocope. *Saxe* et *Brunsvic* : à Auerstadt, ville de *Saxe*, victoire de Davout sur les Prussiens (14 octobre 1805), qui lui valut le titre de duc d'Auerstadt à la place du duc de Brunswick, tué dans cette bataille. *D'mour*, pour Dumouriez.

Il perdra la vie par une mort violente malgré les actes indignes et vilains (des divisions) d'Orange ; il ne sera pas le nouvel électeur de Saxe, Brunswick, auquel Dumouriez aura demandé une signature, son esprit faux ayant séduit le peuple.

« Le 8 octobre 1805, le premier bulletin présente la situation politique, l'entrée en Saxe des troupes prussiennes et la marche en avant de la Grande Armée. La Prusse n'a pas profité de l'initiative diplomatique qu'elle avait prise. Ses forces sont dispersées ; cent quarante mille hommes seulement sous Rüchel, *Brunswick* et Hohenlohe, désemparés par des ordres et des contrordres, défendent la route de Thüringe. »

« Auerstadt : à gauche, la situation est assez critique, Brunswick faisait porter l'effort des divisions d'Orange et de Wartensleben ainsi qu'une partie de l'infanterie de Schmettau. Les troupes françaises durent abandonner Hassenhausen, que le général Morand réussit à reprendre. Mais le prince Guillaume de Prusse chargea avec furie la division Morand formée en carrés... Le duc de Brunswick et le général Schmettau furent grièvement blessés (*vie fort mort*). »

« Brunswick-Lunebourg (Charles-Guillaume-Ferdinand, duc de), général au service de la Prusse, longtemps nommé le *prince héréditaire*, fut choisi pour général en chef des armées coalisées contre la France en 1792. Après avoir publié un manifeste menaçant (*vilaine indigne*) le 25 juillet 1792, il entra en Champagne avec une armée considérable, mais vaincu à Valmy, il traita avec Dumouriez (*d'mour signe*). Ayant repris un commandement en 1805, il fut battu à Iéna et *mortellement blessé* d'un coup de feu près d'Auerstadt. »

PREMIER MARIAGE DE NAPOLÉON (1796)
SACRE (1804)
DIVORCE ET SECOND MARIAGE (1809)

Sixain 57

Peu après l'aliance faicte,
Avant solemniser la feste,
L'Empereur le tout troublera.
Et la nouvelle mariée,
Au franc pays par fait liée,
Dans peu de temps après mourra.

Peu après s'être marié, avant de faire une fête solennelle, l'Empereur divorcera et la nouvelle mariée sera fortement liée à la France par le mariage ; peu de temps après il mourra.

« Le 8 ventôse (8 mars 1796) Bonaparte était nommé général en chef de l'armée d'Italie ; le 16 il épousait sa belle Créole (Joséphine de Beauharnais)... *Le sacre*, sans cesse différé en raison de contretemps et à cause de Sa Sainteté Pie VII, qui remettait à plus tard son voyage en France, n'aura lieu que le *2 décembre 1804. La veille* (*avant*) Napoléon et Joséphine ont fait procéder à leur mariage religieux. »

« Le 2 décembre 1804, sacre à Notre-Dame. Avant le départ pour l'église, l'Empereur reçoit Talleyrand qui a laissé le croquis suivant de cet entretien : "Sans la *solennité* du moment, j'aurais eu de la peine à retenir mon sang-froid"… »

« En octobre 1809 il était décidé à *divorcer* et à se *remarier* en quelques semaines. Il atermoya, encore plein de pitié pour la pauvre Joséphine, et ce n'est que le 30 novembre qu'il s'en ouvrit à elle. Avec douleur, elle finit par se résigner et, le 16 décembre seulement, le divorce était consommé. Là-dessus l'Autriche offrit une de ses grandes-duchesses, *Marie-Louise*. Il agréa l'offre et, le 2 avril dans la chapelle du Louvre, le cardinal Fesch, oncle de l'Empereur, bénissait le *mariage* de Napoléon et de Marie-Louise. »

« La nuit du 4 au 5 mai 1821, tous les serviteurs restèrent auprès de lui. Maintenant il balbutiait ; on distingua à un moment les mots "France… Mon fils… Armée… Tête d'armée… *Joséphine*…" Ce furent ses dernières paroles. Elles semblaient un résumé de sa vie… Ainsi avait disparu, à cinquante et un ans, l'homme qui en avait vécu deux cents. »

CAMPAGNE D'ÉGYPTE (1799)
PROCLAMATION DE L'EMPIRE (2 décembre 1804)

I, 74

Après séjourné vogueront en Epire,
Le grand secours viendra vers Antioche,
Le noir poil crespé tendra fort à l'Empire,
Barbe d'airain le rostira en broche.

Épire, du grec *Epeiro* : continent, terre ferme. *Antioche* : capitale de la Syrie. *Noir poil crespé* : le feutre est fait avec du poil crêpé. Ahenobarbus (barbe d'airain) : mari d'Agrippine qui représente chez Nostradamus la République pour des raisons de parallélisme historique (Agrippine eut pour enfant Néron qui fit assassiner sa mère ; Napoléon eut pour enfant la République – surnom qu'on lui donna – qu'il exécuta pour la remplacer par l'Empire).

Après un séjour (en Égypte) ses soldats vogueront vers un autre continent, ils viendront chercher le grand secours vers Antioche, celui qui porte un feutre noir ambitionnera l'Empire et rôtira en broche la République.

« Préparée en grand secret, l'expédition d'Égypte commence par des succès, échappant aux escadres de l'Anglais Nelson qui croisent en Méditerranée… Mais le 1er août 1798, Nelson détruit la flotte française dans la rade d'Aboukir. L'expédition française est prisonnière de sa conquête… Napoléon repousse les attaques turques en *Syrie* (*Antioche*) et en Égypte ; mais il est *impatient* de rentrer en France… »

PREMIÈRE CAMPAGNE D'ITALIE (1796-1797)
ASCENSION DE NAPOLÉON (1796-1800)
LA NOBLESSE D'EMPIRE

IX, 5

Tiers, doigt du pied, au premier semblera,
A un nouveau monarque de bas en haut :
Qui Pyse et Luques Tyran occupera,
Du précédent corriger le deffault.

Le tiers état, qui n'est pas plus qu'un doigt de pied, se mettra à ressembler au premier (ordre) grâce à un nouveau chef venu du bas jusqu'au sommet (de la hiérarchie) et qui occupera en tyran Pise et Lucques ; ainsi il corrigera le défaut (de pouvoir) du monarque précédent (Louis XVI).

« La société à la fin du XVIIIe siècle comprend officiellement trois ordres : la noblesse, le clergé et le tiers état.

« C'est dans le tiers état que se remarquent les plus grandes différences : les riches bourgeois qui ont gagné des fortunes dans le commerce maritime, l'industrie ou les opérations financières sont des plus considérés… Les marchands enrichis sont acheteurs d'offices qui *les anoblissent.* »

« Bien que de goûts personnels simples, Napoléon juge opportun de rehausser son prestige en s'entourant d'une *cour* nombreuse, brillante, régie par une étiquette minutieuse, imitée de celle de Versailles. »

« La guerre et *l'ascension* de Bonaparte : Bonaparte, général à vingt-sept ans, n'est encore que le général Vendémiaire. »

« Les contributions de guerre qu'il a levées sur les vaincus ont permis à Bonaparte de faire vivre son armée et d'envoyer au Directoire des fonds

indispensables. Aussi décide-t-il en *maître* des conditions de la paix signée avec l'Autriche à Campo-Formio (octobre 1797) ; il constitue dans le Nord de l'Italie une *République cisalpine*, alliée de la France. »

« La pointe sud de cette République sera constituée par la Toscane avec les villes de *Pise* et *Lucques.* »

« La République française, qui a juré haine aux *tyrans*, a aussi juré fraternité aux peuples ! »

LE PLÉBISCITE.
LA MÉGALOMANIE DESTRUCTRICE DE NAPOLÉON Ier

V, 60

Par teste rase viendra bien mal eslire,
Plus que sa charge ne porte passera :
Si grand fureur et rage fera dire,
Qu'à feu et sang tout sexe tranchera.

Le « petit tondu » bien malheureusement viendra se faire élire, il fera plus de choses que son pouvoir ne peut en porter ; on dira de lui qu'il est plein de fureur (guerrière) et de rage ; il mettra tout à feu et à sang sans différence de sexes.

« En pratique, Bonaparte désigne les membres des Assemblées ; tout part de lui, tout revient à lui. Le plébiscite organisé lui apporte un éclatant témoignage de confiance populaire : plus de trois millions de "oui" contre mille six cents "non". »

Lettre d'un officier français, de Moscou, le 30 septembre 1812 : « L'occupation de Moscou et *malheureusement l'incendie* presque total de cette riche et superbe ville… Nous vivons de *pillage* et de maraude… On prétend que c'est le gouvernement russe qui a fait *incendier* cette belle capitale pour nous priver des ressources que nous aurions pu y trouver. Je ne sais ce qui en est ; mais je puis dire que nos soldats l'ont bien secondé ; qu'on se figure des soldats ivres, fouillant des maisons de bois avec des chandelles allumées, des torches, des tisons, voilà le spectacle que présentait Moscou le lendemain de notre arrivée. *L'incendie* a duré trois jours. Jamais on ne vit spectacle plus terrible et plus navrant !... C'est suivant moi *la catastrophe la plus effroyable* que présente notre siècle si fertile en événements désastreux... »

GUERRES CONTRE L'ITALIE, L'ESPAGNE ET L'ANGLETERRE MARIAGE AVEC MARIE-LOUISE D'AUTRICHE (1810)

IV, 54

Du nom qui oncques ne fut au Roy Gaulois,
Jamais ne fut un fouldre si craintif :
Tremblant l'Itale, l'Espagne et les Anglois,
De femme estrange grandement attentif.

Fouldre, employé au figuré, du genre féminin ou masculin, selon que la métaphore se rapporte, dans la pensée, au sens physique ou au sens mythologique ; mais c'est ordinairement le sens mythologique qui prévaut lorsqu'on veut désigner un guerrier ou un orateur impétueux (Napoléon était un *foudre de guerre*). *Estrange*, la plupart du temps utilisé par Nostradamus pour : étranger.

D'un nom qui ne fut jamais porté par le roi de France (Napoléon) – nouvelle dynastie –, jamais on ne vit un si redoutable foudre (de guerre) : il fera trembler l'Italie, l'Espagne et l'Angleterre, très attentionné pour une femme étrangère.

« Par les décrets de Berlin et de *Milan* (décembre 1807), Napoléon interdit le commerce avec *l'Angleterre* dans la plupart des ports européens. Pour que le Blocus soit efficace il faut qu'il soit partout appliqué. Or le *pape* et le roi du Portugal refusent d'appliquer le Blocus. Napoléon annexe *les États pontificaux*, emprisonne le pape et décide d'occuper le Portugal. Une armée française traverse *l'Espagne* pour atteindre le Portugal... »

Nostradamus, comme l'histoire, relie ces trois pays confrontés au même problème. D'autre part, divorcé de Joséphine, Napoléon épousa une *étrangère*, Marie-Louise d'Autriche.

TRAFALGAR (21 octobre 1805)
LES DIFFÉRENTS SIÈGES DE PAMPELUNE, LA NAVARRE ET L'ESPAGNE

Sixain 41

Vaisseaux, gallères avec leur estendar,
S'entrebatteront près du mont Gibraltar
Et lors sera fors fait à Pampelonne,
Qui pour son bien souffrira mille maux,
Par plusieurs fois soustiendra les assaux.
Mais à la fin unie à la Couronne.

Gibraltar : détroit à l'entrée duquel, du côté espagnol, se trouve le cap de Trafalgar. *Pampelonne* : ville de la Navarre. *Soustenir*, du latin *sustineo* : je résiste.

Des flottes avec leurs étendards s'affronteront près de Gibraltar, puis il sera commis des forfaits à Pampelune, qui souffrira mille maux pour son bien. Plusieurs fois elle résistera à des assauts, mais elle sera enfin réunie à la Couronne (d'Espagne).

« Trafalgar : *bataille* navale gagnée, le 21 octobre 1805, par la flotte anglaise de Nelson sur les *flottes* combinées de la France et de l'Espagne que commandait l'amiral Villeneuve... La flotte française ne joua plus qu'un rôle insignifiant dans les guerres du premier Empire. »

« Les Français entrèrent dans *Pampelune* en 1808 et en 1829. Elle a été souvent prise et reprise (*plusieurs fois soustiendra les assaux*) dans les dernières guerres civiles d'Espagne (1831-1842). »

« Navarre, province de l'Espagne septentrionale, chef-lieu Pampelune. L'histoire de la Navarre espagnole se confond jusqu'en 1512 avec celle du royaume de Navarre. Depuis lors, la Navarre s'est signalée par son attachement à ses anciens privilèges, *sa résistance*, de 1808 à 1814, aux troupes françaises et, au XIXe siècle, par son dévouement au carlisme (*unie à la Couronne*). »

BATAILLE DE TRAFALGAR (21 octobre 1805)
LES SEPT TROIS-PONTS DE LA FLOTTE ANGLAISE
L'AMIRAL GRAVINA BLESSÉ
LES CINQ BATEAUX RESCAPÉS

VII, 26

Fustes et gallères autour de sept navires,
Sera livrée une mortelle guerre :
Chef de Madric recevra coup de vires,
Deux eschapez et cinq menés à terre.

Fuste : espèce de bâtiment long et de bas bord qui marchait à la voile et à la rame. *Vire* : trait d'arbalète, empenné en hélice, ce qui lui imprimait un mouvement de rotation.

Avec des corvettes et des frégates autour de sept navires, une bataille mortelle sera livrée. Le chef espagnol sera blessé ; deux bateaux qui se seront échappés en ramèneront cinq à terre.

« Le 21 octobre, à 7 heures du matin, au large du cap Trafalgar, on aperçut l'ennemi qui, prévenu par ses frégates, arrivait du nord-ouest. La flotte combinée comptait 33 vaisseaux (18 français et 15 espagnols) et cinq frégates, portant 2 856 canons. L'escadre de Nelson ne comprenait que 27 vaisseaux dont sept *trois-ponts*, il est vrai, contre quatre et six frégates ou corvettes avec 3 214 canons... Le combat cessa avant 18 heures, mais dans la nuit, une violente tempête mit en perdition de nombreux bâtiments désemparés ; quatre vaisseaux de l'escadre combinée qui avaient été capturés coulaient ou se brisaient sur la côte, les Anglais en sabordèrent ou brûlèrent quatre autres. En revanche, le 22 octobre, le capitaine Cosmao ressortit de ce port avec cinq vaisseaux et réussit à *récupérer deux prises* (*deux eschapez et cinq menés à terre*). Les pertes des Franco-Espagnols atteignaient 14 000 hommes, dont 4 408 *tués et noyés* et 2 549 blessés et plus de 7 000 prisonniers (*mortelle guerre*). Le contre-amiral Magon avait été tué et *Gravina mortellement blessé*. »

« Gravina, amiral espagnol, était, dit-on, le fils naturel de Charles III... La paix ayant été faite avec la France, *il commanda* la flotte *espagnole* (*chef de Madric*) réunie devant Cadix à la flotte française sous les ordres de l'amiral Villeneuve, en 1805 ; *il fut blessé* (*recevra coup de vires*) à la bataille de Trafalgar, et mourut peu après de ses blessures, en 1806. »

WURTZBOURG, POINT DE DÉPART DES CONQUÊTES (1806) RETOUR DE L'ÎLE D'ELBE (1815) DÉBARQUEMENT PRÈS D'ANTIBES

X, 13

Soulz la pasture d'animaux ruminants,
Par eux conduicts au ventre herbipolique :
Soldats cachez, les armes bruits menants.
Non loing temptez de cité Antipolique.

Animaux ruminants : au XVIe siècle, on ignorait la différence entre herbivores (chevaux) et ruminants (bovidés, ovins). *Herbipolis* : Wurtzbourg, ville de Bavière ; le mot *ventre* est utilisé par Nostradamus pour désigner l'importance de cette ville pour la suite des événements. *Cité Antipolique* : Antibes.

Après avoir fait paître et conduit ses chevaux jusqu'à Wurtzbourg, (Napoléon), avec des soldats dissimulés qu'il conduira avec des bruits d'armes, fera une tentative (de débarquement) non loin d'Antibes.

« Tous les renseignements que recevait Napoléon montraient que la guerre était très prochaine. Le 21 septembre 1806, il fit part à Duroc et à Caulaincourt de son intention d'être à Mayence le 29. L'Empereur quitta Paris le 25 septembre et arriva à Mayence le 28 dans la matinée. En arrivant sur les bords du Rhin, Napoléon pouvait compter sur une masse de deux cent mille combattants... Napoléon quitta Mayence le 1er octobre dans la soirée, traversa Francfort la nuit, arriva le soir à *Wurtzbourg* où il descendit au palais du grand-duc, ancienne résidence épiscopale. Il fut accueilli par un grand nombre de princes allemands avec lesquels il s'entretint en manifestant une charmante humeur. Pendant ce temps, à Erfurt, un conseil de guerre prussien réunissait le roi, le duc de Brunswick, le prince de Hohenlohe, le maréchal de Mollendorf, plusieurs ministres et généraux. Une note fut préparée pour Napoléon ; la France était accusée de mauvais procédés envers la Prusse et ses troupes devaient évacuer l'Allemagne à partir du 8 octobre. »

« *Wurtzbourg* fut occupée par les Français en 1806. Elle a été rendue à la Bavière en 1814. »

« Le 26 février 1815 au soir, l'Empereur monte à bord de l'*Inconstant*, avec son état-major et une partie des *mille cent hommes qu'il emmène.* Les autres s'entassent sur six bâtiments hétéroclites. Le 1er mars au matin, la flottille passa au large d'*Antibes*, et, peu après midi, mouilla dans le golfe Juan. Le bivouac fut établi dans une olivette (*soldats cachez*) entre la mer et la route de *Cannes à Antibes.* »

ANNEXION DE NAPLES ET DE LA SICILE (1806) LES TROUPES FRANÇAISES EN ESPAGNE (1807-1808)

III, 25

Qui au Royaume Navarrois parviendra
Quand la Sicile et Naples seront joincts,
Bigores et Landes par Foix loron tiendra,
D'un qui d'Espagne sera par trop conjoinct.

Sur la Navarre, *cf.* le sizain 41.
Loron, pour Oloron, ville de la Bigorre.

Celui qui parviendra dans le royaume de Navarre, quand Naples et la Sicile seront réunies, occupera la Bigorre et les Landes par Foix et Oloron, à cause d'un roi d'Espagne trop allié à lui.

« En 1805 l'infant don Carlos, en échange de Parme et de Plaisance, obtient de l'Empereur la cession *de Naples et de la Sicile*, ainsi que les ports de Toscane, pour lui, pour ses descendants. »

« En 1806, le roi d'Espagne appelle les Espagnols aux armes. Napoléon ne put pas douter que cette provocation fût dirigée contre la France. Sans doute qu'il est charmé qu'on lui fournisse le prétexte d'attaquer les Bourbons *d'Espagne*, mais il est obligé de dissimuler le moment d'inquiétude que vient de lui donner *un allié* si timide... De cet instant il jure la perte de cette monarchie et se flatte de ravir aux Bourbons de Madrid la couronne d'Espagne, comme il vient d'enlever celle des Deux-*Siciles* aux Bourbons de *Naples.* »

« Napoléon donna ordre au général Junot de se mettre à la tête du corps d'armée d'observation de la Gironde et de marcher sur Lisbonne. Junot arriva à *Bayonne* (à travers les Landes) le 5 septembre et franchit les Pyrénées quelques jours après.

« Pendant que le corps d'armée du général Junot s'installait dans les provinces centrales du Portugal, une nouvelle armée française se formait du côté de Bayonne, et une autre se rassemblait dans le *Roussillon.* L'Espagne ne fit plus de difficultés pour accorder le passage à ces troupes et, en peu de jours, des corps français envahirent la Catalogne et la *Navarre.* »

NÉGOCIATION DES ÉTATS PONTIFICAUX (1807)
RETRAITE DE RUSSIE (1812)

II, 99

Terroir Romain qu'interprétait augure.
Par gent gauloise par trop sera vexée :
Mais nation Celtique craindra l'heure,
Boréas, classe trop loin l'avoir poussée.

Interpres pacis : négociateur de la paix. *Augure* a donné *augustus* : titre des empereurs romains. Latin *boreas* : borée ou aquilon, vent du nord. *Classe*, du latin *classis* : armée, flotte, combat.

Le territoire romain que négociait l'Empereur sera trop vexé par les Français, mais la France aura tout à craindre quand sonnera l'heure du froid, parce qu'elle aura poussé son armée trop loin.

« À l'exemple d'*Auguste*, Napoléon veut éterniser son souvenir. »

« Les difficultés religieuses viennent de ce que Napoléon tient le pape prisonnier (à Savone, puis à Fontainebleau depuis 1812) : le pape refusait d'appliquer le Blocus dans ses *États*, il les occupe. »

« Le 14 septembre 1812 Napoléon entre à Moscou, comptant y prendre ses quartiers d'hiver. Dans la nuit, un incendie détruit la ville et les réserves qu'elle contenait. Napoléon espère que le tsar va demander la paix, mais il n'en est pas question car des renforts lui arrivent. Comprenant qu'il s'est fourvoyé, Napoléon donne l'ordre de la retraite. La marche de retour est pénible. Le pays dévasté n'offre pas de ressources, les Cosaques attaquent sans répit, la faim et un *hiver précoce et rigoureux épuisent* les soldats. »

« Je demandai à Napoléon à quoi il attribuait le peu de succès de l'expédition. "*Au froid prématuré* et à l'incendie de Moscou, dit-il ; j'étais de quelques jours en arrière ; j'avais calculé le froid qu'il avait fait depuis cinquante années et l'extrême froid n'avait jamais commencé avant le 20 décembre, vingt jours plus tard qu'il ne commença." »

MAINMISE DE NAPOLÉON SUR L'ÉGLISE

II, 36

Du grand prophète les lettres seront prinses.
Entre les mains du tyran deviendront.
Frauder, sois Roy seront les entreprises,
Mais ses rapines bien tost le troubleront.

Latin *propheta* : prêtre ; le *grand prophète* : le pape. Latin *fraudare* : dépouiller par fraude, frustrer.

Du pape les bulles seront saisies et seront dans les mains du tyran, il entreprendra de dépouiller par fraude son chef (spirituel), mais ses rapines ne tarderont pas à le troubler.

« Aucun bâtiment suédois, anglais, ni russe ne doit entrer dans les États du pape ; sans quoi je les ferai *confisquer*. Je n'entends plus que la cour de Rome se mêle de politique. Je protégerai ses États contre tout le monde. Il est inutile qu'elle ait tant de ménagements pour les ennemis de la religion. Faites *expédier les bulles* pour mes évêques » (lettre de Napoléon à son parent le cardinal Fesch, 13 février 1806).

« Si je n'avais pas porté la main sur les États pontificaux, dit Napoléon, et cru réduire une puissance spirituelle par la force, toute la suite de mes malheurs ne serait pas arrivée (*mais ses rapines bien tost le troubleront*). »

ASCENSION DE BONAPARTE
NAPOLÉON ET L'ÉGLISE

VIII, 57

De soldat simple parviendra en empire,
De robe courte parviendra à la longue :
Vaillant aux armes en église ou plus pyre,
Vexer les prêtres comme l'eau faict l'esponge.

Robe courte : la cotte d'armes, jupe courte plissée à la ceinture que portaient les hérauts d'armes au Moyen Âge, et qu'ils gardèrent jusqu'à la Révolution ; métonymie pour la fonction militaire.

De simple soldat il deviendra empereur, de militaire il deviendra magistrat, aussi vaillant à la guerre que nuisible à l'Église, et vexera les prêtres autant qu'une éponge absorbe d'eau.

« Avec *l'Église* les rapports sont apparemment bons jusqu'en 1808. Mais lorsque sa politique l'amène à occuper les États pontificaux et à incarcérer le pape qui proteste et l'excommunie, le clergé et les catholiques prennent parti pour le chef de l'Église : il perd ainsi l'appui des catholiques. »

« Vous vous êtes laissés mener par les *prêtres* et les nobles qui voudraient rétablir la dîme et les droits fiscaux. J'en ferai justice : *je les lanternerai* !" » (Napoléon au petit peuple en 1815).

« Le conflit avec l'Espagne se fait tous les jours plus aigu et détourne l'Empereur de son but primitif, qui était simplement de se soumettre le chef des États romains. Il en est déjà à montrer de *l'hostilité* à certaines catégories de prêtres, ce qui en détache d'autres. »

« Des historiens se sont étonnés que Pie VII ait choisi, pour rendre la rupture définitive, un incident somme toute politique. En 1810, Pie VII dira à Chabrol : "J'ai été poussé à l'extrémité ; *j'avais de l'eau jusqu'au menton* quand je me suis mis à crier (*comme l'eau faict l'esponge*)." »

NAPOLÉON ET LES PERSÉCUTIONS DES RELIGIEUX EN ITALIE (1809) SON EFFIGIE SUR LES MONNAIES SA FIN EN TERRE ÉTRANGÈRE (1821)

VI, 9

Aux temples saincts seront faits grands scandales,
Comptez seront pour honneur et louanges :
D'un que l'on grave d'argent, d'or les medales,
La fin sera en tourmens bien estranges.

Prêtres : évêques, moines, papes. Noter la construction latine. *Medales* : ancienne monnaie des Grecs ou des Romains. Sosie de l'Empire, les monnaies françaises portent, sur l'avers, l'effigie de Napoléon, avec la légende « Napoléon Empereur » et, au revers, « République française ».

De grands scandales seront faits aux personnages saints de l'Église catholique auxquels seront comptés les honneurs et les louanges par un dont on gravera l'effigie sur des pièces d'or et d'argent (le napoléon), mais qui finira tourmenté par des étrangers (les Anglais).

« Le 10 juin 1809, une proclamation, signée de Miollis, de Salicetti et de hauts fonctionnaires civils, apprenait aux Romains l'annexion de leur ville et du reste des domaines de l'Église au grand Empire… L'opposition, jusqu'à l'enlèvement du *pape*, le 6 juillet 1809, dans son palais, dont les portes furent enfoncées par le général Radet, et à son transfert à Savone, demeura passive… Le pape prisonnier, les sept *cardinaux* qui, en décembre 1809, demeuraient encore à Rome en furent à leur tour évincés… Il fallut donc d'abord disperser et séculariser les *moines*. Dominicains, franciscains, cordeliers, augustins et jusqu'à trois maronites furent expulsés de leurs couvents : six cents à Rome, sept cent trente et un dans les deux départements du Tibre et du Trasimène. Plus graves furent les démêlés avec le clergé séculier et surtout avec l'épiscopat, dont on exigeait un serment d'allégeance à l'Empereur que Pie VII, de Savone, avait secrètement défendu… Ce fut ensuite la résistance des *chanoines* et des *curés*, qui devaient aussi prêter serment et pour qui le refus signifiait l'évacuation vers Plaisance, où l'on avait créé de véritables caravansérails pénitentiaires à leur intention : quatre cent vingt-quatre y étaient évacués le 6 juin 1810, trois cent soixante-dix le 14 août. L'émotion populaire soulevée par ces mesures de rigueur fut telle que la Consulte décida de ne plus déporter de prêtres ayant dépassé soixante ans. Ceux-ci revinrent donc de Plaisance, et les Romains les accueillirent avec des marques touchantes de *vénération* (*honneur et louanges*). »

PILLAGES ET GUERRES NAPOLÉONIENNES
NAPOLÉON CONTRE L'ÉGLISE CATHOLIQUE
ARRESTATION DES PRÊTRES (1809)
INTERNEMENT DE PIE VII À FONTAINEBLEAU (1810)

VII, 73

Renfort de sièges manubis et maniples,
Changez le sacre et passe sur le prosne.
Prins et captifs n'arreste les preztriples,
Plus par fonds mis eslevé, mis au trosne.

Manubis, du latin *manubiae* : argent provenant du butin fait sur l'ennemi. Latin *maniple*, syncope de *manipulus* : troupe. *Sacre*, du latin *sacer* : sacré. *Passer sur* : n'avoir aucun égard pour (*cf.* passer par-dessus). *Prosne* : instruction chrétienne qu'un prêtre fait, le dimanche, à la messe paroissiale. *Preztriple*, pour *prestrerie* : prêtrise, vie de prêtre ; exemple de paragoge pour les besoins de la rime. *Fonds*, du latin *fons* (de *fundo*) : source, fontaine.

Il y aura encore plus de pillages et d'armées. Les lois saintes seront changées et on ne pratiquera plus la religion. On arrêtera et on emprisonnera les prêtres. Mieux, celui qui avait été mis sur le trône (de saint Pierre) sera mis à *Fontaine*(bleau).

« "Nous n'avons jamais eu de *troupes aussi nombreuses* et aussi belles", écrivait Napoléon le 7 fructidor an XIII (25 août 1805) à Duroc, grand maréchal du palais... On estime à un million six cent mille hommes le nombre des Français ayant servi sous les drapeaux de 1802 à 1815. »

En ce qui concerne l'arrestation des prêtres, *cf.* VI, 9.

« L'application à l'État romain des mesures de la *législation ecclésiastique issue de la Révolution* (*changez le sacre*) y engendre des résistances beaucoup plus accentuées que dans la vallée du Pô ou en Toscane. Les membres de la Consulte extraordinaire eussent souhaité en différer ou en tempérer la mise en pratique. Mais Napoléon tenait à l'uniformisation des *lois* de son Empire. Il fallut donc d'abord disperser et séculariser les moines. »

« *La mainmise impériale sur l'Église* atteint son point culminant avec le Catéchisme impérial publié en 1806. »

« L'Église catholique, si privilégiée qu'elle soit, ne doit compter que sur elle-même pour contrebattre les hostilités déclarées ou occultes, comme pour *amener les indifférents à la pratique* (*passe sur le prosne*). *L'incroyance* s'alimente – avec une vague coloration déiste – des sarcasmes et des objections dont Voltaire a fourni l'exemple le plus marquant. »

« Au matin du 6 juillet 1810, Pie VII est arrêté au Quirinal et c'est le début d'une captivité qui va durer plus de quatre ans : Savone puis *Fontainebleau.* »

SIÈGE DE SARAGOSSE (1808-1809)
APRÈS L'ITALIE, LA GUERRE D'ESPAGNE (1808)

III, 75

Pau, Véronne, Vincence, Saragosse,
De glaives loings, terroirs de sang humides :
Peste si grand viendra a ta grande gousse,
Proches secours, et bien loin les remèdes.

Glaive : symbole de la guerre, des combats. *A*, du latin *a* ou *ab* : par. *Gousse* : enveloppe de graines ; image pour désigner un siège qui enveloppe une ville.

L'armée des Pyrénées, après Vérone et Vicence, portera la guerre loin, jusqu'à Saragosse, et inondera de sang ces territoires. Une grande calamité sera provoquée par un grand siège et, malgré des secours proches, les remèdes seront lointains.

« En 1808, pouvant être appelé à se rendre rapidement à la frontière des Pyrénées ou même en *Espagne*, Napoléon ordonne qu'on échelonne sur la route d'étapes (dont *Pau*) des éléments d'infanterie et de cavalerie renforcés de quelques pièces... Voici Murat, lieutenant de l'Empereur, courant vers *Bayonne*... Ce ne sont pas des mercenaires ayant renoncé à leur nationalité, mais une belle jeunesse venue librement derrière celle de *Rivoli*, de *Novi* (campagne d'*Italie*) pour défendre la liberté des peuples et la civilisation. »

« Don José de Palafox, gouverneur de *Saragosse*, organisa dans cette ville une rigoureuse résistance ; après un siège de soixante et un jours, il força les Français à s'éloigner (14 août 1808). Mais ceux-ci étant revenus à la charge, il eut à subir un nouveau siège (*grande gousse*) de deux mois (20 décembre 1808-20 février 1809), plus meurtrier que le premier, dans lequel chaque rue, chaque maison furent disputées. Privé de *tout moyen de défense* (*bien loin les remèdes*), il fut contraint de capituler. »

« L'armée anglaise qui, en janvier 1809, s'était avancée *dans le cœur de l'Espagne* (*proches secours*), se trouva compromise par les résultats de la bataille de Tudela. Napoléon avait donné des ordres pour séparer les Anglais de la mer. Moore, effrayé de voir qu'il allait se trouver sans points de retraite, se hâta de se diriger, à marches forcées, vers les côtes de la Galice... En ce moment, Saint-Cyr s'était établi en Catalogne, le maréchal Lannes occupait l'Aragon et travaillait à réduire Saragosse. »

LA GUERRE D'ESPAGNE (1808)
LE DÉBARQUEMENT DE WELLINGTON (1808)
SA MARCHE JUSQU'AUX PYRÉNÉES (1813)
LA FAMILLE ROYALE ESPAGNOLE EN FRANCE (1808)

IV, 2

Par mort la France prendra voyage à faire,
Classe par mer, marcher monts Pyrénées.

Espagne en trouble, marcher gent militaire,
De plus grand Dames en France emmenées.

La France entreprendra de faire un voyage de mort ; une armée arrivée par mer marchera jusqu'aux Pyrénées. L'Espagne sera en révolte ; des armées y marcheront et le plus grand et ses dames (épouse et fille) seront emmenés en France.

« Le 24 mars 1808, le nouveau roi, Ferdinand VII, entra dans sa capitale aux acclamations des habitants ivres de joie. Tel fut le premier acte de ce grand drame qui devait fournir au peuple espagnol l'occasion de sortir de la molle oisiveté dans laquelle il était plongé (*trouble*), et de se montrer à la fois héroïque et cruel dans la longue et sanglante guerre qu'il soutint pour défendre son indépendance, guerre *désastreuse pour la Fronde*, à qui elle coûta ses plus braves soldats (*voyage de mort*). »

« La première insurrection portugaise éclata le 16 juin, à Porto, et s'étendit si rapidement dans les provinces du Nord que les Français furent contraints de les évacuer. À cette époque eut lieu, à Leiria, le *débarquement de quatorze mille Anglais*, sous les ordres de Wellington (*classe par mer*), et de cinq mille autres commandés par le général Spencer… »

« En 1813, Wellington, après s'être emparé de Saint-Sébastien, passe la Bidassoa (*marcher monts Pyrénées*) et s'établit avec des forces considérables sur le territoire français. »

« Le 10 avril 1808, Ferdinand se met en route ; à chaque relais on rencontre un poste français : déjà le monarque chéri des Espagnols est virtuellement un *prisonnier*. Le 20 avril, il arrive à Bayonne… Charles IV, son père et *Marie-Louise* (*Dame*) n'ont fait aucune difficulté pour monter dans un carrosse qui, flanqué du général Exelmans, *a pris la direction de la France* (*en France emmenées*). Le 30 avril, à Bayonne, ils sont reçus avec des honneurs royaux et Napoléon leur ouvre les bras… Le 6 mai, Charles et *Marie-Louise* sont dirigés sur le château de Compiègne. À Ferdinand est assignée une prison dorée : le château de Valençay, appartenant à Talleyrand. "J'embarquai fort mal cette affaire, déclarera Napoléon à Sainte-Hélène, l'immoralité dut se montrer par trop patente, l'injustice par trop cynique, et le tout demeure fort vilain, puisque *j'ai succombé* (*voyage de mort*)." »

INVENTION DES FUSÉES (1806)
NAPOLÉON ET L'ÉGLISE (1809)
MASSACRES EN ESPAGNE (1809-1810)

IV, 43

Seront ouys au Ciel les armes batre,
Celui an mesme les divins ennemis,
Voudront loix sainctes injustement debatre
Par foudre et guerre bien croyants a mort mis.

Batre les armes : battre le fer pour faire des armes.

On entendra le bruit des armes aériennes ; l'année même où on voudra débattre des lois de l'Église, les catholiques deviendront des ennemis (de Napoléon) ; les croyants seront mis à mort par Napoléon et la guerre.

« Napoléon paraît s'être peu soucié pratiquement de perfectionner l'armement. Pour l'infanterie, l'armurier Pauly aurait pu, semble-t-il, lui fournir un fusil se chargeant par la culasse. En fait, c'est la Prusse qui profita, plus tard, des recherches de cet inventeur et de ses élèves. Plusieurs ingénieurs et officiers français proposèrent à l'Empereur des *fusées*, on ne les encouragea guère ; et finalement c'est en Angleterre que les travaux de Congreve aboutirent à la création du Rockets Corps, le corps des fusées, et ces engins furent utilisés à Leipzig et à Waterloo par les Alliés. Les fusées inventées par William Congreve furent utilisées pour la première fois, en 1806, contre Boulogne par la marine anglaise. »

« Ce n'est pas sur le fait de l'occupation intégrale, en 1808, du territoire pontifical quc sc produira la rupture entre les deux pouvoirs (Napoléon et Pie VII). Ce ne sont point des facteurs économiques, insignifiants dans le cas de l'État romain, mais des *considérations religieuses* (*loix sainctes*) du côté du pape, des nécessités politiques et militaires pressantes du côté de l'Empereur, qui ont ébranlé l'entente des deux souverains (*divins ennemis*) dès la fin de 1809 et *jeté le trouble dans toute l'Église catholique.* »

« La guerre d'Espagne : les chefs ont surgi, dont la plupart se sont révélés au cours des années 1809 (*an mesme*) et 1810... Quelques-uns sont des nobles. Plus nombreux sont les gens d'Église (*bien croyants*)... Exaspérés, les Français ne sont guère en reste de violence. C'est un sergent d'une unité stationnée en Navarre qui relate l'ordre reçu par sa formation au premier village qui tirerait sur nous : "*Mettez tout à feu et à sang* (*a mort mis*), sans épargner les enfants au berceau." »

SOMMET DE L'EMPIRE (1807) EMBARQUEMENT POUR SAINTE-HÉLÈNE (1815)

I, 77

Entre deux mers dressera promontoire
Que puis, mourra par le mors du cheval,
Le sien Neptune pliera voile noire,
Par Calpte et classe auprès de Rocheval.

Entre deux mers : les États pontificaux sont situés entre la mer Adriatique et la mer Tyrrhénienne. *Promontoire*, du latin *promontorium* : point culminant. Albion : nom donné par les Grecs à l'Angleterre, à cause de la blancheur de ses falaises ou à cause d'Albion, fils de *Neptune*. *Calpte*, anagramme de L(ouis) Capet, Louis XVIII. *Rocheval*, du latin *vallo* fort, retranchement, soit : Rochefort.

Entre deux mers il atteindra son point culminant, puis il en mourra en rongeant son frein ; le dieu de la mer le pliera dans son suaire (Sainte-Hélène) après le retour de L. Capet et la flotte (anglaise) près de Rochefort.

« Consacré par la paix de Tilsit, le *grand Empire* apparaît alors comme *formidable*. Toutes les puissances européennes *gravitent* autour de Napoléon, alliées ou soumises par la force (*dressera promontoire*). »

« C'est à ce moment-là que Napoléon *annexe les États pontificaux* et emprisonne le pape. »

« La Chambre exige l'abdication de Napoléon. Il voudrait gagner les États-Unis mais la flotte *anglaise* bloque les côtes. *Il se rend* finalement aux Anglais, qui le traitent en prisonnier de guerre et le déportent dans la petite île de Sainte-Hélène. »

« Il embarqua près de *Rochefort* sur le *Bellérophon* qui devait le conduire de l'île d'Aix à Sainte-Hélène. "Si je n'avais pas porté la main sur les États pontificaux, dit Napoléon, et cru réduire une puissance spirituelle par la force, toute la suite de mes malheurs ne serait pas arrivée." »

ANNEXION DES ÉTATS PONTIFICAUX (1807)
BLOCUS CONTINENTAL (1806-1807)

I, 75

Le tyran Sienne occupera Savone,
Le fort gaigné tiendra classe marine,
Les deux armées par la marque d'Ancone,
Par effrayeur le chef s'en examine.

Sienne : ville de Toscane. *Savone* : ville de Ligurie. *Ancône* : en 1532, fut réunie aux États du pape ; les Français la prirent en 1797 ; en 1809 elle devint chef-lieu du département du Metauro.

Le tyran occupera Sienne et Savone, ayant gagné (des batailles) parce que, le plus fort, il contiendra la flotte anglaise ; les deux armées (battues), (il occupera également) la marche d'Ancône, le chef fera son examen de conscience sur cet acte effrayant.

« Sans attendre l'arrivée des troupes russes alliées, le roi de Prusse engage les hostilités : le même jour son *armée* est battue à Iéna par Napoléon et à Auerstadt par Davout (14 octobre 1806). Reste à vaincre *l'armée russe* (*les deux armées*) ; l'indécise et meurtrière bataille d'Eylau (février 1807) n'apporte pas de solution, mais Friedland (14 juin) est pour Napoléon un net succès qui entraîne des pourparlers de paix, c'est la paix de Tilsit (9 juillet 1807)... Napoléon pense alors venir à bout de l'Angleterre, isolée dans son île, mais *maîtresse de la mer*... C'est le Blocus continental. Napoléon annexe les *États pontificaux* et emprisonne le pape à *Savone*. »

NAPOLÉON ET LES ÉTATS PONTIFICAUX
LE CODE CIVIL (1800-1804)
LA LUTTE CONTRE LES INSURGÉS ROYALISTES (1795)
V, 79

Par sacrée pompe viendra baisser les aisles,
Par la venue du grand Législateur :
Humble haussera, vexera les rebelles,
Naistra sur terre aucun aemulateur.

Pompe : appareil solennel et somptueux ; *sacrée pompe* : les pompes de l'Église.

La venue du grand législateur abaissera le pouvoir de l'Église catholique. Celui-ci anoblira des humbles et vexera les rebelles. Il n'aura sur terre aucun émule.

« Le Consulat ne limita pas ses réformes au droit public, il réussit à unifier par le Code civil l'ensemble du droit privé... Dans cette œuvre collective, où Cambacérès, Tronchet, Portalis et Treilhard jouèrent un rôle important, Bonaparte, qui présida cinquante-cinq séances du Conseil sur cent sept, intervint souvent (*grand Législateur*), et à plusieurs reprises utilement. »

« Le refus de Pie VII de se soumettre au Blocus avait servi de prétexte à l'Empereur pour *confisquer les Marches pontificales*, puis pour occuper Rome où, le 3 février, le général de Miollis était entré à la tête de sa division. Pie VII, qui s'était enfermé dans le Quirinal, menaçait d'excommunier les violateurs de la Ville sainte et, au moment où, grave faute, Napoléon affrontait l'exaspération du peuple espagnol, il en arrivait, autre grosse faute, avec le pape à une guerre ouverte. »

« Pour que son trône né de la Révolution fût entouré des institutions monarchiques, l'Empereur créait une *noblesse d'Empire*, y agrégeant, à côté de ses collaborateurs civils et militaires de *naissance obscure* (*humble*), un grand nombre de ci-devant nobles d'Ancien Régime qui, royalistes naguère, se ralliaient peu à peu depuis sept ans au régime. »

« Le 11 vendémiaire (3 octobre 1795), les électeurs parisiens furent convoqués illégalement par des *meneurs royalistes* (*rebelles*) qui préparaient en même temps une force armée... Une opération militaire fut montée contre la section Le Pelletier, celle de la Bourse, celle des Royalistes. Les insurgés (*rebelles*) disposaient d'environ vingt-cinq mille gardes nationaux. La Convention ne pouvait leur opposer qu'environ cinq mille hommes de troupe. Elle confia le commandement à Barras. Le nouveau chef ne manquait ni de décision ni de vigueur, il s'entoura d'officiers en qui il avait confiance et qui commencèrent ainsi une éblouissante carrière : Brune, le futur maréchal, Murat, le futur prince et roi, et *surtout Bonaparte.* »

MONUMENTS ÉDIFIÉS PAR NAPOLÉON

III, 43

Gens d'alentour de Tarn, Lot et Garonne ;
Gardez les monts Appenines passer :
Votre tombeau près de Rome et d'Anconne
Le noir poil crespe fera trophée dresser.

Trophée, du latin *tropaeum* : monument de victoire. *Le noir poil crespe* : *cf.* I, 74.

Gens de diverses régions (Tarn, Lot et Garonne), gardez-vous de passer les Alpes apennines, votre tombe sera près de Rome et d'Ancône, celui qui porte un chapeau de feutre noir fera élever un monument de victoire.

« Napoléon... fait élever des monuments grandioses (arc de triomphe du Carrousel, colonne Vendôme, temple de la Gloire qui deviendra l'église de la Madeleine, Bourse, projet d'un arc de triomphe gigantesque au bout de l'avenue des Champs-Élysées) qui rappellent ses campagnes victorieuses. »

ACQUISITIONS TERRITORIALES DU DIRECTOIRE
ENLÈVEMENT DE PIE VI (1798) ET PIE VII (1808)
ANNEXION DES ÉTATS PONTIFICAUX (1808)
GUERRE D'ESPAGNE (1808)

IV, 36

Les jeux nouveaux en Gaule redressez,
Après victoire de l'Insubre campaigne :

Monts d'esperie, les grands liez, troussez,
De peur trembler la Romaigne et l'Espaigne.

Insubre : *cf.* VII, 15. *Esperie* : nom donné d'abord par les Grecs à l'Italie. *Trousser* quelqu'un en malle : l'enlever. *Romaigne* : ancienne province de l'État ecclésiastique, avec pour chef-lieu Ravenne.

Les nouveaux pouvoirs seront établis en France, après les victoires de la campagne d'Italie. Par les montagnes d'Italie, les grands seront faits prisonniers et enlevés ; les États de l'Église et l'Espagne trembleront de peur.

« Arrivé à Tolentino d'où il se proposait de déboucher sur Rome, si cela devenait nécessaire, Bonaparte s'y arrêta pour attendre l'effet qu'avait dû produire sa marche rapide... Le pape dépêcha à Tolentino son neveu le duc Braschi et trois autres plénipotentiaires pour y traiter de la paix avec le vainqueur. Le traité fut signé le 1er ventôse (19 février 1797). Le pape renonçait à ses prétentions sur Avignon et le Comtat venaissin : il cédait les légations de Bologne et Ferrare, ainsi que la belle province de la *Romagne*. »

« Le Directoire fit envahir le territoire pontifical, et le pape Pie VI dut signer avec Bonaparte le traité, *désastreux* pour lui, de Tolentino. À la suite du meurtre dans les rues de Rome (1798) du général Duphot, représentant du gouvernement français, le Directoire *s'empara* de la personne du pape et proclama à Rome la République. *Arrêté* par le général Berthier (1798), Pie VI fut conduit successivement à Sienne, à la chartreuse de Florence, enfin *emmené* (avril 1799) en France, à Grenoble, puis à Valence où il mourut. »

« Pie VII refusa d'adhérer au Blocus continental. Napoléon s'empara alors de Rome (1808) et confisqua les États pontificaux. Pie VII répondit en excommuniant tous ceux qui avaient participé à la spoliation du Saint-Siège. Aussitôt le général Radet *l'enlève*, ainsi que le cardinal Pacca, et le fait transporter à Gênes, puis à Savone, enfin à Fontainebleau. »

« Le fanatisme religieux, doublant, en cette *Espagne*, la passion nationale, allait trouver, entre bien d'autres, un aliment dans *la spoliation du pape*. Pie VII, qui s'était enfermé dans le Quirinal, menaçait d'excommunier les violateurs de la Ville sainte et, au moment où, grave faute, Napoléon affrontait l'exaspération du peuple espagnol, il en arrivait, autre grave faute, avec le pape à une guerre ouverte. »

VICTOIRE SUR LES ANGLAIS À ANVERS (24 décembre 1809) DIVORCE DE NAPOLÉON (12 janvier 1810) LA MÉDITERRANÉE, CENTRE DE LA CONTREBANDE CONTRE LE BLOCUS CONTINENTAL (1811) MORT DE L'ARCHEVÊQUE DE PARIS (1808) ARRESTATION DE PIE VII (1810)

Présage, juin

Victor naval à Houche, Anvers divorce.
Né grand, du ciel Feu, tremblement haut brule :
Sardaigne bois, Malte, Palerme, Corse,
Prélat mourir, l'un frappe sur la Mule.

Houche : Houke, faubourg d'Anvers. *Né grand* : Pie VII était comte Charamonti. *Mule* fait peut-être allusion au caractère intransigeant de Pie VII.

Après une victoire navale à Houke, près d'Anvers, il divorcera. Celui qui sera grand par la naissance déclenchera les foudres du ciel, et s'enflammera à cause du séisme provoqué par le haut personnage (Napoléon). La Sardaigne, Malte, la Sicile et la Corse (résisteront au Blocus). Un prélat mourra, et l'un (Napoléon) s'attaquera au pape.

« Pendant que les plénipotentiaires de Napoléon et de l'empereur François s'occupaient de régler les bases de la paix, les Anglais, qui depuis longtemps préparaient une expédition, se présentèrent en force à l'embouchure de l'Escaut. Leur plan consistait à s'emparer de la ville d'*Anvers* et de la flotte française mouillée dans l'Escaut… Les Anglais, maîtres de l'île de Walcheren, menaçaient à la fois la Belgique et la Hollande ; l'escadre d'*Anvers* courait les plus grands dangers… Le maréchal Bernadotte partit pour *Anvers* et ne tarda pas à réunir plus de douze mille hommes. La défense d'*Anvers* fut dès lors assurée. On fit remonter l'escadre jusque sous les murs de la ville, où elle s'embossa. Le 30 septembre, l'invincible escadre de lord Chatam avait successivement abandonné ses stations pour revenir en Angleterre. Le 24 décembre, les Anglais démolirent les arsenaux de Flessingue et se rembarquèrent (*victor naval*). »

« La dissolution du mariage de Napoléon et de Joséphine fut prononcée le 12 janvier 1810. »

« À partir du début de 1810, les voies par lesquelles le commerce anglais pénétrait sur le continent furent fermées les unes après les autres et la contrebande s'effondra… En 1811, le commerce anglais avec l'Europe du Nord et de l'Ouest fut très faible… En revanche, la contrebande se maintint *en Méditerranée*, à partir de *Malte* et à travers les Balkans en direction de l'Autriche. »

« La fin de l'année 1810 fut marquée par une descente en *Sicile* des troupes françaises, qui n'eut d'autre résultat, pour le roi de Naples, qu'une dépense de huit millions et la perte de douze cents hommes abandonnés sur les côtes de l'île. »

« Le 9 juin 1808 est mort le cardinal de Belloy (*prélat mourir*), archevêque de Paris. Napoléon désigne pour lui succéder le cardinal Fesch, que le chapitre nomme administrateur le 1er février 1809. Mais réflexion faite, Fesch refuse et Napoléon nomme Maury archevêque de Paris, le 15 octobre 1810… »

« Au matin du 6 juillet 1810, Pie VII est arrêté au Quirinal et c'est le début d'une captivité qui va durer plus de quatre ans : Savone, puis Fontainebleau (*l'un frappe sur la Mule*). »

GUERRE D'ESPAGNE (1808)
CHUTE DE L'AIGLE (1815)
WELLINGTON DANS LES BASSES-PYRÉNÉES (1812)

IV, 70

Bien contigue des grands monts Pyrénées,
Un contre l'Aigle grand copie addresser :
Ouvertes veines, forces exterminées,
Que jusqu'à Pau le chef viendra chasser.

Copie, du latin *copia* : corps d'armée, troupes, forces militaires. *Ouvrir une veine* : pratiquer une saignée.

Tout près du massif des Pyrénées, un (pays) lèvera de grandes troupes contre l'Aigle (Napoléon) : des tranchées ayant été ouvertes et des forces exterminées, il viendra le poursuivre jusque dans les Basses-Pyrénées.

« L'année 1811 s'achève. Elle n'a pas été décisive. Les Français ont été chassés du Portugal... Résolu à attaquer la Russie, Napoléon entend que les communications entre la France et l'Espagne soient parfaitement assurées. Il donne l'ordre à Marmont de se porter sur Salamanque, pour de là s'en aller au besoin protéger la grande route de Madrid à *Bayonne*. Cela laisse du champ au *commandant en chef* britannique. Il en profite pour amener *la plus grande partie de ses troupes* devant Badajoz. Après quinze jours de *tranchées ouvertes* (*ouvertes veines*), l'assaut est, le 6 avril, donné à la ville. Les Français, après une défense héroïque, sont finalement acculés à la capitulation. Les *excès* auxquels se livre la soldatesque anglo-portugaise atteignent *le comble de l'horreur* et arrachent des larmes au peu émotif Wellington... Le 21 juin 1812, la bataille de Vitoria libère presque toute l'Espagne à travers les provinces basques et la Navarre, les Français refluent vers la frontière, ne conservant dans *la région pyrénéenne* que Pampelune et Saint-Sébastien... Toujours méthodique, Wellington souhaiterait *chasser* d'Espagne les forces françaises qui s'y défendent encore. Mais le cabinet de Londres le presse de pénétrer en France...

Soult, arrivé le 13 juillet à Bayonne, est passé à l'offensive. À la fin août, son armée commence à dévaler le versant méridional des *Pyrénées* en direction de Pampelune, quand Wellington, après un dur combat, le repousse. Empêché de secourir Pampelune, Soult tente de se porter sur Saint-Sébastien. L'Anglais rebrousse chemin et le contraint à repasser la frontière. Le 8 septembre, Saint-Sébastien capitule et se voit *mise à sac*. Le 8 octobre, Wellington franchit la Bidassoa. Dix jours après, Napoléon, écrasé par le nombre, perd devant Leipzig *la bataille des Nations*. Tandis que les alliés traversent le Rhin, Soult se voit forcé d'abandonner la ligne de la Nivelle, puis celle de la Nive, et de se réfugier dans le camp retranché de *Bayonne*. Quant à Wellington il fixe son quartier général à *Saint-Jean-de-Luz*. »

SOULT À BAYONNE, WELLINGTON À SAINT-JEAN-DE-LUZ (1812) LA RUSSIE IMPOSE L'ABDICATION (1814) MORT DE NAPOLÉON À SAINTE-HÉLÈNE (1821)

VIII, 85

Entre Bayonne et à Saint Jean de Lux,
Sera posé de Mars le promontoire :
Aux Hanix d'Aquilon Nanar hostera lux,
Puis suffoqué au lict sans adjutoire.

Promontoire : *cf.* I, 77. *Hanix*, du latin *annixus* : effort. *Aquilon* : désigne toujours la Russie, l'Empire du Nord. *Nanar*, raccourci de Napoléon Bonaparte. *L*atin *lux*, au figuré : lumière, éclat, gloire. *Adjutoire*, du latin *adjutorium* : aide, secours.

Entre Bayonne et Saint-Jean-de-Luz, la guerre atteindra son point culminant. Les efforts de la Russie enlèveront la gloire de Napoléon qui suffoquera dans son lit sans aucun secours.

En ce qui concerne Bayonne et Saint-Jean-de-Luz, se reporter au quatrain précédent.

La fin de la guerre d'Espagne et la bataille de Leipzig, dite « bataille des Nations », furent bien le point culminant (*promontoire*) des guerres napoléoniennes.

« Quelques jours plus tard Mayence était en vue. C'est alors qu'on put entendre un sapeur de la garde dire, en regardant la ville : "Parbleu ! nous avons fait une belle besogne, nous avons été chercher les *Russes* à Moscou pour les amener en France." Les garnisons, laissées dans les places de la Vistule, de l'Oder et de l'Elbe, durent capituler, les unes après les autres. Le désastre était complet.

« *Le tsar Alexandre*, ne pouvant plus rien redouter d'une réaction de Napoléon, exigea aussitôt l'abdication pure et simple que Caulincourt et ses compagnons étaient chargés d'obtenir. »

« *Les souffrances des derniers jours furent atroces* ; luttant contre la douleur, épuisé par les remèdes de charlatan, harcelé par les moustiques et les mouches, bourré de lavements, il se débat contre *l'anéantissement.* »

DÉFAITE DE LA GRANDE ARMÉE (1812-1813)
TRAHISONS ET ABDICATION DE L'EMPEREUR (1814)

IV, 22

La grand copie qui sera déchassée,
Dans un moment fera besoin au Roy,
La foy promise de loing sera faulsée,
Nud se verra en piteux désarroy.

Roy : mot couramment utilisé par Nostradamus pour désigner les chefs d'État, quel que soit leur titre.

La Grande Armée qui sera pourchassée, à un certain moment, manquera à l'Empereur ; la parole donnée sera trahie de loin et il se verra dépouillé et dans un désarroi pitoyable.

« Le corps d'armée de Davout doit devenir le noyau de la nouvelle *Grande Armée*. Armée composite s'il en fut, car, en dehors des troupes venues des cent trente départements de l'Empire, elle comptera des contingents de tous les pays européens alliés ou anciens amis. »

« Le 3 juin 1812, Napoléon rejoint son quartier général à Thorn sur la Vistule. Il s'y trouve au cœur de son armée. Il y a là environ quatre cent mille hommes répartis en trois masses principales. »

« Le 6 novembre, écrit Caulaincourt, fut le jour des nouvelles désagréables. L'Empereur, déjà fort préoccupé par les détails qu'il avait reçus sur le mouvement rétrograde de ses troupes sur la Dvina, dans le moment où il avait le plus besoin de leur succès, fut fortement éprouvé par les premiers détails qu'il reçut sur la *conspiration Malet.* Dès lors, son désir de regagner Paris s'accrut. La Grande Armée est maintenant réduite à vingt-quatre mille combattants, suivis de vingt-cinq mille traînards. »

« Reparti dans la nuit du 6 au 7 avril, Caulincourt entend le tsar remercier le prince de la Moskowa du zèle qu'il avait mis à obliger l'Empereur à abdiquer. Tandis que les faux bruits courent à Paris, *où coteries et intrigues* se multiplient, le duc de Vicence défend pied à pied les articles du traité. Il est émouvant de lire dans son rapport à l'Empereur du 8 avril : "Les Polonais dont Votre Majesté m'a tant recommandé les intérêts seront bien traités. Derniers alliés fidèles, ils parcouraient les rues de Fontainebleau dans la nuit du 6 au 7 avril, avec une partie de la Vieille Garde, en criant Vive l'Empereur ! Mort aux traîtres !" »

« Ney est resté à Paris, ayant donné son adhésion au nouvel ordre de choses établi. L'Empereur, qui le connaissait bien, dit à Caulincourt : "Il était contre moi hier et il se ferait tuer pour moi demain." Il dit aussi : "La vie m'est *insupportable* (*piteux désarroy*) !" et, dans la nuit du 12 au 13 avril, Napoléon tente vainement de se suicider avec un sachet de poison qu'il portait sur lui depuis la retraite de Russie. »

CHUTE DE NAPOLÉON, WATERLOO (1815)
M. DE SAINT-AIGNAN À FRANCFORT (1813)
BATAILLE DE REIMS (13 mars 1814)

I, 26

Le grand du fouldre tombe d'heure diurne,
Mal et prédict par porteur postulaire :
Suivant présage, tombe d'heure nocturne,
Conflict Reims, Londres, Etrusques pestifère.

Postulaire, du *latin postulo* : je demande, je réclame, je requiers. *Étrusques* : la famille Bonaparte se divisa en deux branches ; l'une s'éteignit à Trévise en 1447, l'autre s'établit à Florence (capitale de la Toscane, l'Étrurie) et donna naissance aux Bonaparte de Sarzane, dont devait descendre Napoléon Ier

La grandeur du foudre de guerre commencera à tomber le jour, ce malheur lui ayant été annoncé par un porteur de requête. Suivant ce présage, il tombera la nuit ; après le combat de Reims, l'Étrusque qui a porté la désolation sera battu par les Anglais.

« Le 2 novembre 1813, l'armée française, réduite à soixante-dix mille hommes, avait passé le Rhin. Là finit cette *sanglante* campagne dite de Saxe... Il ne lui restait plus qu'à essayer de traiter avec les alliés ou de combattre jusqu'au dernier soupir. Les propositions de paix furent renouvelées : M. de Saint-Aignan fut appelé à Francfort par M. de Metternich, et le 9 novembre, en présence des ministres de Russie et d'*Angleterre* (*Londres*), on posa les bases d'une pacification générale. Les puissances *demandaient* (*postulaire*) que Napoléon abandonnât l'Espagne, l'Italie, l'Allemagne, la Hollande. M. de Saint-Aignan fut chargé de porter ces bases à Napoléon ; les puissances déclaraient que si elles étaient admises, on ouvrirait la négociation dans une ville des bords du Rhin, mais en même temps elles annonçaient que cette négociation ne suspendrait pas les opérations militaires... Il fallut se préparer à combattre. »

« Le 13 mars 1814, Napoléon arriva sur les hauteurs du Moulin-à-Vent, à une lieue de *Reims*, que le corps du général russe Saint-Priest venait d'occuper. Ce corps couronnait les hauteurs en avant de *Reims*... Le général Krasinsky ayant coupé la route de *Reims* à Berry-au-Bac, les alliés abandonnèrent la ville et se retirèrent en désordre. Les Français firent à cette bataille six mille prisonniers. L'armée impériale séjourna jusqu'au 16 mars dans les environs de *Reims*. Pendant ce séjour, Napoléon reçut les rapports sur la situation générale de l'Empire. »

« Le 18 juin 1815 *au matin*, Napoléon reconnut toute la ligne *anglaise* (*Londres*) et expédia ses ordres aux divers commandants pour la bataille. Tout se mit en mouvement... Napoléon se porta vers Planchenoit, sur une deuxième position, et fit de nouveaux efforts pour arrêter quelques corps, mais tout ralliement devint impossible *dans la nuit* (*heure nocturne*) et toute cette belle armée ne fut plus qu'une masse confuse au milieu de laquelle on entendait crier sauve qui peut. *Les pertes* que les Français firent à Waterloo furent *très grandes*. Dix-neuf mille hommes restèrent sur le champ de bataille. Les alliés y perdirent encore plus de monde. Mais leur victoire n'en fut pas moins des plus complètes. »

RETOUR DE L'ÎLE D'ELBE (1er mars 1815)

X, 24

Le Captif Prince aux Itales vaincu,
Passera Gennes par mer jusqu'à Marseille,

Par grand effort des forens survaincu,
Sauf coup de feu, barril liqueur d'abeille.

Itales, du latin *Aethalis* : ancien nom de l'île d'Elbe ; ce mot représente un piège philologique ; on serait tenté de traduire par « Italie », mais le pluriel interdit ce sens. *Forens* : extérieur, étranger (*cf.* anglais *foreign*). *Sur* : action de dépasser, d'où l'idée de supériorité. *Liqueur d'abeille* : le miel symbolise la douceur (*cf.* X, 89 : *joye et temps mellifique*).

Le prince vaincu, prisonnier sur l'île d'Elbe, passera par le golfe de Gênes en direction de Marseille. En faisant de grands efforts (de guerre), les (armées) étrangères le vaincront par leur supériorité. Sain et sauf des coups de feu, il aura des barils (de poudre) à la place du miel.

« De l'île d'Elbe, Napoléon est informé que les sentiments des Français évoluent en sa faveur. *Il débarque* du golfe Juan le 1er mars... *Les Alliés* sont encore rassemblés au congrès de Vienne et leurs armées campent à proximité des frontières françaises. Ils déclarent Napoléon "au ban d'Europe". Obligé de reprendre la guerre, Napoléon se porte vers le nord avec cent vingt-cinq mille hommes contre cent mille Anglais et deux cent cinquante mille Prussiens (*survaincu*)... Le soir du 18 juin, la panique et la déroute gagnent l'armée française. Quant à Napoléon, *qui a cherché à se faire tuer* dans la bataille (*sauf coup de feu*), il se rend aux Anglais. »

RETOUR DE L'ÎLE D'ELBE (1er mars 1815)
RALLIEMENT DU MARÉCHAL NEY EN BOURGOGNE (17 mars 1815)
DÉCLARATIONS DE LYON
CHARTE DE 1815

II, 76

Foudre en Bourgogne fera cas portenteux,
Que par engin homme ne pourrait faire,
De leur Sénat sacriste fait boiteux,
Fera scavoir aux ennemis l'affaire.

La *Bourgogne* était partagée entre les pays suivants : l'Auxois, le Dijonnais, le Chalonnais, le Charolais, le Mâconnais, l'Auxerrois, l'Autunois, le pays de la Montagne, le Bugey, le Valromey, le pays de Dombes et le pays de Gex. *Portenteux*, du latin *portentum* : présage (ordinairement malheureux). *Engin*, du latin *ingenium* : esprit, intelligence. *Sénat* : nom donné dans certains États qui ont deux Assemblées législatives à celle d'entre elles qui est considérée comme la première, et qui provient moins directement voire pas du tout de l'élection populaire (dans ce sens, prend une majuscule). *Sacriste*, superlatif du mot latin *sacer* : très sacré.

Napoléon en Bourgogne fera un présage funeste que l'homme ne pourrait faire par son intelligence. À cause des faits boiteux édictés par le très sacré Sénat, il fera connaître ses intentions à ses ennemis.

« Mieux *valait*, pensa Napoléon, canaliser ce renouveau d'esprit révolutionnaire que de le combattre de front. Cette *tactique* se reflète dans la série de décrets rendus à *Lyon* par Napoléon, parlant déjà en maître. Les *Chambres* sont dissoutes... On comptait sur l'audace et la résolution du maréchal Ney. Il avait été chargé du commandement des troupes rassemblées en Franche-Comté ; une action énergique menée par ce corps pouvait jeter la confusion dans l'avarice de l'armée napoléonienne étirée sur la route de *Lyon* à *Auxerre*, par *Chalon* et *Autun*. "Je fais mon affaire de Bonaparte, rugissait Ney. Nous allons attaquer la bête fauve." À Lons-le-Saunier des émissaires venus de Lyon l'atteignirent dans la nuit du 13 au 14 mars. Ils lui apportaient, avec leurs témoignages sur ce qu'ils avaient vu, une longue lettre de Bertrand et un mot de l'Empereur lui-même... "Venez me rejoindre à *Chalon*, je vous recevrai comme le lendemain de la bataille de la Moskowa." Au matin du 14, la résolution de Ney était prise. Il devait retrouver Napoléon à *Auxerre* le 17 mars. »

« Quelques jours après la signature de ce fameux traité (20 mai 1814), le gouvernement de Louis XVIII réunit un certain nombre de *sénateurs*, et convoque ces mêmes députés au corps législatif que Napoléon avait renvoyés le 31 décembre précédent. Ces deux simulacres (*fait boiteux*) de la législature furent assemblés au Palais-Bourbon, où eut lieu la séance royale dans laquelle Louis XVIII donna communication du traité et présenta la Charte qu'il octroyait. »

« La séance royale eut lieu le 16 mars. Louis XVIII y lut un discours qui finissait par ces paroles : "Celui qui vient allumer parmi nous les torches de la guerre civile y apporte aussi le fléau de la guerre étrangère (*cas portenteux*) ; il vient enfin détruire cette Charte constitutionnelle que je vous ai donnée ; cette Charte que tous les Français *chérissent* (*sacriste*) et que je jure ici de maintenir." »

LES CENT-JOURS (20 mars-22 juin 1815)
WATERLOO (18 juin 1815)
SAINTE-HÉLÈNE (1815)

I, 23

Au mois troisième se levant du Soleil,
Sanglier, liépard au champs Mars pour combattre :
Liépard lassé au ciel estend son œil,
Un aigle autour du Soleil voit s'esbattre.

Troisième mois de l'année : mars. *Soleil* : l'emblème des Capétiens (*cf.* Louis XIV, le Roi-Soleil). Le *Sanglier* des Ardennes : nom donné au comte Guillaume de La Marck (1446-1485). *Liépard* : le léopard héraldique est un lion qui au lieu d'être rampant est passant ; « le Lion de Waterloo, la victoire du Lion sur l'Aigle, composition moitié allégorique, moitié réaliste du peintre belge Wiertz. Les alliés ont érigé à Waterloo, au sommet d'une pyramide de cinquante mètres de hauteur, un lion colossal en fonte ». *Mars* : dieu de la guerre. *Ciel*, pour *celle*, du latin *cella* : cellule. *Œil* : regard et, par extension, surveillance.

En mars, s'étant levé contre la monarchie, près des Ardennes, l'Angleterre combattra sur le champ de bataille ; l'Angleterre lassée (par Napoléon) étendra sa surveillance sur lui jusque dans une cellule après avoir vu l'Empereur s'ébattre autour des monarchistes.

« Napoléon débarque à Golfe-Juan *le 1er mars* ; évitant la vallée du Rhône, *royaliste*, il prend la route des Alpes et atteint Paris *le 20 mars*. Son équipée est devenue une marche triomphale. Les troupes *envoyées par le roi contre lui* l'ont acclamé... *Un combat furieux* s'engage sur le plateau du Mont-Saint-Jean près de *Waterloo* contre les *Anglais* de Wellington... Il voudrait gagner les États-Unis, mais la flotte anglaise bloque les côtes. Il se rend finalement aux *Anglais* qui le traitent en prisonnier de guerre et le déportent dans la petite île de Sainte-Hélène. »

« Il y vécut six ans, étroitement *surveillé* dans la *villa-prison* de Longwood. »

BATAILLE DE WATERLOO (18 juin 1815)

IV, 75

Prest à combattre fera défection.
Chef adversaire obtiendra la victoire
L'arrière garde fera défension,
Les défaillans mort au blanc territoire.

Défension : action de se défendre, défense. *Défaillir* : faire défaut.

(L'armée) prête à combattre fera défaut, le chef ennemi obtiendra la victoire, l'arrière-garde résistera, ceux qui sont morts au territoire enneigé faisant défaut.

L'armée que Grouchy commandait avait été chargée par Napoléon de poursuivre l'armée de Blücher. Non seulement elle laissa échapper ce dernier, mais fit cruellement défaut à la bataille de Waterloo.

« Napoléon se porte vers le nord avec cent vingt-cinq mille hommes contre cent mille Anglais et deux cent cinquante mille Prussiens... Après un succès à Ligny (16 juin) un combat furieux s'engage sur le plateau du Mont-Saint-Jean, près de Waterloo, contre les Anglais de Wellington, bientôt secondés par les Prussiens de Blücher (18 juin). Le soir, la panique et la déroute gagnent l'armée française : seule, *la Garde meurt et ne se rend pas.* »

« Napoléon aura perdu une grande partie de son armée dans la campagne de Russie : "Napoléon a mis sur pied la Grande Armée, sept cent mille hommes... La faim et un hiver précoce et rigoureux épuisent les soldats. La Grande Armée réduite à trente mille hommes franchit péniblement la Berezina" (*mort au blanc territoire*). »

NAPOLÉON SUR LE *BELLÉROPHON*
FOUCHÉ CONTRE NAPOLÉON
SECONDE ABDICATION (21 juin 1815)

III, 13

Par foudre en l'arche or et argent fondu,
De deux captifs l'un l'autre mangera :
De la cité le plus grand estendu.
Quand submergé la classe nagera.

Arche : sorte de grand bateau fermé que Noé, dit la Bible, construisit sur ordre de Dieu. *Argent fondu*, image pour : disparaître rapidement (l'argent fond ou file entre les mains). *Manger* (quelqu'un) : s'emporter beaucoup contre lui.

À cause du foudre (Napoléon) sur un bateau, la richesse fondra. De deux prisonniers l'un s'élèvera contre l'autre. Le plus grand de la ville (Paris) sera renversé quand, l'armée française ayant été submergée, la flotte (anglaise) voguera.

« Le 18 juin 1815, les Prussiens ayant été repoussés, l'Empereur tenta l'attaque suprême avec la Garde. Mais à ce moment décisif, un second corps prussien entrait en ligne. L'armée française, épuisée, fut prise brusquement de panique et se mit en *déroute, pourchassée et sabrée* par les Prussiens jusque vers 2 heures du matin. »

« L'armée ennemie se trouvait moins nombreuse que la nôtre ; mais le président du gouvernement provisoire, Fouché, voulait porter au trône la branche cadette des Bourbons ou, s'il n'y pouvait réussir, revenir à la branche aînée. Quand Napoléon offrit de se mettre à la tête des troupes, Fouché répondit par un refus, et il *força* l'Empereur à quitter la Malmaison, où il s'était retiré. »

« Après son abdication, il gagna le port de Rochefort, pensant s'y embarquer pour les États-Unis. Mais une croisière anglaise bloquait la côte. Alors Napoléon résolut à demander asile au gouvernement anglais. Il s'embarqua à bord du *vaisseau* anglais *Bellérophon*. Les Anglais le considérèrent comme prisonnier de guerre et le firent transporter à Sainte-Hélène… »

« L'Angleterre, *maîtresse des mers*, gardait Malte et les îles Ioniennes. »

« La seconde Restauration *coûta cher* à la France. Il fallut d'abord payer aux alliés cent millions, puis une autre indemnité de sept cents millions, et encore trois cents millions de réclamations particulières (*or et argent fondu*). Ce n'est pas tout : cent cinquante mille soldats étrangers restèrent pendant trois ans sur notre sol, entretenus et nourris à nos frais. La France n'était pas *affaiblie* seulement de ce qu'elle perdait, mais de tout ce que ses rivaux avaient gagné. »

SECONDE ABDICATION (21 juin 1815)

II, 11

Le prochain fils de l'aisnier parviendra,
Tant élevé jusqu'au règne des fors :
Son aspre gloire un chacun la craindra,
Mais ses enfans du règne gettez hors.

L'aisnier : Charles-Marie Bonaparte épousa en 1767 Laetitia Ramolino dont il eut cinq fils et trois filles : Joseph, *Napoléon*, Marie-Anne-Élisa, Lucien, Louis, Marie-Pauline, Marie-Annonciade-Caroline et Jérôme. *Aspre*, du latin *asper*, en parlant des êtres animés : dur, farouche, intraitable, terrible.

Le fils qui suivra l'aîné parviendra à s'élever jusqu'au règne des puissants, chacun craindra sa gloire farouche, mais ses proches le jetteront hors du pouvoir.

« Napoléon gagna Laon et, de là, Paris où il comptait encore organiser la défense du territoire. Il en fut empêché. À la nouvelle de la défaite, les députés n'avaient eu qu'une pensée : l'Empereur allait arguer de sa défaite même et de l'invasion qui menaçait pour dissoudre la Chambre et s'emparer de la dictature de salut public. Pour prévenir l'événement, *il fallait l'acculer à l'abdication*… Il reçut dans son bain Davout, qui lui conseilla aussitôt de proroger les Chambres : car avec *son hostilité passionnée*, ajouta-t-il, la Chambre des représentants paralyserait tous les dévouements… Eh oui ! les députés sont *contre lui*… Il confia à Fouché lui-même – dont *il avait bien percé le masque* – le soin de porter à la Chambre son abdication. »

NAPOLÉON, TRAHI PAR DES FEMMES NAPOLÉON, PRISONNIER DES ANGLAIS (1815) SON AGONIE DANS LA NUIT DU 4 AU 5 MAI 1821

IV, 35

Le feu estaint, les vierges trahiront,
La plus grand part de la bande nouvelle :
Fouldre a fer, lance les seuls Roys garderont,
Étrusque et Corse, de nuict gorge allumelle.

Lorsque la guerre sera arrêtée, les femmes trahiront (Napoléon) ainsi que la plus grande partie du nouveau mouvement (monarchiste). Napoléon sera prisonnier, les ministres voudront garder l'épée de celui qui était originaire de Toscane et de Corse, puis il aura de nuit le feu dans sa gorge.

« Le général Belliard apporte à Napoléon la nouvelle de la capitulation de Paris, signée dans la nuit, d'après laquelle les troupes ennemies doivent occuper la capitale... Il arrive, à 6 heures du matin, à Fontainebleau où sa garde et le reste de son armée le rejoignent. Ici commence la série d'intrigues de salon qui ont amené la restauration des Bourbons. Quelques diplomates, une poignée de royalistes et d'émigrés s'agitent dans tous les sens, *leurs femmes*, *leurs parentes* se chargent d'agiter les mouchoirs blancs (*trahiront*). »

« La manière dont les ministres voulaient que Napoléon fût traité était bien peu généreuse : ils avaient même donné des ordres pour qu'on lui ôtât son épée (*lance garderont*). »

« La journée suivante fut affreuse. La *nuit* du 4 au 5 mai 1821, tous les serviteurs restèrent auprès de lui. L'âme se débattait. Les *hoquets* (*gorge allumelle*) de l'agonie étaient terribles. »

NAPOLÉON, EMPEREUR GRÂCE À SES ARMÉES LE VATICAN ET LES SOUVERAINS D'ITALIE LES COALITIONS CONTRE NAPOLÉON

VI, 12

Dresser copies pour monter à l'Empire
Du Vatican le sang Royal tiendra :

Martiens, Anglois, Espagne avec Aspire,
Contre l'Italie et France contendra.

Copies, du latin *copiae* : corps d'armée, troupes, forces militaires. *Martiens*, du latin *marsi* : peuple guerrier de l'ancienne Italie. *Aspire*, pour Spire (par prosthèse), ville de Bavière, chef-lieu du cercle du Rhin ou Palatinat, sur la petite rivière de la Spire. Moyen français *contendre* : combattre.

Il (Bonaparte) lèvera des troupes pour monter jusqu'à l'Empire. Le Vatican soutiendra les rois d'Italie (contre Napoléon). Les Italiens, les Anglais, les Espagnols unis aux Allemands combattront contre l'Italie et la France.

« Le Directoire, pressé par la nécessité, veut l'offensive partout à la fois. La guerre doit nourrir la guerre. Il faut conquérir *l'Italie* pour l'exploiter. À l'arrivée de Bonaparte, l'armée d'Italie compte trente-cinq mille hommes. Le Directoire décide d'acheminer quarante mille hommes en renfort. »

« Les souverains d'Italie firent de nouveaux efforts contre la France, Victor-Amédée, duc de Savoie et roi de Sardaigne, et Ferdinand de Naples imposèrent les nobles, et ordonnèrent des levées extraordinaires de troupes. Le pape Pie VI lui-même fit sa revue des ports de la côte et visita les soldats des garnisons. Le roi de Sardaigne reprit l'offensive sur les Alpes. »

« Waterloo : l'Angleterre, la Prusse, l'Autriche et la Russie s'engagent à tenir constamment en campagne chacune cinquante mille hommes. »

« Une armée comprenant *des Anglais, des Hollandais et des Allemands* se réunit sous les ordres de Wellington, *en Belgique*. »

« Bien qu'après onze mois d'efforts et de succès il soit presque revenu à son point de départ, l'année 1812 n'a pas été, pour Wellington, stérile. Le général anglais se rend à Cadix et s'y fait nommer commandant en chef des *forces* espagnoles. Les Français évacuent Valladolid, puis Burgos et se replient au-delà de l'Èbre. Sous un soleil torride les troupes anglo-hispano-portugaises les poursuivent. Par le traité de paix du 30 mai 1814, la France a abandonné d'un trait de plume toutes les conquêtes de la Révolution et de l'Empire. *L'Italie*, que la domination napoléonienne avait du moins dotée d'une apparence d'unité dans sa partie septentrionale, avec un gouvernement et un drapeau nationaux, l'Italie, morcelée à nouveau en souverainetés archaïques, retombait sous l'hégémonie odieuse du Tedesco. »

COUP DE FORCE DE NAPOLÉON CONTRE LE QUIRINAL (6 juillet 1809) RÉVOLTE À ROME ET DANS LES CAMPAGNES (1810) ÉCHEC DE LA CONSCRIPTION

III, 6

Dans temple clos le foudre y entrera,
Des Sitadins dedans leur fort grevez :
Cheveaux, bœufs, hommes, londe, mur touchera,
Par faim soif soubs les plus foibles armez.

Poétiquement, *temple* représente l'Église catholique. Moyen français *en fort* : dans l'anxiété. *Grever* : opprimer. Dans de nombreux cas Nostradamus utilise le mot *onde* ou *pluie* pour révolte ou révolution.

L'armée de Napoléon entrera dans le palais de l'Église catholique qui avait été fermé. Les habitants de la ville seront opprimés et dans l'angoisse. Les hommes qui s'occupent des chevaux et des bœufs (les paysans) se révolteront jusqu'à Rome où on connaîtra la faim et la soif, avec très peu de conscrits.

« Le pape fit installer le cardinal Pacca dans son propre appartement et mit le Quirinal en état de défense ; désormais on n'y entrerait plus qu'en brisant les portes. Le général Miollis dut soumettre la ville à *l'état de siège* (*grevez*) afin d'éviter de graves désordres. Le pape fut enlevé, le 6 juillet 1809, dans son palais, dont les portes furent enfoncées par le général de gendarmerie Radet. »

« *Une opposition* plus générale et peut-être plus regrettable encore venait enfin du menu peuple *réduit à la misère* par l'arrêt des pèlerinages, la dispersion des moines – dont les aumônes entretenaient la paresse, mais préservaient de la faim. Les *indigents* qui, à Rome, seront trente mille en 1812, seront plus de douze mille dès la fin de 1810 et de quatorze mille habitants. »

« L'atmosphère changea du tout au tout quand l'administration impériale voulut appliquer la conscription aux villes et *aux campagnes* de l'État pontifical. Le pourcentage des conscrits par rapport aux appelés fut *très faible* : vingt-quatre sur trois cents à Marino ! En Ombrie, le préfet du Trasimène se glorifie d'avoir pu en rassembler cent quarante ; mais ils désertent presque tous entre Pérouse et Florence. Les exécutions eurent lieu presque par groupes entiers tant à Rome, place du Peuple et devant Santa Maria in Cosmedin, que dans les campagnes. »

LA BEREZINA (novembre 1812)
LA GRANDE ARMÉE ENTRE DNIEPR ET DVINA

VIII, 55

Entre deux fleuves se verra enserré,
Tonneaux et caques unis à passer outre :
Huict ponts rompus chef à tant enserré,
Enfans parfaicts sont jugulez en coultre.

Moyen français *caque* : baril de poudre. *Enserrer : encercler. Parfaict* : adulte. *Juguler* : égorger. *Coultre* : couteau.

Il (Napoléon Ier) se verra pressé entre deux fleuves (le Dniepr et la Dvina), les tonneaux de vivres et les barils de poudre ayant été liés pour passer sur l'autre rive ; huit ponts ayant été coupés, le chef (Napoléon) étant encerclé, des jeunes hommes à peine adultes sont égorgés.

« Parmi ces maraudeurs obstinés se trouvaient beaucoup d'anciens réfractaires, et très peu de vieux soldats. En général c'étaient les plus jeunes, les moins indociles, les derniers *tirés de leurs familles* par la conscription. La Jeune Garde décimée par le feu et la fatigue comptait encore deux mille hommes. »

« Wittgenstein avait pris position derrière l'Oula qui forme *la jonction de la Dvina avec le Dniepr*, par le canal de Lepel et la Berezina. Pour marcher sur Moscou, Napoléon avait passé par l'espace ouvert que laissent *entre eux* la Dvina et le Dniepr. En partant, il avait la Dvina à sa gauche, le Dniepr à sa droite ; au contraire, en revenant il avait le Dniepr à sa gauche, la Dvina à sa droite (*entre deux fleuves*). »

« Ce n'étaient pas seulement les ponts sur les eaux courantes qu'on trouverait coupés, mais les ponts sur les marais beaucoup plus longs et plus difficiles à franchir. Au contraire, en remontant la Berezina vers son point de jonction avec l'Oula, on arriverait à des endroits où cette rivière coulait sur des sables, dans un lit peu profond, et on la franchirait avec de l'eau jusqu'à la ceinture (*enserré*).

« L'ennemi, épuisé lui-même, suspendit son feu vers minuit, certain de prendre jusqu'au dernier homme cette poignée de braves qui s'obstinaient héroïquement à se faire *égorger* (*jugulez en coultre*). »

PRÉPARATION DU RETOUR DE L'ÎLE D'ELBE (1815) NAPOLÉON ET SES VIEUX COMPAGNONS D'ARMES

I, 13

Les Exilez par ire, haine intestine,
Feront au Roy grand conjuration :
Secret mettront ennemis par la mine,
Et ses vieux siens contre eux sédition.

Moyen français *mine* : machination.

Les exilés, à cause de la colère (du peuple) et de la haine intestine, feront une grande conjuration au roi. Ses ennemis feront une machination secrète, et ses vieux compagnons (Murat, Ney, etc.) résisteront contre l'autorité du roi.

« Toutes les fautes du ministère de Louis XVIII n'étaient pas perdues pour l'homme exilé sur le rocher de l'île d'Elbe. Bonaparte voyait aussi avec plaisir les anathèmes lancés de la chaire évangélique sur les acquéreurs des biens nationaux. De ce moment il épia l'occasion prochaine de renverser le trône des Bourbons (*secret mettront ennemis par la mine*). Tous ces actes, propres à alarmer les amis de la liberté, ne tardèrent pas à porter leurs fruits : les départements de l'Est se montrèrent *hostiles* (*ennemis*) au gouvernement ; ceux du Midi virent éclater les haines plus déplorables. Généraux, officiers et soldats (*vieux siens*), tous regrettaient leurs cocardes tricolores, leurs aigles, leurs victoires, leur chef enfin. »

« Joachim Murat, informé que la France insistait pour que la couronne des Deux-Siciles fût rendue au roi légitime de ce pays, annonça le projet de traverser l'Italie pour aller attaquer la France. Quelque ridicule que pût paraître l'idée d'aller attaquer la France avec trente mille Napolitains, elle n'en était pas moins alarmante pour le gouvernement des Bourbons.

Napoléon compta sur *ses anciens soldats*, sur la force irrésistible de l'opinion, et sans s'amuser à ourdir un complot dont le premier indice l'eût inévitablement fait surveiller de la manière la plus gênante, sans confier son *secret* à personne, il se prépara à exécuter le projet le plus hardi. Entouré de huit à neuf cents soldats de sa *Vieille Garde*, et quelques amis parmi lesquels les généraux Bertrand, Drouot, Cambrone, Napoléon prévoit la possibilité de rompre son *exil*, de traverser une partie de la Méditerranée et d'aller se présenter à ses *vieux compagnons* de gloire, avec lesquels il espère pouvoir renverser la dynastie des Bourbons... Le soir même où le bataillon de l'île d'Elbe doit s'embarquer, une fête est donnée à Porto Ferrajo, et les habitants, ainsi que les étrangers, s'y livrent sans soupçonner qu'elle sert à couvrir le départ de l'hôte illustre qui les a conviés. »

NAPOLÉON ET LE RETOUR DE L'ÎLE D'ELBE (1er mars 1815) LA TRAHISON DE MARIE-LOUISE (septembre 1814)

III, 44

Quand l'animal à l'homme domestique,
Après grands peines, et sauts viendra parler,
De foudre à vierge sera si maléfique,
De terre prinse et suspendue en l'air.

Moyen français *animal* : sot. *Domestique* : attaché à la maison d'un grand seigneur. *Prendre terre* : débarquer.

Quand l'animal (Napoléon) viendra s'adresser à ses fidèles compagnons, après de grandes difficultés et des bonds successifs, la jeune femme (Marie-Louise) sera très maléfique au foudre (Napoléon), dans l'attente du débarquement (de l'île d'Elbe).

« Napoléon tient à se donner tout l'appareil du pouvoir. Des ministres... Une cour... Enfin, et surtout, une armée et une marine. Aux quatre cents hommes de *la Vieille Garde* s'étaient joints environ deux cents volontaires. Dès janvier 1815, des propos lancés en l'air montrent que l'idée de retour le travaille (*suspendue en l'air*). »

« On comptait surtout sur l'audace et la résolution du maréchal Ney. “Je fais mon affaire de Bonaparte, rugissait Ney. Nous allons attaquer *la bête fauve* (*l'animal*).” »

« *La trahison de Marie-Louise* : Marie-Louise, au lieu d'aller en Italie, retourne à Vienne, où on a eu précaution de garder son fils. Dès le 8 septembre, elle écrit qu'elle n'ira jamais à l'île d'Elbe et qu'elle remet entre les mains de Metternich toutes les lettres qu'elle pourra recevoir de Napoléon. Pendant ce temps, le *malheureux* époux trompé se leurrait encore d'illusions, faisant préparer les appartements destinés à sa femme. Mais le silence persistant de l'infidèle, les informations fragmentaires parvenues par diverses voies, allaient peu à peu l'éclairer. Son amertume s'exhalait en plaintes émouvantes : “Ma femme ne m'écrit plus. Mon fils m'est enlevé comme jadis les enfants des vaincus pour orner le triomphe des vainqueurs. On ne peut citer, dans les temps modernes, une pareille *barbarie* (*maléfique*).” »

LA GUERRE AVANT LA CHUTE DE LA MONARCHIE (1792-1799)
LA TERREUR (1794)
LE SECOURS VENU D'ALEXANDRIE (1799)
L'ÎLE D'ELBE ET L'ÎLE DE SAINTE-HÉLÈNE (1814 et 1815)

I, 37

Un peu devant que le Soleil s'absconse,
Conflict donné, grand peuple dubiteux,
Profligez, port marin ne fait response,
Pont et sepulchre en deux estranges lieux.

Absconse, du latin *abscondere* : disparaître. *Profliger*, du latin *profligare* : anéantir, ruiner. *Ne* : utilisé dans le sens affirmatif. *Pont*, du grec *pontos* : la mer.

La guerre sera déclenchée avant que la monarchie disparaisse. Le grand peuple français sera dans le doute et dans la ruine. La réponse ne viendra que d'un port (Alexandrie), puis (Napoléon) trouvera sa fin et son tombeau dans deux lieux marins et étrangers (les îles d'Elbe et de Sainte-Hélène).

On a ici un bel exemple de la promenade de Nostradamus dans le temps et l'espace. Confrontons ce quatrain à l'histoire :

– 20 avril 1792 : *déclaration de guerre* à François II en tant que roi de Hongrie et de Bohême et début des hostilités près de Lille le 28 avril.
– 21 septembre 1792 : la Convention déclare *la royauté abolie* et proclame la République.
– « La Terreur, *régime odieux* qui pesa sur la France depuis le 31 mai 1793 jusqu'au 9 thermidor (27 juillet 1794), jour de la chute de Robespierre. Cette époque funeste, pendant laquelle dominaient, au nom de la Montagne, Robespierre et le Comité de salut public, a été marquée par l'établissement du gouvernement révolutionnaire (19 vendémiaire, an II). *La France fut couverte d'échafauds.* »
– « Bonaparte prit la résolution de quitter l'Égypte et de tout risquer pour mettre le pied en France. Il ordonna à Gantheaume de tenir sous voiles deux frégates qui se trouvaient dans *le port d'Alexandrie.* Il s'embarqua furtivement à Damiette, le 6 fructidor (23 août 1799), et arriva à Fréjus le 15 vendémiaire an VIII. Le 24 il était à Paris. Quand Bonaparte débarqua sur les côtes de Provence, *la République était sauvée* ; mais *elle était bien déchue* du rang qu'elle occupait après le traité de Campoformio. La nouvelle de son débarquement produisit partout des élans extraordinaires. Les Français n'ignoraient pas que la désunion régnait au Directoire et dans les conseils, on craignait (*dubiteux*) pour la Constitution, et l'on pensait que le bras puissant de Bonaparte pouvait seul la contenir et la consolider. »
– 20 avril 1814 : départ de Napoléon de Fontainebleau pour l'île d'Elbe.
– 13 septembre 1815 : arrivée de Napoléon à Sainte-Hélène.
– 5 mai 1821 : mort de Napoléon à Sainte-Hélène (*sepulchre*).

DEUXIÈME CAMPAGNE D'ITALIE (1799) COUP D'ÉTAT DU 18 BRUMAIRE ENLÈVEMENT DE PIE VI À TURIN

VIII, 8

Près de Linterne dans de tonnes fermez,
Chivas fera pour l'Aigle la menée,

L'esleu cassé luy ses gens enfermez,
Dedans Turin rapt espouse emmenée.

Linternum : ville de Campanie à une quinzaine de kilomètres au nord de Naples. *Tonnes* : fortifications. *Chivas*, nom français de Chivasso, ville forte du Piémont sur le Pô, à douze kilomètres de Turin ; prise par Bonaparte en 1796, puis en 1800, et démantelée par les Français en 1804. *Menée*, au figuré : intrigue. *Casser* : destituer. *Épouse* : représente l'Église par rapport au pasteur qui l'administre (ici le pape).

Quand des gens se seront enfermés dans des fortifications près de Linterne (Naples), après Chivas, l'Aigle fera son intrigue (coup d'État du 18 Brumaire). L'élu de l'Église (Pie VI) sera destitué, enlevé et emmené à Turin et les siens (cardinaux) emprisonnés.

« Le royaume de Naples avait à sa tête le roi Ferdinand IV. Pour se défendre contre les armées de Bonaparte, il avait armé les *lazzaroni*, gens de sac et de corde, qui se livraient au pillage. Le général Championnet s'approcha de Naples (*près de Linterne*). Le 23 janvier, les *lazzaroni*, qui s'étaient *enfermés dans le fort* de Saint-Elme, en furent chassés par les Français et les bourgeois de la ville après une lutte de trois jours (du 21 au 23 janvier 1799). Pendant ce temps, Joubert s'était fait remettre la citadelle de Turin et s'empara de Novare, d'Alexandria, de Suse et de *Chivas*. Les succès militaires de cette campagne d'Italie allaient servir à Bonaparte pour faire son coup d'État (*menée*) du 18 Brumaire. »

Adolphe Thiers, dans son *Histoire de la Révolution*, écrit : « Les républicains, attachés à la Constitution de l'an III, n'avaient que du mépris et de la défiance pour Barras. Les réformateurs, les politiques, n'y voyaient qu'un homme déconsidéré et lui appliquaient le mot de "pourri" imaginé par Bonaparte. Il ne lui restait que quelques *intrigues* (*menée*) avec les royalistes, au moyen de certains émigrés cachés dans sa cour. Ces *intrigues* étaient fort anciennes : elles avaient commencé dès le 18 fructidor, il en avait fait part au Directoire, et s'était fait autoriser à les poursuivre, pour avoir dans les mains les fils de la contre-Révolution, il s'était ainsi ménagé le moyen de trahir à volonté la République ou le prétendant. »

« L'année précédente, le 28 décembre, des émeutes sont déclenchées par les Romains contre les Français. Au cours de ces troubles, le général Duphot est tué par un des sous-officiers pontificaux chargés de rétablir l'ordre. Cet incident va servir de prétexte au Directoire pour donner l'ordre au général Berthier d'occuper Rome. Ce dernier est aux portes de la ville le 9 février 1799. Cinq jours plus tard, la République romaine est proclamée et le pape Pie VI est *prisonnier* (*l'esleu cassé*) au Vatican. Le 17 février le pape se voit intimer l'ordre de quitter la ville et le Sacré Collège est dispersé. Pie VI se réfugie à la chartreuse de Florence. Le 25 mars, les Français occupent la Toscane. Le pape, sur ordre du Directoire, est installé à Parme le 1er avril. Le 14, il doit partir pour *Turin*, puis il sera conduit en France où il mourra le 29 août à Valence. Pendant ce temps, à Rome, des prêtres sont emprisonnés et déportés (*ses gens enfermez*). »

SIÈGE DE SARAGOSSE
(20 décembre 1808-21 février 1809)

I, 33

Près d'un grand pont de plaine spatieuse,
Le grand Lyon par forces Césarées,
Fera abattre hors cité rigoureuse,
Par effroy portes lui seront resserrées.

Le mot-clef de ce quatrain est *Césarées* ; en effet, Saragosse, capitale de l'Aragon, s'est appelée Salduba, puis *Caesarea Augusta* ; le *Dictionnaire d'histoire* de Bouillet précise : « *beau pont* ». Moyen français *rigoureux* : sévère, farouche. Latin *resserare* : ouvrir.

Près d'un grand pont, dans une plaine spacieuse, le grand Lion (britannique) se fera battre à cause de la défaite des forces de Saragosse et sortira de cette cité farouche par les portes ouvertes dans l'effroi.

« Les Aragonais, fiers (*cité rigoureuse*) de la résistance qu'ils avaient opposée l'année précédente et s'étant aperçus de la valeur de leurs murailles, étaient résolus à se venger, par la défense de leur capitale, de tous les échecs essuyés en rase campagne (*plaine spatieuse*). Après Tudela, ils s'étaient retirés au nombre de vingt-cinq mille dans la place, et avaient amené avec eux vingt mille à vingt-cinq mille paysans, à la fois fanatiques et contrebandiers achevés, tirant bien, capables, du haut d'un toit ou d'une fenêtre, de tuer un à un ces mêmes soldats devant lesquels ils fuyaient en plaine. On s'était aperçu que les assiégés minaient de leur côté. On avait alors chargé la mine de trois mille livres de poudre, et dans l'intention de produire plus de carnage à la fois, on avait feint une attaque ouverte pour y attirer le plus grand nombre d'ennemis. Des centaines d'Espagnols avaient sur-le-champ occupé tous les étages. Alors le major du génie Breuille donnant l'ordre de mettre le feu à la mine, une épouvantable explosion, dont toute la ville avait retenti, s'était fait entendre, et une compagnie entière du régiment de Valence avait sauté dans les airs, avec les débris du couvent de Saint-François. Tous les cœurs avaient frissonné d'horreur (*effroy*). On était au 18 février ; il y avait cinquante jours que nous attaquions Saragosse (*Césarées*), et nous en avions passé vingt-neuf à pénétrer dans les murs. Ce même jour on devait dans la ville faire sauter l'université, et dans le faubourg s'emparer du couvent qui touchait au pont de l'Èbre. Toutefois on y introduisit autant de troupes qu'on put, et du couvent on courut au pont. Cette opération brillante et décisive, conduite par Lannes lui-même, ne nous avait pas coûté plus de dix morts et cent blessés. Le lendemain 20 décembre la junte se transporta au camp et consentit à la reddition de la place. Il fut convenu que tout ce qui restait de la garnison sortirait par la principale porte, celle de Portillo, déposerait les armes et serait prisonnière de guerre. Telle fut la fin de cette seconde campagne d'Espagne, commencée à Burgos, Espinosa, Tudela, finie à Saragosse, et marquée par la présence de Napoléon dans la péninsule, par la retraite précipitée des Anglais (*le grand Lyon*), et une nouvelle soumission apparente des Espagnols au roi Joseph. »

DÉFAITES EN ITALIE
BATAILLE DE TOULOUSE (1814)

II, 33

Par le tourrant qui descend de Veronne,
Par lorsqu'au Pau guidera son entrée :

Un grand naufrage, et non moins en Garonne,
Quand ceux de Genes marcheront leur contrée.

Pau, du latin *Padus* : le Pô, fleuve d'Italie. Ancien français *marchier* : fouler aux pieds. Notons ici que pour coder le mot *Padus* et gagner un pied, Nostradamus utilise deux figures : la syncope en enlevant le *d* au milieu du mot et l'apocope en supprimant le *s* à la fin. D'autre part, il met deux *n* à *Vérone* pour la rime avec *Garonne*.

Par le torrent (l'Adige) qui descend de Vérone, lorsque l'armée autrichienne sera conduite jusqu'au Pô, il y aura une grande défaite, non moins importante qu'aux bords de la Garonne (Toulouse), quand ceux qui seront arrivés à Gênes fouleront le sol de leur pays.

« Murat crut encore de son devoir et de son intérêt de soutenir les derniers efforts de l'Empereur, en 1813, et à la fin de cette année, il partagea les périls de la campagne d'Allemagne et de la bataille de Leipzig. Cette dernière défaite et l'invasion du territoire français dans les premiers mois de l'année 1814 détachaient entièrement la cause de l'Italie de celle de la France. Les deux rois (Eugène et le roi de Naples), enfin, ne furent pas d'accord. Eugène ne pouvait pardonner à Murat d'avoir abandonné l'Empereur trop tôt ; Murat songeait à devenir roi de toute l'Italie, au lieu de borner ses désirs à garder Naples. Ils voulaient se sauver chacun aux dépens l'un de l'autre. Au moment de l'action ces divisions paralysèrent tout. Tandis que le vice-roi Eugène se concentra à *Vérone* pour défendre l'*Adige* contre l'armée autrichienne conduite par Bellegarde, Murat lança un manifeste contre lui, tout en essayant encore de le gagner en dessous main ; il occupa ensuite Rome, Ancône, Bologne, et gêna ainsi toutes les opérations de celui qu'il aurait dû soutenir. Eugène essaya de rallier les cœurs et les volontés par un peu d'énergie et quelques combats heureux sur le Mincio. Murat les rendit inutiles en donnant la main à Bellegarde par Bologne, et perdit tout. Bentinek, sur lequel il avait compté, avait débarqué, avec sept mille Siciliens et Anglais, en Toscane, et, malgré ses représentations, déclara cette province soustraite à l'administration française, s'empara de *Gênes* et occupa ainsi, entre les deux rois français, *tous les points importants de la péninsule* (*marcheront leur contrée*). Le général autrichien Bellegarde, du consentement même d'Eugène, qui voyait tout fini pour lui, mit le pied sur le territoire milanais et entra sans résistance dans la capitale du royaume d'Italie sous prétexte d'y maintenir l'ordre. Deux mois après, le 12 juin, le traité de Paris rendit l'Italie, jusqu'au *Pô* et au Tessin, à la monarchie autrichienne. »

« Le 10 avril 1814, Wellington livre à Soult une nouvelle bataille qui lui ouvre les portes de *Toulouse* (*en Garonne*). »

CAMPAGNE DE FRANCE (1815)
CHUTE DE NAPOLÉON Ier (1815)

I, 22

Ce qui vivra et n'ayant aucun sens,
Viendra léser à mort son artifice,
Autun, Châlons, Langres et les deux Sens,
La gresle et glace feront grand maléfice.

Sens fut longtemps la métropole de Paris : son archevêque prenait le titre de primat des Gaules. *Artifice*, dans le sens de : talent.

Celui qui aura vécu sans bon sens viendra blesser à mort son talent (autre sens d'artifice), après Autun, Châlons, Langres et les deux Sens (Sens et Paris). La grêle et la glace seront bien maléfiques.

« Pour la campagne qui s'ouvre, le général Duhesme commande la Jeune Garde dont l'Empereur espère voir augmenter le nombre des divisions. Le général Guye a rejoint l'Empereur à Autun. »

« Le tsar Alexandre inclinait déjà à ne plus traiter qu'à Paris même. En même temps les diverses armées tendaient à se rapprocher. Tandis que l'armée du prince de Schwartzenberg était répandue autour de *Langres*, Blücher, après avoir quitté Nancy, avait traversé Saint-Dizier, y avait laissé le détachement russe de Lanskoï pour donner à croire qu'il descendait sur *Châlons* en suivant la Marne. Vers le côté opposé, c'est-à-dire vers la Marne, Napoléon renouvela l'ordre au maréchal MacDonald de se porter à *Châlons* avec tout ce qu'il ramenait des provinces rhénanes. Il donna en même temps de nouveaux renforts à la défense de la Seine et de l'Yonne, et réitéra l'ordre d'envoyer à Pajol, outre la petite réserve de Bordeaux qui arrivait par Orléans, toute la cavalerie disponible à Versailles. Pajol avec ces moyens devait garder Montereau, *Sens*, Joigny et Auxerre. »

« Comme le gros des alliés approche, Marmont, rejoint par Mortier, décide de battre en retraite. Puisqu'ils ne peuvent rejoindre l'Empereur, que, du moins, ils couvrent *Paris*. Mais les renforts alliés arrivent sans cesse. À cette véritable "marée humaine" prête à les engloutir, une *violente giboulée* s'ajoute (*la gresle et glace*), *les grêlons* cinglent de plein fouet le visage des Français. En quittant Reims, le plan de l'Empereur était de se diriger vers l'Est afin d'y rallier les garnisons des places fortes, tout en y attirant la guerre. Après les dures journées d'Arcîs, il décide de se jeter avec toutes ses forces sur les communications des alliés et il prescrit à Marmont et à Mortier ainsi qu'aux renforts venus de Paris de le rejoindre à Saint-Dizier. Cette combinaison hardie, bien digne du génie (*artifice*) napoléonien, faillit réussir. »

RETOUR DES CENDRES DE NAPOLÉON (1840)
LE TOMBEAU DES INVALIDES (2 décembre 1861)

I, 43

Avant qu'advienne le changement d'Empire,
Il adviendra un cas bien merveilleux :
Le champ mué, le pilier de porphire,
Mis, transmué sur le rocher noilleux.

Noilleux, du latin *nigellum* : noir.

Avant que l'Empire (le second) soit remplacé (par la IIIe République), il se produira un événement merveilleux : celui qui avait été transféré sur un rocher noir sera changé de contrée et mis sous un pilier de porphyre.

« En 1840 le monument de Mansard a reçu les cendres de Napoléon Ier déposées dans la chapelle Saint-Jérôme de l'église des Invalides, en attendant qu'il leur fût élevé une sépulture spéciale. L'œuvre fut mise au concours, et le jury agréa le projet de Visconti, consistant à creuser au-dessous du dôme une crypte circulaire de même rayon et de huit mètres de profondeur, destinée à recevoir un haut cénotaphe de marbre.

Le grand sarcophage de *porphyre*, taillé d'un seul bloc, repose sur un pavé de mosaïque en forme d'étoile, autour duquel sont inscrites les grandes victoires de l'Empereur. L'inauguration n'en eut lieu que le 2 décembre 1861. »

« Sainte-Hélène : île de l'océan Atlantique ; la moitié de la population se compose de *Noirs*. *Rochers* escarpés et inabordables. »

« Napoléon Ier revint à Paris en 1840, par la volonté de Louis-Philippe et de Thiers, qui cherchaient à faire oublier les caricatures de l'époque en offrant à la France une gravure d'Épinal en marche. Un million de Français crièrent : "Vive l'Empereur !", tandis que le cercueil gigantesque s'en allait vers le dôme solennel des Invalides, suivi par un Bertrand chenu, un Gourgaud blanchi et un Marchand en pleurs (*un cas bien merveilleux*). »

NAPOLÉON À SAINTE-HÉLÈNE, LONGWOOD HOUSE (1815-1821)

I, 98

Le chef qu'aura conduict peuple infiny,
Loing de son Ciel, de meurs et langue estrange.
Cinq mil en Crète, et Tessalie finy,
Le chef fuyant sauvé en la marine grange.

Crète, du latin *creta* : rocher (« Sainte-Hélène, île rocheuse d'Afrique dans l'océan Atlantique, population de cinq mille habitants »). *Tessalie,* du grec *thalassa* pour *lassa* : la mer. *Sauvé*, du latin *salvo* : conserver.

Le chef qui aura conduit le peuple immortel loin de son ciel finira sa vie au milieu de la mer sur une île rocheuse de cinq mille habitants de langue et mœurs étrangères, le chef qui voulait fuir sera gardé dans une grange au milieu de la mer.

« Quand Napoléon rentre à Paris, la Chambre exige son abdication. *Il voudrait gagner les États-Unis*, mais la flotte anglaise bloque les côtes. Il se rend finalement aux Anglais qui le traitent en prisonnier de guerre et le déportent dans la petite île de Sainte-Hélène. »

« Sainte-Hélène n'est qu'un *rocher* (*Crète*) africain situé dans l'Atlantique à mille neuf cents kilomètres de la côte... Longwood House, où les Anglais installent l'Empereur et ses fidèles, a été construit pour servir de *grange* à la ferme de la Compagnie. »

ÉCROULEMENT DE L'EMPIRE

I, 88

Le divin mal surprendra le Grand Prince,
Un peu devant aura femme espousée :
Son appuy et crédit à un coup viendra mince.
Conseil mourra pour la teste rasée.

Conseil, du latin *consilium* : bon sens.

La malédiction divine surprendra le grand prince, peu de temps après son mariage ; tout à coup ses appuis et son crédit s'aminciront. Le bon sens du « petit tondu » s'éteindra.

« Dès le moment de son mariage avec l'archiduchesse Marie-Louise d'Autriche, qu'il épouse en forçant Joséphine de Beauharnais à consentir au divorce, Fouché, Bernadotte et plusieurs autres tendent à s'isoler de Napoléon ; le pape Pie VII, qu'il veut dépouiller de ses États, l'excommunie, et les violences dont il devient l'objet ne font que susciter de nouvelles difficultés. Malgré cela, Napoléon ne craint pas de s'engager dans une guerre interminable contre la Russie. »

CHAPITRE IV

De la Restauration à la Belle Époque

PREMIÈRE CAMPAGNE D'ITALIE
(1796-1797)
RETOUR DES BOURBONS LOUIS XVIII ET CHARLES X
(1815-1830)

I, 58

Tranché le ventre naistra avec deux testes,
Et quatre bras quelques ans entiers vivra
Pour qui Alquiloye célebrera ses fetes
Fossen, Turin, chef Ferrare suivra.

Ventre, par métonymie : génitrice. *Teste*, traduction du latin *caput* : Capet. *Alquiloye*, du latin *aquila* : aigle.

Quand la mère aura été décapitée, (la monarchie) renaîtra avec deux rois et quatre princes, elle vivra encore quelques années entières, après que l'Aigle impérial aura célébré ses fêtes (en France) et qu'auront suivi Fossan, Turin, le pape.

Malgré l'exécution de la reine mère, les Bourbons reviendront sur le trône avec deux têtes, celle de Louis XVIII et celle de Charles X. Les quatre princes qui ne régneront pas sont Louis, dauphin (Louis XVII) ; Charles-Ferdinand, duc de Berry ; Louis-Antoine, duc d'Angoulême ; Henri-Charles-Ferdinand, duc de Bordeaux et comte de Chambord.

« *Fossano* : place de guerre avec arsenal prise d'assaut par les Français en 1796 (première campagne d'Italie). »

« Napoléon est maître alors de la route de *Turin*. Mais il ne s'arrête point, il pousse l'armée sarde l'épée dans les reins, l'écrase à Mondovi, l'oblige à poser les armes par l'armistice de Cherasco qu'il signe à dix lieues de *Turin* (18 avril 1796) et qui, changé le 3 juin en un traité de paix, donne à la France la Savoie avec les comtés de Nice et de Tende... »

« Pie VI tremblant signa la paix de Tolentino ; elle lui coûta trente millions. La Romagne (Ravenne, Rimini) qui fut réunie avec les légations de *Ferrare* et de Bologne à la République cispadane et Ancône. »

SECONDE RESTAURATION DE LOUIS XVIII (juillet 1815). LES PROSCRIPTIONS

II, 67

Le blonds au nez forche viendra commettre,
Par le duelle et chassera dehors,
Les exilés dedans fera remettre.
Aux lieux marins commettant les plus forts.

Nez forche : allusion au célèbre profil des Bourbons. *Commettre* : préposer, mettre à la tête. Ancien français *duelle* : deuil.

Le blond au nez aquilin (Louis XVIII) viendra à la tête (du pays) à cause du deuil (de Louis XVI) et chassera dehors (les bonapartistes), il fera remettre les exilés (royalistes) dans leurs fonctions. Envoyant les plus forts (les généraux) au-delà des mers.

« À peine le gouvernement fut-il assuré de la soumission de l'armée de la Loire, que les proscriptions commencèrent. Dix-neuf généraux ou officiers, accusés d'avoir abandonné le roi, avant le 23 mars, et de s'être emparés du pouvoir, furent aussitôt portés sur une liste dressée par la vengeance, pour être arrêtés, traduits devant des conseils de guerre. Trente-huit autres généraux ou fonctionnaires de l'Empire (*les plus forts*) sont en même temps *éloignés de leurs domiciles* (*aux lieux marins commettant*)... Le ministère croit par là satisfaire aux exigences du parti ultraroyaliste... Quand on en vint aux fatales catégories, un long frémissement régna dans l'assemblée et les tribunes. Les *royalistes* serrent leurs rangs, se comptent et paraissent sûrs de forcer la main du roi... On aborde enfin celui qui devait frapper les régicides. Le *bannissement* proposé par la commission est adopté : art. 7 : ceux des régicides qui, au mépris d'une clémence sans bornes, ont voté pour l'acte additionnel ou accepté des fonctions ou emplois de l'usurpateur, et qui, par là, se sont déclarés ennemis irréconciliables de la France, *sont exclus* à perpétuité du *royaume* (*chassera dehors*), et sont tenus d'en sortir dans le délai d'un mois. Ils ne pourront y jouir d'aucuns droits civils, y posséder aucuns biens, titres ni pensions à eux concédés à titre gratuit… »

« La France n'en resta pas moins *livrée à la faction* royaliste… Pendant que le parti royaliste poursuivait le cours de ses épurations, et que les cours prévôtales décimaient *les plus braves* (*les plus forts*) généraux, les ministres occupaient la Chambre par la discussion du budget… Les députés, tous aristocrates, ne craignirent pas de doubler le droit des patentes, dans un moment où le commerce éprouvait les plus grands embarras. »

CHARLES-FERDINAND DE BOURBON, DUC DE BERRY MARIAGE-ALLIANCE AVEC LE PRINCE DE CONDÉ SON ASSASSINAT (1820)

IX, 35

Et Ferdinand blonde sera descorte.
Quitter la fleur, suivre le Macédon :
Au grand besoin défaillira sa routte,
Et marchera contre le Myrmidon.

Blonde pour *brown*, d'où le jeu de mot (*brown* en anglais veut dire « brun ») – Ferdinand a épousé Anna Brown. *Descorte*, du latin *discors* : qui est en désaccord, différent ; Nostradamus, par un raccourci dont il a le secret, utilise le mot dans ses deux sens. *Macédon*, anagramme de Ma(réchal de) Condé. *Besoin* : privation. *Myrmidon* : homme de très petite taille.

Ferdinand sera en désaccord (à cause d'une femme) différente d'une blonde (une brune) ; il abandonnera la monarchie pour suivre le ma(réchal de) Condé ; il mourra sur la route (faisant) une grande privation et marchera contre le petit (caporal).

« Le duc de Berry : *émigré* avec ses parents en 1789, il servit dans *l'armée de Condé* de 1792 à 1797, puis vint en 1801 s'établir en Angleterre où il épousa une Anglaise, Anna *Brown*... En 1814 Louis XVIII le choisit, après le retour de l'île d'Elbe, comme général en chef de l'armée qui *devait disputer à Napoléon* les portes de Paris. *Sa famille qui n'avait pas voulu reconnaître son premier mariage*, lui fit épouser en 1816 Marie-Caroline-Ferdinande-Louise de Naples.

« Le 13 février 1829, il fut assassiné, à la sortie de l'Opéra, par Louvel qui voulait *éteindre* en lui *la race des Bourbons*. »

ASSASSINAT DU DUC DE BERRY PAR LOUVEL (13 février 1820)

VI, 32

Par trahison de verges à mort battu,
Puis surmonté sera par son désordre :
Conseil frivole au grand captif sentu,
Nez par fureur quand Berich viendra modre.

Verges, anagramme de Grève. *Désordre*, par analogie : trouble de l'esprit. *Mordre* : pénétrer, entrer, s'enfoncer dans.

Accusé de trahison, il (Louvel) sera exécuté sur (la place) de Grève, après avoir été dominé par son désordre mental. Il sera accusé d'avoir demandé un conseil futile au grand captif (Napoléon) quand il viendra enfoncer (son poignard) dans le corps du duc de Berry par haine de ceux qui sont nés (Bourbons).

« Après plus de trois mois employés en recherches et en interrogations, et malgré tout le zèle du ministère public et de quelques royalistes pour parvenir à découvrir dans le crime de Louvel des traces de *complicité* (*trahison*), M. Bellart, procureur général, avait été forcé de déclarer dans son acte d'accusation qu'il ne s'était point trouvé de complices. Les royalistes furent désolés de ce résultat, car ils voulaient à tout prix compromettre le parti libéral ; mais il était trop évident que Louvel avait agi seul et sans autre instigateur que *sa haine* profonde (*par fureur*) pour les Bourbons (*nez*). Il avoua les faits, reconnut le poignard dont il s'était servi (*mordre*) et répondit de nouveau aux questions qui lui furent adressées : qu'il méditait son attentat depuis six ans, que le prince ne lui avait fait aucun mal, mais que tous les Bourbons en avaient fait beaucoup à la France ; qu'il en voulait à la famille royale ; que son dessein était de tuer le roi lui-même ; et qu'il avait commencé par frapper le prince parce qu'il était l'espoir des Bourbons. Il avoua qu'affligé de la présence des étrangers en France, il avait fait le voyage de l'île d'Elbe en 1814 ; mais qu'il en était revenu *sans avoir parlé à Napoléon et sans avoir conféré* avec personne sur ses projets (*conseil frivole au grand captif sentu*). La cour des pairs avait nommé d'office, pour défendre le prévenu, un avocat célèbre du barreau de Paris, M. Bonnet. Celui-ci ne put que présenter Louvel comme atteint de monomanie (*désordre*) (la monomanie est essentiellement caractérisée par un délire partiel, variable dans son objet, ce qui se manifeste par des obsessions, des impulsions, des craintes irrésistibles). Il fut condamné et conduit le lendemain sur la place de *Grève* (*verges*), au milieu d'une multitude silencieuse. »

L'ÉVÊQUE KYPRIANOS À CHYPRE (1810)
LE MASSACRE DES PRÉLATS ET DES NOTABLES GRECS (1821)

III, 89

En ce temp-là sera frustrée Cyprie,
De son secours de ceux de mer Egée :
Vieux trucidez, mais par mesles et Lypres,
Seduict leur Roy, Royne plus outragée.

Cyprie : Nostradamus utilise la double signification de Chypre et de Kyprianos. *Mesles*, du grec *metas* : noir, sombre. *Lypres*, du grec *lypros* : misérable.

À ce moment-là, Kypri(anos) sera frustré à Chypre du secours des Grecs ; les vieux (prélats) seront massacrés par une manœuvre sombre et misérable, leur chef ayant été séduit, la mère (l'Église) sera encore plus outragée.

« À partir de 1810, *Chypre* eut le privilège d'avoir comme archevêque un prélat jeune et actif du nom de *Kyprianos*, qui prit un vif intérêt aux affaires ecclésiastiques... »

« La guerre de l'indépendance de la Grèce trouva l'île tranquille. Mais Kutchuk Mehmed, son gouverneur, craignant que les Grecs de *Chypre* ne prennent, eux aussi, les armes contre les Turcs, comme le faisaient les Grecs des îles de la *mer Égée*, demanda à *Kyprianos* des assurances de loyalisme que l'archevêque lui donna volontiers. Pourtant, Kutchuk Mehmed continuait à avoir des soupçons. Il demanda, pour des raisons de sécurité, l'envoi dans l'île de deux mille soldats turcs. Il ordonna le désarmement de tous les Grecs de l'île et, comme si cela ne suffisait pas, il fit procéder à l'arrestation des *notables grecs* et à *l'exécution du drogman*. La distribution de quelques tracts révolutionnaires lui donna de nouveaux soupçons. Il ne croyait plus aux assurances de l'archevêque. Il écrivit alors à la Sublime Porte, accusant les prélats et les notables grecs d'être en contact secret avec les insurgés. Il demanda leur punition que, d'abord, le sultan refusa d'ordonner. Mais Kutchuk Mehmed insista jusqu'à ce qu'il obtînt le consentement du sultan. Muni, enfin, de l'ordre d'exécution, le gouverneur *invita les prélats dans son palais de Nicosie* sous prétexte de leur faire signer une déclaration de fidélité (*par mesles et Lypres*). L'invitation était fixée au matin du 9 juillet 1821 ; lorsque l'archevêque et les évêques entrèrent dans le palais, suivis des autres dignitaires de l'Église, le gouverneur ordonna de fermer les portes et de les lui présenter enchaînés. Au lieu de leur proposer un texte auquel ils devaient donner leur approbation, il leur lut leur *condamnation à mort* (*vieux trucidez*) qui fut exécutée sans délai sur la grand-place de Nicosie. Après leur exécution, Kutchuk ordonna aussi la *confiscation des biens de l'Église et le massacre des notables grecs* dans toutes les villes de l'île. Plus de quatre cent cinquante personnes périrent ; ne se sauvèrent que ceux qui purent se réfugier dans les consulats de France, d'Angleterre ou de Russie, pour partir ensuite secrètement pour l'étranger. »

INDÉPENDANCE DE LA GRÈCE (1825-1833)
BATAILLE DE NAVARIN (1827)

IX, 75

De l'Ambraxie et du pays de Thrace,
Peuple par mer, mal et secours Gaulois,

Perpétuelle en Provence la trace,
Avec vestiges de leurs coutumes et loix.

Ambraxie : aujourd'hui Arta, ville d'Épire, sur la côte septentrionale d'un petit golfe auquel elle donne son nom. *Thrace* : région de l'Empire ottoman en 1822.

Depuis Arta jusqu'en Thrace, le peuple grec sera secouru dans son malheur, par mer, par la France. On en gardera le souvenir perpétuel en Provence, avec des restes de leurs coutumes et de leurs lois.

« En 1825, Ibrahim Pacha, le fils de Mohammed Ali, ayant d'abord étouffé la révolution à Cassos et en Crète, débarquait des troupes régulières importantes dans le Péloponnèse. Pendant deux ans, de 1825 à 1827, Ibrahim ravagea le pays. Par la prise de Missolonghi (1826) dont l'exode *légendaire* raviva le *philhellénisme européen*, et par celle de l'Acropole d'Athènes, les Turcs devinrent maîtres de la Grèce continentale et la révolution parut sur le point de s'éteindre.

« La Russie, l'Angleterre et la *France* conclurent en juillet 1827 la Triple Alliance qui entreprenait la médiation entre la Grèce révoltée et la Porte, sur la base de l'autonomie de la Grèce sous la souveraineté du sultan, et exigeait des deux belligérants un armistice immédiat. Le refus formel de la Porte de se soumettre à la volonté de la Triple Alliance eut pour résultat la *bataille navale* de Navarin (20 octobre 1827), dans laquelle la flotte turco-égyptienne fut anéantie. »

« Organisation de l'État : la révolution nationale et libérale des Grecs aboutissait à la création d'un État monarchique dont l'organisation était confiée à un prince et à un gouvernement étrangers. Le roi Othon, encore mineur, débarquait, le 25 janvier (calendrier orthodoxe : 6 février du calendrier grégorien) 1833 à Nauplie, capitale provisoire du nouveau royaume, qui comprenait le Péloponnèse, les Cyclades et la Grèce continentale jusqu'à la ligne de *démarcation du golfe d'Arta* (*Ambraxie*) au golfe de Volo au nord. Il était accompagné d'un Conseil de régence, sous la présidence du comte Armansperg. »

« Une intervention militaire en Morée s'effectue sans difficulté, un accord ayant été réalisé avec Mehmet Ali (novembre 1828). Finalement, les protocoles de Londres fixent les limites de la Grèce. La Russie reconnaît les accords de Londres par le traité d'Andrinople (ville de *Thrace*), le 14 septembre 1829. En février 1830, à la conférence de Londres, la Grèce est proclamée indépendante. »

FIN DE L'EMPIRE OTTOMAN (1686-1829)
PRISE DE BUDE PAR LE DUC DE LORRAINE (1686)

X, 62

Près de Sorbin pour assaillir Ongrie.
L'héraut de Brudes les viendra advertir :
Chef Bizantin, Sallon de Sclavonie,
A loy d'Arabes les viendra convertir.

Sorbin : Serbes ou Sorabes, peuple slave qui a donné son nom à la Serbie. *Héraut* : officier public qui était autrefois chargé de déclarer la guerre et dont la personne était sacrée. *Brudes*, pour Bude, capitale hongroise (exemple d'épenthèse et de paragoge). *Advertir*, du latin *adverso* : je sévis contre, je punis. *Sallon*, pour Salonique, port de la Turquie d'Europe ou Roumélie (exemple d'épenthèse et d'apocope). *Sclavonie* : Esclavonie, qui doit son nom aux Sarmates ; la Sarmatie européenne, entre la Vistule et le Tanaïs, comprenait tous les pays qui forment aujourd'hui la Russie et la Pologne.

Près de la Serbie, pour attaquer la Hongrie, le chef militaire viendra sévir contre (les Turcs) à Bude, le chef turc ayant converti à la loi arabe (des territoires) depuis Salonique jusqu'à la Russie.

« Les empereurs d'Autriche-Hongrie eurent à combattre les révoltes successives de Bethlem-Gahor, de Tekeli et des Ragotsky. Pendant ces dissensions, les *Turcs* avaient envahi la plus grande partie du pays. Ils n'en furent définitivement *chassés* (*advertir*) qu'en 1699, par la paix de Carlowitz, puis par les exploits du prince Eugène, qui amenèrent la paix de Passarowitz (1718). Les Hongrois restèrent dès lors fidèles à la maison d'Autriche. »

« Mahomet II prit Constantinople (1453) et par cette importante conquête anéantit l'empire grec (*Sallon*)... La Turquie grandit encore sous

Selim Ier... Soliman II y ajouta en Europe partie de la Hongrie, la Transylvanie, l'*Esclavonie*, la Moldavie... La grande guerre de 1682 à 1699, que termine la paix de Carlowitz, arrache presque toute la *Hongrie* aux Turcs... Les Russes, avec lesquels ils sont en lutte depuis 1672, commencent à obtenir la supériorité... La guerre de 1790 à 1792 enlève à la Porte divers cantons du Caucase. De 1809 à 1812, nouvelle guerre et perte des provinces entre le Dniepr et le Danube, assurées à la Russie par la paix de Bucarest. En 1819, perte des îles Ioniennes ; de 1820 à 1830, perte de la Grèce, définitivement affranchie par la victoire de Navarin (1827) ; perte de la partie de l'Arménie turque, cédée à la Russie en 1829 ; la Valachie, la Moldavie, la *Serbie* deviennent par le traité d'Andrinople (1829) libres et sont placées sous la *garantie russe.* »

« *Bude*, grande ville des États autrichiens, capitale de la Hongrie : elle fut occupée par les Turcs de 1530 à 1686. Reprise en 1686 *par le duc de Lorraine* (*héraut de Brudes*), elle reste depuis ce temps sous la dépendance de l'Autriche. »

« Après le congrès de Berlin (1878), un nouveau problème se pose dans les Balkans : l'Autriche, devenue puissance balkanique, va accroître son influence sur les chrétiens de ces régions et en même temps essayer de s'assurer la possession de Salonique, d'où les futurs conflits avec la Russie, dont les résultats seront la Première Guerre mondiale. »

QUESTION D'ORIENT (1821-1855)
INDÉPENDANCE DE LA GRÈCE (1830)
MASSACRES DE CHIO (avril 1821)
GUERRE DE CRIMÉE (1854-1856)

V, 90

Dans les cyclades, en perinthe et larisse,
Dedans Sparte tout le Peloponnesse,
Si grand famine, peste par faux coninsse,
Neuf mais tiendra et tout le cherronesse.

Les Cyclades : archipel de la mer Égée auquel appartient l'île de *Chio*. *Perinthe* : ville de Thrace sur la mer de Marmara. *Larisse* : ville de Thessalie.

Sparte : ville de Morée. *Péloponnèse* : aujourd'hui la Morée. *Coninsse*, du latin *connexus* : union, alliance. *Cherronesse* : la Chersonèse taurique, la Crimée.

Dans les Cyclades, en Grèce et dans toute la Morée, il y aura une grande famine et une calamité à cause de fausses alliances, et la Crimée sera occupée pendant neuf mois.

« En *Morée* (*Peloponnesse*), l'archevêque de Patras, Germanos, proclame la guerre de libération (25 mars 1821) ; des massacres de Grecs ont lieu à Constantinople, des massacres de Turcs en Grèce. Le 12 janvier 1822, l'assemblée des députés grecs proclame l'indépendance du pays. En avril ont lieu les fameux massacres de Chio et, en mai, Janina tombe aux mains des Turcs. Les Grecs attendent en vain du secours du tsar (*faux coninsse*) toujours fidèle aux principes de la *Sainte-Alliance*... De son côté, le sultan ne reste pas inactif : il charge Mehemet Ali d'intervenir en Morée (février 1824) ; déjà les troupes égyptiennes avaient reconquis la Crète (1822). En 1825, Ibrahim, fils de Mehemet Ali, a repris les *principales villes de Morée*, mais sa politique de déportation en Égypte lui aliène la sympathie française. La mort d'Alexandre Ier et son remplacement par Nicolas Ier (décembre 1825), partisan des méthodes fortes et directes, inquiètent l'Angleterre. Dès mars 1826, Nicolas adresse à la Porte un ultimatum dont la conséquence est le traité d'Akkerman : la Russie y obtient le droit de commercer dans toutes les mers de l'Empire ottoman. Il n'est nullement question de la Grèce. L'Angleterre, mécontente de ce traité, intervient alors, et les accords de Londres prévoient la médiation des trois grandes puissances (Angleterre, France, Russie). Le sultan ayant repoussé l'offre de médiation, la flotte des alliés rejoint les flottes turque et égyptienne à Navarin où un incident entraîne la destruction de celles-ci. Finalement, les protocoles de Londres (novembre 1828 et mars 1829) fixent les limites de la Grèce... En février 1830, à la conférence de Londres, la Grèce est proclamée indépendante... »

« De nouvelles négociations avec la Russie ayant échoué au cours de l'hiver, le 12 mars 1854, la France, l'Angleterre et la Turquie signent un traité d'alliance ; en juin un accord est conclu entre l'Autriche et la Turquie en vue d'obtenir la coopération des troupes autrichiennes pour chasser les Russes des principautés danubiennes. Dès la fin de mars 1854, des troupes anglaises et françaises sont débarquées à Gallipoli (ville de *Thrace* à l'entrée de la mer de Marmara ; *cf. perinthe*), pour être acheminées vers le Danube. Mais à la suite de l'évacuation russe on décide de porter la guerre en *Crimée*... Sébastopol est prise le 10 septembre 1855 et sera évacuée par les troupes anglo-françaises en juin 1856 (*neuf mais*). »

BATAILLE DE NAVARIN (octobre 1827)
INDÉPENDANCE DE LA GRÈCE (février 1830)

V, 95

Nautique raine invitera les umbres,
Du grand Empire lors viendra conciter :
La mer Aegée des lignes desencombres,
Empeschant l'onde Thirrene defflotez.

Le *grand Empire* désigne l'Angleterre (*cf.* X, 100 : *le grand Empire sera par l'Angleterre*). Moyen français *conciter* : provoquer. *Thyrrene* : *Thyrée*, ville du Péloponnèse (Morée) aux confins de l'Argolide et de la Laconie, près de la côte (*mer Aegée*).

Une flotte de guerre (anglaise) provoquera au combat ceux qui n'étaient plus que l'ombre d'eux-mêmes (l'Empire ottoman en déclin). Le grand Empire (anglais) mettra sa flotte en marche pour libérer la mer Égée des navires de guerre (turcs) qui empêchaient la navigation sur la mer qui baigne Thyrée.

Cf. explications du quatrain précédent (V, 90).

GUERRE D'INDÉPENDANCE DE LA GRÈCE (1821-1828)
LE GÉNÉRAL MAISON
CHIO, TRIPOLIS, NAVARIN, TRÉBIZONDE (1821-1825)

VI, 55

Au chalmé Duc, en arrachant l'esponce,
Voile Arabesque voir, subit descouverte

Tripolis Chio, et ceux de Trapesonce,
Duc prins : Marnegro et la cité déserte.

Moyen français *chalmé* : chaume, d'où chaumière, petite *maison* (surprenant codage du nom du général Maison). *Esponce* : abandon. *Descouverte* : sans défense. *Tripolis* : ville du Péloponnèse. *Chio* : île de l'archipel grec. *Trapesonce* : Trébizonde, port de Turquie d'Asie sur la mer Noire (*Marnegro*).

À cause du général Maison refusant l'idée d'abandon (des Grecs), la flotte ottomane sera aperçue et se trouvera sans défense (Navarin). Après les massacres de Tripolis et de Chio, avec l'aide de ceux qui marcheront sur Trébizonde (les Russes), le général en chef (Ibrahim) ayant capitulé, la mer Noire sera libérée, la ville (Tripolis) ayant été rendue déserte.

« L'expédition de Morée venait d'être résolue. Le général *Maison* (*chalmé Duc*) l'emporta sur tous ses concurrents. Ce fut lui que l'on chargea du facile honneur de chasser Ibrahim, et de faire cesser les ravages qu'exerçait en Grèce le farouche *Arabe*.

« Ibrahim reçut, en 1824, le commandement de l'armée égyptienne envoyée contre les Grecs. Attaqué sur mer par l'amiral Miaoulis, il perdit la moitié de son effectif, mais débarqua à Modon (février 1825), prit Navarin, *Tripolitza* (*Tripolis*), Argos et Missolonghi. Bloqué à son tour après la bataille navale de Navarin, Ibrahim Pacha, sur l'ordre de son père, signa une *capitulation honorable* (*duc prins*). »

« En avril, ont lieu les célèbres massacres de *Chio* et, en mai, Janina tombe aux mains des Turcs. Le 20 décembre 1827, le sultan proclame la guerre sainte, ce qui permet à la Russie de lui déclarer la guerre en avril 1828. Une intervention militaire française en Morée s'effectue sans difficulté, un accord ayant été réalisé avec Mehemet Ali (novembre 1828)... Les protocoles de Londres fixent les limites de la Grèce, mais c'est l'armée russe qui se charge de faire reconnaître le nouvel État : attaquant à l'est, elle prend Erzeroum et avance vers *Trébizonde*. La liberté de commerce est accordée aux sujets russes sur tout le territoire de l'Empire ottoman, enfin le passage du Bosphore et des Dardanelles (*Marnegro*) est libre pour tous les navires marchands. »

« *Tripolitza* (*Tripolis*), capitale de la Morée sous les Turcs, et alors florissante, fut prise et reprise pendant la guerre d'indépendance, notamment par Mehemet Ali (1825), et presque détruite (*et la cité déserte*). »

ABSENCE DE POUVOIR EN ESPAGNE ET EN ITALIE EN 1855 SIÈGE DE SÉBASTOPOL (1854-1855)

III, 68

Peuple sans chef d'Espagne d'Italie.
Morts profligez dedans la Cheronese.
Leur dict trahy par légère folie,
De sang nagez partout à la traverse.

Cheronese : la Chersonèse taurique, la Crimée ; ici, Sébastopol, port militaire de Crimée fondé en 1786 par l'impératrice Catherine près des ruines de l'antique Cherson. *Traverse* : fortification ; massif rectangulaire de terre établi sur le terre-plein d'un ouvrage, perpendiculairement au parapet.

Les peuples espagnol et italien seront privés de chef d'État au moment où Sébastopol sera accablée par la mort. Les paroles (des Français) trahiront une légère folie et le sang coulera partout sur les fortifications.

« Au cours des années qui vont de 1840 à 1875, on n'entend, en Espagne, que des noms de généraux se disputant le pouvoir... Pendant toutes ces années, les généraux agissent à l'ombre ou à la lumière d'une reine, Isabelle II, à propos de laquelle les historiens les plus bénévoles se bornent à signaler sa bonté naturelle ainsi qu'une éducation si déplorable qu'on ne peut guère s'étonner qu'elle *ait manqué totalement de capacité pour gouverner.* »

« En 1848, la Sicile se soulève contre le roi de Naples et proclame son indépendance ; Naples, Florence, Turin se bornent à donner des Constitutions ; Rome s'érige en République ; Parme et Modène *chassent leurs ducs* ; le roi de Sardaigne, Charles-Albert, se met à la tête du mouvement et tient quelque temps l'Autriche en échec ; mais bientôt affaibli par la discorde des siens, il est battu à Novare (23 mars 1849), et prend le parti *d'abdiquer*. »

« La presse de Londres, le cabinet, le prince Albert réclament l'occupation de la Crimée et l'attaque de Sébastopol (*Cheronese*)... L'entreprise est audacieuse. Le comte Benedetti, notre chargé d'affaires à Constantinople, écrivait dès le 30 août 1854 à Thouvenel : "Jeter quatre-vingt mille hommes et deux cents pièces de canons sur une côte ouverte, à sept cents lieues de distance, au pied d'une citadelle formidable ! On va à l'inconnu. On ne connaît ni le terrain ni la force de l'ennemi... Tout est livré aux *hasards* et aux accidents (*légère folie*)." »

« La vieille *Chersonèse* taurique n'est qu'une steppe herbeuse... Les villes y sont rares. Seul Sébastopol offre un grand port, mal protégé du côté de la terre, mais pourvu de fortes défenses (*traverse*) sur la mer Noire. »

« La bataille d'Inkermann, si disputée, a coûté trois mille hommes aux Anglais, huit cents à nous-mêmes, plus de dix mille aux Russes (*de sang nagez partout*). Victoire assurément, toutefois stérile, et qui prouve aux alliés combien la partie sera grosse de hasards... Le 8 juin 1855, les Anglais marchent sur le *Grand Redan* (fortifications : *traverse*), les Français sur le Petit Redan et sur Malakoff. L'affaire, trop peu préparée, échoue, malgré la splendide bravoure des troupes. Les Russes tiennent bon. Pélissier fait sonner la retraite. Il y a *tant de morts* qu'un armistice d'un jour est conclu pour les enterrer. »

CHUTE DES BOURBONS (29 juillet 1830)
LOUIS-PHILIPPE ROI
LE DRAPEAU TRICOLORE

II, 69

Le Roy Gaulois par la Celtique Dextre,
Voyant discorde de la Grand Monarchie :
Sur les trois pars fera florir son sceptre,
Contre la cappe de la Grande Hiérarchie.

Dextre, du latin *dexter* : qui est à droite. *Cappe* : Hugues Capet (« Le surnom de Capet, donné au roi de France, est traduit en latin, dans les anciennes chroniques, par le mot *capatus*, ce qui montre que Hugues fut ainsi surnommé à cause d'une cape qu'il portait d'ordinaire ; avec le temps, ce surnom fut appliqué comme nom patronymique à tous les princes de la troisième race des rois de France... Il n'est pas hors de propos de remarquer que c'est aux écrivains *ultraroyalistes* qu'est due la résurrection du vieux nom de Capet. »).

Le roi des Français, à cause de la droite française voyant la grande monarchie dans la discorde, fera fleurir son sceptre sur les trois parties (du drapeau) contre la hiérarchie des Capétiens.

« Le souverain devant régner désormais par la volonté nationale, le titre de roi de France fut remplacé par celui de “roi des Français”... »

« La bourgeoisie seule tirait donc profit de la révolution de 1830 : c'est sur elle que s'appuya Louis-Philippe, pris entre l'hostilité des masses populaires, déçues dans leurs espérances, et l'hostilité de la noblesse restée presque tout entière fidèle à la famille des *Bourbons*... »

« Jusqu'à 1835, le gouvernement fut occupé surtout à lutter contre les partis insurrectionnels, légitimistes et républicains. Les légitimistes étaient les partisans des Bourbons. Ils reconnaissaient comme roi *légitime* le duc de Bordeaux en faveur duquel avait abdiqué son grand-père Charles X. Ils organisèrent quelques conspirations ridicules qui furent réprimées facilement. »

« Habitants de Paris, les députés de la France, en ce moment réunis à Paris, m'ont exprimé le désir que je me rendisse dans cette capitale, pour y exercer les fonctions de lieutenant général du royaume... En rentrant dans la ville de Paris, je *portais avec orgueil les couleurs glorieuses* (*les trois pars*) que vous avez reprises, et que j'avais moi-même longtemps portées. Les Chambres vont se réunir, et aviseront aux moyens d'assurer le règne des lois et le maintien des droits de la nation » (proclamation du duc d'Orléans le 1er août 1830).

« Le prince fut reçu à l'Hôtel de Ville par le général Dubourg, qui lui adressa ces mots : “Prince, la nation vous voit avec amour *paré de ses couleurs* (*trois pars*).” »

ASSASSINAT DU DERNIER DES CONDÉ (26 août 1830)
LE SECOND EMPIRE REMPLACÉ PAR LA IIIe RÉPUBLIQUE (1853)
LE CHÂTEAU DE SAINT-LEU

I, 39

De nuict dans lict supresme estranglé,
Pour trop avoir seiourné blond esleu,
Par trois l'Empire subroge exancle,
A mort mettra carte, et paquet ne leu.

Supresme : dernier. *Subroge*, du latin *subrogo* : je substitue. *Exancle*, du latin *exantlo* : j'épuise. *Paquet* : réunion de plusieurs choses attachées ou enveloppées ensemble (paquet de linge, de hardes).

De nuit dans son lit le dernier (Condé) sera étranglé pour avoir trop vécu avec une blonde élue (de son cœur). L'Empire épuisé sera remplacé par la IIIe (République). Il sera mis à mort à cause de son testament, et avec des linges à (Saint-)Leu.

« Louis-Henri-Joseph, duc de Bourbon, prince de Condé, le *dernier* (*supresme*) des Condé, né en 1756, mort en 1830 : confiné dans sa petite cour de *Saint-Leu*, il faisait de la chasse son unique occupation. Lors de la révolution de 1830, il reconnut sans difficulté son neveu comme roi des Français. Le faible vieillard était alors entièrement *dominé par une Anglaise*, Sophie Dawes, née Clarke, dont le passé était assez équivoque, et qu'il avait mariée à un gentilhomme de sa maison, le baron de Feuchères, loyal soldat, dont la bonne foi trompée servit à couvrir pendant quelque temps le scandale d'amours adultères. Sous son influence, le prince se décida à rédiger *un testament* par lequel il instituait le duc d'Aumale son légataire universel et assurait à la baronne, soit en terres, soit en argent, un legs d'environ dix millions. Le 26 août 1830, le prince *se coucha* (*de nuict*) comme à l'ordinaire, au château de *Saint-Leu*. On le trouva pendu (*estranglé*) ou plutôt accroché à l'espagnolette de la fenêtre, par *deux mouchoirs passés l'un dans l'autre* (*paquet*). Cette circonstance semblait écarter l'hypothèse du suicide. »

« On le trouva pendu dans son appartement. On prétendit alors, mais sans preuve, qu'il avait été *étranglé* par sa maîtresse Mme de Feuchères. Avec lui s'éteignit la famille des Condé. »

LA RÉVOLTE DE LA RUE SAINT-MERRI (5-6 juin 1832)
LES BOURBONS ÉVINCÉS PAR LE DUC D'ORLÉANS

VIII, 42

Par avarice, par force et violence,
Viendra vexer les siens chef d'Orléans :
Près Sainct-Memire assault et résistance.
Mort dans sa tente diront qu'il dort leans.

Latin *avaritia* : vif désir, convoitise. Latin *vexare* : ébranler, secouer, léser. *Saint-Memire*, pour : Saint-Merri (il faut supposer ici une faute de typographie, le mot *Memire* n'existant pas). *Dans sa tente* : se retirer sous sa tente signifie se mettre à l'écart, abandonner par dépit une partie, une cause. Moyen français *leans* : en cet endroit-là.

Par convoitise, par force et par violence, le duc d'Orléans lèsera les siens. Après aura lieu un assaut et de la résistance rue Saint-Merri ; ayant abandonné une partie (du pouvoir), on dira que le roi dort en ce lieu.

« À l'intérieur le président du Conseil suivait avec la même *énergie* la ligne de conduite qu'il s'était tracée. Les légitimistes agitaient les départements de l'Ouest : des colonnes mobiles y étouffèrent la *révolte*. Après une affreuse mêlée les ouvriers de Lyon furent désarmés. Grenoble à son tour fut *ensanglantée*. À Paris éclatèrent les complots dits des tours Notre-Dame et de la rue des Prouvaires. Tel fut le ministère Casimir Perier : une lutte énergique dans laquelle sa forte volonté ne recula, pour la cause de l'ordre, devant aucun obstacle. Collègues, Chambres, le roi même, il maîtrisait tout. »

« La rue *Saint-Merri* est célèbre dans l'histoire des révolutions parisiennes par *le combat* qui s'y livra, les 5 et 6 juin 1832, à la suite des funérailles du général Lamarque. Le chef des insurgés se nommait Jeanne ; c'était un décoré de Juillet. La *résistance* dura deux jours, derrière des barricades improvisées, et fit beaucoup de victimes.

« Un mois après (22 juillet 1832), la mort du fils de Napoléon, le duc de Reichstadt, débarrassa d'un concurrent redoutable la dynastie d'*Orléans*. Un autre prétendant perdait aussi sa cause. *La duchesse de Berry* (épouse de Charles X, mère du duc de Bordeaux) était venue allumer dans l'Ouest la guerre civile au nom de *son fils Henri V.* Le pays, sillonné de troupes, fut promptement pacifié, et la duchesse, découverte à Nantes le 7 novembre, fut enfermée à Blaye. »

RÉVOLUTIONS DE 1830 et 1848
ABDICATIONS DE CHARLES X ET LOUIS-PHILIPPE

I, 54

Deux révolts faits du malin falcigére,
De règne et siècles fait permutation :

Le mobil signe à son endroit s'ingère,
Aux deux esgaux et d'inclination.

Latin *falciger* : qui porte une faux ; symbole de la mort. Latin *permutatio* : changement complet, vicissitude, révolution. Latin *mobilis* : qu'on peut déplacer. Latin *signum* : drapeau rouge déployé au moment de l'attaque. *Inclination*, du latin *inclino* : je baisse, je fais plier, je faiblis.

Deux révolutions menées par l'esprit du mal qui porte la mort, changeront complètement le pouvoir et ses lois séculaires : le rouge mobile du drapeau s'installera à droite (du drapeau) et amènera l'affaiblissement de deux (rois) de la même façon.

« Les prédications de Robert Owen, en Angleterre, de Fourier en France, donnèrent naissance à de dangereuses utopies qui, après avoir cheminé sourdement au-dessous de la société officielle éclateront (1830-1848) en une épouvantable *guerre civile*... Ainsi se montraient déjà les hommes qui, faisant le procès de la société toute entière, à ses lois, à sa religion, se proposaient de tout *renverser* (*fait permutation*)... »

Charles X et la révolution de 1830 : « Le 26 juillet 1830 parurent des ordonnances qui supprimaient la liberté de la presse, annulaient les dernières élections et créaient un nouveau système électoral. C'était un coup d'État contre les libertés publiques et contre la Charte qui avait été la condition du retour des Bourbons sur le trône de leurs pères. Paris répondit à la provocation de la cour par les trois journées des 27, 28 et 29 juillet 1830... Charles X fut vaincu. Lorsqu'il *abdiqua en faveur de son petit-fils*, le duc de Bordeaux, on lui répondit par le mot *des révolutions* : "Il est trop tard"... Six mille hommes étaient tombés, *morts* ou blessés... En reprenant le drapeau de 1789, la France semblait aussi reprendre possession des libertés que la Révolution avait promises sans les avoir encore données. »

Louis-Philippe et la révolution de 1848 : « Vive discussion à la Chambre des députés touchant le droit de réunion. Organisation du banquet du XIIe arrondissement par quatre-vingt-douze membres de l'opposition pour le 22 février 1848. Les députés se désistent le 21. Vote d'accusation contre le ministère présenté par l'opposition (mardi 22 février) ; commencement des troubles ; nouvelle révolution de trois jours. Abdication du roi en faveur de son petit-fils. La proposition de la régence de la duchesse d'Orléans, faite dans une séance orageuse de la Chambre des députés, n'empêche pas la *chute de la dynastie*, le 24. *Combat sanglant* devant le Palais-Royal. »

LA BRANCHE CADETTE AU POUVOIR (1830) ÉMEUTES DU 23 FÉVRIER CHUTE DE LOUIS-PHILIPPE (24 février 1848)

IV, 64

Le deffaillant en habit de bourgeois,
Viendra tenter le Roy de son offense :
Quinze soldats la plupart Ustageois,
Vie dernière et chef de sa chevance.

Deffaillant : qui manque, qui a cessé (« à la place de la branche aînée défaillante, la branche cadette occupa le trône »). *Tenter*, du latin *teneo* : je tiens, je possède, j'occupe, je maîtrise. *Ustageois* : droit seigneurial payé pour le domicile. *Chevance* : biens, fortune, ce que l'on possède ou ce que l'on acquiert.

Le représentant de la branche cadette habillé en bourgeois viendra occuper le règne par son offense ; les soldats venant de la bourgeoisie feront quinze morts et (le roi) vivra pour la dernière fois en chef bourgeois.

« La Fayette avait dit en montrant le duc d'Orléans au peuple, à l'Hôtel de Ville : "Voilà la meilleure des Républiques." Les vertus privées du prince, sa belle famille, ses anciennes relations avec les chefs du parti libéral, les souvenirs soigneusement ravivés de Jemmapes et de Valmy, *ses habitudes bourgeoises* (*en habit de bourgeois*), tout encourageait les espérances. Louis-Philippe d'Orléans, chef de la *branche cadette* de la maison des Bourbons, fut proclamé roi le 9 août… Suppression de l'article qui reconnaissait la religion catholique comme religion de l'État et de toutes les pairies créées par Charles X. »

« Une loi instituait une Garde nationale chargée de "défendre la royauté constitutionnelle". Comme on imposait au garde national l'obligation de s'équiper à ses frais, la garde ne se composa que de *bourgeois* aisés. Ce régime ne favorisait que *la bourgeoisie.*

« Dans la nuit du 22 au 23 février 1848, on commença à dresser des barricades. Le lendemain 23, l'attitude des gardes *nationaux* qui, place des Victoires, empêchèrent les cuirassiers de charger les manifestants, effraya Louis-Philippe et le décida à se séparer de Guizot. Mais le soir même du 23 février, un incident sanglant provoquait la reprise de la lutte : comme une bande de manifestants arrivait boulevard des Capucines, un coup de feu fut tiré sur la troupe. Celle-ci riposta par une décharge à bout portant qui jeta par terre *quinze* morts et une cinquantaine de blessés. Le jeudi matin 24, Paris était hérissé de barricades et l'on criait partout "Vive la République". »

MORT PAR ACCIDENT DU FILS AÎNÉ DE LOUIS-PHILIPPE (13 juillet 1842)

VII, 38

L'aisné Royal sur coursier voltigeant,
Picquer viendra si rudement courir :
Gueule lipée, pied dans l'estrein pleignant,
Traîné tiré, horriblement mourir.

Coursier : nom poétique du cheval de luxe, de bataille ou de tournoi. *Picquer* : piquer une tête ; par extension, tomber la tête la première. *Lipée* : de *lippe*, lèvre. Faire des plaintes (pleignant) : pousser des gémissements.

Le fils aîné du roi sur cheval s'emballant, tombera si rudement la tête la première dans sa course, la gueule du cheval ayant été blessée à la lèvre, le pied pris, gémissant, traîné et tiré, il mourra horriblement.

« Ferdinand-Philippe-Louis-Charles-Henri-Rose d'Orléans, fils *aîné* de Louis-Philippe et de Marie-Aurélie de Bourbon-Sicile, né à Palerme le 3 septembre 1810 : au mois de juillet 1842, sur le point de partir pour inspecter les régiments de Saint-Omer, il allait à Neuilly faire ses adieux à son père ; ses chevaux *s'emportèrent* sur le chemin de la Révolte, il sauta de voiture et, *retombant sur le sol, s'y brisa la tête.* »

LES SEPT ANS DE CONQUÊTE DE L'ALGÉRIE (1840-1847)
LA RÉVOLUTION DE FÉVRIER (1848)

IX, 89

Sept ans sera Philip. fortune prospère,
Rabaissera des Barbares l'effort :
Puis son midy perplex, rebours affaire,
Jeune ogmion abysrnera son fort.

Latin *fortuna* : sort, destin, chance. *Barbarie* : États barbaresques, région de l'Afrique septentrionale qui comprend les États de Tripoli, de Tunis, d'Alger, du Maroc. (*Cheval*) *rebours* : qui s'arrête, recule ou rue, en dépit des menaces et des coups. *Ogmion* : dieu de l'éloquence et de la poésie chez les Gaulois.

La chance sourira à Louis-Philippe pendant sept ans, il rabaissera les forces des barbaresques (Algérie), puis sera dans la perplexité à midi, à cause d'une affaire de (cheval) rebours ; un jeune éloquent entraînera sa chute.

« La population de l'Algérie était formée d'Arabes et de Berbères... Depuis le XVIe siècle, les pirates algériens étaient en Méditerranée la terreur des navires marchands. La chute de Charles X faillit coûter l'Algérie à la France. Louis-Philippe songeait si peu à la conquête qu'il rappela d'Alger toutes les troupes, moins une division de huit mille hommes. On entendait se borner à une occupation restreinte... Ce furent les indigènes qui imposèrent à la France la conquête. Par leurs attaques sans cesse renouvelées, ils la contraignirent à passer ainsi de l'occupation restreinte à l'occupation étendue, puis finalement, *à partir de* 1840, après dix ans d'hésitation, à la conquête totale... À la fin de 1847 (*sept ans*), traqué par dix-huit colonnes mobiles, expulsé du Maroc où il avait une seconde fois cherché asile, Abd el-Kader se rendit (23 décembre 1847). Sa soumission marquait la fin de la grande guerre et de la conquête... Bien que l'initiative en revienne à Charles X, la conquête de l'Algérie reste le principal *titre de gloire* de la monarchie de Juillet (*fortune prospère*). »

« La campagne des banquets aboutit, par surprise, à la révolution de février 1848... Louis-Philippe, *déconcerté* (*perplex*) et hésitant, décida de retirer les troupes. À *midi*, le roi se résigna à abdiquer. Son fils aîné, le duc d'Orléans, prince très populaire, s'était tué à Neuilly, en voulant *sauter* de voiture (*rebours affaire*). Louis-Philippe abdiqua donc en faveur de son petit-fils, le comte de Paris, un enfant de dix ans… Les insurgés envahirent la Chambre en criant la déchéance ! Sur la proposition de Ledru-Rollin et de *Lamartine*, un gouvernement provisoire fut constitué d'acclamation… La république démocratique succédait à la monarchie bourgeoise de Louis-Philippe… Devant le perron de l'Hôtel de Ville, *Lamartine*, monté sur une chaise, prononça le discours où il opposa éloquemment (*jeune ogmion*) le drapeau tricolore qui a fait le tour du monde au drapeau rouge qui n'a jamais fait que le tour du Champ-de-Mars. »

ACCESSION AU POUVOIR DE NAPOLÉON III (1852) DE LA IIIe RÉPUBLIQUE À L'EMPIRE (1848-1852)

III, 28

De terre faible et pauvre parentele,
Par bout et paix parviendra dans l'Empire :
Longtemps regner une jeune femelle,
Qu'oncques en regne n'en survint un si pire.

Parentèle : ensemble de tous les parents ; parenté. *Femelle* : allusion à Marianne, symbole de la République.

Originaire d'une terre faible (la Corse) et de parenté pauvre, (le pays) étant à bout et désireux de paix, il parviendra à l'Empire. Il fera régner ensuite une jeune République. Jamais n'arriva au pouvoir un personnage si désastreux.

« Un sénatus-consulte proposa au peuple le rétablissement de la dignité impériale dans la personne de Louis Napoléon Bonaparte, *avec hérédité* dans sa descendance directe, légitime ou adoptive… Napoléon III, avant d'être couronné, avait dit : "L'empire, c'est la *paix* !" Formule heureuse si elle avait pu être appliquée. »

« De même que les bourgeois, les paysans voulurent un gouvernement qui assurât le respect de la propriété et la tranquillité intérieure. Le second Empire devait sortir de cet état d'esprit. »

« En vertu des pouvoirs que lui avait conférés le plébiscite, Louis Napoléon rédigea une Constitution, sur le modèle de la *Constitution de l'an VIII.* Elle fut promulguée le 14 janvier 1852. »

« Pour la première fois depuis quatre siècles, *la France recula.* En 1815, elle avait du moins à peu près gardé les frontières que lui avait données sa vieille monarchie. Par le traité de Francfort, le 10 mai 1871, elle perdait l'Alsace-Lorraine. »

ATTENTAT D'ORSINI (14 janvier 1858)

V, 10

Un chef Celtique dans les conflict blessé,
Auprès de cave voyant siens mort abattre :
De sang et playes et d'ennemis pressé,
Et secourus par incogneux de quatre.

Cave, du latin *cavea* : partie d'un théâtre ou d'un amphithéâtre où étaient assis les spectateurs ; par extension, théâtre.

Un chef français blessé dans le conflit, voyant la mort accabler les siens près du théâtre, pressé par ses ennemis au milieu du sang et des blessés, sera secouru par la foule (échappant) aux quatre (bombes).

« Le jeudi 14 janvier 1858, l'Empereur et l'Impératrice doivent assister, à l'*Opéra*, à la représentation de retraite du baryton Massol... À huit heures et demie, le landau des souverains arrive rue Le Pelletier (*auprès de cave*). Retentissent alors trois violentes explosions... Les cris de terreur se mêlent aux plaintes d'agonie des lanciers, des agents, des curieux, couchés sur le sol... Napoléon sort de la voiture, son chapeau troué, une écorchure au nez... L'Impératrice saute à terre, robe blanche et manteau éclaboussés de sang... Les *blessés*, il y en a cent cinquante-six, dont huit ne survivront pas (*sang et playes*). »

« Orsini réunit de médiocres acolytes : Simon Bernard, chirurgien dévoyé qui lui fournit l'explosif, Pieri, escroc à chevrons, et deux fils de famille, Gomez et Rudio... Le 14 janvier, leurs préparatifs sont achevés. Sur les *quatre* bombes qu'ils portent, trois sont lancées. »

GUERRE DANS LE PIÉMONT
DÉFAITE DE MORTARA AVANT NOVARE (mars 1849)

IX, 31

Le tremblement de terre à Mortara,
Cassich sainct George a derny perfondrez :
Paix assoupie, la guerre esveillera.
Dans temple à Pasques abysmes enfondrez.

Mortara : ville d'Italie (Piémont), à vingt-trois kilomètres au sud-sud-est de Novare. Compagnie de *Saint-Georges* : troupe de *condottieri* (« il avait pris à sa solde la compagnie de Saint-Georges, bande tout à fait italienne »). *Perfondrer*, francisation du latin *perfundere* : bouleverser. Moyen français *enfondrer* : s'engloutir.

La guerre fera trembler la terre à Mortara. À cause d'un piège, l'armée italienne sera à moitié bouleversée. La paix s'étant assoupie, la guerre se rallumera. À Pâques, le bateau de l'Église s'engloutira dans un abîme (perdra son pouvoir).

« Le 5 mars, la Chambre des députés de Turin consulte des réfugiés lombards *ayant formellement demandé la guerre* (*la guerre esveillera*) ; le roi reçut la démission de Gioberti, prit un nouveau ministère dans *la majorité belliqueuse*, Ratazzi pour président, et, malgré les représentations de la France et de l'Angleterre, dénonça, le 12, l'armistice au général Radetzki... Les hostilités commencèrent le 20. Le même jour une émeute éclata à Brescia. L'intention de Chrzanowski était de rejeter les Autrichiens sur le Naviglio Grande, pour faire une pointe sur Milan ; Ramorino à l'aile droite, envoyé à *Mortara*, était chargé d'observer l'ennemi à Pavie et de donner la main à La Marmora. Mais Radetzki, pendant la nuit du 19 au 20 (*à Pasques*), avait replié ses troupes sur Pavie ; il jeta, de son côté, un pont sur le bas Tessin et fit passer deux brigades sur la rive droite, sans rencontrer aucune résistance de la part de Ramorino, qui resta inactif. Cette faute grave perdit tout. Le 21, l'armée piémontaise repassa le Tessin, pour se porter au-devant des Autrichiens qui continuaient à déboucher de Pavie. Durando fut envoyé en avant-garde pour renforcer la position de *Mortara.* Chrzanowski dirigea le reste sur Sforzesca et Vigevano pour le soutenir. Mais le retard des vivres arrêta plusieurs brigades. Les Piémontais soutinrent un brillant combat, le 21, à Sforzesca, sans pouvoir empêcher les Autrichiens d'achever leur mouvement, et Durando, presque isolé à *Mortara,* se laissa enlever ce village dans un combat de nuit, *avec perte de deux mille hommes tués ou pris...* La défaite de Novare entraîna la chute de Brescia. »

« Mazzini, arrivé à Rome depuis le 6 mars, était entré dans le triumvirat le 29, jour où la défaite de Novare avait été apprise à Rome. Nouveau Rienzi, mêlant les passions du tribun avec les élans du mystique, il pensait sauver tout en évoquant, dans la Ville éternelle, Dieu et le peuple, *sur les ruines* du gouvernement et *de l'Église* (*dans temple... abysmes enfondrez*). »

GARIBALDI, DE LA SICILE ET NAPLES JUSQU'À ROME (1860-1867) ACCORD ENTRE GARIBALDI ET LES ANGLAIS FAUTES DE FRANÇOIS II, ROI DES DEUX-SICILES

I, 11

Le mouvement des sens, cœur, pieds et mains,
Seront d'accord Naples, Lyon, Sicille :
Glaives, feux, eaux puis aux nobles Romains,
Plongez, tuez, morts par cerveau debile.

Par l'agitation des idées, par un même sentiment, pieds et mains unis, ils seront d'accord avec le Lion (britannique) pour l'expédition contre Naples et la Sicile. Les combats, les incendies et les troubles révolutionnaires gagneront les nobles romains (le clergé), les révolutionnaires ayant été tués et mis à mort par un cerveau débile (François II).

« Le royaume des Deux-Siciles était formé de deux parties distinctes : le royaume de *Naples* et la *Sicile...* François II se vit expulsé de Naples en 1860. Son départ mit fin au royaume des Deux-Siciles, qui fut annexé en 1861 au royaume d'Italie. »

« François II, vingt-trois ans, personnage *falot* et *niais* (*cerveau debile*) avait succédé à Ferdinand, mort en 1859... Dominée par la gérontocratie, la royauté de Naples était aussi le lieu de sombres intrigues qui l'affaiblissaient de jour en jour. Crispi rapporta à Garibaldi que la révolution avait été étouffée dans le sang (*plongez, tuez, morts*) à Palerme (*Sicille*). Mais qu'elle continuait malgré tout à *se propager* (*mouvement des sens*) dans les campagnes... Après l'échec de Palerme, les forces des Bourbons en Sicile s'élevaient à environ cinq mille soldats, concentrés à Messine. Tout le reste de l'île était passé sous le contrôle du gouvernement dictatorial. Le *Times* de Londres salue le triomphe de Garibaldi par un titre éloquent : "*He made it !* (Il y est arrivé !)"... Aucun étranger ne souleva en Angleterre (*Lyon*) un enthousiasme comparable à celui de Garibaldi avec l'expédition de *Sicile*. Après la prise de Palerme, maintenant il s'agissait de transférer la guerre sur le continent, avec pour objectif Naples... L'expédition contre Rome à l'automne de l'année 1867 fut l'un des épisodes les plus douloureux de la vie de Garibaldi. Il subit là une des rares défaites militaires de sa carrière, d'autant plus cuisante qu'infligée par les Français et le pape... Garibaldi réussit à se tailler un premier succès en mettant en fuite les troupes du pape et en occupant Monterotondo... La rencontre eut lieu à Mentana. L'ennemi était supérieur en nombre – neuf mille pontificaux (*nobles Romains*) et deux mille Français contre cinq mille garibaldiens. »

TENTATIVE D'ASSASSINAT DE NAPOLÉON III
CONGRÈS DE PARIS (25 février 1856)

IV, 73

Le nepveu grand par force prouvera,
Le pache fait du cœur pusillanime :
Ferrare et Ast le Duc esprouvera,
Par lors qu'au soir sera la pantomime.

Pache, du latin *pax* : paix. *Pusillanime* : se dit d'une personne d'une prudence, d'une timidité tellement grandes, qu'elles confinent à la lâcheté. *Ferrare* : ville des Marches. *Asti* : ville du Piémont. *Duc*, du latin *duco*, je mène : guide, prince, souverain. *Pantomime* : représentation théâtrale.

Le grand neveu prouvera sa force par une paix conclue avec trop de prudence, celui qui viendra du Piémont et des Marches éprouvera le souverain lorsque le soir se jouera la pièce de théâtre.

« *La paix* sera réglée par un congrès réuni à Paris. La réunion s'ouvre le 25 février 1856... Le 30 mars la plume d'un aigle du jardin des Plantes sert à signer le traité de paix. Cette paix, qui termine enfin une entreprise hasardeuse, règle moins la question d'Orient qu'elle ne l'assoupit... Quoi qu'on en ait dit, la France tire de ce traité un important avantage. La valeur de ses soldats l'a replacée à la tête des nations... En outre, *la situation personnelle de Napoléon III y a gagné un relief* que, depuis la chute de l'Empire, aucun souverain français n'avait pu reconquérir... Réuni pour terminer une guerre, *le congrès de Paris* en a préparé une autre. Pour éclater, il ne lui faudra que trois ans. »

« Le jeudi 14 janvier 1858, l'Empereur et l'Impératrice doivent assister, à l'Opéra, à la représentation de retraite du baryton Massol. Le spectacle commence par le deuxième acte de *Guillaume Tell*. À huit heures et demie, précédé par un peloton de lanciers, le landau des souverains arrive rue Le Pelletier. Au moment où la voiture tourne pour se ranger devant le péristyle, retentissent, presque sans intervalle, trois violentes explosions...

« Felice Orsini conspire lui-même, depuis l'enfance, pour l'affranchissement de son pays. Il soulève *les Marches* contre les Autrichiens. Il en vient à recruter des complices pour assassiner Napoléon III... Tandis qu'on instruit son procès, l'Empire traverse une double crise, intérieure et extérieure, dont on a mal encore mesuré la gravité... Recevant aux Tuileries le 16 janvier les grands corps de l'État venus pour le féliciter d'avoir échappé aux bombes, il écoute, pâle et sévère, les harangues des présidents du Sénat et du Corps législatif... Morny, sortant de ses formes courtoises, tient un langage indigné : "Les populations se demandent comment des gouvernements voisins et amis sont impuissants à détruire de vrais laboratoires d'assassins." Coup droit porté à la Belgique, au *Piémont*, surtout à l'Angleterre, qui offre refuge à tous les bannis et les laisse librement, chez elle, ourdir leurs trames. »

NAPOLÉON III PRÈS DE BUFFALORA (3 juin 1859) NAPOLÉON III ET VICTOR-EMMANUEL DANS MILAN (6 juin 1859) ARMISTICE DE VILLAFRANCA (9 juillet 1859) ÉCLATEMENT DE LA SAINTE-ALLIANCE (RUSSIE, AUTRICHE, PRUSSE, FRANCE, ANGLETERRE)

VIII, 12

Apparoistra auprés de Buffalore,
L'hault et procere entré dedans Milan,
L'Abbé de Foix avec ceux de Sainct Morre,
Feront la forbe habillez en vilain.

Hault, du latin *altus* : noble, élevé. Latin *proceres* : les premiers citoyens par la naissance et le rang. *Abbé*, du syriaque *abbas* : père. *Foix* : Gaston III, comte de Foix, fut surnommé Phœbus, surnom porté après lui par quelques autres membres de la famille ; et Phœbus était le nom que Napoléon III avait donné à son cheval alezan – surprenant codage du nom du cheval ! *Morre*, du latin *mos, moris* : loi, règle (*pacis impossere morem* : décider de la paix). Moyen français *forbe* : tromperie.

L'Empereur apparaîtra près de Buffalora ; le noble et premier personnage (le roi d'Italie) fera son entrée dans Milan, mais le père de Phœbus (Napoléon III) et ceux de la Sainte-Alliance feront une tromperie honteuse.

« La Sainte-Alliance : le tsar Alexandre, l'empereur d'Autriche et le roi de Prusse signèrent ce pacte les premiers le 26 septembre 1815... Louis XVIII et le prince régent d'Angleterre donnèrent leur adhésion au traité.

« Napoléon, établi dans une auberge à San Martino, attend pour commencer la bataille que Mac-Mahon atteigne Magenta. Midi sonne, il entend le canon du général *vers Buffalora.* »

« La bataille de Magenta ayant ouvert aux alliés toute la Lombardie, l'armée française *entre dans Milan* acclamée et fêtée. L'Empereur Napoléon III et le roi Victor-Emmanuel s'avancent à cheval en tête des troupes victorieuses. »

« Les Autrichiens ont poursuivi leur retraite derrière l'Adige... La Prusse accélère sa mobilisation. Le tsar Alexandre a envoyé à l'Impératrice son aide de camp pour lui dire : "Hâtez-vous de faire la paix, sinon vous allez être attaqués sur le Rhin." Pour l'Angleterre, on ne saurait compter sur son intervention en cas de conflit avec la Prusse... Déçu, l'Empereur se résout à s'adresser directement à son adversaire, François-Joseph. Il va trahir (*forbe*) Cavour... Napoléon III se porte, en avant de Villafranca, à la rencontre du jeune empereur... Quand Napoléon, ayant passé par *Milan*, traverse à son tour la capitale piémontaise, il est accueilli par une dramatique froideur. L'Italie ne lui pardonnera jamais d'avoir trompé son espérance... Rentré en France, il y trouve une opinion surprise et tendue, Après les victoires dont on a fait tant de bruit, l'abandon de Venise rend le son d'une reculade. »

ANNEXION DES ÉTATS PONTIFICAUX (1870) VICTOR-EMMANUEL II ET CLOTILDE DE SAVOIE LES FRANÇAIS À TURIN ET NOVARE (1859)

I, 6

L'œil de Ravenne sera destitué,
Quand à ses pieds les aisles failliront :
Les deux de Bresse auront constitué,
Turin, Versel que Gaulois fouleront.

Nostradamus utilise régulièrement le mot *œil* dans le sens de : pouvoir. *Ravenne* : « Pépin le Bref franchit les Alpes et attaqua les Lombards, peuple germanique qui s'était établi dans la vallée du Pô. Il enleva aux Lombards le territoire qu'on appelait l'exarchat de Ravenne, et en fit don au pape. Ce fut le premier noyau de ce qu'on appela plus tard les États de l'Église, disparus seulement en 1870. » La *Bresse* se divisait en petites seigneuries, dont la principale était celle de Baugé, portée en 1292 dans la maison de Savoie. *Constituer* : donner une Constitution, une organisation. *Versel*, *Verceil* : ville forte de la haute Italie, dans les anciens États sardes (Novare).

Le pouvoir temporel du pape sera destitué quand les ailes (de l'aigle, Napoléon III) chuteront à ses pieds, que les deux de Savoie

(Victor-Emmanuel II et sa fille Clotilde de Savoie) auront donné une Constitution (à l'Italie) et que les Français auront foulé le sol de Turin et de Novare.

« Victor-Emmanuel II défendit énergiquement contre l'Église les droits de l'État, et resserra son intimité avec le gouvernement impérial français par le mariage de sa fille Clotilde de Savoie (*les deux de Bresse*) avec le prince Napoléon, soutenue par la France dans la guerre contre l'Autriche ; il dut à cette alliance d'abord la Lombardie (juin 1859), puis la Toscane, Parme, Modène et les Romagnes qui s'offrirent à lui. Les populations du royaume de Naples et des *États pontificaux*, consultés par voie de suffrage universel, se donnèrent à lui et il devint roi d'Italie (*auront constitué*), avec Florence pour capitale. En septembre 1870, il entra dans Rome qui devint capitale du royaume d'Italie. »

« Le feld-maréchal autrichien Giulay franchit le Tessin le 19 avril, et marche sur *Turin*, à l'allure de six kilomètres par jour. À deux étapes de la capitale piémontaise, il s'arrête, pour bientôt rétrograder sur Mortara, chance admirable pour Napoléon. Cette faute permet à l'armée française, passée par Suse et par Gênes, de se concentrer à Alexandrie où les Piémontais viennent la rejoindre... Le soir du 3 juin, *les Français* (*Gaulois*) *cantonnent* sur un triangle trop étiré, de Turbigo à Trécate et à *Novare*. Ils ne savent où sont les Autrichiens. Au jour seulement l'état-major assure qu'ils bivouaquent autour de Magenta. »

LA TOUR DE SOLFERINO (24 juin 1859)
RATTACHEMENT DE LA SAVOIE À LA FRANCE (1859)
TRAITÉ DE TURIN (1860)
LE PRINCIPE DES NATIONALITÉS

V, 42

Mars eslevé à son plus haut beffroy,
Fera retraire les Allobrox de France :
La gent Lombarde fera si grand effroy,
A ceux de l'Aigle compris sous la Balance.

Beffroy, du haut allemand *becvrit* : tour de défense ; tour de ville dans laquelle on plaçait des gardes pour surveiller la campagne. *Retraire*, *du* latin *retraho* : je force à revenir. *Allobroges* : peuple de la Gaule transalpine ; leur nom a reparu au temps de la Révolution, avec les départements allobroges (savoisiens). *Compris*, du latin *comprehendo* : je prends. *Balance* : en politique, équilibre des États relativement à la distribution des territoires et des alliances.

La guerre atteindra son point culminant à la tour (de Solferino) et forcera la Savoie à revenir à la France. La Lombardie sera fort effrayée par ceux de l'Empereur et prise sous prétexte d'équilibre de territoires.

« La capitale *lombarde*, où les vieux se rappellent encore l'éblouissant passage de Bonaparte, se couvre de drapeaux français et italiens... Du clocher de l'église de Castiglione, la lorgnette aux yeux, Napoléon cherche à les nouer. Afin de couper en deux l'adversaire, il prescrit de porter l'effort au centre. Sur la *tour* de Solferino, la fameuse Spia d'Italie qui se dresse, carrée et rouge, *au sommet* d'un massif rocheux (*beffroy*). *Très dure*, pendant des heures, la lutte se prolonge... Au centre, après des *engagements acharnés*, *les hauteurs* abruptes de Solferino sont prises, le cimetière et la Spia... »

« Solferino : ruines d'un vieux château avec une *tour* appelée Spia d'Italie. »

« Plus encore qu'à Montebello et à Magenta, *l'horreur* du charnier apparaît à Napoléon, le lendemain, tandis qu'il visite les environs de Solferino. »

« Après de nombreuses vicissitudes, la Savoie a été cédée à la France en 1860 par le roi de Sardaigne, et cette cession a été aussitôt confirmée par *le suffrage universel* des habitants. »

« Paraît dans la capitale française un opuscule anonyme dû à la plate plume du conseiller d'État La Guéronnière, que l'Empereur a amendé de sa main. Cette brochure intitulée *Napoléon III et l'Italie* expose hardiment ses vues et ses intentions... Elle célèbre *la théorie des nationalités* et s'achève sur le souhait d'une Italie fédérée, d'où toute influence étrangère serait bannie. »

VICTOR-EMMANUEL II, ROI D'ITALIE (1860)
FLORENCE, CAPITALE

V, 39

Du vray rameau des fleurs de lys yssu,
Mis et logé héritier d'Hetrurie :

Son sang antique de longue main tyssu,
Fera Florence florir en l'armoirie.

Fleurs de lys : armes des Bourbons. *Hetrurie* : ancien nom de la Toscane.

Né du véritable rameau des fleurs de lis, ayant été placé et logé en Étrurie, son sang antique tissé de longue main fera fleurir ses armoiries à Florence.

« Victor-Emmanuel II, roi d'Italie (1820-1878), descendait, en ligne directe, de Charles-Emmanuel II (1634 1675), duc de Savoie et Piémont, qui avait pour mère Christine de France, fille d'Henri IV, et du fils de ce dernier, Thomas-François, qui épousa Marie de *Bourbon*, fille de Charles, comte de Soisson. »

« Le père de Victor-Emmanuel II, Charles-Albert (1789-1849), fut forcé de se retirer devant l'intervention autrichienne le 21 mars 1821. Exilé en *Toscane*, il resta longtemps en disgrâce. Appelé au trône en 1831, faute d'*héritier* direct, il opéra d'utiles réformes. Il s'était marié en 1817 avec Marie-Thérèse de Toscane. »

« Victor-Emmanuel II, soutenu par la France dans la guerre contre l'Autriche, dut à cette alliance d'abord la Lombardie (juin 1859), puis la *Toscane*, Parme, Modène et les Romagnes qui s'offrirent à lui. Les populations du royaume de Naples et les États pontificaux (moins la ville de Rome), consultés par voie du suffrage universel, se donnèrent à lui et il devint *roi d'Italie*, avec *Florence pour capitale*… Il a joui durant tout son règne d'une grande popularité ; et, comme souverain, il est toujours resté fidèle aux règles du gouvernement parlementaire, établi en Piémont sous le règne de Charles-Albert. »

VICTOR-EMMANUEL II ET CAVOUR L'UNITÉ ITALIENNE (1859-1861) VICTOR-EMMANUEL II À FLORENCE, CAPITALE

V, 3

Le successeur de la Duché viendra,
Beaucoup plus oultre que la mer de Toscane,
Gauloise branche la Florence tiendra,
Dans son giron d'accord nautique Rane.

En ce qui concerne l'origine française de Victor-Emmanuel II et Florence capitale, *cf.* quatrain précédent. *Rane*, du latin *rana* : grenouille ; les grenouilles figurent tous les peuples de l'histoire.

Le successeur du duché de Toscane viendra occuper beaucoup plus que les rivages toscans. Une branche française s'installera à Florence avec l'accord de celui que l'Angleterre aura eu dans son giron.

« Au lieu de se retirer dans ses frontières et de renoncer à toute ambition, Victor-Emmanuel II, qui *succédait* à Charles-Albert vaincu, commença à préparer le retour des troupes piémontaises dans la plaine de Lombardie... »

« À côté de Victor-Emmanuel, il y avait dès 1833 Camillo Cavour, un Piémontais qui avait longtemps séjourné à *Londres* (*nautique Rane*), à Paris et à Genève... Londres, après un premier séjour à Paris en 1835, lui avait inspiré une grande admiration pour l'habileté dont les Anglais avaient fait preuve en affrontant les grands problèmes d'une société industrielle, pour leur bon sens, pour leur pragmatisme... »

« En deux ans, de mars 1859 à juin 1861, un nouvel État (*beaucoup plus oultre que la mer de Toscane*) a surgi en Europe. Il s'étend sur deux cent cinquante-neuf mille trois cent vingt kilomètres carrés et il a vingt-quatre millions sept cent soixante-dix mille citoyens. »

PONTIFICAT EXCEPTIONNEL DE PIE IX (1846-1878)
BOLOGNE ANNEXÉE PAR VICTOR-EMMANUEL II (1859)

VIII, 53

Dedans Boulogne voudra laver ses fautes,
Il ne pourra au temple du Soleil :
Il volera faisant choses si hautes,
En hiérarchie n'en fut onq un pareil.

Temple, terme poétique pour l'Église catholique. *Soleil* : référence aux liens de parenté de Victor-Emmanuel II avec les Bourbons. *Voler* : voler de ses propres ailes, agir par soi-même. *Onq* : jamais.

Il voudra laver ses fautes dans Bologne qu'il ne pourra garder à l'Église à cause du Bourbon (Victor-Emmanuel II). Il agira par lui-même pour faire des choses si importantes qu'il n'y eut jamais un tel pape dans la hiérarchie catholique.

« En 1848 retentit le cri de guerre nationale contre l'Autriche ; la Sardaigne, le Piémont, ainsi que les provinces occupées de Venise et de la Lombardie se soulevaient. Pie IX refusa de faire la guerre à l'Autriche et renia ainsi le mouvement populaire (*ses fautes*). Son ministre Pellegrino Rossi fut assassiné le 15 novembre 1848, on tira sur le Quirinal et la garde suisse fut désarmée... Le pape entreprit entre 1857 et 1863 des voyages à travers ses États (dont *Bologne*). Seule la présence du corps expéditionnaire français maintenait la souveraineté temporelle. En 1860 se déclenche le conflit avec le Piémont. Celui-ci commence par occuper le nord de l'État pontifical (*Bologne*). Le pape lança contre lui une excommunication solennelle, Antonelli protesta contre le titre de roi d'Italie que Victor-Emmanuel (le *Soleil*) avait adopté le 26 février 1861.

« En 1859, la ville et la province de Bologne se sont soustraites à l'autorité du pape et ont reconnu le roi de Sardaigne, Victor-Emmanuel. »

« Pie IX *se réserve* (*volera*) les questions religieuses dont il s'occupe avec une grande activité. *Trois grands actes* marquent (*choses si hautes*), sous le rapport religieux, tout le pontificat de Pie IX : la définition de l'Immaculée Conception, en décembre 1854 ; la publication de l'encyclique *Quanta cura*, en décembre 1864, avec l'annexe connue sous le nom de *Syllabus* ; l'ouverture en 1869 au Vatican du premier concile œcuménique qui se soit tenu depuis celui de Trente (1545-1563), et où furent proclamées, le 18 juillet 1870, la pleine puissance du pape dans l'Église et l'infaillibilité de ses jugements solennels... Sa mort arriva le 10 février 1878, et la nouvelle de cette mort fut dans le monde entier l'objet de témoignages unanimes de respect et de vénération (*n'en fut onq un pareil*). »

LA DÉPÊCHE D'EMS (13 juillet 1870)
BAZAINE À METZ (18 août 1870)
LA CAPITULATION (27 octobre 1870)

X, 7

Le grand conflit qu'on appreste à Nancy,
L'AEmathien dira tout je soubmets

L'Ile Britanne par vin, sel en solcy,
Hem. Mi. deux Phi. longtemps ne tiendra Metz.

AEmathie : « la Macédoine se divisait en un assez grand nombre de provinces ou de pays : berceau et centre de la monarchie dont le nom est quelquefois étendu à toute la Macédoine ; les habitants étaient très braves et infatigables ; Philippe II *reconquit les anciennes provinces*, en ajouta de nouvelles et soumit la Grèce entière à sa domination ; Alexandre réalisa ses projets, mais à sa mort son empire fut démembré » ; Nostradamus établit un parallèle entre l'histoire de la Macédoine et celle de l'Allemagne. *Hem*, pour *Ems*, l'ancienne Émesse. *Mi.*, pour mission (par apocope). *Phi.* : vingt et unième lettre de l'alphabet grec ; comme chiffre, *phi* vaut 500 000.

La grande guerre qui se prépare en Lorraine fera dire au roi : Je soumets tout ; l'Angleterre ne se souciera que de son commerce ; après l'envoi d'Ems, Metz ne résistera pas longtemps malgré deux fois cinq cent mille (soldats).

« Le roi Guillaume était aux eaux à *Ems*… Grâce à de mutuelles concessions, tout en maintenant son refus pour l'avenir, le roi avait déclaré donner son approbation entière et sans réserve à la renonciation. Une fois encore la paix semblait assurée. Au même moment à Berlin, Bismarck préparait de sang-froid la catastrophe. Il reçut du roi un télégramme où celui-ci relatait les incidents du début de la journée jusqu'à *l'envoi* (mission) de l'aide de camp à Benedetti… Le texte mutilé par Bismarck fut aussitôt transmis aux représentants de la Prusse à l'étranger. Les calculs de Bismarck étaient justes. En Allemagne ce fut une explosion de fureur contre la France. Le 19 juillet la déclaration de guerre était officiellement notifiée à Berlin. »

« Formant d'abord une armée unique sous le commandement de Napoléon III, les deux cent mille hommes furent divisés en deux armées, l'armée d'Alsace (soixante-sept mille hommes) et l'armée de *Lorraine* (environ cent trente mille hommes) sous la direction de Bazaine… »

« La défaite de Frœschwiller entraîna la perte de l'Alsace. L'armée de Mac-Mahon, désorganisée, repassa les Vosges au col de Saverne et fit retraite sur *Nancy*. Le jour même de la bataille de Frœschwiller, la Ire armée allemande était entrée en *Lorraine* et avait battu à Forbach le corps du général Frossard. À la suite de ce double échec, Bazaine, nommé généralissime, ramena l'armée sur *Metz*... »

« En dehors de l'armée de Bazaine bloquée dans *Metz*, il restait à la France quatre-vingt-quinze mille hommes de troupes régulières dispersées entre Paris et les départements... Le 19 septembre, les Allemands achevaient l'investissement de Paris. Pour défendre la place. Trochu disposait de plus de *cinq cent mille hommes*... Dans les départements, Gambetta improvisa des armées avec une rapidité tout à fait incroyable. En quelques mois il mit sur pied, arma, équipa, lança à la bataille *six cent mille hommes*. Ces armées improvisées, comme l'armée de Paris, étaient de valeur médiocre. La plus grande partie des troupes allemandes étaient immobilisées devant Paris et Metz. La stupide et criminelle conduite de Bazaine leur enleva cette dernière chance de succès. Le 27 octobre, Bazaine livra *Metz*. »

« Le 18 janvier 1871, à Versailles même, s'était achevée l'unité allemande. Les princes de l'Allemagne du Sud étaient entrés dans la Confédération qui reçut le titre d'*Empire* allemand. »

« La France perdait l'Alsace moins Belfort, le nord de la Lorraine avec *Metz*. »

« Le *commerce* extérieur *britannique* se place largement en tête de tous les autres : en 1872 il porte sur cinq cent quarante-sept millions de livres sterling, plus que les commerces français, allemand et italien réunis... »

LE DÉPART EN BALLON DE GAMBETTA (1870)
LE SIÈGE DE PARIS, LA CAPITULATION (1870)
III, 50

La république de la grande cité,
A grand rigueur ne voudra Consentir :
Roy sortir hors par trompette cité,
L'eschelle au mur, la cité repentir.

Sonner de la trompette : faire quelque chose avec grand bruit, avec grand éclat, par allusion à la trompette que les Anciens donnaient à la Renommée.

La République de Paris ne voudra pas consentir à l'austérité nécessaire ; le chef du gouvernement sortira avec éclat de la ville qui sera assiégée et qui s'en repentira.

« Un gouvernement de la Défense nationale fut constitué, composé de onze députés de Paris parmi lesquels Gambetta. Le 19 septembre 1870, les Allemands achevaient *l'investissement* de Paris. Dès lors Paris fut le pivot de la Défense nationale et tous les efforts tentés pendant près de cinq mois en province eurent pour but la levée du blocus de la capitale... Dans les départements, où il restait à peine vingt-cinq mille hommes, la résistance semblait impossible. Mais tandis que le gouvernement demeurait dans Paris, un de ses membres, Gambetta, *s'échappa en ballon* (*Roy sortir hors par trompette cité*), et gagna Tours pour organiser la défense. Gambetta fut l'âme de la Défense nationale... »

« Paris était sous la double menace de la famine et de la révolution. Les partis révolutionnaires s'agitaient. Déjà le 31 octobre, les gardes nationaux de Belleville avaient tenté de renverser le gouvernement. Après Buzenval, une nouvelle tentative d'insurrection eut lieu le 22 janvier. Connue de Bismarck, elle le rendit intraitable quand, le lendemain 23, Jules Fabre vint à Versailles solliciter un armistice pour ravitailler Paris. Il imposa une véritable *capitulation*, le désarmement des troupes de ligne, l'occupation de tous les forts, une contribution de deux cents millions. Le 28 janvier il fallut accepter ces conditions : *la chute de Paris* et l'armistice de Versailles marquaient la fin de la guerre. »

GARIBALDI, SA FORCE, SA FIN DANS LA MISÈRE

VII, 19

Le fort Nicene ne sera combattu,
Vaincu sera par rutilant metal :
Son faict sera un long temps débatu,
Aux citadins estrange espouvantal.

Nicene, anagramme de : né à Nice ; dans la mythologie grecque, Nicéen (du grec *nikè* : victoire) est le surnom de plusieurs divinités considérées comme les garants de la victoire ; Nostradamus joue sur la double signification : vainqueur et né à Nice. *Estrange* : Garibaldi, à sa naissance en 1804, est un *étranger* ; Nice ne fut française qu'en 1860, par le traité de Turin.

Le puissant vainqueur niçois ne sera pas combattu : il sera vaincu par l'argent. Ses actes feront longtemps l'objet de débats ; cet étranger sèmera la terreur chez les bourgeois.

« Europe du XIXe siècle, Europe des révolutions : le champ est libre pour le jeune *Niçois* Garibaldi, qui rêve d'aventures, de socialisme et de liberté... Garibaldi va se mêler des affaires de l'Europe... Sans transiger, il conduit sa politique, constitue son armée, mène ses campagnes, suit sa doctrine et impose sa présence sur la scène européenne. »

« Les députés conservateurs (*citadins*) continuèrent à s'acharner contre lui... C'était plutôt quelque chose de comparable à la haine des Versaillais pour les internationalistes venus se battre aux côtés des communards. Un composé de *peur et d'horreur* (*espouvantal*) de la révolution, de la subversion et du socialisme qui se donna libre cours lors de la "semaine sanglante". »

« "De toutes les puissances européennes, aucune ne s'est levée pour défendre la France, qui, tant de fois, avait pris en main la cause de l'Europe (bravos à gauche). Pas un roi, pas un État, personne ! Un seul homme excepté (sourires ironiques à droite, bravos à gauche). Les puissances ne sont pas intervenues, mais un homme est intervenu, et *cet homme est une puissance* (*le fort Nicene*). Et cet homme, qu'avait-il ? Son épée, qui avait déjà délivré un peuple et pouvait en sauver un autre. Il est venu, *il a combattu*. Je ne veux blesser personne mais je ne dis que la pure vérité en déclarant que lui seul, parmi tous les généraux qui ont lutté pour la France, *n'a jamais été vaincu* (*ne sera combattu*)." Cette envolée de Victor Hugo provoqua un tapage indescriptible. Debout sur leurs bancs, les députés de la droite montraient le poing à l'orateur. »

« Les droits d'auteur de ses deux romans (Garibaldi), *Clilia* et *Cantoni*, avaient été vite épuisés. Le héros en publia un troisième, en 1873, intitulé *Les Mille*, mais qui n'obtint qu'un maigre succès. Il dut alors se résigner à vendre le yacht que lui avaient offert ses admirateurs anglais. Il en tira quatre-vingt mille lires, une coquette somme. Mais il confia l'argent à son vieux compagnon d'armes Antonio Bo, afin qu'il le mette en banque à Gênes. L'ami de cœur choisit de s'enfuir en Amérique avec le petit pécule (*rutilant metal*). Les journaux italiens eurent vent de ses soucis et publièrent des articles pathétiques : “Garibaldi est dans une misère noire. Italiens, aidons Garibaldi !” »

GARIBALDI ET L'EXPÉDITION DES MILLE (1860)
LA CONQUÊTE DE LA SICILE ET DE NAPLES (1860)
CAMPAGNE DE NAPLES (1860)
CESSION DE LA SAVOIE À LA FRANCE (1860)

VII, 31

De Languedoc, et Guienne plus de dix,
Mille voudront les Alpes repasser :
Grans Allobroges marcher contre Brundis,
Aquin et Bresse les viendront recasser.

Allobroges : *cf.* V, 42 ; Victor-Amédée II, d'abord duc de Savoie, reçut en 1713 le titre de roi de Sicile. *Brundis*, en latin *Brundisium* : *Brindisi*, ville d'Italie sur l'Adriatique ; « les contrées méridionales de la botte ainsi que la Sicile formaient le royaume de Naples ou des Deux-Siciles, le plus vaste du point de vue territorial. Naples, la capitale, était la première ville de la péninsule ». *Aquin* : village du royaume de Naples. *Bresse* : *cf.* I, 6. *Recasser*, du latin *recessum* : récupérer.

Avec plus de dix, venus du Languedoc et de Guyenne, les Mille voudront repasser en Italie. Le duc de Savoie marchera contre les occupants de l'Italie méridionale (*Brindisi*). Ils viendront récupérer la Savoie et Naples.

« Victor-Emmanuel II, petit-fils de Victor-Amédée II, soutenu par la France dans la guerre contre l'Autriche, dut à cette alliance d'abord la Lombardie (juin 1859), puis la Toscane, Parme, Modène et les Romagnes, qui s'offrirent à lui et qu'il put annexer à ses États en cédant à la France Nice et la *Savoie*. Après l'expédition de Garibaldi en Sicile et dans l'Italie méridionale (*Aquin* et *Brundis*) (1860) qu'il encouragea d'abord en secret puis qu'il soutint ouvertement, les populations du royaume de *Naples* (*Aquin*) et les États pontificaux (moins la ville de Rome), consultés par la voie du suffrage universel, se donnèrent à lui (*recasser*), et il devint roi d'Italie. »

« *Les Mille* : depuis 1859, le royaume de *Naples* était agité. Les idées unitaires et libérales prenaient faveur, et leur propagation amena l'insurrection qui éclata à Palerme le 3 avril 1860. C'est l'occasion qu'attendait Garibaldi. La petite armée qu'il réunit à Gênes (*les Alpes*), le 5 mai 1860, se composait de *mille* quatre-vingt-cinq hommes. L'Italie tout entière y était représentée. Quelques étrangers vinrent s'y joindre, entre autres un Anglais, un jeune Russe et quelques *Français* : Ulric de Fontvielle (famille de Toulouse, en *Languedoc*), un étudiant, Burès, Cluseret (fomenta un mouvement insurrectionnel à Marseille et fut député de Toulon), Durand, Maxime du Camp (famille originaire de Bordeaux, capitale de la *Guyenne*), Lockroy (député des Bouches-du-Rhône), Henri Fouquier (né à Marseille), et enfin de Flotte, commandant un corps de Français (*plus de dix*)... Il débarqua le 11 mai à Marsala avec *mille* quinze hommes. Le 15, il battait un corps napolitain à Calatafimi et entrait par surprise dans Palerme le 27. Après trois jours de combats, l'intervention du corps consulaire amenait la retraite des *Napolitains*. Garibaldi les battait encore à Milazzo. Le 28 juillet Messine capitulait. Dès le 21 août il commençait à franchir le détroit de Messine. Presque sans combat, il arrivait à Salerne, puis à Naples. C'est à ce moment que le gouvernement piémontais (Victor-Emmanuel II, duc de Savoie : *Bresse*), qui avait aidé en sous-main Garibaldi, intervint et commença la double campagne diplomatique et militaire qui aboutit à l'annexion de Naples. »

RÉUNION DES MILLE À GÊNES (1859)

IV, 16

La cité franche de liberté fait serve,
Des profligez et resveurs fait Azyle :
Le Roy changé à aux non si proterve,
De cent seront devenus plus de mille.

La cité franche : en 1805, l'État de Gênes fut incorporé à l'Empire français (*de liberté fait serve*) et forma les départements de Gênes, des Apennins et de Montenotte ; en 1814, Gênes fut donnée au roi de Sardaigne par le congrès de Vienne. *Serve*, du latin *servus* : esclave. *Profligez*, du latin *profligatus* : perdu, dépravé, flétri. Latin *proterve* : hardiment, effrontément, impudemment.

La cité dont la liberté avait été réduite en esclavage, ayant été affranchie donnera asile à des gens dépravés et utopistes. Ayant changé de roi impudemment, de cent ils deviendront plus de mille.

« Garibaldi avait établi son quartier général dans un faubourg de *Gênes*, à Quarto, dans la maison de son vieil ami Augusto Vecchi, qui s'était battu avec lui à Rome... Le problème le plus délicat était celui de l'armement... Ce fut surtout l'usine Ansalido, à *Gênes*, qui fut le principal pourvoyeur et soutint secrètement les opérations... Cavour n'était guère enchanté par cette agitation. Il craignait par-dessus tout que les puissances étrangères n'accusent le Piémont d'être trop complaisant (*fait Asyle*) à l'égard des révolutionnaires... Au soir du 5 mai 1860, tout était prêt. Garibaldi, une fois sur le pont du Piémont, demanda : "Combien sommes-nous ? – *Plus de mille* avec les marins..." Par souci d'exactitude, il convient de préciser que ceux qui sont passés à la postérité comme "les Mille" étaient en fait *mille cent quarante-neuf* (*plus de mille*), mais Garibaldi ne perdit pas de temps à les compter... En premier lieu, les garibaldiens prirent d'assaut le bureau du télégraphe de Marsala (Sicile), d'où ils transmirent de faux messages pour tromper l'ennemi... Garibaldi se proclamait dictateur au nom de Victor-Emmanuel, *roi d'Italie*. »

GARIBALDI À MAGNAVACCA ET RAVENNE
PIE IX ET LE POUVOIR TEMPOREL
L'UNITÉ ALLEMANDE FAITE PAR DEUX GUERRES
(1860 et 1870)

IX, 3

Le magna vaqua à Ravenne grand troubles,
Conduicts par quinze enserres à Fornase :
A Rome naistra deux monstres à teste double,
Sang, feu, déluge, les plus grands à l'espace.

Magna vaqua : *Magnavacca*, petit port sur l'Adriatique à l'embouchure du Pô. *Fornase*, anagramme et raccourci de (la) fer(me de) Zan(ett)o, où Garibaldi va trouver refuge. *Monstre*, du latin *monstrum* : présage divin, prodige, mais aussi calamité.

Il (Garibaldi) subira de grandes perturbations à Magnavacca et Ravenne. Conduits par quinze barques, ils se réfugieront à la ferme de Zanetto ; prendront alors naissance à Rome deux prodiges à cause d'un pouvoir double (spirituel et temporel du pape), puis le sang, la guerre, la révolution atteindront les plus grandes nations pour des problèmes d'espace.

« Garibaldi intima l'ordre au maire de Cesenatico de lui donner treize barques (Nostradamus dit quinze)... Une heure plus tard, les Autrichiens entraient dans le village. Les treize barques progressaient rapidement. La nuit suivante ils passaient au large de *Ravenne*... Les barques furent repérées au large des marais de Comacchio par un navire de guerre autrichien. Le capitaine Scopinich ordonna aux garibaldiens de se rendre. Comme ils refusaient, l'ennemi s'élança à leur poursuite. Les Autrichiens gagnant du terrain, ils décidèrent de se diriger vers la côte. Mitraillées par les canons adverses, les treize barques mirent le cap sur *Magnavacca*, mais trois seulement y parvinrent. Finalement ils ne furent pas plus de trente à mettre pied à terre, dont Garibaldi, Anita, Ugo Bassi... Les Autrichiens et la police pontificale avaient déjà organisé une battue pour retrouver les fugitifs. Bonnot leur expliqua qu'il était impossible de rejoindre Venise parce que toutes les routes qui menaient vers le nord étaient surveillées par les Autrichiens. D'après lui, il valait mieux tenter sa chance autour de *Ravenne*, où les patriotes étaient très nombreux. Il ajouta qu'il fallait laisser Anita en arrière, car elle ne survivrait pas à un tel voyage. Il pensait la transporter au nord de l'île, dans la *ferme de Zanetto* (*Fornase*)... »

« Peu de papes ont suscité des jugements aussi contradictoires que Pie IX, d'une part une vénération louangeuse, d'autre part une franche hostilité. Il faut essentiellement en chercher les raisons dans les bouleversements italiens et dans le *Kulturkampf* allemand que déclenchèrent le dogme de l'Infaillibilité et le *Syllabus* de 1864... Avec le recul de l'histoire, on peut penser qu'il a manqué à Pie IX l'énergie pour dissocier les *deux plans* temporel et spirituel de la monarchie pontificale (*teste double*). »

« En Allemagne comme en Italie, la question de l'unité était posée depuis 1815. Les patriotes libéraux avaient essayé de profiter de la crise révolutionnaire de 1848 pour fonder l'unité allemande. Mais parmi les trente-huit États allemands, il y en avait deux qui étaient de grandes puissances : l'Autriche et la Prusse... Ce fut par *deux grandes guerres* (*deux monstres*), voulues par Bismarck, que celui-ci réalisa l'unité allemande : la guerre de 1866 contre l'Autriche ; la guerre de 1870 contre la France. »

GARIBALDI AU BRÉSIL (1835)
LA CANDIDATURE HOHENZOLLERN
AU TRÔNE D'ESPAGNE (1871)
LE DUC D'AOSTE, ROI D'ESPAGNE (1870)
DÉBARQUEMENT DE GARIBALDI À MARSEILLE (1870)
AVÈNEMENT DE LA IIIe RÉPUBLIQUE (1870)

Sixain 1

Siècle nouveau, alliance nouvelle,
Un Marquisat mis dedans la nacelle,
A qui plus fort des deux l'emportera ;
D'un Duc d'un Roy, gallere de Florence,
Port à Marseille, Pucelle dans la France,
De Catherine fort chef on rasera.

Ce quatrain a été attribué par la plupart des exégètes à Catherine de Médicis, simplement parce qu'il mentionne ce prénom. À l'analyse, on s'aperçoit vite que seul le prénom pourrait concerner cette reine de France ; en revanche, les autres détails, d'une extraordinaire précision, concernent Garibaldi.

Siècle nouveau : le XIXe siècle voit non seulement les changements de régimes, mais des institutions et des lois (le Code civil) ; de même, toutes les alliances de l'Ancien Régime vont être changées. *Marquisat* : les marches étaient appelées *marchiones*, plus tard *margraves* ou *marquis* ; les marches constituées à l'époque de Charlemagne étaient la Marche saxonne, la Marche frioulane en Italie ; d'où l'utilisation du mot *marquisat* pour le Val d'Aoste. *Nacelle* : désigne l'Espagne. *Duc* : Amédée de Savoie, ayant abdiqué le pouvoir le 10 février 1873, retourna en Italie où il reprit son titre de duc d'Aoste et reçut son ancienne dotation ; il était le fils de Victor-Emmanuel II, roi d'Italie, qui prit *Florence* pour capitale.

Dans un siècle de renouveau, on assistera à de nouvelles alliances. Le chef d'un marquisat sera choisi pour l'Espagne. Du duc (d'Aoste) ou du roi (Guillaume), lequel l'emportera ? Un bateau conduira (en Espagne) (l'héritier) de Florence. (Garibaldi) débarquera à Marseille pour aider au retour de la République en France, lui qui aura assisté aux ravages de (Santa) Catarina.

« En septembre 1835, les huit mille kilomètres qui séparent Marseille de Rio furent parcourus en quatre-vingts jours. Cette période fertile en aventures de toutes sortes lui (Garibaldi) façonna une légende de combattant pour la liberté et pour l'indépendance des peuples. »

« Les habitants de la *Santa Catarina*, après avoir accueilli Gonçalves et les siens en libérateurs, avaient vite perdu leurs illusions. Plusieurs villes s'étant rebellées contre la tyrannie des gauchos, Gonçalves décida de les punir de leur désobéissance et chargea Garibaldi d'administrer une rude correction à l'une d'entre elles, Imahury. *Ce fut une répression absolument bestiale* (*de Catherine fort chef on rasera*), dont le souvenir poursuivit Garibaldi jusqu'à la fin de ses jours. Les républicains se déchaînèrent et firent preuve d'une férocité démesurée, pillant et incendiant les maisons et boutiques, massacrant les enfants et les vieillards, violant les femmes. »

« Le 15 juillet 1870, Benedetti a rencontré *le roi* Guillaume dans le parc d'Ems. Il lui a demandé, avec les formes requises, la permission d'annoncer qu'il interdirait au prince de Hohenzollern de poser de nouveau sa candidature (au trône d'Espagne). »

« *Qui sera roi ?* Et l'Espagne confie à ses ambassadeurs la mission d'interroger les princes disponibles de l'Europe. Parmi beaucoup de refus, quelques acceptations comme celle de Léopold de Hohenzollern. Les entretiens de la France, opposée au règne d'un Prussien en Espagne, et de Bismarck, donnèrent lieu à la fameuse dépêche d'Ems qui déclencha la guerre de 1870. Enfin Amédée de Savoie, *duc* d'Aoste, fils de Victor-Emmanuel II, se déclara disposé à s'asseoir sur le trône d'Espagne. Le nouveau souverain arriva à Madrid le 2 janvier 1871. »

« Le gouvernement italien se souciait peu de voir le dangereux agitateur (Garibaldi) partir effectuer des prouesses en France. La guerre contre les Prussiens représentait un bon moyen de se débarrasser de lui, et dans l'entourage de Victor-Emmanuel II, beaucoup espéraient sûrement qu'il n'en reviendrait pas. À Bonifacio, Garibaldi trouva un yacht – le *Ville de Paris* – prêté par un riche commerçant marseillais aux idées républicaines et progressistes. À *Marseille*, il reçut un accueil triomphal. Ravi et ému par l'accueil des Marseillais, Garibaldi écrivit à un ami : "À la fin de ma vie, je suis fier de *servir la sainte cause de la République* (*Pucelle dans la France*)." »

LA SUCCESSION AU TRÔNE D'ESPAGNE, CAUSE DE LA GUERRE DE 1870 ENCERCLEMENT DES FORCES FRANÇAISES SOUS METZ L'ARMÉE DE L'EST À VILLERSEXEL

I, 89

Tous ceux de Illerde seront dans la Moselle,
Mettant à mort tous ceux de Loire et Seine,
Le cours marin viendra près d'Hautevelle,
Quand Espagnols ouvrira toute veine.

Illerde : l'Iller est une rivière d'Allemagne qui prend sa source au nord-ouest du Tyrol, et sépare *la Bavière du Wurtemberg* avant de tomber dans le Danube à deux kilomètres au-dessus d'Ulm ; Nostradamus désigne, par cette rivière, les Allemands et les Autrichiens. Moyen français *cours* : expédition. *Hautevelle* : commune de la Haute-Saône à une quinzaine de kilomètres de Villersexel.

Allemands et Autrichiens viendront en Moselle, décimant les armées de la Loire et de Paris. Celui qui aura fait une expédition par mer viendra près d'Hautevelle, quand les Espagnols auront ouvert la succession au trône (chance pour les Hohenzollern).

« Par suite d'une révolution, *le trône d'Espagne était vacant* depuis 1868. *Les Espagnols cherchaient un roi* (*Espagnols ouvrira toute veine*). Brusquement, le 2 juillet 1870, surgit la candidature du prince Léopold de Hohenzollern, cousin du roi de Prusse. L'opinion publique en France tomba dans le piège et perdit aussitôt tout sang-froid. Il parut à tous qu'un prince prussien régnant en Espagne, la France se trouverait prise entre deux feux et l'on parla de la reconstitution de l'empire de Charles Quint. »

« Conformément aux conventions de 1866, *Bavarois* et *Wurtembergeois* marchèrent avec les Prussiens. Côté français trois armées opérèrent en décembre et en janvier : l'armée du Nord, sous Faidherbe, la deuxième armée de *la Loire*, sous Chanzy, l'armée de l'Est sous Bourbaki. »

« Suivant le plan établi par Moltke, les Allemands ont été répartis en trois armées. La première, à droite, venue par la Moselle. En face du prince royal, Mac-Mahon *accouru d'Algérie* (*cours marin*) aura à défendre l'Alsace. »

« Vainqueur à *Villersexel* (*près d'Hautevelle*) (9 janvier 1871), Bourbaki put forcer les lignes d'Héricourt. Repoussée sur Besançon, puis sur la frontière suisse, prise entre deux armées allemandes, l'armée de l'Est n'échappa à une capitulation qu'en se jetant en Suisse où elle fut désarmée. »

« Cependant pour hâter la reddition de Paris (*Seine*), les Allemands avaient entrepris de bombarder la ville. Une sortie fut tentée avec quatre-vingt-dix mille hommes, le 9 janvier, vers Buzenval et Montretout, sur les plateaux qui dominent la Seine, à l'ouest de Paris. Ce fut un nouvel et *sanglant* échec (*mettant à mort*). »

1830-1870 : QUARANTE ANS DE GUERRE
1871-1914 : QUARANTE ANS DE PAIX

I, 17

Par quarante ans l'iris n'apparoistra,
Par quarante ans tous les jours sera veu :
La terre aride en siccité croistra,
En grand déluges quand sera aperceu.

Iris : l'arc-en-ciel, qui représente la paix. Moyen français *déluge* : massacre.

Pendant quarante ans on ne connaîtra pas la paix, puis pendant quarante ans on la connaîtra tous les jours. L'esprit des hommes deviendra aride et sec quand on verra de grands massacres (XXe siècle : guerres mondiales et guerres coloniales).

QUARANTE ANS DE GUERRE

1830	Départ de Toulon de la flotte française envoyée à Alger.
1831	Expédition française au Portugal.
1832	Occupation d'Ancône par les Français. Siège d'Anvers et prise de la ville.
1833	Combat naval du cap Saint-Vincent.
1834	Les Français repoussent six mille Kabyles venus de Bougie.
1835	Expédition contre Mascara.
1836	Expéditions de Tlemcen et de Constantine.
1837	Prise de Constantine.
1838	Intervention française dans La Plata : prise par les Français de l'île Martin Garcia (Argentine). Intervention française au Mexique.
1839	Passages par les Français des Portes-de-Fer (Algérie).
1840	Défense héroïque de la garnison du fort de Mazagran. Occupation de Cherchell, Médéa, Miliana. Bombardement de Beyrouth, prise de Saïda en Syrie.
1841	Prise de possession par la France des îles Nossy Be et Nossy Komba dans l'océan Indien.
1842	Occupation de Mayotte et des îles Tahiti et Marquises.
1843	Le duc d'Aumale capture la smala d'Abd el-Kader. Occupation d'Assinie, de Grand-Bassani et du Gabon.
1844	Prise d'Oujda. Bombardement de Tanger et de Mogador. Campagne contre les Kabyles.
1845	Expédition anglo-française contre Tamatave. Insurrection des Kabyles. Une force navale anglo-française livre combat, à Obligado, au dictateur Rosas en faveur de l'indépendance de l'Uruguay.
1846	Abd el-Kader sort des déserts, fond sur le territoire de Titteri et se montre chez les Kabyles du cercle de Dellys ; la *déira* (douar) de l'émir est poursuivie en territoire marocain par le général Cavaignac.
1847	En Algérie, soumission de l'agitateur Boumaza. Expédition de Cochinchine. Insuccès des opérations anglo-françaises contre les Hovas à Madagascar. Soumission d'Abd el-Kader.

1848 Insurrection et batailles sanglantes dans Paris. L'état de siège est déclaré.

1849 Un corps expéditionnaire français est envoyé en Italie au secours du roi du Piémont. Siège et occupation de Rome les 2 et 3 juillet. En Algérie, des soulèvements contre la France sont réprimés.

1850 Émeutes en Algérie. Arrestations à Lyon et à Avignon pour un complot qui touchait plusieurs départements du Midi.

1851 Bombardement de Rabat et de Salé par le contre-amiral Dubourdieu.

1852 Soumission de quatre-vingt-douze délégués des dix-sept factions des Zaouaouas, en grande Kabylie. Le chérif d'Ouargla est forcé dans Laghouat prise par le général Pélissier.

1853 Occupation de la Nouvelle-Calédonie. Les généraux Bousquet et Mac-Mahon frappent les Kabyles des monts Babors entre Sétif, Bougie et Djidjelli.

1854 Débarquement en Crimée. Victoire de l'Alma. Siège de Sébastopol.

1855 Courses militaires jusque dans les oasis d'Ouargla et de Metlili. Opérations dans le Djurdjura. Prise de Touggourt. Prise de Sébastopol.

1856 Expédition des divisions Renault et Yusuf contre les Kabyles.

1857 Soumission des Kabyles par les généraux Renault et Yusuf. Guerre avec les Maures sur la rive gauche du fleuve Sénégal.

1858 Après trois ans de guerre, traité, au Sénégal, avec le roi des Trarzas.

1859 Guerre d'Italie : Buffalora, Magenta et Solferino.

1860 Expédition française en Syrie contre les druzes. Expédition de Chine. Prise de Pékin.

1861-62 Guerre de Cochinchine. Traité de Hué. Les Français de Rome occupent Terracine.

1863 Mexique : le corps expéditionnaire se porte d'Orizaba contre Puebla ; occupation de Querétaro. Guerre en Cochinchine contre Tu Duc.

1864 Émeutes dans plusieurs villes d'Algérie. Lutte du corps franco-chinois contre les Taiping.

1865 Une agitation des tribus du Babor en Algérie réduite. Campagne de Pinet-Laprade en Gambie. Guerre du Mexique.

1866 Guerre du Mexique. Soulèvements à Saïda et Géryville. Expédition en Cochinchine contre les Cambodgiens. Combat contre les cannibales en Nouvelle-Calédonie.

1867 Fin de la guerre du Mexique. Au Sénégal, lutte contre les partisans de Maba. Combats en Cochinchine. Intervention en Italie contre Garibaldi.

1868 Rébellion dans l'Ouest algérien après la mort de Si-Hamza. Répression sanglante d'une manifestation à Saint-Denis de la Réunion. Un poste français surpris par une bande d'Annamites.

1869 Rébellion des Ouled-Sidi-Scheik, en Algérie. Au Sénégal, expédition contre un chef fanatique, Ahmadou Sekhou, et contre Lat-Dior.

1870 Guerre franco-prussienne.

Quarante années de guerres, de combats sanglants, sur un nombre impressionnant de théâtres d'opérations !

Quarante-quatre ans de paix

1870-1914 : quarante-quatre ans exactement, (arrondi à quarante ans par Nostradamus) avec comme point culminant 1900, la Belle Époque.

FIN DU POUVOIR TEMPOREL DU PAPE (1870)
RÔLE DES SOCIÉTÉS SECRÈTES
LES LUTTES INTESTINES

III, 63

Romain pouvoir sera du tout à bas,
Son grand voisin imiter les vestiges :
Occultes haines civiles et debats,
Retarderont aux boufons leurs folie.

Le pouvoir (temporel du pape) à Rome sera mis à bas suivant les traces de son grand voisin (la France) ; haines des sociétés secrètes, par les guerres civiles et débats, apporteront un retard aux folies de ces bouffons.

« Il restait encore à Pie IX *Rome*, Civitavecchia et quelques petites places occupées par des garnisons françaises. Une attaque de Garibaldi, en 1866, fut repoussée à Mentana, par les troupes pontificales, soutenues des troupes françaises. Mais à la suite des désastres de 1870, les Français quittèrent *Rome*, et l'armée du roi d'Italie entra dans la ville, après un court combat, le 20 septembre, jour où *prit fin le pouvoir temporel des papes* (*Romain pouvoir sera du tout à bas*) constitué par Pépin le Bref et par Charlemagne. Rome devint la capitale du royaume d'Italie. »

« Le vote de la Constitution civile du clergé en juillet 1790 eut des conséquences plus graves. Cette Constitution avait été rédigée par des catholiques gallicans, *hors de la suprématie pontificale*. Le pape ne donnait même pas l'investiture spirituelle, il était simplement informé de l'élection. »

« En Italie, les pionniers de la révolution s'appellent *carbonari*. La Carbonaria était *une société secrète* (*occultes haines*) qui prêchait l'assassinat en tant que moyen politique, l'objectif ultime étant la destruction des régimes autoritaires et la création de Républiques égalitaires. L'un de ses chefs était Filippa Buonaroti, aristocrate italien naturalisé français, ami de Robespierre et précurseur du socialisme révolutionnaire... Une première insurrection fomentée par des officiers sardes et napolitains *affiliés* à la Carbonaria éclata simultanément à Turin et à Naples en 1821. Neuf ans plus tard, *la révolution française* de 1830 eut des répercussions jusqu'en Italie : Modène et Bologne furent le théâtre de soulèvements que Metternich réprima durement... En 1833, Garibaldi fit une découverte capitale pour sa formation politique, celle du socialisme saint-simonien. Le comte de Saint-Simon, aristocrate qui avait échappé par miracle à la guillotine sous la Terreur, était l'auteur d'ouvrages dans lesquels il dessinait un plan pour la distribution égale des richesses et la propriété commune des biens. »

LA GUERRE DE 1870
FIN DU POUVOIR TEMPOREL DU PAPE
L'ANTICLÉRICALISME

I, 15

Mars nous manasse par sa force bellique,
Septente fois fera le sang espandre :
Auge et ruyne de l'Ecclesiastique,
Et plus ceux qui d'eux rien voudront entendre.

Manasse, forme ancienne de : menace. *Auge* : le proverbe « Mieux vaudrait porter l'*auge* » se dit pour exprimer le mépris qu'on fait d'un emploi, d'un travail.

La guerre nous menace de sa force belliqueuse et fera répandre le sang en (18)70. L'ecclésiastique sera méprisé et ruiné et encore plus ceux qui ne voudront rien entendre de lui.

« Le 8 décembre 1869, Pie IX ouvrit le vingtième concile œcuménique (concile du Vatican) au cours duquel fut proclamée l'infaillibilité du pape (18 juillet 1870). Le lendemain, la France déclarait *la guerre (force bellique)* à la Prusse. Le 22 juillet, le pape, dans un dernier espoir, tenta d'intervenir entre Guillaume Ier et Napoléon III ; le 2 septembre, Napoléon III capitulait à Sedan, à la suite de quoi l'Italie faisait connaître au gouvernement français son intention d'occuper Rome. Pie IX refusa de renoncer à l'État pontifical comme on l'y invitait, et l'Autriche refusa de lui envoyer les secours qu'il lui demandait contre les envahisseurs. La Prusse parla également en faveur des occupants. Enfin, le 20 septembre 1870, le général Cadorna *bombardait* (*ruyne*) la Porta Pia ; le pape, après une héroïque défense de ses troupes, fit hisser le drapeau blanc de la capitulation, tandis que, le même jour, la souveraineté temporelle du pape était annulée au Capitole (*ruyne de l'Ecclesiastique*). L'État pontifical avait cessé d'exister. Pie IX, en fait, se trouvait prisonnier. Les monarques et les gouvernements du monde ne s'intéressaient pas (*auge*) à l'annexion du patrimoine de Saint-Pierre. Le 21 mars 1871, le gouvernement promulgua la loi dite des Garanties que le pape qualifia avec raison d'absurdité, de rouerie et d'injure, vu que les *mesures contre l'Église*, les répressions et les mauvais traitements continuaient. À Rome circulaient des parodies athées sur sa personne (*ceux qui... rien voudront entendre*). »

PIE IX À LA TÊTE DE L'ÉGLISE (16 juin 1846) SON SOUTIEN PAR LA FRANCE (1848-1870) SON POUVOIR TEMPOREL ANNULÉ AU CAPITOLE (20 septembre 1870)

VI, 13

Un dubieux ne viendra loin du règne.
La plus grand part le voudra soustenir :
Un Capitole ne voudra point qu'il règne,
Sa grande charge ne pourra maintenir.

Dubieux, du latin *dubius* : qui hésite entre deux partis, irrésolu, incertain.

Un (pape) qui sera souvent indécis viendra au pouvoir. La plus grande partie (l'Empire français de Napoléon III) voudra le soutenir. Au Capitole, on ne voudra pas qu'il règne et il ne pourra maintenir sa grande charge (pouvoir temporel).

« Pie IX avait le défaut de ne pouvoir réagir que par des effusions sentimentales là où il aurait fallu le raisonnement lucide d'un homme d'État pour maîtriser un mouvement qui se précipitait. C'est ainsi que le *dilemme* (*dubieux*) entre sa fonction pontificale et celle de souverain désireux de faire le bonheur de son peuple le plongea dans une *confusion* de plus en plus profonde, surtout lorsque retentit le cri de guerre national contre l'Autriche... Le 24 novembre 1848, Pie IX, se voyant traité plus ou moins en prisonnier, s'enfuit à Gaète, en territoire napolitain. À Rome, on le déclara *déchu* de ses droits temporels et on proclama la République romaine. Pie IX pria les puissances d'intervenir... La France, où Louis Napoléon avait été élu président quelques jours après la fuite du pape, intervint. Le 2 juillet 1849, les Français prirent Rome ; le 12 avril 1850, Pie IX, *invité par la France*, fit de nouveau son entrée dans la Ville éternelle (*la plus grand part le voudra soustenir*)… »

« Le 20 septembre 1870, la souveraineté temporelle du pape était annulée au *Capitole*. »

LE CONCILE DU VATICAN (1870) NAPOLÉON III À MILAN (1859) BOMBARDEMENT DE LA PORTA PIA À ROME (20 septembre 1870)

III, 37

Avant l'assaut l'oraison prononcée,
Milan prins d'Aigle par ambusche décus,
Muraille antique par canons enfoncée,
Par feu et sang à mercy peu reccus.

Faire oraison : méditer sur la doctrine chrétienne et nos devoirs. *Ambusche* : piège, ruse.

Avant l'assaut on méditera sur la doctrine ; l'aigle (Napoléon III), qui avait occupé Milan, sera déçu par une machination. Les vieilles murailles (de Rome) seront enfoncées au canon. À cause de la mise à feu et à sang, peu de gens auront droit à la miséricorde (du pape).

« La capitale lombarde, où les vieux se rappellent encore l'éblouissant passage de Bonaparte, se couvre des drapeaux français et italien. Napoléon III et Victor-Emmanuel, côte à côte, y font leur entrée le 8 juin 1859. *Milan* les accueille bien. »

« La présence du corps expéditionnaire français maintenait la souveraineté temporelle de Pie IX. En 1860 se déclencha le conflit avec le Piémont ; celui-ci commença par occuper le nord de l'État pontifical. Le pape lança contre lui une excommunication solennelle (*à mercy peu reccus*). En vertu de la Convention dite de septembre, signée le 15 septembre 1864 à *l'insu* (*ambusche*) du pape, et par où le Piémont s'engageait à ne pas attaquer les territoires pontificaux, Napoléon retira ses dernières troupes de Rome, livrée maintenant sans défense au Piémont. La législation italienne se fit de plus en plus hostile à l'Église. Les troupes de Garibaldi, qui *ravageaient* (*par feu et sang*) l'État pontifical, furent battues le 3 décembre 1866, à Mentana, par les troupes pontificales et les troupes françaises revenues occuper Rome pour protéger le pape. Le 8 décembre 1869, Pie IX ouvrit le vingtième concile œcuménique (concile Vatican I) (*oraison prononcée*), au cours duquel fut *proclamée* l'infaillibilité du pape (18 juillet 1870). Le 2 septembre Napoléon capitulait à Sedan, à la suite de quoi l'Italie faisait connaître au gouvernement français son intention d'occuper Rome... Enfin le 20 septembre 1870, le général Cadorna *bombardait la Porta Pia* (*muraille antique par canons enfoncée*) ; le pape, après une héroïque défense de ses troupes, fit hisser le drapeau blanc de la capitulation, tandis que, le même jour, la souveraineté temporelle du pape était annulée au Capitole. »

LA TRAHISON DE BAZAINE (1870)
METZ ET SEDAN
GARIBALDI

II, 25

La garde étrange trahira forteresse
Espoir et umbre de plus hault mariage :
Garde déceuë, fort prinse dans la presse,
Loire, Saone, Rosne, Gar à mort outrage.

Gar : on pourrait supposer que *Gar* est l'abréviation de « Garonne », alors que le contexte permet de comprendre qu'il s'agit de celle de « Garibaldi ».

La garde de la forteresse trahira étrangement dans l'espoir secret d'une alliance plus forte, la garde sera déçue, la ville forte prise dans un étau, les armées de la Loire, de la Saône, du Rhône et de Garibaldi seront outrageusement accablées par la mort.

« Mais Bazaine, par regret de quitter les défenses de Metz, ne bouge pas durant deux jours. Il s'abrite derrière l'autorité de l'Empereur, sans donner un ordre, sans même faire sauter les quatre ponts de la Moselle, par où va passer l'ennemi... *Pour l'enfermer entre les forts* de Metz, Moltke, qui semble dès lors l'avoir jugé, ne croit pas utile d'immobiliser devant le glacis l'effectif entier des armées Steinmetz et Frédéric-Charles... Sept corps, soit plus de deux cent mille hommes campés sur les hauteurs qui de toute part *ceignent la ville forte*, assureront son blocus, en attendant sa reddition... Le camp de Châlons, dépourvu de toute organisation défensive, va être menacé. Mac-Mahon se voit forcé, bien à contrecœur, de prendre une décision. Il donne l'ordre d'évacuer le camp et de diriger les troupes sur Reims. Solution d'attente, il espère toujours pouvoir *donner la main* à Bazaine... »

« Quatre-vingt-trois mille prisonniers par la capitulation, plus de vingt-trois mille provenant des combats antérieurs. La bataille de Sedan avait coûté trois mille tués et quatorze mille blessés... Les IIIe et IVe armées allemandes sont arrivées devant Paris. Le gouvernement va lutter de son mieux, rassemblant les débris militaires, tandis que Thiers court par les routes ingrates de l'Europe pour quêter un appui, une intervention qui, sous des mots polis, partout lui sont refusés. Seul *Garibaldi*, adversaire de la France impériale, vient au secours de la France républicaine. Les armées improvisées en *province* (*Loire, Saone, Rosne*) remportent quelques succès. Mais Bazaine, après d'obscures négociations avec Bismarck, un essai d'intrigue repoussée par l'impératrice, *capitule*, livrant jusqu'à ses drapeaux. »

LA DÉFAITE DE SEDAN (1870)
LA IIIe RÉPUBLIQUE

II, 44

L'aigle poussée entour des pavillons,
Par autres oyseaux d'entour sera chassée :
Quand bruit des cymbres, tubes et sonnaillons
Rendront le sens de la Dame insensée.

Pavillon : logement portatif de forme ronde ou carrée qui servait autrefois au campement des gens de guerre. *Cymbres* : peuple germanique établi sur la rive droite de l'Elbe. *Tubes*, du latin *tuba* : trompette militaire. *Sonnaillons*, au pluriel : sonnailles, ensemble de grelots ou clochettes dont on garnit les colliers et harnachements des chevaux, des mules, etc.

L'empereur (germanique) ayant poussé son avance jusqu'au champ de bataille sera chassé par d'autres aigles (germaniques) voisins, quand le bruit des trompettes et des clochettes de la cavalerie allemande rendront ses facultés à la République qui les avait perdues.

« Le roi de Prusse, descendant du bois de la Marfée, s'est rendu à Fresnois. Il croit avec les siens que Napoléon a quitté Sedan. Quand il est informé, il se montre stupéfait, répète : "*L'Empereur est là !*"

« Après, c'est le sauve-qui-peut, la déroute. Hormis quelques compagnies dispersées au bas du calvaire d'Illy, les régiments de la division Liebert aux abords de Cazal qui continuent la lutte, toutes les unités, *toutes les armes*, effroyablement mêlées, refluent vers les glacis de Sedan. L'infanterie prussienne les pousse, faisant déjà de nombreux prisonniers. Il est 2 heures : la bataille est finie, l'armée entière est au gouffre et *l'Empire est perdu.* »

« L'Impératrice, laissée seule dans les Tuileries désertes, voit de ses ténèbres promener la foule rue de Rivoli, à la lueur des torches, des drapeaux voilés de crêpe. Des clameurs font trembler les vitres : "À bas l'Empire ! *Vive la République !*"... Les républicains tiennent leur revanche ; ils ne la lâcheront pas. *Depuis dix-huit ans* ils l'attendent... La guerre où le régime a précipité le pays, la façon dont il l'a conduite ne permettent pas de pardon. L'Empire s'est condamné par ses actes. Sans pitié, les républicains se chargent de son exécution. »

NAPOLÉON III DANS LES ARDENNES (1870)
LA IIIe RÉPUBLIQUE
V, 45

Le grand Empire sera tost désolé,
Translaté près d'arduenne silve :
Les deux batards par l'aisné décollé,
Et regnera Aenobarb, nez de milve.

Latin *translatus* : transporté. Latin *Arduenna* : les Ardennes. Latin *silva* : forêt. *Bastard* : qui est né de parents non mariés l'un à l'autre. Latin *decollo* : je prive de quelque chose. « *Domitius Ahenobarbus*, famille patricienne de Rome qui tirait son surnom de « Barbe d'airain » de ce que la barbe noire d'un de ses membres devint *rousse* tout à coup ! Domitius Ahenobarbus était l'époux d'Agrippine, dont il eut Néron. D'un naturel violent, habitué à la débauche, il avait dit que d'Agrippine et de lui ne pouvait naître qu'un monstre » ; Nostradamus établit un parallélisme avec la Révolution française qui ajouta le *rouge* au drapeau national ; issue des idées socialistes du XVIIIe siècle qu'elle répandit en Europe, elle finira par enfanter le national-socialisme, raison pour laquelle Nostradamus nomme Hitler *Néron*. Latin *milva* : milan femelle ; au figuré, harpie (terme d'injure) ; le milan est un rapace : allusion à l'aigle germanique des enseignes de l'Allemagne hitlérienne.

Le grand Empire sera bientôt dévasté, l'Empereur s'étant transporté près de la forêt des Ardennes. Les deux personnages issus de deux régimes opposés (l'Empire et la République) privés de la monarchie par l'aîné (le prétendant légitimiste), régnera alors la République, Marianne la harpie.

« Napoléon semble pourtant au début se leurrer encore, témoin sa bizarre dépêche à Trochu demandant si les soldats italiens doivent être dirigés sur Belfort ou sur Munich ! Il veut revenir. L'empereur, alors dans *les Ardennes*, le prie de demeurer où il est… Tant que sur notre pays ont si lourdement pesé les conséquences de *la catastrophe où s'est englouti le second Empire*, il n'a guère été possible à des Français de considérer cette époque et ses acteurs avec la sérénité que requiert l'histoire. »

« *Monarchiste* à l'origine, Thiers était venu à *la République* par raison. Thiers ayant pris, au mois de mai 1873, trois députés franchement républicains, l'Assemblée manifesta ses sentiments hostiles. Thiers donna sa démission. L'Assemblée élut aussitôt pour le remplacer le maréchal de Mac-Mahon. Dès lors les monarchistes travaillèrent à la restauration de la royauté. Le clergé menait la plus vigoureuse campagne en faveur du comte de Chambord, que l'on appelait déjà Henri V… La négociation fut rompue et la restauration avec le comte de Chambord jugée impossible. »

DIVISION ENTRE ORLÉANISTES ET LÉGITIMISTES (1871) LES COURS MARTIALES APRÈS LA COMMUNE

VI, 95

Par detracteur calomnié a puisnay,
Quand istront faicts enormes et martiaux :
La moindre part dubieuse à l'aisné,
Et tost au regne seront faicts partiaux.

Puisnay : qui est né le second, cadet. Plus petit par la taille, la quantité ou la valeur. *Istre*, forme de *issir* : sortir. *Dubieux*, du latin *dubiosus* : douteux.

Le représentant de la branche cadette sera calomnié par un détracteur, quand on sortira des cours martiales pour des actes excessifs le plus petit parti (les orléanistes) aura des doutes quant à l'aîné ; les partis arriveront alors rapidement au pouvoir.

« La République proclamée à Paris le 4 septembre 1870 eut des débuts difficiles. Elle ne put éviter la *défaite*. Les républicains étaient encore peu nombreux dans le pays et inorganisés ; ils profitèrent cependant de la division des royalistes, partagés en légitimistes et orléanistes, pour organiser une République provisoire présidée par Thiers… Les monarchistes écartèrent du pouvoir Thiers, à qui ils reprochaient de s'être rallié définitivement à la République. Sous la présidence du maréchal de Mac-Mahon, ils préparèrent la restauration de la monarchie ; mais ils ne parvinrent pas à surmonter leurs divisions, ce qui permit aux républicains de faire voter les lois constitutionnelles de 1875 qui organisaient définitivement la République. »

« Les cours *martiales* fonctionnent dans Paris avec une activité inouïe. Depuis le matin (dimanche 28 mai 1871), un cordon épais se forme devant le Châtelet où siège en permanence une cour martiale. De temps à autre, on en voit sortir une bande de quinze à vingt individus, condamnés à mort… »

« Les premiers actes du gouvernement républicain furent de décider le retour des Chambres à Paris. Mais la victoire des républicains ne mit pas fin à la lutte *des partis* (*partiaux*). »

CHUTE DE NAPOLÉON III (4 septembre 1870)
MAC-MAHON À VERSAILLES (1871)
SON SEPTENNAT (1873-1879)
LA CONSTITUTION DE 1875 (février-juillet)

VI, 52

En lieu du grand qui sera condamné,
De prison hors, son amy en sa place :
L'espoir Troyen en six mois joint mort lié.
Le Sol à l'urne seront prins fleuves en glace.

Condamner, du latin *damno* : je condamne, je déclare coupable, je rejette. *Troyen* : dans *La Franciade*, poème épique inachevé de Ronsard, Francus, fils d'Hector, prince *troyen*, échappé à la fureur des Grecs, après le sac de Troie est appelé à fonder un nouvel empire ; Hyanthe, qui est prophétesse, dévoile l'avenir à Francus et fait défiler devant lui tous les rois de France qui doivent descendre de lui, depuis Pharamond jusqu'à Charlemagne ; Nostradamus prend donc ici les Troyens comme symbole de la monarchie française. *Joint*, du latin *junctus* : assemblé, lié.

À la place du grand (Empereur) qui sera rejeté, une fois sorti de prison, son ami prendra le pouvoir : l'espoir monarchique sera enchaîné en six mois, mort-né ; la monarchie sera abandonnée, à cause d'un vote, après que les fleuves auront été pris par les glaces.

« La capitulation de l'Empereur et de l'armée de Sedan eut pour conséquence immédiate le renversement de l'Empire. »

« À partir du 5 janvier 1871, les Allemands firent pleuvoir des obus sur les forts et sur les quartiers de la rive gauche de la Seine... Paris était sous la double menace de la famine et de la révolution... On n'avait plus ni bois ni charbon, par *l'un des hivers les plus rigoureux du siècle*, alors que le vin gelait dans les tonneaux. »

« Mac-Mahon, blessé au début de la bataille de Sedan du 1er septembre, fut envoyé *prisonnier* en Allemagne. Après la signature de Paris, il commanda l'armée de Versailles qui reprit Paris à la Commune. »

« Le 27 octobre 1873, la négociation fut rompue et la restauration avec le comte de Chambord jugée impossible. Les monarchistes ne renoncèrent pas cependant à l'espoir de rétablir la royauté. Mac-Mahon reçut la présidence pour sept ans (19 novembre 1873)... À la fin de 1874, après le renouvellement général des conseils municipaux qui fut comme un plébiscite pour ou contre la République, on ne put plus douter que la France fût en majorité républicaine. Alors au début de 1875, l'Assemblée se décida à entreprendre l'examen des lois constitutionnelles. Elle vota successivement trois lois (février-juillet 1875). Les trois lois forment ce que l'on appelle la Constitution de 1875 ce sont elles qui, un peu modifiées en 1884, régissent aujourd'hui la France... La Constitution de 1875 a fondé en France le régime parlementaire. »

« L'Assemblée nationale se sépara le 31 décembre 1875. Les élections sénatoriales donnèrent une faible majorité aux monarchistes, mais à la Chambre la majorité républicaine fut de deux cents voix. Mac-Mahon, pour se conformer à la Constitution, prit un ministère républicain. »

PAIX DE FRANCFORT (10 mai 1871)
ANNEXION DE L'ALSACE ET DE LA LORRAINE
ROME, CAPITALE DE L'ITALIE (26 janvier 1871)

VI, 87

L'élection faicte dans Francfort,
N'aura nul lieu, Milan s'opposera :
Le sien plus proche semblera si grand fort,
Qu'outre le Rhin es Marechs chassera.

N'avoir nul lieu : n'être pas reçu, admis. *Marech*, *maresche* ou *marsh* (*cf.* allemand *Marsch* ; anglais *march*) : marche, frontière militaire d'un État.

L'élection faite (la France) ne sera pas reçue à Francfort ; Milan s'opposera (à Rome) ; son proche voisin paraîtra si grand et si puissant qu'il repoussera les frontières au-delà du Rhin.

« La paix de *Francfort* : pendant l'armistice, il fut procédé à *l'élection* d'une Assemblée nationale qui décida de négocier la paix. Les préliminaires de paix furent signés à Versailles le 26 février et ratifiés le 1er mars à Bordeaux. La France perdait l'Alsace moins Belfort, le nord de la Lorraine avec Metz. Ces préliminaires furent transformés en paix définitive par le traité de Francfort, le 10 mai 1871... Ainsi, de cette terrible guerre, l'Allemagne sortait unifiée, *puissante, prépondérante en Europe.* »

« Dès le 25 janvier 1871, le prince héritier et la princesse Marguerite vont prendre séjour à Rome. Le Sénat par quatre-vingt-quatorze voix contre trente-neuf vote le transfert de la capitale... "Après de longues épreuves d'expiations, dit le roi, l'Italie est rendue à elle-même et à Rome. Ayant reconnu l'indépendance absolue de l'autorité spirituelle, nous pourrons être convaincus que Rome, capitale de l'Italie, continuera à être le siège pacifique et respecté du Pontificat." »

ANNEXION DE L'ALSACE-LORRAINE (1871) DÉFAITES DE BOURBAKI AU MANS, DE FAIDHERBE À CAMBRAI ET DE L'ARMÉE DE L'EST À LA FRONTIÈRE SUISSE (1871)

X, 51

Des lieux plus bas du pays de Lorraine,
Seront des basses Allemagnes unies
Par ceux du siège Picard, Normans, du Maisne,
Et aux cantons se seront réunis.

Maisne : ancienne province de France, bornée au nord par la Normandie, à l'est par l'Orléanais, au sud par l'Anjou et la Touraine et à l'ouest par la Bretagne ; avait pour capitale Le Mans.

Des territoires situés plus bas que la Lorraine (l'Alsace) seront réunis à l'Allemagne du Sud, à cause des combattants (allemands) au siège (de Paris), en Picardie, en Normandie et jusqu'au Maine, et des troupes françaises qui se seront rassemblées en Suisse.

« Les derniers combats : sans désespérer, Gambetta organisa une nouvelle tentative. Trois armées opèrent en décembre et en janvier : l'armée du Nord, sous Faidherbe, la deuxième armée de la Loire, sous Chanzy, l'armée de l'Est, sous Bourbaki. Chanzy se cramponna sous la rive droite de la Loire, manœuvrant toujours de façon à pouvoir pousser sur Paris si la victoire le favorisait. Par crainte d'être tourné, il se replie sur le Loir, puis sur la Sarthe. Vaincu *au Mans* (10 au 11 janvier), il tenta de reformer son armée sur la Mayenne. »

« Dans le Nord, Faidherbe fit preuve de la même ténacité. Il fut vainqueur à Bapaume le 3 janvier. Mais la défaite de Saint-Quentin (18 janvier) le rejeta sur *Cambrai* (*Picard*). »

« L'armée de l'Est avait pour objectif de débloquer Belfort... Repoussée sur Besançon, puis sur la frontière suisse (*aux cantons... réunis*), prise entre deux armées allemandes, l'armée de l'Est n'échappa à une capitulation qu'en se jetant en Suisse où elle fut désarmée (le 1er février 1871). »

« Cependant, pour hâter la reddition de Paris (*siège*), les Allemands, inquiets de la longueur de la résistance, avaient entrepris de bombarder la ville... »

« Les préliminaires de paix, négociés par Thiers et Jules Faure, furent signés le 26 février et ratifiés le 1er mars par l'Assemblée, réunie à Bordeaux. La France perdait l'Alsace moins Belfort (*lieux plus bas du pays de Lorraine*), le nord de la Lorraine avec Metz... »

DÉFAITE DE BOURBAKI (1er février 1871)
PAIX DE FRANCFORT (10 mai 1871)

V, 82

Au conclud pache hors de la forteresse,
Ne sortira celui en désespoir mis :
Quand ceux d'Arbois de Langres, contre Bresse,
Auront monts Dolle, bouscade d'ennemis.

Arbois : chef-lieu de canton du Jura. *Bresse* : pays situé sur la rive gauche de la Saône dans les départements de l'Ain, de Saône-et-Loire et du Jura. *Dôle* (Dolle) : chef-lieu d'arrondissement du Jura. *Bouscade*, du latin *boscum*, bois) : embuscade, lieu où l'on a placé une troupe pour attaquer l'ennemi à l'improviste.

À la conclusion de la paix hors de (Franc)fort, celui qui aura été réduit au désespoir ne pourra pas s'en sortir, quand ceux d'Arbois, venus de Langres, contre la Bresse, trouveront dans les monts du Jura une embuscade ennemie.

« L'armée de l'Est – cent mille hommes concentrés autour de Bourges – avait pour objectif de débloquer Belfort où Denfert-Rochereau tenait depuis le 3 novembre. Mais comme l'armée de Châlons, elle manœuvra avec une telle lenteur qu'elle laissa aux Allemands le temps de s'organiser. Vainqueur à Villersexel (Haute-Saône) (9 janvier 1871), Bourbaki ne put forcer les lignes d'Héricourt (Haute-Saône) (15 au 17 janvier). Repoussée sur Besançon, puis sur la frontière suisse, prise entre deux armées allemandes, l'armée de l'Est n'échappa à une capitulation qu'en se jetant en Suisse où elle fut désarmée (1er février 1871). »

« Les préliminaires de paix, négociés par Thiers et Jules Favre, furent signés le 26 février et ratifiés le 1er mars par l'Assemblée réunie à Bordeaux. Ces préliminaires furent transformés en paix définitive par le traité de *Francfort*, le 10 mai 1871. »

LA COMMUNE, LA GUERRE CIVILE (18 mars-28 mai 1871)

II, 77

Par arcs feux, poix et par feux repoussés,
Crys, hurlements sur la minuict ouys :
Dedans sont mis par les remparts cassez,
Par canicules les traditeurs fuys.

Arcs, du latin *arcus* : courbures. *Poix* : nom souvent donné aux bitumes, parmi lesquels le naphte, ou pétrole. *Repoussé*, du latin *repulsus* : poussé en arrière, écarté, éloigné, refoulé. *Cassé*, du latin *cassus* : vide. *Traditeur*, du latin *traditor* : traître.

Par du feu (à trajectoire) courbe, refoulés par les incendies dus au pétrole, des cris et des hurlements seront entendus dans la nuit ; ils entreront par des remparts vides et les traîtres s'enfuiront à cause de l'extrême chaleur.

« Vers 10 heures, quelques hommes mirent la crosse en l'air ; le reste suivit. Le meurtre des généraux Lecomte et Clément Thomas, fusillés dans l'après-midi par une bande d'émeutiers et de *soldats mutinés*, exaspéra les haines et rendit toute conciliation impossible. Ce fut le premier épisode d'une atroce guerre civile de deux mois. Thiers n'essaya pas de résister dans Paris. Il se retira à Versailles, laissant le champ libre aux *insurgés*, leur abandonnant même *les forts* (*les remparts cassez*). La Commune organisa la lutte contre le gouvernement de Versailles. La guerre eut un caractère d'acharnement inouï. Quand Thiers eut reconstitué avec les prisonniers revenus de Suisse et d'Allemagne une forte armée de cent cinquante mille hommes, il entreprit un second siège de Paris. Le siège dura cinq semaines. Le dimanche 21 mai, vers 4 heures du soir, des fusiliers marins surprirent à Auteuil, près de la Seine, *une porte abandonnée*. L'armée entra dans Paris. Dans une crise de folie de destruction, les *fédérés*, se sentant perdus, incendièrent au *pétrole* (*poix*) les Tuileries, la Cour des comptes, le Palais de Justice, la Préfecture, l'Hôtel de Ville, la gare de Lyon, un peu partout de très nombreuses maisons. La Seine coulait entre deux murs de *feu*. Les obus incendiaires, lancés depuis les hauteurs de l'est, pleuvaient sur le centre de la ville (*par arcs feux*). Les otages étaient assassinés (24-26 mai). Exaspérées par ces horreurs, les troupes ne faisaient pas de quartier. D'après les chiffres officiels, la bataille avait fait six mille cinq cents victimes, tombées dans la lutte ou fusillées. Il y eut en outre trente-six mille prisonniers qui furent traduits en conseil de guerre. On en condamna treize mille à la peine politique de la déportation. »

BAZAINE, L'ABANDON DE METZ (1870)
MORT DE NAPOLÉON III (1873)

IV, 65

Au déserteur de la Grand forteresse,
Après qu'aura son lieu abandonné :
Son adversaire fera grand prouesse,
L'empereur tost mort sera condamné.

Quand le déserteur de la grande forteresse aura abandonné la place, l'ennemi fera de grandes prouesses, et l'Empereur mourra peu après.

« Mac-Mahon, averti d'autre part que Bazaine n'a pas bougé de *Metz*, incline à le laisser à son sort... Une heure et demie, le 14 août, Napoléon quitte Metz, précédé par les Cent-Gardes. L'armée, peu après, le suit en épaisse cohue... La nuit tombe qu'on tiraille encore. Bazaine fait poursuivre la *retraite*… De son quartier général du Ban-Saint-Martin, faubourg de Metz, le maréchal, ce 19 août, assure l'Empereur qu'il n'a prescrit qu'un changement de front pour parer à un mouvement tournant. Il compte toujours prendre la direction du Nord et continuer sur Sedan et même Mazières pour gagner Châlons. Sciemment il trompe ainsi son maître et, le persuadant qu'il cherche encore à le rejoindre, il va l'attirer dans l'abîme. Sedan, le mot est écrit dans sa dépêche. Bazaine, par son *mensonge*, se fait l'appât du piège final où *disparaîtra Napoléon*. »

« Le gouvernement de la Défense, contre l'avis de Gambetta, brûlant de patriotisme et qui veut continuer la lutte, sollicite enfin une suspension d'armes et rend Paris… L'Alsace, le tiers de la Lorraine, Strasbourg et Metz, cinq milliards sont le prix exigé par le Shylock prussien. *Les Allemands victorieux défilent aux Champs-Élysées* (*son adversaire fera grand prouesse*)… Dix-huit mois plus tard, le 7 janvier 1873, Napoléon III, prêt de tenter un autre retour de l'île d'Elbe, *succombe* à Chislehurst au mal dont il a tant souffert (*tost mort sera condamné*). »

CHAPITRE V

Les deux guerres mondiales
Mussolini, Franco, Hitler, Staline

LA BELLE ÉPOQUE (1900)
REIMS, CENTRE DE LA GUERRE (1914-1918)

III, 18

Après la pluye de laict assez longuette,
En plusieurs lieux de Reims le ciel touché :
O quel conflit de sang près d'eux s'appreste,
Peres et fils Roys n'oseront approché.

Après une période de douceur de vivre (*de laict*) assez longue, plusieurs lieux autour de Reims seront frappés du ciel. Ô quel conflit sanglant se prépare près d'eux ; pères et fils, gouvernants n'oseront approcher de ces lieux !

« *Quarante-quatre ans*, presque jour pour jour, après Frœschwiller et Saint-Privat, les armées française et allemande se heurtaient à nouveau... Cette guerre, la plus grande et la plus *sanglante* qu'il y ait jamais eu, apparaît comme un immense cataclysme.

« La guerre de 1914, longue et atroce, donnera rétrospectivement aux années 1900 un goût d'âge d'or (*pluye de laict*). La vie facile de la bourgeoisie aisée seule permet de parler de belle époque ! Mais c'est elle qui a donné le ton. »

« Les *préparatifs* en 1913 (*conflit... s'appreste*) : l'Allemagne arma formidablement, des sommes énormes furent consacrées à l'accroissement du matériel de guerre. Visée directement, la France riposta le 7 août 1913 par le vote d'une loi qui élevait à trois ans la durée du service militaire. »

« En Flandre et en Picardie, les plans de Ludendorff avaient été déjoués par la promptitude de la parade française. Le 27 mai 1918, par un nouveau coup de surprise, les Allemands enfoncèrent le front français entre Soissons et *Reims*, au Chemin des Dames. L'effet moral fut immense... Ludendorff résolut de porter à Foch un coup décisif en attaquant sur un front de quatre-vingt-dix kilomètres, de part et d'autre du *saillant de Reims*... Pour la seconde fois, une victoire de la *Marne* décidait du sort de la guerre (*en plusieurs lieux de Reims*). »

« Ce triomphe d'une si émouvante grandeur, la France l'avait mérité par d'effroyables sacrifices. De tous les belligérants, elle était celui qui avait le plus largement versé son *sang* : elle comptait plus d'un million cinq cent mille morts, près de trois millions de blessés. Sur de vastes espaces, les campagnes les plus riches n'étaient plus qu'un *désert* sans arbre, ni buisson, ni maison. De grandes villes comme *Reims*, Arras, Soissons, Verdun, Saint-Quentin n'étaient plus que des monceaux de ruines. »

GUERRE DE 1914-1918
GRIPPE ESPAGNOLE (1918)

IX, 55

L'horrible guerre qu'en Occident s'appreste,
L'an ensuyvant viendra la pestilence :
Si fort terrible que jeune, vieil et beste,
Sang, feu, Mercur, Mars, Jupiter, en France.

Peste : maladie contagieuse en général. *Mercure* : fils de Jupiter, messager des dieux, et lui-même dieu de l'éloquence, du commerce et des voleurs. *Mars* : dieu de la guerre. *Jupiter* : principale divinité des Romains, souverain du ciel et du monde.

L'horrible guerre qui se prépare en Occident ; l'année suivante (1919) viendra une épidémie si terrible qu'elle touchera les jeunes, les vieux, les animaux, quand le feu, le sang, le pillage, la guerre, l'aviation (du ciel) seront en France.

« La pandémie (*pestilence*) de 1918 à 1919 a entraîné la mort de près de quarante à cinquante millions de personnes dans le monde. »

« Le conflit qui s'ouvre le 2 août 1914 est l'aboutissement des rivalités impérialistes des grandes puissances *européennes* depuis un demi-siècle...

La guerre se déroula en divers points du globe, sur terre, sur mer et dans les airs (*Jupiter*), les fronts essentiels restant européens (*en Occident*)... Les Allemands, cherchant l'anéantissement complet de l'adversaire, attaquent massivement, le 21 février 1916, dans le secteur de Verdun. C'est le début de la bataille la plus violente et la plus *sanglante* de la guerre. Elle causera plus de sept cent mille morts et blessés. »

« *Lance-flammes* (*feu*) et grenades donnèrent un tour particulièrement cruel aux combats. Mais l'arme la plus redoutée fut le gaz asphyxiant employé pour la première fois par les Allemands le 22 avril 1915... Autre engin, *l'aéroplane* (*du ciel*) qui servit d'abord à surveiller la marche de l'ennemi. Bientôt il eut pour mission de se rendre maître d'un espace aérien (domaine de *Jupiter*)... »

L'ARMÉE ALLEMANDE EN 1914-1918
LES CONDITIONS DE PAIX

IV, 12

Le camp plus grand de route mis en fuite,
Guaires plus outre ne sera pourchassé :
Ost recampé et légion réduicte,
Puis hors de Gaule le tout sera chassé.

Camp : terrain sur lequel une armée établit ses logements ; par extension, armée en général. Ancien français *guaires*, *gaires* ou *guères* : beaucoup. *Ost* : armée, camp, troupe. *Légion*, du latin *legio* : troupe, armée.

La plus grande armée (allemande) mise en fuite et en déroute ne sera pas poursuivie bien au-delà (du Rhin) ; parce que les troupes seront venues camper une nouvelle fois (après 1870), l'armée sera réduite. Le tout sera chassé hors de France.

« Comme l'enjeu de la guerre n'était rien de moins que leur destinée et leur existence même, les principaux belligérants mirent en œuvre toutes leurs ressources matérielles ou morales. On évalue à près de *quatorze millions* le nombre des Allemands (*le camp plus grand*) et à plus de *huit millions* le nombre des Français mobilisés de 1914 à 1918. »

« De l'Argonne à la mer du Nord, l'ardente offensive se continua sans relâche. Le 17 octobre 1918, Lille était délivrée de sa longue captivité. Visiblement, malgré une résistance désespérée, l'ennemi faiblissait, il reculait partout (*de route mis en fuite*)... Les clauses principales de l'armistice du 11 novembre 1918 étaient les suivantes : évacuation en quinze jours des territoires occupés en France, en Belgique et en Alsace-Lorraine ; évacuation en un mois de toute la rive *gauche du Rhin* (*le tout sera chassé*) qui serait occupée par les Alliés, avec des têtes de ponts *sur la rive droite*, à Mayence, Coblence et Cologne. »

« On se mit assez facilement d'accord quand il s'agit d'imposer à l'Allemagne la suppression du service militaire obligatoire et *la réduction de l'armée allemande* (*légion réduicte*) à cent mille hommes. »

« L'une des conditions, la plus importante pour la France, se trouvait implicitement contenue dans l'armistice lui-même par une réparation immédiate de la violation du droit commise en 1871 ; l'Alsace-Lorraine allait faire retour à la patrie française. »

LA PREMIÈRE GUERRE MONDIALE SUCCÈDE À LA BELLE ÉPOQUE PROGRÈS TECHNIQUES : CIEL, TERRE ET MER LES GUERRES DU XXe SIÈCLE

I, 63

Les fleurs passez, diminue le monde,
Longtemps la paix, terres inhabitées,
Sur marchera par ciel, terre, mer et onde,
Puis de nouveau les guerres suscitées.

Après la Belle Époque (*les fleurs*), il y aura moins de monde ; après une longue période de paix (1871-1914), des terres ne seront plus habitées. On saura se déplacer dans le ciel, sur la terre, sur mer et sous l'eau. Puis de nouvelles guerres éclateront.

La Première Guerre mondiale va brutalement faire sortir la France de la Belle Époque pour la plonger dans un effroyable cauchemar. La zone des combats, truffée d'obus et d'engins explosifs, restera inhabitée pendant plusieurs années.

La période allant de 1871 à 1914 va voir se développer l'application du moteur aux déplacements de l'homme : train, automobile (*terre*), avion (*ciel*), bateau, sous-marin (*mer et onde*).

LA GRANDE GUERRE (1914-1918) L'ÉPUISEMENT EN HOMMES L'EFFONDREMENT DE LA MONNAIE

VII, 25

Par guerre longue l'exercite expuiser,
Que pour soldats ne trouveront pecune :
Lieu d'or, d'argent, cuir on viendra cuser,
Gaulois aerain, signe croissant de Lune.

Exercite, du latin *exercitus* : armée. *Pecune*, du latin *pecunia* : fortune, monnaie, biens, richesse. *Cuser*, du latin *cuder argentum* : battre monnaie. *Aerain*, du latin *aes* : monnaie.

Par une longue guerre l'armée sera épuisée au point qu'on ne trouvera pas l'argent pour les soldats. On viendra battre le cuir à la place de l'or et de l'argent ; la monnaie française ressemblera à un croissant de lune.

« La guerre exige sans cesse *plus d'armes* et de *munitions*. Les belligérants ont cru faire une guerre courte et violente ; ils se trouvent engagés dans *une guerre longue*. Dès septembre 1914, dans les deux camps, *des crises de matériel* et de munitions surgissent. »

« Les conséquences financières de la guerre : il est bien difficile de préciser à quelles dépenses la guerre a entraîné les belligérants. Mais on connaît la dette des États : la dette intérieure est en 1919 de près de huit milliards de livres en Angleterre, de deux cent dix-neuf milliards de francs en France. Quant *au papier-monnaie* émis pendant la guerre, avec cours forcé, il n'est donc plus *convertible en or.* Va-t-on réduire la quantité en circulation (déflation) ? Ou, au contraire, maintenir l'inflation en dévaluant la monnaie-type ?

Va-t-on revenir à *l'étalon-or* ? Autant de problèmes qui se posent, avec beaucoup d'autres, dans le domaine financier. »

« La France doit abandonner la politique qu'elle suivait depuis la fin de la guerre et renoncer à obtenir seule l'exécution d'un traité que les principaux signataires abandonnent peu ou prou. Cette nouvelle attitude s'explique par l'état des finances d'un pays dont les coffres sont vides et la *monnaie* chancelante. »

« La guerre a duré quatre ans et trois mois (*guerre longue*). La France a eu un million trois cent quatre-vingt-treize mille morts, près de trois millions de blessés (une perte pour vingt-neuf habitants). »

GAND, VILLE D'ALLIANCES ET DE TRAITÉS (1576, 1678, 1792, 1795, 1918) LA PRISE D'ANVERS ET LES INONDATIONS (8 octobre 1914)

X, 52

Au lieu ou Laye et Scelde se marient,
Seront les nopces de longtemps maniées :
Au lieu d'Anvers ou la crappe charient,
Jeune vieillesse conforte intaminées.

Scelde, *Scaldis* : l'Escaut ; la ville de Gand est au confluent de la Leie (*Laye*) et de l'Escaut. *Crappe* : ordure. *Conforter* : soutenir. *Intaminées*, du latin *intaminatus* : pur, non souillé.

Au confluent de la Leie et de l'Escaut (Gand), on signera des alliances pendant longtemps. À Anvers où les cours d'eau charrieront des ordures et de la boue, des jeunes et des vieux non encore souillés soutiendront (le combat).

« En 1576 fut signée la fameuse pacification de Gand, par laquelle les provinces du Nord et du Midi des Pays-Bas *s'unirent* contre les Espagnols (*nopces*). Gand fut prise en 1678 par Louis XIV, en 1745 par Lowendahl, en 1792 et 1795 par les armées de la République. Elle devint sous l'Empire le chef-lieu du département de *l'Escaut* (*Scelde*). Louis XVIII s'y retira pendant les Cent-Jours (1815). En 1815, l'Angleterre et les États-Unis y signèrent un traité de paix. »

« Le 11 novembre 1918, à 5 heures du matin, l'armistice est signé. Le cessez-le-feu de la Grande Guerre est sonné à 11 heures. En cette aube du 11 novembre le front passe près de Gand... »

« Les deux commandements tentèrent leur dernière chance : les ailes, en s'efforçant de se déborder, montent vers le nord, dans ce que l'on a appelé la course à la mer. Ces grandes batailles de rencontre laissèrent aux Français Amiens, Arras, et aux Allemands Lille, Roubaix, Tourcoing. Anglais et Français parvinrent à donner la main à l'armée belge qui, après avoir abandonné *Anvers* (8 octobre 1914), réussit une retraite hasardeuse jusqu'à l'Yser. Les Allemands réduisirent en neuf jours les forts d'Anvers ; le "pistolet chargé au cœur de l'Angleterre" tombait entre des mains terribles ; les troupes que von Falkenhayn lança dans la bataille des Flandres étaient des formations nouvelles, étudiants, professeurs, engagés, de seize à cinquante ans (*jeune vieillesse*) et *impatients de frapper les derniers coups* (*conforte intaminées*). Après des mêlées sans merci à Dixmude sur l'Yser, petit fleuve côtier, la bataille s'enlisa et s'éteignit dans *la boue des inondations* (*crappe charient*) et les pluies torrentielles. »

« Lors de la déclaration de guerre, le 4 août 1914, de jeunes Allemands (*intaminées*) laissent éclater leur enthousiasme. »

LA RÉVOLUTION RUSSE (1917) : FAMINE ET CALAMITÉ NON-RESPECT DES DROITS DE L'HOMME BATAILLE DE LA SOMME (1917)

VI, 5

Si grand famine par unde pestifère
Par pluye longue le long du polle artique.
Samarobryn cent lieux de l'hemisphere,
Vivront sans loy exempt de pollitique.

Unde et *pluye*, pour trouble et révolution. *Samarobryn* : *Samarobriva*, ville de Gaule, capitale des Ambians ; aujourd'hui Amiens. *Pollitique*, du grec *politik* : relatif ou propre aux citoyens, civil, civique.

Une calamiteuse révolution provoquera une grande famine. Cette révolution touchera cent lieux de l'hémisphère Nord, pendant (la bataille de) la Somme. Les hommes vivront sans loi au bénéfice des citoyens.

« Révolution en Russie : Lénine disait en janvier (1917), en Suisse, que sa génération ne vivrait pas assez pour voir le triomphe de la révolution en Russie, et, en une semaine, du 8 au 15 mars, c'en était fait de l'empire des Romanov. »

« Les offensives de Ludendorff : en Picardie (21 mars-avril) l'opération Michel avait pour but de jeter les Anglais à la mer et d'envelopper les Français par leur gauche. La bataille commença par la destruction des armées Gough au sud de la Somme, suivie d'une poussée rapide en direction d'*Amiens* (*Samarobryn*), dont les avancées sont atteintes le 30. »

« La grande purge, par laquelle il (Staline) s'est érigé en dictateur incontesté, comporte trois caractéristiques essentielles : avant tout, l'envergure de l'opération fit des *millions de victimes*, tandis que chacun des membres de la population se sentait menacé ; ensuite, les méthodes adoptées et en particulier l'extraordinaire épreuve de la confession au cours de laquelle les principaux opposants du dictateur s'accusaient publiquement de trahison ; enfin, le mystère dont elle fut entourée – exception faite de quelques procès qui se déroulèrent en public et de quelques annonces d'exécutions, rien ne transpira officiellement de l'épuration (*sans loy exempt de pollitique*). »

« La renaissance économique est arrêtée, en 1922, par *la grande famine* qui ravage toute la région agricole de l'Ukraine, celle de la Volga et de la Sibérie occidentale. »

RÉVOLUTION BOLCHEVIQUE (1917)
INTERVENTIONS ÉTRANGÈRES EN RUSSIE (1917-1922)
PROCLAMATION DE L'URSS (1922)

Présage 62

Courses de loin, ne s'apprester conflits,
Triste entreprise, l'air pestilent, hideux :
De toutes parts les Grands seront afflits,
Et dix et sept assaillir vint et deux.

Courses, art militaire : incursions hostiles.

Des incursions hostiles venues de loin, de gens qui ne seront pas préparés au conflit, à cause d'une triste entreprise (la révolution) qui rendra l'air irrespirable et hideux ; de tous côtés les chefs d'État seront affligés et assailliront (les Russes) de 1917 à 1922.

« La révolution bolchevique a déterminé un cours entièrement nouveau de l'histoire russe, par un bouleversement des structures politiques, administratives, économiques et sociales... La réalité du nouveau régime n'apparaît nullement en octobre 1917. Vingt ans de luttes intérieures constituent *une période tragique* (*triste entreprise*) de l'histoire de la Russie, ex-empire devenu en 1922 l'Union des républiques socialistes soviétiques... Au lendemain d'Octobre, le nouveau gouvernement a eu à lutter non seulement contre une opposition dans le pays lui-même, mais aussi contre *l'intervention étrangère*. La Russie s'étant retirée de la guerre par le traité de Brest-Litovsk (3 mars 1918), des armées françaises, anglaises, américaines et japonaises (*de loin*) sont venues appuyer la guerre civile jusqu'en novembre 1920, avec un prolongement en *Extrême-Orient*, jusqu'en novembre 1922. »

« La révolution russe avait commencé sans violences, mais un attentat contre Lénine et la guerre civile déchaînent la terreur. De 1919 à 1920, les victimes des exécutions, de la famine (*hideux*), des épidémies (*l'air pestilent*) atteindront peut-être sept millions. Lénine donne le mot d'ordre : mort ou victoire. »

RÉVOLUTION D'OCTOBRE (1917)
MYSTÈRE DU MASSACRE DES ROMANOV

Présage 89, octobre

Voici le mois par maux tant a doubter,
Mors, tous seigner peste, faim. Quereller :
Ceux du rebours d'exil viendront noter,
Grands, secrets, morts, non de contreroller.

Seigner, du latin *signum* : drapeau rouge. *Rebours*, au figuré : contre-pied. *Noter*, du latin *notare* : censurer, condamner. *Contreroller*, forme ancienne de : contrôler.

Voici le mois (octobre) redoutable par les malheurs qu'il apportera. Tous ceux du drapeau rouge apporteront la mort, la maladie, la famine et la guerre civile. Les opposants seront condamnés à l'exil, et on ne pourra pas contrôler la mort des grands qui restera secrète.

Le numéro de ce quatrain (89) établit peut-être un lien entre la Révolution française de 1789 et la révolution russe.

« *En octobre* 1917, la situation intérieure de la Russie est catastrophique. L'inflation du papier-monnaie, le poids des dettes de l'État rendent inévitable une banqueroute financière... »

« *L'insurrection d'octobre* (25 octobre-1er novembre) : tandis que Kerenski quitte Petrograd pour se rendre au-devant des troupes qu'il a rappelées du front, matelots, soldats, ouvriers, *gardes rouges* s'emparent du palais d'Hiver, dispersent le préparlement, arrêtent les membres du gouvernement provisoire. Les troupes qui s'avancent sur Petrograd, peu disposées à se battre, voient leur avance enrayée comme deux mois plus tôt ; leurs chefs entrent en pourparlers avec les bolcheviks ; Kerenski parvient à échapper à l'arrestation. Cependant, à Petrograd, puis à Moscou, les tentatives des élèves officiers pour rétablir le gouvernement ont échoué. Sur le plan politique, la révolution bolchevique est triomphante le 1er novembre. »

« En juillet 1918, alors qu'ils étaient aux mains des communistes, le tsar de Russie Nicolas II, sa femme Alexandra et leurs cinq enfants (*grands*) disparurent et on ne les revit jamais. Officiellement, ils avaient été *tués* à coups de fusil et de baïonnette dans la maison où ils étaient tenus prisonniers. Mais pendant les cinquante-huit ans qui suivirent, le *mystère* et les contradictions de cette affaire n'ont fait que croître, masquant la vérité, créant des légendes, ajoutant à la confusion... Bien que la version du massacre ait été sérieusement remise en question, nos découvertes ne nous ont guère avancés quant au sort qui fut réellement réservé aux Romanov (*non de contreroller*). »

L'INTERNATIONALE ET LE MARXISME EN RUSSIE L'EXTENSION DES IDÉES COMMUNISTES, LES PRISONS

I, 14

De gent esclave chansons, chants et requestes.
Captifs par Princes et Seigneurs aux prisons

A l'advenir par idiots sans testes,
Seront receus par divines oraisons.

Gent esclave : de l'Esclavonie, ancien nom de la Russie, pays des Slaves.

Les chants et les requêtes des Russes, dont les chefs d'État mettront des gens en prison, seront reçus comme des discours divins par des gens écervelés et stupides.

« Du 3 au 19 juillet 1921 se tient à Moscou le congrès constitutif de l'Internationale syndicale rouge. Au IIe congrès de l'Internationale communiste, des syndicalistes russes, italiens, français, espagnols, bulgares, yougoslaves, publiaient une déclaration (*requestes*) qui, dénonçant la pseudo-neutralité syndicale (l'apolitisme) et la pratique réformiste des dirigeants de la Fédération syndicale internationale, appelait les révolutionnaires à militer dans les syndicats réformistes. »

« Épuration massive tandis que les *arrestations* pour crimes contre-révolutionnaires se multipliaient entre 1936 et 1937. L'épuration s'étendait hors du cadre du Parti pour atteindre tous ceux qui avaient un lien avec les victimes, aussi ténu soit-il. »

« Les grandes prisons : trois des cinq prisons principales de Moscou étaient réservées aux politiques, bien que certains aient été incarcérés également avec des droits communs... Des camps de travail furent installés un peu partout. Le camp Kargopol, par exemple, dans la région d'Arkhangelsk, consistait en plusieurs petits camps répartis sur un rayon de cinquante-cinq kilomètres et il contenait environ *trente mille prisonniers* en 1940. Il avait été fondé en 1936 par six cents prisonniers qu'on avait tout simplement jetés du train au milieu de la forêt : poussés par la nécessité, ils construisirent eux-mêmes leurs baraquements et leurs clôtures. »

L'URSS SE CONSTRUIT GRÂCE À LA GUERRE CHUTE DU TSAR, STALINE AU POUVOIR

V, 26

La gent esclave par un heur martial,
Viendra en haut degré tant eslevée :

Changeront prince, naistra un provincial,
Passer la mer, copie aux monts levée.

La Russie atteindra une telle puissance grâce à la guerre qu'elle changera son prince par un personnage né en province, puis sa puissance gagnera la mer et il lèvera des troupes au-delà des montagnes.

« La Russie s'étant retirée de la guerre par le traité de Brest-Litovsk (3 mars 1918), des armées françaises, anglaises, américaines et japonaises sont venues appuyer la guerre civile jusqu'en novembre 1920, avec un prolongement en Extrême-Orient jusqu'en novembre 1922. Rejetant les armées étrangères (*heur martial*) d'intervention et les débris des armées blanches, écrasées sur le sol russe, le gouvernement bolchevique ne s'en trouvait pas moins aux prises avec des difficultés. Aussi bien les trois premières années de la révolution ont-elles été qualifiées, par un abus de terme, de période du "*communisme de guerre*". »

« Iossip Vissarionovitch Djougachvili (Joseph Staline) naît à Gori, en Géorgie, en 1879 (*un provincial*). »

« Passée d'une position défensive à une situation de force, l'URSS entrait dans la Seconde Guerre mondiale en septembre 1939, participant, aux côtés de l'Allemagne, avec qui elle avait signé le 23 août un traité de non-agression, au nouveau partage de la Pologne, qui lui permit d'annexer les provinces polonaises occidentales, peuplées de Biélorusses et d'Ukrainiens, rattachées en novembre aux Républiques soviétiques de Biélorussie et d'Ukraine. Elle contraignait la Roumanie à lui céder la Bessarabie et la Bukovine du Nord (28 juin 1940). Le 22 juin 1941, face à l'attaque allemande, commençait pour elle la grande guerre nationale du peuple soviétique contre les envahisseurs allemands qui, par ses conséquences, allait marquer un tournant de son histoire (*par un heur martial viendra en haut degré tant eslevée*). »

GUERRE DANS LES BALKANS (1908-1919)
MUSTAPHA KEMAL (1920)

II, 49

Les Conseillers du premier monopole,
Les conquérants séduits par la Melite :

Rodes, Bisance pour leurs exposant pole
Terre faudra les poursuivants de fuite.

Monopole : droit quelconque possédé exclusivement par quelqu'un ou par un petit nombre de personnes. *Séduits*, du latin *seductus* : mis à l'écart, éloigné. *Mélite* : habitant de Malte. *Exposant*, du latin *expositus* : abandonné. *Pole*, du grec *polis* : ville.

Les conseillers juridiques du premier président seront mis à l'écart à Malte par les conquérants (les Alliés) à cause de l'abandon des villes de Rhodes et de Constantinople ; puis ces territoires feront défaut à leurs poursuivants qui seront mis en fuite.

« En septembre 1911, l'Italie, désireuse de mettre la main sur la Tripolitaine, déclare la guerre à l'Empire ottoman et débarque des troupes à Tripoli, en même temps que sa flotte conquiert *Rhodes* et le Dodécanèse. La lutte est âpre en Tripolitaine et ce sont seulement les préludes de la guerre dans les Balkans qui font *céder* la Turquie... Le 18 octobre 1912, la guerre est déclarée par les États balkaniques à la Turquie... La flotte grecque s'empare des îles de la mer Égée. »

« La capitulation de la Bulgarie (29 septembre 1918) entraîne immédiatement celle de la Turquie ; un armistice est signé le 30 octobre 1918 en rade de Moudros, dont les clauses principales sont la liberté des détroits et *l'occupation de Constantinople* (*Bisance*). »

« Le 4 septembre 1919 se réunit le Congrès national de Sivas. Mustapha Kemal est élu président du Congrès (*premier monopole*), qui prend une position nettement hostile à l'égard des puissances et du gouvernement d'Istanbul. Le 16 mars 1920, les Anglais font occuper par les troupes alliées les ministères de la Guerre et de la Marine, les directions de la Police et des Postes, en même temps que des *députés et des notables* (*Conseillers*) favorables à Mustapha Kemal sont arrêtés et *déportés à Malte...* »

« La conférence de Lausanne, ouverte le 21 novembre 1922, aboutit à une paix signée le 24 juillet 1923. C'est une victoire pour les Turcs, qui obtiennent comme frontière en Thrace le cours de la Maritza et récupèrent les îles d'Imbros et de Tenedos... Les Alliés évacueront *Istanbul* six semaines après la ratification de la paix. »

LA RÉVOLUTION TURQUE (1920)
L'EMPIRE OTTOMAN PERD L'ÉGYPTE (1922)
SON DÉMEMBREMENT (1922)

I, 40

La trombe fausse dissimulant folie,
Fera Bisance un changement de loix,
Hystra d'Egypte, qui veut que l'on deslie,
Edict changeant monnaye et alloi.

Trombe, du latin *tropa* : révolution. *Hystra* ou *istra*, futur de *issir* : sortir. *Alloi* : titre de l'or et de l'argent.

Une fausse révolution cachant de la folie fera changer la Turquie de lois. L'Égypte sortira (de l'Empire) qu'on veut démembrer. Ses édits changeront les monnaies et les parités.

« Le congrès de Berlin (13 juin 1878) est une nouvelle et grave étape dans le démembrement (*deslie*) de l'Empire ottoman : si en Orient il n'a perdu que l'Égypte, à laquelle l'Angleterre impose de plus en plus sa domination, en Europe il ne possède effectivement que quelques territoires réduits, misérables restes d'un domaine que les nationalismes locaux, soutenus par les grandes puissances, ont peu à peu grignoté. »

« La *révolution* de Mustapha Kemal : en créant un parti unique, en muselant l'opposition, Mustapha Kemal a réussi à redonner au peuple turc la confiance en soi (*trombe fausse*). »

« En politique intérieure, les faits marquants sont l'abolition de la polygamie, la suppression des ordres religieux et l'interdiction du port du fez (août-novembre 1925), l'institution de *nouveaux codes civils* (*changement de loix*) criminel et commercial, établis d'après les codes suisse, italien et allemand, l'application de tarifs douaniers protecteurs... En 1931, la Banque centrale de la République est organisée définitivement : elle succède à la Banque ottomane comme banque d'État et institut d'émission (*edict changeant monnaye et alloi*). »

MOUVEMENTS ANARCHISTES EN ESPAGNE (1897-1939) EXIL D'ALPHONSE XIII (1931) FRANCO ET LE BAIN DE SANG DE LA GUERRE CIVILE

I, 19

Lorsque serpens viendront circuire l'are,
Le sang Troyen vexé par les Espagnes :
Par eux grand nombre en sera faict tare,
Chef fruict, caché au mares dans les saignes.

Par le mot *serpent*, Nostradamus désigne dans plusieurs quatrains les révolutionnaires anarchistes. Moyen français *circuire* : faire le tour de. *Le sang Troyen* : *cf.* VI, 52. *Tarer* : gâter, corrompre. *Fruict* : avantage.

Lorsque les anarchistes viendront se manifester dans le territoire (espagnol), le sang bourbon sera versé en Espagne. Un grand nombre de morts sera provoqué par ces anarchistes. Un chef (Franco) en tirera avantage, et ceux qui se seront cachés finiront dans des mares de sang.

« L'anarchisme : les revendications ouvrières espagnoles sont du même ordre que celles des autres prolétariats européens. Ce qui singularise pourtant l'Espagne, c'est la présence anarchiste, beaucoup plus considérable dans la péninsule Ibérique, où elle devient l'expression politique du guérillero. Son idéal, c'est l'action directe, l'attentat. »

« L'anarchisme, entre 1897 et 1923, aura à son actif l'assassinat de trois chefs de gouvernement, Cano, Canalejas et Dato, sans compter plusieurs attentats manqués contre le roi d'Espagne. L'anarchiste déclare la guerre à l'Église, à l'armée, à la société. Contre la première il mettra le feu aux temples de Barcelone lors de la "Semaine tragique" de 1909. C'est ce qu'il fera encore au début de la guerre civile, en 1936. Et contre la bourgeoisie, il jettera une bombe sur le parterre du théâtre lyrique Liceo de Barcelone, ou au passage d'une procession du *corpus* dans cette même ville. »

« En 1931, la République est proclamée. Alphonse XIII est forcé de s'exiler. »

« En zone républicaine, la persécution contre l'Église éclata dès le début (1936) – de nombreux édifices religieux furent brûlés et détruits, beaucoup de prêtres fusillés ou emprisonnés. Pour ce qui est de la zone nationale, la persécution prit pour cible toute personne soupçonnée d'avoir entretenu des rapports directs avec des organisations de gauche. Certaines exécutions furent aussi faites par des groupes incontrôlés. Mais la plupart des condamnations à mort furent prononcées par les conseils de guerre qui fonctionnèrent sans discontinuer pendant toute la durée du conflit. Le nombre de ceux qui moururent à cause de leurs idées politiques dans les deux camps fut très élevé. On obtient un nombre approximatif de sept cent cinquante mille morts (*au mares dans les saignes*). »

LE PACTE GERMANO-SOVIÉTIQUE (23 août 1939)
LE MANQUE DE BLÉ EN ALLEMAGNE EN 1939

Sixain 7

La sangsue au loup se joindra,
Lorsqu'en mer le blé défaudra,
Mais le grand Prince sans envie,
Par ambassade luy donra
De son blé pour lui donner vie,
Pour un besoin s'en pourvoira.

La *sangsue* (buveuse de sang) représente l'Union soviétique qui aura fait, au XXe siècle, plus de victimes que n'importe quelle guerre.

L'URSS s'alliera à l'Allemagne lorsque l'apport en blé par mer fera défaut. Mais le grand chef (Staline) lui apportera de bon cœur son aide par une ambassade et lui fournira du blé pour en pallier la pénurie.

« L'URSS, neutre en cas de guerre polono-allemande : fait plus important encore et vraiment singulier, c'est la démarche que vient d'accomplir l'ambassadeur de l'URSS à Varsovie, M. Charonov, qui a tenu à faire savoir au colonel Beck que le gouvernement soviétique n'avait que des intentions amicales à l'égard de la Pologne. »

« En Allemagne, aujourd'hui même, la population civile a été associée à la mobilisation. Dès à présent, l'institution de la *carte de pain*. Or, nous permettra-t-on de citer le docteur Schacht qui disait : "On peut terminer une guerre avec la carte de pain, on ne peut pas la commencer par la carte de pain." M. Hitler méconnaîtra-t-il l'avertissement de l'homme qui passa dans le IIIe Reich pour le plus réaliste des politiques ? » (Jean Thouvenin dans *L'Intransigeant*, mardi 29 août 1939.)

TRANSPORT DANS UN CAMION DE MUSSOLINI ET DE CLARA PETACCI À MILAN LES SEPT PENDUS DE LA PIAZZALE LORETO À MILAN (29 avril 1945)

I, 10

Serpens transmis en la cage de fe
Où les enfans septains du Roy sont prins
Les vieux et pères sortiront bas de l'enfer,
Ains mourir voir de fruict mort et cris.

Le personnage méchant sera transporté dans un camion à l'endroit où les sept personnes diaboliques du régime fasciste sont gardées. Les personnes âgées et les parents sortiront de chez eux pour se livrer à des bassesses infernales. Ils voudront voir celui qui était mort, dans les hurlements et les fruits (ordures).

« Il est 20 heures lorsqu'un gros *camion* jaune arrive de Dongo à Mezzagra avec sa macabre cargaison. On jette d'abord Clara sur le tas, puis c'est le tour de Mussolini. À 20 h 15, le camion se dirige vers Côme et Milan. »

« Vers 7 heures du matin, en cette aube froide du dimanche 29 avril 1945, les premiers passants approchent. La foule grandit rapidement. La nouvelle se répand que le cadavre de Mussolini est là ! À 9 heures l'hystérie se déclenche. Une femme s'en vient décharger cinq coups de revolver dans le corps du Duce en *hurlant* (*cris*) qu'elle venge ainsi ses cinq fils morts pendant la guerre. C'est alors la réaction en chaîne, la populace devient vite déchaînée. On jette sur les corps des feuilles de *légumes* les plus divers (*fruict*). On crache sur eux, c'est à qui donnera le coup de pied "héroïque" dans le corps de Mussolini mais aussi dans celui de la Petacci. Une mégère vient uriner sur le visage du Duce. Un homme met un bâton dans la main de Mussolini en guise de sceptre et une couronne de feuilles de chou autour de la tête. »

« À 11 heures, six cadavres sont hissés par des cordes sur une traverse de la station d'essence : Mussolini, Clara Petacci, Pavolini, Zerbino, Barracu et Porta. La foule hurle (*cris*) de joie et insulte l'idole qu'elle adora. C'est peu après, à 11 h 10, que l'on amène sur la place l'ancien secrétaire général du parti : Achille Starace. Six partisans le fusillent dans le dos. Son corps est bientôt hissé lui aussi, aux côtés des six autres pendus (sept : *enfans septains*). La foule délire jusque vers 13 heures, dans une hystérie collective indescriptible. »

LE LAC LÉMAN (GENÈVE, ÉVIAN), CENTRE DE CONFÉRENCES INTERNATIONALES LA SDN, L'ONU, LA CROIX-ROUGE

I, 47

Du Lac Leman les sermons fascheront,
Des jours seront reduicts par des semaines :
Puis mois, puis an, puis tous défailleront
Les Magistrats damneront leurs lois vaines.

Reduicts, du latin *reducto* : je reconduis.

Les discours du lac Léman seront cause de brouilles : des jours seront reconduits par des semaines, puis des mois par des années, puis tout s'effondrera, et les législateurs maudiront leurs lois vaines.

« Le problème de la protection des victimes de la guerre s'est posé, à la fin de la Seconde Guerre mondiale, avec une ampleur jamais atteinte. Certaines régies figurant dans les *Conventions de Genève* du 22 août 1864, révisées en 1905, puis en 1929, ne paraissaient plus adaptées au caractère de guerre totale que présentèrent les conflits de 1914-1918 et surtout de 1939-1945. De nouveaux textes (*sermons*) étaient nécessaires. Préparés à la conférence internationale de la Croix-Rouge tenue à Stockholm en août 1948, ils furent soumis à la Conférence de Genève, regroupant du 21 avril au 12 août 1949 tous les États ayant adhéré aux conventions qu'il s'agissait de réviser. Le 12 août 1949 étaient signées quatre conventions : *Convention de Genève* pour l'amélioration du sort des blessés et des malades dans les forces armées en campagne ; *Convention de Genève* pour l'amélioration du sort des blessés, des malades et des naufragés des forces armées sur mer ; *Convention de Genève* relative au traitement des prisonniers de guerre ; *Convention de Genève* relative à la protection des personnes civiles en temps de guerre. Certaines règles générales sont communes aux quatre conventions. Sont interdits en tout temps et en tout lieu : la prise d'otages (*lois vaines*), les exécutions sans jugement régulier, la torture, de même que tout traitement cruel et déshonorant... Malgré les améliorations qu'elles apportent aux règles du droit de la guerre, les *Conventions de Genève* de 1949 se heurtent à de nombreuses difficultés d'application dans le monde contemporain, par suite de l'extrême imbrication des notions, autrefois distinctes, de conflit interne et de conflit international et des implications des principes de guerre révolutionnaire et subversive. »

LES SEPT CHANGEMENTS D'ALLIANCE DE L'ANGLETERRE EN DEUX CENT QUATRE-VINGT-DIX ANS LES GUERRES FRANCO-ALLEMANDES CONSACRENT L'UNION FRANCE-ANGLETERRE

III, 57

Sept fois changer verrez gens Britannique,
Taints en sang en deux cens nonante ans :
France non point par appui germanique,
Ariès doubte son pole Bastarnan.

Ariès : nom latin du bélier, machine de guerre. *Bastarnes* : peuple qui s'étendait, à partir du IIe siècle après J.-C., de la haute Vistule au bas Danube ; il était de race germanique selon Tacite.

On verra la nation britannique changer sept fois en deux cent quatre-vingt-dix ans qui seront teints de sang, et cela envers la France, qui, lorsqu'elle n'aura plus le soutien de l'Allemagne, doutera de son pôle attractif à cause de la machine de guerre allemande.

Les sept changements d'alliance :

1628 : Siège de La Rochelle.

1657 : Alliance de la France avec Cromwell.

1667 : Guerre de Succession d'Espagne. Turenne occupe les Flandres. L'Angleterre forme contre la France, avec la Suède et la Hollande, la Triple Alliance. Paix d'Aix-la-Chapelle (1668).

1670 : Traité avec l'Angleterre contre la Hollande.

1688 : Guerre de la Ligue d'Augsbourg. Guillaume d'Orange, roi d'Angleterre, groupe dans la Ligue contre Louis XIV l'Espagne, la Suède, la Hollande, l'Autriche, le duc de Savoie. Paix de Ryswick (1697).

1716 : L'abbé Dubois se rend à La Haye avec mission d'aider les Anglais à faire rentrer les Hollandais dans un traité d'alliance contre l'Espagne : la Triple Alliance est signée le 4 janvier 1717.

1744 : Louis XV déclare la guerre à l'Angleterre et à l'Autriche.

1914 : Les Anglais combattent aux côtés des Français contre l'Allemagne.

De 1628 à 1914 : deux cent quatre-vingt-six ans.

PLUS DE TROIS CENTS ANS DE DOMINATION ANGLAISE (1600-1945) OCCUPATION DU PORTUGAL PAR LES ANGLAIS (1703)

X, 100

Le grand empire sera par Angleterre,
Le Pempotam des ans plus de trois cens :
Grandes copies passer par mer et terre,
Les Lusitains n'en seront pas contens.

Pempotam, mot fabriqué à partir du grec *pas* (tout) et du latin *potens* (puissant) : omnipotent, tout-puissant. *Lusitanie* : ancien nom du Portugal.

L'Angleterre sera un grand empire et aura la toute-puissance pendant plus de trois cents ans. Elle fera passer de grandes troupes par mer et par terre ; ce qui ne satisfera pas les Portugais.

« Le gouvernement avisé d'Élisabeth s'engage dans une voie du mercantilisme. Les compagnies à charte se multiplient, dont la plus prestigieuse est la Compagnie des Indes fondée en 1600. Le bien-être et le luxe se répandent dans les classes possédantes... Si l'*expansionnisme* anglais au XVIIe siècle, loin de se ralentir, s'affermit de par le monde, sur le plan intérieur et européen, en revanche, ce siècle de révolution inaugure une longue période de crises qui, finalement surmontées, permettront à la Grande-Bretagne d'instaurer des mécanismes politiques efficaces, d'acquérir les traits *durables* (*trois cens ans*) de sa personnalité physique et morale. »

« La guerre cesse dans une Europe où Anglais et Américains campent face aux Soviétiques (1945). La détermination qui avait permis au peuple anglais, en surmontant ses troubles et ses controverses d'avant guerre, de tenir héroïquement ne pouvait plus dissimuler les changements qui ont affecté *la position de la Grande-Bretagne dans les affaires mondiales*. Face aux nouveaux géants (Amérique, URSS et maintenant Chine), elle est *affaiblie* dans ses ressources et son économie. » De 1600 à 1945, il y a plus de *trois cents ans*.

« Depuis Pierre II, le Portugal pencha vers l'Angleterre qui, en 1703, y consolida sa prépondérance par le traité de Methuen. Bientôt les Anglais eurent tout en leurs mains et réduisirent *les Portugais* à n'être plus que leurs facteurs. Sous le roi, Joseph Pombal voulut *secouer ce joug* (*les Lusitains n'en seront pas contens*) ; ses efforts furent insuffisants, Napoléon, dans sa lutte contre l'Angleterre, força le Portugal à fermer ses ports aux Anglais. Puis, étant convenu par un traité secret signé avec l'Espagne en 1807, à Fontainebleau, de partager le pays avec cette puissance, il en entreprit la conquête ; mais l'Angleterre le défendit comme sa *province*. À la paix générale de 1815, la famille royale du Portugal dut rester au Brésil, et l'ambassadeur anglais Beresford gouverna en fait le pays. En 1820 éclata à Porto *une révolution...* »

NAISSANCE DE FRANCO EN GALICE
SON DÉPART DU MAROC VERS LE POUVOIR (1936)
LA RÉVOLTE DES ASTURIES (octobre 1934)

X, 48

Du plus profond de l'Espagne enseigne,
Sortant du bout et des fins de l'Europe :
Trouble passant auprès du pont de Laigne,
Sera deffaicte par bande sa grand troppe.

Enseigne : nom donné autrefois à l'officier porte-drapeau et à certains officiers des gendarmes du roi. *Laigne*, francisation de Llanes.

Du plus profond de l'Espagne (à l'ouest) naîtra un officier qui sortira du bout et des confins de l'Europe (Gibraltar) au moment où la révolution arrivera près de la mer de Llanes ; et la bande des révolutionnaires sera matée par sa grande armée.

« Faute de place à l'Académie navale, le Galicien Francisco Franco entra, à quinze ans, à l'Académie d'infanterie de Tolède. De 1912 à 1926, il servit presque sans interruption au *Maroc*. Il devint à trente-trois ans le plus jeune *général d'Europe*... En octobre 1934, il *réprima la révolte* des gauches unies dans les *Asturies*. Après avoir été chef de l'état-major suprême (*enseigne*), en mai 1935, il fut envoyé aux Canaries comme capitaine-général à la suite de la victoire du Front populaire aux élections de février 1936. Le 19 juillet, il prit le commandement de l'armée d'Afrique, à Tétouan, et demanda aussitôt à l'Axe des avions qui transportèrent ses troupes en métropole (*sortant du bout et des fins de l'Europe*)... Après son échec de novembre 1936 devant Madrid, il vainquit les armées républicaines et entra à Madrid le 1er avril 1939. »

FRANCO, NOMMÉ CHEF DU GOUVERNEMENT À BURGOS
(1er octobre 1936)
PRIMO DE RIVERA, FONDATEUR DU FASCISME

IX, 16

De castel Franco sortira l'assemblée,
L'ambassadeur non plaisant fera scisme,

Ceux de Ribière seront en la meslée,
Et au grand goulphre desnieront l'entrée.

Castel, du latin *castellum* : place forte (« Burgos : ville d'Espagne, chef-lieu de la Vieille-Castille, place forte ») ; jeu sur la double signification de *castel* et Castille. *Assemblée* : junte, en Espagne et au Portugal. *Ribière*, francisation de Rivera (le *b* et le *v* sont deux labiales interchangeables : Lefèvre et Lefèbre). *Goulphre* : gouffre ; se dit des malheurs ou des misères où l'on tombe (tomber dans un gouffre de maux).

Franco sortira d'une junte dans une place forte de Castille. L'envoyé qui n'aura pas plu fera le (fa)scisme, ceux de (Primo de) Rivera seront avec lui ; ils refuseront l'entrée au grand gouffre de malheurs (l'Allemagne).

« *Une junte* (*assemblée*) de généraux le nomma (Franco) généralissime à Burgos, le 12 septembre, puis chef du gouvernement le 1er octobre. Après avoir été chef de l'état-major suprême, en mai 1935, il fut envoyé aux Canaries comme capitaine général à la suite de la victoire du Front populaire aux élections de février 1936... Caudillo, chef, concentrant dans ses mains tous les pouvoirs et responsable seulement devant Dieu et devant l'histoire (régime du *caudillaje*, parfois confondu avec le fascisme). »

« Fasciste malgré lui et libéral qui s'ignore, Primo de Rivera réalisa à Valladolid, le 4 mars 1934, la fusion de la Phalange et des JONS (Juntes offensives nationales-syndicalistes), dont il devint peu après le chef unique. Les attentats dont les phalangistes furent victimes le contraignirent à autoriser ses partisans (*ceux de Ribière*) à exercer des représailles (terrorisme phalangiste) (*en la meslée*). »

« Durant la Seconde Guerre mondiale, le général Franco, malgré ses liens avec les puissances de l'Axe, reste neutre et *refuse le passage* des armées allemandes à travers l'Espagne (*au grand goulphre desnieront l'entrée*). »

L'AIDE DES PUISSANCES DE L'AXE À FRANCO
LA GUERRE D'ESPAGNE (1936-1939)
LES MAQUIS DU SUD-OUEST EN FRANCE (juin 1944)

III, 8

Les Cimbres joints avec leurs voisins,
Depopuler viendront presque l'Espagne :

Gens amassez, Guienne et Limosins,
Seront en ligue, et leur feront campagne.

Cimbres : peuple germanique établi sur la rive droite de l'Elbe.

Les Allemands alliés avec leurs voisins (Autrichiens et Italiens) viendront dépeupler presque jusqu'en Espagne. Des gens réunis en Guyenne et en Limousin formeront une ligue et se mettront en campagne contre eux.

« *L'Italie* enverra à *l'Espagne* de Franco du matériel de guerre et des troupes expéditionnaires, *l'Allemagne* des techniciens et des avions (la *légion* Condor)... Le nombre de ceux qui moururent à cause de leurs idées politiques dans les deux camps est difficile à évaluer, mais on peut affirmer, sans exagérer, qu'il fut *extrêmement élevé*. En y ajoutant celui des combattants tués, nous obtenons un chiffre approximatif de sept cent cinquante mille morts...

« Les puissances de l'Axe (*l'Allemagne, l'Autriche et l'Italie*) avaient été les grands protecteurs des franquistes. »

« Le 6 juin 1944, la libération de la France commence en Normandie. Les Allemands engagent des réserves, disséminées à l'arrière. Parmi celles-ci, la division cuirassée SS Das Reich stationnée dans la région de Toulouse. Elle devrait pouvoir accomplir le trajet qui la sépare du nouveau front en trois jours au maximum. Mais c'est compter *sans la Résistance française*. Deux formations FFI (*ligue*), la brigade Hervé et la brigade Alsace-Lorraine, l'attendent dans la traversée de la *Dordogne*, de la Charente et de la *Haute-Vienne* (*Guienne et Limosins*). Des engagements se produisent dès le 7 juin dans le Lot, au pont de Souillac, puis le 8 à Cressensac. Le jour même, la division lance son infanterie pour s'ouvrir le passage en dehors de cette région de la *Dordogne* qui vient de la retarder de trente heures. Puis elle fonce vers l'est en direction de *Limoges*. Exaspérés, vivant désormais dans la crainte des terroristes, les SS constituent pour la population civile des localités qu'ils traversent une menace toujours prête à se traduire en exactions. Le 10 juin 1944, *près de Limoges*, c'était le drame d'Oradour-sur-Glane » (*Historama*, n° 272).

FIN DE LA RÉPUBLIQUE ESPAGNOLE (1939) MASSACRES DE PRÊTRES PRISE DE SÉVILLE (1936)

VI, 19

La vraye flamme engloutira la dame,
Que voudra mettre les Innocens à feu,
Près de l'assaut l'exercite s'enflamme,
Quand dans Seville monstre en bœuf sera veu.

Dame : désigne toujours les Républiques (Marianne). *Innocens* : noter la majuscule pour désigner les prêtres. *Exercite*, du latin *exercitus* : armée. *Bœuf*, au figuré : grossier, brutal.

La vraie flamme (de la guerre) engloutira la République qui voudra mettre à mort des Innocents. Les gardes d'assaut s'enflammeront après qu'on aura vu une calamité sous la forme d'un personnage brutal à Séville.

« Le soulèvement commença le 17 juillet 1936 à Melilla. Franco quitta en avion les Canaries et vint prendre le commandement des troupes du Maroc. Le coup d'État réussit assez facilement à Saragosse, en Vieille-Castille et en Galice, *la République* (*la dame*) conservant le littoral cantabrique. En Andalousie, les militaires ne purent que contrôler quelques villes isolées mais importantes : Séville, avec le général Queipo de Llano, Cadix, Cordoue et Grenade... Toute la façade méditerranéenne resta aux mains des républicains. Dans l'ensemble, l'armée et la garde civile avaient été favorables au soulèvement, mais non les *gardes d'assaut* ; elles s'étaient heurtées aux grandes organisations ouvrières... »

« Du côté républicain, le gouvernement Giral ne put empêcher une véritable révolution. Sauf au Pays basque, le culte catholique ne fut plus célébré et des *milliers d'ecclésiastiques* périrent (*les Innocens à feu*)... »

« Prenant l'offensive à la fin décembre 1938 sur le front de Catalogne, les nationalistes arrivèrent en six semaines à la frontière. Dans la zone Madrid-Valence, les partisans de la reddition l'emportèrent sur ceux de la guerre à outrance, et tout fut terminé le 31 mars 1939. »

« Le camp sorti vainqueur de la guerre civile bâtit un *nouvel État* autour de son chef, Francisco Franco (*engloutira la dame*). »

LA NAISSANCE D'HITLER EN AUSTRO-BAVIÈRE (1889) SA LUTTE CONTRE L'UNION SOVIÉTIQUE LE MYSTÈRE DE SA MORT

III, 8

Auprès du Rhin des montagnes Noriques,
Naistra un grand de gens trop tard venu,
Qui deffendra Saurome et Pannoniques,
Qu'on ne sçaura qu'il sera devenu.

Norique : du *Noricum* ; aujourd'hui, partie de la Bavière, de l'*Autriche* et de la Styrie ; les Alpes noriques s'étendent à travers la Carinthie, le pays de Salzbourg et l'Autriche jusqu'aux plaines d'Ordenbourg en Hongrie. *Saurome* : les Sauromates ou Sarmates, habitants de la Sarmatie, nom vague donné par les Anciens à une vaste contrée qu'on place à l'ouest de la Scythie et qui s'étendait en Europe et en Asie, entre la mer Baltique et la mer Caspienne ; on distinguait la Sarmatie européenne, entre la Vistule et le Tanaïs, comprenant tous les pays qui forment aujourd'hui la *Russie* et la Pologne. *Pannonie* : ancien nom de la Hongrie.

Près du Rhin naîtra dans les Alpes noriques un grand chef, de gens qui seront nés trop tard ; il combattra contre les Russes et les Hongrois ; et on ne saura ce qu'il sera devenu.

« Hitler, fils d'un brigadier des douanes, est né à Braunau-sur-Inn, ville frontière austro-bavaroise (*Noriques*), en 1889. »

« Dans cette lutte contre l'*Union soviétique*, le IIIe Reich pouvait compter sur l'appui de la Roumanie, de la Hongrie et de la Slovaquie... La part du régent Horthy fut plus modeste, aussi bien *Budapest* n'avait-il aucun compte à régler avec Moscou ; seul un corps rapide *hongrois*, composé d'une brigade motorisée et de deux brigades de cavalerie, participa à cette première phase de la campagne. »

« Quand on sut que le maréchal Joukov, commandant en chef soviétique, tiendrait une conférence de presse le 9 juin, on s'y rua... Il aborda la question qui, pour tous, primait toutes les autres : celle de la mort d'Hitler. Mais il le fit de façon bien surprenante : "Les circonstances sont très *mystérieuses*, dit-il. Nous n'avons pas identifié le corps d'Hitler. Je ne peux rien dire de définitif sur son sort... Nous avons trouvé plusieurs corps, parmi lesquels pourrait se trouver celui d'Hitler, mais nous ne pouvons affirmer qu'il soit mort"... Le 10, au lendemain de la conférence de presse, Joukov rencontre à Francfort le commandant suprême américain ; Eisenhower pose très directement le problème : "Que savent les Russes du cadavre d'Hitler ?" Joukov répond non moins directement : "Les soldats russes n'ont pas trouvé trace du cadavre d'Hitler (*on ne sçaura qu'il sera devenu*)." »

NAISSANCE D'HITLER DE PARENTS PAUVRES (1889)
SES DISCOURS
RAPPORTS AVEC LA RUSSIE

III, 35

Du plus profond de l'Occident d'Europe,
De pauvres gens un jeune enfant naistra,
Qui par sa langue séduira grande trouppe.
Son bruit au règne d'Orient plus croistra.

De la région la plus à l'est de l'Europe occidentale, un jeune enfant naîtra de parents pauvres. Il séduira de grandes foules par ses discours et son pouvoir fera encore plus de bruit à l'Est (URSS).

« Hitler, fils d'un brigadier des douanes, après de modestes études secondaires, commence sa vie non pas comme vagabond, chômeur, mais petit bourgeois bohème, vivant de la *succession médiocre de ses parents* (*de pauvres gens... naistra*). »

« Hitler fut, selon Allan Bullock, le plus grand *démagogue* de l'Histoire. Ce n'est pas un hasard si les pages de *Mein Kampf* sur la conquête des *masses* (*séduira grande trouppe*) à l'idée nationale sont parmi les meilleures... La mise en application de ces règles du viol efficace des *foules* suppose les talents de *l'orateur de masses* (*par sa langue*), doué d'un sens quasi animal de leurs besoins profonds. Hitler possédait ces qualités à un degré extraordinaire. »

« Le pire piège réside dans le mythe avec lequel Hitler a fini par s'identifier, celui de la race supérieure, maintenue pure à tout prix, qui doit trouver à l'Est son espace vital. D'où cette obstination à jouer toutes ses cartes *sur la Russie*, cette *fureur* (*bruit*) à y traduire en actes son idéologie meurtrière. »

L'AUTRICHE, POINT DE DÉPART DES IDÉES NAZIES

III, 67

Une nouvelle secte de Philosophes,
Méprisant mort, or, honneurs et richesses,
Des monts Germains ne seront limitrophes,
À les ensuyvre auront appuy et presses.

Ne, n'étant pas suivi d'un autre mot négatif, reste affirmatif. *Limitrophes*, du latin *limes* : frontières.

Une nouvelle secte de philosophes méprisant la mort, l'or, les honneurs et les richesses prendra naissance aux frontières de l'Allemagne et ceux qui les suivront auront appui et médias.

« L'influence de *Vienne*, l'école la plus dure, dit Hitler, mais aussi la plus fructueuse de sa vie. Il affirme lui devoir les fondements de sa conception générale de la société, ainsi qu'une méthode d'analyse politique. En réalité, le jeune Adolf avait déjà reçu l'essentiel de ces bases à Linz, au cours d'histoire du docteur Poetsch, pangermaniste et antisémite, violemment hostile aux Habsbourg. Mais en cette capitale de l'*Autriche-Hongrie*, la vie quotidienne apportait une justification concrète à ses thèses pangermanistes et antisémites (*des monts Germains... limitrophes*). »

« Goering prend effectivement le commandement de la SA au printemps 1923. Passant au crible chaque section, il élimine les éléments peu sûrs, ceux qu'il juge plus nuisibles pour le parti que pour leurs adversaires. Les autres doivent jurer une fidélité aveugle au parti et faire une véritable profession de foi. Goering leur fait signer un engagement qui ne leur cache pas le rôle qu'ils auront à tenir : "En tant que membre de la section d'assaut du NSDAP, je m'engage à me tenir prêt, en tout temps et *en risquant ma vie* s'il le faut, à combattre pour les objectifs du mouvement, et à obéir totalement à mes supérieurs et au Führer." Dévoués corps et âme à leur maître, ceux qui signent seront les exécutants du NSDAP, sa force de frappe. Ils seront aussi l'élément majeur de la force politique d'Hitler.

« Hitler remarque très vite Himmler, ce jeune SS de vingt-cinq ans, et le nomme directeur des services de propagande en 1926, l'année suivant son entrée à la SS. Il semble que ce poste soit un excellent tremplin pour grimper très vite dans la hiérarchie nazie (*appuy et presses*) » (*Histoire pour tous*, hors série n° 9, novembre-décembre 1978).

Hitler a été le premier à utiliser les médias à des fins de propagande.

LES « SECTES » NAZIES EN ALLEMAGNE

III, 76

En Germanie naistront diverses sectes,
S'approchant fort de l'heureux paganisme,
Le cœur captif et petites receptes,
Feront retour à payer le vray disme.

Recepte, du latin *recepta* : chose reçue. *Dismer* : dépouiller, décimer.

Plusieurs sectes verront le jour en Allemagne qui rappelleront beaucoup l'heureux paganisme, l'esprit captif et leurs ressources trop faibles les feront dépouiller en retour.

Les sectes : la SA, l'Association de jeunesse du NSDAP, la SS, la Jeunesse hitlérienne, l'Ahnenerbe, la Société de Thulé, etc.

« Le mariage religieux est remplacé par des noces ancestrales. Le chef d'unité SS préside et, lorsque les époux ont échangé les anneaux, il leur offre en présent le pain et le sel. Tout doit détourner le couple de l'Église et l'orienter vers un nouveau culte, *une sorte de néopaganisme germanique* (*s'approchant fort de l'heureux paganisme*). »

« Le 30 janvier, jour anniversaire de la prise du pouvoir, l'aspirant reçoit une carte d'identité SS provisoire. Le 20 avril, jour anniversaire de Hitler, il obtient une carte d'identité définitive, revêt le fameux uniforme écussonné et prête serment au Führer : "Je te jure, Adolf Hitler, mon chef, fidélité et bravoure. Je te promets à toi, et à tous ceux que tu désigneras pour me commander, *obéissance jusqu'à la mort*" » (*Histoire pour tous*, hors série nº 9, novembre-décembre 1978).

HITLER AU POUVOIR GRÂCE À LA RÉPUBLIQUE DE WEIMAR (1933) LE PREMIER TOME DE *MEIN KAMPF* (1925)

V, 5

Sous ombre saincte d'oster de servitude,
Peuple et cité l'usurpera lui mesme
Pire fera par fraux de jeune pute,
Livre au champ lisant le faux proësme.

Fraux, du latin *fraus* : mauvaise foi, ruse, acte de tromperie, fourberie. *Pute*, du latin *puta* : fille ; Nostradamus désigne par un terme féminin les Républiques. *Proësme* : prologue, prélude d'un ouvrage.

Sous une sainte apparence de délivrer les peuples de la servitude, il usurpera lui-même le pouvoir du peuple et de la ville, il accomplira le pire par fourberie à l'aide d'une nouvelle République, lisant pour son combat les idées fausses de la première partie de son livre.

« À Munich, une tentative de putsch mal conçue, mal exécutée (8 et 9 novembre 1923) aboutit à l'interdiction du Parti national-socialiste et à l'arrestation de son Führer, condamné à cinq ans de prison (dont il n'accomplit que treize mois) dans la forteresse de Landsberg. Cette captivité, très confortable, vient à point pour lui permettre d'écrire enfin ce qu'il avait dans la tête ; le *premier tome de Mein Kampf* (*le faux proësme*) paraît en 1925. »

« Disposant de formations de combat (Antifa, groupes d'autoprotection), les communistes représentent dans la *République* de Weimar (*jeune pute*) finissante une force qui a contribué à affaiblir le régime et *profité*, en définitive, aux nationaux-socialistes. Hostilité au traité de Versailles, à la République de Weimar, à la démocratie bourgeoise, au grand capitalisme, tout cela se retrouve, mêlé à bien d'autres tendances, dans l'idéologie nationale-socialiste. C'est à Munich, en février 1925, que se place la seconde fondation du parti, sous la direction de Hitler récemment libéré... Les cent sept députés élus en septembre 1930 révèlent l'ampleur du mouvement et le succès d'une *propagande* qui va trouver dans la crise économique un appui considérable et qui conduira au triomphe de 1933. »

PRISE DU POUVOIR PAR HITLER (1933)
SES TREIZE ANS DE POUVOIR (1933-1945)
HITLER COMME L'EMPEREUR CLAUDE

VI, 84

Celuy qu'en Sparte Claude ne peut regner,
Il fera tant par voye séductive
Que du court long, le fera araigner,
Que contre Roy fera sa perspective.

Sparte : Nostradamus établit un parallèle entre Sparte et l'Allemagne nazie d'une part, et l'empereur Claude et Hitler d'autre part ; la guerre du Péloponnèse entre Sparte et Athènes a des points communs avec la guerre entre la France et l'Allemagne (*cf.* de Gaulle appelé le *second Thrasybule* dans la *Lettre à Henry, roi de France second*). Ancien français *paraisnier* : discourir.

Celui qui, comme Claude, n'a pas ce qu'il faut pour régner en Allemagne fera tant par voie de séduction que de brefs discours il en fera des longs et qu'il réalisera une action projetée contre le gouvernement.

« Claude Ier, César romain, maladif, gauche et timide, fut dans son enfance *abandonné aux affranchis*... La Bretagne fut conquise par Claude en personne. Le Rhin fut franchi et la *rive droite du Danube* (l'Autriche) fut pacifiée. L'Orient vit l'Arménie reconquise, *la Thrace* (les Balkans), *et en Afrique* (l'Afrikakorps) la conquête de la Mauritanie fut achevée. À l'intérieur, Claude eut à lutter contre des *conspirations républicaines*. Il les noya dans le sang... Claude avait régné *treize ans.* » Comme Hitler (1933-1945). Nostradamus indique la durée de règne d'Hitler par cette comparaison avec l'empereur Claude.

« Lycurgue constitua l'État spartiate... Il institua l'assemblée populaire qui devait se prononcer seulement par oui ou par non... Il donna à l'État un caractère tout militaire, maintenu par une sévère discipline, par une éducation et des repas communs. Il concentra entre ses mains tout le pouvoir exécutif... L'État spartiate était organisé pour la conquête, aussi son histoire n'est-elle qu'une interminable suite de guerres... Elle entraîna contre sa rivale (Athènes) presque toute la Grèce... »

« Le 30 janvier 1933, Hitler a accepté de former le gouvernement, il va s'emparer de la dictature en trois étapes. Le 1er février, le Reichstag est dissous... Le nouveau Reichstag vote à Hitler, pour quatre ans, les pleins pouvoirs qu'il demande. C'est *la fin de la République* de Weimar... Après quelques mois de gouvernement, Hitler se trouve aux prises avec des critiques, *des oppositions.* Hitler s'inquiète. Dans la nuit du 30 juin 1934, la Nuit des longs couteaux, il donne le signal de *la répression...* Hitler concentre en ses mains tous les pouvoirs (comme Lycurgue à Sparte). Né en Autriche en 1889, il a connu la pauvreté, *logé dans des asiles...* Instable, avec des crises de frénésie et de prostration, *orateur doué d'un magnétisme extraordinaire*, il transporte ses auditoires. »

LES DÉCLARATIONS DE PAIX (1938)

I, 34

L'oyseau de proie volant à la fenestre,
Avant conflit fait aux Français parure :
L'un bon prendra, l'autre ambigu sinistre,
La partie faible tiendra par bon augure.

Voler à la fenestre : rentrer par la fenêtre, faire une chose malgré les obstacles opposés par la volonté de quelqu'un. *Parure*, au figuré : ce qui embellit, honore. *Sinistre*, du latin *senester* : gauche.

L'aigle faisant ce qu'il a décidé de faire avant la guerre honorera les Français. Une partie le prendra en bonne part, l'autre, la gauche, aura une position ambiguë. La partie la plus faible résistera heureusement.

« *Offensive* de paix de Berlin et de Moscou : *le Reich et l'URSS* décident de se consulter sur les mesures nécessaires au cas où leurs propositions de paix ne seraient pas acceptées par la France et l'Angleterre. Ils prétendent ainsi établir une *paix* durable en Europe centrale parce qu'ils ont procédé entre eux au partage de la Pologne. »

« La propagande communiste : les chefs communistes ne savent qu'une chose, traduire en français les mensonges de M. Staline... Oh ! il faut rendre aux bolcheviks l'hommage qu'ils méritent. Ils savent admirablement construire leur propagande. Car enfin, nous qui savons les charges de l'industrie de la presse, il nous est facile de calculer approximativement ce que coûtent des journaux quotidiens, des centaines d'hebdomadaires, des milliers de journaux d'usine. Et voilà qui pourrait bien expliquer *l'impossibilité où se trouvent les chefs communistes* de rompre leurs liens avec Moscou. Car enfin, sur le terrain français, ils auraient tout avantage à se déclarer indépendants » (*L'Intransigeant*, 30 septembre 1939).

LES ACCORDS DE MUNICH (1938)
LE PACIFISME ANGLAIS, LA GUERRE (1939)

VI, 90

L'honnissement puant abominable,
Apres le faict sera félicité :
Grand excusé, pour n'estre favorable,
Qu'à paix Neptune ne sera incité.

Honnissement : honte, infamie. *Excusé*, du latin *excuso* : j'allègue, je prétexte. *Favorable*, du latin *favorabilis* : bienveillant.

L'infamie abominable et infecte succédera à l'acte dont on se félicitera et qui ne sera qu'un grand prétexte sans bienveillance au point que l'Angleterre ne sera pas incitée à la paix.

« Le 6 décembre 1938, au Quai d'Orsay, von Ribbentrop pour l'Allemagne et Georges Bonnet pour la France signent la déclaration franco-allemande qui semble mettre fin à l'hostilité traditionnelle des deux nations. La paix de l'Europe paraît assurée... Sans le nommer, à la vérité, mais dans un traité librement contracté, l'auteur de *Mein Kampf*, par la signature de von Ribbentrop, s'interdisait donc à tout jamais de faire valoir aucune revendication sur l'Alsace et sur la Lorraine. *On se félicitait* également au Quai d'Orsay de ce qu'un passage de l'article 3 de la déclaration commune eût réservé expressément les engagements internationaux de la IIIe République. Il s'agissait, en l'espèce, du traité d'alliance franco-polonais de 1921, et du pacte franco-soviétique de 1934. »

« En Extrême-Orient comme en Europe, l'Angleterre a fait longtemps preuve d'une grande volonté de paix et a été hostile à toute action directe. En 1939, la leçon des faits a été comprise. L'impuissance de la SDN a convaincu de la nécessité de recourir aux systèmes d'alliances traditionnels. La menace d'hégémonie allemande en Europe, japonaise en Extrême-Orient, les armements navals allemands, italiens, nippons ont éveillé des craintes généralisées. Le plus pacifiste des hommes d'État, Neville Chamberlain, modifia totalement son attitude, à partir du 15 mars 1939. L'établissement du service militaire obligatoire le 26 avril, en *pleine paix*, pour la première fois dans l'histoire du royaume, a été accepté aisément par l'opinion. Si, en août 1939, le gouvernement multiplie les efforts pour éviter la guerre, c'est sans la moindre hésitation qu'il décide de remplir ses engagements envers la Pologne. La résolution anglaise de 1939 tranche sur les hésitations de 1914. La guerre qui commence le 1er septembre 1939, le 3 pour le Royaume-Uni, est en partie le fruit d'un long aveuglement et d'un pacifisme qui n'a pas su déboucher sur une volonté d'organisation internationale efficace de la paix. En 1939, tout un grand rêve (le *pacifisme*) s'écroule (*à paix Neptune ne sera incité*) et Neville Chamberlain l'avoue devant le Parlement. »

MORT DE PIE XI (1939)
PONTIFICAT DE PIE XII (1939-1958)

V, 56

Par le décès du très vieillard pontife,
Sera esleu Romain de bon age :
Qu'il sera dict que le Siege debiffe,
Et long tiendra et de picquant ouvrage.

Debiffer : mettre en mauvais état.

Après la mort du très vieux pape sera élu un pape d'âge moyen. Il sera accusé de nuire au Saint-Siège et tiendra longtemps avec œuvre « piquante ».

Pie XI, né en 1857, meurt en février 1939 à l'âge de quatre-vingt-deux ans (*très vieillard*).

« Eugenio Pacelli, *né à Rome* dans une famille de vieille aristocratie romaine, nommé cardinal et secrétaire d'État de Pie XI en 1929, lui succéda à sa mort en 1939 sous le nom de Pie XII, à l'âge de *soixante-trois ans* (*de bon age*). Pie XII est incontestablement une personnalité de premier plan, dont *la politique* et *les positions ont été diversement jugées.* Il a été affronté à des problèmes considérables et y a fait face avec vigueur en *déployant une activité immense...* Son pontificat a été marqué aussi par plusieurs actes ou documents auxquels il cherche à donner une grande importance doctrinale... Sur plusieurs points, Pie XII reste donc un *pape discuté.* »

MORT DE PIE XI (10 février 1939)
LES CINQ ANS DE GUERRE
(1940-1945)
ÉLECTION DE PIE XII

V, 92

Après le Siège tenu dix et sept ans,
Cinq changeront en tel révolu terme :
Puis sera l'un esleu de nième temps,
Qui des Romains ne sera trop conforme.

Après un pontificat de dix-sept ans, cinq années verront des changements mettant un terme à la révolution. Puis sera élu à ce moment-là (un pape) qui ne sera que trop semblable aux Romains.

Pie XI a été élu pape le 6 février 1922 ; il est mort le 10 février 1939 après un pontificat de *dix-sept ans* et quatre jours.

« Pie XII, né à *Rome* dans une famille de la vieille aristocratie *romaine...* »

PIE XII, PAPE DE LA PAIX (1939-1958)

X, 42

Le règne humain d'Angélique géniture,
Fera son règne paix union tenir :
Captive guerre demy de sa closture,
Long temps la paix leur fera maintenir.

Angélique, du grec *aggelos* : messager ; Pie XII, élu six mois avant que n'éclate la Seconde Guerre mondiale, était le messager, et de la guerre qui allait ravager le monde, et de la *paix* retrouvée en 1945 et qui perdurerait sous son pontificat ; ce pape, qui portait le mot « paix » (*pace* en italien) dans son nom de famille, sur quarante et une encycliques publiées pendant son pontificat, n'en consacra pas moins de six à la paix. *Closture* : fermeture.

D'un pouvoir humain de naissance angélique, Pace(lli) maintiendra l'union sous son règne, après s'être à moitié enfermé (au Vatican) prisonnier de la guerre, puis il fera tout pour conserver la paix longtemps.

Nostradamus donne ici l'explication d'un certain silence de Pie XII, pendant la guerre, concernant le nazisme et ses atrocités, qui lui valut une campagne de calomnies aussi injustifiées historiquement que partisanes et, sans doute, pas innocentes. Peut-être était-ce, en France, une façon pour une certaine bourgeoisie d'exorciser son antisémitisme ? Ce n'est pas ce pape qui a organisé la rafle du Vel' d'Hiv' mais des « bons » Français, bien de chez nous… Les accusations portées contre Pie XII quant à son attitude pendant la guerre vis-à-vis des persécutions contre les Juifs sont contraires aux faits eux-mêmes ; malheureusement les rumeurs ont la vie dure.

Eugenio Pacelli, nonce en Allemagne, parle et écrit parfaitement l'allemand. En 1937, il rédige une encyclique pour la première fois en langue allemande. Son titre : *Mit Brennender Sorge* (*Avec une brûlante douleur*). Le mot « brûlante » a une résonance prophétique en rapport avec les fours crématoires ! Pie XI se contentera de la signer. Cette condamnation sans appel du nazisme, accusé de semer la suspicion, la haine, la discorde et la calomnie, vaudra à quelques ecclésiastiques la déportation. Toutes ces précisions ont une grande importance en regard de la prophétie, qui rectifie une erreur historique encore tenace dans l'opinion publique. Le mot *angélique* avec sa portée universelle, reconnaît à Pie XII les qualités qui étaient les siennes et que nul n'aurait dû contester. Il est facile de dire : « Il aurait dû, il n'y avait qu'à » ; les conseilleurs ne sont pas les acteurs.

En 1930, Eugenio Pacelli s'était vu confier la direction d'environ cinq cents chercheurs pour dépouiller, classer et traiter toutes les archives de l'histoire de l'Église. Cette fonction en avait fait un parfait historien de l'Institution. Il connaissait donc fort bien les mésaventures arrivées à ses prédécesseurs Pie VI et Pie VII, enlevés par les soldats de Napoléon Ier occupant l'Italie. Le 22 mai 1939, soit un peu plus de deux mois après l'élection de Pie XII, le comte Ciano, gendre de Mussolini, signe à Berlin le pacte d'Acier et, de retour à Rome, déclare à un ami : « Le pacte d'Acier est basé sur deux engagements réciproques : consultation et assistance. Dans mon esprit, la consultation, qui doit nécessairement précéder l'assistance, devrait permettre de freiner Hitler sur la route de la guerre. Pour conserver du crédit sur le Führer, il faut, de temps en temps, hurler avec les loups... Mais, c'est étrange, j'ai l'impression que les loups vont nous dévorer : ils ne nous consulteront pas et nous entraîneront dans la guerre... Ce pacte d'Acier risque fort de devenir un pacte de sang. »

Si Ciano pensait déjà, en 1939, que l'Allemagne nazie risquait de lancer l'Italie dans une catastrophe, que devait donc penser le pape, informé qu'il était par le clergé allemand de la folie meurtrière déchaînée en Allemagne ? Si Pie XII s'était lancé dans des déclarations fracassantes contre Hitler et son régime, il ne fait aucun doute que ce tyran encore plus redoutable que Napoléon n'aurait pas hésité une seconde à arrêter le pape et à s'emparer du Vatican. Il n'y aurait alors plus eu au cœur des puissances de l'Axe ce petit État libre. Ayant conservé son indépendance, que faisait donc ce pape pragmatique qui, entre deux maux, avait choisi le moindre ? Il faisait abriter des Juifs dans les couvents, en recueillait à Castel Gandolfo, délivrait des passeports pour les États-Unis et investissait ou allouait des sommes importantes aux organismes qui s'occupaient de protéger ou de faire fuir les Juifs. C'est ainsi que Mgr Salièges, archevêque de Toulouse, reçut un million de Pie XII pour les Juifs. Je ne saurais mettre en doute le témoignage du grand rabbin de Roumanie, Safran, qui a déclaré que les instructions données par Pie XII avaient évité la déportation à la plupart des Juifs de Roumanie. Le grand rabbin Ulmann fit la même déclaration pour les Juifs de Hollande. Mais il faut surtout citer les paroles d'un grand savant athée, non suspect de sympathie particulière pour l'Église, Albert Einstein : « L'Église catholique a été la seule à élever la voix contre l'assaut mené par Hitler contre la liberté. Jusqu'à cette époque, l'Église n'avait jamais retenu mon attention, mais aujourd'hui j'exprime ma grande admiration et mon profond attachement envers cette Église qui seule a eu l'inébranlable courage de lutter pour les libertés morales et spirituelles. »

CHURCHILL, ÉCARTÉ DE LA CITY (1939) PACTE GERMANO-SOVIÉTIQUE (23 août 1939) GUERRE ENTRE L'ALLEMAGNE ET LA RUSSIE (22 juin 1941)

V, 4

Le gros mastin de cité déchassé,
Sera fasché de l'estrange alliance,
Après avoir aux champs le cerf chassé.
Le loup et l'Ours se donront défiance.

Matin : le mot « dogue » n'apparaît guère, en France, qu'au XVIIe siècle ; le dogue est alors considéré comme un *gros mâtin* venant *d'Angleterre*. *Cerf* : sur le plan symbolique, c'est surtout dans les légendes et monuments chrétiens que le cerf joue un rôle considérable ; d'où le cerf pris pour désigner la très chrétienne Pologne.

Le gros dogue anglais (Churchill), après avoir été écarté de la City, sera fâché par l'étrange alliance (le pacte germano-soviétique). Après avoir chassé la Pologne aux champs (de bataille), l'Allemagne et la Russie se défieront.

« Churchill a été tout au long de sa vie un personnage d'une *puissante* originalité. Tout en lui est *puissant* ou exagéré (*le gros mastin*)… Toute sa vie est celle d'un lutteur qui ne s'avoue jamais vaincu… À la veille de la Seconde Guerre mondiale, malgré une présence parlementaire et ministérielle mouvementée, il paraissait définitivement *écarté* (*déchassé*) des conseils gouvernementaux du parti conservateur. »

« Dès le 9 septembre 1939 s'engage la bataille pour Varsovie, la Wehrmacht attaquant l'armée polonaise, qu'elle a tournée de l'est vers l'ouest. Le 17 septembre, en application du *pacte germano-soviétique* (*estrange alliance*), l'Armée rouge envahit *la Pologne* orientale (*le cerf chassé*)... Le 28 septembre a lieu le cinquième partage de *la Pologne*, cette fois entre l'Allemagne et l'URSS (*l'Ours*). Tous les espoirs de libération des peuples reposaient désormais sur l'Angleterre, demeurée seule dans la lutte. Hitler ne réussit ni à la conquérir, ni à la faire capituler, ni même à lui faire accepter une paix de compromis. La résolution de Churchill est inébranlable. »

« Bien que l'URSS exécute scrupuleusement, au bénéfice de l'Allemagne, les clauses économiques du *pacte germano-russe*, Hitler a décidé de la bouter hors d'Europe avant de se retourner vers la Grande-Bretagne pour l'explication finale. Le 21 juin 1941, sans déclaration de guerre, *la Wehrmacht attaque l'Armée rouge.* »

« Il convenait que les rapports germano-soviétiques eussent été éclaircis avant le 26 août, d'autant plus que la réconciliation spectaculaire du IIIe Reich et de la Russie bolcheviste produirait à Londres et à Paris l'effet d'un véritable tremblement de terre. »

ANNEXION DE LA SLOVAQUIE (15 mars 1939)
DÉBARQUEMENT ALLEMAND EN TRIPOLITAINE
(février 1941)

IX, 94

Foibles galeres seront unis ensemble,
Ennemis faux le plus fort en rempart.
Faible assaillies Vratislave tremble,
Lubeceq et Mysne tiendront barbare part.

Vratislave : Bratislava, capitale de la Slovaquie. *Lubeceq* et *Mysne* : Lübeck et Misnen, villes allemandes. *Barbarie* : région de l'Afrique septentrionale qui comprend les États de Tripoli, de Tunis, d'Alger, du Maroc.

Lorsque des navires de guerre peu puissants seront réunis, le pays le plus fort (le Reich allemand) se mettra en rempart contre de faux ennemis (les Hongrois). Les faibles seront attaqués et Bratislava tremblera. Ceux de Lubecq et de Misnen (les Allemands) occuperont une partie de l'Afrique du Nord.

« Faiblesse de la marine allemande : le vice-amiral Kurt Assmann, qui s'est fait l'historien de la stratégie navale allemande, écrit, "La situation se présentait à l'inverse de celle de 1914. Alors nous possédions une puissante flotte qui pouvait ne pas répugner à affronter la *Grand Fleet*, mais aucune position stratégique ne lui fournissait une base de départ. Maintenant, nous disposons de cette base stratégique, mais pas d'une flotte pouvant entrer en ligne de compte pour en tirer parti." »

« Le 9 mars 1939, les négociations engagées entre Prague et *Bratislava* sur le sujet de l'autonomie slovaque étant parvenues au point mort, le président Hacha prit sur lui de destituer Mgr Tiso et les ministres Durcansky et Pruzinsky, pour action séparatiste attentatoire à l'unité de l'État. À cet acte d'autorité, Hitler riposta en faisant, dès le surlendemain, rédiger à l'intention du gouvernement tchécoslovaque un projet d'*ultimatum* en sept points. C'est dans cette atmosphère explosive que, le lendemain 14 mars, dans la crainte de l'agression hongroise (*ennemis faux*), la diète de *Bratislava* proclama l'indépendance de la Slovaquie, tout en demandant au chancelier-Fürher de bien vouloir se porter garant (*le plus fort en rempart*) de l'existence du jeune État et de prendre toutes les mesures de nature à assumer *la protection* de ses frontières. »

« Du 1er février au 30 juin 1941, ce ne sont pas moins de 81 785 combattants de l'Axe qui débarquèrent à *Tripoli*, avec près de 450 000 tonnes de matériel, de munitions et de carburant... C'est ainsi que passèrent en Afrique du Nord (*barbare part*) les DB Ariete et DM Trento de l'armée italienne, ainsi que la 5e division légère qui formait le premier échelon du Deutches Afrikakorps (*Lubeceq et Mysne*)... »

RESTITUTION DE L'ALSACE-LORRAINE À LA RÉPUBLIQUE (1919) ANNEXION DE LA POLOGNE (1939) INVASION DE LA FRANCE À PARTIR DE LA HOLLANDE ET DE LA BELGIQUE (1940)

III, 53

Quand le plus grand emportera le pris,
De Nuremberg, d'Ausbourg et ceux de Basle,

Par Agrippine chef Frankfort repris,
Traverseront par Flamant jusqu'en Gaule.

Agrippine : mère de Néron ; désigne la République de Weimar qui a enfanté Hitler, le nouveau Néron.

Quand le plus grand (Hitler) emportera le (pays) prisonnier (la Pologne), les Germaniques traverseront les Flandres (Hollande et Belgique) jusqu'en France, après que l'article le plus important (du traité) de Francfort aura été repris par la République (l'annexion de l'Alsace-Lorraine par l'Allemagne).

« Le traité de Versailles fut signé le 28 juin 1919 dans cette même galerie des Glaces qui, le 18 janvier 1871, avait vu la proclamation de l'Empire allemand par Bismarck ; on avait voulu que la signature de la paix eût le caractère d'une cérémonie expiatoire... Au point de vue territorial, l'Allemagne restituait l'Alsace-Lorraine à la France. »

« Débarrassé de la *Pologne*, Hitler se rejette vers l'Ouest : il amende son plan d'attaque de la *Belgique* et de la *Hollande* (*Flandres*). on décida de renoncer à l'opération de la 7e division aérienne sur la rive droite de la Meuse, ainsi qu'à la variante qui consistait à la larguer sur la tête de pont de Gand. Dès lors, sauf le détachement prévu pour les ponts du canal Albert et l'ouvrage d'Eben-Emael, l'ensemble des aéroportés allemands fut réservé pour sauter ou atterrir à l'intérieur du *réduit néerlandais* ou *Vesting-Holland*. Ne convenait-il pas de transférer au sud de Liège le centre de gravité de l'attaque ? »

LA LIGNE MAGINOT, LE RHIN
PARIS OCCUPÉ (14 juin 1940)

IV, 80

Près du grand fleuve, grand fosse, terre egeste,
En quinze pars sera l'eau divisée :
La cité prinse, feu, sang, cris, conflit mettre,
Et la plus part concerne au collisée.

Fosse, du latin *fossa* : retranchement. *Egeste*, du latin *egestus penitus cavare terras* : creuser en retirant la terre. Latin *concerno* : je mêle. *Collisée*, du latin *collisio* : heurt, choc (redoutable piège philologique : confusion possible avec le Colisée de Rome).

Près du grand fleuve (le Rhin) sera creusé un grand retranchement, le réseau hydrographique sera divisé en quinze parties. La ville (Paris) sera prise et le conflit mettra tout à feu et à sang ; et la plupart des Français seront mêlés à l'affrontement.

« Le plan original de l'offensive donnait le rôle principal au groupe d'armées stationné le plus au nord, le groupe B, placé sous les ordres de von Bock. Il devait exécuter un large mouvement tournant à travers les Pays-Bas, appuyé par le groupe A (von Runstedt), qui tenait le centre du dispositif allemand, face aux Ardennes, et par le groupe C (Leeb), placé sur l'aile gauche, devant *la ligne Maginot* (*grand fosse*). C'était une répétition de l'offensive allemande de 1914, donc peu faite pour surprendre les Alliés ; de plus c'était envoyer les forces blindées dans un pays coupé d'*innombrables canaux et petites rivières* (*l'eau divisée*). »

« Les chars et véhicules blindés formaient une colonne de cent soixante kilomètres, s'étendant jusqu'à quatre-vingts kilomètres sur l'autre rive du Rhin ! Le plan fut un extraordinaire succès... Hitler désirait éviter un nouveau pourrissement de la guerre comme après la bataille de la Marne en 1914 : il voulait à tout prix ménager ses forces blindées pour la deuxième phase de l'offensive, la bataille pour *Paris* et la *France*. En onze jours tout fut fini. Le 14 juin les Allemands *entraient dans Paris* (*la cité prinse*). »

INVASION DES PAYS-BAS ET DE LA BELGIQUE
(10 mai 1940)

VI, 30

Par Papparence de faincte sainctеté,
Sera trahy aux ennemis le siège :
Nuict qu'on cuidait dormir en seureté,
Près de Braban marcheront ceux de Liège.

Brabant : duché partagé en trois provinces, le Noordbraband formant la plus grande province du royaume des Pays-Bas ; la province de Brabant en Belgique ; la province d'Anvers en Belgique.

Sous couvert de sainteté feinte, le pays sera assiégé par les ennemis, par trahison, alors que les gens croyaient dormir en sécurité la nuit. Les troupes qui seront à Liège marcheront à travers la Belgique.

« Le 6 décembre 1938, MM. Georges Bonnet, ministre des Affaires étrangères de la République française, et Joachim von Ribbentrop, qui remplissait les mêmes fonctions au sein du Reich allemand, avaient signé dans un salon du Quai d'Orsay une *déclaration commune* qui, sur les bases des accords de Munich, *semblait* mettre un point final à l'hostilité traditionnelle des deux nations. Sans les nommer, à la vérité, mais dans un traité librement contracté, l'auteur de *Mein Kampf*, par la signature de von Ribbentrop, s'interdisait donc à tout jamais de faire valoir aucune revendication sur l'Alsace et sur la Lorraine... Ainsi pouvait-on estimer à Paris que Hitler et Ribbentrop s'étaient interdit tout nouveau recours à ces coups de force ou démarches unilatérales qui, par trois fois en moins de trois ans, avaient failli mettre le feu au continent. »

« L'armée allemande qui envahit les *Pays-Bas* et la France le matin du 10 mai 1940 comprenait quatre-vingt-neuf divisions et quarante-sept autres gardées en réserve... Le premier succès fut la destruction des systèmes de défense hollandais et belge. Ceci fut rendu possible par l'emploi de commandos qui s'emparèrent des ponts vitaux pour l'offensive et aussi du fameux fort d'Eben-Emael sur le *canal Albert* (Liège). Les blindés de la Wehrmacht traversèrent rapidement les Ardennes, franchirent la frontière française le 12 mai... Le 5 juin, l'armée allemande reprit l'offensive en franchissant la Somme en direction du sud. En onze jours, tout fut fini. Le 14 juin, les Allemands entraient dans Paris. »

LE GÉNÉRAL DE GAULLE, LE *SECOND THRASYBULE*

Et le chef et gouverneur sera jeté du milieu et mis au haut lieu de l'air, ignorant la conspiration des conjurateurs avec le second Thrasybulus qui de longue main aura mené tout ceci.

Lettre à Henry, roi de France second.

Nostradamus va puiser dans la guerre du Péloponnèse un parallélisme saisissant avec la guerre de 1939-1945, où Sparte représentera l'Allemagne nazie et Athènes la France démocratique, Thèbes, puissance démocratique voisine et alliée d'Athènes, figurant l'Angleterre d'où partira l'appel lancé par le général de Gaulle le 18 juin 1940.

« Pendant que sur l'agora les rhéteurs de la brillante démocratie athénienne se livrent à des joutes stériles, Sparte, toujours jalouse de l'éclat civilisateur de sa rivale, active ses préparatifs militaires. L'État spartiate était organisé pour la conquête et son histoire n'est qu'une longue suite de guerres. Une discipline très sévère y était dans ce but maintenue. La jeunesse recevait une éducation et subissait un entraînement dans des camps en commun. Les nouveau-nés qui avaient le malheur de venir au monde avec des difformités étaient impitoyablement sacrifiés pour conserver intactes les qualités physiques de la race. »

« Dans ce jour que les Spartiates appelaient un jour de délivrance et Athènes un jour de désolation et de deuil, on avait vu des Athéniens, couronnés de fleurs, prendre part à la fête, d'autres aller au-devant des vainqueurs et leur témoigner leur joie de l'humiliation de leur patrie... Le négociateur, si lent à mettre la main au traité qui pouvait sauver son peuple, fut prompt à la mettre sur la vieille Constitution. Il proposa de confier les pleins pouvoirs, pour réviser les lois, à un comité de trente membres. L'armée péloponnésienne n'avait pas quitté Athènes : on obéit. »

« Cependant un corps de trois mille citoyens est constitué pour protéger les Trente, tandis que les autres sont désarmés. On exile ceux dont les sentiments paraissent douteux pour le nouveau régime, en se réservant le droit de les saisir et de les exécuter là où ils se trouvent. Thèbes, puissance démocratique voisine, irritée des prétentions de Lacédémone, ordonne de recevoir les bannis qui s'y donnent rendez-vous et de les aider. Thrasybule, général athénien, était du nombre. Il part avec soixante-dix hommes résolus à poursuivre la lutte. »

« Entre-temps, les sycophantes, dénonciateurs de profession que la loi rétribuait pour vendre quiconque dérobait les fruits des figuiers consacrés à Athéna, alléchés par les profits plus substantiels, se mettent aux gages de l'ennemi, afin de livrer ceux de leurs compatriotes demeurés fidèles à la démocratie. Mais la troupe de Thrasybule grossit. Elle s'empare de la forteresse de Phylé. En représailles, les Trente font enlever trois cents habitants à Éleusis et à Salamine pour les massacrer (*cf.* Oradour-sur-Glane).

Ce n'était plus de la tyrannie, mais de la démence. De tels actes ne faisaient qu'augmenter les forces de Thrasybule. Quand il eut mille hommes, il marcha sur le Pirée et s'empara de la forte position de Munychie. Les Trente et les Trois Mille, qui entendaient garder leurs privilèges, demandèrent l'assistance de Sparte pour sauver Athènes, disaient-ils, des mains des Thébains. Celle-ci libérée, Thrasybule monta en armes à la citadelle et sacrifia à Minerve, en action de grâces pour cette victoire inespérée. Par son courage il avait procuré ce bien à sa patrie. "Après les dieux, dira plus tard Démosthène, *c'est à Thrasybule que la république dut son salut*" (septembre 403 av. J.-C.). »

« Athènes était délivrée, mais son commerce était détruit, sa population décimée, son territoire en friches, sa marine tombée plus bas (*cf.* sabordage de la flotte française dans le port de Toulon) qu'au temps de Solon et le trésor si épuisé qu'il ne pouvait fournir aux dépenses des sacrifices, ni payer aux Thébains les deux cents talents avancés à Thrasybule... Le gouvernement oligarchique avait été jugé à ses actes : la trahison était le crime. Tous voulurent retourner à cette démocratie modérée que Solon avait fondée. »

Ch. d'Ydevalle rapportait dans le *Carrefour* du 20 juin 1946 le discours du général de Gaulle à Bayeux en ces termes : « Il faut l'entendre et le voir quand il cite Solon : On demandait un jour à Solon... Il a un regard amusé d'universitaire qui commence à connaître un peu ces apophtegmes du voyage du jeune Anacharsis. Le sage disparaît parmi la foule. On discute autour de moi : il n'a pas parlé de l'Allemagne, de la Ruhr... Non ! il a parlé des lois, du Sénat et de Solon. Tournons la page, attendons pour le bel album de l'histoire le prochain chapitre. »

Ce sera le retour au pouvoir du général de Gaulle en 1958.

CHUTE DE LA IIIe RÉPUBLIQUE (22 juin 1940)

Sixain 54

Six cens et quinze, vingt, grand Dame mourra,
Et peu après un fort long temps plouvra,
Plusieurs pays, Flandres et l'Angleterre,
Seront par feu et par fer affligez,
De leurs voisins longuement assiégés,
Contraints seront de leur faire la guerre.

Grand Dame : Marianne, symbole de la République ; Nostradamus lui donne le qualificatif de *grand*, parce que, jusqu'à ce jour, c'est elle qui, des cinq Républiques, a la plus grande durée (1875-1940). *Plouvra* : on retrouve ici le sens de l'eau comme trouble, agitation.

Le 20 du six cent quinzième mois, la République mourra. Et peu après la guerre fera rage longtemps. Plusieurs pays, et particulièrement les Flandres et l'Angleterre, subiront un déluge de fer et de feu ; assiégés par les Allemands, ils seront contraints de leur faire la guerre.

Si, partant de notre point de départ de 1889 (naissance d'Hitler), nous ajoutons six cent quinze mois, nous arrivons au 20 juin 1940. Laissons parler l'histoire :

« *L'effondrement de la IIIe République* : aux termes de l'armistice signé le 22 juin, les deux tiers de la France sont occupés par les Allemands, le reste est soumis à l'autorité du gouvernement français de Vichy. Investi des pleins pouvoirs par les Chambres, Pétain instaure l'État français… »

« La multiplication des fronts et les premières difficultés (juin 1940-début 1943) : Hitler pense obliger *l'Angleterre* à la capitulation en la soumettant à d'intenses bombardements… »

Les deux villes qui subirent le plus les ravages des V1 et V2 furent *Londres* et *Anvers* (*Angleterre* et *Flandres*).

LE GOUVERNEMENT DE VICHY, L'OCCUPATION (1940-1944)
LE GÉNÉRAL DE GAULLE À LONDRES (18 juin 1940)
LE DÉBARQUEMENT : ROUEN ET CHARTRES (juin 1944)

III, 49

Règne Gaulois tu seras bien changé,
En lieu estrange est translaté l'empire :
En autres mœurs et lois seras rangé,
Roan, et Chartres te feront bien du pire.

Gouvernement français, tu seras bien changé ; l'empire sera transféré en terre étrangère ; tu seras soumis à l'obéissance à d'autres mœurs et lois. Ceux qui viendront par Rouen et par Chartres te feront encore pis.

« Le sort de l'*Empire français* est en jeu. Il n'y a plus personne en France qui veuille ou puisse tenter de le soulever maintenant que Pétain et une équipe de défaitistes ont pris le pouvoir. Si l'Afrique du Nord et l'*Empire français* doivent être sauvés, ce ne peut être que de *Londres*... "J'allais retourner en Angleterre avec de Gaulle et l'aider à mener son plan à bien. Il avait raison, il était essentiel que, sans un moment de retard, l'appel à la résistance soit lancé d'Angleterre, en réponse immédiate à la demande d'armistice de Pétain" (Edward Spears, « Comment j'ai emmené le général de Gaulle en Angleterre », *Historama*, n° 23).

« Puis c'est l'avance vers la Seine, au cours de laquelle il ne s'agit plus pour l'Allemand de résister, mais bien d'évacuer au plus vite le pays occupé depuis quatre ans. Quatre armées alliées participent à cette poursuite : la Ire armée canadienne, le long de la côte de la Manche, traverse la Seine près d'Elbeuf, avance sur *Rouen*, qu'elle atteindra le 27 août... La IIIe armée américaine fonce sur *Paris* partant d'Alençon et du Mans, ses corps d'armée atteignent au nord Verneuil, Dreux, Mantes, au sud *Chartres* et Rambouillet, qui sera l'ultime étape. Après la prise de Paris et la traversée de la Seine la campagne change définitivement d'aspect. »

PÉTAIN, HITLER ET STALINE
LES VINGT MOIS D'OCCUPATION TOTALE

VIII, 65

Le vieux frustré du principal espoir.
Il parviendra au chef de son empire :
Vingt mois tiendra le règne à grand pouvoir,
Tiran cruel en délaissant un pire.

Le vieux (maréchal) frustré du principal espoir, (Hitler) parviendra au sommet de sa puissance et tiendra le pouvoir avec force pendant vingt mois, tyran cruel, en laissant un pire derrière lui.

Le 11 novembre 1942, la France libre est occupée par les Allemands. Le 6 juin 1944, les Alliés débarquent en Normandie.

Du 11 novembre 1942 au 6 juin 1944 il y a *dix-neuf mois et vingt-cinq jours* (arrondis à *vingt mois* par Nostradamus).

« Le Ve plan (1951-1955) russe porte davantage sur les biens de consommation. En même temps, le durcissement du régime s'accentue. La lutte contre le cosmopolitisme se marque par les persécutions contre les Israélites en particulier.

« L'assassinat de Kirov à Leningrad en 1936 est le signal d'une série de convulsions. Maintenant, la peine capitale s'abat sur ceux qui ne sont pas dans la ligne du régime. On s'en prend aux plus hauts fonctionnaires... L'ampleur de la répression n'a d'égale que la complaisance étonnante avec laquelle les accusés font des aveux (Staline : *un pire*). »

LES ÉTAPES DE LA VIE D'HITLER (1889, 1915, 1921, 1939, 1945)

Sixain 53

Plusieurs mourront avant que Phoenix meure.
Jusques six cents septante est sa demeure,
Passé quinze ans, vingt et un, trente-neuf.
Le premier est subjet à maladie,
Et le second au fer danger de vie,
Au feu à l'eau est subjet trente neuf.

Phoenix : le Phénix de la légende *vivait plusieurs siècles*, il était de la grandeur d'un *aigle* ; lorsqu'il sentait sa fin approcher, il *se construisait* un nid avec des branches enduites de gommes odoriférantes, s'exposait aux rayons du soleil et *s'y consumait. Six cents septante* : de la naissance d'Hitler (avril 1889) à sa mort (avril 1945), il y a six cent soixante-dix mois. *Eau* : désigne les tourbillons, les troubles, guerres et révolutions, mais aussi un déluge.

Bien des gens mourront avant que ne meure le Phénix (Hitler). Au bout de cinquante-cinq ans et dix mois, il trouvera sa (dernière) demeure quand auront passé les années 1915, 1921, 1939. En 1915, il sera frappé par la maladie ; en 1921, il aura une force guerrière dangereuse pour sa vie ; 1939 sera sujet à un déluge de feu.

« Adolf Hitler naît en avril 1889 à Braunau-sur-l'Inn... Caporal, deux fois blessé, *gazé et hospitalisé* (*1915* : *subjet à maladie*)... »

« L'année 1921 est une année à succès pour le parti qui compte désormais plus de six mille adhérents, dont un grand nombre s'engage dans la SA, baptisée par les journaux munichois la "garde du corps d'Hitler" » (Yves Naud, in *Histoire pour tous*, hors série nº 9, novembre-décembre 1978).

« Tandis qu'il parcourt l'Allemagne pour recruter des adhérents (ils sont trois mille à la fin de *1921*), le capitaine Roehm, son adjoint, met sur pied l'organisation *paramilitaire* des SA ou Sections d'assaut (*1921* : *au fer danger de vie*)... Il liquide l'opposition de droite dans la *Nuit des longs couteaux* (*fer*) le 30 juin 1934. Plusieurs centaines de personnes sont massacrées ; parmi elles, Schleicher, qui tentait de regrouper ceux des militaires restés *réticents* à l'égard de Hitler, Roehm, le trop *puissant* et trop indépendant chef des SA. »

« Au cours des dernières semaines, en mars-avril 1945, le chef de guerre traqué se tuera d'une balle dans la bouche. »

« À la fin d'après-midi arrive une des dernières nouvelles du monde extérieur : la capture et l'exécution de Benito Mussolini et de Clara Petacci. Le Duce et sa maîtresse sont pendus par les pieds à Milan... Eva Hitler s'effondre : "Nous feront-ils la même chose ? – Ils ne le feront pas, articule le Führer, nos corps seront *consumés* par le feu jusqu'à ce qu'il n'en reste rien, pas même des cendres (*Phoenix*)" » (Yves Naud, in *Histoire pour tous*, hors série nº 9, novembre-décembre 1978).

LES *LEBENSBORN*
MEIN KAMPF

VIII, 27

La voye auxelle l'un sur l'autre fornix,
Du Muy de fer hormis brave et genest :
L'escript d'Empereur le fenix,
Veu en celuy ce qu'a nul autre n'est.

Allemand *Lebensborn* : camp de conception. *Auxelle*, du latin *auxilium* : aide, secours. *Fornix* : fornication, relations charnelles entre personnes qui ne sont mariées ni entre elles, ni avec d'autres, et qui ne sont pas liées non plus par aucun vœu. Ancien français *muy* : forme du présent et du parfait de mouvoir. *Genest*, du grec *gensetaï*, infinitif aoriste de *gignumaï*.

Le moyen à l'aide duquel des relations charnelles sont entre l'un et n'importe quel autre dans le mouvement de fer (SS) hormis les biens nés. Le livre de l'empereur le Phénix dans lequel on voit ce qu'on ne voit nulle part ailleurs.

« Dans les *Lebensborn*, camps de conception où des jeunes filles semblablement sélectionnées sont à leur disposition, les SS procréent sans mariage les enfants de "*race pure*" (*brave et genest*) immédiatement abandonnés aux bons soins de l'organisation (six mille à sept mille par an).

« Venus de la jeunesse hitlérienne, les candidats SS doivent être dignes de l'idée que les nazis se font de l'élite germanique : taille de plus de 1,75 mètres, santé et dentition parfaites, beauté aryenne, hérédité nordique remontant pour les chefs à 1750, *courage* instantané et obéissance inconditionnelle.

« *Aucun théoricien n'avait été prêt ni capable* de traduire le mythe en réalité, Hitler, l'autodidacte sans œillères ni préjugés, à l'âme de glace, nourri d'un darwinisme grossier qui invoquait à bon marché la "nature" et sa cruauté, était prêt et apte à effectuer cette transposition avec une implacable logique. »

HITLER ET LE IIIe REICH
LES FOURS CRÉMATOIRES ET LES MASSACRES
LA PROSPÉRITÉ ET LE DÉSASTRE ALLEMANDS

IX, 17

Le tiers premier pis que ne fit Néron,
Vuider vaillant que sang humain répandre :
Rédifier fera le forneron,
Siècle d'or mort, nouveau Roy grand esclandre.

Néron : il assista à un immense incendie qui dévora la plus grande partie de Rome, fut accusé d'en être l'auteur, rejeta l'accusation sur les chrétiens et les fit périr dans d'atroces tortures ; pour Nostradamus, les Juifs vont être le bouc émissaire d'Hitler comme les chrétiens le furent pour Néron.

Ancien français *forneron* (du latin *fornus* : four) : garçon boulanger, c'est-à-dire celui qui travaille au four.

Le premier (personnage) du IIIe (Reich) fera pire que ne fit Néron. Il sera aussi vaillant à vider le sang humain qu'à le répandre : il fera construire des fours ; la prospérité prendra fin, et ce nouveau chef sera cause de grands scandales.

« Hitler, *chancelier* (le *premier*) d'Allemagne en 1933, régulièrement nommé par le président Hindenburg, se fait donner par plébiscite, en 1934, un pouvoir absolu comme Führer et *chancelier* du nouveau régime, le *IIIe* Reich. Il réussit à juguler l'énorme chômage (six millions deux cent mille sans-emploi en 1932), à rétablir *la prospérité* (*siècle d'or*), à mener à bien une politique de logement, de prestations sociales et de grands travaux, ce qui lui assure un vaste soutien populaire. »

« Les *Libres Propos du temps de guerre*, enragés de haine contre les Juifs et contre le christianisme (*Néron*), promettent aux Russes vaincus la pire des servitudes, par contraste avec la vie paradisiaque (*siècle d'or*) qui attend le colon allemand. »

« En 1945, livres et films s'intitulent volontiers "Allemagne, année zéro". Parce que le pays vaincu apparaît si *détruit* (*siècle d'or mort*), si désemparé que tout semble à reconstruire... Les charniers et *les fours* crématoires (*le forneron*) permettent assurément de comprendre certaines affirmations de 1945... Le 8 mai 1945, la capitulation sans condition de l'Allemagne marque l'aboutissement du *grand massacre* voulu et déclenché par Hitler (*sang humain répandre*)... Les villes étaient en ruines. Les *morts*, les prisonniers, les mutilés se comptaient par *millions*. Dans le chaos créé par la guerre totale voulue par Hitler sont jetés d'autres millions d'Allemands, expulsés des pays d'Europe centrale et de territoires confiés à la Pologne. L'Allemagne occupée était dans la misère. »

LES PERSÉCUTIONS D'HITLER, LE NOUVEAU NÉRON
L'ATTENTAT DU 20 JUILLET 1944

IX, 53

Le Néron jeune dans les trois cheminées.
Fera de paiges vifs pour ardoir jetter.

Heureux qui loin sera de tels menées,
Trois de son sang le feront mort guetter.

Cheminées, mot dérivé de *caminus* : four. *Paige* : jeune garçon. *Ardoir* : brûler.

Le nouveau Néron fera jeter dans trois fours (Auschwitz, Dachau et Birkenau) des jeunes pour les brûler vifs. Heureux sera celui qui sera loin de tels actes. Trois de son sang (trois Allemands) le guetteront pour le faire périr.

« Les grandes lignes du plan d'extermination furent arrêtées au cours d'une conférence qui se tint le 20 janvier 1942 près de Berlin, sous la présidence de Reinhard Heydrich, adjoint de Himmler. Le procès-verbal précise : "La solution finale du problème juif en Europe sera appliquée à onze millions de personnes environ."

« Dès lors, sous la direction de Rudolph Eichmann, l'Europe entière va être ratissée, les Juifs raflés méthodiquement et envoyés pour la plupart au camp d'Auschwitz où ils seront exterminés. Selon le directeur du camp, "trois millions de déportés auraient péri à Auschwitz". Dans tous les camps les corps des suppliciés étaient *brûlés* dans des fours crématoires (*cheminées*)… »

« Il existait vers la fin de la guerre de nombreux groupes d'opposants aux conceptions diverses et parfois divergentes. Le plus important d'entre eux est celui qui organisa un attentat contre Hitler ; il avait à sa tête Karl Goerdeler, ex-bourgmestre de Leipzig, et le général Beck. Le colonel von Stauffenberg (*trois de son sang*) déposa au grand quartier général d'Hitler une bombe de faible puissance, le 20 juillet 1944. L'attentat échoua ; Hitler ne fut que légèrement blessé. »

HITLER AU POUVOIR
LA GUERRE CONTRE LES ÉTATS
L'ATTENTAT DE STAUFFENBERG CONTRE HITLER
(20 juillet 1944)

IX, 76

Avec le noir Rapax et sanguinaire,
Issu du peautre de l'inhumain Néron :

Emmy deux fleuves main gauche militaire,
Sera meurtry par joyne chaulveron.

Peautre ou *peltre* : grabat, paillasse. *Emmy* : au milieu. *Deux fleuves* : la ville de Rastenbourg, où eut lieu l'attentat contre Hitler, se trouve entre la Vistule et le Niemen, à équidistance des deux fleuves. *Meurtrir* : blesser, endommager, nuire à. *Chaulveron*, du verbe *chalder* : chauffer.

Avec (l'aigle) rapace, noir et sanguinaire, issu du grabat de l'inhumain Néron, pris entre deux fleuves, à cause des forces militaires de gauche (les troupes russes), (Hitler) sera blessé par un jeune (Stauffenberg) qui le brûlera.

« Stauffenberg n'était sorti que depuis une ou deux minutes lorsque, à 12 h 42, une violente explosion ravagea la salle de conférences, fit s'écrouler les murs et le toit, *mit le feu* aux débris qui dégringolaient sur les occupants. Dans la fumée et la confusion, parmi les cris des blessés et des gardes qui accouraient de partout, Hitler sortit en trébuchant, au bras de Keitel. L'explosion avait emporté une jambe de son pantalon, il était couvert de poussière et portait de nombreuses *blessures* (*meurtry*). Ses cheveux étaient *brûlés*, le bras droit raide et inerte, une jambe *brûlée* (*chaulveron*) ; la chute d'une poutre lui avait contusionné le dos, ses tympans avaient souffert de l'explosion. »

VI, 67

Au grand Empire parviendra tost un autre,
Bonté distant plus de félicité :
Regi par un yssu non loing du peautre,
Corruer regnes grande infelicité.

Dans le grand Empire allemand (le Reich), un autre chef arrivera tôt au pouvoir. La bonté s'éloignant, il n'y aura plus de bonheur. L'Allemagne sera gouvernée par un personnage issu du grabat (de Néron) qui s'élancera contre des pays, leur causant de grands malheurs.

LA PUISSANCE D'HITLER EN OCTOBRE (1939)

Sixain 21

L'autheur des maux commencera régner,
En l'an six cens et sept sans espargner,
Tous les subjets qui sont à la sangsue,
Et puis après s'en viendra peu à peu,
Au franc pays rallumer son feu,
S'en retournant d'où elle est issue.

L'an six cens et sept : d'avril 1889 (naissance d'Hitler) à octobre 1939, il y a six cent sept mois. *Sangsue*, du latin *sanguisuca* : qui suce le sang ; désigne la révolution russe et ses innombrables massacres.

Celui qui provoquera de grands malheurs verra le début de sa puissance en octobre 1939, sans épargner les révolutionnaires et peu à peu viendra rallumer la guerre en France pour s'en retourner là où il est né (en Allemagne).

« Débarrassé de la Pologne, Hitler se rejette vers l'Ouest. Dans son journal, l'ancien chef d'état-major général de l'OKH résume de la sorte les arguments sur lesquels le Führer fondait sa conviction : "Le Führer essaiera d'utiliser l'impression créée par notre *victoire* en Pologne pour parvenir à un arrangement. En cas d'échec, le fait que le temps travaille davantage pour l'ennemi que pour nous nous contraint à agir à l'ouest :

« 1) L'abandon vraisemblable par la Belgique de sa neutralité menace la Ruhr, ce qui nous contraint de *gagner de l'espace*...

« 2) L'effort britannique... est en train de démarrer, d'où la nécessité d'étudier les modalités d'une offensive, conçue de telle sorte que, déclenchée entre le 20 et le 25 octobre, à travers la Hollande et la Belgique, elle parvienne à l'écrasement des forces militaires alliées ; à nous assurer dans le Nord de la *France* un espace suffisant pour étendre le système de nos bases aériennes et navales"... Les généraux von Brauchitsch et Hadler, le *19 octobre*, présentèrent un premier plan d'opérations, dit *Fall Gelb*. »

« Hitler prit le marxisme en horreur, d'autant qu'il y découvrit, dit-il, une doctrine juive, inventée par un Marx, propagée en Autriche par des Austerlitz, David, Adler. »

LA DRÔLE DE GUERRE DE L'ÉCRASEMENT DE LA POLOGNE (septembre 1939) À L'INVASION DE LA FRANCE (janvier 1940).

Sixain 14

Au grand siège encore grands forfaits,
Recommençant plus que jamais,
Six cens et cinq sur la verdure,
La prise et reprise sera,
Soldats es champs jusqu'en froidure,
Puis après recommencera.

Au grand siège (de Varsovie) il y aura de grands forfaits, et recommençant plus que jamais, en septembre 1939 l'armée sera en campagne (*verdure*). La ville sera prise et reprise ; les soldats ne seront plus en campagne jusqu'au froid, puis la guerre recommencera.

« Le 28 septembre 1939, Varsovie se rendait après deux semaines d'une résistance qu'on peut qualifier d'héroïque. Le bombardement aérien avait provoqué l'incendie de ses minoteries et son usine de filtrage et de pompage avait été plus qu'à moitié détruite. »

« Les pluies torrentielles de l'arrière-automne 1939 avaient contraint Hitler de contremander au dernier moment l'offensive qui devait être déclenchée le *12 novembre*. Jusqu'au *16 janvier 1940*, ce n'est pas moins de treize mois que les éléments le contraignirent à rengainer. »

« Dans l'après-midi du 10 janvier 1940, le Führer réunissait inopinément le maréchal Goering, le colonel général von Brauchitsch, le grand amiral Raeder et leurs chefs d'état-major dans son bureau de la nouvelle chancellerie. C'était pour leur signifier sa décision de déclencher l'offensive à l'ouest, le 17 à l'aube, qui se levait au-dessus d'Aix-la-Chapelle à 8 h 16 du matin. La situation météorologique motivait selon lui cette brusque décision. Venant de l'est s'approchait une zone de hautes pressions qui, à partir du 12 ou du 13, ferait régner, l'espace d'une dizaine de jours, un temps clair et sec au-dessus des Pays-Bas, alors que le thermomètre descendrait jusqu'à *dix ou même quinze degrés au-dessous de zéro* (*jusqu'en froidure*). »

HITLER SUR LES CHAMPS-ÉLYSÉES (14 juin 1940)

Sixain 25

Six cens et six, six cens et neuf,
Un Chancelier gros comme un bœuf,
Vieux comme le Phœnix du monde,
En ce terroir plus ne luyra,
De la nef d'oubly passera,
Aux champs Élisiens faire ronde.

Six cens et six, six cens et neuf : de la naissance d'Hitler (avril 1889) à septembre 1939 : six cent six mois et jusqu'en janvier 1940 : six cent neuf mois. *Bœuf*, au figuré : grand, brutal. *Nef*, du latin *navis* : vaisseau (navis reipublicae : le vaisseau de l'État).

Septembre 1939, janvier 1940, un chancelier grossier et brutal, vieux comme le Phénix du monde, finira par ne plus briller en France, son pouvoir passera dans l'oubli, quand il aura défilé sur les Champs-Élysées.

« Le 1er septembre 1939 la Deuxième Guerre mondiale commence.

« Les plans d'agression allemands dévoilés… Devant l'imminence de l'attaque, le 12 janvier 1940, Hitler adressait un nouveau mémoire à l'OKH… »

« Le 14 juin, les premiers éléments de la 18e armée allemande entraient dans la capitale de la France, déclarée ville ouverte… À l'entrée des *Champs-Élysées*, tout près des chevaux de Marly camouflés par des sacs de sable, des officiers allemands et un représentant des forces italiennes, en costume civil, attendent l'arrivée d'*un défilé* (*faire ronde*) de troupes sur la place de la Concorde. »

« Hitler : l'image classique du grand politique (Richelieu, Napoléon, Bismarck) est inséparable d'une certaine allure ou distinction. Or, cette image, Hitler la dément violemment. Son esprit incurablement vulgaire, *grossier* et cruel (*bœuf*) – qu'on retrouve dans les *Libres Propos du temps de guerre* exactement tel que le dévoilait *Mein Kampf* – déconcerte et rebute. »

ARMISTICE DE VILLA INCISA (22 juin 1940)
PÉTAIN ET L'ARMISTICE DE RETHONDES (20 juin 1940)
LA LIGNE DE DÉMARCATION, L'OCCUPATION

I, 78

D'un chef vieillard naistra sens hébété,
Dégénérant par scavoir et par armes,
Le chef de France par sa sœur redoubté,
Champs divisez, concedez aux gens d'armes.

Dégénérer, au figuré : perdre de l'éclat de sa naissance, de sa noblesse.

Le bon sens d'un vieux chef sera émoussé, perdant l'éclat de son mérite dans son savoir et dans l'art militaire ; le chef de la France sera redouté par sa sœur (latine : l'Italie). Puis le territoire sera divisé et abandonné aux soldats.

« Et le *semi-gâtisme* de Pétain (*d'un chef vieillard... sens hébété*) expliquait tout. Qu'il ne fût pas au courant de bien des choses, qu'il n'ait compris le reste qu'à moitié, que souvent on eût agi à sa place. Le bâtonnier était naturellement persuadé qu'en montrant ainsi son client, il ajoutait aux arguments si bien accumulés de sa plaidoirie. Pendant qu'il parlait, Pétain paraissait aussi furieux que le réquisitoire. "Il a plaidé *gâteux* !" dit-il avec irritation. »

« L'armistice de Villa Incisa : à Bordeaux, on ignorait naturellement que Mussolini s'était finalement converti au point de vue d'Hitler concernant la neutralisation de la flotte française. C'est pourquoi le 22 juin à 18 h 10, *avec l'approbation du maréchal Pétain*, l'amiral Darlan envoyait aux amiraux Esteva, Duplat et Gensoul le télégramme suivant : "Si un armistice franco-allemand est conclu, il ne doit être mis en vigueur qu'après conclusion d'un armistice franco-italien pour lequel le chantage est ainsi possible.

Au cas où les conditions italiennes seraient inacceptables, j'envisage de lancer la flotte française dans une action de courte portée contre les places militaires et points sensibles du littoral italien"... L'armistice franco-italien fut signé à Villa Incisa, dans la campagne romaine, le 22 juin à 19 h 35. »

LIBÉRATION DE L'ITALIE PAR LES AMÉRICAINS, LES ANGLAIS ET LES FRANÇAIS (1943-1944)

V, 99

Milan, Ferrare, Turin et Aquilleye,
Capue, Brundis vexez par gent Celtique,
Par le Lyon et phalange aquilée,
Quand Rome aura le chef vieux Britannique.

Aquilleye (avec une majuscule) : Aquilée, ville de Vénétie. *Brundisium* : Brindisi. *Aquilée* (avec une minuscule), *du* latin *aquila* : aigle.

Milan, Ferrare, Turin et Aquilée, Capoue et Brindisi seront vexés par les Français, par le Lion britannique et l'armée de l'aigle (américain), quand le vieux chef britannique (Montgomery) tiendra Rome.

« Devant le danger couru par la 5e *armée américaine* (*phalange aquilée*), Alexander fit appel à *Montgomery* (*le chef vieux Britannique*) pour lui demander de faire diligence de manière à prendre en flagrant délit les assaillants de la tête de pont... Quant à la 8e armée britannique qui se vit attribuer sur ces entrefaites le secteur des Pouilles, l'armistice de Cassibile lui permit de faire débarquer en toute quiétude son 5e CA dans les ports bien équipés de Tarente et de *Brindisi*... En dépit de l'évacuation de Naples, le 1er octobre, il en va de même sur les axes qui conduisent à *Rome* par Cassino et par Formia... À partir du 22 novembre, le corps expéditionnaire français (*gent Celtique*) commençait à débarquer en Italie. Sa 2e DIM fut détachée au 6e CA qui tentait de déboucher de la région de Mignano et le général Lucas l'engagea à sa droite, quelque dix kilomètres au nord de Venatro (village voisin de *Capoue*). »

« Le 4 juin 1944, les troupes alliées entrent dans *Rome*. »

DÉBARQUEMENT DU CORPS EXPÉDITIONNAIRE FRANÇAIS EN ITALIE (hiver 1944) LES COMBATS MEURTRIERS DE MONTE CASSINO ET LA PRISE DE ROME (janvier 1944) DIVERGENCES ENTRE LES COMMANDEMENTS ALLIÉS

V, 63

De vaine emprinse l'honneur indue plainte,
Galliots errans par latins, froid, faim, vagues,
Non loing du Tymbre de sang la terre tainte,
Et sur humains seront diverses plagues.

Empri(n)se, pour entreprise (par syncope). *Galliot* : petit vaisseau. *Errer* : voyager, cheminer. *Plague*, du latin *plaga* : blessure, plaie, contusion.

On déplorera une entreprise vaine et inutile, engagée pour une question d'honneur, des bateaux (de débarquement) se dirigeant vers les côtes italiennes, les vagues (d'assaut) auront lieu l'hiver avec la faim ; la terre sera teinte de sang près du Tibre et les hommes seront atteints par diverses blessures.

« Le général Clark nous mit au courant des pathétiques péripéties de son débarquement à Salerne. Il avait été à deux doigts d'être rejeté à la mer par un corps blindé allemand. Il n'avait tenu que grâce à *la flotte d'appui* (*galliots*) aux ordres de l'amiral sir Cunningham qui n'avait pas craint de s'engager au plus près du rivage... Le surlendemain 1er octobre, nous fûmes à Pompéi... C'était bien peu de chose que ce premier corps que j'allais aventurer dans une rude campagne *d'hiver* (*froid*). Il comptait néanmoins soixante-cinq mille hommes. Les opérations de décembre 1943 n'avaient au fond fait qu'entamer la position dite *d'Hiver*, installée en couverture de la position principale de résistance dite Gustav, par laquelle le maréchal Kesselring, notre adversaire en *Italie* (*latins*), entendait empêcher toute progression des Alliés vers Rome. Au début de janvier 1944, l'affaire d'Anzio avait permis aux Français du CEF d'obtenir un créneau bien à eux ! Elle devait entraîner toutefois bien des sacrifices *inutiles* (*indue*). La route descendant sur le Rapido, qu'il fallait emprunter sur une grande partie du parcours, fut *terriblement meurtrière* (*de sang la terre tainte*) pendant la campagne d'hiver... *Les grandes hécatombes* n'eurent lieu là que pour forcer la ligne Gustav au Belvédère... Pour la suite des opérations et la remontée dans le Nord, le CEF se retrouverait à sa place normale *à l'est du Tibre* (*non loing du Tymbre*) dans les montagnes... À Carpinetto, l'état-major d'un groupement de goumiers qui avait préféré cantonner dans un château, où une unité du génie allemand l'avait précédé et avait laissé sa carte de visite, avait sauté en pleine nuit sur une mine anéantissant tout l'état-major ou presque de ce groupement (*diverses plagues*). »

LES ALLEMANDS À PARIS (1940)
L'ATTAQUE DE L'UNION SOVIÉTIQUE (22 juin 1941)
LES TROUPES ALLIÉES EN NORMANDIE
ET DANS LES ALPES (1944)

III, 33

En la cité où le loup entrera,
Bien près de là les ennemis seront :
Copie estrange grand pays gastera,
Aux murs et Alpes les amis passeront.

Copie, du latin *copia* : troupes. *Murs* : falaises dans les calcaires homogènes et assez tendres ; ce sont des murailles verticales (falaises des plages du Débarquement).

Dans la ville (Paris) où le loup (l'Allemand) entrera, les ennemis en seront bien près : les troupes étrangères léseront un grand pays (la Russie, le plus grand pays d'Europe). Par les falaises (de Normandie) et par les Alpes les Alliés passeront.

« L'armistice avec l'Allemagne est signé le 21 juin 1940 à Rethondes, l'armistice avec l'Italie à Rome le 24 juin. Ils entrent en vigueur le 25 juin... *Défilé dans Paris* : au pas cadencé, en chantant, les troupes *allemandes* traversent une place de la Concorde vide de voitures. »

« Le *Mur* de l'Atlantique n'est pas une fiction, ce n'est pas non plus le système de fortifications sans fissure décrit par Goebbels. Boulogne, Le Havre, Cherbourg sont puissamment organisés ; quelques gros ouvrages ont été construits sur le Pas-de-Calais, mais le reste est souvent une ébauche ou même une épure. »

« La Wehrmacht est désormais prise entre deux théâtres d'opérations ; fin avril, un mois avant le Débarquement, il y avait cinquante-deux divisions en France, six en Hollande, six en Belgique et vingt-quatre *en Italie* (*Alpes*) contre deux cent deux en Russie (*grand pays gastera*). »

APRÈS LA SICILE, DÉBARQUEMENT EN CALABRE (3 septembre 1943) FIN DU DUCE (29 avril 145)

IX, 95

Le nouveau faict conduira l'exercite,
Proche apamé jusqu'auprès du rivage :
Tendant secours de Milannaise eslite,
Duc yeux privé à Milan fer de cage.

Exercite, du latin *exercitus* : armée, corps de troupes. *Apamé*, du latin *Apamestini* : habitant d'Apameste en Calabre.

Un nouveau fait d'armes conduira l'armée près d'Apameste jusqu'au rivage, malgré une tentative de secours de l'élite militaire de Milan. Puis le Duce, privé du pouvoir, ira à Milan dans une cage de fer (un camion).

« Le 3 septembre, profitant de l'appui de feu que lui fournissait une division navale aux ordres du vice-amiral Willis, de la Royal Navy, le 13e CA britannique abordait *la côte de Calabre* (*proche apamé*) au nord-ouest de Reggio... »

« Hitler transféra sur le front de l'Est la 24e Pz.D. (Panzerdivision) et la division SS Leibstandarte. Kesselring attribua trois divisions d'infanterie à la 10e armée, et le solde de l'ex-groupe d'armées B, *maintenu en haute Italie* (*Milannaise eslite*), fut constitué en 14e armée sous les ordres du général von Mackenser. »

« À 6 heures Geminazza repartit de Dongo où Audisio avait dirigé l'exécution des quinze fascistes arrêtés à Rocca di Musso. On mit les corps de Mussolini et de Claretta dans la voiture de Geminazza, qui s'en alla sous la pluie vers la route d'Azzano. *Le camion de déménagement* (*fer de cage*) attendait au carrefour. On jeta les deux cadavres sur les quinze autres. Le 29 avril 1945, au début de la matinée, le camion de déménagement arriva à *Milan* après avoir franchi plusieurs barrages américains. Il s'arrêta devant la carcasse de béton d'un garage en construction sur la Piazzale Loreto. »

HÉSITATIONS DU DÉBARQUEMENT DE PROVENCE (août-décembre 1943) OCCUPATION ALLEMANDE JUSQU'À MONACO CAPTIVITÉ DE MUSSOLINI, PENDU À MILAN (29 avril 1945)

III, 10

De sang et faim plus grand calamité,
Sept fois s'appreste à la marine plage :
Monech de faim, lieu pris, captivité,
Le grand mené croc enferrée cage.

Par le sang et la faim plus grande sera la calamité. On se préparera plusieurs fois à débarquer sur les côtes (de Provence). On aura connu la faim jusqu'à Monaco, ce lieu ayant été occupé. Après sa captivité, le grand (Mussolini) sera conduit dans un camion et mis sur une allonge de fer.

« L'opération dénommée Anvil (Enclume) et qui, pour dépister les services de renseignements allemands, s'appellera Dragoon à partir du 1er août, *cette opération* qui devait, en un temps record, entraîner la libération de tout le Midi de la France, avait eu *des préliminaires difficiles*. À l'intérieur du commandement anglo-saxon comme entre celui-ci et les Français, trois sortes de discussions avaient *mis en cause* le succès ou parfois même *l'existence de l'opération*.

« Tout d'abord, le principe même du débarquement avait été critiqué, cela aussi bien pour des raisons politiques que pour des raisons militaires. »

« Alors que la conférence de Québec, tenue en 1943 pour décider la création du second front, avait prévu un débarquement sud en liaison avec celui de Normandie et que la conférence de Téhéran, en décembre 1943, avait confirmé le projet, *l'opportunité de l'opération Anvil ne cessa d'être contestée* (*sept fois s'appreste*), à mesure que se rapprochait le terme fixé pour son accomplissement.

« Les défenses allemandes : la 19e armée allemande, à laquelle incombait la défense des six cent cinquante kilomètres du littoral que l'on mesure entre *Menton* et Cerbère, alignait, *le jour du débarquement*, six divisions d'infanterie réparties par moitié entre les deux rives du Rhône. »

« Entre 1940 et 1944, *la principauté fut occupée* (*Monech... pris*) par les Italiens d'abord, par les Allemands ensuite, mais à des fins militaires. »

La captivité de Mussolini chez les De Maria : « Pour *prison* provisoire, c'est un lieu idéal… À 11 heures, six cadavres sont hissés par des cordes sur une *traverse* (*enferrée cage*) de la station d'essence. »

LIBÉRATION DE LA CORSE (septembre 1943)
DEMANDE D'ARMISTICE AUX ALLIÉS À LISBONNE (août 1943)
CHUTE DE LA RÉPUBLIQUE SOCIALE ITALIENNE APRÈS LA LIGNE GOTHIQUE
LES SOIXANTE-DOUZE MORTS DE LA LIBÉRATION DE LA CORSE

IX, 54

Arrivera au port de Corsibonne,
Près de Ravenne qui pillera la dame :
En mer profonde légat de la Vlisbonne,
Sous roc cachez raviront septante ames.

Corsibonne, mot fabriqué par Nostradamus à partir de Corse et Bonifacio, pour les besoins de la rime. *Vlisbonne* : Lisbonne (exemple de prosthèse, ajout d'une lettre).

(L'Allemand) arrivera au port de Bonifacio en Corse, pendant que la République (sociale italienne) sera dépouillée près de Ravenne. L'ambassade envoyée à Lisbonne tombera à l'eau. Ceux qui se seront cachés dans les montagnes tueront soixante-dix hommes.

« La question des Italiens est donc réglée, mais il reste la dizaine de milliers d'Allemands de l'île, sans compter ceux qui, évacuant la Sardaigne, passent en *Corse* par le détroit de *Bonifacio* pour aller s'embarquer à Bastia. Toute la campagne de Corse est là… Sur la côte orientale, les Allemands tiennent *Bonifacio* et Porto-Vecchio au sud, Ghisonnaccia au centre, le terrain d'aviation de Borgo et Bastia au nord. Les premiers éléments de la 90e division de Panzergrenadiers *débarquent* à *Bonifacio* venant de Sardaigne… Mais par où attaquer Bastia ? On attaquera par la montagne. Dans la nuit, les goumiers progressent péniblement à travers rochers et buissons (*sous roc cachez*). À l'aube, en approchant du sommet du Secco, le 47e Goum tombe dans un véritable guet-apens. En quelques minutes il perd vingt-cinq gradés et goumiers… Ainsi, en vingt-sept jours, la Corse a été libérée par des Français. Le général Henry Martin sut remplir sa mission avec un minimum de pertes : *soixante-douze tués* (*septante ames*) et deux cent vingt blessés. On était loin du bain de sang annoncé par certains ! »

« Même lorsque les Allemands parvinrent à se regrouper au nord de Florence et à s'installer pour l'hiver sur la ligne gothique entre Rimini (à quarante kilomètres au nord de *Ravenne*) et La Spezia, les violences se poursuivirent presque à la même échelle derrière le front. »

« Le 17 juillet 1943, Bastiani tente une démarche auprès du Vatican. Il reçoit un accueil favorable du cardinal Maglione. Les deux hommes décident d'envoyer *un émissaire* (*légat*) *à Lisbonne* pour contacter les Alliés. Celui-ci, un banquier, M. Fummi, qualifié pour l'occasion d'administrateur des biens du Saint-Siège, doit gagner Londres *via Lisbonne*. Malheureusement, il attendra de longs jours dans la capitale portugaise son visa britannique et les événements se précipitant à Rome *rendront sa mission sans objet* (*en mer profonde*) » (« Libération de la Corse par le colonel Adolphe Goutard », *Historama*).

LUTTE CONTRE L'ALLEMAGNE ET L'ITALIE
LEUR RUINE ÉCONOMIQUE
LA RUINE DE L'ÉTAT FRANÇAIS ET DU IIIe REICH
CONFÉRENCE DE TÉHÉRAN, ONU

IV, 59

Deux assiegez en ardante fureur.
De soif estaincts pour deux plaines tasses :
Le fort limé, et un vieillard resveur,
Aux genevoix de Nira monstre trasse.

Ardante, du latin *ardeus* : violent. *Soif* : désir ardent. *Estainct*, du latin *extinguo* : j'épuise. *Plaines*, du latin *planus* : plat. Ancien français *tasse* : poche. *Limé* : rongé, chagriné. *Nira*, anagramme de : Iran.

Deux (pays) assiégés (Allemagne et Italie) à cause de leur fureur violente seront épuisés, ayant tous les deux les poches plates (ruine économique). Le plus fort (l'Allemagne) sera rongé, ainsi que le vieillard rêveur (Pétain). On montrera à Genève les suites (du traité) de Téhéran.

« Le 27 novembre 1943, le président américain, le Premier ministre britannique et leur suite s'envolèrent à l'aube pour *Téhéran* (*Nira*) où devait se tenir la conférence Eurêka... La première séance de la conférence s'ouvrit dans un salon de l'ambassade soviétique, le 28 novembre, à 16 h 30. Un peu auparavant, Staline avait rencontré Roosevelt en tête à tête, et celui-ci lui avait exposé ses idées de réorganisation mondiale... Concernant le remaniement de la carte et l'institution d'*un nouvel ordre international*, les discussions entre Staline, Churchill et Roosevelt ne montèrent jamais à un diapason aussi aigu, pour cette raison bien simple que le Premier ministre britannique et le président des États-Unis ratifièrent jusqu'au moindre désir de leur allié soviétique... Le président Roosevelt, sur sa demande, fut admis à exposer ses idées concernant la future organisation mondiale qui, la paix revenue, *prendrait la suite de l'ancienne Société des Nations* (*aux genevoix de Nira monstre trasse*)... On aurait tort de dissocier Téhéran de Yalta et de Potsdam » (Paul Carell, in *Histoire pour tous*, hors série n° 7, juillet-août 1978).

« La conférence de Yalta (4-11 février 1945) pose les bases de la future Organisation des Nations unies. »

DÉBARQUEMENT DE NORMANDIE
(6 juin 1944)
I, 29

Quand le poisson terrestre et aquatique,
Par force vague au gravier sera mis.
Sa forme estrange suave et horrifique,
Par mer aux murs bien tost les ennemis.

Murs : *cf.* III, 33.

Quand les engins amphibies, par nombre de vagues d'assaut aborderont sur la plage, leur formation faite d'étrangers (Américains, Canadiens Anglais, Australiens, Néo-Zélandais, etc.) sera agréable (pour les Français) et terrifiante (pour les Allemands), et atteindra bientôt les ennemis par mer jusqu'aux falaises.

« Les défenseurs du point d'appui W-5 virent surgir de l'eau, à demi immergés, des monstres informes qui semblaient ramper : des chars *amphibies* (*poisson terrestre et aquatique*) ! Ruisselants, ils avançaient maintenant sur le *sable*... Une deuxième *vague* de chars rejoignait la première... »

« Sur la plage de Ouistreham un monument commémore le premier débarquement des troupes alliées sur le sol français, il porte l'inscription suivante : "*Sur cette plage, à l'aube du 6 juin 1944, les troupes du maréchal Montgomery et le commando français du capitaine Kieffer mirent les premiers les pieds sur le sol de France.*" Libellé caractéristique. Pour les Anglais un maréchal. Pour les Français un capitaine. Est-il preuve plus impressionnante du rôle militaire réduit tenu par nos compatriotes ? »

« Une partie des éléments du Ve corps d'armée *américain* (*estrange*) débarqué sur Omaha Beach avait pour mission de traverser Grandcamp. La pointe du Hoc est une saillie de *falaises calcaires* (*murs*), qui s'avance dans la mer, à environ sept kilomètres à l'est de Vierville. Ces falaises ont trente mètres de hauteur et tombent à pic. En bas, une grève de galets d'une vingtaine de mètres de profondeur » (Georges Blond, in *Histoire pour tous*, hors série n° 7, juillet-août 1978).

JONCTION DES ARMÉES FRANÇAISE, AMÉRICAINE, ANGLAISE ET RUSSE SUR LE DANUBE (avril-mai 1945) MUSSOLINI DANS UN CAMION (29 avril 1945) CHUTE D'HITLER (30 avril 1945)

II, 24

Bestes farouches de faim fleuves tranner,
Pluspart du champ encontre Hister sera,
En cage de fer le grand fera traisner,
Quand rien enfant de Germain observera.

Tranner, francisation du latin *tranare* : passer à travers, franchir. *Hister* : ancien nom du Danube ; la plupart des exégètes, peu soucieux du respect du texte, ont fait de ce mot « Hitler ». *Enfant*, du latin *infans* : privé de parole.

On traversera les fleuves comme des bêtes farouches et affamées. La plus grande partie du champ (de bataille) sera sur le Danube. Le grand (Mussolini) sera traîné dans un camion, quand on ne pourra plus rien observer de cet Allemand privé de parole (Hitler).

« Le cinquième et dernier acte de la campagne Rhin et Danube comporta l'action en tenaille de Monsabert et de Béthouart dont Ulm formait l'objectif (Ulm, ville allemande sur le *Danube*) ; le premier, avec ses 5e DB et 2e DIM (général de Linarès) par le nord du *Danube* (*Hister*) ; le second lançant sa 1re DH (général Sudre) sur l'axe Douauesehingen-Biberach, *par le sud du fleuve*. »

« Libération de *Vienne* : le 2 avril déjà, passant entre le lac de Neusiedl et le Danube, Malinovski avait forcé la Laitha à Bruck, tandis que Tolboukhine, en possession de l'important centre industriel de Wiener Neustadt, lançait une colonne sur la route du Semmering en direction de Graz et une autre sur Mödling et la capitale autrichienne. Le maréchal Tolboukhine, qui se glorifiait de la capture de cent trente mille prisonniers, de mille trois cent cinquante chars et de deux mille deux cent cinquante canons, remonta le Danube, par sa rive droite, sans dépasser avec le gros de ses troupes la petite ville d'Amstetten, à cent vingt-cinq kilomètres à l'ouest de Vienne. Le 4 mai, ses patrouilles, dans les environs de Linz (sur le *Danube*), reconnurent celles de la 3e armée américaine. Sur la route de Graz elles prirent le même jour contact avec l'exploration de la 80e armée britannique. »

« Le camion de déménagement (*cage de fer*) attendait au carrefour. On jeta les deux cadavres sur les quinze autres. Le 29 avril 1945, au début de la matinée, le camion de déménagement arriva à Milan après avoir franchi plusieurs barrages américains. Il s'arrêta devant la carcasse de béton d'un garage en construction sur la Piazzale Loreto. »

« La nuit du 30 avril 1945 (jour du suicide d'Hitler : *infans*, privé de parole), Goebbels et Bormann tentèrent vainement de négocier avec les Russes. La réponse fut : capitulation sans condition. »

DÉBARQUEMENT EN PROVENCE (août 1944) PROTESTATIONS À MONACO CONCERNANT LA GUERRE

X, 23

Au peuple ingrat faictes les remonstrances,
Par lors l'armée se saisira d'Antibe :
Dans l'arc Monech feront les doléances,
Et à Frejus l'un l'autre prendra ribe.

Ingrat, du latin *ingratus* : mécontent. *Doléances* : plaintes chagrines. *Ribe*, du provençal *rivo*, du latin *ripa* : rive, bord, rivage d'une rivière, de la mer (*prendre ribe* : débarquer).

Des remontrances seront faites au peuple mécontent, lorsque l'armée se saisira d'Antibes. On entendra des plaintes à Monaco et à Fréjus ; l'un occupera le rivage que tenait l'autre (l'Allemand).

« C'est dans la nuit du 10 août 1944 que commence la concentration des unités de débarquement… Le problème est donc de faire converger au moment prévu devant la côte de Provence les deux mille navires, constituant la plus grande armada qu'ait jamais portée la Méditerranée... Dans une proclamation préliminaire, le général de Lattre ne dissimule ni l'émotion que le terrain inspire ni les problèmes qu'il va poser. La terre de France, c'est aussi la terre des Français, si éprouvés depuis quatre ans, si angoissés, si divisés : "Il s'agit de la France, de se battre en France, de libérer la France. C'est autrement difficile, car il ne suffira pas de se battre, il faudra surtout se faire aimer. Et je dois vous *mettre en garde* (*remonstrances*) contre vos propres sentiments. Justement fiers de votre effort et du sacrifice de trop de vos camarades, vous aurez tendance à attendre de la reconnaissance..." »

« Lorsque le lendemain, 16 août, les grands chefs mettent pied à terre, voici, selon l'amiral Hewitt, les circonstances de ce premier *accostage* (*prendra ribe*) : "Quand nous atteignons la grève, le général Patch et moi-même, nous nous effaçons pour permettre à l'amiral Lemonnier de toucher le premier son sol natal." Attention dont nous trouvons un écho humoristique dans une lettre que le secrétaire d'État américain à la Défense, Forrestal, écrit à l'amiral Lemonnier, après avoir assisté avec lui à l'accueil de la population de Saint-Raphaël : "Mon cher amiral, je n'oublierai pas de sitôt ni si facilement la scène mémorable dont je fus témoin cet après-midi sur la place de Saint-Raphaël"... »

« Sur la côte, l'armée secrète comprenait les trois mille hommes du groupe Lécuyer, qui combattirent surtout entre Nice et *Antibes*. »

« Le souci d'activités humanitaires apparaît sous Albert Ier de *Monaco* qui fonda l'Institut international de la paix en 1903. Depuis lors, les initiatives monégasques n'ont cessé de se manifester, jalonnées par l'organisation de conférences internationales (par exemple pour l'humanisation des conflits en 1934). »

RECUL DU COMMUNISME (1942)
ENLÈVEMENT DE PÉTAIN (20 août 1944)

IV, 32

Es lieux et temps chair au poisson donra lieu,
La loi commune sera faite au contraire,
Vieux tiendra fort puis osté du milieu,
Le Pantacoina Philon mis fort en arrière.

« On ne sait s'il est *chair ou poisson* » se dit d'un homme qui, par faiblesse, flotte entre deux partis opposés. *Aller au contraire* d'une chose : s'y opposer. *Pantacoina Philon*, en grec *panta koina philon* : tout est commun entre amis (théorie communiste).

En ces lieux et en ces temps-là on hésitera par faiblesse entre deux partis opposés, on s'opposera aux lois démocratiques. Le vieux (maréchal) tiendra le pouvoir, puis sera enlevé du milieu (Vichy), le communisme ayant fortement reculé.

« Le 20 juin 1940 à 2 heures de l'après-midi, Pétain regardait les ministres qu'il avait convoqués au Conseil de cet après-midi-là, ils étaient deux, les autres bouclaient leurs valises. Les membres du gouvernement devaient s'embarquer à Port-Vendres. Les hommes qui tournaient en rond à Bordeaux *sans pouvoir prendre une décision* étaient des parlementaires, près de trois cents présents à Bordeaux. Ne pas vouloir poursuivre la lutte pouvait aussi devenir plus tard un mauvais point. Que faire ? » (flotter).

« "Préparez-moi un texte qui me donne les pouvoirs exécutifs." La délégation lui apporta un texte le lendemain. Il avait la forme d'un contre-projet, différent du projet Laval : *suspension des lois constitutionnelles de 1875*, jusqu'à la conclusion de la paix, pleins pouvoirs à Pétain... Plus de pouvoir sur l'État que Louis XIV, le maréchal fort en histoire disait vrai. L'État c'était lui, et en fait il n'avait plus de Parlement chargé d'entériner, capable de remontrances. »

« Le 20 août 1944 au matin le Maréchal fut enlevé par les Allemands, et acheminé sous escorte militaire vers Sigmaringen, sans avoir pu tenter de s'évader (*vieux... osté du milieu*). »

La résistance soviétique bousculée : au nord de la zone marécageuse du Pripet, la résistance soviétique, dès les premières heures de cette chaude journée, avait été, un peu partout, surprise et bousculée, et *culbutés* les renforts qui montaient au front... Mais avant que ces diverses mesures eussent produit leur effet, la situation avait évolué *à pas de géant* (*fort en arrière*) entre la mer Noire et la Baltique et ne l'avait pas fait au profit de la défense... Quelques jours plus tard, le gouvernement soviétique et l'administration centrale quittaient Moscou pour venir s'établir à Kouïbychev sur la rive gauche de la Volga. »

TRAHISON DE PÉTAIN (20 août 1944)

IV, 61

Le vieux mocqué et privé de sa place,
Par l'estranger qui le subornera :
Mains de son fils mangées devant sa face,
Les frères à Chartres, Orléans, Rouen, trahira.

Suborner, du latin *subornare* : dresser à une mauvaise action, corrompre, pousser secrètement. *Mains*, du latin *manus* : autorité, pouvoir.

Le vieux (maréchal) sera moqué et enlevé de son poste par l'ennemi qui le poussera à une mauvaise action, le pouvoir qu'il a créé sera détruit sous ses yeux ; quand les frères d'armes (les Alliés) seront à Chartres, Orléans et Rouen, il trahira.

« Plus au sud, la 11e armée britannique prend l'offensive le 16 août, par la traversée de la Dives, et enlèvera successivement Lisieux, Pont-l'Évêque, Louviers ; elle aussi au sud de *Rouen* atteint la Seine. La 3e armée américaine fonce sur Paris : partant d'Alençon et du Mans, ses corps d'armée atteignent au nord Verneuil, Dreux, Mantes, au sud *Chartres*, Rambouillet, qui sera l'ultime étape... Le 15 et le 16 août, en exécution de ce plan, la 3e armée américaine entre dans *Orléans* et dans *Chartres*. »

« Le 20 août au matin, le Maréchal fut enlevé par les Allemands, et acheminé sous escorte militaire vers Sigmaringen, sans avoir pu tenter de s'évader. »

« L'accueil enthousiaste fait au Maréchal lors de ses dernières visites à des villes françaises, en particulier celui de Paris le 26 avril 1944 et celui de Saint-Étienne le 6 juin 1944, au jour même du Débarquement, montre que son prestige personnel a survécu à la faillite de sa politique. Mais ce pourcentage élevé de maréchalistes ne constitue plus en 1944 une force politique. Tous les efforts tentés par Pétain et Laval pour assurer quelque survie au gouvernement de Vichy se dissolvent en pleine irréalité. »

« Le 12 août 1945, le procureur général Monet prend la parole : "Messieurs, pendant quatre années – que dis-je, pendant quatre années – à l'heure actuelle encore, la France est victime d'une équivoque, la plus redoutable qui puisse jeter le trouble dans les esprits, celle qui, à la faveur d'un nom illustre, sert de paravent à la *trahison*. Oh, messieurs, je sais quel mot je viens de prononcer, un mot dont le rapprochement avec l'homme qui est ici sonne péniblement"… »

ZONE D'OCCUPATION DE ROUEN À BORDEAUX
MUR DE L'ATLANTIQUE
LIBÉRATION DE ROUEN (1944)

III, 9

Bordeaux, Rouen, et La Rochelle joincts,
Tiendront autour la grand mer Occéane.
Anglois Bretons et les Flaments conjoincts,
Les chasseront jusqu'auprès de Rouane.

Bordeaux, Rouen et La Rochelle réunies (dans l'Occupation) tiendront les côtes océaniques françaises (le mur de l'Atlantique). Les Anglo-Américains, les Français et les Belges unis les repousseront jusqu'à Rouen.

CHUTE DE L'ÉTAT FRANÇAIS (1944)
DÉPART DE PÉTAIN À SIGMARINGEN
PÉTAIN À L'ÎLE D'YEU (1945)

III, 47

Le vieux monarque déchassé de son règle,
Aux Orients son secours ira querre
Pour peur des croix ployera son enseigne,
En Mitylène ira par port et par terre.

Querre, du latin *quaero* : je cherche (*cf.* quérir). *Mitylène*, du latin *mitylus* : moule, coquillage ; la principale activité de l'île d'Yeu est la mityliculture. *Port* : Nostradamus laisse le choix entre le *Portalet* et *Port-Joinville*, où débarquera le maréchal Pétain.

Le vieux chef d'État, chassé du pouvoir, ira chercher secours à l'Est (Sigmaringen) ; par peur des croix (gammées), il pliera son drapeau et finira, par Port(-Joinville) et par terre, à l'île des Moules (Yeu).

« Voici qu'entre en scène le porteur de la pire menace. C'est le baron von Neubronn. Si le Maréchal refuse d'obtempérer, la ville de Vichy sera bombardée par l'aviation et par l'artillerie allemandes… "Je n'ai pas le droit de laisser bombarder les femmes et les enfants de Vichy, dira Pétain. Je dois céder devant de telles menaces"… »

« Le 16 novembre 1945, vers 9 heures du matin, l'aviso *Amiral-Mouchez*, appareillé la veille de La Pallice, se trouvait à sept ou huit milles dans le sud-est de l'île d'*Yeu* vers laquelle il faisait route… Maintenant Pétain regardait obstinément cette île qui allait devenir sa prison. L'accostage à *Port*-Joinville ne s'annonçait pas facile… Pétain avait été transféré au fort du *Port*alet le 15 août, aussitôt après sa condamnation. »

NAISSANCE DE MUSSOLINI ENTRE RIMINI ET PRATO (1883)
L'OPPOSITION DE GAUCHE SUR L'AVENTIN (1924)
FIN DE MUSSOLINI ET DU FASCISME PIAZZA COLONNA (1945)
ASSASSINAT DES FASCISTES ET DE LEURS ASSASSINS (1945)

IX, 2

Du haut de mont Aventin voix ouve,
Vuidez, vuidez de tous les deux costez :
Du sang des rouges sera l'ire assomie,
D'Arimin Prato, Columna debotez.

Mont Aventin : au ve siècle avant J.-C., irrités contre la tyrannie des patriciens, les plébéiens émigrèrent en masse et s'établirent sur le mont Aventin ;

de cet épisode historique vient la locution proverbiale « se retirer sur le mont Aventin », c'est-à-dire rompre violemment, cesser toute relation jusqu'à obtenir entière satisfaction. Ancien français *assomir* : charger, surcharger. *Arimin*, en latin *Ariminum* : Rimini, ville de l'Ombrie. *Prato* : ville de Toscane ; le village de Predappio est situé sur l'axe Rimini-Prato, à égale distance des deux villes. *Columna* (noter la majuscule) : Colonna. *Deboter* : expulser.

Ceux qui se seront retirés sur le mont Aventin feront entendre leur voix ; des deux bords tous seront anéantis : la colère des rouges sera surchargée du sang des rouges. Celui qui sera originaire de Rimini-Prato et ceux de la Piazza Colonna seront expulsés.

« Mussolini avait commencé à écrire son autobiographie : "Je suis né le 29 juillet 1883 à Varnano deci Costa, près du village de Dovia, lui-même proche du village de Predappio." »

« Le 10 juin 1924, le député socialiste Matteoti est enlevé à Rome par un groupe fasciste. Son corps sera retrouvé dans un maquis à vingt kilomètres de la ville, le 16 août. En signe de protestation, les députés de l'opposition abandonnent la Chambre et se retirent *sur l'Aventin.* »

« Après avoir vainement attendu un message de Mussolini, Scorza, en désespoir de cause, s'était rendu au siège du parti sur la Piazza *Colonna*, où il décréta la mobilisation de tous les fascistes de Rome. Il n'y eut même pas cinquante fascistes pour répondre à l'appel. La foule se mit à envahir les maisons des principaux militants du parti. Elle incendia les bureaux de quelques organisations fascistes. Une bande de manifestants se précipita dans le palais Venise pour réclamer l'homme qui opprimait le pays depuis vingt ans, mais nul n'essaya de forcer la porte de la Mappemonde et tous repartirent en agitant des drapeaux *rouges*. Dans la Via de Tritone, sur la Piazza *Colonna*, dans la Via Nazionale et sur la Piazza del Popolo, la foule chantait et dansait : "Le fascisme est mort !" criait-on partout, joyeux. »

« Le 27 avril 1945 les principaux dirigeants des Volontaires de la liberté se réunirent à Milan. Parmi ceux-ci on compte notamment Luigi Longo, le dévoué militant du Parti communiste, Walter Audisio, ancien volontaire des Brigades internationales en Espagne. L'ordre d'exécution de Mussolini avait déjà été donné par Palmiro Togliatti, agissant comme chef du Parti communiste. Les communistes du Comité milanais prévoyaient que d'autres missions partiraient à la recherche du Duce... Moretti et Cavali étaient de fervents communistes. Moins de dix minutes après le départ de Bellini, Audisio, Lampredi et Moretti quittèrent précipitamment Dongo. Le destin de tous ces gens est édifiant. Certains auteurs ont écrit que Michele Moretti était mort. Giuseppe Frangi bavarda après la mort de Mussolini et périt dans des circonstances étranges. Luigi Canali a disparu. Sa maîtresse Giuseppina Tuissi se renseigna au sujet de sa disparition et disparut à son tour. Son amie Anna Bianchi, s'inquiétant de ce qui était arrivé à Giuseppina, disparut à son tour, son cadavre fut retrouvé dans le lac de Côme ; elle avait été tuée à coups de bâton. Le père d'Anna jura de retrouver et tuer ses assassins, mais c'est lui qui fut assassiné (*du sang des rouges sera l'ire assomie*). »

« Le premier coup de feu tiré par Audisio avec l'arme de Moretti tua Claretta. Le suivant atteignit Mussolini... À 6 heures Germinazza repartit de Dongo où Audisio avait dirigé l'exécution des quinze fascistes arrêtés à Rocca di Musso. Le camion de déménagement attendait au carrefour. On jeta les deux cadavres sur les quinze autres. »

MUSSOLINI ET LE CARDINAL SCHUSTER (1945)
EXÉCUTIONS PIAZZALE LORETO À MILAN

VI, 31

Roy trouvera ce qu'il désiroit tant,
Quand le Prelat sera reprins à tort,
Response au Duc le rendra mal content,
Qui dans Milan mettra plusieurs à mort.

Le chef trouvera celui qu'il désirait tant (Mussolini pour l'arrêter) quand le cardinal sera blâmé à tort à cause de sa réponse dont le Duce sera mécontent ; et il en fera mettre à mort plusieurs à Milan.

« Le 13 mars 1945, Mussolini envoya son fils Vittorio porter au cardinal Schuster, archevêque de Milan, une lettre demandant certaines garanties pour la population civile dans le cas où les Allemands évacueraient l'Italie et où les forces fascistes prendraient position sur les Alpes. Le cardinal Schuster jugea ce geste parfaitement inutile, mais il transmit le message aux Alliés par l'intermédiaire du nonce apostolique à Berne. Dès qu'il parvint au quartier général installé à Caserta, les Alliés y répondirent par une fin de non-recevoir à croire que les Allemands avaient déjà accepté une telle capitulation, Mussolini refusa de prendre en considération les exigences alliées. »

« Après divers incidents, à 3 heures du matin, Valério s'arrête à *Milan* Piazzale Loreto, à l'endroit même où, le 9 août 1944, les Allemands ont fait fusiller par représailles, après un attentat, quinze Italiens détenus politiques à Milan. Les corps des fusillés sont déchargés là... À 11 heures, six des cadavres sont hissés par des cordes sur une traverse de la station d'essence : Mussolini, Clara, Pavolini, Zerbino, Barracu et Porta... C'est peu après, à 11 h 10, que l'on amène sur la place l'ancien secrétaire du parti : Achille Starace... Six partisans le fusillent dans le dos. Son corps est bientôt hissé, lui aussi, aux côtés des autres pendus qui se balancent. »

MASSACRES À MILAN ET FLORENCE LE DUCE À MILAN, CAPITALE (19 avril 1945) CHUTE DU FASCISME À ROME, PIAZZA COLONNA (septembre 1944)

X, 64

Pleure Milan, pleure Lucques, Florence,
Que ton grand Duc sur le char montera
Changer le Siege pres de Venise s'advance,
Lorsque Colonne à Rouie changera.

Char : voiture à quatre roues.

Il y aura des pleurs à Milan, à Lucques et à Florence, tellement que ton grand Duce partira en voiture. Le siège du gouvernement changera quand on s'avancera près du (palais) Venise, quand à Rome il y aura un changement Piazza Colonna.

« Les *brigatenere* se livrèrent à des représailles, à une moindre échelle que les Allemands certes, mais souvent avec autant de sauvagerie. Par exemple, ce furent des SS qui exécutèrent près de sept cents personnes à Marzabotto... On trouvait dans ces formations fascistes une pègre encore plus dangereuse que parmi les partisans les moins disciplinés… Même lorsque les Allemands parvinrent à se regrouper au nord de *Florence* et à s'installer pour l'hiver sur la ligne gothique entre Rimini et La Spezia, les violences se poursuivirent presque à la même échelle derrière le front.

« Le 16 avril 1945, ainsi qu'il l'avait confié plus tôt à Mellini : "Maintenant que Rome est perdue, dit-il, la République italienne ne peut plus avoir qu'une capitale, *Milan*." Il se prépara à partir pour Milan le 19 avril, avec une escorte de soldats allemands. Il installa son bureau au palais Monforte, la préfecture de *Milan*. »

« Une bande de manifestants se précipita dans le palais Venise pour réclamer l'homme qui opprimait le pays depuis vingt ans. Sur la Piazza *Colonna*, siège du parti, la foule chantait et dansait comme à la fête : "Le fascisme est mort !" criait-on partout, joyeux. Cette nuit-là, à Rome, il ne se trouva pas un seul homme pour le défendre au risque de sa vie. »

« Le 29 avril 1945, le camion de déménagement arriva à Milan après avoir franchi plusieurs barrages américains. Il s'arrêta sur la Piazzale Loreto. C'est là que les Allemands avaient fusillé quinze otages neuf mois plus tôt. On jeta les cadavres à bas du camion. Un passant prit la peine de les aligner à peu près en ordre ; il plaça Mussolini un peu à part. Puis apparurent deux jeunes gens qui s'acharnèrent avec sauvagerie à lui donner des coups de pieds à la mâchoire… Une voix autoritaire clama : "Qu'on les pende !" »

CHUTE DU REICH (1945)
CONTRE-OFFENSIVE SOVIÉTIQUE
DÉBARQUEMENT DE SICILE (10 juillet 1943)

VIII, 81

Le neuf empire en desolation,
Sera changé du pôle aquilonnaire
De la Sicile viendra l'émotion,
Troubler l'emprise à Philip tributaire.

Aquilon : vent du nord violent et impétueux ; désigne la Russie, l'empire du Nord.

Le nouvel empire (allemand) sera dans la désolation et subira des changements par le Nord (URSS). C'est à partir de la Sicile que (les Alliés) feront mouvement et que l'entreprise de Philippe (Pétain) qui payait tribut sera perturbée.

« Pendant les deux années qui suivirent l'invasion de la Russie, Hitler fut presque entièrement absorbé par la conduite de la guerre sur le front de l'Est. Mais en 1943, la perte de l'Afrique du Nord et l'écroulement de *l'Italie* vinrent lui rappeler qu'il était en guerre contre une alliance mondiale. »

« La nuit du 30 avril 1945, Goebbels et Bormann tentèrent vainement de négocier avec les Russes. La réponse fut : capitulation sans condition. »

« Les exigences allemandes : les vainqueurs disposent de millions de prisonniers et exercent sur Vichy un chantage efficace. La France a déjà payé pour les troupes d'occupation 631 886 millions de francs, soit près de 160 milliards de nouveaux francs (*Philip tributaire*). »

« L'attaque des Alliés se dessine alors. En juillet 1943 l'opération Husky leur donne la *Sicile* et deux cent mille prisonniers. »

DESTRUCTION DE HIROSHIMA ET NAGASAKI (6 et 9 août 1945)

II, 91

Soleil levant un grand feu on verra,
Bruit et clarté vers Aquilon tendans,
Dedans le rond mort et cris l'on orra,
Par glaive, feu, faim, mort les attendans.

Soleil levant : le Japon. *Aquilon* : *cf.* VIII, 81. *Orra* : futur de *ouïr.*

Au Japon on verra un grand feu, du bruit et de la lumière (le vacarme et l'immense clarté créés par l'explosion atomique), vers la Russie (qui occupe encore les îles Kouriles, ancien territoire japonais). Dans le cercle de mort on entendra des cris. Par la guerre, le feu et la faim les hommes attendront la mort.

Les dégâts causés par les explosions atomiques sont mesurés par des cercles concentriques (*dedans le rond*).

Ces catastrophes terrifiantes sont décrites de façon saisissante dans le quatrain suivant.

II, 6

Auprès des portes et dedans deux cités.
Seront deux fléaux et onc n'aperceu un tel
Faim, dedans peste, de fer hors gens boutés,
Crier secours au grand Dieu immortel.

Portes : le Japon est parfois appelé « Porte de l'Orient ». Ancien français *bouter* : frapper. *Grand Dieu immortel* : désigne l'empereur du Japon, incarnation et représentant de Dieu.

Près des Portes (le Japon) et dans deux villes (Hiroshima et Nagasaki) il y aura deux fléaux que personne n'avait encore vus (première utilisation de l'arme atomique) ; ces fléaux provoqueront la famine et la maladie ; les gens seront frappés par autre chose que le fer (l'uranium ?). Et ils invoqueront l'empereur, représentant de Dieu.

Les descriptions faites par Nostradamus laissent à penser qu'il a réellement vu brûler sous le feu atomique les deux villes du Japon, car il semble les décrire comme des événements passés pour lui. Et la phrase *onc n'aperceu un tel* (*fléau*) met en évidence son voyage dans l'espace-temps puisqu'une telle catastrophe n'avait pas eu lieu avant 1555, date à laquelle il la décrit, mais aussi avant 1945. Il fait donc un parcours de temps de trois cent quatre-vingt-dix ans sur un espace de vingt mille kilomètres de long.

Pour illustrer la vision de Nostradamus, voici la description de l'explosion sur Hiroshima trouvée sur Internet : « La puissance dégagée par la bombe a été estimée à quatorze mille tonnes de TNT. Cette énergie est transformée en chaleur, en souffle pour 85 % et en radiations pour 15 %. Chacun de ces trois effets est dévastateur. Dès le premier millionième de seconde, l'énergie thermique est libérée dans l'atmosphère et transforme l'air en une boule de *feu* qui atteint un kilomètre de diamètre (*dedans le rond*) en quelques secondes au-dessus d'Hiroshima. Au sol la température atteint plusieurs milliers de degrés sous le point d'impact. Dans un rayon d'un kilomètre, tout est instantanément vaporisé et réduit en cendres. Jusqu'à quatre kilomètres de l'épicentre, bâtiments et humains prennent *feu* spontanément. Les personnes situées dans un rayon de huit kilomètres souffrent de brûlures au troisième degré. »

CHAPITRE VI

Du procès de Nuremberg à la Troisième Guerre mondiale

PROCÈS DE NUREMBERG (1945-1946)
GUERRE FROIDE

II, 38

Des condamnez sera fait un grand nombre,
Quand les monarques seront conciliez :
Mais l'un d'eux viendra si mal encombre,
Que guerre ensemble ne seront raliez.

Il y aura un grand nombre de condamnés quand les chefs d'État se seront réconciliés. Mais l'un d'entre eux fera de si mauvais embarras que ceux qui avaient fait la guerre ensemble ne seront pas alliés.

« Le 20 novembre 1945 a lieu la première audience du tribunal militaire international de Nuremberg, chargé de juger les dirigeants allemands considérés comme criminels de guerre. Ce tribunal, composé de représentants des quatre puissances *alliées* (*raliez*) (États-Unis, URSS, Grande-Bretagne et France), aura à connaître des crimes contre la paix. Le tribunal de Nuremberg juge vingt-quatre grands dirigeants politiques, militaires et économiques de l'Allemagne hitlérienne et six groupements et organisations du IIIe Reich. Les audiences dureront jusqu'au 1er octobre 1946. De *nombreux* autres procès de criminels de guerre, intentés à des responsables moins élevés, auront lieu en Allemagne… »

« Les *condamnés* à mort furent exécutés le 16 octobre 1946, entre 1 heure et 3 heures du matin ; les *condamnés* à l'emprisonnement furent internés à la prison de Spandau, près de Berlin. »

« Le 2 février 1953, dans son premier message sur l'état de l'Union, Eisenhower annonce qu'il a décidé la neutralisation de Formose ; il envisage aussi la dénonciation des accords de Yalta conclus par Roosevelt. L'attitude américaine éveille beaucoup d'inquiétude. »

LES ÉTAPES DE L'AMITIÉ FRANCO-ALLEMANDE (1950, 1962, 1963, 1967) APRÈS LES GUERRES DE 1870, 1914, 1939

VIII, 3 bis

Las quelle fureur ! hélas quelle pitié,
Il y aura entre beaucoup de gens :
On ne vit onc une telle amitié,
Qu'auront les loups à courir diligens.

Latin *diligens* : qui aime, attaché à.

Hélas, quelle fureur et quelle pitié il y aura entre beaucoup de gens ! (Ensuite) jamais on ne vit une telle amitié à laquelle seront attachés les Allemands.

« Dans deux interviews à un journaliste américain (8 et 21 mars 1950), Adenauer propose à la France une *union franco-allemande* comportant une véritable fusion, avec un Parlement unique, une économie et une nationalité communes. »

« Du 4 au 12 août 1962, le général de Gaulle effectue une visite officielle en Allemagne fédérale. Voyage triomphal : de Gaulle trouve les mots pour gagner le cœur d'un peuple qui, en dépit de sa puissance économique retrouvée, reste marqué par le complexe de culpabilité imposé en 1945.

« Le traité franco-allemand, qui prévoit des consultations périodiques entre les gouvernements et une coopération organique dans les domaines de la défense, de l'économie et de la culture, est signé le 22 janvier 1963.

« Les 12 et 13 juillet 1967, de Gaulle et Kisinger se rencontrent à Bonn et décident la création de deux commissions communes, l'une pour la coopération économique et technique, l'autre pour les échanges de vues sur les problèmes politiques et stratégiques. »

RETOUR DES JUIFS EN PALESTINE (1939-1948) GUERRES ISRAÉLO-ARABES

II, 19

Nouveaux venus lieu basty sans défence,
Occuper la place par lors inhabitable,

Prez, maisons, champs, villes, prendre plaisance
Faim, peste, guerre, arpen long labourable.

Des gens nouveaux venus bâtiront des villes sans défense et occuperont des lieux qui étaient jusque-là inhabitables. Ils prendront avec plaisir les prés, les maisons, les champs et les villes. Puis la famine, la maladie et la guerre seront sur cette terre labourable depuis longtemps (1939).

« Quand la Seconde Guerre mondiale éclata, le bilan du sionisme était le suivant : la population juive était passée de quatre-vingt-cinq mille (11 % du total) à quatre cent seize mille (29 %), le nombre des agglomérations juives de soixante-dix-neuf à deux cents (*maisons..., villes*). *L'agriculture* s'était considérablement développée ; ainsi la superficie des orangeraies était passée de mille à quinze mille hectares (*prez..., champs*). »

« En dehors d'une minorité arabe d'environ 10 %, la quasi-totalité de la population est composée d'*immigrants* (*nouveaux venus*) juifs arrivés depuis moins d'un siècle. »

« Quelles que soient les causes proches de la *guerre* de juin 1967, il faut en retenir le retentissement qu'elle a eu sur la psychologie des Arabes et des Israéliens. Les premiers ont retenu que la volonté d'effacer les résultats d'un fait précédemment accompli (1956-1957) fut considérée par l'opinion internationale, influencée par l'Occident, comme une agression, alors que l'attaque surprise israélienne du 1er juin 1967 était tenue pour un acte de légitime défense. »

Ce quatrain de Nostradamus est à rapprocher du chapitre XXXVIII de la prophétie d'Ézéchiel : « Après plusieurs jours tu seras visité ; dans les dernières années, tu viendras au pays qui aura été sauvé de devant l'épée, et *ramassé de plusieurs peuples*, savoir contre les montagnes d'Israël, qui auront été longtemps désertes ; lorsque, ce pays-là ayant été retiré d'entre les peuples, tous y *habiteront en assurance* (*prendre plaisance*)... Et tu diras : Je monterai contre le pays des *villes sans murailles* (les *kibboutzim*), j'envahirai ceux qui sont en repos... pour mettre la main sur les lieux déserts qui auront été rendus habitables... »

L'INSURRECTION HONGROISE À BUDAPEST (23 octobre 1956) SON ÉCRASEMENT PAR LES TROUPES SOVIÉTIQUES (4 novembre 1956)

II, 90

Par vie et mort changé regne d'Ongrie,
La loy sera plus aspre que service :
Leur grand cité d'urlements pleincts et crie,
Castor et polux ennemis dans la lice.

Castor et Pollux : frères ; fils de Jupiter. *Lice* : champ clos pour les tournois ; par extension, théâtre d'une lutte quelconque.

Le pouvoir sera changé en Hongrie par la vie et par la mort ; la loi sera plus impitoyable que les usages. La grande ville (Budapest) sera remplie de hurlements et de cris. Les frères seront ennemis dans ce théâtre de lutte (la capitale).

« En *Hongrie*, la trop longue résistance de l'ancienne direction stalinienne provoque le pire : l'insurrection éclate à *Budapest* le 23 octobre 1956 et prend une telle ampleur que le retour au pouvoir d'Imre Nagy (*Castor*) ne parvient pas à la calmer... Sous la pression, Imre Nagy qui a formé un gouvernement de coalition, le 1er novembre, annonce que la Hongrie décide de se dégager du pacte de Varsovie et demande à l'ONU de la reconnaître solennellement comme État neutre. Le lendemain même, Budapest est complètement encerclée (*lice*) par les chars soviétiques. Ceux-ci entrent en action le 4, tandis qu'un contre-gouvernement, fidèle à Moscou, est formé par Janos Kadar (*Pollux*). On se bat de nouveau dans Budapest où les insurgés, malgré une farouche résistance, sont assez vite écrasés. Le nombre des morts, pendant toutes ces journées de révolte, dépassera vingt-cinq mille. Imre Nagy, qui avait trouvé refuge à l'ambassade de Yougoslavie, en est enlevé le 21 par la police et déporté en Roumanie. Plus de quinze mille personnes seront déportées par les Soviétiques. Plus de cent cinquante mille réfugiés réussiront à passer à l'Ouest. Budapest montre que la recherche des voies diverses (*service*) vers le socialisme ne saurait en aucun cas signifier, pour les hommes du Kremlin, une rupture des liens (*loy*) imposés depuis 1945 aux pays de l'Europe orientale... La persistance de l'agitation oblige le gouvernement Kadar à proclamer la *loi martiale* le 8 décembre : tous les conseils révolutionnaires ouvriers sont dissous. »

CONQUÊTE DE L'AFRIQUE DU NORD PAR LA IIIe RÉPUBLIQUE (1881-1911) CHUTE DE LA IVe RÉPUBLIQUE (13 mai 1958)

III, 59

Barbare empire par le tiers usurpé,
La plus grand part de son sang mettra à mort :
Par mort sénile par luy le quart frappé,
Pour peur que sang par le sang ne soit mort.

Barbarie : États barbaresques, région de l'Afrique du Nord qui comprend les États de Tripoli, de Tunis, d'Alger et du Maroc. *Tiers* et *quart* : troisième et quatrième. « *Sanguine barbarorum modico* » (Tacite) : « Les barbares ayant perdu peu de monde ».

La IIIe (République) s'appropriera l'empire barbaresque et mettra à mort la plus grande partie des siens. À cause de sénilité la IVe (République) sera frappée à mort par lui (l'empire barbare) de peur que ceux qui auront versé leur sang ne soient morts pour rien.

« L'Afrique a été le principal domaine de l'expansion coloniale française. Depuis la monarchie de Juillet, la France *y possédait l'Algérie*. Mais l'Algérie n'est que la partie centrale de la région montagneuse de l'Atlas. Elle se continue à l'est par la Tunisie, à l'ouest par le Maroc, et *les trois pays* sont si étroitement soudés par la nature qu'on ne peut être pleinement maître de l'Algérie qu'à la condition de *dominer* les deux pays voisins. Ainsi s'explique l'importance prise successivement par la question de Tunisie, puis par la question du Maroc dans la politique française... Les incessantes pilleries commises en territoire algérien par les montagnards tunisiens, les Kroumirs, servirent de prétexte à l'entrée d'une armée française en Tunisie (avril 1881). La Tunisie paraissant tranquille, les troupes furent rappelées. Il y eut aussitôt un soulèvement général, dont le centre était à Kairouan, une des villes saintes des musulmans. La répression fut prompte... »

« L'acte d'Algésiras ne pouvait régler définitivement la question marocaine. De nouveaux incidents surgirent dès 1907. Des Français ayant été massacrés par les indigènes, la France fit *occuper* Casablanca (1907-1908). En 1911 les troupes françaises pénétrèrent jusqu'à Fez... »

« *Algérie, Tunisie et Maroc*, désormais étroitement unis, c'est une nouvelle France d'Afrique qui est en formation. »

« La crise d'Algérie s'étend : parce que Guy Mollet, devant l'hostilité que lui manifestent les Français d'Algérie, le 5 février 1956, renonce aux réformes qu'il avait promises, parce que le président du Conseil approuve une initiative malheureuse d'un officier irresponsable qui prend sur lui de contraindre à atterrir à Alger l'avion marocain qui transportait les chefs du FLN. Cet acte sans profit nous brouille avec le roi du Maroc et la Tunisie... Quand Mollet est renversé le 21 mai 1957, quand son successeur, Félix Gaillard, ne fait pas mieux que lui, on peut penser que la IVe République a fait preuve de son *inefficacité. Instabilité et faiblesse* ont amené à l'impuissance... Le général de Gaulle accepte de venir demander l'investiture à l'Assemblée. Le 1er juin 1958 il est investi et obtient les pleins pouvoirs. La IVe République a vécu (*par mort sénile... le quart frappé*). »

GUERRE DES SIX-JOURS (5-10 juin 1967) OCCUPATION PAR ISRAËL DE GAZA, DE LA CISJORDANIE ET DU GOLAN

III, 97

Nouvelle loy terre neuve occuper,
Vers la Syrie, Judée et Palestine
Le grand Empire barbare corruer,
Avant que Phebes son siècle détermine.

Judée : partie méridionale de la Palestine comprise entre la mer Morte et la Méditerranée, et dont la plus grande partie constitue aujourd'hui la partie méridionale de la *Cisjordanie*, territoire qu'Israël a conquis sur la Jordanie lors de la guerre des Six-Jours, en 1967. *Corruer*, du latin *corruo* : je tombe, je m'écroule. *Phebes*, *Phoebe* : Diane ou la Lune, sœur de Phoebus, le Soleil.

Par une nouvelle loi de nouveaux territoires seront occupés vers la Syrie, la Judée et la Palestine. La puissance arabe s'écroulera avant le solstice d'été (21 juin).

« La guerre israélo-arabe (5-10 juin 1967) : en une campagne éclair contre l'Égypte, la Jordanie et la *Syrie*, les armées israéliennes *occupent* toute la péninsule du Sinaï jusqu'au canal de Suez, la Cisjordanie et les hauteurs du Golan...

« À l'aube du 5, l'aviation israélienne attaque les aéroports égyptiens et détruit au sol la majeure partie de l'aviation ennemie, l'armée égyptienne est *bousculée* (*corruer*) dès les premières heures de combat ; maîtres de *Gaza* et d'El-Arich, les Israéliens foncent à travers le désert du Sinaï et, dès le 7, ils occupent le port de Charm el-Cheikh et arrivent sur le canal de Suez. Du côté jordanien, ils rencontrent plus de résistance ; cependant la vieille ville de Jérusalem et toute la partie *cisjordanienne* (*Judée*) de la Jordanie sont *conquises*. Le *monde arabe* est accablé par l'ampleur et la rapidité des succès israéliens... L'URSS accuse Israël d'agression et, sur sa demande, l'Assemblée générale de l'ONU se réunit le 19 (*avant que Phebes...*). Le problème numéro un est maintenant celui des *territoires arabes occupés* par Israël. Dès le 11, le général Dayan déclare qu'Israël doit conserver Gaza, Charm el-Cheikh, la vieille ville de Jérusalem et la Cisjordanie. Les Israéliens soutiendront qu'on ne saurait parler de retour aux frontières d'avant le 5 juin 1967, car il ne s'agissait pas de frontières, mais de lignes de démarcation tracées par les armistices de 1949 et n'ayant jamais été reconnues *juridiquement* (*nouvelle loy*) par les États arabes... Le 27 juin, la Knesseth adopte une "*loi fondamentale*" pour la protection des Lieux saints. Le gouvernement décide l'annexion de la vieille ville de Jérusalem. »

RETOUR DES JUIFS EN PALESTINE (1948)
GOLDA MEIR ET LE SIONISME
DÉMISSION DE GOLDA MEIR (1974)

VIII, 96

La Synagogue stérile sans nul fruit,
Sera receuë entre les infidèles :

De Babylon la fille du poursuit,
Misère et triste lui tranchera les aisles.

Synagogue : la synagogue paraît être liée, parmi les Juifs exilés à Babylone, au besoin qu'ils éprouvèrent, loin du Temple, de prier et de s'édifier en commun. Au retour de l'exil, une première synagogue fut construite à Jérusalem, dans le parvis du Temple. *Infidèles* : qui n'ont pas la vraie foi religieuse ; les Arabes par rapport aux Juifs. La grande *Babylone* : la Babylone moderne ; désigne couramment de grands centres, comme Londres, Paris, etc. *Fille* : les poètes donnent fréquemment le nom de « filles » à des êtres, animés ou non, en indiquant par un déterminatif le lieu, l'origine, les habitudes favorites ; c'est ainsi qu'ils appellent les femmes d'Israël les « filles de Sion ».

Le sionisme stérile, sans nul fruit, sera reçu parmi les Arabes. Venue de New York (Babylone), la femme (chef) des pourchassés (Golda Meir) perdra son pouvoir par l'infortune et la tristesse.

« Golda Meir, née à Kiev (Ukraine), émigre aux États-Unis avec sa famille en 1906. Elle se fait connaître comme militante responsable de la section locale du Parti travailliste sioniste... Dès 1924, elle rejoint l'Histadrouth et, en 1928, est nommée secrétaire de l'organisation féminine de celle-ci... Au cours de la Seconde Guerre mondiale, elle milite aux côtés de David Ben Gourion pour assurer *le retour des Juifs* à Sion en 1946 ; lorsque Moshe Sharett, chef du département politique de l'Agence juive, et d'autres activistes sont arrêtés par les Britanniques, elle le remplace (*la fille du poursuit*) d'abord provisoirement et se bat pour faire libérer activistes et immigrés juifs internés... Peu avant que Ben Gourion proclame la création de l'État d'Israël, elle est envoyée près de l'ONU pour formuler un ultime plaidoyer en faveur de la reconnaissance d'*un État juif de Palestine...* En octobre 1973, Israël doit affronter dans une guerre meurtrière les forces égyptiennes et syriennes soutenues par différents contingents de forces arabes. Le gouvernement de Golda Meir *subit alors les attaques* de la droite israélienne et les critiques des officiers supérieurs sur l'état d'impréparation du pays. Les élections du 31 décembre devraient toutefois reconduire Golda Meir et son parti au pouvoir. En mars 1974, les *critiques* à l'adresse de Mme Meir et du général Dayan se faisant plus vives, le Premier ministre israélien devait remettre la démission de son gouvernement un mois plus tard (*misère et triste*). »

Nostradamus établit un parallèle entre le premier retour des Juifs, en captivité à Babylone, et le second retour, depuis les Babylone modernes, Londres, Paris, New York.

MASSACRE D'ATHLÈTES ISRAÉLIENS AUX JEUX OLYMPIQUES DE MUNICH (5-6 septembre 1972)

IV, 41

Gymnique sexe captive par hostage,
Viendra de nuict custodes décevoir,
Le chef du camp deceu pas son langage,
Lairra à la gente, sera piteux à voir.

Sexe, pris dans le sens de : masculin. *Custodes*, du latin *custos* : garde. *Décevoir* : tromper. *Lairrer* : laisser. *Gente* : nation, peuple.

Des athlètes masculins seront pris en otage de nuit après que les gardes auront été trompés, le chef du camp (olympique) trompé par son langage. L'événement laissera le peuple (israélien) dans un état piteux à voir.

« À 4 heures du matin (*de nuict*), un commando palestinien composé de huit hommes bien armés pénètre dans le village olympique et se rend au bloc 31 où sont logés les athlètes israéliens. Munis de fausses clés (obtenues par l'un des agresseurs qui s'était fait engager sur le site des Jeux) (*custodes décevoir*), les terroristes ouvrent les portes des appartements et s'emparent de quatorze athlètes israéliens. Deux des Israéliens sont tués pour avoir résisté à leurs agresseurs… À 5 heures du matin, le chef du commando remet à un agent de police le texte de l'ultimatum. Le texte revendique la prise d'otages (*captive par hostage*) au nom de Septembre noir. »

GUERRE DU KIPPOUR (octobre 1973) ATTAQUE SURPRISE D'ISRAËL PAR L'ÉGYPTE

Sixain 31

Celuy qui a les hasards surmonté,
Qui fer, feu, eau, n'a jamais redouté,

Et du pays bien proche du Basacle,
D'un coup de fer tout le monde estouné,
Par Crocodil estrangement donné,
Peuple ravi de voir un tel spectacle.

Basacle : endroit où l'on renferme le poisson afin de le *conserver* vivant ; le poisson fut, pour les premiers chrétiens, l'emblème par excellence. *Crocodile* : l'espèce la plus anciennement connue est le crocodile du Nil, que les anciens *Égyptiens* vénéraient.

Le peuple qui a surmonté les hasards, qui n'a jamais craint la guerre ou la révolution, dans le pays très proche du point de départ du christianisme, sera étonné d'un acte de guerre étrangement commis par l'Égypte, dont la population se réjouira d'un tel spectacle.

« 6 octobre 1973. Il est 13 h 50. Le Conseil des ministres est occupé à ratifier l'ensemble des décisions et des mesures prises durant la matinée par Golda Meir, Dayan et Éléazar. La porte de la salle du Conseil s'ouvre soudain. C'est le général Israël Lior : l'ennemi vient d'attaquer... *La surprise est donc totale* : attaque simultanée des *Égyptiens* au sud et des Syriens au nord... Cinq divisions égyptiennes, équipées et entraînées par les Soviétiques, submergent les fortins de la ligne Bar-Lev et, sous la protection aérienne des missiles, conquièrent de cinq à dix kilomètres de profondeur dans le Sinaï. Les blindés israéliens sont décimés par les missiles anti-chars téléguidés, de trois kilomètres de portée, dont l'usage intensif par les *Égyptiens* remet en question, d'un coup, tout l'art militaire moderne : la supériorité des blindés sur l'infanterie... *Mille deux cents chars égyptiens sont passés à l'attaque...* » (*L'Express*, 13-19 janvier 1975 ; Jacques Derogy, Jean-Noël Gurgand, *Israël, la mort en face*, Robert Laffont, 1976.)

« Le raïs parle de l'Égypte, société pacifique depuis des millénaires, forcée à la guerre par l'injustice et l'occupation. Il remarque : "Si nous n'étions pas de bons combattants, c'est parce que nous n'avons jamais aimé nous battre. Cette fois-ci c'est différent. Nous avons une humiliation à venger" » (Marwan Hamade, in *Le Point*, 12 novembre 1973).

Sixain 35

Dame par mort grandement attristée,
Mère et tutrice au sang qui l'a quittée,
Dame et seigneurs, faicts enfants orphelins,
Par les aspics et par les Crocodiles,
Seront surpris forts, Bourgs, Chasteaux, Villes,
Dieu tout-puissant les garde des malins.

« Serpent de Cléopâtre » nom vulgaire des échis et des *aspics* ; cette allusion à Cléopâtre désigne les Égyptiens, de même que les Crocodiles.

La dame (Golda Meir) sera grandement attristée par la mort (des soldats israéliens) ; la mère et la tutrice (de l'État hébreu) laissera le pouvoir à cause du sang qui aura coulé. Avec ses ministres, elle sera rendue responsable des orphelins, à cause des Égyptiens qui auront attaqué par surprise les fortifications (la ligne Bar-Lev), les villages et les villes. Mais Dieu tout-puissant les protégera des méchants.

« Le 6 du mois d'octobre, Israël est rassemblé dans les synagogues pour le Kippour, l'Expiation… À midi, les sirènes mugirent. Israël avait été attaqué simultanément au nord et au sud par la Syrie et par *l'Égypte*… Pendant les premières heures du 6 octobre, les lignes du Golan étant dégarnies, les chars syriens avaient failli atteindre la Galilée, tandis que, sur le canal, trois mille soldats à peine avaient dû tenir, face à *des dizaines de milliers d'Égyptiens* (*aspics* et *Crocodiles*) ; loin de se féliciter du redressement intérieur, les Israéliens demandaient : "Comment les négligences du Kippour ont-elles été possibles ?" Certains ajoutaient, avec une pointe d'humour noir : "Encore heureux que les Arabes nous aient attaqués le jour où nous faisions repentance. Dieu ne pouvait pas *nous refuser un miracle* (*Dieu tout-puissant les garde des malins*)"… Le gouvernement rejeta dédaigneusement les avertissements répétés des services secrets du Pentagone. L'état-major était endormi derrière la *ligne Bar-Lev*, comme les Français en 1939 derrière la ligne Maginot (*forts*)… À Jérusalem et à Tel-Aviv, où l'on *pleure* (*attristée*) deux mille *morts* (chiffre considérable pour un pays de trois millions d'âmes), dans les hôpitaux où s'entassent trois mille blessés, sur les fronts où plus de cent cinquante mille réservistes montent la garde, c'est la fronde… Le 10 avril 1974, au milieu de la Pâque juive, Mme Meir, excédée, épuisée, remet sa démission (*quittée*) au président de l'État » (*Le Spectacle du monde*, nº 147, juin 1974).

RÉVOLUTION, GUERRES, FAMINES EN IRAN (1979)
CHUTE DU SCHAH (1978-1979)
L'AYATOLLAH KHOMEINY À NEAUPHLE-LE-CHÂTEAU

I, 70

Pluye, faim, guerre en Perse non cessée.
La foy trop grande trahira le Monarque :
Par la finie en Gaule commencée,
Secret augure pour à un estre parque.

Persan *schah* : roi, souverain, monarque. *Secret*, du latin *secretum* : lieu retiré, retraite. Latin *augur* : prêtre qui annonçait l'avenir, prophète.

La révolution, la famine, la guerre ne cesseront pas en Iran ; le fanatisme religieux trahira le schah dont la fin aura commencé en France, à cause d'un prophète qui se sera parqué dans un lieu retiré (Neauphle-le-Château).

« Avec ses manifestants fanatiques brandissant l'étendard de leur foi et acceptant pour elle d'affronter, poitrine nue, les armes à feu des soldats du schah, l'Iran a donné toute la semaine dernière l'exemple le plus spectaculaire de l'étonnant réveil musulman… Meched et Qom en Iran, Al-Nadjaf et Karbala en Irak : ce sont les sanctuaires des musulmans chiites. S'y ajoute à présent, sans mosquée ni minarets d'or, ni coupoles turquoise, une troisième cité sainte tout ébahie de ce qui lui arrive, celle de Neauphle-le-Château. Pour *medersa* (séminaire coranique), elle ne dispose que d'un banal pavillon de banlieue. Mais c'est là que se prosterne ou s'accroupit l'ayatollah Khomeiny… »

« Cette année, l'appel lancé par l'ayatollah Khomeiny à la veille du *moharran*, invitant les fidèles à se lancer dans une sorte de *révolte sainte* (*la foy trop grande*), a achevé de porter les passions à leur paroxysme. "N'hésitez pas à verser votre sang pour protéger l'Islam et renverser la tyrannie", avait demandé de sa retraite (*secret*) de Neauphle-le-Château *le prophète exilé* des chiites » (*Le Point*, 11 décembre 1978).

« "L'Iran s'achemine vers une *guerre* fratricide", prédit le général révolutionnaire M. Hadavi. Dirigeant religieux des Arabes iraniens, l'ayatollah Khafani prophétisa des tragédies amères... Le général Rahini s'indigna : il est honteux de voir des régions iraniennes à feu et à sang quand l'armée se repose dans ses casernes » (*Le Spectacle du monde*, n° 209, août 1978).

CHUTE DU SCHAH D'IRAN (16 janvier 1979)
LE GOUVERNEMENT MILITAIRE (6 novembre 1978)
PRISE DU POUVOIR PAR LES PRÊTRES (3 février 1979)

X, 21

Par le despit du Roy soustenant moindre ;
Sera meurdry lui présentant les bagues :
Le père au fils voulant noblesse poindre,
Fait comme a Perse jadis firent les Magues.

Despit : mépris. *Soustenant*, du latin *sustineo* : je résiste. *Meurdrir* : blesser, endommager, nuire à. *Bagues* : armes. *Poindre* : manifester. *Mague*, du grec *magos* : mage, prêtre chez les Perses (« en Perse, les mages menaient une vie austère et dure. Les vertus qu'ils possédaient ou qu'on leur prêtait leur avaient valu une autorité sans limite sur l'esprit du peuple et des nobles. Le roi lui-même se vantait d'être leur élève et les consultait. Il y a quelques raisons de croire que la caste des mages fut toute-puissante tant que dura la royauté médique ») ; ce mot désigne les ayatollahs.

À cause de son mépris, le schah, en état de moindre résistance, sera lésé quand il exhibera son armée, le père voulant manifester la noblesse de son fils. Puis il sera fait en Iran ce que jadis firent les prêtres (avoir le pouvoir).

« Lundi 6 novembre 1978, le général Azhari, chef de l'armée de terre, est nommé chef du gouvernement. L'entrée en force des militaires bouleverse radicalement les données du problème. Hier encore en coulisse et n'intervenant que pour contenir la vague de mécontentement, l'armée occupe désormais *le devant de la scène* (*présentant*) » (Régis

Faucon, « La révolution des ayatollahs », *Le Spectacle du monde*, n° 201, décembre 1978).

« En 1967, alors qu'il se préparait à se couronner lui-même empereur et à couronner l'impératrice Farah, Mohammed Reza déclarait : “*Je veux laisser à mon fils* une nation jeune, évoluée, fière, tout à fait moderne, parfaitement stable et de plus en plus tournée vers l'avenir et la coopération avec les peuples du monde entier…” »

« Son *père* lui a confié ces dernières années des tâches de représentation dont il s'est très bien acquitté. En 1971 déjà, au moment des fêtes de Persépolis, le schah avait laissé entendre qu'il laisserait un jour le pouvoir à son fils » (« Le front commun contre la dynastie », *Le Spectacle du monde*, n° 203, février 1979).

« Mardi 16 janvier 1979 : départ du schah pour l'Égypte.

« Dimanche 21 janvier 1979 : démission de M. Tehrani, président du Conseil de régence.

« Jeudi 1er février 1979 : retour de l'ayatollah Khomeiny à Téhéran.

« Samedi 3 février 1979 : l'ayatollah Khomeiny annonce la création d'un Conseil national islamique » (« Iran : deux cent mille *mollahs* sur le pied de guerre », *Le Figaro Magazine*, 19 janvier 1980).

LA RÉPUBLIQUE ISLAMIQUE (1979)
ARRIVÉE AU POUVOIR DE SADDAM HUSSEIN
(16 juillet 1979)

VIII, 70

Il entrera vilain, meschant, infâme,
Tyrannisant la Mésopotamie :
Tous amis faict d'adulterine dame,
Terre horrible noir de phisionomie.

Moyen français *entrer* : entamer, commencer. *Mésopotamie* : aujourd'hui l'Irak ; région comprise entre le Tigre et l'Euphrate. *Adultérin*, du latin *adulterinus* : falsifié, faux. *Dame* : ce mot est fréquemment utilisé par Nostradamus pour désigner une République, symbolisée par un personnage féminin.

Le personnage affreux, méchant et infâme entrera en Irak pour imposer sa tyrannie. Ils seront tous amis d'une fausse République (la République islamique) ; la Terre sera horrifiée par cette physionomie noire.

On pourrait presque accuser Nostradamus de « délit de faciès » ! Mais vu les massacres et les horreurs infligés par ce « dictatueur » (si l'on me permet ce néologisme) à son peuple, on lui pardonnera cette description du personnage.

On pouvait envisager, dès 1980, que l'Irak se retournerait contre l'Occident, alors qu'on fournissait à ce pays les armes les plus sophistiquées, et qu'il resterait un ennemi des pays chrétiens.

L'ARMÉE RUSSE EN AFGHANISTAN (1980) EXTERMINATION DE LA RÉSISTANCE

X, 31

Le sainct empire viendra en Germanie,
Ismaélites trouveront lieux ouverts :
Anes voudront aussi la Carmanie,
Les soustenans de terre tous couverts.

Sainct empire : on connaît l'expression « sainte Russie » ; Nostradamus met entre parenthèses les soixante-treize ans de communisme (1917-1990). *Ismaélites* : les Arabes considèrent *Ismaël*, fils d'Abraham et de l'esclave égyptienne Agar, comme le père de leur nation. *Ânes* : Strabon nous dit que certains peuples de Carmanie conduisaient des ânes à la guerre, qui désignent ici les combattants. La *Carmanie* était une province de l'empire des Perses, formant actuellement le territoire de l'Afghanistan ; c'est la *Germania* des Anciens ; redoutable piège : Nostradamus désigne l'Afghanistan par deux de ses anciens noms. Moyen français *soustenir* : supporter, résister.

Les Russes viendront en Afghanistan ; les musulmans trouveront les lieux ouverts. Les combattants voudront aussi garder l'Afghanistan. Les résistants seront couverts de terre.

« Afghanistan, l'hôpital *enterré* (*de terre tous couverts*) : chaque jour, les résistants (*soustenans*) afghans meurent dans un désert sanitaire » (*L'Express*, 6-12 septembre 1980).

« Les habitants de certains villages afghans rapportent que, tous les soirs à la nuit tombée, les moteurs de lourds bulldozers se mettaient en marche. Le sordide travail de terrassement auquel ils se livraient emplit d'horreur. Des prisonniers, des instituteurs, des intellectuels supposés hostiles au régime, mais aussi des femmes et des enfants, étaient *enterrés vivants*, broyés, déchiquetés (*les soustenans de terre tous couverts*) » (*France-Soir*).

LE SOCIALISME ET FRANÇOIS MITTERRAND PRINCIPALES ÉTAPES DE LA MARCHE AU POUVOIR

Sixain 44

La belle rose en la France admirée,
D'un très grand Prince à la fin désirée,
Six cens et dix, lors naistront ses amours,
Cinq ans après, sera d'un grand blessée,
Du trait d'Amour, elle sera enlassée,
Si à quinze du Ciel reçoit secours.

La belle rose (du socialisme) sera admirée en France et son grand chef (François Mitterrand) sera enfin désiré. C'est au bout d'un peu plus de cinquante ans que sa passion (pour l'État) prendra naissance. Le socialisme sera cinq ans plus tard impressionné par un grand (François Mitterrand) et ne sera pas atteint par les critiques (attaques politiques), puisque après quinze ans, il recevra une aide du ciel (juifs et catholiques).

1916 : naissance de François Mitterrand.

Six cent dix mois (cinquante ans) plus tard : 1966. « Le 5 mai 1966, François Mitterrand annonce la formation d'un contre-gouvernement analogue au *shadow cabinet* britannique. »

Cinq ans après : 1971. Le 16 juin 1971, organisation du nouveau Parti socialiste sous la direction de François Mitterrand.

Quinze ans après : 1981. Le 10 mai 1981, François Mitterrand est élu président de la République.

« Sur les un million cent mille voix qui ont manqué à Giscard, au moins cinq cent mille proviennent des moins de vingt et un ans. Les six cent mille autres se trouvent sans doute parmi les minorités irritées : catholiques qui ont préféré s'abstenir à cause de l'avortement, juifs affectés par Yasser Arafat (*du Ciel reçoit secours*) » (*Le Spectacle du monde*, nº 231, juin 1981).

L'expression *grand Prince* se réfère au fait que François Mitterrand a été le premier président de la République à conserver le pouvoir quatorze ans (deux mandats de sept ans).

LA PROPHÉTIE DE NOSTRADAMUS PORTÉE PAR LES MÉDIAS (1981) LE BUT DE LA PROPHÉTIE

III, 2

Le divin Verbe donra à la substance,
Comprins ciel, terre, or occult au laict mistique,
Corps, ame, esprit ayant toute puissance,
Tant soubz ses pieds comme au siège Célique.

Le divin Verbe fait référence à l'inspiration divine, dont Nostradamus parle dans sa préface, et désigne ici la prophétie, parole de Dieu. Moyen français *substance* : l'essentiel d'un message. *Célique* : céleste.

La prophétie donnera à l'essentiel du message (de Nostradamus), sur terre comme dans le ciel (presse écrite, radio et télévision), ce qui était alors caché sous un esprit symbolique, montrant que l'âme et l'esprit ont toute puissance sur le corps, autant sur terre que dans le ciel.

LA PROPHÉTIE DE NOSTRADAMUS ATTAQUÉE PAR DES HOMMES D'ÉGLISE (1981)

II, 27

Le divin verbe sera du Ciel frappé
Qui ne pourra procéder plus avant

Du resserant le secret estoupé,
Qu'on marchera par-dessus et devant.

Resserant, du latin *reserare* : dévoiler, révéler. Moyen français *estouper* ou *estoper* : fermer la bouche à quelqu'un.

La prophétie sera attaquée par (des hommes d')Église, qui ne pourront aller davantage contre elle. On voudra étouffer le secret du traducteur qu'on piétinera et précédera (dans la critique).

Ces deux quatrains décrivent fort bien le phénomène mondial qu'a suscité la publication de *Nostradamus, historien et prophète* en 1981. Ainsi, Mgr Etchegaray, alors président de la Conférence épiscopale, lançait dans *Le Provençal* cet avertissement en forme d'anathème : « Ne te livre pas au mage Nostradamus. » Il montrait ainsi qu'il n'avait jamais lu les écrits de Nostradamus qui, comme le lecteur l'aura vu précédemment, a condamné sans appel la magie dans sa *Lettre à César*. Il n'aurait pas manqué de noter la proclamation de Nostradamus de son appartenance à l'Église, d'autant que le prophète a été inhumé, en pleine Inquisition, dans une église de Salon-de-Provence. D'autre part, ce genre de condamnation rappelle les heures sombres de l'Inquisition, qui coûta si cher à l'Église… Quant aux médias, à quelques exceptions près, le mot d'ordre fut : « Haro sur le prophète ! » Ce qui démontre l'authenticité de la prophétie, comme il est indiqué dans l'Évangile de Luc : « Malheur à vous quand tout le monde dira du bien de vous ! C'est bien de cette manière que leurs pères traitaient les faux prophètes. » En revanche, les faux prophètes et fausses prophétesses continuent de sévir dans les médias qui leur offrent de larges tribunes mesurées à leur notoriété (couturier-parfumeur ou astrologue conseillère d'un président de la République, par exemple !) – personnes qui ont un grand art de manipulation des médias pour faire parler d'elles.

XXe SIÈCLE : SIÈCLE DE LA GAUCHE ÉGALITÉ DE PAROLE

II, 10

Avant longtemps le tout sera rangé,
Nous espérons un siècle bien senestre :

L'estat des masques et des seuls bien changé
Peu trouveront qu'à son rang veuille estre.

Ranger : soumettre avec contrainte, ranger un pays sous sa puissance, sous ses lois. *Senestre*, du latin *senester* : gauche. Ancien français *seul*, forme de : siècle. *À son rang*, parler *à son rang* : prendre la parole selon le rang qu'on occupe.

Avant longtemps tout sera soumis à de nouvelles lois. On espère un siècle bien à gauche : l'aspect des gens et des siècles sera bien changé. Peu de gens penseront qu'on puisse encore parler selon son rang.

La formule *nous espérons* signifie que les peuples du XXe siècle attendront le bonheur annoncé dans les idées de gauche héritées des philosophes du XVIIIe siècle : Voltaire, Rousseau ; idées prolongées et amplifiées par les philosophes du XIXe : Claude Henri de Rouvroy, comte de Saint-Simon (1760-1825), Charles Fourier (1772-1837), Joseph Proudhon (1809-1868), Karl Marx (1818-1883) et Friedrich Engels (1820-1895).

De la révolution russe d'octobre 1917 à la chute du mur de Berlin le 9 novembre 1989, le XXe siècle aura été fortement marqué par le communisme (*bien senestre*), jusqu'à cet événement qu'aucun politologue n'avait ni envisagé ni prévu, qui marqua le déclin de tous les Partis communistes d'Europe, dont la plupart disparurent en changeant d'appellation, sauf en France !

« Le travail législatif sous la présidence de Jules Grévy, de 1879 à 1886, fut considérable, le plus important sans doute qu'on ait fait en France depuis le Consulat, et la France lui doit nombre de ses traits actuels (*masques*). Au début de 1882, les chefs républicains étouffèrent le ministère du vrai fondateur du régime, Gambetta : il était resté soixante-dix-sept jours au pouvoir ! Peu après, Jules Ferry se laissa aller, non pas à dire, mais à suggérer que "*le péril est à gauche*"... On commençait à sentir à droite que "l'esprit du mal est celui qui dit toujours non" et l'on se préoccupait de changer de méthode et d'esprit. »

On peut se demander si Nostradamus n'a pas donné au mot *senestre* la double signification de « gauche » et de « péril », à cause de l'étymologie du mot qui a donné également « sinistre » : lorsqu'à Rome les grands prêtres lisaient dans les entrailles du taureau, si les oiseaux passaient à senestre (à gauche) c'était mauvais signe, s'ils passaient à dextre (à droite) c'était bon signe.

GUERRE IRAK-IRAN (1980-1990)

I, 55

Sous l'opposite climat babylonique,
Grande de sang sera effusion,
Que terre & mer ciel sera inique,
Sectes, faim, regnes, peste, confusion.

Ancien français *climat* : région. *Inique* : défavorable.

Dans la région opposée à l'Irak (c'est-à-dire l'Iran), il y aura une grande effusion de sang, au point que (la guerre) sur terre, sur mer et dans le ciel sera défavorable, et cela à l'époque des sectes, de la famine, dans les pays on connaîtra l'épidémie et la confusion.

La guerre entre l'Irak et l'Iran a débuté le 23 septembre 1980 pour se terminer le 15 août 1990, après dix années d'un carnage qui fit des centaines de milliers de morts dans les deux camps (*grande de sang sera effusion*).

L'année 1980 correspond à l'apparition du sida (*peste*).

CONFÉRENCE ENTRE ARABES ET JUIFS ASSASSINAT DE SADATE (6 octobre 1981)

II, 34

L'ire insensée du combat furieux,
Fera à table par frères le fer luire,
Les départir, blessé, curieux,
Le fier duelle viendra en France nuire.

La folle colère du combat furieux fera luire le fer par les Frères musulmans à cause d'une conférence. Pour les séparer, un personnage (Sadate) sera blessé à mort d'une façon curieuse.

« Le 26 mars 1979, Israël et l'Égypte signent la paix, après les accords de Camp David du 17 septembre 1978. »

« Le 6 octobre 1981, le président égyptien Anouar al-Sadate vient de mourir, victime d'un attentat. Le raïs assistait à un défilé militaire au Caire ; alors que passait devant lui une unité d'élite de l'armée, trois soldats ont sauté d'une jeep et ouvert le feu sur la tribune présidentielle, *blessant* très grièvement Sadate (*curieux*). Le président Sadate est mort quelques heures après. Les *Frères* musulmans sont à l'origine de l'assassinat. »

« 22 avril 1982 : attentat à Paris, rue Marbeuf : un mort et soixante-trois blessés dans l'explosion d'une voiture piégée devant les locaux du journal libanais *Al-Watan*, connu pour ses positions antisyriennes.

« 9 août 1982 : attentat rue des Rosiers, à Paris ; six morts et vingt-deux blessés. L'attentat est l'œuvre de dissidents palestiniens. »

COUP D'ÉTAT EN POLOGNE (13 décembre 1981) PERSÉCUTIONS RELIGIEUSES KADHAFI ET LA POLOGNE

V, 73

Persécutée de Dieu sera l'Église,
Et les saincts temples seront expoliez,
L'enfant, la mère mettra nud en chemise.
Seront Arabes aux Polons ralliéz.

L'Église catholique sera persécutée en Pologne et les Églises seront expropriées. La mère (l'Église) sera mise nue par ses propres enfants et les Arabes seront alliés aux Polonais (pacte de Varsovie).

L'Église catholique ayant pris fait et cause pour le syndicat Solidarnosc, la persécution des autorités militaires contre Lech Walesa et les ouvriers membres de son syndicat a atteint directement l'Église. Cette seule explication pourrait suffire à démontrer l'exactitude de cette prophétie, mais il y a encore plus précis. En effet, le journal *Le Méridional*, en avril 1982, écrivait : « Pologne : deux prêtres devant la justice militaire. Pour la première fois depuis l'époque stalinienne, deux prêtres ont été traînés en justice, l'un pour avoir tenu des propos séditieux, l'autre pour être accusé de recel d'armes, afin de mettre l'épiscopat polonais, trop influent, en situation délicate dans un pays où sévit l'état de siège. »

Le Corriere della Sera titrait un article d'août 1981 : « *La Libia minaccia : potremmo aderire al Patio di Varsavia* » (La Libye menace : nous pourrions adhérer au pacte de Varsovie). Ce qui fut fait, en septembre, sur un bateau de la flotte russe de Méditerranée dans le golfe de Syrte, au large des côtes libyennes. Et, pour compléter l'illustration de ce quatrain, *L'Express* du 5 février 1982 écrivait : « Pologne : intenses échanges avec Tripoli. Plus de deux cents cadets libyens viennent d'arriver à Varsovie pour s'y initier au maniement d'armes spéciales. Peu avant, un membre du conseil militaire polonais s'était rendu à Tripoli pour rencontrer Kadhafi. »

Quant à la Pologne persécutée *par ses propres enfants*, voici la déclaration qui fut faite sur les ondes de Radio Solidarnosc, et rapportée par le journal *Le Méridional* du 14 avril 1982 : « La speakerine a ensuite flétri les autorités pour avoir déclaré la guerre à leur propre peuple. »

« Le prêtre Jerzy Popielusko, en 1980, célèbre des "messes de la patrie" condamnant le régime en place, au nom du respect des droits de l'homme. Considéré comme dangereux par le régime, il fut arrêté le 19 octobre 1984, battu et assassiné. Son corps fut jeté dans la Vistule. »

GUERRE DES MALOUINES (2 avril-14 juin 1982)
GRANDES BATAILLES NAVALES DANS L'ATLANTIQUE

III, 1

Après combat et bataille navalle,
Le grand Neptune à son plus haut befroy :
Rouge adversaire de peur deviendra pasle,
Mettant le Grand Occean en effroy.

Beffroi : tour dans laquelle une cloche sonne l'alarme.

Après un combat naval, l'Angleterre connaîtra sa plus grande alarme. Puis l'adversaire soviétique pâlira de peur, après avoir semé la terreur dans l'Atlantique.

Le 2 avril 1982, l'armée argentine s'est emparée de l'archipel des Malouines, ou Falklands.

Qui aurait pu prévoir, en 1980, que l'Angleterre pourrait être entraînée dans une importante bataille navale dans l'Atlantique ? Moi, non. Nostradamus, oui !

Tous les médias ont noté qu'il fallait remonter à la Seconde Guerre mondiale pour trouver une bataille navale de cette ampleur, au cours de laquelle une douzaine de navires, tant argentins que britanniques, furent coulés.

Dans ma traduction de ce quatrain, l'Union soviétique était impliquée dans cette guerre, dont la plus grande partie fut navale. Philippe Bernert écrivait dans le journal *VSD* du 17 juin 1982 : « En principe, les Argentins n'étaient pas en mesure de capter et de décoder les communications. Ils n'avaient aucun navire, aucun avion de reconnaissance dans cette zone des Malouines. Pourtant, ils avaient été avertis dans les plus petits détails. Par vagues successives, des bombardiers Skyhawk et Mirage foncèrent sur les deux grands transporteurs de troupes, le *Sir Tristam* et le *Sir Glahad*. Ce fut un massacre... »

« "Les Américains ont refusé de nous prêter leurs Awacs qui auraient pu nous éviter la perte de nombreux navires, soupire un des adjoints de l'amiral Woodward. *Mais les Russes n'ont pas hésité à jouer contre nous*."

« D'après les premières indications, les Soviétiques paraissent avoir été au courant des intentions de Buenos Aires dès le mois de mars. En effet, l'énorme dispositif de guerre électronique que les Russes (*rouge adversaire*) vont tisser au-dessus de l'Atlantique Sud commence à se mettre en place avant le coup de force argentin. »

Le journaliste explique que les Russes ont lancé deux satellites le 31 mars, puis un troisième le 2 avril, jour même du débarquement argentin sur les Malouines. Comme si ce dispositif déjà sophistiqué ne suffisait pas, quatre autres satellites à objectifs différents et précis seront lancés les 16, 21, 23 et 29 avril.

Le « mardi noir » a bien été pour l'Angleterre *son plus haut beffroy* depuis 1945.

TCHERNOBYL (26 avril 1986)

IV, 67

L'an que Saturne et Mars égaux combust,
L'air fort seiché, longue trajection

Par feux secrets d'ardeur grand lieu adust,
Peu pluie, vent chaud, guerre, incursion.

Ancien français *combust* : briller, pour un astre. *Trajection*, déformation de trajectoire, pour les besoins de la rime. *Adust*, du latin *adustus* : brûlé.

L'année où la comète brillera à égale distance de Saturne et de Mars, l'air sera fort séché et un grand lieu brûlera par des feux ardents qui seront gardés secrets. Cette chaleur sera portée par le vent avec peu de pluie (l'eau est la première protection contre les radiations). Il y aura un acte de guerre par une incursion.

La comète de Halley était à égale distance de Saturne et de Mars au mois d'avril 1986. Le deuxième événement annoncé dans le quatrain (*guerre, incursion*) eut lieu le 15 avril. C'est ce jour-là que dix-huit bombardiers américains F-111, partis de Grande-Bretagne, bombardèrent le palais du colonel Kadhafi à Tripoli et Benghazi. Le second événement eut lieu le 26 avril, soit onze jours plus tard : Tchernobyl ; un gigantesque nuage radioactif porté par les vents touchait pratiquement toute *l'Europe jusqu'à la Bretagne* (*l'air fort seiché, longue trajection*). Enfin ces feux furent gardés *secrets*, au point qu'aujourd'hui encore, toute la vérité n'est pas faite sur cette première et terrible grande catastrophe nucléaire provoquée par l'homme apprenti sorcier.

En ce qui concerne le secret gardé sur cette catastrophe, Bella Belbéoch du Groupe de scientifiques pour l'information sur l'énergie nucléaire (GSIEN), sous le titre « Tchernobyl, cancers des enfants et chromosome 21 », écrit : « L'éditorial du très sérieux *British Medical Journal* du 16 juillet 1996 avait en sous-titre "*Il n'y a probablement pas de souci à se faire*" ou, plus prosaïquement : il n'y a pas de quoi fouetter un chat. Cela a choqué et entraîné quelques réponses indignées parmi les scientifiques qui travaillent sur les cancers de la thyroïde des enfants, en collaboration avec la Biélorussie… Lors des congrès internationaux officiels, la voix des scientifiques et médecins locaux est noyée dans le concert des ténors occidentaux. La plupart du temps ils n'osent pas intervenir, même quand les mensonges (*secrets*) énoncés sont flagrants, comme en témoigne le professeur Fernex qui a assisté au congrès de Vienne. »

INONDATIONS À NÎMES (octobre 1988)

X, 6

Gardon Nemans si hault déborderont,
Qu'on cuidra Deucalion renaistre :
Dans le Colosse, la plupart fuiront,
Vesta sepulchre feu estaint aparaistre.

Gardon : torrent qui descend des Cévennes. Plusieurs éditions du XVIIe siècle mentionnent *Nyme* au lieu de *Nemans* ; il semble que les typographes du XVIe siècle aient changé le *u* de *Nemaus* en *n* ; en effet, Nîmes se dit en latin *Nemausus. Deucalion* : dans la mythologie grecque, ce fils de Prométhée, fatigué du séjour sauvage de la Scythie où son père l'avait relégué, saisit la première occasion et vint régner en Thessalie, près du Parnasse ; c'est sous son règne qu'arriva le fameux déluge : Jupiter, voyant croître la malice des hommes, résolut de submerger le genre humain, hormis une seule montagne de la Phocide où vint s'arrêter la petite barque qui portait Deucalion, le plus juste des hommes (on retrouve ici le personnage biblique de Noé). *Colosse*, d'où vient : Colisée. *Vesta* : déesse du feu, que les Grecs nommaient Hestia, mot qui signifie « foyer de la maison » ; son culte consistait principalement à entretenir le feu qui lui était consacré et à prendre garde qu'il ne s'éteigne.

Un torrent débordera si haut à Nîmes qu'on croira le déluge revenu dans les arènes. Les gens fuiront, d'autres mourront dans l'obscurité.

Lors de cette catastrophe, *Paris-Match* légendait ainsi une photo des arènes inondées : « Les arènes (*le Colosse*), le lieu de fêtes de l'homme et du taureau, se sont transformées soudain en théâtre tragique. Et ces pierres deux fois millénaires ont subi l'outrage des catastrophes naturelles. Après le déluge, elles s'élevaient comme un grand cargo dans la ville noyée (*on cuidra Deucalion renaistre*). »

Cette catastrophe fit onze morts (*sepulchre*) et la ville fut privée de courant (*feu estaint*).

CHUTE DU MUR DE BERLIN (9 novembre 1989)
INVASION DU KOWEÏT PAR L'IRAK (2 août 1990)

V, 46

L'oiseau royal sur la cité solaire
Sept mois devant fera nocturne augure :
Mur d'Orient cherra tonnerre esclaire,
Sept jours aux portes les ennemis à l'heure.

Oiseau royal : l'aigle américain. *Cité solaire*, traduction du grec *Heliopolis*, ancienne capitale de l'Égypte.

L'oiseau royal s'alliera à la cité solaire. Sept mois avant cette alliance, il y aura eu un présage de nuit : le « mur de l'Est » tombera dans des éclairs et du bruit. Sept mois plus tard, les ennemis s'empareront en sept jours des portes de la ville (Koweït City).

Dans la coalition contre l'Irak, les deux pays les plus en vue furent les États-Unis (*l'oiseau royal*) et l'Égypte (*la cité solaire*) qui fournirent les contingents de soldats les plus importants.

Tout le monde a en mémoire la grande fête donnée à la porte de Brandebourg à Berlin le 31 décembre 1989, dans le tonnerre des feux d'artifice, qui consacra la chute du *mur* de la honte. *Sept mois* plus tard, dans la nuit du 1er au 2 août, les forces armées irakiennes envahissaient le Koweït et *sept jours* plus tard, le 8 août, Bagdad annexait sa « dix-neuvième province ».

Le troisième vers de ce quatrain permettait, dès 1980, d'envisager la chute du *mur* de Berlin. Une objection concernant ce *mur d'Orient* a souvent été faite : pourquoi ne s'agirait-il pas de la grande muraille de Chine ? On imagine difficilement la chute de l'immense muraille de Chine. Le mot-clé de ce quatrain est *mur d'Orient*. Enfin, au XVIe siècle, on utilisait le mot *Orient* pour désigner l'Est.

Nostradamus a vu la naissance de Saddam Hussein et sa montée en puissance. En outre, il a indiqué le jour de la semaine où serait envahi le Koweït et a donné une partie du nom de l'opération des puissances occidentales contre l'Irak, « Tempête du désert ».

NAISSANCE DE SADDAM HUSSEIN À TIKRIT GUERRE DU GOLFE : « TEMPÊTE DU DÉSERT » (17 janvier-28 février 1991)

I, 50

De l'aqualique triplicité naistra,
D'un qui fera le jeudy pour sa feste,
Son bruit, loz, regne sa puissance croistra,
Par terre & mer aux Oriens tempeste.

Triplicité : qualifie quelque chose de triple. Ancien français *loz* ou *los* : louange.

Un (personnage, Saddam Hussein) naîtra entre trois eaux (le Tigre, l'Euphrate et le golfe Persique) et il choisira un jeudi pour faire sa fête (invasion du Koweït). Son bruit, sa louange, son pouvoir croîtront en puissance. Puis au (Moyen-)Orient il y aura tempête (du désert) par terre et par mer.

LES SOIXANTE-TREIZE ANS DE COMMUNISME EN URSS (1917-1990)

VI, 74

La déchassée au regne tournera,
Ses ennemis trouvez des conjurés :
Plus que jamais son temps triomphera,
Trois et septante à mort trop assurée.

Déchassée : « pas de danse qui se fait vers la gauche, par opposition au chassé qui se fait vers la droite ».

La gauche arrivera au pouvoir. Des conjurés seront ses ennemis ; (malgré eux) son temps triomphera plus qu'il ne l'a jamais fait. Ce (régime) de gauche n'est que trop assuré de mourir au bout de soixante-treize ans.

GUERRE DU GOLFE (1991)

VI, 97

Cinq et quarante degrez ciel bruslera,
Feu approcher de la grand cité neuve :
Instant grand flamme éparse sautera,
Quand on voudra des Normans faire preuve.

Sur le 45e degré de longitude (Bagdad), le ciel brûlera, le feu approchera de la grande cité neuve. En un instant la flamme dispersée sautera sur la ville quand (Saddam Hussein) aura voulu mettre les Anglo-Américains à l'épreuve (par l'invasion du Koweït).

Les interprètes fantaisistes n'ont pas pris garde au fait que Nostradamus ne précise pas s'il s'agit du 45e degré de latitude ou de longitude, comme pour le 48e degré commenté plus haut ; ils ont attribué ce quatrain à l'attentat du 11 septembre à New York. En arithmétique, *cinq et quarante* n'ont jamais fait 40,5 mais 45. Là encore se cache une double signification. Les « manipulateurs » des quatrains ont donc arbitrairement décidé qu'il s'agissait de latitude. Hélas pour eux, New York est au 40,5e de latitude et non au 45e. Sur le continent nord-américain les villes qui se situent sur le 45e parallèle sont : Montréal, Ottawa, Minneapolis et… Salem !

Si on envisage le 45e degré de longitude, celui-ci passe par… Bagdad ! Il s'agit donc de la guerre du Golfe, annonciatrice de la guerre des Anglo-Américains contre l'Irak. Dans *Sud-Ouest Dimanche* du 23 septembre 2001, Christophe Lucet écrit, sous le titre « Les lieux saints profanés » : « Pour les croyants l'irruption des soldats américains en 1990 en Arabie saoudite a été un choc. » 1990-2001 : on retrouve les onze ans donnés par Nostradamus dans sa *Lettre à Henry, roi de France second,* et l'on comprend mieux pourquoi il implique directement l'Irak (*Babel*) dans les attentats qui ont frappé l'Amérique.

« Bagdad, capitale de l'Irak installée sur la rive gauche du Tigre, à l'entrée des grandes plaines d'inondations du bas Irak. *La ville moderne* conserve peu de choses de son prestigieux passé. Son développement récent et très rapide (*cité neuve*) n'a été rendu possible que lorsque le danger de submersion a été écarté grâce à la construction de barrages, de digues et de drains... » (*Encyclopædia universalis*).

Bagdad est donc une ville plus récente et plus neuve que New York.

LE SCHISME DE Mgr LEFEBVRE

V, 46

Par chapeaux rouges querelles et nouveaux schismes,
Quand on aura élu le Sabinois :
On produira contre lui grands sophismes.
Et sera Rome lésée par Albanois.

Dans la Rome antique le qualificatif de *Sabinois* était synonyme d'« étranger » ; ce qui désigne Jean-Paul II, pape polonais.

À cause (de nomination) d'évêques, il y aura des querelles et de nouveaux schismes, après qu'on aura élu l'étranger. On lancera contre lui de grands sophismes (les sermons des traditionalistes) et l'Église romaine sera lésée par les gens d'Albano.

C'est bien la nomination d'évêques (*chapeaux rouges*) par Mgr Lefebvre qui a provoqué son excommunication et consacré le schisme dans l'Église. Le mouvement de Mgr Lefebvre avait deux centres importants : le séminaire d'Écone, près du lac Léman, et le séminaire d'*Albano*, au sud de Rome – piège tendu aux exégètes qui traduisirent par « Albanie » !

Il faut remonter à 1533 pour retrouver un schisme dans l'Église, avec l'excommunication d'Henri VIII d'Angleterre.

Mgr LEFEBVRE SUSPENDU *A DIVINIS* (1988)
LE SÉMINAIRE D'ALBANO

Présage 54

Privés seront Razés de leurs harnois,
Augmentera leur plus grande querelle :

Père Liber deceu fulg. Albanois,
Seront rongées sectes à la moelle.

Razés : les ecclésiastiques traditionalistes ont conservé la tonsure, « espace circulaire que l'on rase sur la tête des clercs ». *Harnois* : vêtements (les habits sacerdotaux). *Père Liber*, traduction de l'expression latine *liber a patre* : affranchi de la puissance paternelle. *Fulg.*, abréviation de *fulgor* : foudre.

Les tonsurés seront privés de leurs attributs religieux, ce qui augmentera leur esprit querelleur. Celui qui s'est affranchi du pape sera déçu et ceux d'Albano seront frappés par les foudres (du Vatican). Leurs idées sectaires seront rongées jusqu'à la moelle.

LE SÉMINAIRE D'ÉCONE
LE RETOUR AUX IDÉES TRADITIONALISTES

Présage 50

Du lieu esleu Razés n'estre contens,
Du lac Leman conduite non prouvée :
Renouveller on fera le vieil temps
Espeuïllera la tram tant couvée.

Lac Leman : le séminaire d'Écone se trouve à Riddes, en Suisse, à une trentaine de kilomètres du lac Léman. *Trame* : complot, intrigue. *Couver* : développer secrètement.

Les tonsurés ne seront pas contents de l'élection au Vatican. La conduite de ceux du lac Léman ne sera pas approuvée parce qu'ils renouvelleront les rites anciens. Leur intrigue secrètement développée les fera dépouiller.

Les traditionalistes ont rejeté les réformes du concile Vatican II et sont revenus à la messe de Pie V, pape de 1566 à 1572 (*le vieil temps*).

GUERRE EN YOUGOSLAVIE (1991-1992) MOUVEMENTS NÉOFASCISTES EN ALLEMAGNE ET EN ITALIE (1992)

II, 32

Lait, sang grenouilles escoudre en Dalmatie,
Conflit donné, peste près de Balennes,
Cri sera grand par toute Esclavonie,
Lors naîtra monstre près et dedans Ravenne.

Lait : symbole de douceur, utilisé sept fois dans ce sens par Nostradamus. Les *grenouilles*, nous dit le dictionnaire, figurent tous les peuples de l'histoire, et aussi tous les braves gens qui ne sont pas contents de leur situation. *Balennes*, francisation et raccourci par apocope de Ballenstedt, petite ville de l'ex-RDA. *Esclavonie* : ancienne province de l'Empire austro-hongrois dont le comitat de Syrmie avait pour chef-lieu Vukovar.

Au premier coup d'œil, on ne peut que trouver ce texte bien abstrus. Comme la plupart des écrits prophétiques de Nostradamus, celui-ci demande un travail de recherche minutieux pour être « mis à plat » et transcrit en langue moderne.

Après la douceur de vivre, le sang du peuple coulera en Yougoslavie. Lorsque le conflit aura éclaté, il y aura une peste (brune) près de Ballenstedt ; alors, le cri (du peuple) sera grand à travers toute l'Esclavonie. Puis on verra une calamité près de Ravenne et dedans.

La guerre en Yougoslavie a bien commencé sur la côte *dalmate* avec le blocus et le bombardement des villes de Dubrovnik (l'ancienne Raguse), Zadar et Pula.

Que vient donc faire Ballenstedt avec la situation dans les Balkans ? *Le Monde* du mardi 15 septembre 1992, au sujet des violences racistes dans l'ex-RDA, nous apprenait que « les affrontements les plus graves avaient eu lieu à Quedlinburg, en Saxe-Anhalt, une vieille ville historique qui fut le siège du Saint Empire romain germanique au début du millénaire et qui avait connu une certaine renaissance sous le IIIe Reich ». Or la ville de Quedlinburg est à environ douze kilomètres de Ballenstedt (*près de Balennes*). Ces violences ont contraint les autorités de la ville à fermer le foyer d'immigrés qui avait été l'objet de ces attaques d'extrémistes. Il est fréquent de voir Nostradamus relier dans un même quatrain des événements contemporains se déroulant dans des endroits différents et n'ayant, en apparence, aucun lien entre eux.

Quant aux *cris* du peuple en *Esclavonie*, nul n'a oublié les images télévisées de la ville martyre de Vukovar, détruite à 80 %.

Enfin, en ce qui concerne *Ravenne*, la radio nous apprenait, le dimanche 20 septembre, qu'une violente manifestation des néofascistes venait d'avoir lieu dans cette ville. Quelles arguties trouveront les détracteurs de Nostradamus pour prétendre qu'il n'y a pas là des précisions, *a minima*, plus que troublantes ?

IX, 60

Conflit Barbare en la Cornere Noire,
Sang épandu trembler la Dalmatie,
Grand Ismael mettra son promontoire,
Ranes trembler, secours Lusitanie.

Cornere Noire : Nostradamus a fait un raccourci dont il est coutumier, en joignant « Corne d'Or » (quartier d'Istanbul) et « mer Noire ». Au XVIe siècle, *Ismaël* fonda en Perse la dynastie des Sophis ; Nostradamus désigne sous ce nom le chef d'État de l'Iran, à moins qu'il ne s'agisse du nouvel homme fort du Hamas, *Ismaël* Haniyeh. *Ranes*, du latin *rana* : grenouille (*cf.* quatrain précédent). *Lusitanie* : ancien nom du Portugal.

Un conflit sera déclenché par les musulmans à Istanbul et dans la mer Noire. Le sang sera répandu en Dalmatie qui tremblera (bombardements ?). Le grand Ismaël atteindra son point culminant ; les peuples trembleront et le secours viendra du Portugal (débarquement ?)

Ce quatrain nous montre combien les Européens sont inconscients en laissant couver dans les Balkans un incendie qui pourrait se rallumer. Après le Kosovo, le feu atteindra-t-il la Macédoine et l'Albanie voisines ? Nostradamus conclut son quatrain en nous indiquant que le secours viendra du Portugal. S'agit-il d'une conférence ou d'un événement prochain ? Il est trop tôt pour le savoir, car, comme souvent, Nostradamus relie dans un même texte des événements qui se déroulent dans des temps et dans des espaces différents.

Dans *Le Figaro* du mercredi 28 décembre, sous le titre très « nostradamique » « L'Europe délaisse la mer Noire, région clé pour sa sécurité », on pouvait lire : « Après la Baltique, la mer Noire deviendra dans un an, avec l'adhésion de la Roumanie et de la Bulgarie, la nouvelle frontière orientale de l'Union européenne... Les Européens et surtout les Américains souhaitent la sécuriser. Contre ou avec la Russie qui cherche à reprendre le contrôle des pays riverains... »

Dans *Le Figaro* des 9 et 10 janvier 1999, on lisait également : « La menace de frappes de l'OTAN a permis en octobre de parvenir à un cessez-le-feu au Kosovo. Mais, aujourd'hui, la guerre risque de reprendre. Le secrétaire général de l'Alliance atlantique, Javier Solana, souligne que la communauté internationale pouvait difficilement se mobiliser davantage. Il en appelle à une initiative politique afin que le Kosovo ne soit pas la chronique d'une guerre annoncée. »

II, 84

Entre Campagne, Sienne, Flora, Tustie,
Six mois neuf jours ne pleuvra une goute,
L'estrange langue en terre Dalmatie,
Courira sus, vastant la terre toute.

Campagne : la Campanie, région de Naples. *Sienne* et *Flora* (Florence) : villes de Toscane. *Tustie* : la Tuscie, qui comprenait autrefois l'Étrurie et l'Ombrie.

Entre la Campanie, la Toscane et l'Ombrie, il ne pleuvra pas pendant six mois et neuf jours. On entendra parler une langue étrangère (arabe ?) en Dalmatie ; ces étrangers l'occuperont et dévasteront la terre.

Il est trop tôt pour dire quelle langue étrangère sera entendue en Dalmatie : l'arabe, le russe, le chinois ?

IX, 30

Au port de Puola et de Saint-Nicolas,
Péril Normande au goulfre Phanatique,

Cap. de Bisance rues crier hélas,
Secors de Gaddes & du grand Philippique.

Puola, anagramme de *Palou*, ancien nom de Pula, port de la côte dalmate. *Saint-Nicolas* : quartier de Venise. *Normande* : désigne un peuple du Nord, Allemands ou Russes, dont le pays occupe tout l'hémisphère Nord européen et asiatique. *Goulfre Phanatique* : dans le golfe de Kvarner (autrefois, *golfe Flanatique*), enfoncement de l'Adriatique entre l'Illyrie et l'Istrie (faute de typographie : *h* au lieu de *l* à *Flanatique*). *Gaddes*, pour *Gades*, ancien nom de Cadix. *Philippique* : Nostradamus désigne peut-être ici Juan Carlos, descendant direct de Philippe V, roi d'Espagne, petit-fils de Louis XIV ; la terminaison *-ique* est ajoutée pour la rime.

Dans le port de Pula et à Venise, le péril viendra d'hommes du Nord (?). On entendra crier dans les rues de la capitale Istanbul, puis le secours viendra de Cadix et du roi d'Espagne.

Ces secours du Portugal et d'Espagne donnent une grande importance à venir à la péninsule Ibérique.

VIII, 83

Le plus grand voile hors du port de Zara
Près de Bisance fera sort entreprise :
D'ennemi perte & l'ami ne sera,
Le tiers à deux fera grand pille et prise.

Voile : Nostradamus utilise ce mot pour désigner les avions dont les premiers modèles étaient en toile. *Zara*, ancien nom de Zadar, port sur l'Adriatique.

La plus grande flotte (ou flotte aérienne) sortira du port de Zadar, lancera son opération près d'Istanbul et provoquera une grande perte de ses ennemis. Le tiers (de la Yougoslavie) fera de grands dégâts et du pillage aux deux autres tiers.

La Serbie représente à peu près le tiers de l'ex-Yougoslavie.

Nostradamus ajoute dans le quatrain suivant que nul ne sera capable d'éteindre l'incendie.

BOMBARDEMENTS DE VUKOVAR ET SARAJEVO (1991)

IV, 82

Amas s'approche venant d'Esclavonie,
L'Olestant vieux cité ruinera :
Fort désolée verra sa Romanie,
Puis la grand flamme estaindre ne sçaura.

Esclavonie : Yougoslavie pour Croatie (autrefois l'Esclavonie) par synecdoque. *Olestant*, du grec *olestaî* : faire périr. *Romanie*, *Romania planina* : nom ancien de la chaîne de montagnes qui domine Sarajevo.

Des armées venant de Croatie s'approchent. Le destructeur ruinera une vieille ville (Vukovar). La Bosnie sera fort désolée, puis on ne saura pas éteindre l'incendie de la guerre.

Une des villes principales d'*Esclavonie* est Vukovar ; après sa destruction, l'armée fédérale serbe est venue s'installer dans les montagnes qui dominent Sarajevo pour bombarder et assiéger cette cité, dont l'ancien nom était Bosna-Séraï. Ce destructeur serait-il le général Ratko Mladic ? Dans un numéro spécial de novembre 1992 de *Libération*, consacré à Sarajevo, sous le titre « Ratko Mladic, la brutalité », on lit : « L'homme qui avait menacé de raser le port de Split est poursuivi par la Croatie pour génocide contre des civils dans plusieurs villages de l'arrière-pays dalmate… » En mai 1992, ce général était nommé commandant en chef des forces serbes de Bosnie.

IV, 48

Planure Ausonne fertile, spatieuse,
Produira taons si tant de sauterelles,

Clarté solaire deviendra nubileuse,
Ronger le tout grand peste venir d'elles.

Planure, du latin *planura* : plaine. *Ausonia* : ancien nom de l'Italie. *Planure Ausonne fertile* : la vallée du Pô. *Produire*, du latin *producere* : conduire, amener. Les *taons* et les *sauterelles* représentent dans plusieurs quatrains des armes aériennes (avions et fusées).

Dans la plaine fertile et spacieuse d'Italie, on amènera une si grande quantité de fusées et d'avions que la clarté du soleil sera comme couverte de nuages. Une calamité (guerre bactériologique ?) viendra de ces armes et rongera tout.

Dans plusieurs quatrains précédemment commentés, le mot *peste* apparaît associé à *famine*.

LES SECTES

Dans le nº 4957 d'avril 1992 du *Quotidien du médecin*, on pouvait lire, sous la plume de Philippe Roy : « Tout fout le camp. La famille part en morceaux. L'école démissionne. Les villes se font banlieues, froides, déshumanisées. L'individu se recroqueville sur lui-même. L'argent, rien que l'argent, avec son cortège d'exclus, dc laissés-pour-compte. Pour les quelque deux cent cinquante sectes installées en France, fidélisant cinq cent mille personnes, un tel contexte vaut de l'or. » Voilà bien une description de fin de civilisation. Les sectes en sont l'un des symptômes les plus criants. Nostradamus ne pouvait ignorer ce phénomène. Il y a donc consacré plusieurs quatrains qui laissent à penser qu'il a véritablement « vu », entre autres, les monuments du Mandarom à Castellane dans les Alpes-de-Haute-Provence.

Aux États-Unis, on dénombre plus de six cents sectes, près de quatre cents rien qu'à Berlin, cent trente en Russie ; l'Église de scientologie compte trois cent mille membres en Allemagne ; les sectes auraient déjà recruté dix mille fidèles en Hongrie. Toute la civilisation chrétienne est atteinte par cette pullulation, et même le Japon où l'on a vu l'horreur et la terreur provoquées par la secte Aum qui a répandu un gaz mortel dans le métro de Tokyo.

I, 45

Secteur de sectes grand peine au délateur,
Beste en theatre, dresse le jeu scenique,
Du faict antique ennobly l'inventeur,
Par secte monde confus et schismatique.

Secteur, du latin *sector* : pourchasser. *Délateur*, du latin *delator* : *accusateur*. *Theatre*, du latin *theatrum* : réunion. *Inventeur*, du latin *inventor* : auteur.

La chasse aux sectes donnera grand peine à l'accusateur. Des gens stupides en réunion organiseront la mise en scène (jeux scéniques, représentations théâtrales chez les Romains). L'auteur (de cette mise en scène) se dissimulera derrière des actions vertueuses. La confusion et le schisme s'installeront sur le monde à cause des sectes.

S'agirait-il du *Temple solaire*, avec la sinistre mise en scène qui a précédé le « suicide collectif » de nombre de ses membres, ou encore de Raël, qui, à travers une mise en scène médiatique, a prétendu maîtriser le clonage humain ? Nostradamus utilise dans ce quatrain, comme dans le suivant, le mot *secte* pour l'ensemble des sectes par synecdoque. On peut penser qu'il a également vu les immenses réunions de fidèles des sectes, comme le congrès mondial des Témoins de Jéhovah qui a réuni quatre-vingt mille personnes à Varsovie en 1989.

LA SECTE DU MANDAROM À CASTELLANE

VII, 14

Faux exposer viendra topographie,
Seront les cruches des monuments ouvertes :
Pulluler secte faincte philosophie,
Pour blanches, noires & pour antiques vertes.

Ouvertes, pour découvertes, par aphérèse.

La fausseté (de la secte) sera mise à nu dans la visite des lieux ; on découvrira des monuments en forme de cruches. Les sectes pulluleront par de fausses philosophies, qu'elles soient de (magie) blanche, noire ou islamique (intégrisme – le vert est la couleur de l'Islam, emblème du salut).

Qui n'a pas vu dans la presse les photos des temples du Mandarom avec leurs toitures en forme de cruche renversée ? On pouvait lire dans la revue *Challenges économiques* de janvier 1993 : « Le promeneur qui flâne dans la garrigue découvre, stupéfait, la "cité sainte de Mandarom", une dizaine de temples (*monuments*) à la gloire du Lotus d'or, flanqués de statues géantes de trente mètres de haut à l'effigie de Bouddha et de Hamsha Manarah, *alias* Gilbert Bourdin. » On comprend que Nostradamus se soit attardé sur cette secte implantée dans sa Provence natale.

Dans ce quatrain, le mot *ouvertes* doit être pris dans son premier sens et aussi dans celui de « découvertes » par aphérèse. On pouvait lire dans *L'Express* du 17 juin 1995, sous le titre « Mandarom, le gourou perd sa superbe » : « Lundi, le gourou de la secte des chevaliers du Lotus d'or a été interpellé aux aurores dans la tour en forme de lotus (*cruche* : même forme) qu'il quittait rarement sur les hauteurs de Castellane… Au cours de ces derniers mois, les gendarmes et les policiers de la région ont eu l'occasion de visiter le "gourouland" (*seront les cruches des monuments ouvertes*) édifié par Bourdin. »

LES GOTHIQUES

Le Figaro du jeudi 2 février 2006, sous le titre « Les gothiques, cible des exorcistes catholiques », nous apprenait que « cent cinquante religieux et laïcs, spécialistes de l'occulte, se penchent sur la montée du satanisme chez les jeunes ». Il faut croire que ce mouvement a une importance particulière pour que Nostradamus lui ait consacré un quatrain. Le site Internet www.hotspotz.com/Nostradamus.html propose un livre d'un certain Michael Rathford, *The Nostradamus Code – World War III 2006-2012*. Outre que cet auteur, plagiaire de surcroît, trahit le prophète en annonçant la fin du monde et de la civilisation, le site sur lequel il figure vous conduit à GothicMatch.com qui propose vêtements et panoplies gothiques, noirs, bien entendu, tatouages et… pornographie ! L'orthographie d'« Antichrist » n'est pas une faute de frappe, *anti-* signifiant « contre », alors que le terme exact est *Antéchrist*, c'est-à-dire « avant le Christ », mot qui signifie « oint » en grec et a le même sens que le mot d'origine hébraïque « messie ». Sophie de Ravinel, dans son article du *Figaro*, cite le père Benoît Domergue, auteur d'une thèse de démonologie, qui a dénoncé dans un livre récent *la* « dérive antichristique de la culture des jeunes ». Elle nous apprend que ce prêtre « a approché au Canada Marylin Manson – icône gothique – dont les concerts sont de la provocation, dont l'expression artistique est portée par des puissances mortifères exaltant l'Antéchrist, le meurtre, le suicide, qui incitent les spectateurs sous contrôle à commettre des profanations de lieux sacrés ».

I, 42

Le dix Calende d'Avril de faict Gotique,
Resuscité encore par gens malins,
Le feu estainct, assemblée diabolique,
Cherchant les os du d'Ament & Pselin.

Calende, au singulier : conférence entre prêtres. *Os* : restes mortels ; par analogie, partie d'une charpente quelconque, ce qui constitue la force. *Ament* : Amente, déesse de l'Occident, puis du séjour des morts chez les anciens Égyptiens. *Pselin* : *psylli*, jongleurs d'Égypte et de Libye qui prétendaient avoir le don de neutraliser le venin des serpents et de les tuer par leur seule présence.

Dans une réunion de dix prêtres sera dénoncé le fait gothique d'avril, qui sera encore ressuscité par des gens du Malin, qui se réuniront dans le noir en assemblée diabolique et qui chercheront leur force chez la déesse du séjour des morts et dans ceux qui ne craignent pas le serpent (le diable).

Elsa Évrard, dans *Libération* du 23 mars 2005, sous le titre « Le satanisme, le marchepied de l'extrême droite », écrivait : « Des jeunes paumés en quête d'identité se laissent séduire par une forme de folklore... Le mouvement sataniste actuel trouve son origine dans l'Église de Satan fondée aux États-Unis le 30 avril (jour de la mort d'Hitler) 1966 par Anton La Vey, appelé le "pape noir" et auteur de *La Bible satanique*. Intervient une scission en 1995, lorsque Michael Aquino crée une structure concurrente, le Temple de Seth. »

Seth est le dieu de la mort dans l'Égypte antique. Il est représenté avec Isis et Osiris au fond du temple d'Abou Simbel que Ra éclaire au soleil levant. Seul Seth n'est jamais atteint par la lumière de Ra (*le feu estainct*). Nostradamus note donc le rapport avec l'Égypte ancienne en citant *Amente*, la déesse du séjour des morts.

Dans une dépêche de l'AFP du 21 février 2005, sous le titre « Inquiétude autour de la montée du satanisme, souvent lié au néonazisme », on pouvait lire : « Le satanisme inquiète la Mission interministérielle de vigilance et de lutte contre les dérives sectaires (Miviludes) : aujourd'hui érigé en phénomène de mode et filon commercial, le romantisme noir, dont les adeptes du *diable* représentent la frange extrême et la plus subversive, devient plus qu'une simple tendance, un emblème de génération. Sur Internet, le satanisme tisse sa toile : les jeunes sont attirés, *via* des entrées anodines, vers le commerce de la magie (dénoncée par Nostradamus dans sa *Lettre à César*), des groupes sectaires, l'industrie pornographique et surtout les organisations néonazies... *Le mouvement gothique, libertaire et esthétisant reste l'une des portes d'entrée privilégiées du satanisme.* »

ÉVÊQUES REBELLES DANS L'ÉGLISE
LES SECTES PSEUDO-CHRÉTIENNES

Présage 118

Aux plus grands morts, jacture d'honneur & violence,
Professeurs de la foy, leur estat & leur secte :
Aux deux grands Églises divers bruits, decadence,
Maux voisins querellans serfs d'Église sans teste.

Ancien français *jacture* : perte. *Teste* : les Évangiles.

Les professeurs de la foi célèbre (Mgr Gaillot) et mort (Mgr Lefebvre) perdront leur honneur, leur énergie, leur état (ecclésiastique) et leur secte : tumultes et décadence atteindront les deux grandes Églises (catholique et protestante), à cause de mauvais fidèles qui se querelleront avec les serviteurs de l'Église, sans (tenir compte) des Évangiles.

Les Églises catholique et protestante s'inquiètent de la montée et de la multiplication des sectes. Dans *Le Monde* du 12 octobre 1991, à l'occasion du voyage de Jean-Paul II au Brésil, on apprenait que « le développement des mouvements religieux parallèles, souvent considérés comme des sectes, inquiète jusqu'aux Églises protestantes, dont ils se réclament souvent ».

QUERELLES DE DOCTRINES DANS L'ÉGLISE HIVER DOUX ET INONDATIONS EN 1995

Présage 109

Pulluler peste les sectes s'entrebattre,
Temps modéré, l'hiver peu de retour :
De messe et presche grievement foy debattre,
Inonder fleuves, maux mortels tout autour.

Ancien français *grieve* : préjudice.

Pendant qu'une épidémie (sida) se répandra, les sectes s'entrebattront. La température sera douce ainsi que l'hiver : on débattra des préjudices causés à la messe et dans les sermons, pendant que les fleuves inonderont avec des malheurs et des morts tout autour.

L'hiver 1995 a été particulièrement doux et pluvieux. La moitié nord de la France, la Belgique et la Hollande ont connu des inondations. Tous les records de pluviométrie ont été battus depuis qu'on fait des statistiques. Des fleuves tels que la Seine ou le Rhin sont sortis de leur lit. Les dégâts ont été considérables, avec plusieurs morts.

La destitution de Mgr Gaillot a été l'occasion de manifestations, de débats et de prêches dans les églises. Mgr Gaillot n'a-t-il pas dit sa dernière *messe* dans la cathédrale d'Évreux, le 22 janvier 1995 ? Le communiqué lui retirant l'évêché d'Évreux précisait que cet évêque « ne respectait pas ses engagements sur certains points relatifs à la foi, au magistère du Saint-Père et à la discipline canonique ». Enfin, Mgr Lustiger a noté : « Nous voyons depuis dix ans Jacques Gaillot s'enfoncer dans un chemin *sectaire*. »

LOIS SUR LA DROGUE (1970, 1992, 1993, 1994)

V, 72

Pour le plaisir d'édit voluptueux,
On meslera le poison dans la loy :
Venus sera en cours si vertueux,
Qu'obfusquera du Soleil tout à loy.

Latin *Venus* : les plaisirs de l'amour. Moyen français *cours* : études. Le *Soleil* est utilisé ici pour Jean-Paul II, en référence à sa devise dans la prophétie de Malachie, « *de labore solis* », qu'on trouve dans d'autres quatrains.

Pour satisfaire les gens par des édits sur le plaisir, on légiférera sur la drogue. On attribuera tant de vertu aux plaisirs de l'amour que le pape s'en offusquera par la loi (encyclique).

Le 30 mars 1995, Jean-Paul II publie l'encyclique *Evangelium vitae* sur la défense des valeurs et l'inviolabilité de la vie humaine.

Depuis 1946, année de la création de la Commission des stupéfiants par cinquante-trois États, de nombreux décrets et lois ont été promulgués sur la drogue. Certaines lois sont répressives, d'autres préventives et quelques-unes tolérantes comme en Italie, aux Pays-Bas et en Suisse. En France, la loi de 1970 a été complétée et modifiée par un décret de 1988, par deux lois de 1992 et deux lois de 1993 et 1994 (*on meslera le poison dans la loy*). Le débat continue sur la libéralisation de la drogue...

MALADIE DE LA « VACHE FOLLE » (1985-1995) DÉPLACEMENTS DE POPULATIONS (RÉFUGIÉS) INJECTIONS DE DROGUE (HÉROÏNE)

Présage 92

L'an sextil pluyes froment abonder, haines,
Aux hommes joye Princes. Rois en divorce :

Troupeau périr, mutations humaines,
Peuple affoulé : & poison soubs l'escorce.

Sextil, du latin *sextus* : sixième, mais aussi raccourci de bisextile (désigne la fin du VIe millénaire : le XXe siècle, c'est-à-dire l'an 2000, qui était une année bissextile). Moyen français *affouler* : réunir en grand nombre. *Escorce* : peau.

À la fin du VIe millénaire, on connaîtra des inondations (Chine, Amérique centrale, tsunami en Indonésie, etc.), une surproduction agricole, des haines (Balkans, Moyen-Orient, Afrique), les hommes politiques et les peuples (d'Europe) se réjouiront (naissance de l'euro), il y aura des brouilles entre chefs d'État ; il y aura des déplacements de populations (réfugiés : ex-Yougoslavie, Afrique, etc.), des peuples se réuniront en grand nombre (Europe des quinze qui passent à vingt-cinq) ; on fera périr des troupeaux (« vache folle ») ; on se mettra du poison sous la peau (héroïne).

ASSASSINATS POLITIQUES, MORTS DES PERSONNES ÂGÉES « PESTE DE L'ÉTABLE » : LA « VACHE FOLLE »

Présage 103

Par bruit de feu Grands & Vieux défaillir.
Peste assoupie, une plus grande naistre :
Peste de l'Ara, foin caché, peu cueillir,
Mourir troupeau Fertil, joye hors prestre.

Latin *ara* ou *hara* : étable. Moyen français *cueillir* : déduire ou conclure.

Des grands périront par les bruits de la guerre (assassinats d'hommes politiques au Liban) et des vieux (canicule de 2003). Alors qu'une épidémie s'atténuera (sida ou maladie de la « vache folle » ?), une encore plus grande commencera (grippe aviaire ou autre virus ?). La maladie de l'étable (« vache folle ») sera due au fait qu'on a caché le foin aux animaux (pour leur donner des farines animales) pour en ramasser (du foin) le moins possible. Malgré leur fertilité, des troupeaux mourront ; les gens seront dans la joie sans écouter les prédicateurs (scientifiques et écologistes).

NOUVELLE PESTE BOVINE : LA « VACHE FOLLE »

Présage 100

Déluge prés. peste bovine neuve.
Secte flechir, aux hommes joye vaine :
De loy sans loy, mis au devant pour preuve,
Apast, embusche : & deceus couper veine.

Moyen français *déluge* : désastre. *Flechir* : plier, céder. *Embuscher* : cacher. *Apast*, du provençal *apasta* : pâture, nourriture. Ancien français *deceu* : trompé.

Quand on sera près du désastre (11 septembre 2001), il y aura une nouvelle peste bovine (maladie de la « vache folle »). On parlera moins de sectes et les hommes se réjouiront vainement. On avancera des lois qui n'en seront pas vraiment, comme preuves (scientifiques). À cause de la nourriture qui aura été cachée (farines animales), on coupera les vivres à ceux qui ont été trompés (les éleveurs qu'on a encouragés à utiliser les farines animales, pour détruire ensuite leurs troupeaux).

CHAPITRE VII

De 1999 à l'âge d'or et à la paix universelle

1999 : BEN LADEN, *GRAND ROY D'EFFRAYEUR*

X, 72

L'an mil neuf cens nonante-neuf sept mois,
Du ciel viendra un grand Roy d'effrayeur :
Resusciter le grand Roy d'Angolmois,
Avant après Mars régner par bon heur.

Afin de laisser à l'homme son *libéral arbitre*, selon l'expression même de Nostradamus, certaines parties de quatrains ne sont compréhensibles que lorsque les événements annoncés ont un commencement de réalisation et que l'actualité vient apporter des précisions qui n'étaient pas envisageables auparavant. C'est la raison essentielle pour laquelle les risques d'erreurs sont réels. Cependant, comme nous allons le montrer une fois encore, d'autres parties de quatrains peuvent être comprises « avant coup ».

Tout d'abord, il faut se demander ce que cache le premier vers du quatrain. En effet, plusieurs interprétations sont possibles. Tous les exégètes des centuries l'ont compris au premier degré. C'était une première hypothèse juste. Un deuxième sens caché doit être envisagé en décomposant ainsi le texte :

L'an mil neuf (le nouvel an mil, soit le nouveau millénaire : 2001) *cens nonante-neuf* (cent quatre-vingt-dix-neuf jours) *sept mois* (septembre).

Autrefois, l'année commençait en mars et septembre était le septième mois de l'année. Si l'on calcule cent quatre-vingt-dix-neuf jours à partir de mars, on arrive à la première quinzaine de septembre, à condition de tenir compte des dix jours ajoutés par la réforme grégorienne de 1585. Ce qui donnerait :

L'année du nouveau millénaire (2001), au 199e jour, en septembre, un grand roi effrayant viendra du ciel.

Le 25 mai 1999, j'ai transmis l'avertissement de Nostradamus, qui ne fut guère pris au sérieux. Pourtant, Ben Laden lui-même déclarait, en juillet de la même année, à propos du conflit israélo-palestinien : « Le vœu de participer à la guerre sainte coule dans les veines des musulmans comme de l'électricité. La vraie vie est dans l'au-delà. Et je veux œuvrer dans ce monde pour l'au-delà » (*Sud-Ouest Dimanche*, 16 septembre 2001).

Ni Nostradamus ni Ben Laden n'ont été entendus ! Le 11 septembre, la *frayeur* est venue du ciel, lorsque des avions de ligne pilotés par les envoyés de Ben Laden sont venus percuter les deux tours du World Trade Center et le Pentagone.

Pour comprendre les deux derniers vers, il faut d'abord citer le quatrain qui annonçait l'événement, tel que je l'avais traduit en 1995, d'autant plus que le mot *effrayeur* est utilisé dans les deux.

BEN LADEN : LE 11 SEPTEMBRE ET L'IRAK

II, 30

Un qui des dieux d'Annibal infernaux,
Fera renaistre, effrayeur des humains :
Oncq' plus d'horreur ne plus dire journaulx
Qu'avint viendra par Babel aux Romains.

Les *dieux d'Annibal infernaux* désignent l'intégrisme islamique. *Avint*, francisation du latin *adventus* : événement. *Babel*, nom hébreu de Babylone : l'Irak à travers Babel. Nostradamus, par l'un de ces raccourcis dont il a le secret, désigne également la célèbre tour : « Babel : le récit biblique a suscité au XVIe siècle une série de représentations peintes de Pieter Bruegel à Paul Bril, où les souvenirs transposés du Colisée sont magnifiés jusqu'à évoquer une structure aux étages et aux baies innombrables, à la fois en chantier et menaçant ruine » (*Encyclopædia Universalis*) ; cette description de la tour de Babel correspond d'une façon saisissante aux tours du World Trade Center, à propos duquel il a été noté dans la presse que l'on y parlait quarante-huit langues ; mais *Babel* est également le grand quotidien de l'Irak, dirigé par un des fils de Saddam Hussein.

Un personnage se référant à l'intégrisme islamique fera renaître la frayeur des humains : jamais les journaux n'auront eu à décrire autant d'horreur que celle de l'événement qui arrivera aux Romains à cause de l'Irak.

D'autre part, il faut savoir que « Baber » (1483-1530) fonda la dynastie mongole en Inde et conquit et unifia l'Afghanistan entre 1505 et 1529. Il descendait par sa mère de Gengis Khan et par son père de Tamerlan. Nostradamus m'a habitué à ce genre de raccourcis dont la concision surprend toujours. On comprend aujourd'hui pourquoi ce chef islamique installé en Afghanistan *resuscite le grand Roy d'Angolmois* (X, 72), ou des Mongols. Vers la fin du IVe siècle, les Huns hephthalites, ou Huns blancs, hordes turco-mongoles, ravagèrent la Gaule et occupèrent la Bactriane, grand empire dans lequel se trouve l'Afghanistan d'aujourd'hui.

Quant au mot *Romains*, voici la définition du dictionnaire : « Roumi (de Rome, proprement Romain) : nom par lequel les Arabes désignent un chrétien. » Les événements de New York concernent tout le monde chrétien que les médias appellent pudiquement soit « l'Occident », soit « les pays démocratiques ». Une illustration en est apportée par la couverture de *L'Express* no 2619 du 13 au 19 septembre 2001 : « Les islamistes déclarent la guerre à l'Occident ». Dans ce même numéro, voici ce qu'écrivent Denis Jeambar et Alain Louyot : « Le mardi 11 septembre 2001 apparaît donc, par l'ampleur de l'assaut et les victimes qu'il a faites, comme le premier jour de cette "guerre civilisationnelle" entre l'Islam et l'Occident. Mais c'est aussi le cours de l'histoire qui s'emballe. Comme cela s'est déjà produit depuis *quatorze siècles* dans les relations entre le monde musulman et le monde chrétien, devenu occidental... »

Le quatrain suivant indique le 11 septembre. Selon son habitude, Nostradamus ne donne jamais une date complète. Par exemple, pour la fin de la monarchie, il donne l'année 1792, mais pas le 22 septembre (proclamation de la Ire République). Cela indique que les dates sont moins importantes que les événements et leur déroulement.

ATTENTATS DU 11 SEPTEMBRE 2001 AUX ÉTATS-UNIS

Présage 11, septembre

Pleurer le ciel ail cela fait faire,
La mer s'appreste. Annibal fait ses ruses :
Denys mouille. Classe tarde. ne taire,
Na sçeu secret. & à quoy tu t'amuses.

Pleurer le ciel : pleurer sur son sort. *Ail*, forme archaïque de : aïe, cri de douleur. Les termes *Annibal*, *punique*, *Poenus*, que l'on rencontre dans plusieurs quatrains, désignent l'intégrisme islamique ; en effet, trois guerres eurent lieu entre les Carthaginois et les Romains, dites *guerres puniques*, entre 264 et 146 avant J.-C., et se terminèrent par la prise et la ruine de Carthage ; les Carthaginois avaient voué aux Romains une haine implacable, raison pour laquelle Nostradamus établit ce parallèle avec l'intégrisme islamique. *Denys* : Denia, port espagnol dans la province d'Alicante, sur la Méditerranée.

Pleurer sur son sort, voilà ce que cela fait faire : la flotte se prépare pendant que le chef musulman fait ses ruses. La flotte qui mouille près de Denia ne tarde que trop à se manifester, parce qu'elle n'a pas su ce qui se tramait et que l'on pensait à s'amuser.

Denia désigne plus largement la Méditerranée : quatorze navires de guerre américains sont partis de Norfolk, en Angleterre, vers la Méditerranée pour rejoindre le golfe Persique.

Nostradamus note le nombrilisme de l'Occident, qui se plaint de son sort sans prendre garde à ce qui se trame contre lui. Avec l'éclairage apporté par la catastrophe qui touche tous les pays chrétiens, on comprend alors les passages suivants de la *Lettre à Henry, roi de France second* : « Puis le grand empire de l'Antéchrist commencera dans l'Altaï, d'où il descendra avec des troupes innombrables, tellement que la venue du Saint-Esprit qui s'avance selon le 48e degré passera d'un pays dans un autre, chassé par l'abomination de l'Antéchrist, qui fera la guerre contre le grand roi qui sera le grand vicaire de Jésus-Christ, en temps utile et au moment choisi, qui sera précédé par une éclipse solaire la plus obscure et la plus ténébreuse qui ait été depuis la création du monde et passion de Jésus-Christ. » L'*éclipse* totale de soleil du 11 août 1999 passait par Paris, qui se situe sur le 48e degré de longitude, comme Oulan-Bator, capitale de la Mongolie (*l'Altaï*).

En ce qui concerne le 48e degré, Nostradamus ne précise pas s'il s'agit de la longitude ou de la latitude. Si l'on envisage les deux hypothèses, le 48e parallèle passe par Paris, que Nostradamus désigne par le *Saint-Esprit*, la capitale de la France « fille aînée de l'Église » ; cela ne peut se comprendre que parce que Nostradamus était catholique. Quant au 48e degré de longitude, il traverse le Yémen et l'Arabie saoudite, et passe près de Riyad. Nostradamus désigne donc le lieu de naissance de Ben Laden, ainsi que l'origine de sa famille (le Yémen).

EXPLOSION DE L'USINE AZF À TOULOUSE
(21 septembre 2001)

IX, 37

Pont et molins en Décembre versez,
En si haut lieu montera la Garonne :
Murs, edifice, Tholoze renversez,
Qu'on ne sçaura son lieu autant matronne.

Pont désigne les passerelles de l'usine AZF. Ce sont les silos de stockage que Nostradamus désigne par *molins*. *Décembre* doit être rapporté à septembre, l'année commençant alors en mars (*cf.* X, 72). *Edifice* : bâtiment considérable. *Matronne* : femme mariée et respectable.

Les passerelles et les silos seront renversés en septembre. Le bruit montera si haut en ce lieu de Garonne que les murs et les édifices seront renversés ; nul ne saura la cause de ce lieu pas plus qu'une dame.

« L'explosion du nitrate d'ammonium, même sensibilisé par la présence de certains produits (matières combustibles par exemple), nécessite une source d'énergie dont la nature n'est pas encore connue. L'analyse des conséquences de cette explosion conduit à estimer que la puissance de celle-ci est comparable à celle de vingt à quarante tonnes de TNT, ce qui indique qu'entre quarante et quatre-vingts tonnes de nitrate d'ammonium auraient détoné » (rapport de l'Inspection générale du ministère de l'Écologie et du Développement durable).

La dame dont parle ce quatrain pourrait bien être Géraldine Mackie, fondatrice et présidente de l'association « Vivre après l'explosion » qui continue à se battre pour la vérité.

ATTAQUE DE KABOUL (7 octobre 2001) LETTRES EMPOISONNÉES AU CHARBON (octobre 2001)

I, 41

Siège en cité est de nuict assaillie,
Peu eschappé, non loin de mer conflict,
Femme de ioye, retours fils defaillie,
Poison & lettres cachées dans le plic.

Moyen français *defaillir* : manquer. *Plic* : pli, enveloppe.

La cité (Kaboul) sera assiégée et assaillie de nuit. Quelques-uns s'échapperont (Oussama Ben Laden et le mollah Omar). Le conflit sera porté non loin de la mer (New York). Les mères se réjouiront du retour de leurs fils qui leur auront manqué. Le poison (charbon) sera caché avec les lettres dans les enveloppes.

« Le 5 octobre 2001, un photographe du *Sun* est contaminé par le bacille du charbon. Le 8, un employé au courrier (*lettres* et *plic*) du même journal est hospitalisé. Le 22, deux postiers de Washington succombent à leur tour. Les bombardements nocturnes de Kaboul commencent le 7 octobre. »

En 2001, l'envoi de lettres contaminées au bacille du charbon rend la lecture de ce quatrain saisissante de précision, mais que seul le commencement de réalisation des événements pouvait permettre de comprendre.

L'ONU : « LE MACHIN », SELON LE GÉNÉRAL DE GAULLE

VIII, 2 bis

Plusieurs viendront et parleront de paix,
Entre Monarques et Seigneurs bien puissants ;
Mais ne sera accordé de si près,
Que ne se rendent plus qu'autres obéissants.

Plusieurs chefs de grandes puissances parleront de paix (États-Unis, CEI, Chine, Grande-Bretagne et France, Conseil de sécurité de l'ONU – les cinq grands), mais la paix ne leur sera pas accordée, car ils ne seront pas plus obéissants (aux règles de l'ONU) que les autres.

BROUILLES ENTRE PUISSANTS EMBRASEMENT DES BANLIEUES (2005)

XII, 56

Roy contre Roy et le Duc contre Prince,
Haine entre iceux, dissension horrible :
Rage et fureur sera toute province,
France grand guerre et changement terrible.

Duc, du latin *duco*, je conduis, je mène : général.

Un gouvernant se dressera contre un autre gouvernant, un général contre un chef et ils entretiendront entre eux d'horribles dissensions et haine. La rage et la fureur séviront dans toutes régions (banlieues) et conduiront à une grande guerre en France et à un changement terrible.

Cette description dépeint parfaitement ce qui se passe en France, en Europe, dans les provinces de l'ex-État yougoslave, entre les différentes ethnies de l'ex-Empire soviétique, ainsi qu'en Afrique (Côte d'Ivoire, etc.).

INEFFICACITÉ DES DISCOURS DE PAIX

VIII, 4 bis

Beaucoup de gens voudront parlementer,
Aux grands seigneurs qui leur feront la guerre :
On ne voudra en rien les écouter,
Hélas ! si Dieu n'envoye paix en terre.

Beaucoup de gens voudront parler de paix aux puissants qui leur feront la guerre, mais ils ne seront pas écoutés. Hélas ! si Dieu n'envoie la paix sur la terre.

L'ONU est incapable de mettre fin aux conflits multiples qui ensanglantent la planète de manière chronique.

LA BOURSE ET LA RUINE DES ÉPARGNANTS
LES CITOYENS TROMPÉS PAR LES ÉLUS

VII, 35

La grande poche viendra plaindre et pleurer,
D'avoir esleu : trompez seront en l'aage
Guière avec eux ne voudra demeurer,
Deceu sera par ceux de son langage.

On viendra donc se plaindre et pleurer la Bourse. On regrettera d'avoir élu des gens qui tromperont l'opinion publique et bien peu de gens voudront continuer à demeurer avec eux, déçus que seront (les électeurs) par leurs discours politiques.

Il est saisissant de voir Nostradamus désigner la Bourse par l'expression *la grande poche*, c'est-à-dire l'endroit où l'on place l'argent.

L'effondrement de la Bourse en 2000 a ruiné des petits épargnants qui ont perdu jusqu'à 60 % de leur capital.

EFFONDREMENT DES VALEURS PAPIER

VII, 28

Les simulachres d'or et d'argent enflez,
Qu'après le rapt lac au feu furent jettez,
Au descouvert estaincts tout et troublez,
Au marbre escripts, perscripts interjettez.

Latin *lac* : lait, douceur. Latin *perscribere* : payer en billets.

Les imitations de l'or et de l'argent (titres et billets de banque) seront victimes de l'inflation après avoir été jetées au *feu* (allusion au feu de la guerre ?), avec la fin de la douceur de vivre et seront tous épuisés et perturbés par le déficit budgétaire (*descouvert*) ; les titres et les billets de banque seront mis au pilon.

Le vol du confort apporté par la société de consommation est concrétisé par les « nouveaux pauvres », les « SDF » et les « RMIstes ».

LES ÉNORMES DÉFICITS ET CRÉDITS DES ÉTATS LES SCANDALES FINANCIERS

VIII, 14

Le grand crédit, d'or d'argent l'abondance
Aveuglera par libide l'honneur :
Cogneu sera l'adultère l'offence,
Qui parviendra à son grande déshonneur.

Libido : corruption, désir.

L'abondance du crédit de l'argent (Fonds monétaire international et déficit de la balance des paiements américaine, énorme déficit de la France) effacera le sens de l'honneur par la corruption. Ces tromperies et ces offenses seront connues de l'opinion publique et conduiront au grand déshonneur de leurs auteurs.

Voilà qui décrit bien le climat de scandales financiers de toutes sortes que nous connaissons depuis quelques années. Quant à l'abondance du crédit et de la masse monétaire en circulation, elle a étranglé les pays en voie de développement et menace d'explosion le système monétaire international.

MÉPRIS DES HOMMES POLITIQUES SOULÈVEMENT DES BANLIEUES (2005) LA RÉGION PARISIENNE EN PLEIN DÉSARROI

VI, 23

Despit de règne numismes descriés,
Et seront peuples esmeus contre leur Roy :

Paix, fait nouveau, sainctes lois empirées
Rapis onc fut en si tres dur arroy.

Vieux français *despit* : mépris. *Numisme* : pièce de monnaie. *Descrier* : déprécier. *Esmuer* : se soulever. *Rapis*, anagramme de Paris.

Le pouvoir sera méprisé à cause de la dépréciation de la monnaie et les peuples se soulèveront contre leur chef d'État. On parlera de paix, ce qui constituera un fait nouveau (conférence de paix entre Israéliens et Arabes), les lois morales seront corrompues (augmentation de la criminalité) et jamais auparavant on n'avait vu Paris dans un tel désarroi.

Ce quatrain décrit bien le climat actuel de la France. La Bourse au plus bas, les impôts impossibles à réduire à cause du déficit, la pollution de l'air, le vandalisme dans les banlieues, les attentats de l'intégrisme islamique, la mise en état de siège (plan Vigipirate) de la capitale et des grandes villes du pays sont autant de voyants qui se sont allumés. Jamais Paris n'a été dans un tel désarroi à cause du climat d'insécurité que font régner les terroristes et autres « casseurs ». Qu'on ne vienne pas dire qu'on n'a pas le droit d'appeler ainsi des gens qui brisent des vitrines et brûlent des voitures !

DISCOURS CREUX DES POLITIQUES
LA VIOLENCE REMPLACE LE BIEN-ÊTRE

III, 26

Les Rois et Princes dresseront simulachres,
Augures, creux eslevez aruspices :
Corne victime dorée, et d'azur, d'acres
Interpretez seront les exstipices.

Augure et *aruspice*, du latin *augur* et *haruspex* : prophète, devin. *Corne dorée* : la Corne d'abondance, qui désigne la société de consommation. *Azur*, au figuré : douceur, calme. *Acre*, du latin *acer* : dur, violent. *Exstipice*, du latin *extipex* : devin.

Des chefs d'État et de gouvernement feront des imitations (planches à billets et titres de Bourse – masse énorme de dollars en circulation). Les hommes politiques joueront aux prophètes et feront des prévisions sans fondement ; la société de consommation en sera victime et la violence remplacera la douceur de vivre. Leurs prophéties seront dénoncées.

LA CORRUPTION EN ITALIE

X, 65

O vaste Rome ta ruyne approche,
Non de tes murs, de ton sang & substance :
L'aspre par lettres fera si horrible coche,
Fer poinctu mis à tous jusques au manche.

Moyen français *mots en coche* : flèches lancées dans le discours.

Ô vaste Rome, ta ruine approche, non de tes murs mais de ton sang et de ta substance. Les médias (presse écrite, parlée ou télévisuelle) lanceront de si horribles flèches que tous seront poignardés (au sens figuré) jusqu'aux manches (allusion aux magistrats : effets de manches !).

« Il y a deux lectures possibles du phénomène de corruption et des réactions de correction qui en dérivent. La première lecture insiste sur l'exceptionnalité française : certes, la corruption existe comme partout ailleurs, mais elle n'est ni systématique ni endémique, et la France n'a pas à rougir du comportement de quelques brebis égarées. Aux péchés véniels et accidentels français s'oppose, selon les tenants de cette version rose, la corruption "systématique" de pays comme les États-Unis ou l'Italie... » (Yves Mény, in *Le Monde*, *1944-1994*, numéro spécial).

Le 6 décembre 1994, Bettino Craxi (ancien président du Conseil socialiste entre 1983 et 1987) est condamné par contumace à cinq ans et six mois de prison pour corruption. Le 13, le président du Conseil, Silvio Berlusconi, est interrogé pendant sept heures par les juges milanais sur une éventuelle tentative de corruption d'agents de la brigade financière.

BENOÎT XVI, LE PAPE ALLEMAND (2005)

II, 87

Après viendra des extremes contrees,
Prince germain, dessus le trosne doré,
La servitude et eaux rencontrées,
La dame serve, son temps plus n'adoré.

Moyen français *contrees,* au pluriel : territoires dominés par les grands seigneurs ; la Bavière, dont est originaire Joseph Ratzinger, a été gouvernée, de 530 à la guerre franco-prussienne de 1870, par des seigneurs de différentes dynasties, la dernière, la maison palatine, étant représentée par Louis II ; la Bavière fut alors absorbée par l'Empire allemand. *Extremes*, dans le sens latin de *extremum provinciae* : à l'extrémité de la province ; Joseph Ratzinger est né dans le village de Marktl-am-Inn, à cent kilomètres de Munich. *Prince* : les cardinaux sont appelés *princes* de l'Église. *Trosne doré* : « Sous le pontificat d'Alexandre VII (1655-1667), Le Bernin, le talentueux artiste, enchâsse la chaire, longtemps considérée comme celle de Pierre, dans une chaire de bronze portée par les quatre docteurs de l'Église latine – Augustin et Ambroise – et grecque – Athanase et Jean Chrysostome. C'est la fameuse gloire du Bernin qui clôt majestueusement l'abside : un envol d'anges adorateurs autour dc l'Esprit Saint symbolisé par une colombe blanche sur un vitrail aux rayons d'or du soleil resplendissant de l'au-delà. Quant à la chaire dite de Pierre, c'est un trône royal offert au pape Jean VIII (872-882) par l'empereur Charles le Chauve à l'occasion de son couronnement en 875 » (Paul Poupard, *Le Vatican, son histoire et ses trésors*). Moyen français *servitude*, synonyme de : serviteur. *Eaux* : troubles, révolutions, révoltes. Moyen français *server* : préserver, protéger. *Ne* : ici, sens affirmatif. L'expression *la dame serve* désigne la Vierge Marie pour laquelle le nouveau pape a déclaré son attachement, comme son prédécesseur Jean-Paul II qui avait choisi de mettre sous la croix de son blason le *M* de Marie.

Après (Jean-Paul II) viendra de Bavière un cardinal allemand qui montera sur le trône doré (de saint Pierre). En tant que serviteur il rencontrera des troubles. En ce temps-là, la dame protectrice (Marie) n'en sera que plus adorée.

Dans sa première homélie prononcée le dimanche 24 avril, Benoît XVI a déclaré : « Et maintenant, en ce moment, moi-même, fragile serviteur (*servitude*) de Dieu, je dois assumer cette charge inouïe qui dépasse réellement toute capacité humaine. »

Il est surprenant qu'aucun média n'ait noté qu'après le pape polonais est monté sur le trône de saint Pierre un pape allemand, c'est-à-dire deux hommes issus des deux pays où la persécution des Juifs a été la plus violente...

Selon ce quatrain, le pontificat de Benoît XVI pourrait être agité par des troubles.

Le sixain suivant indique l'année d'élection du « pape de l'olivier ». Nostradamus compte les six millénaires de la chronologie biblique. 2001 commence le VIIe millénaire, avec l'effrayante attaque islamiste du World Trade Center. *Six cens cinq* se traduit donc par : six mille ans plus cinq, soit 2005, et ainsi de suite.

ÉLECTION DE BENOÎT XVI (2005)
HAINE ET SÉDITIONS DE BEN LADEN DE 2005 À 2017

Sixain 19

Six cens et cinq, six cens et six et sept,
Nous montrera jusqu'en l'an dix sept,
Du boutefeu l'ire, hayne et envie,
Sous l'olivier d'assez longtemps caché,
Le crocodil sur la terre a caché,
Ce qui estoit mort, sera pour lors en vie.

Six cens et cinq : 2005. *Six cens six* : 2006. (*Six cens) et sept* : 2007. (*Six cens dix sept* : 2017. *Boutefeu*, au figuré : qui excite une sédition, des querelles. Le *crocodile* désigne l'Égypte.

En 2005, 2006, 2007 et jusqu'en 2017 on verra la colère, la haine et l'envie du fauteur de sédition (Ben Laden), qui restera caché sous le pontificat de Benoît XVI (Afghanistan), et un accord que l'Égypte aura caché. On connaîtra alors une véritable résurrection.

2017 est-elle l'année de la fin du pontificat de Benoît XVI ou celle de la fin de Ben Laden, ou celle des deux ? Les événements viendront répondre à cette question. Quant à l'accord secret, aux dernières élections en Égypte, on a assisté à une montée en puissance des Frères musulmans.

SÉCHERESSE, TREMBLEMENTS DE TERRE EN ASIE TSUNAMI (26 septembre 2004) PAKISTAN 2005)

III, 3

Mars et Mercure, & l'argent joint ensemble,
Vers le Midy extreme siccité :
Au fond d'Asie on dira terre tremble,
Corinthe, Ephèse lors en perplexité.

Mars : dieu de la guerre. *Mercure* : dieu des voleurs.

La guerre (Balkans et Caucase), la corruption et le pouvoir de l'argent régneront ensemble ; durant une conjonction Mars-Mercure-Jupiter, la terre tremblera en Asie ; il y aura une grande sécheresse vers le Midi ; la Grèce et la Turquie auront un problème (affaire de Chypre ?).

Le premier vers de ce quatrain comporte une double signification, astronomique et symbolique. Sur le plan astronomique, il indique une conjonction Mars-Mercure-Jupiter qui a eu lieu le 27 septembre 2004. Au XVIe siècle, l'année commençait en mars, ce qui nous conduit au 26 décembre selon le calendrier julien. Pendant cette conjonction il y aura un grand tremblement de terre en Asie.

Sous le titre « Sécheresse : les réserves sont au plus bas », *Le Quotidien du médecin*, dans son n° 4958 du mercredi 29 avril 1992, écrivait : « Clermont-Ferrand (le cœur de la France) était à la mi-mars, selon les spécialistes météo, la ville la plus sèche de France, avec un déficit pluviométrique jamais atteint depuis que les relevés existent, soit depuis cent trente-quatre ans. » Ce journal cite ensuite une déclaration de M. Mérillon, « M. Sécheresse » au ministère de l'Environnement : « L'an dernier, juin avait été correctement pluvieux, mais à partir de juillet, les mesures de limitation d'utilisation de l'eau touchaient quarante départements. »

À l'échelle planétaire, le seul exemple de l'Afrique est significatif depuis cinquante ans : 650 000 km^2 (plus que la superficie de la France) sont devenus déserts.

Voici donc les quatrains que l'on peut attribuer à cette sécheresse exceptionnelle, parce que nous avons la preuve scientifique qu'il y en a eu une identique ou plus importante, il y a six cent cinquante mille ans.

Sous le titre « Grèce-Turquie, *turbulences* », *L'Express* du 17 juin 1995 écrivait : « La Turquie et la Grèce qui se regardent en chiens de faïence depuis des lustres se livrent à une nouvelle surenchère à propos de leurs eaux territoriales. À la clé : des manœuvres navales et les "pouvoirs de guerre" du gouvernement turc qui viennent d'être votés par le Parlement d'Ankara, au grand dam d'Athènes. La tension entre les deux frères ennemis de la mer Égée est ainsi brusquement montée. » D'autre part, on pouvait lire dans *Le Monde* du mercredi 31 mai 1995, sous le titre « Islam, version turque » : « La Turquie est le théâtre de la montée de l'islamisme qui s'est concrétisée, il y a un an, par la victoire d'un parti religieux aux élections municipales. Le phénomène a provoqué des frictions dans ce pays, pionnier de la laïcité dans le monde musulman… Si l'obscurantisme arrive au pouvoir, c'est la fin de la République. La Turquie est en danger. » La victoire écrasante du parti néo-islamiste Justice et Développement (AKP), aux élections législatives du 3 novembre 2002, est venue renforcer les propos du *Monde*. Le leader de ce parti, Recep Tayyp Erdogan, maintenant à la tête de la Turquie, avait été condamné pour « incitation à la haine religieuse »… L'avenir de ce pays, verrou stratégique entre l'Europe et l'Asie, est d'une importance capitale.

GUERRES ENTRE L'ORIENT ET L'OCCIDENT

VIII, 59

Par deux fois hault, par deux fois mis à bas,
L'Orient aussi l'Occident foiblira,
Son adversaire après plusieurs combats,
Par mer chassé au besoing faillira.

L'Orient sera puissant et mis à bas deux fois, mais l'Occident faiblira aussi ; son adversaire sera chassé par mer après plusieurs combats et succombera à la pénurie.

Présage 40, juin

De maison sept par mort mortelle suite,
Gresle tempeste. Pestilent mal fureurs :
Roy d'Orient d'Occident tous en fuite,
Subjuguera ses jadis conquéreurs.

Moyen français *suite* : poursuite. *Tempeste* : combat violent. *Fureurs* : folies.

Sept États de la même maison (G7 ?) connaîtront une poursuite mortelle, un combat violent et une épidémie de folies. Les chefs d'Orient et d'Occident fuiront, puis l'Occident soumettra ceux qui l'avaient jadis conquis (les Arabes, qui avaient conquis une partie importante de l'Europe).

IX, 100

Navalle pugne nuict sera supérée,
Le feu aux naves à l'Occident ruine :
Rubriche neufve, la grand nef colorée,
Ire à vaincu, & victoire en bruine.

Pugne, du latin *pugnum* : combat. Ancien français *supérer* : vaincre. Moyen français *rubriche* : règles de la liturgie. *La grand nef* : l'Église. *Colorer* : embellir.

Dans une bataille navale de nuit, l'Occident sera vaincu et ses navires en feu. De nouvelles règles de liturgie seront promulguées et l'Église sera embellie. La colère du vaincu lui apportera la victoire dans la lutte.

V, 62

Sur les rochers sang on verra pleuvoir,
Sol Orient, Saturne Occidental :
Près d'Orgon guerre, à Rome grand mal voir,
Nefs parfondrées & pris le Tridental.

Orgon ne désigne pas la ville des Bouches-du-Rhône, mais l'île d'Orgon qui se trouve au large de la Toscane. Ancien français *parfondrer* : plonger tout au fond. *Tridental* : l'Angleterre, puissance maritime, à cause de Neptune et son trident.

On verra pleuvoir du sang sur les rochers, avant que la lumière et l'âge d'or règnent de l'Orient à l'Occident. La guerre sévira dans la mer Tyrrhénienne ; on verra un grand mal à Rome, les bateaux seront coulés et l'Angleterre sera prise.

LA GUERRE EN IRAK ET SES SUITES
LA GUERRE AU NOM DE DIEU, DE YAHVÉ ET D'ALLAH

La guerre du Golfe, déclenchée le 17 janvier 1991, n'était qu'un signe précurseur du rôle que devait jouer l'Irak (la Mésopotamie ou *Babylone* ou *Babel* pour Nostradamus) dans le conflit engagé en mars 2003. Dans le numéro spécial du *Monde* sur la guerre du Golfe intitulé « De la guerre à la paix », en date de novembre 1991, on pouvait lire sous la plume de Jacques Lesourne : « L'intervention au Koweït a permis d'éviter une grave détérioration de la situation au Proche-Orient. Elle n'a résolu en profondeur aucun des problèmes de ce carrefour entre l'Afrique, l'Europe et l'Asie. » Ce journaliste avait raison, mais, comme Nostradamus, qui l'a écouté ?

La guerre qui a éclaté le 19 mars 2003 entre les forces anglo-américaines et l'armée irakienne pourrait, selon Nostradamus, embraser la planète tout entière, en entraînant des renversements d'alliances aussi spectaculaires que l'attaque de l'Union soviétique par Hitler après la signature du pacte germano-soviétique. Ainsi, deux quatrains laissent entendre que la crise irakienne pourrait être une cause de rupture entre les États-Unis et la Russie.

Cette guerre a été engagée par les Américains et les Anglais contre l'Irak au nom du Dieu des chrétiens contre le Dieu des musulmans, comme si Dieu pouvait être un fauteur de guerre.

Un quatrain de Nostradamus est saisissant d'actualité :

I, 91

Les Dieux feront aux humains apparences,
Ce qu'ils seront auteurs de grand conflict,
Avant ciel veu serein, espée & lance,
Que vers main gauche sera plus grand afflict.

Dieux : la majuscule laisse à penser qu'il s'agit du Dieu des monothéistes. Moyen français *lance* : unité de combat.

Les humains mettront leurs Dieux en apparence pour justifier leurs grands conflits. Avant la guerre (*espée & lance*) le ciel sera serein. Le plus grand tourment sera pour les forces de gauche (parti Baas irakien et syrien, l'Égypte que sa Constitution définit comme un État socialiste, l'Iran et ses gardiens de la révolution, le Yémen et son Parti socialiste yéménite).

La « coalition », comme la nomment tous les médias, a comme soutien l'Espagne.

Le quatrain suivant utilise le mot prononcé par George W. Bush, à savoir *Croisars* (*croisade*), mot qui n'existe pas mais que Nostradamus a probablement fabriqué à partir de « croisé » et « croisat », qui en ancien français désignait une monnaie frappée d'une croix. Ce qui donnerait au mot *Croisars* une double signification de croisés (les Américains) et croisat (la crise économique en Occident).

V, 16

A son hault pris plus la lerme sabée,
D'humaine chair par mort en cendres mettre,

A l'Isle Pharos par Croisars perturbée,
Alors qu'à Rhodes paroistra dur espectre.

Pris, ancienne orthographe de : prix. Moyen français *lerme* : larme. Provençal *sabée*, du verbe *saber* : savoir. *Pharos* : petite île de la côte égyptienne près d'Alexandrie ; désigne l'Égypte. *Rhodes* : île grecque de la mer Égée. Le mot *espectre* a peut-être une double signification : d'abord celle de « spectre de la guerre », mais aussi référence au « spectre solaire » (phénomène physique, naturel ou nucléaire ?).

À cause de la cherté de la vie, on connaîtra davantage les larmes. La chair humaine brûlée (bombes incendiaires) entraînera la mort. L'Égypte sera fortement troublée par les Américains, alors qu'un redoutable phénomène (guerre ou autre) apparaîtra en Grèce.

LES IRAKIENS CONTRE L'ESPAGNE

VII, 22

Les Citoyens de Mesopotamie,
Irez encontre amis de Tarragonne :
Jeux, ris, banquets, toute gent endormie,
Vicaire au Rosne, prins cité, ceux d'Ausone.

Ancien français *encontre* : combat. *Tarragonne* : Nostradamus a pris, par synecdoque, la ville de Tarragone pour désigner l'Espagne et, plus largement, l'Occident ; en effet, la Tarraconaise est l'une des trois grandes provinces espagnoles et Tarragone se trouve sur la Méditerranée ; d'autre part, les Grecs nommèrent l'Espagne *Hesperia*, c'est-à-dire « l'Occidentale ». *Jeux, ris, banquets* : à rapprocher de *& à quoy tu t'amuses* dans le présage 11, qui stigmatise l'insouciance de l'Occident. *Vicaire* : le pape porte le titre de « vicaire de Jésus-Christ », à moins qu'il ne s'agisse d'un prélat, cardinal ou autre. *Ausone* : ancien nom de l'Italie.

Les habitants de l'Irak combattront contre les Occidentaux, pendant que ceux-ci joueront, riront, bambocheront ou dormiront. Le pape (ou un prélat) se réfugiera au bord du Rhône parce que Rome sera prise.

Nostradamus note ici le soutien apporté par l'Espagne aux Anglo-Américains.

INTÉGRISME ISLAMIQUE ANTICHRÉTIEN EN IRAK

III, 61

La grande bande & secte crucigere,
Se dressera en Mesopotamie :
Du proche fleuve compagnie legiere,
Que telle loy tiendra pour ennemie.

Crucigere, du latin *crucifigere* : crucifier, par syncope. *Compagnie legiere* : la cavalerie (l'arme blindée). L'Irak et la Syrie ont d'importantes communautés chrétiennes.

La grande bande et secte antichrétienne (intégriste islamique) se lèvera en Irak, les chars se tenant près du fleuve (Tigre ou Euphrate), et tiendra la loi (chrétienne) pour ennemie.

Le Figaro Magazine du 13 décembre 1998 titrait sa couverture « En Asie, au Proche-Orient, dans le Maghreb... l'Islam contre l'Occident », avec ce commentaire qui donne raison à Nostradamus : « Quelques siècles après les *croisades*, va-t-on vers un affrontement inverse ? En terre d'Islam, les chrétiens sont souvent interdits, ou carrément pourchassés. Sans qu'il s'agisse d'une guerre de religion (il est des États musulmans tolérants), les motifs d'inquiétude s'accumulent... » Non seulement le journaliste avait, dès 1998, une vision « nostradamique » de la situation, mais encore il utilise le mot « croisade » pour les problèmes du Moyen-Orient, trois ans avant George W. Bush !

LA FRANCE IMPLIQUÉE DANS LA GUERRE EN IRAK ENTRE 2006 et 2017

III, 99

Aux champs herbeux d'Alein & du Varneigue,
Du mont Lebron, proche de la Durance,

Camps de deux pars conflict sera si aigre,
Mesopotamie défaillira en la France.

Alein et *Varneigue* : Alleins et Vernègue, deux communes des Bouches-du-Rhône au pied du Luberon, anciennement *Lebron*. Ancien français *aigre* : ardent, impétueux.

Dans les champs herbeux d'Alleins et de Vernègue et du Luberon, proche de la Durance, la guerre sera si ardente pour les deux camps que l'Irak s'effondrera en (ou contre la) France.

Qu'elle le veuille ou non, la France a de grandes chances d'être impliquée dans ce conflit. L'événement ici annoncé n'est pas entièrement compréhensible.

RELATIONS ENTRE LES ÉTATS-UNIS ET LA RUSSIE TREMBLEMENT DE TERRE À ISTANBUL (17 août 1999) OU UN AUTRE PLUS IMPORTANT D'ICI 2025 FRAYEUR VENUE D'ORIENT (11 septembre 2001) ERDOGAN AU POUVOIR (novembre 2002)

VI, 21

Quand ceux du pole artiq unis ensemble,
En Orient grande effrayeur & crainte :
Esleu nouveau, soustenu le grand tremble,
Bisance de sang barbare taincte.

Ceux du pole artiq : les États-Unis, par l'État de l'Alaska, et plus globalement l'Amérique du Nord, et la Russie occupent les neuf dixièmes du pôle Nord.

Quand les Américains et les Russes seront unis (1990 : fin de la guerre froide), il y aura de grandes crainte et frayeur venues du Moyen-Orient. Un nouveau personnage (turc) sera élu et soutenu après un grand tremblement de terre. Istanbul sera teinte de sang musulman.

Le parti de Recep Tayyp Erdogan a remporté les élections de novembre 2002, portant son président au pouvoir. Ce quatrain laisse supposer que ce personnage jouera un rôle important dans le conflit commencé le 11 septembre 2001.

« Le tremblement de terre de 1999 avait tué vingt mille personnes dont un bon millier à *Istanbul* (*Bisance*), pourtant situé à quatre-vingt-dix kilomètres de l'épicentre. Le quartier d'Avcilar en porte encore les stigmates » (Guillaume Perrier, in *Le Monde*, 11 janvier 2006).

Vu que des événements situés à des dates différentes sont réunis dans certains quatrains, on ne peut exclure l'hypothèse que ce texte concerne un séisme à venir qui toucherait surtout Istanbul. En effet, dans ce même article, il est écrit : « Istanbul est construite à proximité de la faille nord-anatolienne, qui n'est pas totalement rompue. Les scénarios les plus alarmistes prédisent, dans les vingt à trente ans qui viennent, un séisme de 7 à 7,5 sur l'échelle de Richter, avec un épicentre à moins de vingt kilomètres d'Istanbul, qui pourrait faire quatre-vingt-dix mille morts, cent trente-cinq mille blessés et six cent mille sans-abri. »

BROUILLE ENTRE LES ÉTATS-UNIS ET LA RUSSIE À CAUSE DE L'IRAN (1990-2003) RÔLE IMPORTANT DE L'ÉGLISE ET DU PAPE

V, 78

Les deux unis ne tiendront longuement,
Et dans treize ans au Barbare Satrappe :
Aux deux costez feront tel perdement.
Qu'un bénira la Barque & sa cappe.

Satrappe ; Nostradamus joue avec ce mot comme il en a le secret ; en effet, outre le sens du verbe « s'attraper », il y a une allusion aux satrapes qui, dans l'Empire médo-persan (l'Iran), étaient chargés de l'administration du pays et du recouvrement des impôts (*cf.* VII, 13 : *prendra la Satrapie*) ; d'autre part, au figuré on désigne par ce mot un homme qui exerce avec orgueil un pouvoir despotique, ce qui dépeint bien le nouveau chef du gouvernement iranien. *La Barque* : l'Église, et plus particulièrement le Vatican, à cause de la *cape* que porte le pape.

Les deux unis (États-Unis et Communauté des États indépendants) ne tiendront (l'union) pas longtemps, parce qu'ils s'attraperont à cause des islamistes au bout de treize années. Cela provoquera de telles pertes aux deux camps qu'on bénira l'Église et le pape.

Lorsque Nostradamus donne une séquence de temps, le problème est de situer la date de départ de cette période pour en connaître la fin.

Le 3 janvier 1993, les États-Unis et la Fédération de Russie signent l'important traité Start II qui réduit les armements stratégiques offensifs américains et russes en éliminant tous les ICBM-MIRV. Si l'on ajoute *treize ans* au 3 janvier 1993, on parvient au 3 janvier 2006. La position intransigeante du président iranien Mahmoud Ahmadinejad sur la poursuite du nucléaire provoque une nouvelle tension dans cette région du monde.

En ce qui concerne ce quatrain, une autre hypothèse doit être envisagée : si *les deux unis* désigne les *États-Unis* et le *Royaume-Uni*, cela pourrait indiquer que le problème de la guerre en Irak serait aggravé par un problème avec l'Iran.

Après la brouille dont on voit les prémices, le pape pourrait jouer un rôle important dans cette situation.

COALITION ANGLO-AMÉRICAINE EN IRAK. FRAYEUR AU SOUDAN

V, 23

Les deux contens seront unis ensemble,
Quand la plupart à Mars seront conjoincts :
Le grand d'Afrique en effrayeur et tremble,
Duumvirat par la classe desjoinct.

Moyen français *contens*, du verbe *contendre* : combattre. *Le grand d'Afrique* : le plus grand pays africain est le Soudan, pays islamique anti-occidental. *Duumvirat* : autorité exercée simultanément par deux personnes

(États-Unis et Grande-Bretagne). *Classe*, du latin *classis* : armée. *Desjoindre* : désunir, séparer.

Les deux combattants seront unis ensemble quand ils seront alliés dans la guerre. Le plus grand d'Afrique (le Soudan) tremblera de frayeur. L'armée de ce duumvirat sera désunie.

COALITION IRAK-IRAN-AFGHANISTAN UN CHEF MILITAIRE AFGHAN À MARSEILLE

III, 90

Le grand Satyre et Tigre d'Hircanie,
Don présenté à ceux de l'Ocean,
Lin chef de classe istra de Carmanie,
Qui prendra terre au Tyrren Phocean.

Satyre, au figuré : personnage impudent, cynique. Le *Tigre* représente l'Irak et l'*Hircanie* était une province de l'empire des Perses, au bord de la mer Caspienne, aujourd'hui en Iran. *L'Ocean* désigne soit les Américains, soit l'Alliance atlantique (OTAN). *Istra*, futur d'*issir* : sortir. *Carmanie* : ancienne province de l'empire des Perses, aujourd'hui l'Afghanistan. *Phocean* : Marseille, l'antique Phocée (modifié pour les besoins de la rime).

Le grand personnage cynique de l'Iran fera une offre aux Occidentaux. Un chef militaire sortira d'Afghanistan pour débarquer à Marseille par la mer Tyrrhénienne.

L'IRAN SOULÈVE L'ALGÉRIE ET LA TUNISIE

I, 73

France à cinq pars par neglect assaillie,
Tunys, Argal esmeuz par Persiens :
Leon, Séville, Barcellonne faillie,
N'aura la chasse par les Venitiens.

Ancien français *neglect* : négligé. Moyen français *faillir* : faire défaut, échouer. *Chasse* : troupe.

La France sera attaquée par cinq pays (Tunisie, Algérie, Iran et...), la Tunisie et l'Algérie ayant été soulevées par l'Iran. L'Espagne faisant défaut, (la France) n'aura pas de secours de l'Italie.

VIII, 84

Paterne aura de la Sicile crie,
Tous les aprests du goulphre de Trieste :
Qui s'entendra jusqu'à la Trinacrie,
De tant de voiles fuy, fuy l'horrible peste.

Paterno : ville de Sicile à l'ouest de Catane. *Aprest* : préparatif. *Trinacrie* : ancien nom de la Sicile. *Voiles* : avions ou bateaux.

Il y aura des cris à Paterno en Sicile à cause des préparatifs du golfe de Trieste (mer Adriatique) qui s'entendront jusqu'à la Sicile. De tant d'avions fuyez, fuyez l'horrible peste (maladie ou calamité).

MONTÉE EN PUISSANCE DES FRÈRES MUSULMANS EN ÉGYPTE

II, 86

Naufrage à classe près d'onde Hadriatique,
La terre tremble esmeue sus l'air en terre mis,
Egypte tremble augment mahometique,
L'Héraut soy rendre à crier est commis.

Moyen français *esmouvoir* : soulever. *Mettre en terre* : vaincre. *Augment* : croissance. *Héraut* : messager. *Crier* : faire connaître par proclamation publique. *Commettre à* : confier.

Une flotte fera naufrage près de la mer Adriatique. La terre tremblera (tremblement de terre, bombardements ou chars), une flotte aérienne sera vaincue.

L'Égypte tremblera sous la poussée de l'islamisme, l'ambassadeur (ou l'imam) se dévouera pour faire une déclaration publique (appel à la guerre sainte ?).

HÉBRON : PROBLÈME ENTRE ISRAÉLIENS ET ARABES

III, 4

Par la tumeur de Heb, Po, Tag, Timbre & Rome,
Et par l'Estang Léman et Arétin :
Les deux grands chefs et citez de Garonne,
Prins, morts, noyez. Partir butin humain.

La plupart des exégètes ont traduit *Heb* par « Èbre », le fleuve d'Espagne, qui n'a jamais été orthographié avec un *H* ; il s'agit en fait de la ville d'Hébron en Israël, pomme de discorde entre l'État hébreu et les Palestiniens. Les *Arétins* sont les habitants d'Arezzo, ville d'Italie près du lac Trasimène.

À cause de la « tumeur » d'Hébron, du Pô, du Tage, du Tibre et de Rome et par le lac Léman et les habitants d'Arezzo, les deux grands chefs des cités de Garonne (Toulouse et Bordeaux) seront arrêtés et noyés. On fera partir des hommes comme butin.

Il faut noter quc lc président de l'Iran a qualifié Israël de « tumeur » !

UN PAYS DÉVASTÉ, SÉISME EN MAI

VI, 88

Un règne grand demourra désolé,
Auprès de l'Hébro se seront assemblées.
Monts Pyrénées le rendront consolé,
Lorsque dans May seront terres tremblées.

Un grand pays sera désolé, quand il y aura eu un rassemblement près d'Hébron. La consolation viendra des Pyrénées, lorsqu'il y aura un tremblement de terre en mai.

COUP DE JARNAC AU MOYEN-ORIENT (Palestine)

Plusieurs quatrains laissent penser que l'origine du conflit prendrait naissance au Moyen-Orient. On avait un peu oublié le colonel Kadhafi. Il a fait parler de nouveau de lui au sujet de l'attentat contre le Boeing de la PanAm au-dessus de Lockerby, en Écosse.

I, 9

De l'Orient viendra le cœur Punique,
Fascher Hadrie, & les hoirs Romulides :
Accompagné de la classe Lybique,
Tremble Melites & proches Isles vuides.

Orient : cinq noms géographiques de ce quatrain concernent la Méditerranée et permettent donc de choisir le Moyen-Orient et non l'Extrême-Orient. *Punique* : *cf.* présage 11. *Les hoirs Romulides* : les héritiers de Romulus, c'est-à-dire les Italiens. *Mélites* : habitants de l'île de Malte.

Un acte de mauvaise foi troublera l'Adriatique et les Italiens, aidé par l'armée ou la flotte libyenne qui fera trembler Malte et son archipel.

III, 27

Prince Libinique puissant en Occident,
François d'Arabes viendra tant enflammer,
Scavant aux lettres sera condescendent,
La langue Arabe en François translater.

Scavant aux lettres : désigne les intellectuels ou, peut-être, la presse occidentale que le chef d'État libyen a amplement utilisée. Moyen français *condescendre* : accepter.

Un chef d'État libyen sera puissant en (ou contre l') Occident et viendra enflammer beaucoup d'Arabes contre les Français. Il sera accepté par les hommes de lettres. La langue arabe sera transportée chez les Français.

V, 14

Saturne & mars en Leo Espagne captive,
Par chef libyque au conflict attrapé,
Proche de Malte, Heredde prinse vive,
Et Romain sceptre sera par Coq frappé.

Ancien français *heredde* : héritier ; a le même sens que *hoirs Romulides* (*cf.* quatrain précédent) et désigne les Italiens.

Lorsque Saturne et Mars seront dans la constellation du Lion, l'Espagne sera prise, le chef libyen entraîné dans le conflit, lequel se sera approché de Malte et aura pris l'Italie, et le pouvoir romain sera frappé par le chef d'État français.

La conjonction dont il est question ici aura lieu le 18 juin 2006.

V, 13

Par grand fureur le Roy Romain Belgique,
Vexer voudra par phalange barbare :
Fureur grinssant chassera gent Libyque,
Depuis Pannons jusques Hercules la hare.

L'expression *Roy Romain Belgique* est difficilement compréhensible, l'événement apportera les précisions voulues. *Phalange* : corps de troupes. *Pannonie* : ancien nom de la Hongrie. Le mot *Hercules* ne désigne pas ici le futur roi de France, comme on le verra plus loin, mais il s'agit de Gibraltar, appelé les « Colonnes d'Hercule ». Ancien français *hare* : sorte de meurtrière ; ici, fortifications.

Les troupes islamiques voudront vexer le roi des Belges avec une grande fureur ; celui-ci, fou de rage, chassera les Libyens depuis la Hongrie jusqu'aux fortifications de Gibraltar.

V, 51

La gent de Dace, d'Angleterre & Polonne,
Et de Boesme feront nouvelle ligue,

Pour passer outre d'Hercules la colonne,
Barcins, Tyrrens dresser cruelle brigue.

Dace : ancien nom de la Roumanie. *Boesme* : l'Allemagne. *Barcins* : membres d'une famille carthaginoise ; ce mot, comme *punique* ou *poenus*, désigne les islamistes de l'Afrique du Nord. Ancien français *brigue* : rixe, tumulte.

Les peuples roumain, anglais, polonais et allemand d'Europe feront une nouvelle alliance pour franchir le détroit de Gibraltar, quand les islamistes auront engagé une lutte cruelle contre les habitants de la côte tyrrhénienne.

II, 60

La foy Punique en Orient rompue,
Grand Iud, & Rosne Loire, & Tag. Changeront,
Quand du mulet la faim sera repue,
Classe espargie, sang et corps nageront.

L'expression *grand Iud* désigne l'État hébreu, y compris les Territoires occupés ; en effet, le mot *Judée* désigne le pays des Juifs et comprenait toute la Palestine à l'époque des Maccabées (167 avant J.-C.). *Du mulet la faim* : allusion au proverbe « La mule du pape ne mange qu'à ses heures », qui signifie que, même si l'on vit dans la plus grande abondance, on ne peut manger avec plaisir que lorsqu'on a faim. Ancien français *espargier* : arroser, répandre.

Les accords musulmans seront rompus au Moyen-Orient. Le grand Israël, le Rhône, la Loire et le Tage subiront des changements quand l'appétit de conquête sera satisfait. La flotte sera arrosée (bombardée ?) ; le sang et les corps nageront.

Nostradamus donne dans le quatrain suivant l'axe d'extension du conflit, depuis la Palestine jusqu'au Portugal en passant par le Rhône et la Loire. Puis il indique que l'Angleterre sera entraînée dans cette guerre.

II, 78

Le grand Neptune du profond de la mer,
De gent Punique & sang Gaulois meslé :
Les Isles à sang pour le tardif ramer,
Plus luy nuira que l'occult mal célé.

Comme dans le présage 2 qui concerne l'Angleterre et la guerre de Succession d'Espagne, *le grand Neptune*, dieu de la mer, désigne l'Angleterre. *Ramer* : se servir de rames, qu'on peut comprendre par : mettre la flotte en mouvement. *L'occult mal célé* : la vérité mal cachée.

L'Angleterre, depuis la mer qui l'entoure, verra les sangs musulman et français mêlés ; les îles Anglo-Normandes seront ensanglantées pour avoir mis la flotte en route trop tard ; ce qui leur nuira encore plus que leur politique de l'autruche.

X, 60

Je pleure Nisse, Mannego, Pize, Gennes,
Savone, Sienne, Capoue, Modène, Malte :
Le dessus sang & glaive par estrennes,
Feu, trembler terre, eau, mal'heureuse nolte.

Glaive : carnage. Ancien français *estrenne* : rencontre, combat. *Nolte*, francisation du latin *noltis*, de *nolere* : ne pas vouloir.

Je pleure Nice, Monaco, Pise, Gênes, Savone, Sienne, Capoue, Modène et Malte qui seront submergées par le sang et le carnage à cause des combats, du feu (de la guerre), du tremblement de terre, d'une inondation, malheurs qu'on n'a pas voulus ou prévus.

II, 81

Par feu du ciel la cité presque aduste,
L'urne menace encore Ceucalion,

Vexée Sardaigne par la Panique fuste,
Après le Libra lairra son Phaëton.

L'expression *grand cité* désigne toujours Paris ; le mot *cité* seul désigne donc une autre ville, peut-être Londres, dont le cœur est appelé la City, ou Rome puisqu'il s'agit de l'Italie. Ancien français *aduste* : brûlé. *L'urne* désigne ici le suffrage universel. *Ceucalion*, pour Deucalion (*cf.* X, 6). *Fuste* : bateau de la classe des galères ; désigne ici une flotte de guerre. *Libra* : nom latin de la balance (symbole de la Justice) ; représente l'Italie et les Italiens, parce que le droit romain a été la base de tous les droits européens contemporains et tout particulièrement du Code civil français. Ancien français *lairra*, futur de *laier* : laisser. *Phaëton* : nom grec de la constellation du Cocher qui désigne ici un guide ou un chef d'État.

Par un feu venu du ciel (bombardement, fusée ?), la cité est presque détruite. Le déluge (d'eau ou de feu ?) menace encore. La Sardaigne sera molestée par une flotte musulmane, après que les Italiens auront abandonné leur chef d'État.

VI, 99

L'ennemy docte se tournera confus,
Grand camp malade, & defaict par embusches :
Monts Pyrenees & Poenus lui seront faicts refus,
Proche du fleuve découvrant antiques oruches.

Oruches, francisation d'un mot grec, comme cela se faisait couramment au XVIe siècle ; son origine est le mot *oruch* : trous, excavations.

L'ennemi rusé s'en retournera dans la confusion, sa grande armée malade et détruite par embuscades. Les Pyrénées et l'Afrique du Nord lui feront obstacle, quand on découvrira d'anciennes excavations (caches d'armes ?) près du fleuve.

Il est trop tôt pour savoir de quel fleuve il s'agit (la Seine, la Garonne ou autre ?).

AVIGNON CAPITALE, PARIS ABANDONNÉ
LA FRANCE CONFRONTÉE À L'ISLAM

III, 93

Dans Avignon tout le chef de l'Empire
Fera arrest pour Paris désolé :
Tricast tiendra l'Annibalique ire,
Lyon par change sera mal consolé.

Avignon deviendra capitale parce que Paris sera désolé, après que le Tricastin aura tenu la colère musulmane. Les Lyonnais se consoleront mal de ce changement de capitale.

Le *Tricastin* est la région de Saint-Paul-Trois-Châteaux au nord d'Avignon. C'est là que fut implantée l'usine d'enrichissement d'uranium qui fut financée en partie par le schah d'Iran en 1974. Après la révolution islamique en 1978, Téhéran avait demandé le remboursement du milliard de dollars prêté. Ce litige fut une pomme de discorde entre la France et l'Iran jusqu'en 1986. On peut supposer que cette affaire était le signe précurseur d'un problème plus important à venir entre les deux pays.

Dans un nombre important de quatrains, Nostradamus utilise systématiquement les mots *barbares*, *barbarique*, *barbarin* ou *barbaris* pour désigner l'Islam et les islamiques, parce que le Maghreb était appelé autrefois *États barbaresques* ou *Barbarie*.

Présage 60, avril

Le temps purgé, pestilente tempeste,
Barbare insult. fureur, invasion :
Maux infinis par ce mois nous appreste,
Et les plus Grands, deux moins, d'irrision.

Ancien français *irrision* : raillerie, moquerie.

Temps d'expiation et de troubles pestilents (pandémie) ; furieuse attaque islamique et invasion : ce mois (avril) nous prépare à des malheurs infinis, les plus grands (chefs d'État) seront moqués, excepté deux.

Présage 31, octobre

Pluye, vent, classe Barbare Ister. Thyrrene,
Passer holcades Ceres, soldats munies :
Reduits bienfaits par Flor. franchie Sienne,
Les deux seront morts, amitiez unies.

Latin *Ister* : partie inférieure du Danube. *Holcade*, du grec *olka, olkado* : bateau. *Caeres* : petite ville de Toscane à l'époque romaine (mer Tyrrhénienne). Latin *munio* : fortifier, retrancher. *Flor.*, abréviation de Florence, ville de Toscane.

L'hiver, l'armée islamique ira de la mer Tyrrhénienne jusqu'au Danube, fera passer des bateaux jusqu'à la Toscane avec des soldats armés, le bien-être ayant été perdu, Florence et Sienne ayant été franchies ; deux (personnages – chefs d'État russe et américain ?) seront morts, unis dans l'amitié.

II, 4

Depuis Monach jusqu'auprès de Sicile,
Toute la plage demourra désolée,
Il n'y aura faubourgs, cité, ne ville,
Que par Barbares pillée soit et volée.

Depuis Monaco jusqu'à la Sicile toute la côte demeurera désolée ; il n'y aura ni faubourgs, ni cités, ni villes qui ne soient pillés et dépouillés par les islamistes.

III, 82

Erins, Antibor, villes autour de Nice,
Seront vastées fort par mer & par terre :

Les sauterelles terre & mer vent propice,
Prins, morts, troussez, pillez, sans loy de guerre.

Sauterelles : insectes terrestres et aériens qui symbolisent l'aviation et l'armée de terre. *Avoir l'avantage du vent* : se trouver au vent de ce navire.

Les îles de Lérins, Antibes et les villes autour de Nice seront fortement dévastées par mer et par terre. La flotte apportant avions et soldats aura l'avantage. Les habitants seront faits prisonniers, tués, troussés, pillés sans loi de guerre.

VII, 6

Naples, Palerme & toute la Secille,
Par main barbare sera inhabitée,
Corsicque, Salerne & de Sardeigne l'Isle,
Faim, peste, guerre, fin de maux intemptée.

Naples, Palerme et toute la Sicile seront inhabitées à cause des forces islamiques, ainsi que la Corse, Salerne (ville à cinquante-cinq kilomètres de Naples) et la Sardaigne, qui connaîtront la famine, l'épidémie, la guerre, puis la fin de ces maux qui s'étaient étendus.

IX, 42

De Barcelonne, de Gennes & Venise,
De la Secille peste Monet unis :
Contre Barbare classe prendront la vise,
Barbar poulsé bien loin jusqu'à Thunis.

Monet, francisation du latin *Monoeci* : Monaco. *Viser* : chercher à atteindre, poursuivre.

(Des troupes venues) de Barcelone, de Gênes, de Venise, de Sicile, réunies à Monaco où il y aura une épidémie, poursuivront l'armée islamique et la repousseront bien loin jusqu'à Tunis.

I, 28

La tour de Boucq craindra fuste barbare.
Un temps, longtemps après barque hespérique,
Bestail, gens, meubles, tous deux feront grand tare
Taurus & Libra quelle mortelle picque.

À l'entrée de Port-de-*Bouc* se trouve une *tour*. *Fuste* désigne toujours une flotte de guerre. *Hespérie* : *cf.* VII, 22. *Taurus* : montagne d'Asie Mineure ; désigne la Turquie. *Libra* : *cf.* II, 81.

Port-de-Bouc craindra une flotte islamique pendant un certain temps, et longtemps après arrivera une flotte occidentale (américaine ?). Ces deux flottes causeront de grands dégâts aux animaux, aux gens et aux biens mobiliers. Quelle mortelle attaque pour la Turquie et l'Italie.

IX, 83

Sol vingt de Taurus si fort terre trembler,
Le grand théâtre remply ruinera :
L'air, ciel et terre obscurcir et troubler,
Lors l'infidèle Dieu & saincts voquera.

Taurus présente sans doute une double signification : d'une part, en astronomie, le soleil parcourt la constellation du Taureau du 20 avril au 20 mai ; d'autre part, le Taurus est une chaîne de montagnes d'Asie Mineure et désigne la Turquie. Moyen français *théâtre* : spectacle réjouissant. *L'infidèle (in)voquera Dieu & saincts* : chez les musulmans la guerre sainte est lancée au cri de « Dieu est grand ».

Entre le 20 avril et le 20 mai, en Turquie, la terre tremblera si fort (guerre ou tremblement de terre) que l'air, le ciel et la terre seront obscurcis, alors les musulmans invoqueront Dieu pour (la guerre) sainte.

I, 71

La tour marine trois fois prise & reprise,
Par Espagnols, Barbares, Ligurins :

Marseille & Aix, Arles par ceux de Pise,
Vast, feu, fer pillé Avignon des Thurins.

Tour marine : probablement celle de Port-de-Bouc du quatrain I, 28.

La tour marine sera trois fois prise et reprise par les Espagnols, les islamiques et (les troupes de) Ligurie ; Marseille, Aix-en-Provence et Arles par (les troupes venues de) Pise qui aura été dévastée, brûlée et pillée ; Avignon sera prise par (des troupes venues de) Turin.

III, 56

Montauban, Nismes, Avignon & Besier,
Peste, tonnerre & gresle à lin de mars,
De Paris pont, Lyon mur, Montpellier,
Depuis six cens & sept vingt trois pars.

Pars : région, contrée.

À Montauban, à Nîmes, à Avignon et à Béziers, il y aura l'épidémie, le tonnerre et la grêle (bombardements ?) à la fin mars ; sur les ponts de Paris, les murs de Lyon et Montpellier depuis 2007, et pour vingt-trois départements ou pays.

I, 18

Par la discorde négligence gauloise
Sera passage à Mahomet ouvert :
De sang trempé la terre & mer sénoise,
Le port Phocen de voilles & nefs couverts.

Sénois : les habitants de La Seyne-sur-Mer, port de réparation des bateaux de guerre près de Toulon. *Phocen*, pour *Phocée*, nom grec de Marseille. *Nefs* : les avions, dont l'un des premiers noms fut « aéronefs ».

Par la discorde et la négligence des Français, le passage sera ouvert aux islamiques. La terre et la mer de La Seyne-sur-Mer seront trempées de sang et Marseille sera couverte de bateaux et d'avions.

IX, 80

Le Duc voudra les siens exterminer,
Envoyera les plus forts lieux estranges :
Par tyrannie Bize, & Luc ruiner,
Puis les Barbares sans vin feront vendanges.

Duc, du latin *dux* (de *duco* : je mène) : chef d'une armée, général. Moyen français *exterminer* : chasser, expulser. *Bize* : petite ville du département de l'Aude, à moins que Nostradamus n'ait voulu citer *Pise*, qui se trouve en Toscane comme Lucques (*Luca* en italien). Faire sa *vendange* : faire couler le sang.

Le général voudra expulser les siens (ses partisans) dont il enverra à l'étranger les plus forts (les plus dangereux). Par sa tyrannie il ruinera le Languedoc (Bize) et la Toscane (Lucques et peut-être Pise). Puis les islamiques, qui ne boivent pas de vin, feront couler le sang.

V, 70

Des régions subjectes à la Balance,
Feront troubler les monts par grande guerre,
Captifs tout sexe deu & tout Bisance,
Qu'on criera à l'aube terre à terre.

Ancien français *deu* : le Dieu des chrétiens ; désigne donc ici les chrétiens. *Terre à terre* : très près de la terre ou du rivage.

Les régions d'Italie connaîtront des troubles dans les hautes montagnes (les Alpes et les Apennins, qui culminent à 2 960 mètres) par une grande guerre. Il y aura des prisonniers chrétiens des deux sexes, même à Istanbul, parce qu'on criera au lever du soleil (en voyant la flotte) près du rivage.

V, 61

L'enfant du grand n'estant à sa naissance,
Subjuguera les hauts monts Appenis :
Fera trembler tous ceux de la Balance,
Et des monts feux jusques à Mont-Senis.

Le fils du grand (chef), n'étant qu'à ses débuts, subjuguera les Apennins, fera trembler les Italiens et portera les feux (de la guerre) depuis ces monts jusqu'au mont Cenis.

IV, 50

Libra verra regner les Hespéries,
De ciel & terre tenir la Monarchie,
D'Asie forces nul ne verra peries,
Que sept ne tiennent par rang la hierarchie.

Hespéries, au pluriel : les Occidentaux (*cf.* VII, 22).

L'Italie assistera au triomphe de l'Occident (États-Unis – les Amériques ?) ; la monarchie occupera le ciel et la terre (portée par les médias, par satellite et presse écrite). Nul ne verra les forces asiatiques (islamiques ou/et la Chine ?) détruites, tant que sept pays (le G7, les sept pays les plus industrialisés) seront classés de façon hiérarchique (du plus au moins riche).

DEUX ARMÉES RÉUNIES ENTRE L'IRAN, L'ARABIE ET L'ARMÉNIE

III, 31

Aux champs de Mede, d'Arabe & d'Arménie,
Deux grands copies trois fois s'assembleront :
Pres du rivage d'Araxes la mesgnie,
Du grand Soliman en terre tomberont.

Mèdes : Perses, aujourd'hui les Iraniens. Latin *copiae* : troupes. *Araxe* : rivière d'Arménie, frontière entre l'Azerbaïdjan et l'Iran. Ancien français *mesgnie* : troupe. *Grand Soliman* : on pourrait tenter d'appliquer ce quatrain au règne de Soliman le Magnifique (1494-1566, année de la mort de Nostradamus), malheureusement, les campagnes décrites ici n'ont pas eu lieu à cette époque ; cependant, la Géorgie et le Daghestan furent conquis par Soliman en 1549 et 1550, soit cinq ans avant le début de la prophétie (1555) ; on est donc amené à considérer ce quatrain comme concernant des événements à venir, d'autant que la région en question est aujourd'hui dans une instabilité dangereuse.

En Iran, en Arabie et en Arménie, deux grandes armées se rassembleront trois fois. La troupe ira sur les rives de l'Araxe et les soldats islamiques tomberont en terre.

LA TURQUIE, L'ARABIE, L'IRAN, L'ALGÉRIE ET L'UKRAINE DANS LA GUERRE

V, 27

Par feu & armes non loin de la marnegro,
Viendra de Perse occuper Trébisonde
Trembler Phato, Methelin, sol alegro,
De sang Arabe d'Adrie couvert onde.

Marnegro : la mer Noire. *Trébisonde* : ville turque sur cette mer. *Phato*, de *Phatares* : peuple de Méotide, aujourd'hui la Crimée, pomme de discorde entre la Russie et l'Ukraine. *Methelin* : ancienne Mytilène, sur l'île grecque de Lesbos, sur la mer Égée, en face de la Turquie. *Alegro*, anagramme de : Alger (*cf.* X, 38) avec un *o* pour la rime avec *marnegro*.

Par la guerre et les armes, non loin de la mer Noire, (une armée) viendra d'Iran occuper Trébizonde. La Crimée, la mer Égée et le sol algérien trembleront ; la mer Adriatique sera couverte de sang arabe.

DESTRUCTION D'ISTANBUL PAR LA FRANCE SECOURS VENU DU PORTUGAL OU DU BRÉSIL VI, 85

La grand cité de Tharse par Gaulois
Sera destruite, captifs tous à Turban :
Secours par mer du grand Portugalois,
Premier d'esté le jour du sacre Urban.

Tharse, du grec *Thrassa* : la Thrace, dont la grande ville est Istanbul. *Grand Portugalois* : peut-être le Brésil, qui parle portugais.

Istanbul sera détruite par les Français à cause des prisonniers de l'Islam (otages ?). Le secours d'un grand chef portugais ou brésilien arrivera par la mer entre la Saint-Urbain (25 mai) et le premier jour de l'été (21 juin).

Il serait rassurant de se dire qu'un tel événement est impossible ; malheureusement, la France possède des sous-marins nucléaires d'attaque qui rendent envisageable cette destruction.

Cette guerre fera des dégâts sur la faune aquatique de la mer Noire.

II, 3

Pour la chaleur solaire sus la mer,
De Negrepont les poissons demy cuits,
Les habitants les viendront entamer,
Quand Rhod & Gennes leur faudra le biscuit.

Negrepont, mot fabriqué avec *nègre* et *pont* (la mer, en grec) : la mer Noire (*cf. marnegro*).

À cause de la chaleur solaire (explosion atomique, la fission thermonucléaire étant semblable aux réactions solaires ?) sur la mer Noire, les poissons seront à moitié cuits et les habitants les détruiront, quand Rhodes et Gênes auront besoin de provisions.

Serait-ce la destruction d'Istanbul, annoncée dans le quatrain précédent, qui provoquerait cette catastrophe en mer Noire ?

RÔLE DE L'ÎLE DE RHODES VICTOIRE DE L'OCCIDENT

IV, 39

Les Rhodiens demanderont secours,
Par le neglet de ses hoyrs delaissée,
L'Empire Arabe ravalera son cours,
Par Hesperies la cause redressée.

Ancien français *ravaler* : faire descendre, diminuer. *Hesperies* : les Occidentaux (*cf.* IV, 50).

Les habitants de l'île de Rhodes, abandonnés par la négligence de leurs héritiers, appelleront au secours. La course de l'Empire arabe sera freinée, car la situation sera redressée par les Occidentaux.

LA TURQUIE POUSSÉE À LA GUERRE PAR L'IRAN TSUNAMI OU TROUBLES À ISTANBUL

V, 86

Par les deux testes, & trois bras séparés,
La grand cité sera par eaux vexée :
Des Grands d'entre eux par exil esgarés,
Par teste Perse Byzance fort pressée.

La grand cité : toujours Paris, capitale du pays du prophète, sauf, comme ici, lorsque cette expression est suivie d'une précision géographique (*Byzance*), et comme dans VI, 85 (*de Tharse*). *Eaux* : désigne soit une inondation, soit des troubles populaires. Ancien français *esgarer* : éloigner, écarter.

À cause de deux chefs d'État et de trois ministres qui s'en seront séparés, Istanbul sera atteinte par une inondation (tsunami ou troubles).

Certains hommes de pouvoir seront écartés dans l'exil. Le chef d'État iranien pressera la Turquie (de se joindre à lui).

PROPOSITIONS ANGLAISE ET ALLEMANDE AU PRÉSIDENT IRANIEN

III, 78

Le chef d'Escosse avec six d'Allemagne,
Par gens de mer Orientaux captifs :
Traverseront le Calpre & Espagne,
Présent en Perse au nouveau roy craintif.

Escosse : on peut se demander si Nostradamus désigne l'Angleterre ou les États-Unis, la Nouvelle-Écosse étant un État canadien limitrophe des États-Unis. *Calpre* : *Calpé*, ancien nom de Gibraltar. *Craintif* : à craindre, redoutable.

Le chef d'État anglais ou américain avec six hommes politiques ou militaires allemands, après que des Orientaux (Irakiens à Guantanamo) auront été faits prisonniers par des marins (marines américains), traverseront l'Espagne et le détroit de Gibraltar pour faire une proposition au nouveau chef d'État iranien redoutable.

Les Anglais et les Allemands sont les principaux initiateurs des propositions concernant le nucléaire.

COMÈTE OU AUTRE PHÉNOMÈNE VISIBLE DE LA SUISSE À LA MÉDITERRANÉE INVASION DE LA MACÉDOINE PAR L'IRAN

II, 96

Flambeau ardent au ciel soir sera veu,
Près de la fin et principe du Rosne,
Famine, glaive, tard le secours pourveu,
La Perse tourne envahir Macédoine.

Fin et principe du Rosne : la source (*principe*) du Rhône, en Suisse, et son embouchure (*fin*).

On verra un signe flamboyant (comète, fusée, phénomène atmosphérique ?) dans le ciel, le soir, depuis la source jusqu'à l'embouchure du Rhône. On connaîtra la famine, le glaive (de la guerre) ; le secours arrivera tard. L'Iran reviendra envahir la Macédoine.

Comme pour d'autres quatrains, les événements annoncés, ne s'étant pas déroulés depuis 1555, sont classés dans l'avenir.

COUP PERFIDE DES ISLAMISTES
DANGER AUX FRONTIÈRES,
MÊME À SALON-DE-PROVENCE

III, 4

Quand seront proches le défaut des lunaires,
De l'un à l'autre ne distant grandement,
Froid siccité, dangers vers les frontières,
Mesme ou l'oracle a pris commencement.

Ancien français *défaut* : faute, erreur. *Lunaires* : désigne les islamistes à cause de la lune (le croissant) qui en est le symbole. *Oracle* : prophétie ; Nostradamus a rédigé ses prophéties à Salon-de-Provence.

Quand les musulmans seront près de commettre une faute, la distance (de conception entre eux et l'Occident) n'étant que trop grande, on connaîtra le froid et la sécheresse, des dangers sur les frontières mêmes où est née la prophétie.

LA FAMINE

I, 67

La grande famine que je sens approcher,
Souvent tourner, puis être universelle,

Si grande et longue qu'on viendra arracher
Du bois racine, et l'enfant de mamelle.

La grande famine que je sens approcher touchera beaucoup de pays avant de devenir universelle ; elle sera si importante et si longue qu'on viendra arracher les racines des arbres (pour manger) et l'enfant du sein de sa mère.

Peinture saisissante de la famine qui ravage actuellement la terre. *Arracher... l'enfant de mamelle*, dit Nostradamus : qui n'a vu à la télévision ces mères somaliennes ou éthiopiennes, les seins vidés par la cachexie, incapables de nourrir leur progéniture ? Ce quatrain indique donc que la famine gagnera par poussées la terre entière.

UNE PANDÉMIE ENTRE 2006 et 2017

Dans plusieurs quatrains précédemment commentés, le mot *peste* apparaît associé à la famine et la sécheresse.

APRÈS LES GUERRES DU XXe SIÈCLE : GRANDE GUERRE, FAMINE, ÉPIDÉMIE

II, 46

Après grand troche humain plus grand s'appreste,
Le grand moteur les siècles renouvelle ;
Pluye, sang, lait, famine, fer et peste,
Au ciel veu feu courant longue estincelle.

Vieux français *troche* : rassemblement, troupe. *Lait* : symbole de douceur. *Longue estincelle* : comète, fusée, météore ou astéroïde.

Après un grand rassemblement de troupes (au XXe siècle), un autre plus important se prépare. Après la révolution et le sang qu'elles auront répandus, mettant fin à la douceur de vivre. On connaîtra la famine, le fer de la guerre et l'épidémie, puis une grande étincelle courra dans le ciel.

VIII, 17

Les bien aisez subit seront desmis,
Le monde mis par trois frères en trouble,
Cité marine saisiront ennemis,
Faim, feu, sang, peste, & de tous maux le double.

Ancien français *desmetre* : dépouiller.

Les riches seront subitement dépouillés. Le monde sera troublé par trois frères (trois pays islamiques ?) et les ennemis s'empareront de la cité marine (Marseille ou autre). On connaîtra alors la famine, la guerre, les massacres, l'épidémie, et encore le double de tous ces maux.

Comme précédemment, ce quatrain réunit plusieurs signes précurseurs : la crise économique, la famine, la guerre (ex-Yougoslavie), les massacres (épuration ethnique, terrorisme, Rwanda, etc.) et l'épidémie.

Présage, 27 mai

La mer Tyrrhene de différente voile.
Par l'Océan seront divers assaults :
Peste, poison, sang en maison de toile,
Presults, Legats esmeus marcher mer haut.

Ancien français *presult*, pour *présulat* : conseil, assemblée des chefs. *Légat* : ambassadeur du pape.

À cause de plusieurs avions ou bateaux dans la mer Tyrrhénienne, plusieurs attaques viendront de l'océan Atlantique, les gens atteints par l'épidémie, la drogue ou blessés dans les tentes (hôpitaux militaires de campagne ou camps de réfugiés). Des réunions ayant été tenues, les ambassadeurs du Vatican partiront en haute mer.

EUROPE ET ISLAM : L'AFFRONTEMENT

Les événements annoncés concernant l'affrontement entre l'Occident et les pays musulmans ont un caractère catastrophique et épouvantable.

Comme il a été précisé dans le préambule, il y a souvent dans les centuries une exagération des horreurs des guerres, des folies des hommes, rendues terrifiantes par un récit, certes concis, mais rédigé dans un vocabulaire explicite. On peut se demander si cette méthode n'a pas un but pédagogique, pour faire réfléchir, puis réagir, afin d'atténuer l'aspect apocalyptique de l'histoire de l'homme, d'empêcher celui-ci de s'autodétruire et, par là même, de le conduire à son salut.

Qui aurait pu imaginer, hormis le prophète, qu'un islamiste dur et pur arriverait à la tête de l'Iran, la plus grande puissance du Moyen-Orient, et que les élections palestiniennes mettraient au pouvoir un mouvement classé « terroriste » par les instances internationales ? Tous les dictateurs ont utilisé le suffrage universel pour se faire plébisciter et, par voie de conséquence, s'offrir une légalité incontestable. L'historien est amené à se poser la question de la valeur d'un merveilleux système, base de la démocratie, mais qui est souvent détourné.

Il faut citer ici les propos tenus par Michel Debré, lors de la guerre du Golfe (les références aux quatrains de Nostradamus qui suivent sont en italique) : « Ce que nous vivons n'est que le début d'une nouvelle guerre de Cent Ans. Une *guerre implacable* dont l'enjeu le plus immédiat est le maintien ou la disparition de la France comme puissance européenne et *méditerranéenne*. Parce que notre flanc sud est le plus exposé à une poussée de fièvre dans le monde arabe, parce que notre natalité marque le pas depuis longtemps devant la *démographie musulmane, conquérante* s'il en est, parce que l'histoire a montré que les nations jeunes finissent toujours par imposer leur loi aux nations vieillies, il est clair que nous sommes concernés au premier chef par ce qui se passe en *Méditerranée.* »

Le 30 mars 1995 se tint à Khartoum la troisième conférence populaire arabe et islamique. Le lendemain on pouvait lire dans *Le Monde*, sous la plume de Moura Naïni, dans un article intitulé « La conférence islamiste de Khartoum dénonce le sionisme et l'impérialisme occidental » : « M. Tourabi, secrétaire général de la conférence, éminence grise du régime soudanais, a fustigé ceux qui, en Occident, ont battu le rappel de leurs forces et *proclamé leur hostilité à l'Islam.* Il a vivement critiqué *les dirigeants arabes musulmans* qui ont trahi les Palestiniens et aussi *cette institution mondiale que l'on appelle l'ONU*, devenue, selon lui, *un instrument dirigé contre les pays musulmans.* En apparence les participants au forum de Khartoum sont fort différents et leurs préoccupations immédiates très diverses : Tchétchénie, Bosnie, Iran, Albanie, Kosovo, Cameroun, Bénin, Pakistan. Ils n'en ont pas moins tous un dénominateur commun : le Coran. »

Nostradamus a consacré des sixains à un personnage qu'il appelle *le pourvoyeur*. En moyen français, un *pourvoyeur* est un fournisseur, une personne chargée de l'approvisionnement. Ce terme désigne probablement les États-Unis, grand pourvoyeur d'armement.

Sixain 46

Le pourvoyeur mettra tout en desroute,
Sangsue & loup en mon dire n'escoute
Quand Mars sera au signe du Mouton
Joint à Saturne, & Saturne à la Lune,
Alors sera ta plus grande infortune,
Le Soleil lors en exaltation.

Sangsue, au figuré : personne qui tire de l'argent par des exactions ou tout autre moyen ; Nostradamus a-t-il voulu désigner ici la puissance de l'argent dans le capitalisme de l'Occident et l'endettement des pays émergents, dont le Japon (le *Soleil* levant) ? Cette hypothèse serait renforcée par l'alliance de la *sangsue* avec le *loup*, l'Allemagne, dont la monnaie était une des plus fortes des pays riches. En ce qui concerne le *Soleil*, on verra dans le sixain 56 un lien entre le pourvoyeur et l'Église. *Exaltation* : en astrologie, dignité planétaire qui accentue, en bien ou en mal, selon sa nature, les présages fournis par une planète dans l'interprétation d'un horoscope. La conjonction *Mars-Saturne-Lune en Bélier* (*Mouton*) ne se produit qu'une fois par siècle ; elle a eu lieu le 28 mars 1998.

Les États-Unis provoqueront une déroute générale. Les pays riches et l'Allemagne n'écoutent pas mon propos. Le 28 mars 1998 sera ta plus grande infortune (ruine économique). Le Japon sera en difficulté.

Apparemment, il ne s'est rien produit de particulier le 28 mars 1998. Cependant, il est des événements capitaux qui ne sont pas répercutés par les médias. *Le Figaro Économie* du 1er octobre 1998, sous le titre

« Une perte de confiance devenue planétaire », écrivait : « La crise partie d'Asie a peu à peu miné toutes les relations de confiance. Les investisseurs avaient cru trouver des abris en Europe et aux États-Unis. Ils ne recherchent plus que la sécurité. Les ministres des Finances et les gouverneurs des banques centrales, qui vont se retrouver la semaine prochaine à l'assemblée générale du FMI à Washington, ont établi un diagramme qui fait ressortir les trois grandes étapes de ce drame dont la scène est le monde, tout en identifiant les différents foyers d'incendie.

Le premier acte, qui s'est terminé en mars 1998, a été exclusivement asiatique. Le deuxième acte est resté encore centré sur les économies asiatiques. Ce deuxième acte est marqué sur le plan financier parce qu'on a appelé la recherche de la qualité de la part des investisseurs. L'argent se répand à flot sur l'Europe et l'Amérique du Nord. D'où les records boursiers qui connaîtront leur zénith le 17 juillet à New York. Fin du deuxième tableau. Le troisième commence à Moscou. Plus de doute, la crise internationale fait tomber la Russie. » En conclusion, l'article cite l'économiste John Maynard Keynes : « *Ce qui arrive, en fin de compte, ce n'est pas l'inévitable, mais l'imprévisible.* » Cette crise économique passée presque inaperçue présageait celle de 2006 et des années suivantes, crise venue d'Asie et qui continue de se développer aux dépens de l'Occident.

Toute la différence entre le rationaliste et le prophète se trouve résumée dans cette dernière phrase. Malgré toutes leurs connaissances, nos économistes ont été incapables de prévoir « *l'imprévisible* »... *Quod erat demonstrandum* (ce qu'il fallait démontrer).

Dans la *Lettre à Henry, roi de France second*, Nostradamus écrit à propos du conflit à venir et des persécutions contre les chrétiens : « Alors il sera fait aux Églises plus de persécutions qu'il n'en fut jamais faites. Et sur ces entrefaites commencera une si grande pestilence que plus des deux tiers de l'humanité périront. À tel point qu'on ne connaîtra plus le propriétaire des champs et des maisons et que l'herbe poussera dans les rues des villes plus haute que les genoux. » La nouvelle grippe aviaire venue d'Asie, les menaces qui s'amoncellent au Moyen-Orient, les églises brûlées en Irak constitueraient-elles le commencement de réalisation de ces prophéties ?

2008

Sixain 24

Le Mercurial non de trop longue vie,
Six cent et huict et vingt, grand maladie,
Et encore pis danger de feu & d'eau,
Son grand amy lors luy sera contraire,
De tels hazards se pourrait bien distraire,
Mais bref, le fer lui fera son tombeau.

Le Mercurial désigne un personnage qu'il est trop tôt pour identifier ; il peut désigner un chef d'État orateur ou médecin (Mercure est le dieu de l'éloquence et de la médecine). Moyen français *hazard* : danger. *Distraire* : se détourner de quelque chose de pénible. *Bref* : bientôt.

Le Mercurial apparaîtra en 2008, et sera gravement malade en 2020. Il connaîtra un danger pire de la guerre et des troubles. Son meilleur allié le trahira. Il se serait passé de tels dangers, mais bientôt le fer (de la guerre) fera son tombeau.

Présage 9, juillet

Huit, quinze & cinq quelle desloyauté.
Viendra permettre l'explorateur malin :
Feu du ciel foudre, poeur, frayeur papauté
L'Occident tremble. Trop serre vin salin.

Ancien français *desloyauter* : manquer à sa foi (l'Iran ?) (*cf. la foi punique*). Moyen français *permettre* : livrer, transmettre. *Explorateur* : avant-garde d'une armée. *Serre* : prison. *Salin* : qui a le goût du sel.

En 2008, 2015 quelle mauvaise foi apportera l'avant-garde de l'armée. Des bombardements feront peur et mettront la papauté dans la frayeur. L'Occident tremble. Pour trop de prisonniers le vin aura le goût du sel.

Sixain 29

Le Griffon se peut apprêter
Pour à l'ennemy resister,
Et renforcer bien son armée,
Autrement l'Elephant viendra
Qui d'un bord le surprendra,
Six cent et huict mer enflammée.

Griffon : animal fabuleux vivant sur les monts Rhipéens, entre les Hyperboréens et les Arimaspes ; le mot *griffon* a été donné à toutes les montagnes du Nord de l'Europe et désigne la Russie. *Éléphant* : montagne d'Arabie.

La Russie peut se préparer à résister à l'ennemi et renforcer son armée, sinon l'Arabie surgira d'un côté par surprise, et la mer s'embrasera en 2008.

Sixain 56

Tost l'Eléphant de toutes parts verra
Quand pourvoyeur au Griffon se joindra,
Sa ruine proche, & Mars qui toujours gronde :
Fera grands faicts auprès de terre saincte,
Grands étendars sur la terre & sur l'onde,
Si la nef a esté de deux freres enceinte.

Moyen français *tost* : rapidement. Le *pourvoyeur* : *cf.* p. 484. *Faicts* : crimes. *Si* : au point que. *Enceindre* : encercler.

L'Arabie se verra (en danger) quand la Russie se joindra aux États-Unis. Sa ruine est proche, et la guerre qui gronde toujours sera cause de grands crimes en Palestine. De grandes armées seront réunies sur terre et sur mer, au point que le Vatican sera encerclé par deux forces alliées.

X, 86

Comme un gryphon viendra le roy d'Europe,
Accompagné de ceux de l'Aquilon :

De rouges & blancs conduira grande troppe,
Et iront contre le roy de Babylon.

Moyen français *troppe* : rassemblement armé de dimension variable. *Babylone* : l'Irak.

Le chef de l'Europe (l'OTAN ?) viendra comme le chef de la Russie accompagné par les Russes ; ils conduiront une coalition de plusieurs pays et marcheront contre l'Irak.

LE CHEF ASIATIQUE (CHINOIS ?)

Après les persécutions de l'Empire romain avec Néron vinrent, au Ve siècle, les persécutions des barbares avec Attila et ses hordes asiatiques, puis celles des Sarrasins à partir du VIe siècle, et enfin celles des Mongols au XIIIe siècle.

À partir du VIIIe siècle, et surtout au XIe, les peuples chrétiens, pour lutter contre les invasions arabes, ont manié l'épée, trahissant ainsi l'avertissement donné par Jésus à Pierre au jardin des Oliviers.

Le christianisme et son éthique non violente serviront fort probablement de base aux rapports entre les hommes au moment de l'établissement de la paix universelle annoncée par l'Apocalypse comme par Nostradamus. Cela expliquerait la phrase du Christ : « *Mon royaume n'est pas de ce monde* », c'est-à-dire de l'ère chrétienne qu'il était en train d'ouvrir au Ier siècle. Le christianisme recommencerait pratiquement à zéro dans une immense persécution semblable à celle qui vit sa naissance. Mgr Lustiger ne disait pas autre chose quand il a déclaré : « Le christianisme est à venir. »

Voici comment Nostradamus annonce ce personnage venu d'Asie, comme ses prédécesseurs Attila et Gengis Khan.

X, 75

Tant attendu ne reviendra jamais,
Dedans l'Europe, en Asie apparoistra :
Un de la ligue issu du grand Hermès,
Et sur tous Roys des Orients croistra.

Ligue, en mauvaise part : coalition ou complot. *Grand Hermès* : dans la mythologie grecque, Hermès, appelé Mercure par les Romains, est le messager des dieux, c'est-à-dire du ciel ; cela est probablement une allusion à l'origine asiatique ; il était le dieu de la ruse, soit en paroles et en actions, soit même par fraude, parure et larcin ; à cause de cela, il est considéré comme le dieu des voleurs (allusion aux pillages auxquels se livrèrent les deux premiers conquérants asiatiques, Attila et Gengis Khan) ; enfin, Hermès était le dieu de l'éloquence (le personnage annoncé sera un tribun qui enflammera de nombreux pays contre l'Occident). Les *Orients*, au pluriel : le Moyen-Orient et l'Extrême-Orient.

Celui qui aura été tant attendu (dans tous les textes prophétiques de la tradition occidentale) sera chassé définitivement. Il apparaîtra en Asie pour venir en Europe. Il sera issu d'une coalition de pillards et croîtra en pouvoir sur plusieurs chefs d'État du Moyen-Orient et de l'Extrême-Orient (peuples jaunes et islamiques d'Asie).

Cette dernière invasion antichrétienne en Europe, venue d'Asie, est précisée dans la *Lettre à Henry, roi de France second* : « La persécution des gens d'Église prendra son origine dans la puissance de la Russie unie avec les Orientaux (Chinois ?). Et cette persécution durera un peu moins de onze ans, et c'est alors que s'effondrera le principal État, à savoir la Russie. Ces onze années révolues surgira son allié méridional (pays islamiques du Moyen-Orient) qui persécutera avec encore plus de violence, pendant trois ans, les gens d'Église, par le moyen d'une séduction apostatique d'un personnage qui tiendra sa toute-puissance de l'Église militante (intégrisme islamique), et le saint peuple de Dieu, observateur de Sa loi, et tous ordres religieux seront grandement persécutés et affligés, tellement que le sang des ecclésiastiques coulera partout, et un des horribles chefs d'État temporels (de l'Iran ?) recevra de telles louanges qu'il en profitera pour répandre plus de sang humain d'innocents hommes d'Église que nul ne saurait avoir autant de vin ! Et ce chef-là commettra d'incroyables forfaits contre l'Église, au point que le sang humain coulera dans les rues et dans les églises comme l'eau par forte pluie, et les fleuves qui nous sont proches rougiront de sang et, en outre, la mer rougira à cause d'une grande guerre navale, si bien que les rapports qui en seront faits (médias) d'un chef d'État à l'autre pourront dire : les guerres navales ont rougi la surface de la mer. Puis, dans cette même année et durant les suivantes, cela entraînera la plus horrible pestilence qui s'ajoutera à la famine précédente et l'on connaîtra de si grandes tribulations qu'il n'en était jamais arrivé de telles depuis la fondation de l'Église du Christ, et cela par toutes les régions d'Italie. Cela laissera des traces dans toutes les régions d'Espagne. C'est alors que le troisième chef de la Russie, entendant la plainte du peuple et sa principale revendication, dressera une très grande armée et franchira les détroits (mer Baltique, Bosphore, détroit d'Ormuz, golfe d'Aden) qui avaient été convoités par ses aïeuls et bisaïeuls, pour le remettre en son état. Puis le grand Capétien (le futur roi de France, appelé *grand Chyren*) sera remis en son état primitif, mais, à la fin, son règne sera désolé et tout sera abandonné, pour en arriver à la destruction du Saint des Saints (Rome) par le paganisme. L'Ancien et le Nouveau Testament seront interdits et brûlés, après quoi l'Antéchrist sera le prince infernal ; et pour la dernière fois, tous les pays chrétiens trembleront, et aussi à cause des infidèles (islamiques) pendant vingt-cinq ans, il y aura des guerres et des batailles encore plus ruineuses, et les villes, les villages, les châteaux et autres édifices seront brûlés, désolés ou détruits avec une grande effusion de sang de jeunes filles, de femmes mariées, de veuves violées, les nourrissons jetés contre les murs des villes qui seront ainsi heurtés et brisés, et tant de malheurs seront provoqués par Satan, prince des Enfers, et presque toute la planète sera désorganisée et désolée. Après ce temps que les hommes auront trouvé long, la face de la terre sera renouvelée par l'avènement de l'âge d'or. Dieu le Créateur ordonnera, entendant l'affliction de son peuple, que Satan soit enchaîné et jeté dans l'abîme de l'Enfer, dans la profonde fosse : commencera alors entre Dieu et les hommes une paix universelle, et Satan demeurera lié pendant environ mille ans, ce qui apportera une plus grande force à la puissance de l'Église, et puis il sera à nouveau délié. »

Sixain 47

Le grand d'Hongrie, ira dans la nacelle,
Le nouveau né fera guerre nouvelle
A son voisin qu'il tiendra assiégé,
Et le noireau avec son altesse,
Ne souffrira que par trop on le presse,
Durant trois ans ses gens tiendra rangé.

Le grand d'Hongrie : Nostradamus fait référence à la Hongrie parce qu'Attila avait installé son quartier général en Hongrie (alors la *Pannonie*, *cf.* quatrain suivant), sur la rive gauche du Danube ; étymologiquement, *Hongrie* signifie « pays des Huns ». *La nacelle*, étant une partie d'un aéronef, désigne fort probablement une machine volante ; en effet, le mot fut utilisé au début du siècle pour les dirigeables. *Noierau* : se dit d'une personne qui a les cheveux très noirs et le teint brun ; comme le mot *noir* (*cf.* III, 60), ce terme désigne probablement un chef islamique.

Le grand chef des Huns (asiatique) viendra en avion. Ce nouveau venu fera une nouvelle guerre à son voisin (l'Europe de l'Ouest ?) qu'il assiégera, et le chef islamique, avec son orgueilleuse autorité, ne supportera pas qu'on l'opprime (embargo ?) et tiendra en réserve ses soldats (*gens* d'armes) pendant trois ans.

LA CHINE DANS LE CONFLIT

V, 47

Le grand Arabe marchera bien avant,
Trahy sera par le Bisantinois :
L'antique Rodes lui viendra au devant,
Et plus grand mal par austre Pannonois.

Ancien français *venir au devant* : empêcher.

Le grand chef arabe (Ben Laden ?) se mettra en guerre bien avant (les autres) ; il sera trahi par le chef turc ; l'antique Rhodes (la Grèce) lui fera obstacle et l'autre chef asiatique (Chine ?) provoquera encore plus de malheur.

V, 48

Après la grande affliction du sceptre,
Deux ennemis par eux seront défaicts :
Classes d'Afrique aux Pannons viendra naistre,
Par mer & terre seront horribles faicts.

Ancien français *naistre* : poindre.

Après la grande oppression du pouvoir, deux ennemis seront battus par eux (les Asiatiques). Les armées venues d'Afrique (probablement du Maghreb) viendront se joindre aux Asiatiques et feront d'horribles actes sur terre et sur mer.

Ce quatrain se rapporte au précédent. Il est à noter qu'il est fort rare que Nostradamus mette à la suite deux quatrains concernant les mêmes événements.

III, 60

Par toute Asie grande proscription,
Mesme en Mysie, Lysie & Panphilie :
Sang versera par absolution,
D'un jeune noir remply de felonnie.

Proscription : « Depuis l'Antiquité, on trouve bien des exemples de sanglantes proscriptions, ayant presque toujours pour objet de frapper, non des coupables, mais des adversaires politiques » (*Dictionnaire Larousse*). La *Mysie*, la *Lysie* et la *Pamphylie* sont des régions d'Asie mineure, aujourd'hui la Turquie. Le contexte permet de dire que le mot *par* est mis pour *para* (élision du *a* devant *absolution*) : contre. *Absolution* : action d'absoudre juridiquement un accusé. *Noirs* : nom donné à la dynastie musulmane des Abbassides dont la capitale fut Bagdad, parce qu'elle avait adopté la couleur noire pour ses vêtements et ses drapeaux ; *jeune noir* désigne probablement le bras droit de Ben Laden en Irak, dont la tête est mise à prix.

À travers toute l'Asie, il y aura de sanglantes condamnations pour raisons politiques, et même en Turquie. Le sang sera versé sans pitié par un héritier des Abbassides plein de félonie.

Les condamnations et exécutions d'opposants politiques en Chine, qui durent depuis des années (voir les événements de la place Tiananmen), sont indiquées dans ce quatrain. En ce qui concerne la Turquie, il s'agit de la répression contre les Kurdes, outre que de nombreux opposants au régime sont en prison. Nostradamus relie entre elles les proscriptions dans les pays d'Extrême-Orient et du Moyen-Orient.

En ce qui concerne l'époque de ces événements, la *Lettre à Henry, roi de France second* donne de précieuses indications : « Toutefois, espérant avoir laissé par écrit les événements qui toucheront les ans, les villes, les cités, les régions ; et même les années 1585 et 1606, à partir d'aujourd'hui, le 14 mars 1557. Et allant bien au-delà de ces dates jusqu'à l'avènement du début du septième millénaire (l'an 2000), par une mûre réflexion, jusqu'à mon calcul astronomique et autre connaissance m'ont permis d'aller ; époque à laquelle les adversaires de Jésus-Christ et de son Église (communistes et islamistes) commenceront à pulluler. »

L'alliance entre la Russie et la Chine est précisée un peu plus loin : « Ô quelle calamiteuse affliction connaîtront alors les femmes enceintes (allusion aux effets de la radioactivité) et le principal chef oriental (la Chine) sera soulevé par la Russie, les Occidentaux ayant été vaincus. »

Un autre passage de cette lettre donne la même indication et annonce, en outre, l'établissement d'une paix universelle : « Cela sera du côté de l'Aquilon (la Russie) par la volonté divine et cela aura lieu une fois que Satan aura été enchaîné ! C'est alors que sera faite une paix universelle entre les hommes et que l'Église de Jésus-Christ sera délivrée de toute tribulation, après que les habitants de Gaza (les Palestiniens) auront voulu mêler du fiel au miel (image de perfidie) par leur infâme séduction, et cela sera proche du septième millénaire (1999-2000), de telle sorte que le sanctuaire de Jésus-Christ (le Saint-Sépulcre à Jérusalem) ne sera plus foulé au pied par les infidèles (les musulmans – allusion au saccage opéré par le roi des Perses Khosroês II en 614) qui viendront de la Russie (Républiques islamiques de la Communauté des États indépendants), le monde approchant d'une grande conflagration (près du VIIe millénaire), bien que mes supputations dans mes prophéties ne couvrent pas tout le cours du temps qui va beaucoup plus loin. » Cette dernière phrase signifie bien qu'il s'agit de la fin *d'un* monde et non de la fin *du* monde.

IV, 68

En l'an bien proche non esloigné de Vénus,
Les deux plus grands de l'Asie & d'Affrique,

Du Ryn et Hister qu'on dira sont venus,
Cris, pleurs à Malle & costé ligustique.

Vénus symbolise l'Ouest dans la Kabbale ; d'autre part, les populations qui peuplaient l'Amérique avant l'arrivée des Européens fondaient leur calendrier sur le cycle de Vénus ; enfin, la statue de la Liberté est une belle femme comme Vénus dans la mythologie ; Vénus étant utilisée par Nostradamus, symboliquement, pour désigner les Républiques, il est fort probable qu'ici Vénus désigne la République des États-Unis. *Les deux plus grands* pays d'*Asie* et d'*Afrique* sont respectivement la Chine, avec 9 561 000 km^2, et le Soudan, avec 2 505 813 km^2. *Hister* : ancien nom du Danube. Les côtes *ligustiques* concernent la Ligurie, en Italie.

L'année approche où l'Amérique dominera, on dira alors que Chinois et Soudanais sont venus du Rhin et du Danube (après des combats dans la mer Adriatique ?). Il y aura alors des cris et des pleurs à Malte et sur la côte ligure.

La capitale du Soudan, Khartoum, est le siège de la conférence panislamique, où sont régulièrement tenus des propos violemment anti-occidentaux. Ce quatrain est à rapprocher des quatrains concernant le ravage des côtes méditerranéennes par les islamistes.

V, 11

Mer par solaires seure passera,
Ceux de Vénus tiendront toute l'Affrique
Leur règne plus Saturne n'occupera,
Et changera la part Asiatique.

Solaires : les habitants de l'empire du Soleil levant (le Japon). Ancien français *seure* : sécurité. *Saturne* : dieu des temps (*cronos*), symbole de l'âge d'or (2026).

On franchira la mer en sécurité grâce aux Japonais. Les Américains tiendront toute l'Afrique, leur puissance ne tiendra que jusqu'à l'âge d'or (2025) et la partie de l'Asie (Japon ?) subira des changements.

V, 53

La loy du Sol, & Vénus contendans,
Appropriant l'esprit de prophétie :
Ne l'un ne l'autre ne seront entendus
Par Sol tiendra la loy du grand messie.

Ancien français *contendre* : combattre. *Approprier* : acquérir. Pour Nostradamus, qui est catholique, le *grand messie* ne peut être que le Christ.

Américains et Japonais, combattant sous la même loi, s'approprieront la diffusion du message prophétique (du Christ). Ni les uns ni les autres ne seront écoutés. La loi du grand messie (le Christ) se maintiendra grâce au Japon.

Ce quatrain laisse supposer que, lors de l'avènement de la paix universelle, aux environs de 2025, les États-Unis et le Japon joueront ensemble un rôle capital dans l'instauration de l'éthique chrétienne non violente.

En juillet 1995, la sixième chaîne de télévision japonaise m'a rendu visite pour m'apprendre que le gourou de la secte Aum utilisait des quatrains de Nostradamus ainsi que mon premier livre pour se présenter comme le vrai messie. Il avait même affirmé qu'il avait pris contact avec moi, mais que j'avais refusé de le recevoir. De tels mensonges sont courants de la part des gourous de toutes les sectes qui pullulent actuellement sur la planète. Cette même chaîne de télévision m'a également appris qu'une secte coréenne avait pris le nom de Nostradamus… En outre, plusieurs interprètes des centuries se prennent soit pour la réincarnation de Nostradamus, soit pour celle de son fils César, ou encore se présentent comme ayant reçu une mission, divine ou non. Pauvre Nostradamus, utilisé à des fins mercantiles ou par des cerveaux dérangés ! Son œuvre a attiré des gens intellectuellement et psychologiquement fragiles, des névrosés qui ont construit de véritables délires, des mystificateurs, des imposteurs et des charlatans qui ne voient dans ses prophéties qu'une source de revenus.

Le quatrain suivant indique, une fois encore, l'union entre les États-Unis et le Japon contre l'Islam.

VI, 58

Entre les deux monarques eslongnez,
Lorsque le Sol par selin clair perdue :
Simulté grande entre deux indignez,
Qu'aux isles & Sienne la liberté rendue.

Les deux monarques eslongnez : les deux chefs d'État éloignés (par rapport à la ville de Salon où le texte est écrit) sont les États-Unis et le Japon, séparés par l'océan Pacifique. *Selin*, du grec *selênê* : la lune ; à cause du symbole du croissant, ce mot désigne l'Islam. Ancien français *simulté* : haine, inimitié. *Indigner* : haïr, mépriser. *Isles* : toujours les îles Britanniques.

Entre les deux présidents des États-Unis et du Japon, lorsque le Japon aura fait perdre son éclat au croissant (de l'Islam), la haine sera grande (contre l'Islam) entre les deux États haïs (par les islamistes), jusqu'à ce que l'Angleterre et l'Italie soient délivrées.

VI, 98

Ruyne aux Volsques de peur si fort terribles,
Leur grand cité taincte, faict pestilent :
Piller Sol, Lune, & violer leurs temples,
Et les deux fleuves rougir de sang coulant.

Les *Volsques* étaient une ancienne nation de l'Italie, dont le territoire était séparé du pays des Étrusques par le Tibre. Les *deux fleuves* dont il est question sont probablement le Tibre et le Pô, qui sont les deux principaux fleuves d'Italie.

Les Italiens connaîtront une ruine si forte et si terrible qu'elle entraînera la panique. Leur grande cité (Rome) sera teinte (de sang). L'Islam pillera (les biens) japonais et les églises (ou les banques, temples de l'argent) ; le Tibre et le Pô rougiront du sang qui coulera.

Présage 124, juin

Les bleds trop n'abonder, de toutes autres fruits force,
L'esté, printemps humides. hiver long, neige, glace :
En armes l'Orient, la France se renforce,
Mort de bestail prou miel. aux assiegez la place.

Il y aura une pénurie de céréales et une grande quantité d'autres denrées. Après un été et un printemps humides, il y aura un hiver long avec neige et glace. L'Orient sera en armes et la France se renforcera. Le bétail mourra (épidémie ? La maladie de la « vache folle » entraîne la destruction de milliers de bêtes), il y aura peu de miel (ou de douceur de vivre), les assiégés résisteront.

L'adversaire principal de l'Antéchrist sera le futur roi de France, allié aux États-Unis.

Sixain 15

Nouveau esleu patron du grand vaisseau,
Verra longtemps briller le cler flambeau
Qui sert de lampe à ce grand territoire,
Et auquel temps armez sous son nom,
Joinctes à celles de l'heureux de Bourbon
Levant, Ponant, & Couchant sa mémoire.

Comme le mot *nef*, le *grand vaisseau* désigne l'Église catholique et particulièrement le Vatican. Ancien français *cler* : illustre. *Lampe*, au figuré : source de vie ou de clarté. *Couchant* se rapporte à l'Amérique et *Ponant*, utilisé jadis dans la Méditerranée pour désigner l'océan, indique ici l'Europe de l'Ouest.

Le nouvel élu de l'Église (le pape) verra briller longtemps l'illustre flambeau qui sert de symbole de vie à ce grand territoire (États-Unis), et dans les temps où ils seront en armes au nom (de la liberté), joints aux armées de l'heureux Bourbon, sa mémoire se conservera du Japon à l'Amérique en passant par l'Europe.

« La IIIe République française offrit aux États-Unis une statue gigantesque de Bartholdi, la *Liberté éclairant le monde*, comme gage de fraternité. Elle fut élevée en 1886 dans l'île Bedloe, dans la rade de New York. Haute de quarante-six mètres, faite de cuivre repoussé, elle est placée sur un piédestal qui a lui-même plus de vingt-cinq mètres. Son bras droit soulève une torche enflammée (*cler flambeau*). »

On verra plus loin que *l'heureux de Bourbon*, *le grand Chyren*, futur roi de France, sera l'adversaire principal de l'Antéchrist, allié aux États-Unis.

I, 56

Vous verrez tost & tard faire grand change,
Horreurs extremes & vindications.
Que si la Lune conduite par son ange,
Le ciel s'approche des inclinations.

L'expression *tost & tard* désigne les deux dates clés indiquées par Nostradamus : 1792, qui représente le commencement de la fin de la civilisation européenne, et 1999, qui en annonce la fin. Ancien français *vindication* : vengeance. *Ange*, ici : l'Antéchrist (l'ange exterminateur). *Inclination*, du latin *inclinatio* : changement.

Vous verrez tôt (1792) et tard (1999) faire de grands changements qui se traduiront par des horreurs extrêmes et des vengeances, pendant que l'Islam sera ainsi conduit par son ange (exterminateur, l'Antéchrist), au moment où le ciel (la Chine) sera proche des changements (fin du communisme ?).

I, 25

Perdu, trouvé, caché de si long siècle,
Sera pasteur demy Dieu honoré :
Ains que la Lune acheve son grand siècle,
Par autres vents sera déshonoré.

Perdu, trouvé... : le premier vers fait allusion à la descendance de la branche aînée des Bourbons, officiellement éteinte depuis la disparition du dauphin Louis XVII au Temple, en 1795. *Pasteur*, au figuré : homme qui exerce une autorité. Ancien français *ains* : avant. *Siècle*, ici : époque. *Vent*, au figuré : orgueil, vanité, mais aussi attaques.

(La lignée des Bourbons) qui avait été perdue et cachée pendant de si longs siècles (de 1795 à nos jours) réapparaîtra dans un chef qui sera honoré comme un demi-dieu : avant que le temps de l'Islam ne s'achève, car il sera déshonoré par d'autres vanités et actes de guerre.

2015 : GUERRE ET FAMINE
2017 : FIN DE L'INTÉGRISME ISLAMIQUE

I, 16

Faux à l'Estang, joinct vers le Sagittaire,
En son hault auge et exaltation,
Peste, famine, mort de main militaire,
Le siècle approche de rénovation.

Faux : un des attributs de Saturne, avec le sablier ; le hiéroglyphe de la planète Saturne est une faux surmontée d'une croix. *Estang* : désigne la constellation du Scorpion. *Auge*, synonyme d'apside, qui constitue les extrémités du grand axe de l'ellipse décrite par une planète autour du Soleil. *Exaltation* : *cf.* sizain 46.

Lorsque Saturne sera à l'aphélie et en exaltation dans le Scorpion (en juin 2015), on connaîtra l'épidémie, la famine, la mort par les forces militaires. On approchera du siècle de rénovation (début du VIIe millénaire : 2025).

Dans cette même année 2015, il y aura une occultation de l'étoile fixe Haleka, qui se nomme aussi « Porte céleste » !

CHUTE DU COMMUNISME EN URSS (1990),
PUIS DE L'ISLAMISME (2017)

III, 95

La loy Moricque on verra defaillir,
Après une autre beaucoup plus seductive :

Boristhenes premier viendra faillir
Par dons & langue une plus attractive.

Boristhène : ancien nom du Dniepr, fleuve de la Russie et de l'Ukraine ; par synecdoque ce fleuve désigne la Russie.

On verra s'effondrer la loi islamique, après une autre loi qui aura été beaucoup plus séduisante, à savoir (la loi communiste) plus attractive par sa générosité et sa propagande, qui chutera la première.

Sixain 30

Dans peu de temps Médecin du grand mal,
Et la sangsue d'ordre et rang inégal,
Mettront le feu à la branche d'Olive,
Poste courir, d'un et d'autre costé,
Et par tel feu leur Empire accosté
Se ralumant du franc finy salive.

Poste : lieu où des gens, particulièrement des soldats, sont placés pour combattre, pour garder ou surveiller.

Dans peu de temps le médecin (l'ONU ?) du grand mal (la guerre) et la Russie (CEI) dont les États sont d'ordre et de rang inégaux porteront la guerre en Israël, puis les soldats accourront de tous côtés et l'Empire (arabe) sera atteint par le feu de la guerre ; la guerre se rallumera (deuxième guerre en Irak) après qu'on ne parlera plus du franc (arrivée de l'euro).

L'euro est entré en vigueur le 1er janvier 2002. Dans la nuit du 19 au 20 mars 2003, les forces armées américaines et leurs alliés de la coalition ont attaqué l'Irak de Saddam Hussein. Les autres événements de ce sixain sont à venir.

V, 19

Le grand Royal d'or, d'airain augmenté,
Rompu la pache, par jeune ouverte guerre,

Peuple affligé par un chef lamenté,
De sang barbare sera couverte terre.

Le grand Royal : il n'est pas possible d'identifier ce personnage ; sera-ce Juan Carlos Ier, son fils ou son neveu, fils de son frère aîné ? *Airain* : alliage à base de cuivre qui servait à faire des monnaies ; désigne ici l'argent en général. Ancien français *pache* : pacte, accord, convention.

Le grand personnage royal recevra de l'or et de l'argent, un traité ayant été rompu et la guerre déclenchée par un jeune chef (Iran ?). Le peuple sera affligé par ce chef lamentable et la terre sera couverte de sang musulman.

UN ROI BOURBON EN FRANCE ENTRE 2007 ET 2025 !

Le retour d'un Bourbon en France paraît aussi invraisemblable que l'a été l'arrivée du maréchal Pétain avec l'État français sur la dépouille de la IIIe République, comme celle de Napoléon Ier sur celle de la Ire République, ou de Napoléon III sur celle de la IIe, ou du général de Gaulle sur celle de la IVe ! Ce genre d'analyse permet de saisir cette nouvelle approche de l'histoire à travers le filtre spatio-temporel de Nostradamus.

Nostradamus attribue plusieurs appellations à ce futur roi, auquel Juan Carlos, roi d'Espagne, sauveur de la démocratie, aura ouvert la voie.

V, 80

Logmion grande Bisance approchera,
Chassée sera la barbarique ligue :
Des deux lois l'une l'estinique lachera,
Barbare et franche en perpetuelle brigue.

Logmion : l'Ogmion est utilisé pour désigner un personnage éloquent mais aussi pour son correspondant grec Hercule, qualificatif donné par Nostradamus (*cf.* IX, 33) au futur roi (le cinquième fils de Catherine de Médicis et d'Henri II portait les prénoms François-Hercule). Ancien français *grande*, pris comme substantif : grand danger. *Estinique*, mot fabriqué à partir de la troisième personne du présent de l'indicatif du verbe grec *estin* (être), littéralement : celui qui est. Ancien français *brigue* : tumulte.

Le roi approchera d'Istanbul dans un grand danger. La ligue arabe sera chassée. Des deux lois (chrétienne et islamique), l'une, celle de celui qui est (Allah), cédera ; l'Islam et la France étant en tumulte perpétuel.

VI, 42

A Logmyon sera laissé le regne,
Du grand Selyn qui plus sera defaict :
Par les Itales estendra son enseigne,
Regy sera par prudent contrefaict.

Selyn ou *Selin* : *cf.* VI, 58. Ancien français *contrefait* : imitation.

Le pouvoir du grand chef islamique sera abandonné au roi, qui étendra son enseigne en Italie, gouvernée par un homme sage qui le prendra comme modèle.

IV, 23

La légion dans la marine classe,
Calcine Magnes soulphre, & poix bruslera
Le long repos de l'asseurée place,
Port Selyn, Hercle feu les consummera.

Calcine, francisation du grec *Chalcis*, nom que portaient trois villes : une en Grèce (sur l'île d'Eubée), une en Macédoine et une en Syrie. *Magne* : ville du Péloponnèse. Le *soufre* était utilisé dans plusieurs produits incendiaires et la *poix* désigne les produits pétroliers (napalm ou pétrole ?). *Port Selyn* : le port islamique le plus proche de la Grèce est Istanbul.

Par l'armée de terre et la marine, la Grèce brûlera après avoir été en paix et en sécurité. Dans le port islamique, le feu du roi les incendiera.

IX, 33

Hercules Roy de Rome & d'Annemarc,
De Gaule trois Guion surnommé :
Trembler l'Itale & l'unde de Saint-Marc,
Premier sur tous Monarque renommé.

Ancien français *guion* : guide.

Hercule roi (de France), de Rome et du Danemark sera surnommé le troisième guide de la France ; il fera trembler l'Italie (occupée ?) et la mer Adriatique et il sera un monarque renommé plus que tout autre.

X, 27

Par le cinquiesme, & un grand Hercules,
Viendront le temple ouvrir de main bellique :
Un Clement, Iule & Ascans reculés,
L'Espagne, clef, aigle, n'eurent onc si grande picque.

Ancien français *par* : pendant. *Temple*, poétiquement : l'Église. Latin *manus*, au figuré : force. *Clement* : San Clemente, ville espagnole de Castille ; désigne l'Espagne. *Iule & Ascans* : Ascanius ou Julius, fils d'Énée, qui accompagna son père en Italie ; la famille Julia à Rome faisait remonter son origine à ce personnage ; désigne l'Italie. *Clef* (de saint Pierre) : désigne le Vatican. *Aigle* : désigne les États-Unis (Nostradamus utilise cette image pour désigner de grandes puissances militaires : Napoléon, Hitler, les États-Unis). *Picque*, au figuré : brouille, tourment.

Pendant le Cinquième (État républicain) un grand roi viendra libérer l'Église avec des forces armées, l'Espagne et l'Italie ayant reculé. Jamais l'Espagne, le Vatican et les États-Unis ne connurent de si grands tourments.

Dans la *Lettre à Henry, roi de France second*, voici ce qui est dit au sujet de ce roi : « Ensuite un personnage sortira de la tige restée si longtemps stérile (les Bourbons), et qui croîtra pendant le cinquième degré (la Ve République), pour renouveler toute l'Église chrétienne… »

X, 79

Les vieux chemins seront tous embellis.
L'on passera à Memphis somentrées :
Le grand Mercure d'Hercules fleur de lys,
Faisant trembler terre, mer & contrées.

Memphis : quand Thèbes fut tombée, Memphis devint capitale de l'Égypte ; désigne fort probablement la capitale égyptienne actuelle, Le Caire, dont Memphis est proche. Ancien français *somentir* : manquer. *Mercure* : dieu de l'éloquence et réputé pour sa beauté.

Les vieilles routes seront refaites ; on passera au Caire les choses qui avaient manqué, quand l'éloquent roi à la fleur de lis (des Bourbons) aura fait trembler la terre, la mer et les nations.

IX, 93

Les ennemis du fort bien esloignez,
Par chariots conduict le bastion :
Par sur les murs de Bourges esgrongnez,
Quand hercules battra l'Haematien.

Ancien français *esgrongner* : attaquer. *Haematien* : l'*Émathie* est l'ancien nom de la Macédoine qui faisait partie de l'ex-Yougoslavie ; on sait qu'aujourd'hui la Grèce revendique le rattachement de ce pays ; les quatrains concernant *l'Haematien* sont à rapprocher de II, 96 : *la Perse tourne envahir Macédoine.*

Les ennemis seront éloignés du fort et les fortifications seront protégées par l'arme blindée, pendant ce temps la ville de Bourges sera attaquée, quand le roi battra le chef macédonien (ou iranien).

X, 58

Au temps du dueil que le selin monarque,
Guerroyera le jeune Aematien,

Gaule bransler péricliter la barque,
Tenter Phossens au Ponant entretien.

Au moment du décès du chef islamique, le jeune Macédonien (ou Iranien) fera la guerre. La France sera secouée et l'Église périclitera ; il attaquera les Marseillais, l'Occident se maintiendra.

IV, 77

Selin Monarque l'Italie pacifique,
Regnes unis, roy chrestien du monde,
Mourant voudra coucher en terre blesique,
Après pyrates avoir chassé de l'onde.

Blesique, pour Blésois, habitants de Blois ; les comtes de Blois étaient issus de la famille d'Hugues Capet.

Après la mort du chef islamique, l'Italie sera en paix et les pays en union (ONU) ; le roi chrétien du monde voudra être enterré à Blois, après avoir chassé des mers les pirates (barbaresques).

Comme c'est fréquemment le cas, Nostradamus utilise le terme précis que l'histoire va retenir. En effet, il utilise pour désigner l'Islam le mot *pirates* qui était en usage au XVIe siècle. Mais qui aurait pu prévoir que le gouvernement français appellerait son plan de lutte contre le terrorisme de l'intégrisme islamique « plan Vigi*pirate* », quatre siècles et demi plus tard ?

I, 94

Au port Selin le tyran mis à mort,
La liberté non pourtant recouvrée :
Le nouveau Mars par vindicte et remort,
Dame par force de frayeur honorée.

Ancien français *remort* : guerre, querelle. *Honorée* : renommée.

Dans le port islamique (Istanbul ?) le tyran sera mis à mort, bien que la liberté ne soit pas encore recouvrée à cause d'une nouvelle guerre par vengeance et esprit guerrier. Un personnage féminin (de gouvernement) fera sa renommée par sa force et la frayeur qu'elle aura suscitée.

VI, 78

Crier victoire du grand Selin croissant,
Par les Romains sera l'Aigle clamé,
Ticcin, Milan, & Gennes n'y consent,
Puis par eux mesme Basil grand réclamé.

Aigle : *cf.* X, 27. Latin *Ticinus* : le Tessin. *Basil*, du grec *basileus* : roi.

Après avoir crié la victoire du grand croissant islamique, les Romains acclameront ou réclameront les Américains. Le Tessin, Milan et Gênes n'en voudront pas, puis eux-mêmes réclameront le grand roi.

II, 1

Vers Aquitaine par insuls Britanniques,
De par eux mesmes grandes incursions
Pluyes, gelees feront terroirs iniques,
Port Selyn fortes fera invasion.

De l'Aquitaine jusqu'aux îles Britanniques, il y aura de grandes incursions ; ces territoires seront défavorables (aux attaquants) à cause de la pluie et du froid. Puissante sera l'invasion venue du port islamique (Istanbul ?).

V, 35

Par cité franche de la grand mer Seline,
Qui porte encore à l'estomach la pierre ;
Anglaise classe viendra sous la bruine,
Prendre un rameau, de grand ouverte guerre.

Cité franche : par cette expression Nostradamus désigne La Mecque, qui reçoit chaque année des milliers de pèlerins venus du monde entier ;

d'autre part, La Mecque est proche de la mer Rouge, *mer Seline* entre l'Arabie et l'Égypte. *Estomach*, du grec *stomachos* : orifice ; au centre de la cour de la mosquée dite *Beith Allah* (la maison de Dieu) se trouve, dans un orifice de la Kaaba, la *pierre* noire que viennent adorer les pèlerins. Ancien français *bruine* : lutte, trouble. *Ouvert* : manifeste, évident.

À La Mecque près de la mer Rouge, où se trouve encore la pierre dans un orifice, la flotte anglaise viendra en combattant faire une proposition de paix, au moment où l'importance de la guerre sera manifeste.

VI, 27

Dedans les isles de cinq fleuves à un,
Par le croissant du grand Chyren Selin :
Par les bruynes fureur de l'un,
Six eschappez, cachez fardeaux de lyn.

Ancien français *lyn* : frégate légère.

Dans les îles Britanniques, depuis cinq fleuves (en France : Rhin, Seine, Loire, Garonne et Rhône ?) jusqu'à un fleuve (la Tamise), le grand Henri viendra à cause du croissant de l'Islam, sa fureur étant provoquée par les combats, six personnes s'étant échappées, cachées dans un bateau.

II, 79

La barbe crespe & noire par engin,
Subjuguera la gent cruelle & fiere :
Le grand Chiren ostera du longin,
Tous les captifs par Seline baniere.

Ancien français *engin* : ruse, fraude, tromperie. *Longin*, pour *longinquo*, par épenthèse : de loin.

Le grand Henri soumettra le personnage à la barbe crépue et noire (chef musulman) du peuple cruel et fier, et ôtera (des prisons) lointaines tous les prisonniers de la bannière islamique.

VIII, 54

Soubs la couleur du traicté marriage,
Fait magnanime par grand Chyren selin :
Quintin, Arras recouvrez au voyage,
D' Espagnols fait second banc macelin.

Soubs, du *l*atin *sub*, sous : tout de suite après, à la suite de. Ancien français *couleur* : faveur, amitié. *Quintin* est une petite ville des Côtes-d'Armor et pourrait désigner la Bretagne, à moins qu'il ne s'agisse de Saint-Quentin. *Voyage* : le contexte permet de dire que ce mot fait allusion au voyage d'outre-mer, voyage que les chrétiens entreprenaient autrefois pour faire la guerre aux musulmans. *Second*, du latin *secundus* : favorable, propice. *Banc* : autrefois, la cour ou le conseil d'un souverain. Ancien français *macel* ou *maisel* : carnage, massacre ; Nostradamus a ajouté le suffixe *in* pour les besoins de la rime.

À la faveur d'un traité d'alliance, le grand Henri fera un acte magnanime envers l'Islam ; l'Artois et la Picardie (ou la Bretagne) ayant été libérés grâce à l'expédition contre l'Islam ; un conseil (d'État) sera propice aux Espagnols après le massacre.

IX, 53

Les trois pellices de loing s'entrebattront,
La plus grand moindre demeurera à l'escoute :
Le grand Selin n'en sera plus patron,
Le nommera feu pelte blanche route.

Trois pellices : les pelisses étaient des robes d'honneur, dont le sultan faisait cadeau à ses fonctionnaires ainsi qu'à des grands personnages étrangers ; Nostradamus désigne probablement ici trois chefs d'État islamiques. Latin *pelte*, pour *pellitus* : la peau. Ancien français *route* : troupe, compagnie, flotte.

Les trois chefs d'État islamiques s'entrebattront, le plus important sera dans l'expectative. Le grand chef islamique ne commandera plus et il nommera quelqu'un pour mettre à feu la flotte des Blancs (occidentale).

VI, 70

Un chef du monde le grand Chyren sera,
Plus outre après aymé, craint, redouté :
Son bruit & los les cieux surpassera,
Et du seul titre Victeur fort contenté.

Ancien français *bruit & los* : réputation ; cette redondance est emphatique. *Victeur* : vainqueur.

Le grand Henri sera un chef du monde. Après il sera encore plus aimé, craint et redouté, sa réputation surpassera les cieux et il se contentera du seul titre de puissant vainqueur.

IV, 34

Le grand mené captif d'estrange terre,
D'or enchaîné au Roy Chiren offert :
Qui dans Ausone, Milan perdra la guerre,
Et tout son ost mis a feu & à fer.

Ancien français *ost* : armée.

Le grand prisonnier (islamique ?) ramené d'un pays étranger sera présenté menotté d'or au roi Henri, car il aura perdu la guerre en Italie, à Milan, et toute son armée anéantie.

IX, 41

Le grand Chyren soy saisir d'Avignon,
De Rome lettre en miel plein d'amertume :
Lettre ambassade partir de Chanignon,
Carpentras pris par duc noir rouge plume.

Ancien français *miel*, pour *miels* : plus. *Chanignon*, pour Canino, ville de la province de Rome à vingt-six kilomètres au nord-ouest de Viterbe. *Noir rouge plume* : les pays islamiques qui ont le rouge et noir dans leur drapeau sont l'Irak, la Syrie, la Libye, l'Égypte, le Soudan et le Yémen ; on ne saura de quel pays il s'agit que le moment venu.

Le grand Henri se saisira d'Avignon après avoir reçu de Rome plus de nouvelles pleines d'amertume. Un message d'ambassade partira de Canino, car Carpentras aura été prise par un général au drapeau rouge et noir.

VIII, 38

Le roi de Blois dans Avignon regner,
Une autre fois le peuple en monopole,
Dedans le Rosne par murs fera baigner,
Jusques à cinq le dernier près de Nole.

Ancien français *monopole* : conspiration, conjuration. *Cinq*, probablement pour Ve République. *Nole* : petite ville d'Italie près de Naples.

Le roi de Blois (le grand Henri) régnera à Avignon, car une nouvelle fois le peuple (français) conspirera, il verra le Rhône baigner les murs de la ville, jusqu'à la fin de la Ve République, le dernier étant près de Nole.

VIII, 52

Le roy de Blois dans Avignon regner,
D'Amboise & seine viendra le long de Lyndre :
Ongle à Poitiers sainctes aisles ruyner,
Devant Boni.

Ancien français *ongle*, probablement pour *onglée*, signifiant : hiver rigoureux. *Sainctes aisles* : la guerre sainte ; les Romains appelaient *ailes* les troupes de cavalerie. *Boni*, pour Boulogne (ancien nom : *Bononia*) ou Bonn, la ville allemande ; seul le moment venu permettra d'apporter les précisions sur ce quatrain ; la traduction en est donc très hypothétique.

Le roi de Blois régnera dans Avignon. D'Amboise et de la Seine, il longera l'Indre. Pendant un hiver rigoureux à Poitiers, il ruinera la guerre sainte, devant Boulogne.

X, 44

Par lors qu'un Roy sera contre les siens,
Natif de Bloye subjuguera Ligures :
Mammel, cordube & les Dalmatiens,
Des sept puis l'ombre à Roy estrennes & lemures.

Ancien français *contre* : pour, en l'honneur de. *Natif* : naturel. *Mammel* : le *Memmel* est l'ancien nom du Niemen, fleuve qui traverse la Biélorussie. *Estrenne* : combat, choc. *Lémures* : dans la mythologie, les spectres ou l'esprit de la mort.

Lorsqu'un roi se battra pour les siens, l'héritier de Blois soumettra les Ligures (l'Italie), la Russie, l'Espagne et la Dalmatie ; puis avec l'aide des sept pays (G7 ? – le G8 sans la Russie) le roi fera cesser les combats et les morts.

V, 74

De sang Troyen naistra cœur germanique,
Qui deviendra en si haute puissance :
Hors chassera gent estrange arabique.
Tournant l'Église en pristine prééminence.

De sang royal français, le roi naîtra avec des sentiments germanophiles et atteindra une très grande puissance. Il chassera hors de France les étrangers islamiques et rendra à l'Église sa prééminence originelle.

Le dernier vers fait référence au retour au christianisme primitif, dont le mouvement œcuménique est sans doute le signe précurseur.

Sixain 34

Princes et Seigneurs tous se feront la guerre,
Cousin germain le frère avec le frère,
Finy l'Arby de l'heureux de Bourbon,
De Hierusalem les Princes tant aymables,

Du fait commis énorme et exécrable,
Se ressentiront sur la bourse sans fond.

Ancien français *arby*, pour *arbitrie* : arbitrage.

Tous les chefs d'État et de gouvernement se feront la guerre, sous le cousin allemand (Benoît XVI, prince germain) ; on se battra entre pays frères (pays arabes entre eux et Israël). L'arbitrage de l'heureux Bourbon (les ancêtres des rois de France étaient des germaniques) (Juan Carlos Ier de Bourbon ou son successeur ?) aura pris fin. Les chefs si aimables de Jérusalem éprouveront la ruine économique (effondrement de la Bourse ?) à cause d'un acte (de guerre ou autre) énorme et exécrable.

En lisant ce texte écrit en 1555, on ne peut s'empêcher de penser aux attentats exécrables qui, régulièrement, depuis des années, tuent des civils innocents à Jérusalem et dans tout l'État hébreu... Mais il semble que Nostradamus annonce un acte encore plus monstrueux.

4 JUIN 2024 : UNIVERSALITÉ DES RACES HUMAINES, ALLIANCE FRANCE-PAYS MUSULMANS-RUSSIE, FIN DES GUERRES, PAIX UNIVERSELLE

Sixain 49

Vénus et Sol, Jupiter et Mercure
Augmenteront le genre de nature
Grande alliance en France se fera,
Et du Midy la sangsue de mesme,
Le feu esteint par ce remede extreme,
En terre ferme Oliver plantera.

La double conjonction *Vénus-Sole*il et *Jupiter-Mercure* aura lieu le 4 juin 2024. *Genre* : « en histoire naturelle le genre est un groupe conventionnel qui n'est pas susceptible d'une définition absolue comme l'espèce. On doit chercher pour les réunir dans un même genre, les espèces qui ont le plus possible de caractères communs, et qui ne diffèrent que par des caractères secondaires ». Par le mot *sangsue*, Nostradamus désigne la Russie à cause de la révolution de 1917, « buveuse de sang ». *Terre ferme* : continent par rapport aux océans.

Le 4 juin 2024, l'universalité de l'espèce humaine augmentera en reconnaissance ; une grande alliance se fera en France avec le Midi (pays musulmans) et même avec la Russie, le feu (de la guerre) ayant été éteint par ce dernier recours. L'olivier (la paix) sera planté sur les continents.

Nous sommes donc assurés de cet âge d'or après les trois guerres mondiales du XXe siècle ; la Troisième Guerre mondiale a été déclarée par Ben Laden en juillet 1999 et se poursuit aujourd'hui. Ce sixain est d'autant plus important qu'il indique dans son premier vers une conjonction rare de plusieurs planètes qui se produira le 4 juin 2024, date marquant la fin des guerres. L'important est de retenir le message d'espérance de cette prophétie.

L'Ancien Testament se termine sur le court texte du petit prophète Malachie. Après avoir décrit les tribulations et les châtiments du peuple juif, il annonce, comme Nostradamus, le triomphe de celui-ci sur ses ennemis : « Car voici, le jour vient, ardent comme une fournaise, tous les orgueilleux et tous les méchants seront comme du chaume ; et ce jour-là qui vient les embrasera, a dit l'Éternel des armées, et il ne leur laissera ni racine ni rameau. Mais pour vous, qui craignez mon nom, se lèvera le soleil de la justice et la guérison sera dans ses rayons ; vous sortirez et vous croîtrez comme de jeunes taureaux engraissés. Et vous foulerez les méchants car ils seront comme de la cendre sous la plante de vos pieds, au jour que j'agirai, a dit l'Éternel des armées. »

FIN DES TRIBULATIONS

« Après ces temps (les malheurs qui viennent d'être décrits) que les hommes auront trouvés longs, la face de la terre sera renouvelée par l'avènement de l'âge d'or. Dieu le Créateur ordonnera, entendant l'affliction de son peuple, que Satan soit enchaîné et jeté dans l'abîme de l'Enfer, la profonde fosse : commencera alors entre Dieu et les hommes une paix universelle, et Satan demeurera lié pendant environ mille ans, ce qui apportera une plus grande force à la puissance de l'Église ; et puis il sera de nouveau délié. » (*Lettre à Henry, roi de France second.*)

2001-2025 : HÉCATOMBE
2026 : RÉSURRECTION (RENOUVEAU SPIRITUEL)

X, 74

Au revole du grand nombre septiesme,
Apparoistra au temps jeux d'Hécatombe :
Non esloigné du grand eage milliesme,
Que les entrez sortiront de leur tombe.

Ancien français *revoler* : retourner. *Septiesme* : le VIIe millénaire, qui a commencé en 2001. *Hécatombe* : en Grèce, représentait le sacrifice de cent bœufs et, par la suite, de cent victimes quelconques. *Grand eage milliesme* : fait référence aux mille ans de l'Apocalypse, pendant lesquels Satan est enchaîné.

À l'approche de l'an 2001 apparaîtra un temps de massacres ; on sera proche des mille ans (de paix universelle 2026-3000). Ceux qui étaient entrés dans la tombe en sortiront.

Le dernier vers est une allusion au Christ traitant les pharisiens de « sépulcres blanchis » (Évangile de Matthieu) ; il y a là l'annonce d'un renouveau spirituel qu'on peut illustrer par la phrase prophétique d'André Malraux : « Le XXIe siècle sera spirituel ou ne sera pas ! »

Épilogue

Pour l'amour de l'histoire et de la culture générale

Il n'y a que deux puissances au monde, le sabre et l'esprit :
à la longue, le sabre est toujours vaincu par l'esprit.
Napoléon Ier.

Mes quarante-deux années de recherches dans les domaines les plus variés sur les écrits d'un des plus grands humanistes de tous les temps m'ont apporté des joies qu'aucun mot ne saurait exprimer.

C'est surtout en accumulant des connaissances en histoire que j'ai eu les plus grandes satisfactions. Plus on connaît le passé et plus on est à même de comprendre son présent. Quant à l'avenir, comme je l'ai précisé dans la préface, l'histoire de l'humanité ne se déroule que dans un brouillard d'irrationnel, et, de ce fait, il est impossible à appréhender. Les prophéties de Nostradamus permettent d'en saisir « avant coup » quelques bribes ; nos analyses rationnelles sont un obstacle souvent infranchissable pour envisager des événements à venir qui les contredisent.

Mon souhait le plus cher est que, mis à part le problème de la prophétie, la confrontation des quatrains de Nostradamus à l'histoire suscite des vocations et donne aux jeunes le goût et même cette passion de l'histoire que j'y ai puisée.

De nombreux articles dénoncent les carences et les inepties de l'enseignement de cette discipline, ainsi que de celui du français. Par exemple, *Le Figaro* du jeudi 29 septembre 2005 publiait un entretien entre Philippe Meirieu[1] et Jean-Paul Brighelli[2], ancien militant d'extrême gauche, agrégé de lettres, auteur de manuels de littérature aux éditions Magnard. Sous le titre « L'école rend-elle idiot ? » de Jean-Paul Brighelli, ces deux auteurs, malgré quelques désaccords, tirent le même signal d'alarme : « L'école va très mal et ce n'est pas une réformette qui pansera la plaie. Dans son livre, Jean-Paul Brighelli réclame le rétablissement de normes dont l'absence pénalise les élèves les plus démunis. Ils souffrent de n'avoir pas droit à la transmission d'un savoir fondamental, à base de français et d'histoire. » Ces deux disciplines sont les deux bases essentielles d'une société en bonne santé. S'il ne reste de ces deux piliers que quelques tronçons tombés au sol, alors le temple de la culture finira de s'écrouler.

Ayant fait mes études secondaires au collège de jésuites de Sarlat, nos maîtres, éminents érudits et pédagogues, nous ont inculqué un désir d'apprendre, une furie de connaissance, un goût prononcé pour toutes les disciplines humaines[3]. Certes, nous n'avions pas la télévision, nous étions pensionnaires neuf mois sur douze. On ne peut pas demander aux élèves d'aujourd'hui une adolescence comme celle qu'on nous a imposée.

Cependant, la question fondamentale qu'on est amené à se poser est : les enseignants donnent-ils aux enfants le désir d'apprendre et ne se contentent-ils pas d'exécuter des programmes sans même se rendre compte qu'ils sont souvent insipides et inaccessibles à de nombreux élèves ?

Depuis Mai 68, où il fallait détruire tout un passé qualifié de ringard, l'Éducation nationale n'a cessé de faire des réformes et, au fil des années, de réformer ces réformes. Sept lustres plus tard, le savoir fondamental à base de français et d'histoire dont parle Jean-Paul Brighelli a purement et simplement disparu !

Ce long entretien entre ces deux intellectuels se termine par la remarque de Jean-Paul Brighelli sur la violence : « Nous sommes face à une montée de l'ignorance violente. J'ai, par exemple, été menacé de mort voici quelques années par des élèves islamistes parce que j'avais commenté un texte de Voltaire sur Abraham. Ils ignoraient tout d'Abraham et pensaient que j'insultais le Coran. Quand le langage régresse, la violence progresse. C'est à ce défi-là que nous sommes aujourd'hui confrontés. » Cette situation est récupérée et exploitée par les mouvements extrémistes de droite, chant des sirènes qui pourrait faire se fracasser sur les écueils de Charybde et Scylla le vaisseau *République*, comme ce fut le cas pour les quatre Républiques précédentes…

En ce qui concerne l'enseignement de l'histoire, il faut constater qu'il est « nullissime » en regard des résultats obtenus. Dans *Le Figaro* du jeudi 22 décembre 2005, sous le titre « Les instituteurs sont mal notés en histoire-géo », on peut lire ce constat désolant : « Éducation : programmes insuffisamment respectés, manque de rigueur des enseignants ; le constat que dresse l'Inspection générale de l'Éducation nationale sur l'enseignement de l'histoire, de la géographie et des sciences du CE 2 au CM 2 est très sévère.

« Le manque de rigueur pédagogique des professeurs des écoles constitue une donnée essentielle pour l'Inspection générale : tout se passe comme si ces derniers avaient abandonné leur rôle traditionnel de modèle, de porteur de connaissances et de valeurs pour leurs élèves et s'accommodaient désormais d'un faible niveau d'exigence. »

Le 1er janvier 2006, dans l'émission *Questions pour un champion* juniors, cinq élèves (la plupart de terminale S – la prétendue élite de l'enseignement secondaire) devaient répondre aux « 9 à la suite ». Arriva la question : Quel est le nom de la presqu'île du Sud-Ouest de l'Angleterre ? Aucun des cinq candidats ne répondit. Avaient-ils entendu parler de la Cornouailles ? Que des élèves arrivés à ce niveau d'études ignorent où se trouve l'île de la Désolation (la plus grande des îles Kerguelen), passe encore ! Mais qu'ils ne connaissent pas la géographie de l'Europe est inadmissible ; et, surtout, celle de nos voisins anglais avec lesquels nous sommes reliés par le tunnel sous la Manche. Ces candidats répondirent plus souvent aux questions de sport, de groupes rock, de BD qu'à l'histoire ou la géographie.

Cette méconnaissance de l'Europe, de ses peuples, de son histoire, de sa géographie et des bouleversements innombrables qu'elle a subis pendant deux mille ans explique en partie le vote négatif des Français à la Constitution européenne : on a toujours peur de ce qu'on ne connaît pas !

Une autre raison qui m'a été plusieurs fois signalée comme justification de ce non à l'Europe tient au refus du président français d'inscrire la référence à la culture chrétienne dans cette Constitution : ce qui rayait d'un trait d'omission les Michel-Ange, Rembrandt, les Haendel, Bach, Mozart, Sainte-Sophie de Constantinople, la chapelle Sixtine, les chefs-d'œuvre de l'art roman, les cathédrales gothiques, etc. Lorsqu'on coupe les racines d'un arbre, il meurt...

Je n'en voudrai jamais à mon instituteur – il n'était pas professeur des écoles ! – de m'avoir donné quelques coups de règle sur les doigts pour me remettre dans le droit chemin de l'écriture (*orthographe* vient des deux mots grecs *orthos* et *graphein* : écrire droit !). Je n'en voudrai pas non plus à mes maîtres jésuites de m'avoir tiré les cheveux ou mis « à la pendule », punition qui consistait à rester plusieurs heures les bras croisés devant une pendule située à côté de la porte du père préfet, et devant laquelle défilaient les quatre cents élèves du collège. Je me demande souvent ce que j'aurais fait de ma vie dans le système éducatif actuel. J'en frissonne...

Je fais partie de ces vieux fossiles qui ont la possibilité de comparer deux systèmes d'éducation diamétralement opposés. L'ancien avait ses défauts, le nouveau en a encore plus. Il est dommage que nos dirigeants de l'Éducation nationale aient été incapables de trouver un juste milieu entre la prison et la chienlit.

En ce qui concerne les dévoiements de l'histoire, dans *Le Figaro Magazine* du 23 décembre 2005, Alain Decaux rappelle que « nul ne doit traiter d'une époque donnée du passé en se référant à la sienne ». Il s'attaque, sans prendre de gants, au livre de Claude Ribbe, *Le Crime de Napoléon*[4] : « L'étrangeté de la thèse soutenue se résume en peu de mots : c'est en référence à la décision de 1802 (rétablissement de l'esclavage) que Hitler aurait trouvé l'inspiration de sa politique raciste. Napoléon étant venu à bout des Noirs – pas de tous d'ailleurs –, il se sentait le droit de faire disparaître les Juifs. De ce fait, il nous faut voir dans Napoléon le premier responsable de la Shoah. La preuve : la visite faite par Hitler, le 28 juin 1940 à l'aube, au cours de laquelle il s'est penché sur le tombeau de porphyre où repose l'empereur des Français. On nous jure que ce n'était que pour recevoir les conseils éclairés de Bonaparte quant à l'organisation d'un génocide. Cette thèse absurde d'un Napoléon responsable du massacre des Juifs d'Europe perpétré cent vingt et un ans après sa mort, cette hargne, cette obsession, cette aberration de l'auteur – seules retenues par les médias ! – ôteront à la plupart toute envie de lire cent pages bouleversantes. Dommage. »

Faire de Napoléon un inspirateur des thèses nazies sur les races est contraire à la vérité. Il y a contre cette thèse pour le moins farfelue une argumentation encore plus forte : « En 1797, quand Bonaparte pénétra dans la ville d'Ancône, la communauté juive vivait confinée dans un étroit ghetto bouclé la nuit. Il fut frappé de constater que certaines personnes portaient des bonnets jaunes et des brassards à l'étoile de David. Il en demanda la raison à l'un de ses officiers. Celui-ci répondit que c'étaient des Juifs, qui devaient obligatoirement rentrer dans leur ghetto avant la nuit. Il ordonna que les bonnets jaunes et les brassards soient enlevés et il les remplaça par la rosette tricolore. Il supprima le ghetto et donna des instructions pour que les Juifs puissent pratiquer ouvertement leur religion et vivre librement là où ils le souhaitaient. Les Juifs furent surpris et ravis de constater que les premiers soldats français qui entrèrent dans le ghetto étaient juifs. Plus tard, Napoléon libéra également les Juifs des ghettos de Rome, Venise, Vérone et Padoue[5]. »

Dans cette défense des Juifs par Napoléon, l'acte le plus étonnant que nous apprend cet auteur, est que, quand les Français assiégeaient Saint-Jean-d'Acre (mars-mai 1799), Napoléon avait préparé une proclamation créant en Palestine un État juif indépendant. À cause des Anglais accourus au secours des Turcs, il ne put réaliser ce projet. Le 20 octobre 1827, l'Angleterre participa avec la France et la Russie à la destruction de la flotte turque dans la rade de Navarin en Grèce. Preuve, s'il en fallait une de plus, que l'intérêt immédiat guide, la plupart du temps, la politique des États.

Le rétablissement de l'esclavage par Napoléon a probablement comme justification très simple une raison économique ; ce « commerce » rapportait beaucoup d'argent. C'est ce que soutient Thierry Lentz[6] : « Le facteur économique fut décisif. Le commerce colonial et ses activités induites fournissaient du travail à près d'un Français sur dix. Il était perturbé par la guerre maritime avec l'Angleterre et par le soulèvement des Noirs aux Antilles. Napoléon voulut reprendre en main ces bases commerciales essentielles » (*Le Figaro*, 22 décembre 2005).

Si l'on suivait la thèse de Claude Ribbe, on pourrait rendre Jules Ferry aussi responsable de la Shoah, puisque, pour justifier l'expédition militaire française en Indochine, il proclamait qu'il fallait que la France porte sa civilisation à ces peuples inférieurs (Tonkinois, Annamites, Laotiens, Cochinchinois et Cambodgiens). La colonisation de la péninsule indochinoise avait sans doute quelques motivations économiques (bois précieux, caoutchouc tiré de l'hévéa pour l'industrie, etc.).

Claude Ribbe, l'auteur du *Crime de Napoléon*, devrait lire ou relire Thucydide. Le général Thrasybule, sauveur de la démocratie athénienne contre Sparte, est-il responsable de l'épopée similaire du *second Thrasybule*, le général de Gaulle ? Ou encore pourrait-on dire que Hitler, le nouveau Néron, selon Nostradamus, s'est inspiré du premier pour le génocide des Juifs ? Hélas ! les tyrans, les potentats, les dictateurs n'ont pas besoin de modèles pour leurs exactions perpétrées sur les peuples. L'homme a en lui un désir de puissance qui s'exerce du plus fort sur le plus faible. Cette simple constatation permet d'expliquer et de comprendre la plupart des conflits.

L'adoption d'une philosophie de non-violence sous-tend l'abandon de la recherche de la puissance. Faudra-t-il que la prophétie de Nostradamus se réalise, avec la disparition de deux tiers de l'humanité, pour que ceux qui survivront au cataclysme vivent avec de nouvelles règles exemptes de soif de conquête ?

Souhaitons avec Napoléon qu'enfin « le sabre soit vaincu par l'esprit » et que la sombre *pronostication* du médecin de Provence ne voie pas sa réalisation...

NOTES

1. Professeur d'université, auteur de *Lettre à un jeune professeur*, Est Éditions.
2. *La Fabrique à crétins*, Éditions Jean-Claude Gawsevitch.
3. Cela pourrait se traduire par la phrase d'Auguste Comte : « Rien de ce qui est humain ne m'est étranger. »
4. Éditions Privé, 2005.
5. Ben Weider, président de la Société napoléonienne internationale. Conférence donnée à Alexandria en Italie, 21-26 juin 1997.
6. Spécialiste de Napoléon, auteur d'une *Nouvelle histoire du premier Empire*.

BIBLIOGRAPHIE

Mais, mon fils, sache que les hommes de lettres feront une si grande et incomparable jactance sur la façon dont j'ai trouvé le monde...

Nostradamus,
Lettre à César.

Avertissement : la bibliographie qui suit comporte plus de trois cents titres de publications sur Nostradamus. Cette abondance de *jactance* avait été parfaitement prédite par Michel de Notre-Dame dans sa lettre à son fils. Qui oserait prétendre que cette prophétie ne s'est pas réalisée ? Cette bibliographie, bien qu'assez complète à ce jour, à ma connaissance, n'a pas la prétention d'avoir inventorié tout ce qui a pu être écrit sur Nostradamus, en particulier dans les pays étrangers. En réalité, depuis 1981, le sujet a suscité des milliers de « vocations ». De 1999 à 2005, des dizaines d'autres livres ont été publiés, à cause de la date 1999 imprimée dans les centuries en 1555 !

Il est essentiel de rappeler que *Nostradamus, historien et prophète* est le deuxième best-seller sur le sujet, après *Les Prophéties de Maistre Michel Nostradamus expliquées et commentées* (Éd. Michelet, Sarlat, 1938) du docteur Max de Fontbrune, qui se vendit, entre 1938 et 1940, à soixante mille exemplaires, score très important pour l'époque. Et la carrière de cet ouvrage eût été probablement encore plus brillante si la police de Vichy ne l'avait interdit et saisi le 13 novembre 1940.

DICTIONNAIRES, ENCYCLOPÉDIES, LIVRES D'HISTOIRE CONSULTÉS

Les citations entre guillemets et les définitions de mots ont été extraites des différents ouvrages suivants, pour illustrer les textes de Nostradamus.

Aucun livre d'histoire n'est assez détaillé pour couvrir à lui seul les événements situés dans un quatrain. Il en est de même pour les dictionnaires. Au XVIe siècle, la langue française, qu'on nommera la « langue de Molière », est en formation ; elle comporte encore de nombreux mots de l'ancien français ; un seul dictionnaire de moyen français n'est donc pas suffisant. D'autre part, deux ou trois dictionnaires d'ancien ou de moyen français ne donnent pas tous les mêmes mots ni les mêmes définitions. C'est donc le contexte qui permet de choisir tel ou tel sens.

Beaucoup de mots sont des termes latins ou grecs francisés. Excepté le seul dictionnaire Bailly pour le grec, j'ai dû faire appel à trois dictionnaires latins pour dénicher certaines significations.

L'origine des extraits d'articles de journaux et de magazines est mentionnée à la fin des citations.

Dans les quatrains et sixains, dans un souci d'authenticité, l'orthographe d'origine a été respectée.

A

ALEM Jean-Pierre, *L'Arménie*, Que sais-je, nº 51, PUF.
ALPHA Encyclopédie, 17 volumes.
ALPHAN L. et DOUCET R., *Histoire de la société française.*
ANQUETIL, *Histoire de France*, Paris, 1829.
ARON R., *Histoire de la Libération de la France*, Fayard, 1959.
Atlas Universalis.
Atlas Vidal-Lablache.
AUBRY Octave, *Le Second Empire*, Fayard, 1938.

B

BAINVILLE Jacques, *Histoire de France.*
BLOND Georges, *Pétain*, Presses de la Cité, 1966.
BOUILLET N. M., *Dictionnaire d'histoire*, Hachette, 1880.
BRISSAUD A., *Mussolini, le fascisme*, Cercle européen du livre, Robert Langeac, 1976.

BULLOCK Allan, *Hitler*, Marabout Université, 1963.

C

CASTELOT André et DECAUX Alain, *Histoire de France et des Français*, 13 volumes, Plon et Librairie académique Perrin, 1972.
Chronique du XXe siècle, Larousse, 1982.
Chronologie universelle, Ch. Dreyss, Hachette, 1873.
CONQUEST Robert, *La Grande Terreur*, Stock, 1970.

D

DAUZAT Albert, *Dictionnaire étymologique des noms de famille*, Librairie Larousse, 1951.
DECAUX Alain, *Dossiers secrets de l'Histoire*, Librairie académique Perrin, 1966.
DIAZ PLAJA Fernando, *Histoire d'Espagne*, France Loisirs.
Dictionnaire d'ancien français, Godefroy.
Dictionnaire d'ancien français, Larousse.
Dictionnaire d'histoire, Ch. Dezobry, 2 volumes.
Dictionnaire d'histoire, Moreri, 1689,10 volumes.
Dictionnaire de la Provence et du Comtat venaissin, Jean Mossy.
Dictionnaire grec-français, A. Chassang.
Dictionnaire de provençal, Frédéric Mistral.
Dictionnaire grec-français, Bailly.
Dictionnaire Larousse, 7 volumes (fin XIXe).
Dictionnaire latin, Gaffiot,
Dictionnaire latin, Le Bègue.
Dictionnaire latin, Quicherat.
Dictionnaire Littré, 4 volumes.
Documents d'histoire, 3e, Cours Chaulanges.
Documents d'histoire, 4e, Cours Chaulanges.
DUJARRIC G., *Précis chronologique d'histoire de France*, Albin Michel, 1977.
DUMONT Jean, *Dictionnaire de la Seconde Guerre mondiale*, Historama, 1971.
DURUY Victor, *Histoire de France*.

E

ÉMILIANIDÈS Achille, *Histoire de Chypre*, Que sais-je ?, nº 1009, PUF.
Encyclopœdia Universalis, 20 volumes.

G

GAXOTTE Pierre, – *Histoire des Français*.
– *La Révolution française*, Fayard.
GIRARD Louis, *Le Temps des révolutions*.
GRODECHOT Jacques, *Histoire de Malte*, Que sais-je ?, nº 509, PUF.

H

HIBBERT Christopher, *Mussolini*, Robert Laffont, 1963.
Histoire, classe de 4e, Fernand Nathan.
Histoire du Royaume-Uni, Armand Colin, 1967.

J

JOURCIN Albert, *Prologue à notre siècle*, Librairie Larousse, 1968.
JUIN (maréchal), *La Campagne d'Italie*, Guy Victor, 1962.

K

KUBNER Hans, *Dictionnaire des papes*, Buchet-Chastel, 1958.

L

La Classe d'histoire en 3e, en 4e (manuels scolaires).
La Dernière Guerre, Alphée, Monaco.

La France de Louis XIV, Culture, Art, Loisirs.
LACHOUQUE Henry (commandant), *Napoléon et la Garde impériale*, Bloud et Gay.
LAS CASES, *Le Mémorial de Sainte-Hélène*, Ernest Bourdin, Paris, 1842.
LATHUY Jean de, *Louis XVII, études critiques*, Gembloux, 1976.
Le Monde contemporain, Hatier.
Les Grandes Énigmes de la Seconde Guerre mondiale, Saint-Clair.

M

MADELIN Louis, *Napoléon*, Hachette.
MALET Albert, *Histoire de France*.
MANTRAN Robert, *Histoire de la Turquie*, Que sais-je ?, n° 539, PUF.
MAUROIS André, *Histoire de l'Allemagne*, Hachette, 1965.
MIQUEL Pierre, *Les Guerres de Religion*, Fayard, 1980.
MOURRE Michel, *Vingt-cinq ans d'histoire universelle*, Éditions universitaires, 1971.
Mythologie grecque et romaine, Classiques Garnier.

N

Napoléon et l'Empire, Hachette, 1968.

P

PAGÈS G., *La Guerre de Trente Ans*.
PINGLÉ Jacques, *Histoire des Espagnols*, Éditions universitaires, 1975.

R

ROMANI Paolo et Monika, *Garibaldi*, Les géants de l'histoire, Fayolle, 1978.
ROMANO Sergio, *Histoire de l'Italie, du Risorgimento à nos jours*, Le Seuil, 1977.

ROUJON Jacques, *Louis XIV*, Éditions du livre moderne, 1943.

S

SHAW Stanford, *Histoire de l'Empire ottoman*, Orwath, 1983.
SUMMERS Anthony, *Tom Mangold. Le dossier Romanov*, Albin Michel, 1980.
SVORONOS Nicolas, *Histoire de la Grèce moderne*, Que sais-je ?, nº 578, PUF.

T

THIERS Adolphe, *Histoire de la Révolution.*
THIRIET Freddy, *Histoire de Venise*, Que sais-je ?, nº 522, PUF.

U

Un siècle et demi d'histoire, 1947, 3 volumes, Editorial Argentor.

Z

ZELLER Jules, *Histoire de l'Italie*, Librairie Hachette, 1853.

OUVRAGES CRITIQUES

A

ALI Rachid et Édith : « Nostradamus 1983 », nº 1, coll. « Noir et Blanc », *Société française de revues*, Paris, 1982.
ALLAINES Henri d' : *Actualité de l'Apocalypse*, La Colombe, Paris, 1963.
ALLEAU René : « Nostradamus, le plus grand prophète de l'histoire », in *Sallonensa*, Salon-de-Provence, 1957.

ALLEMAND Jean-Marc : *Nostradamus et les tréteaux de l'Antéchrist*, Guy Trédaniel, Paris, 1993.

ALLGEIER Kurt : *Die grossen Prophezeiungen des Nostradamus in moderner Weissagungen bis ins Jahr 2050*, Wilhelm Heyne Verlag, Munich, 1982.

ALLIAUME Maurice : – Magnus Rex *de Nostradamus et son drapeau*, édité à compte d'auteur, Chartres, 1948.

– *Prédictions vraies de Nostradamus et Mandragore*, édité à compte d'auteur, Chartres, 1949.

– *Tableau miraculeux de Rubens cryptographiquement prévu par Nostradamus représentant au réel la naissance de Louis XIII, mais au figuré celle du masque de fer*, édité à compte d'auteur, Chartres, 1958.

AMADOU Robert : – « Le devin et son art », *Le Crapouillot*, n° 18, 1952.

– « Nostradamus, un poète ? », *Question de*, n° 44, octobre-novembre 1981, Retz, La Chapelle-d'Armentières.

AMARIU Constantin : *Les Prophéties de l'an 2000*, France-Empire, Paris, 1983.

AMIAUX : *Nostradamus*, Sorlot, Paris, 1939.

ANONYME : – *La Première Invective du seigneur Hercules, le François, contre Nostradamus*, Roux, Lyon, 1557.

– *Huictain contre Nostradamus*, Roux, Lyon, 1557.

– *Déclaration des abus, ignorances, séditions de Michel Nostradamus*, Pierre Roux et Jean Tremblay, Avignon, 1558.

ANQUETIL Georges : *L'Anti-Nostradamus*, La Maison des Écrivains, Paris, 1940.

ANTIPAS : *À la rencontre des ordres de Dieu : le livret des temps*, polycopié inédit, Visé (Belgique), 1990.

ARTIGNY (abbé d') : *Nouveaux mémoires d'histoire, de critique et de littérature*, 1974.

ASTRUC Jean : *Mémoires pour servir à l'histoire de la faculté de Montpellier*, 1767.

AUCLAIR Raoul : – *Les Centuries de Nostradamus*, Éditions des Deux Rives, Paris, 1958.

– *Le Crépuscule des nations*, La Colombe, Paris.

– *Les Centuries de Nostradamus, ou le Dixième Livre sibyllin*, Nouvelles Éditions Latines, 1957, 1975, 1981.

B

BALDUCCI Richard : *La Vie fabuleuse de Nostradamus*, Filipacchi, Paris, 1991.

BARBARIN Georges : *Les Derniers Temps du monde, de l'Antéchrist au Jugement dernier*, Dervy, coll. « Histoire et tradition », Paris, 1951.

BARESTE Eugène : *Édition des centuries*, Maillet, Paris, 1840-1842.

BARTOSHEK Norbert : *Nostradamus und Seine berhümte Prophe-zeiungen*, 1946.

BENEDETTI F.-M. : *Nostradamus, les nouvelles prophéties pour les cinquante prochaines années*, De Vecchi, Paris, 1997.

BELLAND (docteur) : *Napoléon, premier empereur des Français, prédit par Nostradamus*, Paris, 1806.

BELLECOUR Élisabeth : *Nostradamus trahi, suivi du texte original et complet des dix centuries (édition de 1605)*, Robert Laffont, Paris, 1981.

BELTHIKINE G. : « Un document chiffré : le secret des centuries », *Inconnues*, nº 12, Lausanne, 1956.

BERTRAND Michel : *Histoires secrètes de la Provence*, Albin Michel, coll. « Histoire secrète des provinces françaises », Paris, 1978.

BICHAT Félix : *Les Prédictions sensationnelles de Nostradamus. Qui était Nostradamus ?*, Éditions Administration, Paris, non daté (vers 1940).

BJORNDAHL-VEGGERBY Paul : *Nostradamus et les ruines gallo-romaines à Martres-Tolosane*, Leisner, Copenhague, 1976.

BLANCHARD et REYNAUD-PLENSE : – *La Vie et l'œuvre de Nostradamus*, Imprimerie Léon Guillaumichon, Salon-de-Provence, 1963.
– *Histoire de Salon*, Salon-de-Provence, 1935.

BOESER Knut : *Nostradamus*, L'Archipel, Montréal, 1995.

BONIFACE A. : *Bonaparte prédit par des prophètes et peint par des historiens, des orateurs et des poètes, ou Morceaux en prose et en vers sur les circonstances actuelles, recueillis par A. Boniface*, Imprimerie de d'Hautel, Paris, 1814.

BONNELIER Hippolyte : *Nostradamus, roman historico-cabalistique*, 2 volumes, A. Ledoux, Paris, 1833.

BONNET Jean : *Résumé des prophéties de Nostradamus. Les événements et les symboles, suivi de : Commentaires de la Bible par Nostradamus et de : Détermination des dates dans Nostradamus*, Jean Bonnet, Paris, 1973.

BONNOT Jean de : *Les Oracles de Michel de Nostre-Dame dit Nostradamus. Commentaires d'Anatole Le Pelletier et Serge Hutin*, 2 volumes, Paris, 1976.

BORBONELLI DI PARMA Leonidas Antonio di : *Tesi Nostradamus, 1989*. (Prétendant à la descendance de Louis XVII : démonstration à l'aide des quatrains de Nostradamus), inédit.

BOSCOLO Renuccio : – *Les Vraies Centuries et Prophéties de Maître Michel Nostradamus* (M.E.B.), Milan, 1972.

– *Nostradamus, Centurie et Présagi*, Oscar Mondadori, Milan, 1979.

– *Key to the Future*, Key Foundation, Abbot Press, Burlingame, California, 1984.

BOSWELL Rolfe : *Nostradamus speaks*, 1941.

BOUCHÉ Honoré : *La Chorographie de l'histoire de Provence*, Charles David, Aix-en-Provence, 1664.

BOUCHET Marguerite : *Les Oracles de Michel de Nostre-Dame*, Les Livres Nouveaux, Paris, 1939.

BOULENGER Jacques : *Nostradamus*, Excelsior, Paris, 1933.

BOUTIN André : *Michel de Nostre-Dame, astrologue et médecin*, thèse pour le doctorat en médecine, Librairie Le François, Paris, 1941.

BOUYS Théodore : *Nouvelles considérations sur les oracles et particulièrement sur Nostradamus*, Chez Desenne, Deray, Paris, 1806.

BOYER Jean : « Deux peintres oubliés du XVIIe siècle, Étienne Martellange et César Nostradamus », *Bulletin de la Société de l'histoire de l'art français*, pp. 13-20, 1971.

BRENNAN J. H. : *Nostradamus, Visions of the Future*, Thorsons, Harper Collins Publisher, 1992.

BRICAUD Joanny : *La Guerre et les Prophéties célèbres*, Paris, 1916.

BRIND'AMOUR Pierre : *Nostradamus astrophile*, Presses de l'Université d'Ottawa/Klincksieck, Canada, 1993.

BUGET P.-F. : « Étude sur Nostradamus », *Bulletin du bibliophile de la librairie Techner*, Paris, 1860.

BUSET Claude : *Nostradamus et autres prophètes du Père et de l'Esprit*, La Pensée universelle, Paris, 1974.

BUSQUET Raoul : – *Nostradamus, sa famille et son secret*, Fournier Valdes, Paris, 1950.

– « La maladie et la mort de Nostradamus », *Aesculape*, novembre 1950.

C

CABERT : *Nostradamus profezie da domani al 2000*, coll. « I Grandi Misteri », éd. Italie, 1983.

CADRÈS Geoffroy : *L'Étrange Auteur Nostradamus*, La Pensée universelle, Paris, 1978.

CALDOLLE (comte de) : *Armorial de César de Nostre-Dame*, Arles, 1899.

CAVANAGH John : *Michel de Nostradamus*, 1923.

CAVE Térence C. : « Peinture et émotion dans la poésie religieuse de César de Nostre-Dame », in *Gazette des Beaux-Arts*, t. LXXV, janvier 1970.

CENTURIO N. : – *Nostradamus, der Prophet des Welgeschichte,* Richard Schiknvski, Berlin, 1955, et Turm Verlag, Bietighehl/Wurt, 1977.

– *Die grossen Weisssagungen des Nostradamus, prophetische Weltgeschichte bis, zum Jahr 2050*, Wilhelm Goldmann Verlag, 1981.

CHABAUTY (abbé) E.-A. : *Lettres sur les prophéties et concordances de toutes les prédictions jusqu'au règne de Henri V*, Henri Houdin, Poitiers, 1872.

CHARPENTIER Josiane : *Le Livre des prophéties, de l'énigme de la Grande Pyramide aux métamorphoses de l'an 2000*, Robert Morel, Forcalquier, 1971, et Bibliothèque Marabout, coll. « Univers Secret ».

CHATELAIN Maurice : *La Fin du monde*, Le Rocher, Monaco, 1982.

CHAVIGNY A. de : *Les Pléiades du sieur de Chavigny, Beaunois, divisées en VII livres, prises et tirées des anciennes prophéties et conférées avec les oracles du tant célèbre et renommé Michel de Nostradamus, jadis conseiller et médecin de trois rois très chrestiens. Où est traité du renouvellement des siècles, changement de l'Empire et advancement du nom Chrestien...*, 1604, 2 parties en 1 volume in-8 velin, Lyon, Pierre Rigaud.

CHAVIGNY J.-A. de : – *Commentaires du sieur de Chavigny sur les Centuries et Prognostications du feu Michel de Nostre-Dame*, De Breuil, Paris, 1596.

– *La Première Face du Janus français extraite et colligée des Centuries de Michel Nostradamus*, par les héritiers de Pierre Roussin, Lyon, 1594.

Vie et Testament de Michel Nostradamus, Paris, 1789.

« Bref discours sur la vie de Michel de Nostre-Dame », *Revue de l'Agenois*, 1876.

CHEETHAM Erika : – *The Prophecies of Nostradamus, complete works of the 16th century astrologer who predicted air travel, the Second World War and the assassination of President Kennedy*, Neville Spearman,

Londres, 1973, Gorgi Books, Londres, 1985, 1987, 1988, et G.P. Putnam's Sons, New York, 1990.

– *The Further Prophecies of Nostradamus, 1985 and Beyond*, Putnam Publishing Group, New York, 1985.

– *The Prophecies of Nostradamus*, Perigee Books, G. P. Putnam's Sons, New York, 1989.

CHEVIGNARD Bernard : *Présages de Nostradamus*, Le Seuil, Paris, 1999.

CHOLLIER Antoine : *Les Prophéties de maistre Michel Nostradamus* (conférence), imprimerie Allier, Grenoble, 1940.

CHOMARAT Michel : – *Nostradamus entre Rhône et Saône*, Ger, Lyon, 1971.

– *Supplément à la bibliographie lyonnaise de Nostradamus*, Centre culturel de Buenc, Lyon, 1976.

– « Nouvelles recherches sur les "prophéties" de Michel Nostradamus », *Revue française d'histoire du livre*, n° 22, Bordeaux, 1er trimestre 1979.

– *Bibliographie lyonnaise de Nostradamus, suivie d'un inventaire des manuscrits relatifs à la famille Nostradamus*, Centre culturel de Buenc, Lyon, 1973.

CHRISTIANI (chanoine) : – *Nostradamus, Malachie et Cie*, Le Centurion, Paris, 1955.

– « Un curieux homme : Nostradamus », *Ecclesia*, n° 73, 1955.

CLARK BELLEVILLOISE : *Nostradamus* n° 3, coll. « Self », *Société française de revues*, Paris, 1983.

CLAVIEZ Jacques : *Nostradamus, prophéties*, JCI Inc., Montréal, 1994.

CLÉBERT Jean-Paul : – *Nostradamus, mode d'emploi : la clé des prophéties*, J.-C. Lattès, Paris, 1981.

– *Nostradamus*, Édisud, 1993.

COLBERT Abel : *Nostradamus, profecias, centurias i testamento*, Editoriale ATE, Barcelone, 1982.

COLIN DE LARMOR : – *La Guerre de 1914-1918 vue en 1555 par Nostradamus*, La Roche-sur-Yon, 1922.

– *Merveilleux quatrains de Nostradamus*, Nantes, 1925.

– *Appendice des merveilleux quatrains de Nostradamus*, Nantes, 1929.

COLIN-SIMARD : « Rois et reines au rendez-vous des astrologues », *Historia*, n° 157, 1959.

COMTE Alain : sans titre (commentaire du livre de Jean-Charles de Fontbrune), inédit.

CORVAJA Mireille : – *Les Prophéties de Nostradamus*, De Vecchi, Paris, 1975, rééditions à partir de 1981.
– *Les Prophéties de Nostradamus, avec le texte intégral des centuries commenté*, De Vecchi poche, Paris, 1994.

COUILLARD Antoine : *Les Contredits aux prophéties de Nostradamus*, Charles d'Angelier, Paris, 1560.

CRESCIMBENI Giovanni Mario : *Istoria della volgar poesia*, t. II : *Le Vite de piu celebri poeti provenzali, scritte in lingue francese da G.-M. Crescimbeni.* (*cf.* NOSTREDAME Jean de).

CROCKETT Arthur : *L'Histoire prodigieuse, les prophéties inédites de Nostradamus*, polycopié diffusé par Les Livres Indispensables de Jacques Sanglier, Cannes, 1984.

CROUZET François : *Nostradamus, poète français*, Julliard, coll. « Idée Fixe », Paris, 1976.

D

DAUDET L. : « Nostradamus », in *Revue universelle*, t. I, 1925.

DAVID-MARESCOT Yves et Yvonne : *Prédictions et prophéties*, Idégraf et Vernoy, Genève, 1979.

D.D. : *The Prophecies of Nostradamus Concerning the Kings and Queens of Great Britain*, Londres, 1715.

DE ANDREIS J.-R. et SALAZAR J.-P. : *Nostradamus : Astrologo y Propheta*, Ediciones Obelisco, Barcelone, 1981.

DECAUX Alain : « Les prodiges de Nostradamus », *Histoire pour tous*, nº 105, janvier 1969.

DELANGE Christian : *Les Nouvelles Révélations de Nostradamus*, SPAL, 1994 (plusieurs opuscules).

DELCOURT Marie : *L'Oracle de Delphes*, 1954.

DEMAR-LATOUR : *Nostradamus et les événements de 1914-1916*, Paris, 1916.

DEMARIA Michel : sans titre (document sur le livre de Jean-Charles de Fontbrune), inédit.

DEPERLAS Félix : – *L'Avenir, ou les Grands Personnages et les grands événements de ce temps*, Paris, 1885.
– *Révélations de la Providence*, Paris, 1885.

DOMENEGHINI F. : *Nostradamus, toutes les prévisions jusqu'en 2050*, De Vecchi, Paris, 1998.

DOUSSY Michel : « Nostradamus, 1999, un tournant de l'histoire », *Constellation*, nº 166, février 1962.

DUFRESNE Michel : *Nostradamus. Première centurie*, JCL Inc., Chicoutimi, Québec, 1989, et Pygmalion/Gérard Watelet, Paris, 1994. Suivent : *Deuxième* (1995), *Troisième* (1996) et *Quatrième centuries* (1997).

DUMÉZIL Georges : *Le Moyne noir en gris dedans Varennes, sotie nostradamique*, Gallimard, Paris, 1984.

DUPONT-FOURNIEUX Y. : *Les Derniers Jours des Derniers Temps* (préface du Dr de Fontbrune), La Colombe, Paris, 1959.

E

ÉDOUARD P. : *Texte original et complet des prophéties de Nostradamus*, Les Belles Éditions, Paris, 1939.

ÉDOUARD P. et MEZERETTE : *Texte original des prophéties de Nostradamus de 1600 à 1948 et de 1948 à l'an 2000*, Les Belles Éditions, Paris, 1947.

ERLANGER Philippe : « La Reine du massacre », *Historia*, nº 340, mars 1975.

F

FERVAN Jean : *La Fin des temps*, La Bourdonnais, Paris, 1937.

FINN Marc : – *Nostradamus, prophéties datées. 1999-2010*, Le Rocher, Monaco, 1999.

– *Nostradamus avait prévu la guerre*, Le Rocher, Monaco, 1999.

FLORIAN : *Nostradamus, prophéties pour demain à l'an 2000, les grands mystères du mage enfin révélés*, « Coll. de la chance », éd. Paris, 1982.

FONTBRUNE (docteur) Max de : – *Les Prophéties de Nostradamus dévoilées. Lettre à Henry Second*, Adyar, 1937.

– *Les Prophéties de Maistre Michel Nostradamus expliquées et commentées*, Michelet, Sarlat, 1938, 1939, 1940 (éditions saisies à l'imprimerie à Cahors et détruites par la police de Vichy le 13 novembre 1940).

Réimpressions en 1946, 1958 et à compte d'auteur en 1975, Jean-Charles de Fontbrune, Aix-en-Provence.
– *Ce que Nostradamus a vraiment dit* (préface d'Henry Miller), réimpression du précédent, Stock, Paris, 1976. Traduit en allemand : *Was Nostradamus wirlich sagte*, Molden Verlag, Munich, 1981.
– *La Prédiction mystérieuse de Prémol*, Michelet, Sarlat, 1939.
– *La Divine Tragédie de Louis XVII*, Michelet, Sarlat, 1949.
– *L'Étrange XXe siècle vu par Nostradamus*, Michelet, Sarlat, 1950.
– « Pourquoi je crois en Nostradamus », *Ecclesia*, n° 82, 1956.
– « Le docteur Nostradamus vous parle », *Les Cahiers de marottes et violons d'Ingres*, n° 10, Paris, 1953.

FONTBRUNE Jean-Charles de (fils du précédent) : *Nostradamus, historien et prophète*, Le Rocher, Monaco, 1980. Tirage de tête : 200 exemplaires numérotés de 1 à 200, constituant l'édition originale. Édition Club : France-Loisirs, 1982. Édition avec couverture en skivertex noir tirée à 6 000 exemplaires, Le Rocher, 1981. Édition poche : Presses Pocket, Paris, 1982.

Éditions étrangères :
– Canada : Éditions France-Amérique, Montréal, 1981.
– Espagne : Barcanova, Barcelone, 1981 (de 1981 à 1991 : 13 éditions). Édition spéciale : Caja de Ahorros de la Immaculada, Barcanova, 1982. Édition Club : Circulo dc Lcctores, 1982.
– Portugal : Editorial Presença, Lisbonne, 1981
– Allemagne : Paul Zsolnay Verlag, Wien et Hamburg, 1981. Édition Club, C. A. Koch's Verlag Nachf., Berlin, 1982.
– Grande-Bretagne et pays du Commonwealth : Hutchinson Books, Londres, 1982. Poche : Pan Books, Londres et Sydney, 1984.
– États-Unis : Holt, Rinehart and Winston, New York, 1983.
– Amérique latine : Editora Nova Fronteira, Rio de Janeiro, 1982. Édition Club : Circulo do Livro SA, Sao Paulo, Brésil, 1884.
– Turquie : Milliy et Yayinlari, Istanbul, 1982.
– Grèce : Plipper Books LTD, Athènes, 1983.
– *Nostradamus, historien et prophète. Lettre à Henry, roy de France second. Nouvelles prophéties, les preuves* (t. II), Le Rocher, Monaco, 1982. Tirage de tête : 200 exemplaires numérotés de 1 à 200 constituant l'édition originale.

Éditions étrangères :
– Italie : *Nostradamus, nuovi testi, nuove profezie, nuove prove*, Mondadori, Milan, 1983.
– Grande-Bretagne : *Nostradamus 2, into the Twenty First Century*, Hutchinson, Londres, 1984.
– Espagne : *Nuevas profecias de Nostradamts. Carta a Enrique, rey des Francia secundo. Pruebas des las profecias cumplidas desde octubre de 1980*, Juan Granica, Barcelone, 1983.
– Amérique latine : *Nostradamus historiador y profeta – vol. II*, Nova Fronteira, Rio de Janeiro, 1983.
– États-Unis : *Nostradamus 2, into the Twenty First Century,* Henry Holt and Company, New York, 1987.
– *Les Prophéties de Malachie. Histoire et prophétie des papes*, Le Rocher, Monaco, 1984. Tirage de tête : 111 exemplaires numérotés de 1 à 111, constituant l'édition originale. Le numéro 110 a été offert au pape Jean-Paul II et le numéro 111 est réservé à son successeur.

Éditions étrangères :
– Canada : Éditions Libre Expression, Montréal, 1984.
– Espagne : *La Profecia de los papas*, Martinez Roca, Barcelone, 1985. Édition spéciale réservée aux libraires (50 exemplaires), couverture skyvertex rouge, novembre 1985.
– Italie : *Le Profezie dei papi*, Armenia, Milan, 1986.
– Portugal et Amérique latine : *Historia et profecia dos papas*, Publicaçoes Europa-America, Portugal, 1985.
– *La Comète et les Prophéties*, Michel Lafon, Paris, 1986. Traduit en espagnol : *Los Cometas et los profecias*, Martinez Roca, Barcelone, 1986.
– « Le message d'espoir de Nostradamus », *L'Âge d'or*, n° 1, hiver 1983, Éd. Pardes, 61300 L'Aigle.
– « Nostradamus et Salon-de-Provence », in *Agenda du Pays salonais*, librairie Le Livre de France, Salon-de-Provence, 1991.
– « Nostradamus, historien et prophète », in *Agenda du Pays salonais*, librairie Le Livre de France, Salon-de-Provence, 1992.
– *Henry Miller et Nostradamus, entretiens sur la fin d'un monde*, Le Rocher, Monaco, 1994.

– *Nostradamus, nouvelles prophéties (1995-2025)*, Ramsay, Paris, 1995, « Succès du livre » : 1996.

Éditions étrangères :
– Corée : Inner World publishing, 1996.
– Espagne : Martinez Roca, Barcelone, 1996.
– Portugal : Livros de Vida, 1996.
– Brésil : Nova Era, Rio de Janeiro, 1997.
– Italie : Arnoldo Mondadori, Milan, 1996. Coll. « Nuevo misteri », 1997.
– Allemagne : VPM Verlagsunion, Rastatt, 1996.
– *Monsieur de Nostradamus, biographie*, Ramsay, Paris, 1997, « Succès du livre », 1997.

FORETICH Rodolphe : – *La Prophétie des papes analysée à la lumière des prédictions de Nostradamus*, Salvador, 1961.
– *La Grande Tourmente d'après les prédictions de Nostradamus et la chronologie prophétique de la Grande Pyramide*, Le Caire, 1946.

FORMAN Henry-James : *Les Prophéties à travers les siècles*, Payot, Paris, 1938.

FRANCESCO Antoine de : *Centuries sur l'entité, sur les traces de Nostradamus : philosophie métaphysique*, à compte d'auteur, Montrouge.

FRONTENAC Roger : *La Clé secrète de Nostradamus*, Dcnoël, Paris, 1950.

FULKE : *Contra inutiles Astrologorum praedictiones, Nostradamus*, Cunningham, 1560.

G

GALLOTI A. : *Nostradamus, las profecias del futuro*, Martinez-Roca, Barcelone, 1981.

GARÇON Maurice : « Il y a 450 ans, Nostradamus naissait », *Historia*, nº 85, 1953.

GARENCIÈRES Théophilus : *The True Profecies of Prognostications of Michael Nostradamus*, Londres, 1672.

GAUQUELIN Michel : – « Les astres ont-ils changé le cours de l'histoire ? », *Historia*, nº 203, 1963.

– « Nostre-Dame des Étoiles », in *La Vie d'avance*, Tchou/Laffont, 1978.

GAY-ROSSET Claude : « Michel de Nostre-Dame, une rencontre du quatrième type », in *Midi-Mutualité*, nº 12, Marseille, janvier-février 1979.

GIMON Louis : *Chroniques de la ville de Salon depuis son origine jusqu'en 1792 adaptées à l'histoire*, Aix-en-Provence, 1882.

GIORGI Giorgo : *Il Prossimo futuro*, Armenia Editore, Milan, 1980.

GIRARD Samuel : *Histoire généalogique de la maison de Savoie*, 1660.

GRAVELAINE Joëlle de : *Prédiction et prophéties*, Hachette, Paris, 1965.

GUÉRIN Pierre : *Le Véritable Secret de Nostradamus*, Payot, Paris, 1971.

GUICHARDAN S. : *La Chasse aux prophéties*, Bonne Presse, Limoges, 1941.

GUICHENOU Joseph : *Catalogue de tableaux au musée Calvett*, Avignon, 1909.

GUILHAUME Philippe : *Nostradamus, l'exploitation séculaire d'un fonds de commerce*, RMC Édition, 1987.

GUY Robert : *Nostradamus, prévisions 1984*, nº 11, Team International, coll. « 33 », Montreuil, 1984.

GUYNAUD Balthazar : *Concordance des prophéties depuis Henri II jusqu'à Louis le Grand*, Jacques Morel, Paris, 1693.

H

HADÈS : *Que sera demain ?*, La Table Ronde, Paris, 1966.

HAITZE Pierre-Joseph : *La Vie de Nostradamus*, David (typographe), Aix-en-Provence, 1712 et 1911.

HAROLD R.-A. : *Les Prophètes et les Prophéties de l'Apocalypse à nos jours*, La Caravelle/L'Avenir, Bruxelles/Paris, 1948.

HEWITT V.-J. et PETER Lorie : *Nostradamus, prédictions pour la fin du millénaire*, Solar, Paris, 1992. Traduit en allemand : *Die unglaublichen Weissagungen des Nostradamus zur Jahrtausendwende*, Bertelsmann Club Gmb, Gütersloh, 1991.

HILDEBRAND Jakob : *Nostradamus sueddeutsche monatshefte*, 1932.

HOGUE John : *Nostradamus and the Millenium*, Labyrinth Publishing, Suisse, 1987. Édition française : *Nostradamus, les révélations*, Arthaud, Paris, 1988.

HOLTZAUER Jean-Louis : « Nostradamus, un praticien sous la Renaissance », *Revue des laboratoires SOBIO*, Labo 92, Paris, 1975.

HUNTER Cyril L. : *Lux in Tenebris*, Anvers, 1982, manuscrit photocopié, inédit.

HUTIN Serge : – *Les Prophéties de Nostradamus avec présages et sixains*, Belfond, Paris, 1972, 1978, 1981. Poche Club, Paris, 1966. Hachette, Paris, 1975.
– *Les Prophéties de Nostradamus*, « Club Géant Historique », La Renaissance, Paris, 1966. Édition poche : J'ai lu.
– *Nostradamus et l'alchimie*, Le Rocher, Monaco, 1988.

HYMAN, STENFERT KROESE et Van DE ZANDE : *Voorspellingen die uitgekomen zÿn, Michael Nostradamus spreekt in 1558 over het verloop en den uitslag van dezen oorlog*, Arnhem, Hollande, non daté (vers 1940-1945).

I

IACCHIA U. : *La Tunisie vue par Nostradamus*, Imprimerie d'art, Tunis, non daté (vers 1940).

I.A.F. : *Le Substrat mathématique de l'œuvre de Nostradamus*, Psyché, Paris, 1949.

I.M. : *Les Vrayes Centuries de M. Michel Nostradamus expliquées sur les affaires de ce temps*, I. Boucher, 1652.

IONESCU Vlaicu : – *Le Message de Nostradamus sur l'ère prolétaire,* édition à compte d'auteur, diffusée par Dervy Livres, Paris, 1976.
– « Nostradamus et la Gnose », *Atlantis*, n° 301, Vincennes, janvier-février 1979.
– *Nostradamus, l'histoire secrète du monde*, Le Félin, Paris, 1987.

IONESCU Vlaicu et BROSSES Marie-Thérèse de : *Les Dernières Victoires de Nostradamus,* Filipacchi, Paris, 1993.

IRISCH Joss : *Nostradamus, profecias de ayer, hoy y mañana*, Mundo Actual des Ediciones SA, Barcelone, 1981.

IVENINE M. U. : *Nostradamus*, Editorial Orbe, Santiago du Chili, 1972.

J

JACQUEMIN Suzanne : *Les Prophéties des derniers temps*, La Colombe, Paris, 1958.

JANT (chevalier) de : – *Prédictions tirées des centuries de Nostradamus qui, vraisemblablement, peuvent s'appliquer à la guerre entre la France et l'Angleterre contre les Provinces-Unies*, 1673.

– *Prophéties de Nostradamus sur la longueur des jours et la félicité du règne de Louis XIV*, 1673.

JAUBERT Étienne : *Éclaircissement des véritables quatrains de Nostradamus et vie de M. Nostradamus*, Amsterdam, 1656.

JOVIAL Alexis : *Lettre ouverte au roi*, La Pensée universelle, Paris, 1983.

K

KERDELAND Jean de : *De Nostradamus à Cagliostro*, Self, Paris, 1945.

KERT Christian : *Nostradamus, le mage de Salon*, Éditions des Centuries, Salon, 1975.

KLINCKOWSTROEM G. C. von : *Die älsteten Ausgaben des « Prophéties » des Nostradamus*, Berlin, 1913.

KNIEPF Albert : *Die Weisagungen des alt Fransösichen Sehers Michel Nostradamus und Weltkrieg*, Hambourg, 1915.

KRAFT Karl E. : *Nostradamus precize vütorul Europei*, Bucarest, 1941.

KUBNICK Henri : *La Grande Peur de l'an 2000*, Albin Michel, coll. « Les chemins de l'impossible », Paris, 1974.

L

LABADIE Jean : *Peut-on dire l'avenir ?*, Aubanel, Avignon, 1941.

LAMBERT-GENTOT : *Nouvelles et curieuses prédictions de M. Nostradamus, pour sept ans depuis l'année 1818 jusqu'à l'année 1824*, Lyon, 1818.

LAMONT André : *Nostradamus sees all*, Londres, 1942.

LAMOTTE Pierre : *De Gaulle révélé par Nostradamus il y a quatre siècles*, Le Scorpion, Paris, 1961.

LANGNIS Charles : *Les Contradictions de Nostradamus*, Lyon, 1560.

LANTOS Yvan : *Nostradamus, la prima vera biografia dell'uomo che visse il futuro nel suo tempo*, Editoriale Nuova, Rome, 1982.

LAROCHE-VALMONT Jean-Quentin : *Les Prophéties de Nostradamus*, SIPE, Paris, 1981. Contrefaçon du livre de Jean-Charles de Fontbrune, saisi par voie de justice.

LAURENT : *Prédictions jusqu'à l'an 2000. Prophéties du Christ, de Nostradamus, de saint Malachie*, à compte d'auteur, Brunoy.

LAVER James : – *Nostradamus*, Penguin Books, Londres, 1942.
– *Nostradamus, the Future Foretold*, George Mann, Maidstone, 1973.

LEE MAC CANN : *Nostradamus, the Man who Saw Through Time*, Creative Age Press, Londres, 1941 et McGraw-Hill Ryerson Ltd, Toronto, Canada, 1989.

LEGRAND Jean-René : « Pronostics pour l'an 1959 », in *Initiation et Science*, nº XLVII, janvier-mars 1959, Omnium Littéraire, Paris.

LEMESURIER Peter : *Nostradamus, the Final Reckoning*, Judy Piatkus Ltd, 1998.

LEONI Edgar : *Nostradamus, Life and Literature*, 1961. *Nostradamus and his Prophecies*, réédition sous ce titre de l'ouvrage précédent, Bell Publishing Company, New York, 1982.

LE PELLETIER Anatole : *Les Oracles de Nostradamus, astrologue, médecin et conseiller ordinaire des rois, Henry II, François II et Charles IX*, 2 volumes, Le Pelletier imprimeur-typographe, Paris, 1867. Réédition chez Jean de Bonnot, Paris, 1976 (reliure cuir).

LE ROUX Jean : *La Clé de Nostradamus. Isagoge, ou Introduction au véritable sens des prophéties de ce fameux auteur*, chez Pierre Giffard, rue Saint-Jacques-près-les-Maturins, Paris, 1710.

LEROY (docteur) Edgard : – « Les origines de Nostradamus », in *Mémoires de l'Institut historique de Provence*, t. XVIII, Marseille, 1941.
– « Sur un quatrain de Nostradamus : Jaume de Nostredame et la tour de Canillac », in *Mémoires de l'Institut historique de Provence*, t. XIX, Marseille, 1942.
– « Pierre de Nostredame de Carpentras », communication à l'Institut historique de Provence, 1948.
– « Nostradamus et le curé d'Argœuvres », *Cahiers de pratique médico-chirurgicale*, nº 5, Avignon, 1939.
– *Saint-Paul-de-Mausole à Saint-Rémy-de-Provence*, Imprimerie générale du Sud-Ouest, Bergerac, 1948.
– *Nostradamus, ses origines, sa vie, son œuvre*, Imprimerie Trillaud, Bergerac, 1972. Réédition : Jeanne Lafitte, Marseille, 1993.
– *Romanin, les cours d'amour de Jehan de Nostredame*, Avignon, 1933 ; Saint-Rémy-de-Reims, Marseille, 1937.
– *Nostradamus, détective avant la lettre*, Avignon, 1949.

– *Le Latin du tabellion provençal Jehan de Nostredame, notaire à Saint-Rémy-de-Provence, dans les actes de 1501 à 1513*, Avignon, 1961.

– « Saint-Paul-Tricastin et Saint-Paul-dc-Mausole. Contribution à l'histoire d'une légende », *Bulletin philologique et historique*, 1959.

LIGEOIX DE LA COMBE : *La Troisième Guerre mondiale d'après les prédictions de Nostradamus*, Bordeaux, 1961.

LOOG C. L. : *Die Weisagungen des Nostradamus*, Berlin, 1921.

LORIE Peter : *Nostradamus, the Millenium & Beyond, the Prophecies to 2016*, A Labyrinth Book, Angleterre, 1993.

LORIOT Louis : « Entretiens de Rabelais et de Nostradamus », Nogent-le-Rotrou, réédité en 1960, *Revue des études rabelaisiennes*, t. V, pp. 176-184, Paris, 1907.

LUNI Marc : *Nostradamus. Les centuries*, Dervy, Paris, 1998.

M

MABILLE Pierre : « Nostradamus, ses prophéties, son temps », *Inconnues*, Lausanne, 1955.

MABY Pascale : *Le Dossier des prophètes, voyants et astrologues*, Albin Michel, coll. « Les chemins de l'impossible », Paris, 1977.

MADELEINE Georges : *La Prochaine Guerre mondiale vue par Nostradamus*, Proventia, Toulon, 1952.

MAGUELONE Jean : *Les Prédictions de Nostradamus, interprétations, actualité, avenir jusqu'en 2025*, De Vecchi, Paris, 1996.

MAIDY Léon-Germain de : *Sur une inscription liminaire attribuée à Nostradamus*, Nancy, 1917.

MAN NEICE Louis : *L'Astrologie*, Tallandier, Paris, 1966.

MAREUIL Jean de : *Les Ultimes Prophéties de Nostradamus*, Jacques Grancher, Paris, 1994.

MARQUEZ DA CRUZ : *Profecias de Nostradamus*, Cultrix, Sao Paulo.

MARTEAU Pierre : *Entretiens de Rabelais et de Nostradamus*, 1690.

MÉNESTRIER François : *La Philosophie des images énigmatiques*, Lyon, 1694.

MÉRICOURT M. J. : *Gesta Dei per Francos*, Paris, 1937.

MEZO Étienne : – *Ainsi parlait Nostradamus*, Le Rocher, Monaco, 1995.

– *Nostradamus, géomètre de l'univers*, Le Rocher, Monaco, 1996.

MONDOVI Pierre : « Un Provençal hors du commun : Nostradamus », *Racines*, n° 4, Aix-en-Provence, mai 1979.

MONNIER : *Résurrection merveilleuse en 1877 de Michel de Nostredame*, plusieurs brochures de 1889 à 1896.

MONTEREY Jean : *Nostradamus, prophète du XXe siècle*, La Nef, Paris, 1963.

MORIN Michel : – *Nostradamus et la fin de notre siècle*, Québécor, Montréal, 1984.

– *Nostradamus, interprétation des prophéties pour 1993-1999*, Les Éditions Québécor, Montréal 1991.

MORIN Paul : *L'Apocalypse d'après l'écriture religieuse de la tradition égypto-judéo-chrétienne. La clef des prophéties de Nostradamus*, polycopié à compte d'auteur, Boussy-Saint-Antoine, 1984, inédit.

MOTRET : *Essai d'explication de deux quatrains de Nostradamus*, Nevers, 1806.

MOUAN L. : « Aperçus littéraires sur César Nostradamus et ses lettres inédites à Peiresc », in *Mémoires de l'Académie*, t. X, Aix-en-Provence, 1873.

MOULT Thomas-Joseph : *Prophéties perpétuelles, très anciennes et très certaines. Almanach du XVIIe siècle*. Réédition par les Éditions des Cahiers astrologiques, Nice, 1941.

MOURA Jean et LOUVET Paul : *La Vie de Nostradamus*, Gallimard, Paris, 1930.

MURAISE Éric : – *Du roi perdu à Louis XVII*, Julliard, Paris.

– *Histoire et légende du Grand Monarque*, Albin Michel, coll. « Les chemins de l'impossible », Paris, 1975.

– *Saint-Rémy-de-Provence et les secrets de Nostradamus*, Julliard, Paris, 1969.

– *Voyance et Prophétisme*, Fernand Lanore, Paris, 1980.

N

NÉCROMAN DON : *Comment lire les prophéties de Nostradamus*, Maurice d'Hartoy, Paris, 1933.

NEYRAL Georges : *La Vraie Vie de Michel de Nostredame*, thèse, Toulouse, 1950.

NICOUILLAUD Charles : *Nostradamus, ses prophéties*, Perrin et Cie, Paris, 1914.

NOCAM : *Nostradamus, premier décodage daté*, Kapsos Éditions, 1998.

NOORBERGEN René : *Nostradamus Predicts the End of the World*, Pinnacle Books, Windsor Publishing Corp., 1990.
NOSTRADAMUS César : – *Poésies*, Colomiez, Toulouse, 1606-1608.
– *L'Entrée de la reine Marie de Médicis en sa ville de Salon*, Jean Tholosan, Aix-en-Provence, 1602.
– *Histoire et chroniques de Provence*, Simon Rigaud, Lyon, 1614.
NOSTRADAMUS Michel : *Les Prophéties de M. Michel Nostradamus.*

Principales éditions :
– Macé Bonhomme, Lyon, 1555. Réédité par Les Amis de Michel Nostradamus, Roanne, 1984.
– Antoine de Rosne, Lyon, 1557, 1558.
– Olivier de Harsy, 1557.
– Barbe-Régnault, Paris, 1560.
– Pierre Rigaud, Lyon, 1566, 1605, 1610, 1649.
– Charles Roger, Paris, 1569.
– Pierre Meunier, Paris, 1589.
– Benoît Rigaud, Lyon, 1568, 1594, 1596, 1605.
– Jean Poyet, Lyon, 1600.
– Claude La Rivière, Lyon, 1611, 1665.
– Vincent Sève, Beaucaire, 1610.
– Pierre Chevillot, Troyes, 1611.
– Simon Rigaud, Lyon, 1644.
– Pierre de Ruau, Troyes, 1649.
– Winckermans, Amsterdam, 1657.
– Jean Balam, Lyon, 1665.
– Jean Ribon, vis-à-vis La Chapelle Saint-Louis, Paris, 1669.
– Jean Huguetan, Lyon, XVIIe siècle.
– Jean Ianson, Amsterdam, 1668.
– Jean Besongne, Rouen, 1681.
– Pierre Abesson et Armand Solane, Bordeaux, 1689.
– Besson, Lyon, 1691.
– Jean Viret, Lyon, 1697.
– Fères Garrigan, Avignon, 1791.
– Peter Van Duren, Anvers, 1792.

– Beauvert et Roussel, Clermont-Ferrand, 1792.
– Frères Bonnelli, Avignon, 1794.
– Moreau, Bordeaux, 1796.
– Chez l'imprimeur de Nostradamus, Salon-de-Provence, 1796.
– Paris, 1804.
– J.-A. Joly, Avignon, 1825.
– Pierre Chaillot, Avignon, 1839.
– Delarue, Paris, 1852.
– Passard, Paris, 1857.
– Veuve Girard, Angoulême, 1872.
– H. Douchet, Méricourt, 1903.
– Landriot, Riom, XIXe siècle.
– Fac-simile de l'édition de Chevillot, Delarue, Paris, 1611.
– Fac-simile de l'édition d'Amsterdam de 1668, Adyar, Paris, 1936.
– *Prophéties sur Lyon, la France et le monde entier dans les premières années du XXe siècle* (5 fascicules), P. Bousset et M. Paquet, Lyon, 1907-1909.
– *Les Merveilleuses Centuries et Prophéties de Nostradamus* (illustrations en couleur de Jean Gradassi), 880 exemplaires numérotés, Éditions André Virel et Éditions artisanales SEFER, Nice, 1961.
– *Les Prophéties de Nostradamus. Texte complet*, livre Club des Champs-Élysées, Éditions Baudelaire, Paris, 1967.
– *Prophéties nouvelles de Michel Nostradamus trouvées dans sa tombe au moment de l'ouverture dans l'église des Cordeliers de Salon pour 1820, 1821, 1822, 1823, 1824, 1825 et 1826*, Imprimerie de Calmen, imprimeur du Roi, Toulon.
– *Les Prophéties de Nostradamus. Texte complet*, Les Cent Un chefs-d'œuvre du génie humain, Prodifu, Paris, non daté (vers 1982).
– *Les Prophéties de Nostradamus*, à compte d'auteur par Marc Billerey, Malfougasse, 1973.
– *Les Prophéties de Nostradamus*, éditions non datées, Antoine Baudrand et Pierre André, Lyon, XVIe et XVIIe siècles. Réimpression de l'édition de Pierre Chevillot à Troyes en 1610 sous le titre *Les Vraies Centuries et Prophéties*, par Claude Boumendil, imprimeur-éditeur à Nice, 1982.
– *Nostradamus, prophéties*, JCI Inc., Montréal, 1994.
– *Prognostication nouvelle et prédiction protenteuse pour l'an 1555 composées par M. Nostradamus*, Jean Brotot, Lyon, XVIe siècle.

– *Démonstration d'une comette*, Jean Marcorelle, Lyon, 1571.
– *Prognostication et prédiction des quatre temps pour 1572*, Melchior Arnoullet, Lyon, 1572.
– *Prophéties par l'astrologue du Très-Chrétien roy de France et de Madame la Duchesse de Savoye*, F. Arnoullet, Lyon, 1572.
– *Lettres de Maistre Michel Nostradamus de Salon-de-Crau-en-Provence à la Royne, mère du Roy*, Benoist Rigaud, Lyon, 1566.
– *Almanach pour l'an 1573, avec les présages*, Pierre Roux, Avignon, 1562.
– *Almanach pour l'an 1567*, Benoist Odo, Lyon.
– *La Grant Prognostication nouvelle avec la déclaration ample de 1559*, Jean Brotot, Lyon, 1558.
– *Almanach des prophéties*, P.-N. Jausserand, Lyon, 1871-1872.
– *Prophétie ou Révolution merveilleuse des quatre saisons de l'an*, Michel Jove, Lyon, 1567.
– *Traité des fardements et confitures*, Antoine Volant, Lyon, 1555. *Traité des confitures*, Christophe Plantin, Anvers, 1557. Réédité par Jean-Claude Bailly, Gutenberg Reprints, Paris, 1979. *Des confitures*, présentation et adaptation de Fabrice Guérin, Olivier Orban, Paris, 1981. Édité en Espagne, Barcanova, Barcelone, 1982.
– *Guide des recettes magiques de Nostradamus et autres sages contemporains*, MEB, Milan, 1980, et Teorema, Barcelone, 1982.
– *Traité des confitures, la façon et manière de faire toutes confitures liquides, tant en sucre, miel, qu'en vin cuit*, reprise de l'édition de Christophe Plantin à Anvers en 1557, Le Livre de France, Salon-de-Provence, 1990 (50 exemplaires numérotés).
– *Les Recettes de Nostradamus*, réunies et présentées par Jean-Louis de Gaudenzi, Joëlle Losfild, 1999.
– *Paraphrase de C. Gallien, traduite par Nostradamus*, Antoine du Rosne, Lyon, 1557.
– *Excellent et très utile opuscule de plusieurs exquises receptes*, Benoist Rigaud, Lyon, 1572.

NOSTRADAME Jean de : *Les Vies des plus anciens et célèbres poètes provençaux qui ont fleuri du temps des comtes de Provence*, Basile Bouquet, Lyon, 1575.

NOVAYE (baron) de : *Aujourd'hui et demain*, Paris, 1905.

O

OPUSCULES : comportant quelques quatrains et la *Lettre à Henry, roi de France second*, sous le titre *The Prophecies of Nostradamus*, Avenel Books, Crown Publishers Inc., New York ; plusieurs éditions à partir de 1980 : même texte, mêmes illustrations, mais couvertures différentes. *Nostradamus, his Prophecies for the Future*, The Peter Pauper Press, Frank J. MacHovec, New York, 1982.

OVASON David : *The Nostradamus Code*, Arrow books Ltd, 1997.

P

PAGLIANI Coraddo : « Di Nostradamus e idi sue una poco nota iscrizione liminare torinen », *Della Rassegna Mensile*, n° 1, Turin, 1934.

PARISOT F. : *Le Grand Avènement précédé d'un grand prodige*, Typographie des Célestins, Bar-le-Duc, 1873.

PARKER Eugène : *La Légende de Nostradamus et sa vie réelle*, Paris, 1923.

PASTEUR Jean-François : *Hoe zal deze oorlog eindigen ? Een belangwekkende ven actueele beschouwing op grond der Voorspellingen van Michel Nostradamus, gegeven in « Les vrayes centuries et prophéties »*, W. J. Ort, Drukker & Uitgever, Te's-Gravenhage, Hollande, 1940.

PATRIAN Carlo : *Nostradamus le profezie*, Edizioni Méditerranée, Rome, 1978.

PAULUS Stephan : *Nostradamus 2000, who will Survive*, Michael O'Mara Books Ltd, 1999.

PAYOTTE François : *Messagers du futur et prophéties de Nostradamus*, Norlaris, Montréal, 1993.

PÉLAPRAT Jean-Marie : « Varennes et 1792 sauvent Nostradamus », *Historia*, n° 397 bis, « Voyance et prophéties », Tallandier, Paris.

PICHON Jean-Charles : – *Le Royaume et les prophètes*, Robert Laffont, Paris, 1960.
– *Nostradamus et le secret des temps*, Les Productions de Paris, Paris, 1970.
– *Nostradamus en clair*, Robert Laffont, Paris, 1970.
– *Nostradamus descifrado*, Éditions Plaza et Janes, Barcelone, 1975 et 1980.

PIOBB P. V. : – *Le Secret de Nostradamus*, Adyar, Paris, 1927. Réédition Dangles, Paris, 1945.

– *Préface du fac-simile de l'édition d'Amsterdam de 1668*, Adyar, Paris, 1936.

– *Le Sort de l'Europe d'après la célèbre prophétie des papes de saint Malachie, accompagnée de la prophétie d'Orval et des toutes dernières indications de Nostradamus*, Dangles, Paris, 1939.

PLATEL D'AMORC Éric : *N. D. Résurgences*, Verso, 23150, Ahun, 1994.

P.L.B. Bolen : *1981-2000, 20 ans qui transfigurent le monde*, Voir et Découvrir, Bruxelles, 1981.

POIRIER Philippe : *Nostradamus, un guide de celui qui voit l'avenir*, Guy Trédaniel.

PONS Richard : *Reconversion d'un bâtiment industriel à Salon-de-Provence : l'usine Vinatié. Mémoire d'architecture sur un projet de musée Nostradamus*, Salon, 1983, inédit.

POULIN Maurice : *Nostradamus enfin décodé ! Le grand monarque messager du Verseau*, Louise Courteau, coll. « Les carrefours de l'étrange », Montréal, 1985.

PRÉVOST Roger : *Nostradamus, le mythe et la réalité*, Robert Laffont, Paris, 1999.

PRIVAT Maurice : *Le Grand Nostradamus*, revue mensuelle, rue du Faubourg-Saint-Honoré, Paris, publication de mai 1934 à février 1939.

– *1937, année de relèvement*, Médicis, Paris, 1936.

– *1938, année d'échéance*, Médicis, Paris, 1937.

– *1939, année de reprise*, Médicis, Paris, 1938.

– *1940, prédictions mondiales, année de grandeur française*, Médicis, Paris, 1939.

– *La Fin de notre siècle et la vie du futur grand monarque d'après Nostradamus*, Floury, Paris, 1939.

PUTZIEN Rudolf : *Fried unter volkern ? Die Weisagungen des M. Nostradamus und ihre Bedeutung fur Atomzeitalter*, Drei Eichen Verlag, H. Jissener, Munich, 1958, 1968 et 1981.

R

RANDI James : *Le Vrai Visage de Nostradamus, les prophéties du mage le plus célèbre du monde*, James Randi, 1990 et 1993, et *The Mask of Nostradamus. The Prophecies of the World's Most famous Seer*, Prometheus Books, Buffalo, New York, 1993. Éditions du Griot, Paris, 1993.

REED Clarence : *Great Prophecies about the War*, Faber & Faber, Londres, 1941.

REVUES : *Nostradamus, revue de science conjecturale. L'avenir international, politique, social, financier*, revue hebdomadaire, 5, rue Bergère, Paris, 1933.

REYNAUD Jean-Lucien : *Nostradamus n'a pas menti* (conférence), Ville-d'Avray, 1948.

REYNAUD-PLENSE : *Les Vraies Centuries et Prophéties de Nostradamus*, à compte d'auteur, Salon-de-Provence, 1939 et 1940.

RIGAUX (abbé, curé d'Argœuvres) : – *Notes sur la vie de Michel Nostradamus recueillies par le R. P. Jean de Saint-Étienne*, Imprimerie Henri Douchet, Méricourt, 1906.

– *L'Abbé Rigaux, interprète de Nostradamus*, Imprimerie Yvert, Amiens, 1936.

ROBB Steward : – *Nostradamus on Napoleon, Hitler and the present crisis*, Scribner & Sons, New York, 1941.

– *Nostradamus on Napoleon*, The Oracle Press, New York, 1961.

– *Prophecies on World Events by Nostradamus*, Liveright Publishing Corporation, New York, 1961. Réédition sous le titre *Nostradamus and the End of Evils Begun*, Longmeadow Press, New York, 1984 et 1991.

ROBERTS Henry : *The Complete Prophecies of Nostradamus*, Henry Robert Great Neck, New York, 1971. Édition japonaise chez Kasuko Daijyo, sous la direction d'Hideo Huchida, Tama, Tokyo, 1975. Réédition : Nostradamus Co., Oyster Bay, New York, 1981, et Panther Books, 1985.

ROBIN Jean : *Réponse de Nostradamus à M. de Fontbrune*, Éditions de la Maisnie, Paris, 1981.

ROCHETAILLÉ P. : *Prophéties de Nostradamus. La clef des centuries, son application à l'histoire de la IIIe République*, Adyar, 1939.

ROISIN Michel de : « Ulrich de Mayence, maître de Nostradamus », *Aesculape*, n° 4, 52e année, 1969.

– « Plus fort que Nostradamus : Ulrich de Mayence », *Constellation*, n° 199, novembre 1964.

ROLLET Pierre : *Interprétation des hiéroglyphes de Horapollo*, Ramoun Bérenguié, Aix-en-Provence, 1968.

ROMI : « Ils trahissent tous Nostradamus », *Historia*, n° 420, novembre 1981.

ROUDÈNE Alex : *Les Prophéties, vérité ou mensonges ?*, L'Athanor, coll. « Mondes magiques », Paris, 1976.

ROUELLOND DE ROUELLONDIÈRE DE CHOLLET : *La Prophétie de Rouellond, manuscrit du XVIe siècle*, Victor Pipeau, Beauvais, 1861.

ROUVIER Camille : *Nostradamus*, La Savoisienne, Marseille, 1964.

RUIR Émile : – *Le Grand Carnage d'après les prophéties de Nostradamus de 1938 à 1947*, Médicis, Paris, 1938.

– *L'Écroulement de l'Europe d'après les prophéties de Nostradamus*, Médicis, Paris, 1939.

– *Nostradamus, ses prophéties, 1948-2023*, Médicis, Paris, 1947 et 1948.

– *Nostradamus, les proches et derniers événements*, Médicis, Paris, 1953.

RUZO Daniel : – *Les Derniers Jours de l'Apocalypse*, Payot, Paris, 1973. *Los Ultimas Dias del Apocalipsis*, Michel Schultz, n° 21, Mexico.

– *Le Testament de Nostradamus*, Le Rocher, Monaco, 1975 et 1982.

S

SABY Édouard : *Le Destin du monde selon les prophètes*, Baneton-Thiolier, Paris, 1945.

SAINT-HILAIRE : *Ainsi parla Nostradamus*, Rossel Éditions, Bruxelles, 1982.

SAN ANTONIO : *Les Prédictions de Nostraberus*, Fleuve Noir, Paris, 1974.

SCHAEDEL J. : *L'Oriflamme, périodique du Cercle philosophique jovialiste*, Bruxelles, 1987, manuscrit photocopié, plusieurs numéros.

SÈDE Gérard de : *Les Secrets de Nostradamus*, Julliard, Paris, 1969.

SIRIS Odette : *Les Prophéties*, De Vecchi, Paris, 1992.

SPICA-CAPELLA : *La Clef des prédictions nostradamiques*, Soirées astrologiques, 1841.

T

TAMIZY DE LARROQUE : *Les Correspondants de Peiresc : César Nostradamus. Lettres inédites de Salon à Peiresc en 1628-1629*, Typographie Marius Olive, Marseille, 1880.

TARADE Guy : – « La clef des centuries de Nostradamus », *Pégase*, n° 3, 1974.
– *Les Dernières Prophéties pour l'Occident*, Robert Laffont, coll. « Les énigmes de l'univers », Paris, 1979.
– *Nostradamus, la prophétie du grand monarque*, Claire Vigne, 1995.

TARADE Guy et SCHREYER Alexandra : *Le Dernier Secret de Nostradamus*, Presses de la Cité, Paris, 1993.

TORNÉ-CHAVIGNY H. : – Réédition des *Prophéties* de Nostradamus en 1862, augmentée en 1872.
– *Interprétation de trente quatrains*, Prospectus, 1860.
– *L'Histoire prédite et jugée par Nostradamus*, 3 volumes, Bordeaux, 1860.
– *Tableau de l'histoire prédite et jugée*, Affiche, 1862.
– Différents opuscules : *Les Lettres du grand prophète* ; *Henri V à Anvers* ; *Nostradamus et l'astrologie* ; *Les Blancs et les Rouges* ; *La Salette et Lourdes* ; *La Mort de Napoléon III* ; *Mac-Mahon et Napoléon IV* ; *Le Roy blanc et la fusion* ; *Prophéties dites d'Olivarius et d'Orval* ; *Portraits prophétiques d'après Nostradamus* (Poitiers, 1871) ; *L'Apocalypse interprétée par Nostradamus* (1872) ; *Almanach du grand prophète Nostradamus pour 1873* ; *Nostradamus éclairci, ou Nostradamus devant Mgr Dupanloup* (Saint-Denis-du-Pin, 1874) ; *Ce qui sera d'après le grand prophète Nostradamus, suivi de l'Almanach pour 1878* ; *Influence de Nostradamus dans le gouvernement de la France* (1878) ; *Concordance de Nostradamus avec l'Apocalypse* (Veuve Dupuy, Bordeaux, 1861).

TOUCHARD Michel : – *Nostradamus*, Grasset, 1972, et Celt, coll. « Histoire des personnages mystérieux et des sociétés secrètes », Paris, 1972.
– « Les prophéties de M. Nostradamus », *Historia*, hors série n° 44, 1974.

TRONC DE COUDOULET : *Abrégé de la vie de Nostradamus, suivi d'une nouvelle découverte de ses quatrains*, J. Audibert, Aix-en-Provence.

V

VAN GERDINGE : « Le nez de Cléopâtre », *Messidor* (revue du Christ de Montfavet-Vaucluse), n° 29, Montfavet, 1951.

VERDIER du : *Les Vertus de notre Maistre Nostradamus*, Genève, 1562.

VIAUD Jean : « 1999, un tournant dans l'histoire des hommes », *Constellation*, n° 166, février 1962.

VIDEL Laurent : *Déclaration des abus, ignorances et séditions de Michel Nostradamus*, Avignon, 1558.

VIGNOIS Élisée du : – *Notre histoire racontée à l'avance par Nostradamus*, Paris, 1910.

– *L'Apocalypse, interprète de la Révolution, d'après Nostradamus*, Noyon, 1911.

VOGEL Cyrille : *Saint Césaire d'Arles*, 1937.

VOLDBEN A. : – *After Nostradamus*, Neville Spearman, Londres, 1973, 1975, 1977, 1980, 1981.

– *Nostradamus und die grossen Weissagungen*, Längen-Muller Verlag, Munich et Vienne, 1975, 1977, 1982.

– *Die grossen Weissagungen über die Zukfunt der Menscheit. Nostradamus aktuell*, Bastei-Lîbe, Sachbuch, 1982.

– *Dopo Nostradamus, le grandi profezie sul futuro dell'umanita*, Edizioni Méditerranée, Rome, 1982.

VREEDE M. Dr W. L. : *De Profetieën van Nostradamus*, N. V. Servire-Den Haag, Hollande 1941.

W

WARD Charles A. : *Oracles of Nostradamus*, Londres, 1891.

WILLOQUET Gaston : *La Vérité sur Nostradamus*, Éditions traditionnelles, Paris, 1967.

WINKLER B. : *Nostradamus und sei Profezeiungen für das zwanzigste Jahrundert*, Gorlitz, 1939.

WOLLHERR Andrée : *Nostradamus, Profezeiungen bis zum Jahr 2000, vom Computer entschlüsselt*, Sachbuch Aktuell, Freudenstadt, 1981.

WOLLNER Christian : *Das Mysterium des Nostradamus*.

WOOLF H. I. : *Nostradamus*, Londres, 1944.

WULLGARDNER Werner : *Nostradamus Prophecies*, Felmar, Madrid, 1981.

Y

YRAM : *Prophéties connues et prédictions inédites*, préface de Papus, L'Édition d'Art, Paris.

Z

ZÉVACO Michel : *Nostradamus* (roman), Fayard, Paris, 1909. Réédition Livre de Poche n° 3306.

ZOLAR : *Les Mystères de la nature, les prophètes Nostradamus, la lecture dans les feuilles de thé, les plantes, les chandelles*, Poche Select, Montréal, 1975.

Documents radiophoniques, télévisuels et cinématographiques

Films et téléfilms

• *Scripts et scénarios*

Script de la Metro-Golwyn-Mayer Inc. : *What do you think Nostradamus ?* A Carey Wilson short de Carl Dudley, 1938.

Script de la Loew's Inc. : *Nostradamus IV : Save film ! Help win the war !*, Richard Landau, Culver City (Californie), 1942. Série télévisée dans laquelle Nostradamus est utilisé pour remonter le moral des forces armées américaines.

Script de la Metro-Golwyn-Mayer Inc. : *Predictions of Nostradamus, world astrologer of the early period, which have been applied to modern day events*, de Vallon Scott, 1944.

Script de la Metro-Golwyn-Mayer Inc. : *Let's ask Nostradamus – The prophecies of Nostradamus regarding the French Revolution*, 1953.

Script de la Metro-Golwyn-Mayer Inc. : *Nostradamus and the queen (Catherine de Médicis)*, 1953.

SCÉNARIO DE FILM : *Nostradamus Apocalypse 1999*, sur une idée d'Edgar Oppenheimer et Christian Ardan, scénario original, adaptation et dialogues de Michel Lebrun et Rinaldo Bassi, 1981. Projet abandonné.

• *Téléfilms*

TF1 : *Temps X. Les prophéties de Nostradamus*, Jean-Yves Casgha.

• *Films*

Nostradamus 1999, produit par David L. Wolper, un film de Robert Guenette, avec Orson Welles et Richard Butler dans le rôle de Nostradamus. Warner Bros., 1981. Adapté par Jean-Charles de Fontbrune, diffusé en France en cassette vidéo par Warner Home Vidéo en 1982.

Nostradamus, cinq siècles de prédictions terrifiantes. Et ce n'est pas fini, film réalisé par Roger Christian, scénario de Knut Boeser, avec Tcheky Karyo, Amanda Plummer, Rutger Hauer, F. Murray Abraham et Julia Ormond. Metropolitan Film & Video.

Nostradamus, prophète de génie, la fin d'un monde !, Non Fiction Films Inc. (Alpa Media), 1995.

RADIO, TÉLÉVISION, DIVERS

• *Émissions de radio avec comme invité l'auteur de ce livre*

FRANCE CULTURE, *Agora*, Olivier Germain-Thomas, septembre 1981.

EUROPE 1, Michel Drucker, Jean-Pierre El Kabbash, octobre 1981.

France Inter,

– *Tribune de l'Histoire* : « Nostradamus : la vérité », une évocation d'Alain Decaux, avec André Castelot et Jean-François Chiappe, avec la participation de Jean-Charles de Fontbrune, réalisé par Georges Gravier, diffusé le 3 octobre 1981.

– *Journal de 13 heures*, Marcel Julian, octobre 1981.

– *Parenthèse*, Jacques Chancel, octobre 1981.

– *Le Tribunal des flagrants délires*, Claude Villers, Pierre Desproges et Luis Régo, janvier 1982.

– *Le 12-14*, Didier Hadès, 20 août 1981.

– *Rien à cirer*, Laurent Ruquier, 1982 et 1995.

RTL, *Les grosses têtes*, Philippe Bouvard, 1999 et janvier 2006.

• *Émissions de télévision*

Delta, animé par Jean Lanzi, invités : André Fontaine, Évelyne Sullereau, Thierry de Montbrial et Jean-Charles de Fontbrune, Antenne 2, 29 décembre 1978.

Histoire, « Nostradamus », animé par Arthur Conte, réalisation Jacques Cornet, avec la participation de Jean-Charles de Fontbrune, FR3, 20 octobre 1978.

Apostrophe, « Bizarre, vous avez dit bizarre », animé par Bernard Pivot, avec la participation de Jean-Charles de Fontbrune, Antenne 2, enregistré le 16 juin 1981, diffusé le 20 août 1981.

Passez donc me voir, animé par Philippe Bouvard, 1982.

C'est envore mieux l'après-midi, animé par Christophe Dechavanne, 1982.

Les Dossiers de l'écran, « Catherine de Médicis », d'après l'œuvre de Jean Orieux, animé par Paul Amar, avec la participation de Jean-Charles de Fontbrune, Antenne 2, première partie diffusée le 18 avril 1989 et deuxième partie le 19 avril 1989.

Bouillon de culture, « Nostradamus », animé par Bernard Pivot, avec la participation de Jean-Charles de Fontbrune, France 2, 23 mai 1999.

• *Cassettes vidéo*

Nostradamus l'avait prédit. Les dossiers de Jean-Paul Rouland, AC Production, 1991.

Nostradamus, prophète de l'an 2000, coll. « Document », YN Vidéo.

Nostradamus, Geheimnisse der Geschichte, Prophet des Untergangs (prophète de la fin du monde), Sphinx, « Les mystères de l'histoire », IFAGE, ZD.

DU MÊME AUTEUR

La Prophétie du nouveau pape, Le Rocher, 2005.

Nostradamus aura-t-il raison ?, Le Rocher, 2003.

Nostradamus, biographie et prophéties, J'ai lu, 2003.

Nostradamus, médecin et prophète, Le Rocher, 2000.

Nostradamus, de 1999 à l'âge d'or, Le Rocher, 1999.

Monsieur de Nostradamus, Ramsay, 1997.

Nostradamus, nouvelles prophéties, Ramsay, 1995.

Nostradamus et Henry Miller, Le Rocher, 1994.

La Comète et les Prophéties, Michel Lafon, 1986.

La Prophétie des papes – saint Malachie, Le Rocher, 1984.

Nostradamus, historien et prophète. Lettre à Henry, roi de France, t. II, Le Rocher, 1982.

Nostradamus, historien et prophète, t. I, Le Rocher, 1981 (best-seller de l'année 1981).

POUR PLUS DE RENSEIGNEMENTS :

contacter Information service
08 25 15 01 20 (0,15 euro/min.)

Éditions Privat
BP 73621
31036 Toulouse Cedex 1

Correction : Hélène Ibañez-Puchar
Mise en pages : Sylvie Navarro

Cet ouvrage a été achevé d'imprimer en mai 2006
sur les presses de l'imprimerie Firmin-Didot, à Mesnil-sur-l'estrée (27650).
N° d'impression : 79680

Impression de la couverture : Sagim-Canale, à Courtry (77).

Photogravure de la couverture :
Serpal, Balma (31).

Imprimé en France.